REGISTRES CONSULAIRES

DE

LA VILLE DE LIMOGES

REGISTRES
CONSULAIRES

DE

LA VILLE DE LIMOGES

PUBLICATION COMMENCÉE

PAR M. ÉMILE RUBEN

SECRÉTAIRE GÉNÉRAL
DE LA SOCIÉTÉ ARCHÉOLOGIQUE ET HISTORIQUE DU LIMOUSIN

ET CONTINUÉE

PAR M. LOUIS GUIBERT

VICE-PRÉSIDENT DE LA MÊME SOCIÉTÉ

SECOND REGISTRE

(1592-1662)

Suivi d'un Appendice
contenant une Notice historique sur la Ligue à Limoges
et le Journal du Consul Lafosse (1649)

LIMOGES

IMPRIMERIE DE CHAPOULAUD FRÈRES

Rue Manigne, 24

—

M DCCC LXXXIV

AVANT-PROPOS

Un devoir s'impose à nous dans le moment où nous reprenons, sous les auspices de la Société Archéologique et Historique du Limousin, la publication des *Registres Consulaires de la ville de Limoges*, commencée par Émile Ruben, et que sa mort a depuis douze ans interrompue : devoir facile à remplir, car l'hommage que nous avons à rendre n'évoquera ni une physionomie banale, ni une mémoire effacée.

L'existence de Ruben a été modeste et discrète. Il n'aimait pas le bruit. Bien différent d'un trop grand nombre de ses contemporains, il témoignait une véritable aversion pour l'étalage et le charlatanisme, et ne les évitait pas avec moins de soin dans le style de ses œuvres que dans les actes de sa vie. Ce n'était l'homme ni des fleurs de rhétorique, ni des feux d'artifice. Sa répulsion ne s'adressait pas au faux seulement, mais à tout ce qui constituait à ses yeux une parure trop ornée ou un vêtement trop ample de la vérité. L'amour de la simplicité fut, avec la recherche passionnée de l'exactitude et une rare finesse de sens critique, un des traits caractéristiques de cet esprit si indépendant, si laborieux, si original et si délicat.

Les épreuves ne manquèrent pas à Ruben. Peut-être furent-elles aggravées par son caractère un peu ombrageux : tout au moins, le soin jaloux qu'il prit de cacher ses blessures dut-il les rendre plus envenimées et plus douloureuses. Ses chagrins intimes lui laissèrent au cœur un fond d'amertume, et cette amertume se retrouvait parfois aux saillies de son esprit ; mais ceux qui l'entouraient ne s'offensaient pas de boutades dont la cause et l'excuse à la fois leur étaient connues. Et puis, sans démonstration, sans flatterie, sans complaisance — et aussi sans illusion, — Ruben était un sérieux, un solide ami. S'il lâchait de vertes critiques, il donnait d'excellents conseils, et, quand il tenait une œuvre pour bonne, il savait le dire d'une certaine manière, en quelques mots où perçait la vivacité du sentiment à travers l'extrême réserve de la forme. Dans ces courtes phrases, qu'on eût trouvées presque sèches si une tournure élégante et un grain de sel gaulois ne les avaient singulièrement relevées et avivées on sentait souvent, derrière le sourire étudié du soi-disant sceptique, l'hommage rendu par un esprit élevé à la vérité et à la beauté éternelles.

Il y avait dans Émile Ruben l'étoffe d'un fabuliste de premier ordre. Ses qualités d'observation et de style, sa parfaite possession de sa pensée et de sa plume, son talent à renfermer toute une scène dans un cadre restreint, et le peu de phrases qu'il lui fallait pour dire beaucoup et pour faire entendre plus encore, grâce au choix de ses mots, à leur sens très clair et très complet et à son impitoyable sévérité pour toute surcharge de la phrase, semblaient devoir lui assurer des succès marqués dans ce genre simple et délicat à la fois, dont les difficultés et le rare mérite échappent au vulgaire. Sa poésie un peu froide, mais souple, alerte, d'une facture excellente ; sa prose fine, déliée, profondément étudiée, se plaisaient au conte et à l'apologue : il eut, dans ces essais, La Fontaine pour modèle, et pour maître notre

Foucaud, esprit cultivé, distingué, fin, amer aussi, mais dont l'amertume avait une source plus profonde et un plus terrible passé. Vers cette dure et sombre figure Ruben se sentit attiré par une inexplicable sympathie. Pour se faire critique et commentateur, il négligea son œuvre personnelle et originale, où l'on trouve pourtant des pages qui sont de petits chefs-d'œuvre — deux ou trois de ses *Historiettes humouristiques* par exemple. — Après avoir longtemps étudié les charmantes fables de l'ancien terroriste, notre ami donna de ce précieux recueil, monument fort intéressant de l'idiome limousin dans sa forme populaire, ses allures et sa physionomie modernes (1), une édition remarquable au double point de vue littéraire et philologique.

L'étude de la philologie avait pour Ruben un attrait tout particulier, que pouvait seul balancer son goût très vif pour les recherches bibliographiques. A ce goût s'était joint de bonne heure celui des travaux d'histoire locale. Peu de temps après son retour de Paris, où il avait à tout hasard, comme tant d'autres, suivre ses cours de droit, il accepta un modeste emploi à la Mairie de Limoges. Pendant que, sous la dénomination officielle de chef de bureau, il remplissait, avec sa conscience ordinaire, mais non sans quelque ennui, des fonctions assez mal déterminées, il eut occasion de voir, dans les greniers où avaient été reléguées les archives (très largement pillées, comme on sait, à la fin du siècle dernier ou au commencement de celui-ci), les anciens Registres Consulaires, où M. Leymarie avait puisé les

---

(1) Il est jugé tel en Allemagne. Dès 1813, un officier prussien, prisonnier de guerre, interné à Limoges, envoyait à un correspondant de son pays une fable et une chanson de Foucaud, en vantant et les mérites du poète et les qualités de la poésie (voir notre notice : *Un livre allemand sur le Limousin,* dans l'*Almanach limousin* de 1881).

documents les plus importants de son *Limousin historique* et de son *Histoire de la Bourgeoisie*. Il les examina curieusement, numérota et parapha les pages de ces vieux mémoires de la vie communale de nos ancêtres, puis laissa la poussière de nouveau les recouvrir, mais ne les oublia point : un peu plus tard, nommé conservateur de la Bibliothèque de la ville, il obtint de l'administration municipale que les quatre registres antérieurs à 1768 fussent ajoutés au petit nombre d'articles constituant la section des manuscrits de cet établissement (1). Il se mit alors à étudier avec soin ces volumineux recueils, et leur publication a été la pensée dominante et la tâche principale des dernières années de sa vie.

Nul n'était plus propre que lui à entreprendre et à mener à bien une œuvre de ce genre. Sa connaissance parfaite de l'histoire et de l'idiome du pays, ses travaux de linguistique, la très grande précision de son esprit, la pureté de sa critique, faisaient de lui un éditeur hors ligne. Nous le pressions de commencer la publication par le plus ancien des recueils que l'Hôtel-de-Ville avait versés à la Bibliothèque, celui qui renferme des textes des XIIIe, XIVe et XVe siècles, et qui est et restera pour nous, malgré tous les raisonnements du monde, le « premier Registre Consulaire ». L'intérêt exceptionnel que présente ce précieux volume au triple point de vue de la connaissance des évènements, de l'histoire de la langue et de l'étude du droit, nous paraissait dès lors, et malgré notre peu d'expérience, l'indiquer comme devant précéder les autres et préparer le lecteur à l'in-

---

(1) L'Hôtel-de-Ville a toujours conservé le dernier registre de la série ancienne (1768 à 1790), dont plusieurs délibérations se rapportent à des questions de voirie, d'approvisionnement d'eau, etc., donnant encore lieu à des contestations.

telligence de leur contenu. La date des actes qu'il renferme, tous antérieurs aux documents des trois autres Registres, le désignait du reste comme celui par lequel devait tout naturellement s'ouvrir la publication projetée. Ruben ne partagea pas notre avis. Peut-être s'exagéra-t-il les difficultés des textes du vieux recueil. Peut-être aussi pensa-t-il que le public accorderait plus d'attention à une période de l'histoire locale moins éloignée de nous. Il fut dit que le recueil en question était un ramassis d'actes sans ordre, sans suite, n'ayant pas de lien entre eux ; qu'il n'offrait, avec les autres volumes, aucun rapport, aucune analogie ; qu'il n'appartenait pas à la série des Registres Consulaires proprement dits et formait une série à part. Bref, à notre grand regret, et malgré nos très vives instances auprès de lui, Ruben fit décider, par la Société Archéologique, que ce recueil serait provisoirement laissé de côté. Le point de départ de la publication fut l'année 1504, ou plutôt l'année 1508 (1), date réelle des premières pages du prétendu premier Registre, lequel inaugurait, croyait-on à ce moment, la série régulière et, sauf quelques courtes lacunes, ininterrompue jusqu'à nos jours, des actes des magistrats municipaux de Limoges. Ce premier Registre devait fournir la matière de deux volumes.

On se mit à l'ouvrage. Ruben fut aidé, pour le premier volume, dans la besogne matérielle de la copie, par quelques collaborateurs dévoués, MM. E. Hervy, J. Garrigou-Lagrange, G. Debort et A. Chapoulaud. Il s'était réservé la direction du travail, la révision des copies et les notes. Bientôt il dut se charger de tout, et

---

(1) Le premier feuillet du Registre aujourd'hui coté BB[1], qui manquait lors de l'impression du premier volume, a été retrouvé au cours de l'inventaire des Archives communales, et publié par les soins de la Société.

le travail matériel, comme celui des annotations, retomba en entier sur lui. A l'exception de quelques notes fournies par M. Achard, alors archiviste de la Haute-Vienne, et par M. Launay, professeur au Lycée, le second volume du premier Registre appartient tout entier à Ruben. La publication de ce Registre achevée (1867-1869), il commença sans désemparer celle du suivant; une grande partie du volume que nous donnons aujourd'hui a été copiée de sa main, annotée par lui et imprimée sous sa direction. Il avait même laissé, paraît-il, la copie de tout le registre ; mais elle a disparu de la façon la plus inexplicable.

M. Achille Leymarie avait déjà, nous le rappelions plus haut, étudié les *Registres Consulaires* et leur avait emprunté leurs passages les plus intéressants ; mais les textes reproduits par cet écrivain, si distingué d'ailleurs, et dont les travaux ont si largement contribué à éclairer tout un côté peu connu de l'histoire de la province, laissent souvent à désirer sous le rapport de l'exactitude. Si Ruben ne possédait pas la largeur de vues et l'imagination enthousiaste de l'auteur de l'*Histoire de la Bourgeoisie*, il avait, en revanche, plus de précision dans l'esprit, de méthode dans les recherches, d'ordre dans le classement des faits, de sang-froid devant une pièce importante, et de défiance en face des difficultés qui surgissent sans cesse quand on veut serrer de près un texte ancien. Il trouva dans la publication des *Registres Consulaires* l'occasion d'exercer et de manifester à un haut degré ces diverses qualités. Cet ouvrage ne lui fait pas moins d'honneur que son édition des *Fables de Foucaud* et son *Catalogue* de la Bibliothèque communale, l'œuvre la plus considérable peut-être à laquelle il ait attaché son nom.

La mort de Ruben, arrivée le 18 décembre 1871, interrompit la publication dont tout le poids reposait sur lui et porta un coup sensible à la prospérité de la Société Archéologique : il était depuis neuf années le secrétaire général de cette Compagnie, qui ne possédait pas de membre plus actif et plus dévoué. Le public, distrait par les évènements politiques, n'avait pas accordé beaucoup d'attention au second volume des *Registres*. La Société Archéologique, aux prises avec des difficultés intérieures qui compromirent un moment son existence, et privée d'une partie des allocations dont elle jouissait naguère, dut renoncer à poursuivre simultanément les deux publications entreprises par elle depuis plusieurs années : les *Registres Consulaires* et le *Nobiliaire* de Nadaud. Elle jugea sagement qu'il y avait lieu d'achever d'abord un de ces ouvrages, pour pouvoir ensuite reprendre utilement l'autre et y consacrer tous les fonds laissés disponibles par les frais de publication du Bulletin et les divers engagements contractés par elle.

Grâce aux arrangements pris avec Mme Vve Ducourtieux, l'impression du *Nobiliaire* a été complètement achevée en 1882 ; le premier volume, dont plusieurs feuilles avaient été perdues, et dont il ne restait en magasin que des exemplaires incomplets, a été réédité. La Société, libre à présent, reprend la publication des *Registres Consulaires*, avec le concours du Conseil municipal de Limoges, qui, comprenant tout l'intérêt d'une telle œuvre, a voulu s'y associer, et a, dans sa séance du 10 octobre 1883, voté, pour contribuer aux frais d'impression, un crédit de mille francs.

Le volume que nous donnons aujourd'hui au public sera suivi de très près, nous avons tout lieu de l'espérer, par deux autres volumes des *Registres Consulaires de la ville de Limoges*.

XII

L'un, que nous avons découvert aux Archives départementales des Basses-Pyrénées, où il figure sous la cote E 743 de l'Inventaire, et que la Société Archéologique nous a chargé de publier, paraîtra vraisemblablement d'ici au mois de janvier 1885. Il renferme des actes relatifs à dix années consécutives de la fin du xve siècle (1489-1499), et peut être considéré, malgré la lacune de neuf ans qui existe entre le 10 août 1499, date de son dernier acte, et le mois de juillet 1508, date du premier document compris au plus ancien des registres déjà publiés, comme l'introduction et le premier tome de la suite régulière des actes de l'Administration communale de Limoges, nous dirions presque des mémoires de notre Hôtel-de-Ville. Toutefois, il ne renferme pas de notes historiques proprement dites, et n'émane pas des Consuls eux-mêmes. Il a été tenu par le notaire de la ville, et ne contient que des actes et contrats. On pourrait à toute rigueur lui contester cette qualification de *Registre Consulaire*, et il y a assurément moins de titres que le recueil dont nous allons nous occuper.

Celui-ci, de beaucoup le plus important des volumes que la Société se propose de faire imprimer, n'est autre que le plus ancien des registres du Consulat, le curieux manuscrit pour lequel nous avons naguère revendiqué en vain une place, la première, dans la série des *Registres Consulaires*, place que d'ailleurs M. A. Thomas, dans son Inventaire des Archives communales de Limoges, n'a pas cru devoir officiellement lui reconnaître. La Société a confié depuis plusieurs années à un de nos confrères, M. Beaure d'Augères, le soin d'étudier ce précieux recueil, de le copier et d'en préparer la publication. Nous savons que M. Beaure d'Augères a achevé la copie du manuscrit de l'Hôtel-de-Ville, et que son

XIII

travail d'annotation et de commentaire est fort avancé. Nous souhaitons de tout notre cœur que rien ne s'oppose à ce qu'il nous donne très prochainement son ouvrage.

Le volume que nous publions aujourd'hui reproduit intégralement le contenu du tome II de nos Registres, coté BB². Il comprend une période de soixante-dix ans — du 7 décembre 1592 au 20 décembre 1662 ; mais le Registre précédent s'arrête vers le mois de décembre 1581, de sorte qu'il existe une lacune d'environ onze années dans la collection officielle des actes du Consulat. Il est visible que les derniers feuillets du tome I (BB¹) ont été arrachés. On a voulu faire disparaître des livres de l'Hôtel-de-Ville ce qui se rapportait aux discordes civiles, aux scènes dramatiques du 15 octobre 1589, notamment, et à la sévère répression qui avait suivi la tentative des ligueurs. Les *Annales manuscrites* et le troisième volume de la grande *Histoire de saint Martial* du P. Bonaventure de Saint-Amable ne fournissent qu'un récit incomplet de ces évènements. Par bonheur, une partie considérable des informations et procédures auxquelles ils donnèrent lieu a été conservée. Les Archives nationales possèdent ce curieux dossier, qui est classé sous la cote K ᴋ 1212. Grâce à ce document, que nous avons, il y a quelques mois, dépouillé avec le plus grand soin, il est permis de reconstituer le drame du 15 octobre, de suivre les préparatifs du complot, d'en connaître les véritables organisateurs, d'assister enfin à toutes les scènes qui, dans la Ville et dans la Cité, signalèrent cette mémorable journée et les jours suivants. On trouvera notre travail à la fin de ce volume, sous forme d'appendice et sous le titre : *La Ligue à Limoges*.

La période du 6 décembre 1581 (1) au 7 décembre 1592 n'est pas la seule sur laquelle les *Registres Consulaires* soient demeurés absolument muets. On trouve au tome II une autre lacune de plus de quatre années, du mois de décembre 1638 au 16 avril 1643. A cette période se rapportent des évènements moins graves que ceux de 1589, mais d'une certaine importance pour l'histoire locale. Des désordres éclatèrent au sujet de la mauvaise gestion des Consuls, et le Roi dut intervenir pour réprimer certains abus qui se reproduisaient trop souvent à cette époque. Ces abus, si nous en croyons un contemporain, l'avocat Etienne Guibert, auteur d'un *Commentaire sur la Coutume de Limoges*, étaient des plus graves : cet écrivain accuse sans périphrases certains administrateurs d'avoir profité de leur passage au Consulat pour grossir leur fortune particulière au détriment du public. Plusieurs fois dans le cours du xviie et du xviiie siècles, des magistrats ou officiers de la ville furent appelés à répondre devant la Cour des Aides de la gestion irrégulière, de la dilapidation ou même du détournement des deniers communs.

Il faut reconnaître qu'à partir du milieu du règne de Louis XIII l'intérêt des registres de l'Hôtel-de-Ville diminue singulièrement. Les documents sont moins nombreux, le compte-rendu sommaire des faits les plus remarquables de l'année est presque toujours omis. Les Consuls n'apportent plus dans leur administration cette sollicitude qui s'étendait jadis à des objets si variés, et s'exerçait dans des conjonctures parfois si graves. La vie est devenue plus facile et plus douce. La responsa-

---

(1) Le registre BB[1] ne renferme aucune pièce ou mention à laquelle on puisse assigner une date postérieure, et ne fournit pas la liste des Consuls élus le 7 décembre 1581.

bilité des chefs de la commune est moins lourde, et puis, il faut le dire, de plus en plus l'action de l'autorité royale et des officiers du pouvoir central se substitue à celle des magistrats locaux et à l'initiative privée. Les assemblées de ville n'ont plus à se prononcer que sur des affaires d'intérêt secondaire. La milice communale, inutile, n'existe pour ainsi dire plus. En 1648 et 49, on est obligé de recourir à des gens soldés pour garder, dans la tour Montmailler, quelques prisonniers espagnols. Il n'y a plus d'armes à l'Hôtel-de-Ville, et les capitaines et les lieutenants que les Consuls continuent de nommer chaque année ne peuvent réunir leurs hommes qu'aux jours de fêtes publiques ou d'entrées royales. Après la juridiction criminelle, la juridiction civile a été enlevée aux Consuls; leurs attributions de police mêmes sont diminuées. Le bureau des Finances se substitue à eux pour l'entretien et l'établissement des fontaines et pour les travaux de voirie. Ils n'ont plus que l'ombre du pouvoir municipal, comme les libertés communales ne sont plus que l'ombre des libertés d'autrefois. Aussi les mémoires officiels de leur administration perdent-ils de plus en plus de leur intérêt. — Il faut dire au surplus que, en dehors des registres du Consulat, les magistrats municipaux notent par devers eux les actes et évènements de leur gestion, pour se trouver en mesure d'en rendre compte à leurs successeurs à la fin de l'année de leur charge, et pour obtenir d'eux et de l'assemblée de ville un *quitus* qui n'est même plus mentionné sur les registres de l'Hôtel-de-Ville, et qui, du reste, ne met nullement ces magistrats à l'abri de réclamations et de poursuites ultérieures. Les Cours des Aides, les Intendants, les Contrôleurs des deniers communaux, les particuliers eux-mêmes, les appellent en cause pour les faits de leur administration. On en verra des exemples dans le volume que nous publions : en 1658, par exemple, le Procureur du Roi demande que les magistrats des dix dernières années soient obligés de présenter leurs comptes, de les faire apurer, et de répondre des fautes de leur gestion sur leur fortune privée. Peu après, les consuls de 1657 sont très rigoureusement poursuivis. Ceux de 1651 ou 52 le sont aussi. Disons cependant que, grâce aux intrigues, à la faveur, à de puissants patronages, les officiers municipaux auxquels on faisait le procès, se tiraient ordinairement d'affaire à assez bon compte. Les Intendants d'ailleurs ne se montraient pas trop sévères et fermaient les yeux sur bien des abus. Claude Pellot, que la confiance du Roi avait investi de l'administration des deux généralités de Poitiers et de Limoges, à laquelle il ajouta plus tard celle de la généralité de Montauban, traite assez légèrement des faits pourtant graves, dans une lettre adressée au Chancelier pour recommander à sa bienveillance les Consuls de 1657 : « Ils méritent, dit-il, votre protection, se trouvant persécutés et poursuivis à cause d'un reglement qu'ils ont obtenu pour le Consulat avec beaucoup de vigueur, qui a blessé force particuliers, lequel vous avez bien voulu appuyer... Il y a asseurément plus d'animosité dans leur accusation que de crime de leur costé, lequel, quand il n'y auroit rien a redire aux preuves, doibt plus tôt passer pour un vieil abus, que ceux qui ont esté devant eux ont pratiqué, qu'une concussion dont l'on ne voit pas mesme qu'ils ayent tiré aucun advantage. Ce qui fait que j'estime que la Cour des Aydes de Paris et ses commissaires ont traitté cette affaire avec trop de severité contre de bons et notables bourgeois, qui sont toujours prestz à rendre compte de leurs actions. Asseurément, il seroit important pour le repos de cette ville et pour le service du Roy, que ce procez fut terminé avec plus de douceur qu'il n'a esté commencé et conduit jusques à present » (1).

Nous parlions plus haut des notes qu'en dehors des *Registres Consulaires* proprement dits les magistrats en charge conservaient sur les actes de leur gestion. Nous avons été assez heureux pour retrouver, dans la collection si précieuse des manuscrits de Nadaud et de Legros, que possède le Grand Séminaire de Limoges, le journal d'un Consul de l'année 1648-49. Ce document ne nous fournit d'indications utiles que sur les douze mois durant lesquels son auteur, Jean Lafosse, bourgeois et marchand, est resté en charge; mais il nous initie, avec beaucoup plus de détails que nos Registres, aux travaux de l'administration à cette époque, et aux objets sur lesquels s'étendait encore la sollicitude des magistrats municipaux au commencement du règne de Louis XIV.

Il semble que le *Journal* de Lafosse n'ait pas un caractère exclusivement personnel et qu'il constitue un compte-rendu complet de l'administration des six Consuls nommés le 26 décembre 1648. Les comptes-rendus de cette espèce étaient couchés à la suite l'un de l'autre sur des livres spéciaux, et ces livres, aujourd'hui perdus, formaient une série spéciale, distincte de celle des *Registres Consulaires* proprement dits, dont les indications sont plus générales et plus sommaires. C'est du moins ce qui résulte d'un passage du tome II de ces derniers registres, reproduit au présent volume, et où il est parlé du « livre des comptes, » qui porte « tout au

---

(1) Lettre du 29 novembre 1661, d'après le manuscrit français 17,398 de la Bibliothèque nationale. (O'REILLY : *Mémoires sur la vie de Claude Pellot*, T. I, p. 322.)

long insérés » ceux des Consuls de cette même année 1648-1649, à la suite de ceux de leurs prédécesseurs, élus en 1647. Le journal copié par Legros serait l'original du compte préparé par Jean Lafosse pour lui et ses collègues, ou plutôt un mémorial plus détaillé, plus étendu, destiné à être rédigé et condensé suivant une forme consacrée, copié ensuite au livre dont il est plus haut question. Quoi qu'il en soit, cette pièce nous révèle toute une catégorie de documents municipaux dont il ne nous reste, croyons-nous, aucun autre spécimen.

Le *Journal* de Lafosse nous a paru, à ce titre, mériter d'être publié en entier. Nous le donnons à la fin du volume, sous le n° 2 de l'Appendice.

La période qu'embrasse le tome II des *Registres Consulaires* de Limoges est celle durant laquelle les Institutions municipales de notre ville éprouvèrent les plus graves atteintes. Malgré les empiètements successifs de l'autorité royale, malgré le coup porté au Consulat par l'arrêt du Parlement de 1544, en faveur du roi de Navarre, les fonctions consulaires avaient encore, à la fin du xvie siècle, une partie de leur ancienne importance. Après le rétablissement de la paix publique, le grand travail d'organisation sur un plan uniforme, commencé par Henri IV, continué par Louis XIII et Richelieu, poursuivi et appliqué avec rigueur par la bureaucratie sous Louis XIV, acheva de ruiner en France la liberté des communes : durant cette période, dont l'éclat extérieur ne peut faire oublier les erreurs et les fautes en matière de gouvernement, on vit s'éteindre peu à peu ce qui subsistait encore de l'esprit municipal d'autrefois. A l'époque où s'arrête notre Registre, la centralisation a brisé pour toujours le ressort principal de la vie locale, et le nom de *Commune* lui-même, si caractéristique et si expressif, a disparu de la langue officielle.

L. G.

REGISTRES CONSULAIRES

DE LA VILLE DE LIMOGES.

2ᵉ REGISTRE.

Eslection de messieurs les consulz de la ville de Lymoges, faicte par les habitants dicelle assembles au son de la cloche a la maniere acoustumee, en la sale de la maison de lad. ville, assistants messieurs Du Peyrat et Garreau, conseillers et juges magistrats au siege presidial de lad. ville; Ardent et Cybot, procureur et advocat du roy aud. siege, le septiesme jour de decembre m. vᶜ quatre vingtz douze.

Du canton des Taules :

Simon Ladrat.

De la Porte :

François Vertamont.

De Magninie :

Martial Bayard, tailleur de la Monoye.

Du Marché :

François Disnematin dict Le Dorat.

De la Fourie :

Martial Grelet dict Le Cujit.

Du Clocher :

Hugues Barbou, M° imprimeur.

De Boucherie :

Mᵉ Moureil Pinot, advocat aud. siege.

De Lansecot :

Joseph Legier.

Des Combes :

M° Jacques Jupile, procureur.

Du Vieux Marche :

M° Mathieu Boulet, aussy procureur.

De Croissances :

Mᵉ Jehan de Beaubrueil, advocat ;
Honorable Mᵉ Guillaume Garreau, conseiller et juge magistrat aud. siege.

(Signé :) Mouret, notaire et scribe de lad. ville.

(Il y a ici une page blanche dans le manuscrit.)

Recueil des choses plus remerquables despuis la creation des consulz, faicte le septiesme decembre 1592, *jusques a la fin de leur annee consulaire.*

Les consulz romains, aux grandz affaires, recepvoient du Senat cet advertissement : *Videant consules ne quid Respublica detrimenti capiat;* c'est a dire : que les consulz regardent que la Republique ne recoipve dommage.

Aussi est-ce le debvoir de ceux qui sont en telle charge de tenir autant qu'il leur sera possible les yeux ouvertz a l'utilité (1) publique, et preferer icelle a toute particuliere.

Et mesmes, ce beau nom de consul les en advertit assez, car si nous croyons ceux qui plus au vray ont recherché les ethimologies des noms, le nom de consul vient du verbe *consulo*, qui, en premiere signification, se prend pour donner ordre a quelque affaire.

Ce que Ciceron, en son oraison *pro Murœna*, declaire asses, disant que le debvoir d'un consul est de donner ordre, non seulement a ce qui se presente, mais aussi de pourvoir a l'advenir.

C'est pourquoy, esmeus de l'importance de ceste honorable charge, tout incontinent apres nostre election, nous nous proposames d'employer tout n^{re} soin a ce que le public ne receut aucun dommage a faulte de diligence.

Ayant doncques heu certain advertissement, le premier jour de janvier 1593, de nous prendre bien garde que la ruine du fort de Chaslucet ne fust surprinse, et que si promptement n'y estoit pourveu, ce lieu estoit encores assez habitable pour une retraite a nos ennemys, laquelle pourroit porter grand dommage non seulement a la ville de Lymoges, mais a toute la province, mesmes que depuis un moys plusieurs personnes tant a cheval que a pied estoient a diverses fois recognoistre la place, a ceste cause y envoyames le lendemain second dudict moys Mathieu du Mas, maistre charpentier, et Francois de Rancon,

---

(1) La plus grande partie des mots du manuscrit portant l'accent aigu final et l'apostrophe là où ils sont nécessaires, nous croyons devoir rétablir ce signe partout, afin de faciliter la lecture de ce troisième volume.

maistre massou, accompagnes des archers du Viseneschal et d'un bon nombre de soldartz pour les conduire en toute seureté audict lieu.

Iceux ouvriers, estantz de retour, nous rapporterent qu'il y avoit encores quatre tours et le dongeon, et la plus part des murailles qui estoient bonnes, et que dans peu de jours, veu la situation du lieu, s'y pourroient loger a couvert plusieurs ennemys apres avoir faict quelque peu de reparations.

Le troisiesme jour dudict moys envoyasmes vers le capitaine L'Auvige, habitant de Souloniat, pour le prier de venir en ceste ville, ou estant, le priames de prendre la peyne d'aller voir ledict lieu pour incontinent apres nous en donner advis certain.

Ce qu'ayant obtenu de luy, il nous rapporta fidellement le jour apres que, veu la situation du lieu et qu'il n'y avoit qu'une venue, et y restoit encores plusieurs murailles entieres, facilement on s'y pourroit loger, ayant mis quelques arquebuzierz aux avenues pour empescher d'offence vingt ou trente paisantz qui pourroient avoir remparé le lieu dans sept ou huit jours, tellement que par apres ce seroit une des plus fortes placces de toute la province, laquelle peu de gens pourroient garder.

Le quatriesme dudict moys, furent convoques par assemblee generale les habitantz de la present ville, auxquelz ayant faict entendre ladicte affaire, furent tous d'opinion qu'il falloit y pourvoir au plustost, de laquelle declaration fut donné acte par messieurs Lamy, lieutenant particulier; Ardent et Cibot, procureur et advocat du Roy. Fult aussy arresté qu'il falloit envoyer commissions aux paroisses circonvoysines dudict Chaslucet, pour faire travailler a l'entiere demolition lesdicts habitantz d'icelles, selon que ceux qui leur commanderoient verroient estre a faire.

A ceste cause envoyasmes de quatre-vingtz a cent soldatz pour garder que lesditz ouvriers qui travailleroient a ladicte demolition ne fussent offences. Lesquelz solsdatz, avec leur capitaine et aultres habitantz de ladicte ville, soldatz volontaires, ensemble lesditz archers du Viseneschal, y arriverent le cinquiesme dudict moys.

Avec lesquelz s'acheminerent lesditz Du Mas et De Rancon et leurs serviteurs, fournis des outilz necessaires qu'ils avoient demandes, et aussy lesditz habitantz desdites paroisses s'y trouverent le mesme jour qui leur avoit eté commandé, et tellement y fut travaillé, que dans quatre jours ils rendirent la place en tel estat qu'il n'y a plus aucun moyen d'y faire retraitte.

Comme nous eusmes diligemment pourveu a tel affaire, il s'en presenta un aultre, le mesme mois, qui nous sembla de grande consequence : c'est le different qui se trouva entre les medecins de ladicte ville, a cause de leur preseance.

Car ce different les avoit tellement bandez en contraincte que l'un ne vouloit se trouver en la maison de malade ou l'aultre medecin estoit ou avoit esté, chose qui portoit grand dommage aux habitantz, lorsqu'ilz se trouvoient surpris de maladie. Parquoy fut par nous advisé de les assembler en la maison de la ville, et de les accorder si bien que tel different n'eust plus longue estendue. Ce qui fut faict par un contract de convention que nous avons faict inserer icy.

Accord faict sur l'altercation et diferent des medecins de la present ville a cause de leurs preferences, contenant le reglement qu'ilz doibvent tenir entre eux, par forme de provision.

Aujourd'hui trentiesme janvier mille cinq cents quatre vingtz et treize, apres midy, en la chambre du conseil de la maison commune de la ville de Lymoges, ont esté presentz : honorables Messieurs Francois Verthamont, prevost; Guillaume Garreau, conseiller et juge magistrat au siege presidial de Lymoges; Simon Ladrat; Martial Bayard; Francois Disnematin dict le Dorat; Hugues Barbou; Joseph Legier et Me Mathieu Boulet, consulz de ladicte ville de Lymoges; venerable maistre Jehan de Puysillon, doyen de l'eglize de Lymoges; monsieur le prescheur maistre Isac Cibot, avocat du roy; Jehan Nicolas et Jean Desmaisons, advocatz; Joseph Dauvergne et Durand Brugiere, auxquelz a esté proposé par ledict sieur Verthamont, prevost, que lesdicts sieurs consulz ont receu et recoivent journellement plusieurs grandes plainctes de ce que les medecins de ceste ville, lorsqu'ilz sont appelles pour voir et visiter des malades, ne veulent s'assembler pour deliberer sur leurs maladies et remedes de guerison, ains, s'il y a un medecin en une maison, l'aultre n'entrera pour voir le malade que le premier ne se retire; et si les parents du malade font tant qu'ilz puissent par prieres et importunites les assembler, il y a tousjours de la contention entre eux, et ne s'en peut tirer aucune bonne resolution, pour la contrarieté et dissention qu'ilz ont ensemble, laquelle procede de ce qu'ils ne veulent deferer ni ceder l'un a l'aultre, ains demandent tous avoir le premier rang et degré, disantz, ascavoir : M. Fayen (1), qu'il est plus ancien, M. Guerin de mesme, et qu'il a plus practiqué, et M. David qu'il est docteur, et combien qu'il soit plus jeune, toutesfois, a cause du degré, il doibt estre preferé aux aultres ; de maniere que, pour raison de ce different, plusieurs malades sont maltraites, les drogues des appothiquaires ne sont pas visitees, et le public en souffre grand dommaige; pour a quoy remedier, lesdicts sieurs consuls ont faict appeler lesdicts sieurs doyen et aultres, pour adviser s'il y auroit quelque moyen d'accorder lesdicts medecins, affin que le public n'en souffre plus d'incommodité. Sur quoy, ayant esté bailles plusieurs advis en l'assemblee, lesdicts medecins, ayant esté appeles, se sont convenus et accordes par provision et pour le bien du pays, sans prejudice de leurs droicts et prerogatives et preeminences, comme s'en suit :

Scavoir est que, dores en avant, un chascun deux jouyra de la preference et preeminence durant troys moys, et l'aultre apres consecutivement l'un apres l'autre durant trois moys. Commencera ledict sieur Fayen le premier durant troys moys prochain, qui commenceront lundy prochain premier jour de febvrier ; ledict sieur Guerin apres, aultres troys moys consecutifs alternativement. En ce que celluy qui aura achevé ses troys moys demeurera le dernier les trois moys en suivans. Et ainsi continuerons jouir desdictes preeminences, preseances, honneurs et preferences, tant qu'il plaira a Dieu les y maintenir, et jusques a ce que aultrement par justice en soit ordonné, sans que aucun d'iceux y puisse contrevenir, pour quelque occasion ou subjet que ce soit, a peyne d'etre declaré perturbateur du bien et repos public. Neanmoins a esté accordé que

---

(1) Jean Fayen, né à Limoges, auteur de la carte du Limousin intitulée :
Totius Lemovici et confinium provinciarum, quantum ad diocesin lemovicensem spectant, novissima ac fidelissima descriptio. Auctore J. Fayono, M. — Cæsaroduni Turonum, in ædibus Micuricii Boqueraldi, anno 1594.
Cette carte a eu un grand nombre d'éditions.

s'il se presentoit aulcun aultre en ceste ville, cité que faux-bourgs, qui voulut exercer ledict estat de médecin, qu'il ne sera receu a ce faire qu'il n'aye de prealable monstré de ses degres, suyvant les ordonnances royaux. Dont et de quoy lesdicts sieurs consulz ont requis acte au notaire et scribe de ladicte maison commune soubsigné, qui leur a esté concedé soubz le scel de la vicomté de Lymoges, les jours et moys que dessus.

> Ainsi signé : F. Verthamont, consul, prevost; Fayen, medecin, sans prejudice des droictz de preference qui me sont acquis despuis la mort de feu monsieur Paris de Buat; Guerin, sans prejudice de ma plus avancee experience, ou c^{tre} l'usage et estude ez universites ou le plus longtemps j'ai versé et aussi practiqué; David, docteur medecin, sans tirer a consequence ou devoyer a ses droictz et qualites.

Au mois de mars suivant, le feu d'une grande sedition estoit prest de s'allumer, sans le secours que nous apportames pour l'esteindre.

Chascun scait de quel prejudice est au peuple le refus de la monoye ordinaire, sans laquelle il ne pourroit que tres dificilement survenir a ses necessites. Et, comme la bonté d'icelle ne peult estre alteree sans grand dommage au public, aussi veulent les loix que les faux monoyeurs soient punis par le feu (1).

Or, a cause de certains douzains (2) forges en la ville de Maringues en Auvergne n'estantz de l'aloy ni du poix ordonné par les ordonnances royaux, et que du marc d'iceux s'en falloit six vingtz ou davantage, la fraude estant descouverte, lon faisoit non seulement refus de les prendre, ains aussi ceux qui estoient forges nouvellement ez monoyes royalles.

Et mesmes, telle fut la crainte du peuple, qu'ayant peur de quelque descry general de tous les douzains, il ne vouloit prendre les vieux de quelque sorte qu'ilz fussent, tellement que les personnes de plus bas estat voulantz acheter des vivres, et

---

(1) Le crime de fausse monnaie était un crime de lèse-majesté, puni, à diverses époques, de différentes peines : depuis l'empereur Constantin, qui les condamnait au supplice du feu, ils furent tantôt bouillis, puis pendus, tantôt pendus seulement, tantôt crucifiés, tantôt enfin ils eurent la main coupée. (Jean Boizard, *Traité des monnaies*, chap. III.)

(2) Le douzain valait 12 deniers, ou un sou. C'était une sorte de billon d'argent. Les douzains fabriqués en 1586 contenaient 3 deniers de fin. (*Ibid.*; p. 17.)

n'ayantz aultre payement que des douzains, se trouvoient refuzes de ceux qui vendoient leurs daurees ; ce que de fort pres nous menacoit d'une sedition populaire.

Quoy considerantz, nous fismes assembler messieurs de la justice et des principaux bourgeois et marchantz, ensemble les maistres et officiers de la Monoye pour pourvoir audict affaire. Et, par advis de ladicte assemblee, fut faict edict, le dixhuictiesme jour de mars, pourtant commandement a toutes personnes, et mesmes aux recepveurs des tailles, sur peyne de punition corporelle, de prendre toutes sortes de monoyes fabriquee soubz le coin et armes de France ez monoyes establies par le Roy.

Non obstant tel edict, la plus part du peuple ne cognoissant la diference des bons et mauvais douzains forges nouvellement, chascun les refusoit. Aussi s'en trouvoit-il plusieurs soubz le nom et armoyries d'aultre prince que du Roy, lesquelz avoient coulé en quelques endroictz.

Qui fut cause que, de rechef, fut faicte assemblee en lad. maison de ville, ou furent appelles les susd. sieurs de la justice et principaux bourgeois, ensemble les maistres et officiers de la Monoye. Lesquelz firent encore iteratif commandement, par edict publié le vingt et sixiesme dud. mois de mars, a toutes personnes, de quelque qualité et condition que ce fut, de prendre en vantes et achaptz toutes sortes de monoyes fabriquees soubz le coin et armes de France ez Monoyes etablies par Sa Mageste et non aultres. Lequel edict fut par deux jours consecutivement publié.

Toutesfois, quelque commandement qui fut faict, jamais ne fut possible de faire exposer lesdictz douzains, tant il est difficil d'arracher de la cervelle d'un peuple quelque faulce opinion qu'il a desja receüe pour vraye.

Par ce, fut arresté en ladicte maison de ville que deux marchantz avec un officier de lad. Monoye se trouveroient en chascune rue, et tiendroit certain lieu pour juger desdictes especes, et discerner les bonnes d'entre les mauvaises, afin que le pauvre peuple ne fut trompé.

Et fut aussi ordonné en 'lad. assemblee que deux desdictz sieurs consulz, ayantz les marques consulaires, iroient par toutes les boutiques, et mesmes enjoindroient a ceux qui vendroient vivres de ne refuzer lesdictes monoyes forgees suyvant les ordonnances royaux.

Mais ceux qui faisoient estat de vendre vivres, craignant l'amande et la punition corporelle, s'aviserent d'encherir leurs denrees de la moitié en prenant lesdictz douzains, dont cuida sortir grande sedition. Cependant telz edictz demeurerent presques sans effect.

Et la souvenance que l'on avoit du refus des pieces de six blancz qui fut faict l'annee precedente donnoit beaucoup d'occasion a tel desordre.

Car, en certaines villes de Languedoc, beaucoup de telles pieces furent fabriquees au coin et armes de France, voire que l'on en recognoissoit qui avoient este jettees en sable, affoiblies du poix d'un tiers, et n'estoient de la valeur de vingt deniers, qui fut cause que le peuple, ayant cognu la fraude, n'en vouloit prendre daucune facon.

Certains marchantz du Dauphiné, appelés Bizouardz, apportoient lesd. douzains de Maringues pour les exposer au present pays. Dont en fut saisi un certain marchant qui, neanmoins, se sauva. Et fut trouvé dans son coffre quantité desd. douzains, desquelz l'essay estant faict, on trouva qu'il en falloit six vingtz ou davantage au marc, et ne valoit le marc que vingt et sept soulz.

Parquoy furent cizailles, par sentence des officiers de la Monoye, et la valeur d'iceux confisquee aux pauvres. Lequel acte en espouvanta quelques uns, et fut cause que peu a peu le desordre cessa.

En ce mesme temps, une trouppe de Ligueurs qui couroient autour de lad. ville faisoient augmenter de jour en jour les plainctes de plusieurs personnes qu'ilz destroussoient en chemin. Et continuerent de faire prinzes de bestail en plusieurs vilages jusques a ce qu'ilz entendirent nouvelles asseurees du retour de monsieur de Chamberet, qui estoit allé ...... (1), d'autant que souvent il avoit empesché leurs actions desbordees.

Que si telles nouvelles leur furent desplaisantes, elles nous furent bien d'autant agreables, pour avoir heu advertissement certain que le Roy l'avoit faict son lieutenant en ceste province.

Tel advertissement rejouist si fort tous les bons citoyens de ceste ville, qu'il ne fut aucun d'iceux qui ne se repeut d'une

(1) Le papier a été rogné à cet endroit.

tres belle esperance, ayant la memoire toute fresche des admirables promesses dud. seigneur pour le service du Roy et proffit des bons serviteurs de Sa Magesté.

Doncques, apres avoir receu les patentes du Roy par lesquelles il nous estoit commandé recepvoir ledict Sr de Chamberet en la susdicte qualité, nous jugeames estre de nostre debvoir de luy faire une reception honorable, comme ses merites le requeroient. Et afin que de plus en plus la memoire en fust augmentee, avons cy dessoubz faict apposer la coppie desdictes patentes :

Henry, par la grace de Dieu, roy de France et de Navarre, a nostre amé et feal le sieur de Chamberet, gentilhomme ordinaire de nostre chambre et cappitaine de cinquante hommes d'armes de noz ordonnances, salut. Considerant que nostre pays de Lymosin est environné de provinces et de villes la plus part occupees par noz subjectz rebelles. Au moyen de quoy, estant subject a invasion de plusieurs endroictz et par diverses prattiques dangereuses, il est d'autant plus necessaire, non seulement de veiller soigneusement a la conservation d'iceluy, mais aussi qu'il y ayt personne de bonne qualité et valeur, avec authorité de nostre part pour pourvoir promptement aux mauvais accidentz qui y peuvent de jour a aultre survenir par la corruption du temps. Et, combien que nostre cher et bien aymé cousin, le duc de Vantadour, gouverneur et nostre lieutenant general audict pays, y rande tel debvoir, lorsqu'il y est, que nous avons tout contentement, toutesfois, ne lui pouvant ses affaires permettre d'y faire residence ordinaire, il seroit grandement a craindre que les ennemys, espians le temps et l'occasion de son absence, trouvassent moyen de s'en prevaloir, au desavantage de nostre service, et faire quelque dommageable progres avant qu'il y peut estre de retour; et mesmes, iceluy estant dans la province, ne laisseroient d'y entreprendre d'un costé, pendant qu'il pourroit estre occupé de l'aultre; pour a quoy pourvoir et remedier, nous avons estimé estre tres requis de commettre quelque bon et digne personnage a nous feable, qui, en son absence, ayt esgard a la seurté de la province et pouvoir d'ordonner et exploicter ce qui pourra estre necessaire pour le bien de nostre service; considerant aussi que ne scaurions faire election de personne sur laquelle nous nous puissions mieux reposer de ceste charge que sur vous, attendu les bonnes et dignes preuves qu'avez de long temps faictes de v^{re} fidelité, vaillance, experiance au faict des armes et bonne diligence, ensemble de v^{re} affection au bien de nostre service en plusieurs importantes occasions ou vous auriez esté employé, mesmes dans ledict pays, durant la presente guerre, ou vous vous estez toujours si vertueusement porté qu'il nous en demeure un tres grand contentement : Pour ces causes et aultres grandes considerations a ce nous mouvantz, nous avons commis et ordonné et depputé, commettons, ordonnons et depputons par ces presentes nostre lieutenant general en n^{re}dict hault et bas pays de Lymosin, en absence de n^{re}dict cousin le duc de Ventadour, et vous avons donné et donnons pouvoir, puissance et authorité de maintenir et faire vivre noz subjetz d'iceluy pays en bonne paix, union et concorde soubz n^{re} obeissance, vous opposer et resister a toutes prattiques, menees et entreprinzes qui y pourroient estre faictes au prejudice de n^{re}dict service, commander et ordonner, tant a noz subjetz et habitantz dud. pays que a noz gens de guerre de cheval et de pied, ce qu'ilz auront a faire selon que vous en verrez les occasions et le besoing, faire vivre lesd. gens de guerre en bonne reigle et discipline selon noz ordonnances, faire punir et chastier par noz officiers les transgresseurs d'icelles, selon l'exigence des cas, courir sus et tailler en pieces tous rebelles, ennemys et perturbateurs du repos public, assieger les villes, places et chasteaux par eux occupes, y mener ou fere mener et conduire le canon, les battre, forcer ou prendre par composition, selon que vous jugerez estre plus convenable pour le bien de nostre service, donner assaultz, livrer batailles, escarmouches et rencontres, commander a noz officiers, tant de nostre artillerie que des vivres, ce qui escherra a faire de leur part au faict de leursd. charges, faire faire les monstres et reveues de nosd. gens de guerre par les commissaires ordinaires et provinciaux de noz guerres, et, en l'absence d'iceux, en commettre d'aultres suffisantz et capables, faire payer lesd. gens de guerre de leurs soldes et appointementz, et aultres frais et despendz necessaires, selon les estatz qui en auront esté par nous faictz; ordonner des deniers destines a cet effect, expedier vos ordonnances et estatz desd. payementz aux thresoriers de l'extraordinaire de noz guerres ou aultres noz contables qu'il appartiendra, que voulons leur servir et valoir a la reddition de leurs contes, tout ainsi que s'ilz avoient esté par nous faictz et expedies. Et, a ceste fin, des a present les avons valides et authorises, validons et authorisons par cesdictes presentes, et generallement faire, ordonner et exploicter par vous, en la presente charge, circonstances et despendances d'icelle, tout ce que verrez appartenir au bien de nostredict service, le tout, toutesfois, en l'absence de nostredict cousin, et tant qu'il nous plairra, promettans en bonne foy et parolle de roy avoir agreable, tenir ferme et stable tout ce qui sera par vous arresté, faict et exploicté, le ratifier et confirmer, si besoin est, et requis en sommes. Si mandons a tous noz officiers, maires, consulz et eschevins, manans et habitantz des villes et subjectz de nostredict hault et bas pais de Lymosin, ensemble a noz gens de guerre tant de cheval que de pied qui y sont et pourront estre cy apres pour nous y faire service que a vous ilz ayent a entendre et obeir au faict de la presente charge et commission, chascun en son endroict, comme il luy peut toucher, sans y faire aucune difficulté. Car tel est nostre plaisir. Donné a Mante, le xxiiij^e jour d'apvril, l'an de grace mil cinq centz quatre vingtz et treze et de nostre regne le quatriesme. Ainsi signé : HENRY ; et plus bas : *Par le roy,* signé REVOL ; et seelé de cire jaune sur simple queue.

Oultre lesd. patentes, il pleut a Sa Magesté nous envoyer une lettre, dont la teneur s'ensuit :

DE PAR LE ROY.

CHERS ET BIEN AMEZ, le besoin que nous avons estimé estre de commettre quelquun en la charge de nostre lieutenant general en nostre pays de Lymosin, pour, en l'absence de nostre cousin le duc de Vantadour ou pendant qu'il sera empesché en un endroict de la province, pourvoir a ce qui sera necessaire de l'aultre pour le bien de nostre service et solagement de noz subjectz et serviteurs, nous a faict regarder sur ceux qui s'en pourroient mieux acquister. En quoy les vertus et merites du sieur de Chamberet ont esté suffisantes causes pour faire tomber l'election en sa province (personne?), l'ayant pourveu de ladicte charge sur l'asseurance que nous avons, par les tesmoignages de ses actions passees, qu'il s'en scaura tres bien acquister au contentement d'un chascun, bien et advancement de noz affaires, et estant necessaire, pour luy en donner plus de moyen, qu'il soit recognu et obei, comme nous croyons qu'un chascun de vous s'y disposera volontiers, puisque, oultre la bonne reputation qu'il s'est acquise au pays, c'est n^{re} intention. A ceste cause, nous vous mandons et ordonnons que vous ayez a le recepvoir et admettre en ladicte charge, et le faire admettre en icelle pour ce que despendra de vous et de voz charges, selon qu'il est requis pour le bien de nosd. subjectz et particulierement de v^{re} ville, que nous sommes asseures qu'il affectionne tant qu'il sera tres aise de faire valoir l'authorité qu'il aura par le moyen de lad. charge, au repos et contentement d'iceux et advancement de noz affaires. Car tel est n^{re} plaisir. Donné a Mante, le xxiiij^e jour d'apvril 1593. Signé Henry ; et plus bas, Revol.

Or, apres avoir convoqué les cappitaines centeniers de ladicte ville, et faict entendre la volonté du Roy, eux et nous fusmes conformement d'advis de nous apprester pour la susd. reception a ce qu'elle peut produire un evident tesmoignage de la grande affection que les bons citoyens de ceste ville pourtoient aud. sieur de Chamberet.

Tellement qu'il fust resolu de choisir de chascun canton les plus adroictz aux armes, pour faire une companie de troys centz braves arquebuziers, qui marcheroient soubz une enseigne colonelle, et iroient en bel ordre au devant dud. seigneur.

Pour colonel de lad. companie fust choysi monsieur maistre Simon Ardent, procureur du Roy en la seneschauce et juge presidial de Lymoges.

Furent aussi deputes quatre de nostre companie pour aller recepvoir lesd. sieur a demy lieue de la ville, scavoir est monsieur Garreau, conseiller magistrat aud. siege presidial, ensemble messieurs Ladrat, Bayard et Barbou. Et fut faicte une liste des principaux bourgeois et marchantz qui accompaigneroient lesd. sieurs consulz.

A ceste fin, la porte de Manigne estant ouverte, la tour d'icelle fut de nouveau garnie de pieces de fonte et de mousquetz pour tirer a son arrivee. Et les deux principalles pieces d'artillerie furent mises hors la ville entre le faubourg et lad. porte.

En oultre, furent eslevees sur la premiere porte de l'entree de lad. ville les armoyries dud. sieur de Chamberet dans un chapeau de triumphe, joinct a un aultre, dans lequel estoit escript en lettres capitales le sonnet qui s'ensuit, composé par maistre Jehan Debeaubrueil, advocat aud. siege presidial et l'un de noz compaignons :

Retentisse par tout et le nom et l'honneur
Du vaillant Chamberet, pere de la patrie,
Et que des mieux disantz, a ce coup, l'industrie
S'employe a louanger un si digne seigneur !

La beauté, la bonté, la vaillantise, l'heur,
L'ont rendu renommé, voire forcé l'Envie
(Tant soit elle du jour des vertus ennemie!)
D'accorder qu'il reluit d'admirable lueur.

Mais peut-on desirer quelque juge plus digne
Sur le merite grand de ce guerrier insigne
Qu'un Henry, le grand chef du royaume francois !

Ayant pris son advis sur diverse demande,
Le Roy pour Chamberet fit ouir cette voix :
SI SON RENOM EST GRAND, SA VALEUR EST PLUS GRANDE.

Comme les susd. consulz se furent acheminés pour faire leur charge, suyvis d'un bon nombre de notables citoyens a cheval, qui tous d'un joyeux visage tesmoignoient combien tel acte leur agreoit, estantz pres dud. sieur de Chamberet, accompaigné de monsieur de Beaumont, son frere, et de plusieurs aultres gentishommes, led. sieur Gareau, qui portoit la parole, luy fit entendre la rejouissance que les habitantz de Lymoges recepvoient de ce qu'il avoit pleu au Roy leur donner un si digne seigneur pour leur commander, les merites duquel estoient si notoires que mesme ceux qui plus luy portoient d'envie estoient contrainctz de le louer.

Et luy offrant le service desd. habitantz, tant en general qu'en particulier, l'asseura d'estre le tres bien venu en lad. ville.

A quoy led. sieur ayant respondu que, s'il avoit cy devant faict paroistre aux habitantz de Lymoges sa bonne affection, il tascheroit encores de plus en plus a leur donner tesmoignage de son amitié, desirent de s'employer pour eux de tous ses moyens, dict aussi que, s'il avoit pleu a Sa Magesté le tant honorer que de le faire son lieutenant general en ceste province, c'estoit plus tot pour l'inciter a bien faire que pour ses merites ; ensemble remercia grandement lesd. habitantz des offres de leur service faictz par led. sieur Garreau.

Cela faict, ilz s'acheminerent tous ensemble vers la ville, et, passantz par une plaine ou led. colonel avec sa companie estoit en bel ordre, led. sieur de Chamberet fut salué d'une scopeterie

— 15 —

autant bien dressee qu'il estoit possible, laquelle luy agrea grandement, recognoissant par icelle combien les habitantz de Lymoges s'estoient aguerris.

Apres estre arrivé audict faubourg de Manigne, les habitantz d'iceluy, a son entree, le saluerent d'une aultre scopeterie respondant a la premiere. Puis, estant au milieu dudict faubourg de la ville, toute l'artillerie le salua, et quatre de nostre compagnie, qui gardoient la porte, le recullirent en toute humilité, luy offrantz le service desd. habitantz.

Estant arrivé au logis qui luy estoit preparé dans la ville, monsieur nostre prevost, avec troys de noz compaignons, fust le trouver; puis messieurs les deputes du clergé, messieurs de la justice, de la generalité et de l'election allerent luy offrir leur service.

Ceste arrivee fust si heureuse et proffitable qu'elle fist cesser incontinent tout le desordre qui se faisoit aux champs au tour de lad. ville, ainsi que les rayons du soleil dissipent un amas de vapeurs espesses qui taschent de monter en l'er.

Or, telle joye nous estant arrivee, un aultre la suivit bientost apres; car le   du moys de   (1) nous receusmes les bonnes nouvelles de la conversion de nostre roy a l'Eglise catholique, apostolique et romaine, par lettres expressement envoyees de Sa Magesté a sa cour de parlement seant a Tours, qui furent publiees le   (2), dont la teneur s'ensuit :

Noz AMEZ et feaux, suyvant la promesse que nous feismes a nostre advenement a ceste couronne par la mort du feu roy nostre tres honoré seigneur et frere, dernier decedé (que Dieu absolve!) et la convocation par nous faicte des prelatz (3) de nostre royaume, pour entendre a nostre instruction, par nous tant desiree et tant de fois interrompue par les artifices de noz ennemis, en fin nous avons, Dieu mercy, conferé avec lesd. prelatz et docteurs, assembles en ceste ville pour cest effect, des poinctz sur lesquelz nous desirons estre esclarcis. Et apres la grace qu'il a pleu a Dieu nous faire par l'inspiration de son

---

(1) Cette date est en blanc dans le manuscrit. Les chroniques manuscrites de Limoges, dites *Manuscrit de* 1638, disent (page 348) que la nouvelle fut reçue le 7 août.

(2) Lettre du roi sur son abjuration. Cette lettre-circulaire se trouve au T. III, p. 822, du Recueil des lettres missives de Henry IV, publié par M. Berger de Xivrey dans la *Collect. des doc. inéd. de l'hist. de France.*

(3) Et docteurs. *(Loco citato.)*

S. Esprit, que nous avons recherchee par tous nos veus (vœux) et de tout n^{re} cueur pour nostre salut, et satisfaictz par les preuves qu'iceux prelatz et docteurs nous ont randues, par les escriptz des apostres, des sainctz peres et docteurs receus en l'Eglise, reconnoissant l'Eglise catholique, apostolique et romaine estre la vraye Eglise de Dieu, pleine de verité, et laquelle ne peut errer, nous l'avons embrassee, et nous sommes resolus d'y vivre et mourir. Et, pour donner commencement a ce bon euvre, et faire cognoistre que noz intentions n'ont heu jamais aultre but que d'estre instruictz sans aucune opiniatreté, et d'estre esclarcis de la verité et de la vraye religion pour la suyvre, nous avons esté ce jourd'hui a la messe (1), et joinct et uni nos prieres avec lad. Eglise, apres les cerimonies necessaires et accoustumees en telles choses, resoluz d'y continuer le reste de noz jours qu'il plaira a Dieu nous donner en ce monde. Dont nous avons bien voulu vous advertir pour vous rejouir d'une si agreable nouvelle, et confondre par nos actions les bruictz que nosd. ennemis ont faict courir jusqu'a cest' heure que la promesse que nous en avions cy devant faicte estoit seulement pour abuser noz bons subjectz et les entretenir d'une vaine esperance, sans aucune volonté de la mettre a execution ; vous priant (2) d'en faire rendre graces a Dieu par processions et prieres publiques, afin qu'il plaise a sa divine bonté nous confirmer et maintenir le reste de noz jours en une si bonne et saincte resolution. Et nous le prierons qu'il vous ayt, nos amez et feaux, en sa saincte et digne garde. Escript a Sainct-Denis en France, ce dimanche vingt cinquiesme juillet 1593. Signé · HENRY, et plus bas : RUZE (3).

Ceste conversion fut solennellement faicte en l'eglise de Sainct-Denis en France avec plusieurs belles cerimonies, ou plusieurs habitantz de Paris et d'aultres endroictz du parti de la ligue se trouvarent. Et apres avoir loué Dieu d'une telle grace qu'il faisoit au royaume de France, crierent tous ensemble *Vive le Roy!* Puis, a la sortie de l'eglise, Sa Magesté fit faire largesse de grandes sommes d'argent qui fut jetté parmy la presse.

A ceste occasion, le   (4) du moys d'augst, nous fismes dresser un feu de joye en la place publique des Bans, en

---

(1) *Var*. Nous avons ce jour d'hui ouï la messe. (*Loco citato.*)
(2) *Var*. De quoy nous desirons qu'il soit rendu graces. (*Loco citato.*)
(3) *Var*. POTIER.
(4) En blanc dans le manuscrit.

laquelle nous acheminasmes en corps avec led. sieur de Chamberet et messieurs de la justice, faisant marcher devant nous plusieurs sortes d'instrumentz en signe de grande rejouissance.

Estant arrives en lad. place, ledict sieur de Chamberet et monsieur n^{re} prevost mirent le feu. Et, incontinent apres, l'artillerie, qui expressement avoit esté menee en lad. place, desserra, et les cappitaines centeniers ayant mené leurs soldatz en bel ordre, les firent scoupeter longuement.

Nous fusmes aussi, pour la mesme occasion, en l'eglise St-Martial, ou fut chanté le *Te Deum* avec plusieurs actions de graces du bien qu'il avoit pleu a ce bon Dieu envoyer a toute la chrestienté, convertissant n^{re} roy a son Eglise.

Le dimanche apres fut faicte procession generalle, a la fin de laquelle fusmes tous exhortes par n^{re} predicateur de louer Dieu de la faveur que nouvellement il luy avoit pleu envoyer aux Francois, faveur si grande qu'elle nous sembla du tout incomparable.

Car, quoy que nous eussions un roy si genereux qu'il n'est possible davantage, avec cela grandement amateur de son peuple, toutes ses belles vertus sembloient pierres pretieuses cachees dans la terre, sans la religion catholique.

Mais, un tel bien estant advenu, nous avons de quoy nous vanter maintenant d'avoir un roy le mieux accomply de tous les princes de la terre.

Et ne reste maintenant aucun pretexte aux rebelles ligueurs de luy desobeir. Toutesfois les meschantz ne manquent jamais d'excuse pour couvrir leur malice.

Sur le bien de ceste conversion led. Debeaubrueil, l'un de noz compaignons, composa les vers latins et francois qui s'ensuivent :

> Gallia gens Superis haud plane invisa, nec illam
> Irati eversam funditus esse volunt.
> Dicta probat recreans Gallos conversio Magni
> Henrici, excellens Omnipotentis opus!
> Hujus multa quidem virtus prius, amplaque regis,
> Nulla sed est virtus relligione carens.
> Aut si mortales inter fulgere videtur,
> Fallaci ac falso lucis honore nitet.
> Relligio lucem virtuti vera perennem
> Non Bezæ præbet falsa Lemanicolæ.
> Eia igitur, Galli! Vos hæc conversio prorsus
> Exhilaret, feriant gaudia vestra polos.

— 18 —

    At tu, Calvini soboles infausta nefandi
        (Quam nusquam damnet Gallia nostra satis),
    Desine doctoris jactare, ut sæpe solebas,
        Henrico in nostro dogmata vana tui.
    Tuque etiam, Henrici sitibunde Hispane coronæ
        Empta tibi speres gallica corda cave
    Quin strumas non esse tuum curare, Philippe,
        At galli Henrici te meminisse decet.

Version du precedent :

Les Dieux n'ont point du tout en hayne ceste France,
Et ne la veulent voir du tout hors d'esperance.
Pour preuve je ne veux alleguer en ce lieu
Qu'un Henri converti, bel' euvre du grand Dieu !
Bien estoit sa vertu de tousjours heroique,
Mais la vertu n'est rien sans la foy catholique ;
Ou bien, si elle semble esclairer ici bas,
Telle vaine clarté longtemps ne dure pas.
La vray' religion (non la secte nouvelle
De Beze) a la vertu rend lueur eternelle.
Courage donc, Francois ! Qu'un si beau changement
Vous rejouisse tous, tous unanimement !
Et toy, opiniastre en ta secte nouvelle,
Surprins par l'amecon de Calvin infidelle,
Cesse de te vanter d'avoir n^{re} grand roy
(Comme trop le faisois) pour soubstien de ta loy.
Toy, Espaignol aussi, veillant d'Henry le sceptre,
N'espere par doublons devenir n^{re} maistre.
Non, Philippe, par toy, mais bien par un Henry
Des escrouelles doibt le mal estre guery.

Or avons nous esprouvé que le cueur du roy estoit en la main de Dieu, qui le dresse comme bon luy semble, et la bonne esperance que nous avons tousjours heu de lad. conversion ne nous a trompés.

Aussi, ayant trouvé dans noz plus vieilles paucartes comme de tousjours la ville de Lymoges avoit esté obeissante aux roys de France, cela nous a servy d'un bel exemple pour nous maintenir en n^{re} debvoir.

Et sans prendre pied au faulx, supposé et frivole pretexte, a esté tres connu et tres certain que ceste guerre de la Ligue estoit faicte contre l'Estat et non pour la religion.

Apres ceste tresheureuse conversion, nous eusmes, le cinquiesme dud. moys d'augst, nouvelles de la trefve que le Roy avoit accordé pour troys moys pour le soulagement de son peuple, esperant par ce moyen le faire jouir d'une bonne paix de longue duree (1).

Pour traicter et accorder ceste trefve, fut faicte une conference a Surene pres Paris. Auquel lieu de Surene avoit esté envoyé de la part du Roy et du duc de Mayenne nombre de personnages seignales.

Et, au commencement de telle assemblee, y eut beaucoup de difficultes pour faire lad. trefve, tant les deputes de la Ligue proposoient d'impossibilites.

Mais les deputes du Roy, beaucoup plus soigneux du bien public que les aultres, mirent en avant tant de valables raisons qu'en fin lad. trefve fut conclue pour troys moys, et incontinent apres publiee par toutes les villes du royaume.

Laquelle apporta un grand soulagement aux habitants desd. villes, tellement qu'ayant gousté la douceur d'icelle apres beaucoup d'amertumes, leurs grandes prieres furent cause qu'elle fut prolongee jusques au premier jour de l'an suyvant.

---

(1) Cette trève fut publiée le 1er août. Il n'avait donc fallu que cinq jours pour recevoir la nouvelle à Limoges. C'est ce qui nous fait revoquer en doute le passage des *Chroniques manuscrites* cité plus haut en note, et portant que la nouvelle de la conversion du roi n'arriva que le 7 août à Limoges.

Il y a ici une page blanche dans le manuscrit.

Eslection de messieurs les consulz de la ville de Lymoges, faicte en la salle de la mayson commune de consulat par les manans et habitans de la presant ville, assembles pour cest effect le sepliesme decembre mil v^c quatre vingtz treize, en presance de monseigneur de Chamberet, cappitaine de cinquante hommes d'armes, gouverneur pour le roy en hault et bas pays de Limosin.

Du canton des Taules :

Francoys Aliers, bourgeoys et marchant.

Du canton de la Porte :

Jehan Moulinier, bourgeoys et marchant.

Du canton de Magninie :

Me Joseph Roulhac, procureur.

Du canton du Marché :

Bartholome Chartaigniac, bourgeoys et marchant.

Du canton de la Fourye :

Honorable Me Jacques Dupeyrat, conseiller.

Du canton du Clocher :

André Guybert, orfeuvre.

Du canton de Boucherie :

Jehan Lafosse, bourgeois et marchant.

Du canton de Lansequot :

Jacques Martin, bourgeoys et marchant.

Du canton des Combes :

Pierre Boudet dict Bauge, bourgeoys et marchant.

Du canton du Vieulx Marché :

Pierre de Plenameijoulx, bourgeoys et marchant.

Les Croissances :

Mᵉ Jehan Nicolas, advocat;
Martial Rousset, bourgeoys et marchant.

1593.

Ici une page blanche dans le manuscrit.

Ellection de messieurs les consulz de la ville de Limoges, faicte par les habitants d'icelle, assembles au son de la cloche a la maniere accoustumee en la salle de la maison commune de ladicte ville, assistans messieurs de Thumery, conseiller du Roy, nostre sire, en son conseil privé, et superintendant de la justice en Limosin, le septiesme jour de decembre mil cinq cens quatre vingtz quatorze.

Du canton des Taules :

Psaulmet Faulte.

De la Porte :

Loys Rougier.

De Magninye :

Durand Brugiere.

Du Marché :

Jehan Benoist.

De la Fourye :

Jehan Bourgougnaud.

Du Clochier :

Albert Disnematin.

De Boucherye :

Mᵉ Pierre Duteil, procurreur.

De Lansequot :

Mᵉ Jehan Clement, procurreur.

Des Combes :

Mᵉ Jehan Nantiac, aussy procurreur.

Du Vieux Marché :

Jacques Besse.

De Croissances :

Pierre Nantiac;

Honnorable maistre Jacques Martin, president au siege presidial dud. Limoges.

(Signé :) MOURET, *scribe*.

Ici une page blanche dans le manuscrit.

LA FRANCE n'estoit encores hors de maulx que les guerres civilles luy avoient apporté, quand nous fusmes esleuz en noz charges de consulz, le septiesme decembre mil cinq cents quatre vingtz quatorze. Car, dans le mesme moys, nous arriva nouvelles du malheureux assassinat qu'on avoit voullu commectre en la personne de nʳᵉ roy Henry, quatriesme de ce nom, roy de France et de Navarre.

[Assassinat d'Henri III.] VOUS AVES sceu comme appres les barriquades de Paris, au moys de mars mil cinq cens quatre vingtz huict, le feu roy Henry, de bonne memoyre, roy de France et de Poulougne, cestant retiré de ladicte ville, voullut faire ressentir aux Pariziens leur desobeyssance, de sorte qu'ayant dressé une belle et grande armee estant a Saint-Cloup pres Paris, lesd. Pariziens, se voyant perdus, practiquerent ung Jacobin, jeune homme nommé F^re Jacques Clement, lequel, possedé du malin esprist, comme il est vraysamblable, s'en alla au lieu de Saint-Cloup, ou estant, demanda parler au roy, feignant luy apporter des lettres desd. Pariziens, par lesquelles ilz demandoient pardon a Sa Magesté. Laquelle ayant commandé que ledict Jacques Clement luy fust emmené, estant rentré en sa chambre, feist samblant de tirer de sa manche lesd. lectres, et tira ung cousteau duquel il donna ung coup au Roy dans le petit ventre, duquel il mourust deux jours appres, expérant que par la mort du Roy ilz esvaderoient le peril qu'ilz voyoient sur leurs testes.

MESMES PRATICQUES et menees avoient esté faictes sur la personne de n^re roy a present regnant, par le moyen d'un jeune garçon natif de la ville de Paris, filz d'ung bourgeois et marchant drappier, homme fort riche et opulant, nommé Castel, ayant sa maison droict au devant le palais, faisant le coin. [Attentat de Jean Chatel, 27 décembre 1594.]

LE JEUNE GARÇON, de l'eage de seize a dix huict ans (1), se dellibere commetre ung assasinast en la personne du Roy. De faict, estant arrivé a Paris, ung soir bien tard, audict mois de decembre mil cinq cens quatre vingtz quatorze, revenant de Picardye, ou elle avoit este quelque temps pour les affaires de ceste province la, ce Castel s'introduict dans la maison du Roy et coule parmy la trouppe des princes et grandz seigneurs quy estoient a la suicte de Sa Magesté, et faict tant qu'il entre en sa chambre, s'approche peu a peu de sa personne, et prend le temps qu'il void Sa Magesté caressant quelzques seigneurs quy luy estoient venus baizer les mains ; et, comme lesd. seigneurs se humilhoient, ledict Castel, croyant qu'il ne seroit apperceu d'aulcun a cause de la nuict et qu'il se saulveroit parmy le grand nombre de personnes quy estoient pres de Sa Mageste, il tira ung coup de cousteau au roy, pensant luy donner dans le corps. Mais le bon heur fust tel que Sa Mageste s'estant un peu baissee pour embrasser lesd. seigneurs, le coup porta au dessoubz de la levre et fust arresté sur une dentz, si heureuzement que le Roy mesme ne pansoit estre blessé, croyant c'estre luy mesme frappé casuellement, se bessant. Enfin, le

(1) Pierre de L'Étoile dit dix-neuf ans environ.

sang coulant sur sa face feist appercevoir qu'il avoit esté blessé, quy fust cause qu'on commança a rechercher ung chascun, mesmes ceux qui estoient vestus de blanc, parce que Sa Magesté dict qu'alors dud. coup il avoit veu aupres de luy ung homme vestu d'ung pourpoinct blanc. Et fust tout aussytost saizy led. Castel, quy nya le faict. Neangmoins, estant mis entre les mains du grand prevost de l'hostel, appres plusieurs interrogatoires faictz audict Castel, il confessa la verite de ce malheureux assasinast. Et tant fust procedé qu'en fin il fust condampné et excequté a mort, a Paris en greve, le poinct couppé et tiré a quatre chevaux, les biens de son pere confisques et led. pere banny de France, sa maison razee.

[Précautions prises par les consuls, qui mettent provisoirement la main sus le château d'Isle, appartenant à l'évêque.]

Les nouvelles dudict assasinast venues a nous, en donnames advis a toutes les villes de ce gouvernement, affin de se prandre garde en cas qu'il mesadvint a la personne du Roy, et, de n^re part, nous pourveusmes dilligemment aux affaires de ceste ville, envoyasmes saizir le chasteau d'Isle qui est a monsieur l'evesque de Limoges (1) et qui est fort et important. Et y envoyasmes l'ung des cappitaynes de n^re garde et dix soldatz entretenus a noz despans, quy demeurerent jusques a ce que fusmes assures de la sancté du Roy. Et aussy tost remismes led. chasteau entre les mains des affermiers dud. sieur evesque.

[Garde de cent arquebusiers aux frais de la ville.]

Toute n^re annee se passa comme les precedentes en guerres civiles. Quy fust cauze de continuer toujours n^re garde ordinaire de cent arquebuziers pour la garde de la ville de jour et de nuict, la solde de laquelle montoit quatre mil sept cens quelzques escuz, cothizes et leves sur tous les habitans de ceste dicte ville, privilegies et non privilegies.

[Cherté des blés; affluence de pauvres et d'étrangers dans la ville. — Mesures prises par les consuls.]

Nous ne fusmes seullement persecutes, durant n^re consulat, du fleau de la guerre, mais encores, durant icelluy, advinst, le cinq ou sixiesme moys, grande chairté de bledz, de sorte que tous les pouvres du pays tant du hault que bas Limosin et plusieurs aultres estrangers du pays de France se jecterent

(1) C'était l'évêque de Limoges, Henri de La Marthonie, qui avait poussé les ligueurs à la guerre civile, ce qui explique la précaution prise par les consuls.

dans ceste ville. Et se vandist le bled sept a huict livres le sestier.

Ceste misere nous estonna grandement. Toutesfois nous pourveusmes a cest affaire sy heureusement au grand contantement de tous noz consitoyens qu'en moins d'ung moys ou six sepmaynes le sestier du bled, qui se vandoict sept a huict livres, revala de pris de moytié par moytié et de plus.

Il fust premierement pourveu aux pouvres, lesquelz nous fismes tous assembler au dernier l'esglize Sainct Martial soubz les arbres, ou ilz furent comptes de nombre douze a quinze cens presque tous estrangiers. Cela faict, ilz furent par nous conduictz en trouppe par les cantons de la ville et distribues a chascune maison, selon les moiens et facultes ou devotion que chascun avoit de les nourir. Les ungs en prenoyent dix, les autres douze, quinze, deux, quatre, six, selon qu'on en vouloit prandre gratuitement, sans estre forces. Les ungs les recepvoient de gré a gré, les autres estoient contrainctz, mais bien peu s'en trouva il quy se fissent contraindre. Et furent ainsin les pouvres sy bien nouris qu'ilz se saulverent tous d'une grande malladye quy estoit parmy eux. Et fust ceste oeuvre tant agreable a Dieu que aussy tost la cherté du bled cessa.

Nous fismes vizites par toutes les maizons et greniers, et le bled quy fust trouvé donné en garde a ceux ausquelz led. bled appartenoit avecq inhibition et deffance de le vendre. Et fust cella si bien observé, joinct aussy que les bledz qu'on sortoit de la ville pour en fayre des farines estoit delivré aux meusniers par brevetz contrerolles a la porte de la ville, lequel brevest estoit rapporté quand lesd. meusniers ramenoient la farine, de sorte qu'en fin derniere il se treuva encores force bledz dans la ville, et fust par ce moyen le transport empesché.

Aussy nous acheptames au champs force bledz pour fournir le Cloistre et marché de la ville, lequel bled les meusniers alloyent eux mesmes querir aux greniers de l'abbé de Solopnac, au chemin du Chaslard et ailheurs, ou le dict bled leur estoit delivré par brevetz au mesme pris que nous l'avions achepté; de sorte que le bled qui estoit dans les greniers de ceste ville demeura pour la fin de l'année.

Le bon traitement quy fust faict aux pouvres par les maisons particulieres fust cause que la malladye quy estoit fort contagieuze parmy lesd. pouvres et aultres habitans de ceste ville cessa.

Sur la fin de n^re consulat, et a la fin du mois d'aougst, il fallut faire un voyage en court parce que ung nommé Me Jehan Le M^e (Le Maistre?), filz d'ung Manceau qui c'estoit venu retirer en ceste ville, c'estant faict pourvoir, comme il pretandoit, de l'office de contrerolleur des deniers commungs de la maison de ville, poursuivoit vivement messieurs les consulz de dix ou douze annees precedentes a randre compte desd. deniers, combien que, par les previleges de la ville octroyes par le roy Charles sixiesme, par lettres patantes de Sa Magesté donnees a Paris l'an de grace 1371 le vingt sixiesme jour du moys de decembre, soyent descharges de randre aulcun compte des deniers communs et octroy du souchet et aultres, comme il est porté par la charte desd. previleges en ses mesmes motz : « *Nolentes, quin imo firmiter inhibentes perpetuo pro nobis et successoribus nostris ipsos consules et habitatores, presentes ac futuros, seu eorum aliquem, ad reddendum de commodis et esmolumentis dictorum soquety et inpositionis conpotum qualecunque compelly, neque conpotum de predictis nobis aut successoribus nostris aliqualiter redere teneantur* (1). »

[Privilèges de la ville. 1371.]

Contenant au surplus lesd. previleges plusieurs aultres chefz, dons et immunites procedans des liberalites des roys pour avoir recogneu la ville de Limoges tres fidelle a leurs Magestes, principalement au temps des grandes guerres que les Angloix firent en France du temps de Edouart roy d'Angleterre.

Premierement fust octroyé par lesd. previleges aux consulz et habitans le droit de *soquest* ou *sochet*, qu'est la douxieme partye de tout le vin quy se vend en detail, au brandon ou aultrement.

Mesmement (?) fust octroyé de lever quatre deniers pour livre de toutes marchandizes et choses qui s'achaptent et vandent en la presant ville, sans, comme dict est, que lesd. consulz soyent tenus de randre compte desd. deniers octroyes pour estre employes aux fortifications et reparations des murailhes de la ville, garde d'icelle, reparations des pontz, des chemins, paves

---

(1) Cette phrase, dont nous respectons l'orthographe donnée par le manuscrit, se trouve en effet dans les lettres-patentes du 26 décembre 1371, imprimées au T. XIV (p. 24) du *Bulletin de la Société Archéologique du Limousin*. L'acte prend soin d'expliquer que le *souchet du vin* est la « douzième partie de tout le vin vendu au détail dans le château et la châtellenie de Limoges ».

et fontaynes et aultres choses necessaires a lad. ville, avecq puyssance ausd. consulz pouvoir estaindre et assoupir lesd. susd. charges et droictz a eux octroyes quand bon leur sembleroit, et, icelles estainctes et assopies, pouvoir icelles remectre sus toutesfois et quantes qu'il leur semblera bon, sans aultre requisition ou declaration du Roy.

Pareilhement, par lesd. previleges est donné et octroyé ausd. consulz et habitans le chastel et chastelenye de Limoges et toutes ses appartenances et despandances, jurisdictions haulte, basse et moyenne, mere et miste impere (1), sens, rantes, revenus, peages, maisons, moulins, et la Mothe (2) quy est sur les deux estangs du chastel de Limoges, et autres proprietes, droictz, debvoirs et aultres choses qui avoient appartenu a feue madame Jehanne, duchesse de Bretagnie, femme de Charles de Bloix, duc de Bretagnye (3).

Item, plus est octroyé par lesd. previleges a ceux qui ont esté consulz de ladicte ville de Limoges tenir fiefz nobles, sans estre tenus d'aulcunes contributions ou charges de banc, arriere banc, ne aultrement, en quelque sorte ne maniere que se soit.

Comme, semblablement par previlege parcy, lad. ville de Lymoges est declairee exempte de toutes contributions d'estapes, recepvoir aulcunes garnizons. Et de ce y a lectres patantes et la quitance de deux mille livres de don que ladicte ville feist au Roy pour ladicte exemption (4).

Lesquelz previleges n'ayant jamais peu estre veriffies en la Chambre des comptes, ont esté la present annee mil v^c nonante cinq receuz et en icelle verifies. Et, pour ce faire, fust pryé M^r le president Martin aller en court vers Sa Magesté, estant lors à Lion, pour la supplier confirmer iceux previleges, et commander a lad. Chambre des comptes faire lad. verification. Ce que ledict Martin feist a la priere et requeste des habitans

---

(1) *Mero et mixto imperio*. (Lettres-patentes du 28 décembre 1371.) — (V. *Bulletin de la Société Archéologique du Limousin*, T. XIV, p. 25. *Vidimus général*, donné par le roi *Henri II au mois de juillet* 1555, *des privilèges de la ville de Limoges*. Ces lettres, du 28 décembre 1371, ont été reproduites également au T. V, p. 439 des *Ordonnances des rois de France de la troisième race*.

(2) « *Motte*, tertre, colline, château bâti sur une éminence, maison seigneuriale. » (Du Cange.)

(3) La cession de la vicomté de Limoges au roi de France Charles V par Jeanne de Penthièvre, duchesse de Bretagne, veuve de Charles de Blois, est du 9 juillet 1369. L'acte de cession est reproduit au T. VII. p. 130, du *Bulletin de la Société Archéologique du Limousin*.

(4) V. ci-dessus. 1er registre. 2e partie, p. 6 à 9. Ces lettres sont du mois de novembre 1552.

de la present ville, faicte en assemblee generalle d'icelle. Et obtint led. Sr Martin de Sa Magesté, en la ville de Lion, ce qu'il la requist. Et de la s'en alla en la ville de Paris, ou il presenta en ladicte Chambre des comptes lesd. previleges. Et, sur l'instante poursuicte par led. Sr Martin faicte, fust donné l'arrest de ladicte Chambre sur lad. verification, contenant led. arrest ce qui ensuict. *Inseratur*.

LEQUEL ARREST fault prandre garde d'esgarer, car est a craindre qu'on l'aye faict sustraire et qu'on n'en puysse tirer coppies. Partant, fault faire faire des vidimus et extraictz de celuy quy est au pied des lectres de confirmation desd. previleges. Et de ce en seront, s'il leur plaist, advertis messieurs noz successeurs, ausquelz led. arrest et toutes lettres patentes et chartres consernant lesd. previleges ont esté bailhes et delivres par led. Sr Martin; et, sy lesd. sieurs noz predecesseurs (*sic*) voyent que besoing soit, presenteront requeste a lad. chambre affin que commendement soit faict a leur greffier leur en expedier des coppyes.

Coppie des lettres patantes du Roy contenant la confirmation desd. privileges.

HENRY, par la grace de Dieu roy de France et de Navarre, a tous presentz et advenir, sallut. Nos predecesseurs roys ayans cogneu la grande fidelité des manantz et habitans de n^{re} ville de Lymoges envers cest estat et couronne, leur ont cydevant octroyé plusieurs beaulx privileges, franchises et immunites, qui leur ont esté successivement confirmes, et de ce faict expedier lettres de chartre contenant particulierement lesd. privileges et immunites, suyvant lesquelles ilz en ont jouy et uzé et jouyssent encores de presant. Mais ilz doubtent que cy appres on les leur veulhe revocquer en doubte a cause de n^{re} nouvel advenement a la couronne, s'ilz n'ont nos lectres de confirmation, que les consulz et habitans d'icelle ville nous ont requis leur octroyer par les remonstrances qu'ilz nous ont presentees en consideration de la fidelité de leursd. predecesseurs et d'icelle, que nous avons cogneue en iceulx habitans; ayant esguard auz susd. remonstrances a nous presentees par lesd. consulz, manans et habitans de n^{re} ville de Lymoges, et en consideration de la fidellité de leursd. predecesseurs et de celle que nous avons cogneue en iceulx habitans despuis n^{re} advancement a la couronne, ayant employé leurs personnes et moyens pour se conserver soubz n^{re} obeyssance; mesmes, puis n'aguyeres, se sont opposes contre aulcuns rebelles tant ecclesiastiques habitans d'icelle ville que aultres qu'ilz auroyent appelles a leur secours pour l'hoster hors n^{re} obeyssance et la remettre en la puissance de nos ennemis qui se sont esleves contre n^{re} authorité, en quoy lesd. consulz ont monstré l'entiere affection qu'ilz ont au bien de n^{re} service et conservation de cest estat; voullant que (par) ces considerations et aultres ad ce nous mouvans bien et favorablement traicter lesd. consulz et habitans d'icelle ville de Lymoges, avons, de n^{re} grace especialle et authorité royalle, continué et confirmé, continuons et confirmons a iceulx consulz, manans et habitans de n^{re}dicte ville de Lymoges tous et chascuns les privileges, franchises, immunites et exemptions a eulx accordes par nozdictz predecesseurs roys et par eulx successivement confirmes, pour par eulx en jouyr et uzer tout ainsin que si lesd. privileges et immunites estoyent icy particulierement declaires, et comme ilz en ont cydevant bien et deuhement jouy et uzé, jouissent et uzent encores de presant. SI DONNONS EN MANDEMENT a nos ames et feaulx les gens de nos comptes de Tours, cours de nos aides de Montferrand, seneschal de Lymousin ou son lieutenant, et a tous nos aultres justiciers et officiers qu'il appartiendra que desd. privileges, franchises, libertes, immunites et exemptions, ensemble de nos presentes confirmations, ilz facent, souffrent et laissent jouyr et uzer playnement et paisiblement perpetuellement lesd. suppliants, contraignant ad ce fayre et y obeyr tous ceulx qu'il appartiendra par toutes voyes et manieres deues et raysonnables. CAR tel est n^{re} plaisir, nonobstant quelzconques esdictz, ordonnances et lettres ad ce contraires. Et affin que ce soyt chose ferme et estable a tousjours, nous avons faict mettre nostre seel a sesdictes presentes, sauf en aultres choses n^{re} droict et l'aultruy en toutes. DONNÉ au campt d'Oberviliers, au mois de juing, l'an de grace mil cinq centz quatre vingtz et dix, et de n^{re} regne le premier. Signé sur le reply desd. lettres : *Par le roy,* FORGET; et a costé d'icelles, sur mesme reply : *Visa contentor,* DEVERTON; et sur le mesme reply desd. lettres est contenu l'arrest de la Chambre des comptes sur la veriffication desd. privileges, en telz motz :

— 30 —

Registrata en la Chambre des comptes. Ouy le procureur general du Roy en vertu d'aultres lettres patentes dud. seigneur du septiesme jour de septambre dernier passé, contenant rellief de surannation des presentes, pour jouyr par les impetrans du contenu en icelles selon leur forme et teneur tout ainsin qu'ilz en ont bien et deuhement jouy et jouissent encores de present. Le vingtroysiesme jour d'octobre l'an mil v^c iiij^{xx} quinze. *Signé :* DANES (?).

Les susdictes lettres, seellees du grand seel de cyre verte en laz de soye rouge et vert attaches soubz le contreseel avec lesd. privileges escriptz en dix sept feulhetz de parchemin, avec aultres lettres patantes de confirmation d'iceulx des roys Françoys, Charles et Henry, roy de France et de Poulomnye, avec une quittance de la somme de deux mille livres, de telle teneur :

Je, André Blondet, etc. (1).

[Procès.

Réparations diverses. Réédification de la courtine.]

Nous obmettons plusieurs grands affaires qui survindrent durant n^{re}d. consulat accause des proces poursuivys contre la ville tant en la court de parlement de Bourdeaux, grand Conseil, Montferrand et aultres lieux, pour raison desquelz nous faleust faire de grandz fraiz et despens; et, oultre ce, les reparations des fontaines, paves et aultres choses necessaires, mesmes la reediffication de la courtine des murailhes entre la tour de la prison jusques a la tour du Puy de Vielhe Monnoye. Quant a ce qui reste a faire, nous esperons que Messieurs les consulz nos successeurs y pourverront.

(Il y a ici près d'un feuillet blanc dans le manuscrit.)

---

(1) Cette quittance a été déjà reproduite au 1er registre, 2e partie, page 9.

Eslection de Messieurs les consulz de la ville de Lymoges, faicte par les habitants d'icelle, assembles au son de la cloche, a la maniere acoustumee, en la salle de la maison commune de lad. ville, assistant Messrs Martin, lieutenant criminel; Dupeyrat, Grandchand et Vincendon, conseillers, le septiesme decembre m. v^c iiij^{xx} quinze.

Du canton des Taules :

François Nantiac.

De la Porte :

Pierre Meyze (1).

De Magninie :

Guillaume Roulhac.

Du Marché :

Me Francois Juge, procureur (2).

De la Fourie :

Gerald de Proges.

Du Clocher :

Honorable Me Jehan Baignol, conseiller et juge magistrat.

De Boucherie :

Honorable Me Ysaac Cybot, advocat du Roy.

De Lansecot :

Me Leonard de Chaux, notaire et procureur.

Des Combes :

Honorable Me Albert Vincendon, conseiller et juge magistrat.

(1) En marge : « *Obiit* le 2 juillet ».
(2) En marge : « *Obiit* le 20 septembre ».

Du Vieux Marché :

Jehan Boysse.

Croissances :

Jehan Martin, sieur de La Bastide ;
Honorable Mᵉ Jacques Martin, lieutenant criminel.

(Signé :) Mouret, *notaire et scribe de la maison de ville de Lymoges.*

En l'annee mil cinq cens quatre vingt seize et le troiziesme jour d'aougst, fuct en l'esglize Sᵗᵉ Vallerye-les-Limoges institué ung couvent de cordeliers reformes appeles les Recollets.

(Ici une page blanche dans le manuscrit.)

Sensuit *le nom de Messieurs les consulz de la present ville, prins du rolle envoyé par Sa Magesté, contenant ceux qu'il a choisy des dix cantons de lad. ville pour estre consulz d'icelle pour ung an advenir, lesquelz dix ont faict eslection et nomination de deux aultres consulz pour les croissances, le septiesme decembre mil cinq centz quatre vingtz seze* (1),

Du canton des Taules :

Joseph Dauvergne.

---

(1) A M. de Chamberet succéda le baron de Salaignac, « qui fit son entrée à Limoges le 9 juillet 1590..... Ayant demeuré quelques jours dans la ville, et s'étant enquis de l'état d'icelle et du comportement des habitants, il apprit que grand nombre d'honorables bourgeois, marchands et autres avaient été chassés de la ville à cause de la Ligue. Il s'employa de tout son

De la Porte :

Me Pierre Malledent, recepveur des decimes.

De Magnenye :

Jehan Mauplo, sieur de Penevayre.

Le Marché :

Mathieu Petiot, sieur de Chavaignac.

De la Fourye :

Pierre Rommanet.

Du Clochier :

Francoys Chartaignat.

Boucherie :

Me Geral de Jayac, advocat du Roy en l'eslection.

Lansecot :

Gabriel de la Brousse.

Les Combes :

Me Jehan Martin, procureur.

Le Vieux Marché :

Jacques d'Aixe dict Piro.

---

pouvoir à unir les cœurs et à pacifier toutes choses, et ayant assemblé les principaux de la ville avec les ecclésiastiques, les pria de vouloir se réunir tous ensemble, ce qu'on lui accorda, et ensuite il manda à ceux qui s'étoient réfugiés aux faubourgs de Manigne et de Boucherie de se préparer pour entrer dans la ville comme citoyens d'icelle, ce qui causa grande joie et réjouissance à tous. Led. seigneur, avec les consuls, qui avoient leurs chaperons, furent les recevoir à la porte de Manigne, et, une grande multitude de peuple qui pleuroient de joie les suivant, ils furent conduits jusques dans l'église de Saint-Martial, où fut chanté le *Te Deum*, et chacun se retira dans ses maisons, possession et offices comme devant. » (BONAVENTURE DE SAINT-AMABLE, T. III, p. 809.)

Il est à croire que cet acte de réconciliation ne mit pas complètement terme aux dissensions et aux critiques qui s'élevèrent contre la composition du conseil de la commune. Et le *bon roi*, qui venait de *confirmer* les priviléges de la ville, saisit ce prétexte pour nommer lui-même, et pendant trois ans, dix des consuls sur douze, préludant ainsi à la réforme radicale qu'il devait opérer en 1602. (V. LEYMARIE, *Hist. du Limousin*, T. II, p. 463.)

Croissances :

Mᵉ Jehan de Julhien, president au bureau de la generalité de Limoges (1) ;

Mᵉ Leonard Marchandon, conseiller et juge magistrat au siege presidial (2).

> (Signé :) MOURET, *notaire et scribe de la maison de ville de Lymoges.*

(Ici une page blanche dans le manuscrit.)

Suyvant ce qu'avoyt esté arresté entre les habitans de la presant ville reconcilies, que les consulz d'icelle seroyent nommes par Sa Magesté durant troys annees advenir, nous fusmes nommes et esleuz pour l'annee mil cinq centz quatre vingtz dix sept, comme appert par les lettres du roy, lesquelles furent ouvertes par Monsieur le baron de Salaignac, lieutenant pour Sa Magesté au presant pays, en presance de peuple assemble a la maniere acoustumee. Et furent publyes ; et des lors que fusmes entres en charge, fust faicte assamblee, et par icelle conclud et arresté afin de se commancer a se resantir de la paix et reunion, a retrancher la moytié de la garde, ce que fust executé tout aussytost, et proceder a la cothisation de l'aultre moytié.

Au moys de febvrier de ladicte annee, fusmes advertys que Monseigneur le duc de Boulhon, viconte de Loraine, mareschal de France, s'en aloyt en sa maison, et passoyt en la presant ville. Pour aller audevant d'icelluy, furent par nous commis et deputes sieur Jehan Mauplot, sieur de Plenavayre, Mathieu Petiot, sieur de Chavanhac, Geral de Jayac, advocat du Roy en l'eslection, et Gabriel de La Brousse. Et, parce qu'il venoyt en poste, se loga au logis de *La Bische*, ou fusmes (le) voir et luy presanter le service de la ville.

---

(1) En marge : « *Obiit* 1598 ».
(2) En marge : « *Obiit* 1598 ».

EN CE MESME temps, fusmes advertis qu'il avoyt pleu a Sa Magesté de nous pourvoyr de gouverneur de la personne de Monseigneur le duc d'Espernon. Pour en scavoyr ce que en estoyt et pourvoyr aux affaires que nous avions, fust par nous depute Monsieur Marchandon pour aler en court, lequel nous reporta ledict sieur estre pourveu dud. gouvernement. Et, pour la confirmation de ce, ledict seigneur nous escripvit du vouloyr de Sa Magesté. Et, quelque temps apres, estantz advertis que ledict sieur d'Espernon estoyt arivé en la ville d'Angoulesme, pour scavoyr sa vollonté et recepvoyr ses commandementz, furent deputes lesdictz sieur Marchandon et Petiot, sieur de Chavanhac, lesquelz nous bailharent advis que ledict seigneur duc d'Espernon avoyt resolu de venir prandre pocession de son gouvernement le dimanche neufiesme jung aud. an.

[Le duc d'Epernon nommé gouverneur du Limousin. — Réception qui lui est faite.]

VOYANT le peult de temps que nous avions pour faire preparer les habitans a l'entree dudict seigneur, fismes assanbler les cappitaines, leurs lieutenantz et membres, et fust deliberé de faire une compaignie de huict a neuf centz hommes a pied, et choysirent pour collonel Monsieur Martin, president, cappitaine des Combes, et Monsieur Desmaisons, son lieutenant. Monsieur Verthamon, filz de feu sieur Jehan Verthamon, porte-enseigne-colonelle, et les aultres cappitaines leurs lieutenantz marcheroyent aux premier et second rangs, leurs porte-enseignes devant et apres l'enseigne, et leur sergent au dernier d'icelle; lesquelz s'acquicterent tres bien de leur charge.

Et pour aler audevant d'icelluy furent d'entre nous esleu(s) et choysy(s) maistres Geral de Jayac, advocat du roy en l'eslection, prevost; Monsieur Marchandon, conseiller; Jehan Mauplo, sieur de Plenavayre; Mathieu Petiot, sieur de Chavanhac; Francoys Chastaignac et Gabriel de la Brousse; et, pour le recepvoyr a la porte de ladicte ville, Monsieur le president de Julhen, sieur Joseph Dauvergne, Me Pierre Maledent, sieur Pierre Roumanet, Me Jehan Martin et Jacques d'Aixe dict Piro.

ET, parce qu'il senbloyt y avoyr de la dispute entre Messieurs de la justice et Messieurs les trezoriers generaulx pour la preeminance, eulx tous demeurarent d'accord que les consulz marcheroy(en)t en premier et lesdictz sieurs officiers de la justice et de la generalité pesle-mesle sans distinction.

POUR faire honneur audict seigneur, nous fismes fournir les deux grandes tours des Arrenes et Montmalier et la muralhe quy est'entre deux, l'artilherie de ladicte ville avecque les deux grandes piesses eu la place de ladicte porte, audevant de laquelle firent dresser les chapeaulx de trionphe avec les armoyr(i)es de la magesté dud. seigneur et de la ville.

Le jour du dimanche, huictiesme de jung, partirent de ceste ville Messieurs de la justice et Messieurs les trezoriers generaulx et esleuz, qui separement (?) alerent audevant dud. seigneur environ deux lieux de ceste ville. Et les sus nommes prevost et consulz, acompaignes de centz a six vingtz chevaulx des bourgoys de ladicte ville a sorty, aussy une compaignie de gens a pied de neuf centz a mil hommes, conduictz par Monsieur le president Martin, cappitayne coronel. Et en ceste heure, rencontrasmes pres l'estang de Chanbaret led. seigneur duc, ou, apres avoyr mis pied a terre, ledict Jayac, prevost, fist arangue pour le corps de la ville audict seigneur duc, et, ce faict, remonter a cheval, estant ledict prevost au costé dextre dud. seigneur, venant a la ville pres du Masjanbost, aprinst (?) audict seigneur ladicte conpagnie en fort bel ordre et gens bien armes, lesquelz, avec bonne extreme affection, receurent ledict seigneur. Et estant pres d'icelle, luy fust arangué par led. sieur president Martin, et tous revinsmes en ordre, marchant devant ledict seigneur, en la presant ville. Et arrives par la porte Montmalier, l'artilherie joua, et la garde de la ville, quy estoyt a ladicte porte, fist aussy son debvoyr. Et furent les clefz de la ville presante(e)s audict seigneur duc par les six consulz quy estoyent demeures en ladicte ville; lequel refusa de les prandre, et faict responce que le roy les avoyt donne(e)s en garde ausdictz consulz, s'asseurant de leur fidelité et qu'elles ne pouvoy(en)t estre mieuly; et d'ilecq fust conduict en la ville. A l'honneur duquel avoyt esté dressé sur ladicte fontayne une piramide, et a cousté le pourtraict dudict seigneur duc avec plussieurs sonnetz a sa louange. Et, conduict dans l'esglize, fust ileq receu par Monsieur de la Martonnye, evesque de ceste ville, qui luy feist arangue tres docte. Et, apres avoyr dict le *Te Deon laudamus*, sortis de ladicte esglize, et estans en la rue des Bancz, fust joué une comedie composee par Monsieur Bardon, advocat (1); et, d'ilecq conduict au lieu du

---

(1) On ne connaît de Bernard Bardon de Brun qu'une tragédie : *Saint-Jacques*, tragédie en cinq actes et en vers, imprimée à Limoges par H. Barbou, 1596, in-8º de 180 pages; mais, dans le langage limousin, *comédie* signifie toute pièce de théâtre. (Sur la vie de ce saint homme, V. *Biographie des hommes illustres de l'ancienne province du Limousin*, par A. Du Boys et l'abbé Arbellot.)

Breuilh, ou il logea et sejourna jusques a vandredy apres. Et ledict seigneur duc d'Espernon (avoit) avant son arrivee envoye ses mareschal de logis, que vindre(nt) en la maison de ville, et dirent avoyr commandement dudict seigneur de ne fere aulcung logis, ne mettre aulcuns damps a la ville que ceulx que lesd. consulz leur diroy(en)t. Et les plus favorizes dudict seigneur duc furent loges, par brevetz signes du prevost des consulz, aux hosteleries, ou ilz payerent, et le surplus se logea aux hosteleries de la Cité et aux faulx bourgs, sans que aulcungs fust logé en maison bourgoize, ne que ledict seigneur duc ne voulut permettre a aulcun de ses gens de se loger par mains de fourier ne aultrement que en les hosteleries, en payant.

L'ARIVEE DU SEIGNEUR duc fust sy heureuse que, en mesme instant, toute divizion et meffiance entre les habitans fust par ladicte venue tout aussy tost assopye. Qui nous fist passer le reste de nostre annee plus en repos que n'avions esté durant troys ou quatre moys avant.

DURANT ladicte annee, suyvant l'acte consulaire, ranboursames monsieur le Mᵉ (Le Maistre) de quatre centz escutz pour son estat de contrerolleur des deniers comungs, quy demeura a extraict; comme aussy ranboursames le sieur Mathieu Decordes et aultres consulz de l'an mil cinq centz quatre vingtz sept, qui pretandoy(en)t de grandz despans, domaiges et interestz contre les habitans de la ville, quy montoy(en)t desja a quatre ou cinq centz escutz, et heusse(nt) monté plus de mil escutz sy n'y fust esté pourveu. — Nous obmettons ycy plussieurs aultres affaires quy se sont passes, reparations qu'avons faictes durant nostredicte annee.

[Remboursement de 400 écus au contrôleur des finances; remboursement aux consuls de l'année 1587. — Réparations.]

(Ici une page blanche dans le manuscrit.)

Nota que, le quinziesme jour du moys de may mil cinq centz quatre vingtz dix huit, il a esté resolu que Mᵉ Francoys Verthamon, greffier civil en la seneschaucee de Limousin, doresnavent ne seroit plus cottizé et comprins particulierement ez rolles des subsides, tailles et aultres impositions qui seront faictes sur les habitans de la presant ville, a cause de ce qu'il nous a faict apparoir et monstré que, des le premier d'apvril mil cinq centz cinquante, il a este receu mounoieur en la Monnaie de Limoges (1), l'acte signé Montoudon, et que le vingthuictiesme novembre mil cinq centz soixante dix neuf, il fist son assay (2), l'acte signé Ruaud, prevost des monnoyeurs, et Ruaud, prevost des ouvriers et dud. Montoudon; arrest de la cour de parlement de Bourdeaulx, par lequel a esté dict que led. S' Verthamon jouyra des privileges des monnoyeurs, en datte du seiziesme d'apvril mil cinq centz quatre vingtz treize, signé Dalesme, et l'acte pourtant la nomination et provision de prevost des monnoyeurs de Lymoges de la personne dud. S' Verthamon, du sixiesme de mars mil cinq centz quatre vingtz dixhuit, signé Ruaud et Nicollas; lesquelles pieces ont esté reprinses par led. Verthamon; et que pour l'advenir il sera comprins avecques ceulx qui sont du corps des monnoyeurs. Faict en la maison de consulat de la presant ville de Limoges, lesd. jour, mois et an que dessus.

(Signé :) DESMAISONS, *prevost des consulz.*

(Ici le reste de la page et un feuillet en blanc dans le manuscrit.)

(1) Depuis Philippe le Bel (1296), les prévots, ouvriers, monnayeurs et officiers des monnaies possédaient de grands priviléges, entre autres l'exemption des tailles. Ces priviléges avaient été confirmés par François II en août 1560 et par Charles IX en juin 1561. (V. FONTANON, *Édits et ordonn.*, 1585, T. II, p. 810, 811).

(2) *Assay*, essai, épreuve. « Pour ce que..... les plus riches marchands et autres de divers états, qui devroient payer grands deniers à cause de leurs vins et autres denrées qu'ils vendent et font vendre de leur cru, trouvent façon par faveur, amis, argent ou autrement, d'être reçus en nos monnoies, combien qu'ils soient purs ignorants et non connoissant au fait de nosdites monnoies, et ne soient de vocation, estat et qualité conforme à l'état de monnoyeur, car le plus souvent sont gens de pratique, ou autrement; tellement qu'il est vraisemblable qu'ils ne se font recevoir en nosdites monnoies que pour défrauder nos deniers et être exempts de nosdites aides et tailles. A cette cause, avons ordonné et ordonnons que doresnavant aucun soidisant monnoyeur ne jouira des priviléges et exemptions octroyés auxdicts monnoyeurs, sinon qu'il ne soit vrai monnoyer de mestier, qualité et vocation conforme audit état, homme idoine, expérimenté, etc. » (*Ordonnance de Philippe de Valois de 1273.* — V. *ibid.*, T. II, p. 92.)

S'ensuit le nom de messieurs les consulz de la present ville, prins du rolle envoyé par Sa Magesté, contenant ceux qu'elle a choysy des dix cantons de lad. ville pour estre consulz d'icelle pour ung an advenir; lesquelz dix ont faict eslection et nomination de deux aultres consulz pour les croissances, le septiesme decembre mil v^e quatre vingtz dix sept.

Du canton des Taules :

Me Audoy Maledent, cy devant recepveur des decimes.

Du canton de la Porte :

Françoys Vidaud, bourgeois et marchant.

Du canton de Magninie :

Joseph Croisier, bourgeois et marchant.

Du canton du Marché :

Me Jehan Petiot, contrerolleur general en la generalité de Lymoges.

Du canton de la Fourie :

Jehan Colin, bourgeois.

Du canton du Clocher :

Me Jehan Desmaisons, advocat.

Du canton de Boucherie :

Jehan Colomb, sieur de Proximard.

Du canton de Lansecot :

Me Leonard Constant, advocat.

Du canton des Combes :

Me Jehan Baignol, procureur du Roy en l'eslection.

Du canton du Vieux Marché :

Mathieu Farne, dict Juge, marchant.

Croissances :

Me Jehan Guerin, docteur-medecin ;
Jean de Jayac l'ayné, bourgeois et marchant.

(Signé :) Mouret, *notaire et scribe de la maison de ville de Lymoges.*

(Ici sept pages blanches dans le manuscrit.)

S'ensuit le nom de messieurs les consulz de la presant ville, prins du rolle envoyé par Sa Magesté, contenant ceux qu'elle a choysy des dix cantons de lad. ville pour estre consulz d'icelle pour ung an advenir; lesquelz dix ont faict eslection et nomination de deux aultres consulz pour les croissances, le septiesme decembre m. v^c. quatre vingtz dix huict.

Du canton des Taules :

Martial Vidaud, bourgeois et marchant.

Du canton de la Porte :

Joseph Decordes, bourgeois et marchant.

Du canton de Magninie :

Jehan Pinot, bourgeois et marchant.

Du canton du Marché :

Pierre Malhot, bourgeois et marchant.

Du canton de la Fourie :

Mᵉ Guillaume Gadaud, procureur.

Du canton du Clocher :

Jehan Lascure, bourgeois et marchant.

Du canton de Boucherie :

Mᵉ Jehan Lavandiez, procureur.

Du canton de Lansecot :

Honorable Mᵉ Guillaume de Vaulbrune, conseiller du Roy et esleu.

Du canton des Combes :

Honorable Mᵉ Simon Descoutures, advocat du Roy.

Du Vieux Marché :

Jehan Cybot dict Le Bureau, marchant.

De Croissances :

Honorable Mᵉ Jehan de Maledent, recepveur en l'eslection;
Leonard Saleys, bourgeois et marchant.

(Signé :) Mouret, *scribe de la maison de ville de Lymoges.*

Eslection des partisseurs et collecteurs des tailles, faicte en la grand salle de consulat de la ville de Lymoges par les habitans d'icelle, assambles au son de la cloche, suyvant l'ancienne coustume, le dimanche vingt uniesme mars mil vᶜ. iiijˣˣ dix neuf.

Du canton des Taules :

Pierre du Boys dict de La Salesse;
Pierre du Boys, de la Ferrarie.

De la Porte :

Claude Mailhot ;
Joseph Decordes dict le Couilhaud.

De Magninie :

Laurens Bournaud ;
Jacques Remond dict Reytoil.

Du Marché :

Jehan Poylevé ;
Jacques Bardinet.

De la Fourie :

Pierre Saleis ;
Pierre Faulte.

Le Clocher :

Jehan Verger ;
Nicolas Varacheau.

De Bouscherie :

M{^{r}} Pinot ;
Jehan Gadault.

Lansecot :

Anthoine Veyrier ;
Estienne Vigier.

Les Combes :

Pierre Teulier ;
Jehan Segond dict Dade.

Le Vieux Marché :

Jehan Bardinet dict Le Gros ;
Martial Senemaud.

(Signé :) Mouret, *scribe de consulat.*

(Ici un feuillet blanc dans le manuscrit.)

S'ensuit le nom de messieurs les consulz de la ville de Lymoges, prins du rolle envoyé par Sa Magesté, qu'il entent estre suivy par ses lettres des viij novembre (1), secon de decembre dernier passé, desquelles a esté faict lecture, ensemble de lad. liste contenant le nom de dix choisis des dix cantons de lad. ville, qui ont faict eslection des aultres deux de Croissances ; faict en la sale de lad. maison commune, le mardy xviij janvier mil six cents.

Du canton des Taules :

Jehan Disnematin.

De la Porte :

Pierre Senemaud.

De Magninie :

M⁰ Joseph Roulhac.

Du Marché :

Jehan Vertamont;

De la Fourie :

Honorable M⁰ Jacques du Peyrat, conseiller du Roy au siege présidial.

Du Clocher :

Michel Brugiere.

De Boucherie :

M⁰ Pierre Guy, procureur.

---

(1) Nous n'avons pu trouver ces lettres. — On a vu, page 34, que Henri IV a changé le mode d'élection des consuls vers la fin de 1596, se réservant la nomination pendant trois ans seulement. La nomination a été ainsi faite pour les années 1596-97, 1597-98, 1598-99. Les pouvoirs que s'est donnés le roi sont expirés, et il semble qu'à la date où nous sommes arrivés, 1600, il y ait encore un nouveau mode d'élection. D'abord le jour traditionnel de l'élection, le 7 décembre, est passé; ensuite il paraît résulter du texte même de notre manuscrit, texte du reste assez obscur, que l'élection s'est faite sur une liste dressée par le roi sur une autre liste envoyée par la ville

De Lansecot :

Jacques Martin.

Des Combes :

Mᵉ Pierre Nicolas, contrerolleur en l'eslection.

Du Vieux Marché :

Anthoine Descoutures.

De Croissances :

Honorable Mᵉ Jehan de Joyet, conseiller du Roy aud. siege ;
Yzaac Mousnier.

(Signé :) Mouret, *scribe de la maison de ville de Lymoges.*

Eslection des collateurs des tailles, faicte en la grand sale de consulat de la ville de Lymoges par les habitans d'icelle, assembles suyvant l'ancienne coustume, le segon de may mil six centz, apres midy.

Du canton des Taules :

Mᵉ Jehan du Peyrat, recepveur general du taillon ;
Psaulmet Faulte.

De la Porte :

Francoys Selliere ;
Balthezard de Douhet, sieur du Boucheyron.

De Magninie :

Guillaume Roulhac ;
Jehan Disnematin dict Le Dorat.

Du Marché :

Jehan Benoist ;
Honorable Mᵒ Anthoyne Barny, conseiller au siege presidial.

Du Clocher :

Honorable M° Jehan Baignol, conseiller aud. siege ;
Jehan Midy.

De Boucherie :

M° Pierre Duteil, procureur ;
Jehan Noailhier.

De Lansecot :

Honorable M° Helies Recules, conseiller aud. siege ;
M° Jehan Clement, procureur.

Des Combes :

Honorable M° Michel Martin, president aud. siege ;
Honorable M° Martial de Gay, lieutenant general.

Du Vieux Marché :

M° Charles Poyat ;
Marcial Boysse.

(Signé :) MOURET, *scribe de la maison de ville de Lymoges.*

(Ici une page blanche dans le manuscrit.)

Nota que la presant annee 1601 *fut faict eslection de messieurs les juges de la police* (1).

Sçavoir : *De Messieurs de la justice :*

M' le lieutenant particulier ;
M' de Vaulbrune, esleu.

---

(1) Édit de janvier 1572. (FONTANON, T. I, p. 721.) — (V. ci-dessus au T. II, p. 386 du présent ouvrage.)

De Messieurs les consulz :

Mr du Peyrat, recepveur general des tailhes ;
Mr Douhet, sieur du Bouscheyron.

Des bourgeoys et marchans :

Sire Francoys Celiere ;
Sire Jehan Navieyres.

S'ensuyvent les noms de Messieurs les consulz de la present ville de Lymoges pour la present annee mil six cents ung, choisis, par commandement de Sa Magesté, du nombre de trente esleuz (1), *et nommes pour estre consulz par les habitans de lad. ville, le douziesme decembre dernier, lesquelz sont esté nommes en la grand sale de lad. maison de ville et autres en charge, ce jourd'huy premier de febvrier an susd. Et tous les dix de chascun canton ont nommé et choisy les deux de croissances a la maniere acoustumee.*

Du canton des Taules :

Psaulmet Faulte, bourgeois et marchant.

Du canton de la Porte :

Pierre Brunet, bourgeois et marchant.

Du canton de Magninie :

Honorable Me Estienne de Grandsaigne, esleu.

Du canton du Marché :

Honorable Me François Vertamond, greffier.

---

(1) Encore un changement : le roi dresse une liste do trente notables, parmi lesquels devront être élus les dix consuls des cantons, lesquels éliront eux-mêmes les deux consuls des croissances.

Du canton de la Fourie :

Jehan Moulinier, bourgeois et marchand.

Du canton du Clocher :

Honorable M° Guillaume Vertamond, president en l'eslection.

Du canton de Boucherie :

M° Pierre Duteil, procureur.

Du canton de Lansecot :

M° Jehan Clement, procureur.

Du canton des Combes :

Honorable M° Michel Martin, president au siege presidial.

Du canton du Vieux Marché :

Martial Boisse, bourgeois et marchand.

De Croissances :

Honorable M° Jehan Dupeyrat, recepveur general du taillon ; Balthezard de Douhet, S' du Bouscheyron.

(Signé :) MOURET, *scribe de lad. maison de ville.*

Eslection des collateurs des tailles, faicte en la grand sale de consulat de la ville de Lymoges par les habitans d'icelle, assembles, suyvant l'ancienne coustume, le vingtiesme de may mil six cents ung.

Du canton des Taules :

Francois Nantiac ;
Jehan Veyrier, orfeuvre.

De la Porte :

Jehan Maledent ;
Pierre Peconnet.

De Magninie :

Leonard Lymousin le jeune ;
Colin Dupré.

Des Bans :

Pierre Noailher l'ayné ;
Jehan Alesme.

De la Fourie :

Gerald de Proges ;
Estienne Bechameil.

Du Clocher :

Monsieur Desmaisons, advocat ;
Pierre Martin.

De Boucherie :

Monsieur Cibot, advocat du Roy ;
Mathieu Joussen.

De Lansecot :

Monsieur de Voyon, lieutenent particulier ;
Simon Rivaud.

Des Combes :

Monsieur Garreau, conseiller ;
Estienne de Volondat.

Du Vieux Marché :

Jacques Besse ;
Jamme d'Aixe dict Pyre.

(Signé :) Mouret, *scribe de consulat.*

Au commencement du moys d'octobre l'an susd. mil six centz ung, estantz messieurs les consulz susnommes lad. annee en charge, sceurent par commung bruict seulement la nouvelle de l'heureuse nayssance de Monseigneur le Daulphin, advenue, comme nous dirons cy apres, le xxvijᵉ du precedent. Et estantz de jour en jour certiores du debvoyr que quasy toutes les bonnes villes de France avoient randu par prieres, processions generalles et feuz de joye pour sy heureux succez, marris extremement de ne pouvoir fere comme eulx, pour n'avoyr receu lettre ny commandement du Roy, en tel cas requis, se resolurent toutesfois, sur le doubte qu'ilz avoyent que leur pacquet fust perdu ou retardé, d'assembler les habitans sur ce subject, pour en deliberer. [Naissance de Louis XIII.]

Qui fust le lundy, 8ᵉ dudit moyx d'octobre, en la mayson de ville et chambre du conseil, ou assistarent messieurs de la justice et nombre de principaux bourgeois, ausquelz succintement il fust proposé par monsieur le recepveur Dupeyrat, prevost, comme ayant charge, messieurs ses collegues la presantz, et interest aveq eux : que le desir qu'ilz avoyent de se conjouir, aveq tout le reste du royaulme, de la grace que Dieu avoit faicte a cest estat de pourvoir Sa Magesté d'ung successeur legitime, les avoit occasionnes de les fere assembler, pour leur demander advis s'il seroit licite et permis, sans commandement du Roy, de fere feuz de joye et processions generalles, comme on scavoit asses avoir esté faictes ailleurs pour la nayssance de monsieur le Daulphin de France, advenue, comme chascun disoit, le xxvijᵉ du moix passé; l'oppinion qu'on avoit que le pacquet du Roy fust perdu ou retardé, et l'inconvenient et reproche qui en pourroit arriver au cas qu'ilz restassent seulz en France restifz et negligens au debvoir d'ung tel acte, qui n'arriveroit toutesfois que contre leur cueur, comme ilz le protestoyent d'or et desja, et les en prenoyent tous a tesmoings.

Sur quoy il fust resolu, les veoix et oppinions recoligees, que le subject de cest affayre estoit si privilegé, que le Roy ne trouveroit jamais mauvais qu'on se fust dispansé d'y proceder sans son commandement; mais que, pour eviter toute craincte qu'on pourroit avoir de fallir en cela, seroit bon d'envoyer devers monsieur de Chasteauneuf, gouverneur et lieutenant pour le Roy au hault et bas pays de Lymousin en l'absence de monseigneur le duc d'Espernon, a qui on feroit entendre les difficultes presupposees et recepvoir son advis et commandement, qu'on croyoit desja ne pouvoir estre aultre que le leur.

Ce qui se trouva veritable, car, ayant lesd. sieurs consulz deputé a l'instant monsieur de Douhet, leur collegue, pour aller devers led. sieur gouverneur, aveq creance quasy pareille a la proposition faicte a l'assemblee, rapporta, le lendemain, qu'on contoit le neufviesme dud. mois, que led. sieur de Chasteauneuf louoyt et approuvoit fort l'intention et bonne vollonté desd. sieurs consulz et habitans, et qu'attendu la certitude de sy heureux evenement tesmoigné quasy de tous les Francoys, ne pouvoir fallir de s'en rejouir avec aultant d'allegresse et applaudissement qu'ilz se pourroyent adviser; que si le pacquet du Roy avoit esté retenu ou perdu, il sçauroit bien par qui ou comment, et qu'on luy en laissast seulement fere la perquisition.

Qui fist que le lendemain, dixiesme dud. moix, furent deputes par lesd. sieurs consuls monsieur le president Verthamond et monsieur Faulte, leurs collegues, pour aller prier messieurs de Sainct Marcial de se vouloir disposer de fere la procession le lendemain, et d'y fere porter les sainctes reliques du bien heureux apostre monsieur sainct Marcial, nostre patron, comme on avoit accoustumé de fere en telz actes. De quoy ilz voulurent doubter, et, en leur chappitre, assemblé pour ce subject, leur fust monstré par lesd. sieurs consulz delegues, dans le grand livre noir de la mayson de ville, au feuillet viij^{xx}vj, comme mesmes et semblables ceremonies avoient esté faictes, l'an quinze centz quarante trois (1), a la nayssance du petit roy Françoys, filz du roy Henry deuxiesme, qui estoit daulphin pour lhors. Et leur en fust donné coppie, signee de l'escribe de consulat. Quoy veu, promirent de fere tout ce qu'on pourroit desirer d'eulx, et de chanter le soir du mesme jour le *Te Deum laudamus*, pour fere le lendemain, apres la grand messe, la procession aux ceremonies requises, ou l'on porteroit les chasses de monsieur sainct Marcial et M^{rs} sainct Loup, sainct Aurelian et aultres, au plus bel ordre. Quoy rapporté par lesd. sieurs de Verthamond et Faulte, fust faict en public, de l'advis des douze consulz, aveq quatre tanbours et quatre trompettes, par tous les carrefours de la ville, cité, fauxbourgs et pont St-Marcial l'edit qui s'ensuit :

1) Voir même ouvrage, T. I, p 370.

DE PAR LE ROY

ET MESSIEURS LES CONSULZ DE LYMOGES.

On faict asscavoir que demain, unziesme du presant moix d'octobre, se faict procession generalle en l'esglise Sainct Marcial, ou seront portees les sainctes reliques des Sainctz, pour randre graces a Dieu de l'heureuse nayssance de monseigneur le Daulphin. A ces fins, est faict commandement a toutes personnes, de telle qualité ou condition qu'elles soyent, se trouver ce jourd'huy, a quatre heures du soir, en lad. esglise Sainct Marcial, pour le *Te Deum laudamus*, et, demain, a la grand messe et procession generalle, et de parer et tapisser leurs maysons, tenir leurs boutiques fermees, nettoyer les rues, chascun endroict soy, a peyne de dix escutz a l'encontre d'ung chascung des deffailhantz. Signé : Dupeyrat, *prevost consul*.

Le soir, apres vespres, temps premedité, lesditz sieurs consulz sortirent de la mayson de ville aveq tembours, fifres, clerons, trompettes, auboys, cornemuses et violons, sonnantz en merveilleuse melodie, et s'acheminarent en bel ordre vers l'esglise Sainct-Marcial aveq leurs chapperons rouges et leurs tocques ou bonnetz, ayantz audevant d'eux six torches de chascune une livre, portees avec les panonceaulx aux armes de la ville, et aussy leurs officiers et gagers aveq leurs bastons et merques consulayres. Et apres lesd. sieurs consulz, venoyent les huict (1) cappiteynes des cantons avecq leurs lieutenantz et aultres membres. Ou arrives, prindrent place aux haultes cheres, comme ilz avoyent accoustumé, et leurs cappiteynes

---

(1) Les circonscriptions militaires n'étaient donc pas les mêmes que les circonscriptions électorales pour l'élection des consuls. On remarquera plus loin que la désignation des cantons n'est pas la même pour l'élection des capitaines que celle pour l'élection des consuls. De plus, il n'y avait que huit cantons pour la milice bourgeoise. (Leymarie, *Hist. du Lim.*, T. I, p. 230. — Voir aussi ci-dessus T. II, p. 359 : « Et, pour la garde du jour, furent continués les huit capitaines centeniers auparavant créés ».) Cependant, vers 1522, pour réprimer les exactions d'une troupe de vagabonds appelée *les mille diables*, les consuls avaient élu des capitaines pour chacun des dix cantons. (Voir T. I, p. 119.) Lors de la réception d'Antoine de Bourbon en 1557, nous voyons figurer (T. II, p. 111) les capitaines des cantons du Clocher, des Combes, de Lansecot, de Banc-Léger, de Boucherie, des Taules, ce qui ne fait que sept cantons. On verra plus tard que, lors de l'entrée d'Henri IV, les troupes de la ville étaient divisées en neuf compagnies, et à l'année 1620, que les capitaines nommés par les lettres de Sa Majesté sont au nombre de dix, un pour chaque canton, et aux années 1632, 1633, qu'il n'y a plus que huit capitaines, un pour chacun des cantons suivants : Consulat, Manigne, les Bancs, le Clocher, Boucherie, Ferrerie, les Combes, Lansecot.

aux basses, ou estans, saluerent messieurs de Sainct-Marcial et messieurs de la justice, qui desja y estoyent arrives, se mirent en devotion, et fust commencé le *Te Deum laudamus*, qui fust chanté en belle et accordante musique.

Lesditz sieurs consulz, retornes en la mayson de ville, commandarent aux cappitenes des cantons de fere eslire de chascung vingt cinq ou trente soldatz, et des plus braves, pour en fere et composer une compaignye de deux centz hommes ou plus, qu'on destinoyt pour marcher le lendemain, quant on yroit mettre le feu, pour rendre l'acte plus autentique. Et crearent lesd. sieurs consulz sur le chant (pour ne s'estre peuz lesd. cappitaines accorder entre eux) monsieur Gallacher pour cappitaine general, monsieur Berger pour lieutenant, monsieur Peconnet pour enseigne et quatre sergentz, lesquelz chefz tenoyent pour lhors mesme grade chascun en son canton.

Sur ces entrefaictes, leur fust rapporté que monsieur Brugere, M° de poste de la ville, avoit receu ung pacquet du Roy pour monsieur de Chasteauneuf. Et croyant que dedans se deust trouver le commendement de l'acte qu'on avoit desja commencé, fust led. pacquet envoyé en dilligence aud. S^r, lequel y trouva la lettre du Roy, adressante ausd. sieurs consulz, qu'il leur envoya. De laquelle la teneur s'ensuict.

DE PAR LE ROY.

Treschers et bien amez, ce jourd'huy, a dix heures du soir, la reyne nostre espouse est bien et heureusement accouchee d'ung filz, et, graces a Dieu, la mere et l'enfant se portent bien. Nous n'avons pas voulu differer davantaige de vous en donner advis, affin que de tant plustost vous participies a ceste bonne nouvelle, par laquelle Dieu tesmoigne qu'il continue tousjours ses bienfaictz sur cest estat. Il ne fault pas manquer aussy de luy en rendre treshumbles graces publicques et particulieres, ce que nous nous asseurons que vous feres bien vollontiers, comme feront tous noz bons et affectionnes serviteurs, amateurs du bien et repos de cest estat, dont ceste grace que Dieu nous faict en est ung tresbon fondement. DONNÉ a Fontainebleau, le xxvij^e jour de septembre 1601. Signé : HENRY; et plus bas : FORGET; et au dessus : A nos treschers et bien amez les consulz, manans et habitans de nostre ville de Lymoges.

Le lendemain, qui fust le jeudy, xj^e dud. mois d'octobre,

— 53 —

quinze jours apres, jour par jour, de lad. nayssance, messieurs de Sainct-Marcial ayant seu que monsieur l'evesque de Lymoges estoit de retour des champs, l'envoyarent prier par deux de leur corps de vouloir honnorer leur procession de sa presence ; ce qu'il accepta fort vollontiers, et a l'instant s'y transporta.

Et a mesme heure, lesditz sieurs consulz partirent de la mayson de ville en l'ordre du jour precedent, tous les instrumentz susd. sonnantz, allarent a l'esglise Sainct Marcial, ou ilz trouvarent nombre infini de peuple, tant d'habitans qu'estrangers. Et y trouvarent aussy monsieur de Lymoges et messieurs de la justice desja arrives. Et tout incontinant commansa la grand messe, qui fust celebree par monsieur le prevost La Brousse et ouye en belle devotion de tous. Laquelle achevee, fust sortye ceremonieusement de son repos la chasse ou repose le precieux chef de monsieur sainct Marcial, pour laquelle porter et accompaigner a la procession, se trouva nombre de gens en chemise, avec cierges et flambeaux allumes. Comme aussy furent apportees les sainctes reliques de Mrs St Loup, sainct Aurelian, sainct Damnolet et aultres, pour de tant plus solempniser lad. procession et ceremonye. A laquelle se trouvarent aussy les quatre mendiants, messieurs les Recollectz (1) et autres religieux, qui marchaient tous en bel ordre.

Apres les sainctes reliques marchoyent messieurs de la justice, a la main droitte de messieurs les consulz a la gauche, avec leurs robes, chapperons, tocques, et chascun un grand cierge allumé avec leurs panonceaux aux armes de la ville, et marcharent ainsy le long de la procession, qui estoit sortie de l'esglise Sainct Marcial, et fist le grand tour. Ou fust trouvé en plusieurs des carrefours de la ville des feuz de joye particuliers, qui rendoyent asses de tesmoignage de la rejouissance commune. Le sermon fust dict soubz les Arbres, au retour de lad. procession, par Pere Soulier, jesuiste et recteur du college; apres lequel, furent remises les sainctes reliques en leur lieu. Et, pour ce matin, chascung se retira.

A l'apres dinee, lesd. sieurs consulz firent planter a la place publique des Bancs ung grand arbre surpassant de beaucoup

---

(1) « Le 1er d'août 1596, les Pères Recollets, de l'ordre Saint-François, prindrent possession de l'église Sainte-Valerie-lez-Limoges, et y commencerent faire le service divin le trois dudit mois. Et cependant, par provision, se logerent au prieuré de Saint-Gérald. » (Manuscrit dit de 1638, p. 351)

en haulteur (comme il fust remarqué) tous ceulx qui de n^re temps y avoyent esté veuz. Lequel fust oinct de thurbentine de cap a pied et entorné tout par tout de paille et fagots, revestu de plusieurs baricques farcies de poix, resine, pouldres et petars. Au pied duquel fust mis deux ou trois charrettees de fagotz et gros bois, et, a la poincte, une grande esphere peinte d'or et azur, au dedans de laquelle y avoit grand nombre de fusees, petars et quantité de thurbentine, aveq le petit estendart ou banderolle au sommet d'icelle, qui estoit chose playsante a veoir.

Au devant duquel arbre firent lesd. sieurs consulz dresser ung arct triomphant, soubz la vouste duquel furent appandus en triangle, dans trois chappeaux de triomphe : a la droite, les armes de France ; a la gauche, celles de monsieur le daulphin, et au dessoubz, celles de la ville, toutes trois peinctes en or de ducat sur champ d'azur. Et fust aussy mis grand nombre d'artillerye du costé du piloyre, et menes les gros canons dehors de la ville, pour, la, estre tires, par la priere et requeste de tous les voysins des Bancs, qui se ressentoyent encore de la ruyne que aultresfois leur tonnerre avoit causé a leurs maysons.

Envyron les troys heures apres mydy, messieurs de la justice vindrent en la mayson de ville. Et, la compaignie des soldatz estantz assembles soubs les Arbres, composee de picquiers, javeliniers, mosquetayres et la pluspart de braves arquebusiers desja preste a marcher ; au premier commandement, sortirent et montarent en ordonnance aveq fifre et tambours par la rue du Clocher, et vindrent descendre et passer devant le consulat, ou estoyent attandantz lesd. sieurs consulz et messieurs de la justice, ausquelz ilz tirarent par honneur ung nombre infini d'arquebusades, de fort bonne grace. Laquelle compaignye passee, sonnarent clerons, trompettes, aubois, cornemuses et violons, et sortirent messieurs de la justice et (les) sieurs consulz en l'ordre accoustumé, marchantz apres lad. compagnye, a qui on avoit commandé de prendre le devant de par Crouchadour (1) et Magnigne, s'en aller aux Bancs. Ou arrives, se mirent en haye de part et d'aultre, ayant beaucoup de peyne de fere largue (2) pour la grand multitude de peuple qu'y estoit. Les

---

(1) Actuellement la rue Cruchedor.
(2) *Faire largue*, s'étendre, employé en ce sens au xvie siècle.

magistratz n'aprocharent sy tost, qu'ilz furent salues de toute l'artillerie, qui deschargea a mesme temps aveq tel bruict et tintemarre que les plus resolus en estoyent estonnes. Et cheminantz, lesd. S^{rs} magistratz, chascung en leur rang, en fort bel ordre, dressarent leurs pas vers l'arbre dressé, ou arrives, firent trois tours a l'entour, et a l'instant, fust presanté par le cappitaine Cibot deux flambeaux allumes, l'ung a monsieur le president Martin, comme chef de la justice, et l'aultre a monsieur le recepveur Dupeyrat, prevost, qu'ilz prindrent en ung mesme temps, et, a ung mesme temps, mirent le feu. Il en fust donné aussy aux aultres, a mons^r le lieutenant general et a monsieur le president Verthamond, consul, qui aussy allumarent de leur costé.

Alhors fust ouye et tesmoignee l'alegresse qu'en recepvoit le peuple, par battemens de mains et un cry resonnant de *Vive le Roy et Monsieur le Daulphin !* La, fust tiré fusees de toutes pars, les unes en l'air, les aultres sur le peuple. Le feu fust aspre et violent, car il fust tout aussy tost a l'esphere, d'ou sortirent fusees, petars et feu gregeois, qui tumboyent en bas, ravageant et escartant plusieurs des espectateurs, au grand plesir de ceux qui, pour estre aux fenestres des maysons voysines, en estoyent exantz. Et toutesfois a esté remarqué (chose rare et quasy inouye) que, parmy tant de vaccarme, presse et foule de peuple, tant de coups de canon, mosquetades et nombre infini d'arquebusades, fusees et petars lances parmy ceste multitude, ne s'estre trouvé qu'homme y aye esté offencé, non pas de la moindre parolle seulement.

Le feu brusloit encore et la nuict survenoit, quant lesd. sieurs magistratz prindrent chemin pour se retirer d'ou ilz estoyent partis. Et passa la compagnye en l'ordre accoustumé, les instrumentz et tambours jouans et battans merveilleusement bien. Et furent lesd. sieurs consulz reconduitz en la mayson de ville, ou arrives, remercierent infiniment messieurs de la justice de leur bonne assistance, et leurs cappitaines aussy. Lesquelz tous se retirarent, et lesd. S^{rs} consulz entrarent en la chambre du conseilh pour deliberer de leurs affayres.

Le sabmedy ensuivant, Monsieur de Lymoges les envoya prier de se trouver le lendemain aveq messieurs de la justice en l'esglise de Sainct Estienne, pour vouloir assister a la procession generalle qu'il avoit inditte pour ledit jour, ce qu'ilz promirent fere. Et y alarent aveq leurs merques consulayres. Y furent aussy messieurs de la justice, qui ensemblement ouyrent la grand messe et le sermon, et suyvirent la procession generalle en l'ordre accoustumé, qui entra par la porte de Magninie, fist le tour dans la ville, et sortist par Boucherye. Et, arrivee a St Estienne, on bailla le bon jour a monsieur de Lymoges, et chascun se retira.

Nota que l'annee 1602, et le 17e janvier, a esté faict eslection de messieurs les juges de la police.

Sçavoir : *De Messieurs de la justice :*

M^r le lieutenant criminel ;
Mr Barny, conseiller.

De Messieurs les consulz :

Mr Roulhac ;
M^r (de) Proges.

Des bourgeoys et marchans :

Sire Albert Reynou ;
Sire Jacques Texeron.

(Le reste de la page est en blanc dans le manuscrit.)

Eslection de messieurs les consulz de la ville de Lymoges, faicte par les habitans d'icelle, assembles au son de la cloche, a la maniere acoustumee, en la sale de la maison de lad. ville, assistant monsieur Dupeyrat, conseiller du Roy, juge magistrat au siege presidial, le septieme jour de decembre mil six cents ung (1).

Du canton des Taules :

Sire François Nantiac, bourgeois et marchant.

Du canton de la Porte :

Sire François Seliere, bourgeois et marchant.

Du canton de Magninie :

Sire Guillaume Roulhac, bourgeois et marchant.

Du Marché :

Honorable Me Jehan de Douhet, president en l'eslection.

Du canton de la Fourie :

Sire Gerald de Proges, bourgeois et marchant.

Du canton du Clocher :

Sire Pierre Martin, bourgeois et marchant.

Du canton de Boucherie :

Honorable Mc Ysaac Cybot, advocat du Roy.

---

(1) Nous voilà revenus, mais pour bien peu de temps, à l'ancien mode de nomination des consuls. Laissons la parole au P. Bonaventure de Saint-Amable (T. III, p. 810) :

« L'an 1600, il y eut à Limoges grand conteste pour l'élection des consuls. M. le duc d'Espernon et le baron de Chasteauneuf, ne les pouvant accorder, en écrivit au Roy, lequel ordonna qu'on les choisit à l'accoutumé. Ceux du parti des Huguenots appelèrent en la maison de ville plusieurs artisans, auxquels ils avaient donné des pièces de dix sols avec la liste des consuls qu'ils vouloient, et ainsi, par cette fraude, ils l'emportèrent sur les autres, et prêtèrent le serment. »

Du canton de Lansecol :

Sire Jehan Navieres, bourgeoys et marchant.

Du canton des Combes :

Mᵉ Jacques Guyneau, procureur.

Du canton du Vieux Marché :

Sire Jacques Besse, marchant et bourgeois.

De Croissances :

Honorable Mᵉ Guillaume Garreau, conseiller du Roy aud. siege ;
Honorable Mᵉ Mathieu de Champagnac, visceneschal

(Signé :) J. MOURET, *scribe de la maison de ville.*

(Ici une page blanche dans le manuscrit.)

S'ENSUIVENT *les noms de messieurs les consulz de la present ville de Lymoges pour les annees* 1602 *et* 1603, *choisis et nommés par Sa Magesté pour estre consulz de lad. ville; lesquelz furent nommes en la grand salle de la maison commune, le* xxix*ᵉ jour de may* 1602, *par Anthoine de Camus, chevalier, S*ʳ *de Jambleville* (1), *suivant la commission et lettres pattantes de Sa Magesté du* xxiiij*ᵉ may aud. an.*

Jehan de Mauple, tresorier general de France;
Mᵉ Jehan Bonyn, procureur du roy au siege presidial;
Gaspart Benoyt, esleu de l'election;
M. Joseph de Petiot, juge de la present ville;
Durand Brugere, bourgeoys;
Pierre Duboys, sieur du Boucheyron.

---

(2) LE ROY, ESTANT ADVERTY d'une esmoution (3) advenue en la ville de Lymoges au moys d'apvril en l'annee presante 1602 sur le poinct de l'establissement du subcide du sol pour livre, vulgairement nommé *la pancarte*, pour y remedier, auroyt envoyé le Sʳ de Jambleville, president en son grand conseil en lad. ville, ou estant arivé le xxixᵉ jour de may ensuivant, tout incontinant appres son arrivée, auroyt declairé au Sʳ de Chasteauneuf, lieutenant general pour Sa Magesté au gouvernement du hault et bas pays de Lymousin, et consulz de la present ville, les

[Changements introduits dans le mode d'élection des consuls 1602.]

(1) Le Camus de Jambeville, et non de Jambleville. (Voir le P. ANSELME, *Généal. hist.*, T. IV, p. 32.)
(2) Cette pièce a été reproduite au T. VII, p. 147 et suiv. du *Bulletin de la Société Archéologique du Limousin*. — Une mesure analogue avait été prise en 1470 par Louis XI. (Voir LEYMARIE, *Limousin historique*, p. 515.)
(3) L'émotion avait été grande, ainsi que le raconte le P. Bonaventure de Saint-Amable (T. III, p. 811 et suiv.), qui ne fait en quelque sorte qu'étendre le récit du manuscrit dit de 1638 (p. 355). Mais le lecteur qui tiendra à se mettre au courant de cette affaire, qui eut de si funestes résultats pour nos libertés municipales, ne pourra mieux faire que de lire le chapitre III de *Limoges au* XVIIᵉ *siècle*, par M. P. LAFOREST.

occasions de son voyage, et neaulmoingtz ayant a fere entendre aux habitans de lad. ville ce questoyt de l'intention de Sa Magesté sur le subject des choses nagueres arivees en lad. ville, auroyt enjoinct a ces fins ausd. sieurs consulz fere fere convocation et assemblee des habitans en l'hostel de ville, ou s'estant le mesme jour rendu avecq led. S⁻ de Chasteauneuf, acompaignes des officiers de la justice et aultres officiers de Sa Magesté, auroyt proposé la grandeur de la faulte commise par aulcuns habittans de la ville de Lymoges, s'opposant, comme il auroyt faict, a l'execution des esdictz de Sa Magesté, chose de sy mauvaise consequance qu'on ne la pouvoyt appeller aultrement qu'une purre rebellion et desobeissance contre l'authorité du roy, et laquelle il chastieroict justement avec la mesme severité dont il a esté procedé contre aulcunes villes de ce royaume tumbees en pareilhe faulte, s'il ne preferoit sa douceur et clemence acoustumee a la rigeur de la justice, voulant croyre, comme il avoit esté remonstré a Sa Magesté, que toutte la ville n'avoit participé a l'offance, ains quelque nombre de personnes, se contantant de chastier les plus coupables, sans estandre la punition sur le corps de la ville; et neaulmoingtz, estimant que lesd. Sʳˢ consulz n'ussent apporté ce qui estoit de leur debvoir pour empescher ceste sedicion, dict que Sa Magesté vouloit et entendoit que lesd. Sʳˢ consulz fussent depposes de leurs charges, et que, en leur lieu, Sa Magesté avoyt nommé Mʳ Jehan de Mauple, trezorier general de France en la generalité de Lymoges; Jehan Bonin, procureur du roy au siege presidial; Gaspart Benoist, esleu en l'eslection; Joseph de Petiot, juge de la present ville; sires Durand-Brugere et Pierre Duboys, Sʳ du Boucheyron, bourgeoys et marchans de lad. ville, qu'elle auroyt choysy pour faire lad. charge de consulz; ce qui auroit esté faict, et, apres que lesd. antiens consulz heurent randu aud. Sʳ president Jambleville les chapperons et aultres merques de consulz, il les auroyt en l'instant bailhees ausd. nouveaulx consulz, qui, nonobstant les excuses qu'ilz proposerent lors aud. Sʳ president Jambleville, procedant tant de la qualité de leurs charges et ages, nombre d'enffans et aultres occupations, furent commandes par led. Sʳ president, de la part du roy, d'acepter lesd. charges, et que Sa Magesté lui avoyt commandé de ne recepvoir aulcunes excuses, tellement qu'ilz furent installes et presterent le serement au Roy es mains dud. Sʳ de Jambleville, furent en l'esglise de Sainct Martial, et paracheverent le surplus des seremonies acoustumees, fors et reserve dud. Sʳ de Mauple, qui estoyt lors absant de la presant ville, estant en celle de Bourdeaulx. De laquelle estant de retour le unzieme jour du moys de juing empres, led. Sʳ de Mauple fust mandé par lesd. sieurs, lesquelz lui remontrarent la vollunté et intantion du Roy sur la destitution des precedens consulz et institutions des aultres cy dessus et personne dud. Sʳ Mauple pour exercer la charge consulayre avec les autres; lequel pria led. Sʳ president le voulloir excuser de lad. charge, attandu que, par les privilieges de sond. estat et office de trezourier de finances, il en est exempt, et que d'ailleurs les occupacions qu'il a tant a cause de sond. office que pour aultres ses affaires domesticques et particulieres, il luy estoyt inpossible vacquer a lad. charge de consul. Et, nonobstant touttes ces remonstrances, luy auroyt enjoinct lever la main et prester pareilh et semblable serement que les susd. aultres consulz. A quoy il auroyt obbei, sans prejudise de ses excuses. Et du tout fut faict acte par devant lesd. sieurs.

Led. sieur de Jambleville, ayant sejourné quelques jours en lad. ville, estant sur le poinct de son partement, auroit represanté ausd. consulz que le Roy auroit remerqué puis quelques annees en ça que la forme acoustumee d'eslire les consulz en la present ville n'apportoit rien de sy frequent que brigues, sedictions et tumultes, ce que led. Sʳ de Jambleville dict avoyr fort bien recognu, estimant que ce dernier desordre n'estoyt procedé que d'une licentieuse authorité usurpee par quelque nombre de personnes de basse qualité sur les magistrats officiers du roy et plus notables personnes de lad. ville; que d'ung gouvernement tant insolent et desreiglé on n'en debvoit attandre que quelque miserable accident qui pourroit a l'advenir causer la ruyne et desolation de lad. ville; a quoy Sa Magesté voullant pourvoir, plus desireuse du bien et repos de ses subjects qu'eux mesmes, estoit resolue de changer la forme de lad. election en une meilheur, enjoignant a ces fins ausd. consulz d'envoyer ung d'entre eulx a la court pour recepvoir le reiglement qu'il plairoit a Sa Magesté en fere resouldre en son conseil.

Pour l'effect que dessus, et aussy pour remercier treshumblement Sa Magesté de sa doulceur et clemance, lui confirmer asseurance de la fidellité et obeissance des habitans, et neantmoings la supplier treshumblement de voulloir oster, commuer ou moderer led. subsidé de sol pour livre, qui ruineroit dans peu de temps lad. ville par l'aneantissement du traficq, lesd. consulz deputerent led. Duboys, Sr du Boucheyron, pour aller a la court; le debvoir et dilligence duquel auroit este sans fruict pour le regard de la revocquation dud. subside sy instamment requise, luy ayant esté respondu que Sa Magesté vouloyt que led. subside fust estably de prealable, et que, dans peu de jours appres, Sa Magesté pourvoyroyt au soulagement desd. habitants, luy fist cependent Sa Magesté expedier et delivrer ses lettres patantes en forme de chartre, contenant l'ordre et le reglement qu'elle vouloit estre gardé a l'advenir en l'election des consulz de lad. ville, comme s'ensuit :

HENRY, PAR LA GRACE DE DIEU, ROY DE FRANCE ET DE NAVARRE, a tous presants et advenir salut. Comme l'office d'ungt bon roy soyt d'aymer ses subjectz comme ses enfans, avoir soing de leur conservation, et etablir telles polices entre eulx pour la société civile qu'ilz puissent vivre en repos soubz l'obeissance des loix et des magistratz, Dieu est temoing de la sollicitude que nous y avons apportee, affin que ceste gloire nous demourast a la posterité que nostre regne fust remerqué pour example de bien heureux. Mais la longeur des troubles et guerres civilles de nre royaulme a tellement depravé les meurs que, quelques bons reglementz qui ussent estes institues en nosd. villes, au lieu qu'estans observes ilz debvoyent servir de rampart contre la discorde des habitans dicelles, ilz ont servy de subject a les partialiser et diviser, dont a nre tres grand regret nre ville de Lymoges, capitalle de nre pais de Lymousin, c'est souvent resantie : ce que nous avons recognu procedder en partie de la confusion avec laquelle sont a present esleuz les consulz et magistrats d'icelle, de la prudance, fidellité et suffisance desquelz neaulmoingz despant le salut et la concorde des habittans de lad. ville ; au mouyen dequoy, desirant y remedier, tant pour leur sureté et repos que pour la conservation de lad. ville en nre hobeyssance, ayant trouvé bon de changer et innover quelque chose en l'eslection et au nombre desd. consulz et magistratz, apres avoir sur ce pris l'advis des princes de nre sang, officiers de nre couronne et seigrs de nre conseil qui se sont trouves pres de nous, avons, par le presant reglement, lequel nous entendons estre perpetuellement et inviolablement observé, dict, statué et ordonné, disons, statuons et ordonnons ce que s'ensuyt :

PREMIEREMENT, que Mrs Jehan de Mauple, tresorier general

de France, Jehan Bonin, n^{re} procureur au siege presidial, Joseph Depetiot, juge ordinaire, et Gaspart Benoyt, esleu en leslection de n^{re} ditte ville de Lymoges; Durand Brugere, marchand, et Pierre Duboys, sieur du Boucheyron, qui ont esté ceste annee par nous establis consulz en lad. ville de Lymoges au lyeu des douze qui avoy(en)t estes eslus auparavant, lesquelz ont estes destitues par nostre commandement, exerceront lesd. charges de consulz jusques au septiesme desambre prochain seullement, qui est le jour ordinaire et acoustumé auquel ce faict nouvelle eslection desd. consulz en lad. ville, sans que la destitution qui a esté faicte desd. douze consulz leur puisse aporter aulcun prejudice, ny qu'a ceste occuasion ilz soyent incapables de tenir offices et estatz royaulx, municipaux ou autres telz qu'ilz soyent, tout ainsi qu'ilz faisoyent devant lad. destitution.

Que doresnavant, en n^{re} dicte ville de Lymoges, au lieu des douze consulz qui y souloyent estre eslus et institues par chacun an par les habitans de lad. ville, il n'y en aura que le nombre de sis, que seront eslus le vij^e de decembre au lieu, heure et ainsi qu'il est acoustumé, les solennitez ord^{res} en tel cas gardees et observees; et seront lesd. six consulz pris du nombre des habitants de lad. ville contribuables a noz tailles, toutesfois non subjectz a la police, ainsi qu'il a esté observé de tous temps, lesquelz exerceront ledict consulat un an entier.

Ladicte eslection sera faicte par cent bourgeois de lad. ville seullement, qui seront choysis et esleuz des dix cantons dicelle, a rayson de dix bourgeois pour chascun canton; lesquelz cent bourgeois seront tousjours nommes le vj^e jour dud. mois de decembre par les consulz qui lors seront en charge, et lad. nomination de leurs personnes a eulx signiffiee par les gagiers de lad. ville le mesme jour, avant midi, a ce qu'ilz n'en pretendent cause d'ignorance, et qu'ilz se trouvent le landemain au lieu et heure susd. pour proceder a lad. eslection desd. consulz, sans que lesd. cent bourgeoys puissent s'absanter de lad. ville despuis la nomination a eulx notifiee, ny ce dispancer de lad. eslection, sinon en cas d'enpeschement legitime, sur paine d'amande arbitraire a la discretion des consulz qui seront en charge, applicable aux œuvres publicz et aux necessites de lad. ville.

Et, neantmoins, pour aucunes bonnes considerations a ce nous mouvans, nous voulons et ordonnons, pour ceste fois seullement, et sans tirer a consequence a l'advenir, que par la premiere eslection desd. consulz, qui se fera le vij° jour de decembre prochain, les cens bourgeois desd. dix cantons de lad. ville ausquelz nous avons attribue par le presant reglement la faculté d'eslire lesd. consulz seront par nous nommes, et leurs noms envoyes au gouverneur ou n^{re} lieutenant general en n^{re} dict pais de Limouzin, et en son absence au lieutenant general aud. gouvernement, pour estre lad. nomination ainsi par nous faicte signiffieé ausd. consulz que nous avons institues en lad. ville, et par lesd. centz bourgeoys proceddé a l'ellection desd. nouveaulx consulz qui leur sucederont.

Si donnons en mandement a nos ames et feaux conseillers les gens tenans n^{re} cour de parlement de Bourdeaulx, seneschal de Lymoges, ou son lieutenant, et gens tenans n^{re} siege presidial aud. lieu, et a tous nos justiciers et officiers, et chascun d'eux si comme a luy appartiendra, que ce present reglement ilz fasent enregistrer, entretenir, garder et observer, gardent et observent inviolablement et sans l'enfraindre, sans y contrevenir ni souffrir qu'il y soit contrevenu en aulcune sorte et maniere que ce soit, cessants et faisants cesser tous troubles et empeschementz au contrayre. Car tel est n^{re} plaisir. Et, affin que ce soit chose ferme et stable a toujours, nous avons faict mettre n^{re} sceel a ces presentes, sauf en autre chose n^{re} droit et l'autruy en toutes. Donné a St Germain en Laye, au mois d'aoust, l'an de grace mil six centz deux, et de n^{re} regne le quatorzieme. Signé Henry. Et plus bas est escript : *Par le roy :* signé de Neufville ; scelles du grand scel en sire verte, et les lacs de soye rouge et verte.

Lesquelles auroyent este veriffiees et enregistrees en la court de parlement de Bourdeaulx et siege presidial de Lymoges, aux diligences desd. consulz, comme aussy registrees suyvant l'arrest huy donné, avec injonction aux manans et habitans de lad. ville de Lymoges de garder et entretenir le contenu esdictes lettres selon leur forme et teneur, et aux peynes portees par icelles. A Bourdeaulx, en parlement, le septiesme jour du moys de septembre mil six cens deux, signé Depichon. Et plus bas est escript :

Enregistrees ez registres de la cour presidialle de Lymoges, de l'ordonnance d'icelle du quatorziesme octobre dernier, requerantz lesd. consulz et consantant le procureur du Roy, enjoinct aux habitans de lad. ville de Lymoges obeyr a icelles aux peynes y contenues. Faict led. jour, signé GUY, *commis du greffier.*

Et approchant le vij⁰ jour de decembre aud. an, auquel jour se debvoit fere l'eslection des nouveaulx consulz, laquelle Sa Magesté s'estoyt reservee par led. reiglement pour la premiere fois seullement, lesd. consulz depputarent pour aller a la cour lesd. Bonyn, procureur du roy., et Benoist, leurs collegues, pour randre compte a Sa Magesté de leur charge consulaire et icelle remettre en ses mains, pour y pourvoyr de telles personnes qu'il luy plairoyt choisir du rolle des habitantz qui fust envoyé a Sa Magesté. Ce que Sa Magesté n'eust agreable de fere, ains auroyt commandé ausd. consulz de continuer leurd. cherge jusques a ce qu'elle y heust pourveu, le declarant tant par son ordonnance, commandementz et lettres closes, comme s'ensuit : [Prolongation des pouvoirs des six consuls nommés par le roi.]

LE ROY ayant receu la despesche du Sr de Chateauneuf, son lieutenant general au gouvernement de Lymouzin, en laquelle estoit le rolle de ij^c (deux cents) habitans de la ville de Lymoges, pour d'iceulx en prendre les cent dont Sa Magesté c'est reservee d'en fere le choix pour ceste foys, pour creer et nommer les consulz de l'annee prochaine ; et ceulx qui ont esté nagueres commis ausd. charges ayant escript et supplié Sa Magesté de les en vouloir descharger et les recevoir a les remettre a ceulx qui seroient nouvellement esleuz, Sa Magesté, se retrouvant maintenant chargee d'aultres plus grandz affaires, et pour aultres bonnes considerations, a ordonné que l'ellection des nouveaulx consulz de l'annee prochaine sera sursise jusqu'a ce qu'Elle ait plus de loysir d'y pourvoyr, et considerer ce qui peult encores conserner le reglement nagueres faict sur l'eslection desd. consulz, et cependant que ceulx qui y ont ci-devant esté commis continueront l'exercice de leurd. charges, et, a leur refus, ils y seront contrainctz par touttes voyes deues et raisonnables ; enjougnant a tous lesd. habittans de lad. ville de Lymoges de ce comporter les ungs envers les aultres en bonne union, paix et amitié, sans user de reproches sur les choses passees, sur peine a ceulx qui y contreviendront d'estre rigoureusement chasties et punis. Faict et ordonné par le Roy, a

Fontainebleau, ce 9° decembre 1602, Signé : Henry, et plus bas : Forget.

De par le Roy. Treschers et bien amez, le S' de Chasteauneuf nous avoyt envoyé le rolle de deux centz des habitans de n^re ville de Lymoges, pour en choisir cent qui fussent collateurs des consulz que l'on pretendoyt eslire pour l'annee prochaine ; et ceux qui le sont a present nous auroient aussy escript et supplié de les descharger desd. charges. Mais, nous estant trouvé charges d'aultres plus grandz affaires, n'ayant pas mesmes ceulx de n^re conseil pres de nous, nous avons, pour bonnes considerations, resolu de surseoir lad. ellection qui se debvoit fere en ce moys. Et que cependant ceulx que nous avons nagueres commis ausd. charges continueront l'exercice d'icelles jusques a ce qu'avec plus de loysir nous ayons concideré et ordonné sur le faict de lad. ellection, ainsin qu'il est contenu en l'ordonnance particuliere que nous avons faicte, que nous voulons estre leue en l'assemblee du corps de n^re d. ville, qui se fera a cest effect, vous enjougnant cependent de vous comporter les ungz avec les aultres en toutte bonne union et amitié, sans user d'aulcuns reproches sur les choses passees, et ce sur tant que vous doibt estre cher le repos de n^re dicte ville et le respect que vous debves a nos commandements. Donné a Fontainebleau, ce ix decembre 1602. Signé : Henry, et plus bas : Forget. Et au dernier d'icelle est escript : A noz treschers et bien aimez les consulz, manantz et habittans de n^re ville de Lymoges.

[Abolition de l'impôt du sou pur livre.]

Et estant assembles en lad. maison commune, fust advisé que les plus importantes choses a pourvoir en l'estat de lad. ville, fust jugee par lesd. consulz l'abolition dud. subside du sol pour livre, lequel Sa Magesté commença et regla peu de jours apres, suyvant sa promesse. Et fust la ville de Lymoges taxee par lad. abolition a la somme de v° lx l/ ; de laquelle commutation les habitans de la presant ville ont receu un grand soulagement, d'aultant qu'elle payoit plus dud. subside du sol pour livre que toutes les aultres villes de lad. generalité. —

[Réparations aux murailles.]

Comme aussy fust advisé de continuer la reparation des murailles extremement ruynees et endommagees tant par la vieillesse de l'edifice que la commune nonchalance des habittans, et principallement entre les portes de Magninie et Boucherie, ou une breche de soixante dix a quatre-vingt pas de murailhe, tombee deux ou trois ans auparavant, rendoit la ville desclose et tres mal assuree en une saison qui n'estoit point exempte de crainte de quelque trouble et remuement en la Guienne, et d'avantaige des menaces de la peste, qui avoit appareu, sur le commancement du printemps, en plusieurs maisons de la Cyté et Pont-St-Marcial, villages et envyrons, voyre dans lad. ville, ou y heust une ou deux maisons infectees de lad. maladie. [Peste.]

L'APPREHANTION de ses deux perilz, dont DIEU par sa grace a garenty lad. ville pendant lad. annee, fust cause que lesd. consulz, toutes choses postposees, firent travailher a la construction de lad. murailhe, poursuivant d'une mesme main l'execution des lettres d'assiettes de la somme de mil escus, pour cest effect obtenues au premier voyage dud. S[r] Duboucheyron, avec telle dilligence que l'œuvre commencee au moys de may 1603 fust parachevee au moys d'octobre suyvant. A la perfection de laquelle lesd. consulz employerent mille livres de plus et d'avantaige du leur, que ne montoyt la levee pour ce faicte de la somme de mil escutz, qui n'estoyt suffisante, et assez difficillement payee a cause de la pauvreté d'aulcuns habitans et de lad. contagion.

Mesmes que les monoyeurs se voulurent dire exemptz de contribuer a lad. somme de mil escutz accause de leurs privileges; mais, ce nonobstant, ilz furent taxes et payerent chascun la somme a laquelle ilz furent taxes et cottises, ne pouvantz leurs previlleges s'estandre à une refection si favorable pour eulx et aultres habittans de lad. ville; a laquelle touttes personnes, mesmes messieurs les esclesiasticques, tresoriers generaulx et aultres contribuarent et furent comprises dans lad. taxe des trois mil livres. [Malgré leurs priviléges, les monnayeurs sont forcés de contribuer à la taxe de 1,000 écus.]

Eslection des collateurs des tailles, faicte en la grand salle de Consulat de la ville de Lymoges par les habittans d'icelle, assambles suivant la coustume, le (1) *jour de mars* **1603**.

Las Toulas :

Jehan Hardy ;
Marcial Sendelles.

La Porte :

Monsr Desmontz ;
Pierre Deschamptz.

Magninie :

Monsr Guerin ;
Jehan Croyzier.

Le Marché :

Monsr Vernajoux ;
Yzaac (2).

La Fourie :

L'avocat Duboys ;
Dupin.

Le Clocher :

Guillaume Foucaud ;
Jehan Ardelhier.

Boucherie :

L'avocat Bonin ;
Jehan Sanson.

---

(1) Le quantième est en blanc.
2) Le nom est gratté.

Lansequot :

Jehan de Lachenaud ;
Gabriel de Labrousse.

Las Combas :

M⁰ Jehan Gadaud;
M⁰ Leonard Nouailher.

Le Vieux Marché :

M⁰ Jacques Raymond ;
Jehan De plenas Meijoux.

Les noms des cent prudhommes pris et choisis de chasque canton dix, pour par eulx estre faict eslection des consulz de l'annee prochaine; lad. nomination faicte par Messʳˢ les consulz en la maison commune, le vjᵉ desambre 1603, le tout suivant et conformement a l'esdict de reglement.

Premierement, au canton

De las Toulas :

Monsʳ Darfeulhie, tresorier;
Monsʳ Dupuimoulinier, esleu ;
M⁰ Marcial Alesme, greffier;
Sʳ Pierre Dubois de la Salesse ;
Sʳ Jehan Hardit;
Sʳ Marcial Sandelles;
Sʳ Marcial Vidaud ;
Sʳ Pierre Duboys de la Farerie :
Sʳ Jehan Boulhon;
François Nantiat.

La Porte :

Monsʳ le general Vertamont ;
Monsʳ Desmons ;
Sʳ Francoys Vidaud ;
Sʳ Joseph Decordes, de Consoulat ;
Sʳ Helies Michelon ;
Sʳ Claude Mailhot ;
Sʳ Joseph Decordes dict Le Couiliaud :
Sʳ Loïs Crouchaud ;
Sʳ Loïs Rougier ;
Sʳ Pierre Deschamptz.

Magninie :

Monsieur Croizier, recepveur ;
Sʳ Jehan Bouyol ;
Monsieur Guerin ;
Monsʳ de Plenavayre ;
Sʳ Jehan Malledent ;
Mᵉ Joseph Roulhac ;
Sʳ Pierre Crouchaud ;
Sʳ Jehan Dinnematin ;
Sʳ François Roulhac ;
Sʳ Jehan Poylevé.

Le Marché :

Monsʳ le general Benoyst ;
Monsʳ Benoist, conseiller :
Sʳ Pierre Mailhot ;
Monsʳ de Chavagnac ;
Monsʳ de Sainct Leger ;
Sʳ Blaise Dumas ;
Monsʳ Vernajoux ;
Sʳ Jehan Poylevé ;
Sʳ Martial Gallecher ;
Sʳ Jacques Bardinet.

La Fourie :

Monsʳ Dupeyrat, conseiller ;
Sʳ Pierre Colomb ;
Monsʳ Duboys, advocat ;
Sʳ Mathieu Maledent ;
Sʳ Jacques Benoyst ;
Sʳ Estienne Roumanet ;
Sʳ Jehan Moulinier ;
Sʳ Pierre Saleys ;
Sʳ Jehan Lafosse ;
Mᵉ Jehan Dupin.

Le Clocher :

Monsʳ le president Verthamont ;
Monsʳ Decordes, esleu ;
Monsʳ Desmaisons ;
Monsʳ Maledent, recepveur ;
Sʳ Françoys Chastaignac ;
Sʳ Michel Brugere ;
Monsʳ Rouard, greffier ;
Monsʳ Bailhot, enquęteur ;
Sʳ Guillaume Foucaud dit Nicot ;
Sʳ Jehan Verger.

Boucherie :

Monsieur Cybot, avocat du Roy ;
Monsʳ Pinot, advocat ;
Monsʳ Sallot ;
Monsʳ Bonyn, advocat ;
Sʳ Jehan Gadaud ;
Mᵉ Geral de Jayac ;
Sʳ Jehan Maliars ;
Sʳ Jehan Sanson ;
Sʳ André Peyrou ;
Sʳ Pierre Malavergne.

Lunsequol :

Monsr Devoyon, lieutenant particulier;
Monsieur Petiot, juge ordinaire;
Monsr Constant;
Sr Leonard Saleys;
Monsr Lamy, advocat;
Monsr Jehan Biais;
Sr Gabriel Delabrousse;
Sr Anthoine Veyrier;
Sr Pierre David;
Sr Estienne Vigier.

Las Combas :

Monsr le general de Jullien,
Monsr Descoutures, advocat du Roy;
Monsr Bardon, advocat;
Me Jehan Baignol, procureur;
Monsr Volondat, advocat;
M. Jehan Martin, procureur;
Sr Pierre Theulier;
Sr Jehan Dade;
Me Leonard Nouailher, procureur;
Mr Anthoine Martiallet, procureur.

Le Vieulx Marché :

Jehan Bardinet dit Le Gros;
Mathieu Juge;
Jehan de Plenameyjoux;
Sr Pierre Guerit;
Sr Marcial Garat;
Me Mathieu Boullet;
Jehan Cybot dit Le Bureau;
Me Jacques Raymond;
Jamme DAixe dit Pire;
Albert de Plenameyjoux.

Faict en la maison commune de Consoulat, par nous soubz

signes, le sixiesme jour de decembre mil six centz troys. Signé : DEMAUPLE, consul ; Benoist, consul ; Brugiere, consul, et Duboys, prevost.

(Ici une demi-page en blanc.)

Eslection des consulz de la presant ville de Lymoges, faicte par les preudhommes nommes, assembles pour cest effeict en la sale de la maison de ville, suyvant le reiglement estably par Sa Magesté, ou assistoict le seigneur de Chasteauneuf, vicomte de Combort, lieutenant pour Sa Magesté au pais de Lymosin, le septiesme decembre mil six cens troys.

Honnorables : Maistre Marcial Benoist, tresorier general de France ;
Maistre Jehan Verdier, sieur Darfeulhe, aussy tresorier general de France ;
Jehan Boyol, bourgois ;
Pierre Du Bois dict de La Salesse, bourgois ;
Maistre Pierre de Douhet, sieur du Puymolinier, esleu en l'eslection ;
Maistre Joseph Croisier, recepveur general en la generalité de Lymoges.

(Signé :) MOURET, *scribe de la maison de ville de Lymoges.*

(Ici une demi-page en blanc.)

Eslection des collateurs, faicte en la grand salle de la maison de ville de Lymoges, par lesdicts preudhommes (1), *assembles et convoques pour cest effeict, le dix huictiesme mars mil six cens quatre.*

Consulat :

Gregoire Decordes;
Pierre Veyrier.

La Porte :

Jehan Vidaud;
Maistre Marcial Bonyn, procureur.

Magninie :

Jehan Malledent;
Loys Crouchaud.

Le Marché :

Blaise Dumas;
Marcial Gallechier;

La Faurie :

Mathieu Maledent;
Pierre Colomb;

Le Clocher :

Maistre Jacques Baillot, enquesteur;
Maistre Anthoine de La Charlonnie.

Boucherie :

Maistre Jacques Salot;
Jehan Delort.

(1) Les lettres-patentes du mois d'août 1602 ne concernent que l'élection des consuls, qui devait être faite par ceux précédemment nommés. Nous n'avons pu trouver l'acte qui étend aux répartiteurs ce nouveau mode d'élection.

Lansecot :

Monsieur Petiot, juge ;
Marcial du Bois dict Mouriguet.

Las Combas :

Monsieur Bardon ;
Monsieur Saleis, advocat.

Le canton du Vieux Marché :

Françoys Bardinet ;
Marcial Garach.

(Signé :) J. MOURET, *scribe de la maison de ville.*

Le nom des cent preudhommes, prins et choisis de chasque canton dix, pour par eulx estre faict eslection des consulz de l'annee prochaine, ladicte nomination faicte par messieurs les consulz en la maison commune, le sixiesme decembre mil six cens quatre, le tout suyvant et conformement a l'edict de Sa Magesté.

Et premierement, au canton

Des Taules :

Monsr du Bouscheyron ;
Monsr du Puymolinier le jeune,
Monsr le procureur du Roy ;
Gregoire Decordes ;
Jehan Hardy le jeune ;
Marcial Sandelles ;
Mathieu du Bois, sieur de Puytignon,
Psaumet Faulte ;
Jehan Boulhon ;
Monsr le recepveur du Peyrat.

La Porte :

Monsr Desmonts ;
Joseph Decordes ;
Jehan Vidault l'aisné ;
Maistre Marcial Bonyn ;
Claude Mailhot ;
Pierre Deschamps ;
Françoys Jayac ;
Loïs Rougier ;
Pierre Senamaud ;
Joseph Decordes, de Consulat.

Magninie :

Jehan Croisier ;
Maistre Joseph Roulhac ;
Monsr Guerin ;
Durand Brugiere ;
Jehan dict Cere Boyol ;
Monsr de Chavaignat ;
Jehan Poylevé ;
Maistre Pierre Maledem, recepveur des deniers ;
Loïs Crouchaud ;
Jamme Raymond dict Reytoil.

Le Marché :

Monsr l'esleu Benoist ;
Le cappitaine Verthamond ;
Monsr le contrerolle(ur) Petiot ;
Blaise Dumas ;
Maistre Pierre Vernejoul ;
Pierre Mailhot ;
Marcial Gallechier ;
Meistre Ysaac Juge ;
Monsr le president Douhet ;
Jehan Londeis

La Fourie :

Monsr le conseiller du Peyrat ;
Monsr le conseiller Barny ;
Jehan Molinier ;
François Coulomb ;
Monsr l'advocat Dubois ;
Mathieu Maledenm ;
Jacques Benoist ;
Pierre Saleys ;
Maistre Jacques Papetaud ;
Maistre Guynot Sudour.

Le Clocher :

Monsieur le President Verthamond ;
Michel Brugiere ;
Monsr Desmaisons ;
Maistre Anthoine de la Charlounie ;
Monsr le contrerolleur Marrand ;
Jehan Ardellier ;
Monsr l'esleu Desflottes ;
Guilhaume Foucaud ;
Monsr l'enquesteur Bailhot ;
Jehan Verges.

Boucherie :

Monsr Cybot, advocat du Roy ;
Monsr l'advocat Bonyn ;
Maistre Pierre Guy ;
Jehan Gadaud ;
Jehan Sanxon ;
Jehan Delort ;
Pierre Mallavergne ;
Maistre Geral de Jayac ;
Monsr l'advocat Pinot ;
Monsr Salot.

Lansecot :

Monsr le general Mauple ;
Monsr Derecules, conseiller ;
Monsr le juge Petiot ;
Monsr l'advocat Lamy ;
Gabriel de La Brousse ;
Anthoine Verrier ;
Pierre David ;
Estienne Vigier ;
Jehan Delachenaud ;
Marcial Dubois dict Mouriquet.

Les Combes :

Monsr le president Martin ;
Monsr Descoutures, advocat du Roy ;
Monsr l'advocat Bardon ;
Maistre Jehan Baignol, procureur du Roy en l'eslection ;
Maistre Jehan Martin ;
Jehan Dade ;
Monsr l'advocat Saleis ;
Maistre Jehan Noalher ;
Maistre Anthoine Marcialot ;
Maistre Jehan Gadaud.

Le Vieux Marché :

Jehan Bardinet dict Le Gros ;
Mathieu Juge ;
Jehan Guery ;
Marcial Garach ;
Maistre Mathieu Boulet ;
Jehan Cybot dict lou Bureau,
Maistre Jacques Raymond ;
Albert de Plenas Meyjoux ;
Mathieu Cybot dict le Bureau ;
Françoys le Corporal.

Eslection des consulz de la presant ville de Lymoges, faicte par les prudhommes nommes, assembles pour cest effect en la salle de la maison de ville, suyvant le reglement eslably par Sa Magesté, ou assistoit le seigneur de Chasteauneuf, vicomte de Combort, lieutenant pour Sa Magesté au pays de Lymousin, le septiesme decembre mil six centz quatre, et finissant a 1605.

Honorables : Martial Martin, S^r des Montz ;
    Gregoire Decordes, bourgeois de lad. ville ;
    Jehan Vidault, aussy bourgeois ;
    Pierre Duboys, bourgeois ;
    Me Jehan Martin, procureur au siege presidial de la present ville ;
Honnorable Me Anthoine Barny, conseilher aud. siege.

(Ici une demi-page en blanc.)

Eslection des collateurs, faicte en la grand sale de la maison de ville de Lymoges par messieurs les prudhommes, convoques et assembles pour cest effect, le xiij mars m. vi^c. cincq apres midy.

Du canton des Taules :

Martial Gadaud ;
Mathieu Duboys.

De la Porte :

Joseph Decordes, de Consulat ;
Claude Malhot

De Magninie :

Jehan Boyol dict Seré,
et Jacques dict Jamme Reymond.

Du Marché :

Monsr Benoist, conseiller ;
Pierre Malhot.

De la Fourie :

Pierre Saleis ;
François Coulomb.

Du Clocher :

Jehan Verges ;
Lazare Texendier.

De Boucherie :

Me Gerald de Jayac, advocat du roy en l'eslection ;
Jehan Gadaud.

De Lansecot :

Monsr Lamy, advocat ;
Anthoine Veyrier.

Des Combes :

Me Anthoine Marcialet ;
Pierre Teulier.

Du Vieux Marché :

Jehan Guery ;
Jean Cybot dict Bureau.

(Signé :) J. MOURET, *scribe de la maison de ville.*

C'est le nom des preudhommes prins et nommes de chasque canton dix, par les consulz de la presante annee, pour faire nomination et eslection des consulz de la prochaine annee, que l'on comptera mil six cens six; lad. nomination de predhommes, faicte en la maison commune, suivant l'edict de Sa Magesté, le sixiesme decembre mil six cens cinq. Et premierement :

Du canton des Taules :

Mr du Puymolinier l'ainé ;
M^r le procureur du Roy ;
Psaumet Faulte ;
M^r le recepveur Dupeyrat ;
Marcial Vidaud, bourgois ;
Pierre du Bois, sieur du Boucheyron ;
Pierre du Bois, sieur de la Salesse ;
Jehan Hardy, marchant ;
Marcial Sandelles, bourgois ;
Jehan Boulhon, marchant.

La Porte :

Joseph Decordes, de Consulat ;
Me Marcial Bonyn, procureur ;
Claude Maillot, marchant ;
Joseph Decordes dict le Coulhaud ;
Loïs Crouchaud ;
Pierre Deschamps ;
André Disnematin ;
Pierre Senamaud ;
François Jaiac ;
Pierre Renaudin.

Magninie :

M⁰ Joseph Roulhac, procureur ;
Mʳ le recepveur Croisier ;
Jehan Cere Boyol, bourgois ;
François Rougeyron ;
Mʳ Saleis, advocat ;
Jehan Pinot ;
Jamme Raymond dict Reytoil ;
Jehan Malleden le jeune ;
Mʳ de Plenavayre.

Le Marché :

Mʳ l'esleu Benoist ;
Mʳ le contrerolleur Petiot ;
Blaise Dumas ;
M⁰ Pierre Vernejoul, procureur ;
Mʳ Jehan Dorat, procureur ;
Pierre Maillot ;
Jacques Bardinet ;
Marcial Gallichier ;
Mʳ le president Douhet ;
Pierre Noailler.

La Fourie :

Mʳ Dupeyrat, conseiller ;
Jehan Moulinier,
Estienne Roumanet ;
Pierre Saleys ;
Pierre Coulomb ;
Mathieu Malledent ;
Jacques Benoist ;
M⁰ Guynot Sudour ;
François Coulomb ;
François Victrat, apothicquaire.

Le Clocher :

Mʳ Desmaisons, advocat ;
Michel Brugiere ;
Mʳ le president Verthamond ;
Mᶜ l'esleu Decordes ;
Guilhaume Foucaud dict Nicot ;
Marcial Mousnier ;
Jehan Ardellier ;
Mʳ Duboys, advocat ;
Pierre Lagorce dict Peyrou ;
Mᵉ Anthoine de La Charlonnie.

Boucherie :

Mʳ l'advocat Bonyn ;
Mʳ Salot ;
Jehan Gadault ;
Jehan Sanxon ;
Pierre Mallavergne ;
Jehan Delort ;
Mʳ Pinot, advocat ;
Mᵉ Pierre Duteil, procureur ;
Mᵉ Pierre Guy, procureur ;
Mʳ Jaiac, advocat du Roy en l'eslection.

Lansecot :

Mʳ le lieutenant particulier ;
Mʳ Derecules, conseiller ;
Mʳ Depetiot, juge de la ville ;
Mʳ Constant, advocat ;
Mʳ Lamy, advocat ;
Mʳ Jehan Boulesteis ;
Gabriel de La Brousse ;
Anthoine Veyrier ;
Jehan Delachenault ;
Marcial Dubois dict Mouriquet.

Les Combes :

Mr le president Martin ;
Me Descoutures, advocat du Roy ;
Mr Volundat, advocat ;
Me Anthoine Marcialet ;
Pierre Theulier ;
Pierre Dubois dict le Gascon ;
Jehan Dade ;
Me Jehan Gadault, procureur ;
Me Leonard Noailher, procureur ;
Me François Coudier.

Le Vieulx Marché :

Jehan Bardinet dict le Gros ;
Mathieu Juge ;
Jehan Guery ;
Marcial Garach ;
Jehan Beney ;
Jehan Cybot dict le Bureau ;
Me Jacques Raymond ;
Albert de Plenasmeijoux ;
Mathieu Cybot dit le Bureau ;
François Cerclier dict le Corporaud.

(Ici une page blanche dans le manuscrit.)

Discours de l'anticque fondation de la ville de Limoges, et entree de Sa Magesté en icelle. (Faict par Mr Descoutures, advocat du Roy. — 1605 (1).)

Lymoges se peult vanter d'estre la plus ancienne ville de la Gaulle celtique, qui comprenoit aussy la Guyenne. Tous les curieux inquisiteurs de l'antiquité demeurent d'accord du temps de la fondation de Lymoges et du nom de son fondateur, qui fust un prince phrigien nommé *Lemovix*, homme belliqueux et magnanime au possible, mais avec cela debonnaire, clement et amateur de justice; ne permettant que les lois fussent foulees par la violence des armes; orné de toutes les belles qualites qui peuvent rendre ung homme recommandable en l'ung et l'autre temps. Aussy estoit-il fils d'ung Alvernus, lequel par sa valeur avoit esté et leur chef et superieur de tout le pays, qui des lors prenant le nom de son conducteur, fust appelé Aulvergne, et comme tous ces quartiers furrent grandement ravages par les courses continuelles d'ung grand nombre de bandouliers. Et gens de fortune qui tenoyent incessamment la campaigne, et ne faisoient austre retraicte que dans l'espoisseur des forets, qui couvroient pour lors la meilleure partie de ce pays, notre fondateur, comme un second Hercule, faisoit trophee d'employer ses armes et sa valeur a debeller ces tyrannaux et purger la

---

(1) Les mots que nous mettons entre parenthèses ont été ajoutés postérieurement sur le manuscrit.

Nous connaissons cinq reproductions imprimées de ce discours :

1° Discovrs contenant l'antiqve fondation de la ville et cyté de Lymoges, auec vn sommaire des choses plus remarquables qui s'y sont passees lors de l'entree du Roy tres chrestien Henry IIII, Roy de France et de Nauarre, Seigneur Vicomte de Lymoges, le xx d'Octobre 1605. Par M. Descoustures, aduocat du Roy. — *Limoges. Par Guillaume Bureau.* M. D. CVII, in-8 de 48 pages.

Cette plaquette, dont un exemplaire se trouve à la Bibliothèque communale de Limoges, est très-rare.

2° T. II, p 84 du *Limousin historique*, de M. Achille Leymarie.

3° Imprimé également dans l'ouvrage ci-dessous, tiré à 15 exemplaires seulement :

Trois royales entrées à Limoges. — Limoges, 1845, in-8. — Offert à Leurs Altesses Mgr le duc et Mme la duchesse de Nemours, le 30 juillet 1845, par M. Achille Leymarie.

4° *Feuille hebdomadaire de la généralité de Limoges*, années 1786 et 1787.

Cette version diffère un peu de la version précédente.

5° *Bulletin de la Société Archéologique et Historique du Limousin*, T. IV, p. 47 et suiv.

Reproduction de la version insérée dans la *Feuille hebdomadaire*.

province de tels monstres. Et poursuivant ung jour pour la poincte de ses beaux exploicts, le hazard le porta aux lieux ou la cyté de Limoges est bastie pour ce jourd'huy ; lequel, soit par sa situation, ou pour estre proche de la riviere de Vienne, luy fust tellement agreable qu'il y fonda Lymoges, ainsi appellee de son nom, d'ou toute la province a tyré sa denomination de Limousin. Cecy se passoit environ l'an de la creation du monde 3682, que peust revenir avant l'incarnation du fils de Dieu, 1482 ans ; de façon que de ceste supputation l'on peust tirer que Limoges a esté premierement fondé que Thoulouse, qui fust bastie longtemps apres par ung Tholes, surnommé Lemovic, fils de nostre grand Lemovix ; et plustost aussy que Poictiers, qui fust semblablement construite par nostre mesme fondateur, en memoire d'ung sien frere appellé Pistonus, qui fut tué combattant soubs les enseignes de Lemovix, son aisné, ung jour de bataille alligné contre les Troyens, qui commençoient de voulloir maistriser les Gaules, et ce entre les rivieres du Clain et de Vienne, ou la victoire de Lemovix, bien que fort signalee, luy resta neanlmoingt funeste, par la perte de son frere Pistonus ; il estoit demeuré victorieux de ses ennemis par ses armes, il fust abattu comme vaincu par le regret de la mort de son frere :

Cœdimus inque vicem prœbemus crura sagittis.

Il avoit heu trop de bonne fortune, il falloit bien qu'il receust quelque traverse ; le malheur est toujours porté en crouppe avec le bonheur, comme la tristesse et la joye s'accolent d'ung lien si estroict qu'il nous est impossible de les separer, qui fust cause que les anciens ne leur bastirent qu'un temple, dans lequel on les voyoit toujours ensemble lies par les cheveux.

En ce temps doncq, Lymoges, ayant esté fondé soubs les auspices fortunes d'ung bonheur, s'en alloit croissant de jour a aultre, en puyssance, richesse et dignité, dans l'enceinte d'une telle grandeur, qu'elle osa bien faire teste et resister par longues annees a la puyssance des romains, ainsin que l'esprouva, mais a sa confusion, Max. Amiliam, par la deffaicte de son armee pres la riviere d'Issare, que longtemps apres luy, Jules Cæsar, celuy qui, le premier, avec la dictature perpetuelle, s'appropria l'authorité souveraine de l'empire, lequel, ayant voulu faire quelques efforts dans les provinces des Limousins et

de leurs confederes, fust tellement repoussé par la generosité
d'ung duc ou vicomte de Lymoges, appellé Durachius, que
toute la gendarmerie romaine, avec leurs deux chefs Fabius et
Petronius, demeura sur la place, et quarante-cinq enseignes
emportees par nostre vicomte sur les vaincus; lesquels s'estoient
vantes le jour precedent, par une arrogance romayne, que la
temerité des Limousins, abaissee bientost par la deffaicte qu'ils
en promectoient, serviroit de terreur aux nations voisines pour
ne s'opposer aux conquestes qu'ils se figuroient des mondes
d'Anaxarque. Toutesfois l'issue de ce rencontre fit voir que la
vertu et magnanimité residoit vrayment lors dans Lymoges.
Cestoit ung peuple qui haïssoit trop une vie contraincte et
forcee, pour se laisser ravir sy aysement la liberté, qu'il jugeoit
de soy inestimable.

Limoges se maintint longtemps en ce degré de souveraineté,
et sembloit avoir cloué ceste roue tournante de la fortune en
l'estat le plus plausible et le plus eslevé, de la plus haute prosperité qu'il heust peu desirer; mais, comme il n'y a rien de
ferme ny de stable au monde, toutes choses y estant subgettes
a son inconstante legereté et changement, les empires et republiques vieilhissant aussi bien que les hommes, les Romains
s'estant peu a peu rendus maistres, plus par capitulation que
par vive force, reduyrent Limoges avec le pays voysin en forme
de province soubs leurs proconsuls, laquelle pourtant ne
diminua en rien de sa premiere grandeur; car ayant esté
accordé par le traicté de paix, que nostre Durachius demeureroit proconsul des Celthes et Acquitains, et qu'on ne recevroit
point de gouverneur estranger; il fust par mesme moyen
arresté que la ville de Limoges, devenue nouvelle colonie des
Romains, seroit le siege et la demeure des proconsuls et la cappitale de l'Aquitaine. Ce que executant, on y vint establir en
mesme temps ung auguste senat, esgal en grandeur, integrité
et puyssance a celui de Rome; de mesme ung tresor publicq
ou tous les subsides et deniers qui se levoient des Gaules
estoient portes et gardes soigneusement par les thresoriers qui
en avoient le maniement et surintendance, sans toucher toutefois a l'annuel revenu de la seconde ou petite Aquitaine, qui
venoit a nostre Durachius, comme dependant de la duché et
vicomté de Lymoges. Laquelle voullant illustrer de toutes les
marques desquelles ung bon prince peust embellir la republique,
il fist bastir ung beau chemyn a la sommité de la ville, un

excellent theatre du costé du pont St-Marcial, et ung grand palais sur la riviere de Vienne. L'accroissement de ceste ville alloit augmentant, de telle sorte que, de successeur en successeur, de vicomte en vicomte, on tachoit d'y ajouter quelque nouveau embellissement; et de fait, Lucius Capreolus, petit fils de Durachius, luy ayant succedé, fist ceindre l'amphitheatre des Arrenes, bastir et dresser ung magnifique palais appellé le palais de Lucius, sur le quartier ou se veoid aujourd'huy l'esglise Ste-Valerie, protomartyre des Gaulles; et, ne se contentant pas d'aggrandir la ville de Lymoges seullement, faisoit aussy edifier de belles maisons dans les terres dependant de sa viconté, comme Chasluz, Chaslucet, et austres appelees de son nom, *Castra Lucii*.

CE FUST ce mesme Lucius, avec les citoyens de Lymoges, qui, estant encore aveugles de l'obscurité de l'idolatrie et paganisme, fonderent ung beau et somptueux temple a leur dieu Jupiter, sur une coline pres de la ville, appellee Mont-Jovis.

MAIS ce seroit le subject d'ung juste volume, et le travail d'ung esprit en repos, que de vouloir descrire chasque point d'antiquité, noblesse et grandeur en laquelle a fleury cy devant la ville et cyté de Lymoges a la suite de ces vicomtes. Je desirerois estre si heureusement partagé des graces du ciel que de les pouvoir dignement representer. Il suffira de dire pour le present que, Lucius estant decedé, et Leocadius, son fils et successeur, ayant espouzé la princesse Suzanne, et engendré de ce mariage Ste Valerie, elle, apres le deces de son pere, demeuree fille unique, ayant recully une si belle et ample succession, joint qu'elle estoit admiree et la lumiere de ses rares vertus aussy bien que l'esclat de ses naïfes beautes, qui la rendoient naturellement admirable, fust accordé au duc Silanus, lequel avoit esté pourveu du proconsulat de la Gaule celtique et Aquitanique.

MAIS la Providence divine ayant tout autrement arresté de ce mariage, dans le cabinet de ses secrets et jugements, il advint que l'empereur Neron, voulant dresser une grande armee contre les Anglois, auroit commandé au duc de faire levee en Aquitaine de tout ce qu'il pourroit de gens de guerre, et aller joindre son camp la par ou il luy seroit mandé. Ceste guerre, qui continua longuement, empescha l'execution et conformation que Sillanus s'estoit promis asseurement de ce mariage, desja contracté avec Valerie, laquelle, pendant ses fiançailles, changeant

— 89 —

de loy par l'arrivee et predication de St Martial, vrai apostre de ce pays, auroit pareilhement changé et de volonté et de desirs de se joindre par mariage avec aultre qu'avec son espoux Jesus-Christ, pour l'amour duquel elle renonçoit volontairement a tout aultre amour du monde.

CE FUST ung des premiers traicts merveilleux de la predication de cest appostre, ce fust ung des effects admirables de ceste puissante parole de l'Evangile, ce fust ung vray argument que le St-Esprit, par sa lumiere, commençoit a dechasser les tenebres de ceste province ; et, comme Lymoges avoit lors toutes les marques d'une seconde Rome, elle heust aussy cest avantage commun que, au temps que St Pierre esvangelisoit a Rome, St Martial annonçoit la venue du fils de Dieu en nostre ville de Lymoges.

MAIS, afin que ce discours ne nous porte audela de ce qu'avions proposé en ceste premiere narration, les curieux verront icy sommairement que, despuys que Lymoges fust reduict en forme de province par les Romains, il receust plusieurs changemens, de tant que les Goths l'envahirent, les ducs de Guyenne succederent, et furent encore chasses par les François. Ces ducs de Guyenne, portant titre de roys, estoient anciennement couronnes et sacres au dome St-Martial, et ne le pouvoient estre ailleurs. Pepin print Limoges sur eulx, le brusla, et fonda neanlmoings nostre-dame de la Reigle, et donna plusieurs places a St-Estienne. Charlemaigne fist divers voyaiges a Limoges, et y passa allant aux Espaignes contre les sarrazins, comme il appert par les pancartes signees de luy, deffit Engoulaud leur chef, et, pour ce memorable exploict, on fict dresser la fontaine Eygoulene, ainsi appelle du nom de ce roy : c'estoit environ l'an 800. Alaric, roy des Goths, reprins encore Limoges, et en fust tost apres chassé. Il se trouve que la ville de Limoges soustint de grands efforts lorsque les Anglois, par le mariage d'Alienor avec Henry, roy d'Angleterre, reduisirent la Guyenne, que fust environ l'an mil cent cinquante-ung. Il y a plus de huit cents ans qu'elle n'a changé de maistres, si ce n'est lors du traicté de Bretigny, en l'an mil trois cents septante, entre Edouard et Charles, dauphin, fils de Jehan, despuis Charles-Quint dit le Saige, qu'elle retomba soubs la puyssance des Anglois, pour redimer le roy Jehan de prison, mais elle ne dura beaucoup.

Je feroys tort a l'antiquité de ceste ville si je ne gravoys icy, de mot a mot, la teneur d'ung vieux titre trouvé dans les archives de la maison de ville, portant l'antique fondation de Lymoges, duquel M. de Sillery, garde des sceaux, a fait grand estime; il est conçu en ces termes :

Lemovix, urbs antiquissima Galliarum, versus occidentem a Lemovico rege ex genere giganteo constructa, temporibus Panniæ, regis Assiriorum, et quo tempore Rampses regebat ægiptios, et Gedeon judicabat Hœbreos.

Et voila l'abregé de la naissance, du progres et divers changemens de l'estat de Lymoges, lequel ne me seroit pas inutile, s'il pouvoit inviter quelque esprit relevé, de nous figurer le tout autrement selon l'ordre et suitte du temps, avec ung pinceau plus delié que le nostre.

LA VILLE de Lymoges, bastie par ung fondateur tant renommé, memorable par son antiquité, annoblie par tant de ducs et vicomtes, espuree par la predication du premier appostre des Gaules, et recommandable pour son humble affection et fidelité aux roys de France, receust le nouveau bonheur de l'acheminement de son roy et seigneur souverain, Henry quatriesme, avec tant d'allegresse, qu'il seroit impossible de particulariser ce contentement que chascun en avoit.

LE PAYS de Limousin est tenu pour estre septentrionnal, froid et subject extremement aux glaces, si est-ce pourtant que les volontes des habitans ne furent jamays plus eschauffees au service du roy, qu'elles estoient lors de son arrivee. Ce peuple est trop estroictement lié a l'amour de son prince, pour en concevoir quelque sinistre opinion, rien n'est bastant pour sapper ny escrouler la forteresse de son cœur, cymentee de la propre main du debvoir et de l'obeyssance.

Il n'y avoit point de glaçons qui requissent la lumiere et chaleur de ce soleil de la France, mais Lymoges estoit son zodiaque pour estre plus meridional a ceux qui commençoient par leurs froides volontes a concevoir des Titans imparfaits, pour attempter d'escheller ce grand ciel de l'estat.

CE FUST une nouvelle qui estonna du commencement les habitans de Lymoges, d'entendre que le roy estoit resolu de s'y acheminer, non pour crainte d'avoir manqué de fidelité, mais de peur qu'ils avoyent de fallir, recepvant Sa Majesté moings convenablement que sa grandeur royale le requeroit.

MONSIEUR le duc Despernon, colonel de France et gouverneur

pour Sa Majesté en Limousin, ayant reçu l'ordre de ses commandemens, bailla advis aux consuls de Lymoges que le roy estoit en volonté d'y aller; ces nouvelles, venant de sa part, eschaufferent ung chascun a se disposer de recepvoir le roy en toute magnificence. Ceste premiere ardeur fust attiedie tost apres par ung contraire advis qui courut, que la publication de ce voyage n'estoit qu'ung advertissement a ceux qui, declinans de leur debvoir, entreprenoient de suivre des lignes qui s'en alloient les conduire dans les destours d'ung dedalle de desobeyssance.

Mais ceste mesme verité de la venue du roy, portee de bouche par le sieur vicomte de Chasteauneuf, lieutenant general de Sa Majesté au mesme gouvernement, on commença de tenir pour asseuré cet acheminement.

Les consuls, sur lesquels venoit a tomber principalement la charge de ceste reception, mettent peyne a dresser l'appareil de ladicte entree, font eslection d'ung colonel, des cappitaines des quartiers, enjoignent a ung chascun se tenir pret pour une si belle action.

Ils menagent sy bien deux ou trois sepmaines qui leur restoient de temps, traversé encore de beaucoup d'incertitude de cest acheminement, que toutes choses se trouverent prestes au jour de l'arrivee de Sa Majesté, sy elle heust vouleu permettre la ceresmonie ce mesme jour. Mais les consuls, ayant depputé messieurs Barny et Desmouty, s'en allerent a la Mayson Rouge, le vendredy quatorziesme octobre, pour offrir au Roy, qui y estoit arrivé ce matin, les humbles affections, les cœurs et les volontes des habitans de la ville. Il leur fist reponce qu'il avoit aggreable ce tesmoignage de leur fidelité, qu'il aymoit Limoges, mais qu'il ne les verroit que comme vicomte durant trois ou quatre jours, et puis apres comme roy; Sa Majesté savoit que les consuls supportoient impatiamment les manquements qu'une precipitation apportoit a leurs desseins, et leur voulust donner encore ce loysir. Cela fust cause que Sa Majesté entra ce soir en la ville sans aucune ceremonye, que d'ung cry d'allegresse de *vive le roy*, porté jusques au ciel par ung meslange de voix de trente mille personnes pleines d'allegresse, de voir leur prince souverain, qui fust loger en la mayson du Breuilh, dressee et preparee a ceste fin au mieux qu'il fust possible.

Sa Majesté ayant sejourné six jours dans la ville, qui furent pour la pluspart pluvieux, print resolution de faire son entree solempnelle le jeudy vingtiesme dudict moys, et pour cest effect sortit le matin de la ville, et s'en alla disner a Montjauvy, lieu distant du faulxbourg d'environ cinq cents pas. Les trouppes et companies de la ville qui passoient devant son logis pour se rendre au lieu assigné, affin de se disposer a l'ordre de l'entree, interrompoient son disner; le roy les voulust voir, et commanda qu'au retour on les fist passer au devant du theatre.

Ce theatre estoit dressé a costé du grand pavé qui est entre le fauxbourg Montmailler et Montjauvy; il estoit relevé de neuf ou dix pieds, et pouvoit avoir cent ou six vingts en quarré. On y avoit accomodé deux grands escalliers opposites, l'ung pour monter a l'arrivee, l'autre pour descendre au retour. Ce theatre estoit environné de barrieres, tendu et paré de tapisseries de tous costes; sur le milieu estoit la chaire de Sa Majesté, posee sur une base relevee de quatre degres, couverte de veloux violet avec ung daiz de mesme par le dessus, paree de fleurs de lys d'or, avec plusieurs enrichissements de broderie, pour recevoir les honneurs et entendre les vœux et les prieres de tous les ordres de la ville.

Le roy, quelque temps apres son disner, accompaigné des princes du sang, mareschaux de France, chevaliers de l'ordre, gardes des sceaux, secretaires d'estat et aultres officiers de sa couronne, se rendist sur le theatre, duquel il decouvrit peu de temps apres, a quatre ou cinq cents pas, une procession de toutes les esglises, abbayes, couvents, religieux, mandiants et autres ecclesiastiques, jusques au nombre de trois cents, avec les croix de chasque esglise. Sa Majesté s'advança jusques sur la barriere du theatre, pour les voir passer de plus pres.

On remarqua au doux maintien du roy, que les chants d'allegresse spirituelle pousses par tant d'ecclesiastiques d'une violente ferveur jusques au ciel pour sa prosperité, luy estoient merveilleusement agreables; on le vid tout remply d'ung sacré zele, qui l'eslevoit a contempler l'humble modestie de ces devots religieux, lesquels faisoient l'ornement de ceste ceremonye.

Peu de temps apres, parurent les troupes de la ville, divisees en neuf compaignies, conduites soubs autant d'enseignes differentes, qui pouvoient faire en tout quinze cents hommes, tous choisis d'aage, cappables pour executer quelque exploict honnorable. Chaque compagnie avoit ses drappeaux et livrees toutes diverses les unes des autres, et estoient tous accoustres bravement, les aucuns avec des morions dores et graves, les autres ayant la toque de veloux rouge cramoysy ou d'escarlatte, la gregue de mesme, le porpoint de satin blanc et les bas de soye; les autres vestus des couleurs du roy, tous richement armes, marchant cinq a cinq, avec phifres et tambours en bon nombre; a la teste de toutes ces compaignies, estoit le sieur Dupuy Moulinier, leur colonnel, couvert d'ung habit de brocatel, enrichi d'excellentes parfileries et broderies. Arrivant au theatre, et s'estant prosterné au devant de Sa Majesté, luy dict :

« Syre, ceste trouppe de cappitaines qui commandent a toutes ces forces soubs l'auttorité de vostre Majesté ne pouvoient attendre plus grand contentement en ce monde que la venue d'icelle, pour la supplier tres humblement prendre d'eux toute assurance de leur inviolable fidelité, et croire qu'ils veulent vivre et mourir soubs votre obeyssance, comme vos naturels subjects, tres humbles et tres obeyssants serviteurs. »

Le roy tesmoigna, par sa response, avoir pour agreable ceste humble soubmission, et se remist sur la barriere pour voir passer les trouppes de la ville, faisant jugement de la valleur d'ung chascun selon leur port et desmarche, disant parfois qu'ils avoient tous façon de bons soldats.

Ceste infanterie passee, se monstrerent cinquante jeunes hommes de l'aage de dix-huit a vingt ans, des principales maisons de la ville, conduicts par leurs cappitaines et guydon, superbement habilles et d'une mesme parure, ayant tous le manteau d'escarlatte, couvert de clinquants et doublé de veloux a plain fonds, avec chascun deux lacquais, pares de leurs livrees; et oultre la beauté de leur accoutrement, dont la valeur estoit grande, n'y avoit ung seul qui ne fust monté d'un cheval d'espaigne ou d'autre cheval de prix, caparossonné, chamfrein fourny de panaches, ayant au devant d'eulx une bande de trompettes et clairons, qui fanfaroient continuellement, et sembloit doubler ce couraige de la cavallerie et de leurs coursiers. Le roy prist plaisir de les voir obliger et baisser dans ceste belle plaine qui venoit se joindre aux theatre, sur lequel le sieur de Compreignac, ayant fait une humble inclination aux pieds de Sa Majesté, luy harrangua, pour toute sa trouppe, en ceste sorte :

« Sire, votre Majesté arrivant en ceste province, et avec elle tout bonheur et prosperité, comme un astre benin porte avec soy des favorables influences, ceste jeunesse assemblee et unie en corps et en couraige, vous vient devotieusement offrir la saincte volonté quelle a de vous honorer et servir, bien que l'effet ne puisse auscunement approcher du merite du plus grand, plus victorieux et plus puissant monarque de la terre, neanlmoings vostre Majesté recevra en gré, puisque nous ne cherchons aultre heur en ce monde, qu'en vostre service, ny d'honneur qu'en vostre obeyssance, que nous nous prosternions a vos pieds et y rendions hommage deu a nostre prince naturel et souverain, vous consacrant nos vies, nos fortunes, nos volontes pour demeurer a jamais tres humbles, tres obeyssans et tres fideles subjects et serviteurs. »

SA MAJESTÉ vid de bon œil le genereux maintien de ceste brave jeunesse, et s'enquist du nom des maisons et familles de la pluspart et de leur qualité, disant a ceux qui estoient pres de sa personne, qu'il n'avoist jamais creu Lymoges estre ce qu'il estimoit a present, et leur respondit : « Je reçoi vos volontes de pareille affection que vous me les offrez, et le vous temoigneray lors que vous m'en requerrez. »

APRES ceux-la, marcha le vice-seneschal avec ses lieutenans, greffier et archiers, portant leur hoquetons de livree, montes sur leurs chevaux de service et armes a leur accoustumee.

VENOIT par apres l'ordre de la justice avec une modestie humainement brave et fort convenable a gens de ceste profession. Ceste compaignie estoit composee des plus anciens et fameux advocats et procureurs, apres lesquels estoient les huissiers du siege presidial. Les president, lieutenants civil, criminel et particulier, conseillers, advocats, procureur du roy et greffier, venoient apres, ayant encore a leur suytte douze sergents pour empescher la presse et le desordre ; tous lesdicts officiers montes sur haquenees couvertes de housses trainant en terre, avec les houpes et franges de soye, eulx vestus de leurs longues robes soubstanees de satin et damas, avec leurs bonnets et chapperons ; les presidents, lieutenant general, avoient des robes d'escarlatte.

COMME le roy les heust descouvertz d'assez loing, il dict : « Voycy les officiers de ma justice : faites retirer ce peuple de l'arrivee du theatre, qu'ils puissent monter. » Et en mesme temps alla s'asseoir en son siege royal, ayant veu et entendu tous les autres a sa barriere. Monsieur le president Martin, homme qui a le sçavoir et l'esloquence conjoinct avec l'experience qu'ung bel aage et une grande et honnorable charge luy

— 95 —

ont acquis, porta la parolle pour tout le corps de la justice, et, apres une humble et profonde submission, estants tous de genoux, parla au roy en ceste maniere :

« SIRE, les anciens voulant representer la bonté, la grandeur et l'authorité du prince, disoient que Jupiter avoit pour ses assesseurs et conseillers ordinaires, qui ne l'abandonnerent jamais, et Themys, c'est-a-dire justice, equité et droicture, pour monstre que tout ce qui estoit faict par le prince estoit juste, equitable et droicturier ; estimants que Jupiter mesme ne pouvoit bien commander sans justice, sans laquelle ny a rien de ferme ny de stable en ung estat. Comme a la verité, Sire, les hommes ne peuvent jouyr des graces et faveurs que le ciel leur despart, ne user droictement des grands biens qu'il leur donne, sy ce n'est par le moyen de la loy, par l'authorité du prince et par la justice, laquelle est la fin de la loy, la loy amour du prince, et le prince image de Dieu vrayment empreinte en vous, grand prince et grand roy, plain de bonté, de droicture, de magnanimité et de clemence, seules vertus qui rendent le prince heureux et immortel, et font qu'il n'y a rien de plus divin au monde, vertus inseparables de vostre Majesté, et pour lesquels Dieu vous a esleu roy, pour commander a tant de millons d'hommes, qui vous obeyssent et recognoissent ; que, comme il a colloqué au ciel pour ung bel image de sa divinité, le soleil, que telle representation et telle lumiere vous estes en vostre royaulme, vous la loy, la justice et l'equité tout ensemble et en l'image vive de vostre Majesté, nous voyons la bonté et droicture et la magnanimité et clemence, par laquelle vous avez ramené au droict chemin vos subjets de voyes, et ce grand royaulme qui a fleury douze cents ans soubs les auspices de tant de roys vos ayeulz. Commencez soubs les vertus aultant d'heureuses annees, qu'elles surpasseront toutes celles de vos predecesseurs, et pour ce, Sire, ses subjects qui se voyent commandes par si heureux et magnanime prince, tendent leurs mains au ciel, y dressent leurs vœux. Que vostre estat soit tousjours calme et tranquille et vostre personne en repos, de laquelle deppend tout le bonheur de la France ; et a ce jour tant desiré, que vostre ville de Limoges celebre pour vostre bien venue, vos subjects rependant la joye, raison et le contentement qu'ils ont de voir vostre Majesté a laquelle ils ne peulvent tesmoigner le bonheur qu'ils reçoivent, que par acclamations et offre de demeurer eternellement vos tres humbles, tres fidelles et tres obeyssans subjects, doublement vostres, comme leur roy et comme leur vicomte. Et nous, Sire, qui sommes dans vostre sainct temple de Themys, prosternes aux pieds de vostre Majesté, ne pouvons trouver de parolles assez dignes de representer les tres humbles services que nous lui debvons, la supplions en toute humilité regarder les cœurs des pacificateurs, non leurs pacifies, c'est-a-dire de prendre, s'il vous plaist, nos bonnes volontes et regarder nos cœurs, qui ne respirent autre chose que la fidelité, l'obeyssence, et tout ce que tous bons subjects doibvent naturellement a leur roy, avec humble priere a Dieu donner a vostre royalle Majesté le comble de tout heur et facilité, et a nous la grace que nos sainctes intentions puissent tousjours tendre au bien de vostre service, de vostre equité et de vostre droicture. »

Le roy, qui avoit escouté ce discours avec plus d'attention que les aultres, respondit : « Je scay que vous m'avez fidellement servy : continuez, et faictes que mes subjects soient conserves, leur rendant la justice que j'ay depposee entre vos mains, car ne me pourriez faire chose plus agreable et que me soit a plus de contentement. »

Tous les dessusd. passes, vindrent les consuls, habilles de robbes de veloux tané canellé et de sayes de satin noir, montes sur haquenees enharnachees d'housses bandees a grandes bandes, franges de soye, traynantes en terre, et ayant devant eulx les sergents et gagiers de la ville, couverts de robbes my-parties d'escarlate rouge et azuré, avec leurs masses, et a costé leurs estafiers a pied, pares de leurs livrees et devises, les conseillers de la maison de ville et plus notables bourgeois, bien pares et montes en grand nombre, marchoient deux a deux, accompagnoient les consuls, lesquels arrives au theatre et prosternes devant Sa Majesté, M° Jéhan Martin, leur prevost, luy fist ceste harangue :

« Sire, au milieu de ceste joye publique et acclamation de vostre peuple, nous, comme consuls de vostre ville de Lymoges, pour tous les habitans d'icelle, vos tres humbles et tres obeyssants subjects et serviteurs, nous venons getter aux pieds de vostre Majesté, admirateurs de vos belles actions, pleines de merveilles : prions Dieu, Sire, qu'il les veuilhe feliciter de mieux en mieux. Vous estes nostre tres grand, tres victorieux et tres debonnaire monarque et prince souverain, et, comme a vostre Majesté et aux rois tres chrestiens vos predecesseurs, nous et les nostres avons toujours gardé fidelité, et mesme avons nous, Sire, une ferme resolution de conjoindre a ceste antiquité une inviolable constance et fermeté a vostre tres humble service, et humilité. Sire, nous offrons a vostre Majesté nos cœurs, vies et moyens, qu'elle recepvra, s'il luy plaist, comme agreables victimes, et nostre tres humble fidelité, subjection et service. »

Sa Majesté, avec ung visage joyeux, pour tout ce qui s'estoit passé, leur dict : « C'est la verité que vous m'avez toujours esté fidelles : je n'oublieray jamais la recognoissance que j'ay de vostre fidelité ». Et, se levant de son siege, commanda qu'on fist marcher chasque companye en son ordre vers la ville.

Despuys le theatre jusques au logis de Sa Majesté, les rues estoient tendues entierement de tapisseries peintes en tableaux et devises ; et tout le long estoient les regimens des gardes et companies de la ville, pour empescher qu'il n'y heust aucun desordre ny confusion.

Le roy, descendant du theatre, precedé par tous les dessusdicts, monta a cheval, et fust conduict par les consuls de la ville, montes sur leurs haquenees, jusques a la porte Montmailler, au devant de laquelle, pour la somptuosité et magnificence de ceste entree, afin de faire demonstration de la joye et liesse incroyables, que les habitans recepvoient de cette nouvelle venue, estoit dressé ung avant portail, d'une structure excellente; son diametre par terre estoit d'environ trente pieds sur vingt de hault, jusques aux galeries que s'y voyoient percees a jour, posé sur quatorze pillers, mesures et compartis en sept divisions esgalles, impietes dans des stillobates industrieusement faicts et moulles de brique. Ces septs dimensions rendoient aultant d'arcades, les pannaux terminant la circomference des quelles estoient couvert d'une subtille peinture, ainsin qu'il sera dict cy apres.

Sur la voulte de cet avant portail, se voyoit encore ung dome relevé a l'antique, et façon dorienne de vingt pieds, sur la socle duquel estoit eslevé un grand colosse d'homme, plus gros que le naturel, et portant douze pieds de haulteur : sy bien façonné et tant seant a sa facture, que rien mieux. C'etoit la figure de nostre grand Lemovix, fondateur de Lymoges, que tenoit en sa droicte une clef d'argent, et en l'aultre ung cœur tout enflammé, portant ung cymeterre a son costé, et faisoit contenance de s'incliner vers l'endroict de l'arrivee de Sa

Majesté, pour luy offrir et les cœurs et les clefs de la ville tout ensemble.

Les berceaux des arcades estoient tous recouverts de rameaux verdoyants, fort agreables a la veue, aux flancs des quelles se voyoit ung meslange d'une peinture si deliee, representant tant de belles devises, que la diversité arrestoit ung chascun a les contempler.

Entre aultres, on y voyoit la representation d'ung autel dedié a la clemence du roy, audevant duquel estoit tyré, mais d'une main subtile et tres asseuree, ung lyon qui se jouoit avec une bische, au bas de laquelle peinture estoit escrit en lettres d'or :

MANSUETIS CLEMENS.

Devise si bien adaptee a la benignité du roy, que, joincte a l'aultre suyvante, ceux que se sont volontairement soubmis a la juste et legitime domination, et au contraire les temeraires et presomptueux qui ont tasché s'y opposer, ont esprouvé que c'estoit le propre de Sa Majesté :

PARCERE SUBJECTIS ET DEBELLARE SUPERBOS.

Aussy y avoit-il en l'autre autel, tous proche du precedent consacré a la force invaincue de sa mesme Majesté, ung lyon qui deschiroit avec ses dents et griffes, une beste feroce portant la forme et contenance d'une hydre, et au dessoubs se lisoient ses mots en mesme characteres :

SUPERBIS FEROX.

Et ce qui rendoit la dedicace de l'ung et l'autre autel intelligibles, estoit que sur le petit arc du premier estoit escript en grosses lettres :

AUGUTÆ HENRICI IIII, CLEMENTIÆ QUÆ VICTOR SUBLEVAT, QUOS FORTITUDO PROSTRAVERAT S. P. Q. LEMOVICUS P. D.

et sur l'arcade du second se lisoient aussy ces mots :

INVICTÆ HENRICI IIII, FORTITUDINI, QUE SUPERBOS DOMAT REBELLES PROFLIGAT S. P. Q. LEMOVIC. P. D.

et pour une plus parfaite intelligence que ces deux autels estoient veneres, la force et mansuetude du roy, on y avoit tout a propos adjusté autour de leurs quadratures :

SÆPE ARMIS ET CONSILIO HOSTES ET INSIDIAS, SÆPIUS TE IPSUM
CLEMENTIA ET HUMANITATE SUPERASTI.

D'aultre costé aussy estoient naifvement representé deux licornes qui baignoient leurs trompes dans le courant d'ung fleuve argentin, bordé de rozeaux aquaticques, tels que nostre Vienne; et au dessus estoit escript, sur ung champ azuré :

DILECTUS TANQUAM FILIUS UNICORNIUM

Pour monstrer que le peuple de Lymoges cherissoit et adoroit humainement ce prince de merveilles. Par le dessoubs on lisoit encore ces deux vers :

HENRICI VIRTUS FRAUDES EXTINGUIT ET ARCET
INSIDIAS, REGNO PACEM PARCIT ATQUE QUIETEM.

A travers d'ung grand arcade on descouvroit le premier portail de Montmailler, sur le frontispice duquel, et droictement sur le milieu, se voyent deux anges tenant les gaulches eslevees, portant en icelles deux couronnes dispendues, audessus desquelles se lisoit :

NON INCASSUM TANTOS PATIARE LABORES

et au dessoubs, ceste devise, de laquelle se honoroit tant ung des predecesseurs de sa Magesté :

MANET ULTIMA CÆLO.

Se voyoit en outre une main polie, qui sembloit presenter au roy une belle palme, vray symbole de ses plus beaux exploicts, avec ceste promesse assuree :

SPONDEO DIGNA TUIS INGENIBUS OMNIBUS OMNIA CÆPTIS.

Il y avoit dans cest avant portail tant d'aultres belles et ingenieuses inscriptions qu'un conseiller du siege presidial, esprit vrayment cappable des choses rares, avoit inventé, dressé et conduict a ceste perfection, quelles estoient singulierement agreables a ung chascun, et lesquelles seroit grandement penible de vouloir particulariser et deschiffrer par le menu.

Les galleries et pavillons qui estoient par dessus estoient garnyes d'ung bon nombre de musiciens et de toute sorte d'instrumens qui rendoient ung meslange et concert de musique sy doux et plaisant, que les sons et chants qui s'entendoient, comme venant d'ung lieu fort esloigné, faisoient sembler que ce lieu fust la carolle d'Apollon, tant ce beau chœur estoit bien proportionné de plusieurs voix et instruments accordes et maries l'ung a l'autre.

Au milieu de ces palinodies menees a l'honneur du roy, par ceste harmonie continuelle, droict comme Sa Majesté estoit sur le premier pas de l'entree de ce portail, on vist eslever une nue clairement espoisse, comme fondre et s'entrouvrir audevant de sa dicte Majesté, de laquelle sortit ung beau jeune enfant, portant l'habit et maintien d'ung ange, lequel presenta au roy les clefs de la ville, qui avoient esté estoffees d'argent doré pour cest effect, autour des quelles se voyoient deux serpents entrelasses par des plis et replis, si subtilement menes, qu'on jugeoit que l'ouvrier avoit desployé tout le plus beau de son industrie pour la perfection de ces clefs, ou il avoit ingenieusement empreinct et gravé les armes du roy, de la reyne, de monseigneur le daulphin et de la ville; et encore volontiers, que son nom, comme dans le bouclier d'ung autre Achille, s'y pouvoit remarquer aysement; la matiere ou l'ouvrage de ces clefs revenoient a plus de cinq cents livres. Ce petit ange, offrant ce premier present a Sa Majesté, lui dict ces vers :

> Avec ces clefs, les biens, mesme la vie
> De ce peuple est acquise a vostre Majesté,
> Recevez de bon œil, Sire, je vous supplie,
> Ce que chascun vous offre en toute humilité.

Sa Majesté receut avec un grand contentement ces clefs, et les remist au sieur de Laforce, cappitaine des gardes.

Ceste premiere ceremonie parachevee, les consuls mirent pied a terre dans le balonart de Montmailler, et ayant tous six prins chascun ung baston du poyle, suyvant le rang de leur eslection, le porterent descouverts au dessus de Sa Majesté, laquelle s'estant advancee quelque peu dans la ville, on entendit le tonnerre des canons qui donnoient la salve de la bien venue du roy, depuis la platte forme des Aresnes, sur laquelle on les avoit loges.

Le poyle que nous avons dict estoit autant somptueux et magnifique, qu'il en fust jamays esté presenté au roy a ses entrees au meilleures villes de son royaulme. Sa forme estoit en ovalle, rellevé en voulte, sur le mylieu; les pentes et frangettes qui l'entournoient entrecouppees, afin que sans empeschement Sa Majesté peust voir et estre veu de tous; l'estoffe estoit de veloux bleu azuré, tout semé de fleurs de lys d'or avec des porfilures feuillages et autres enrichissements d'une excellente broderie; les houppes, gros floccons et crespines d'or qui se voyoient rangees par une belle proportion haulte basse, rendoient une diversité tant agreable, que les regardans confessoient n'avoir veu de leur souvenance une pareille piece si riche ni mieux estoffee. Son dedans estoit ung beau ciel de toille d'argent, despartie en plusieurs divisions, par le moyen des broderies, clinquants et autres enrichissemens que l'ouvrier y avoient expressement adjoutes; le vuyde desquels compartimens estoit aussy tout parsemé d'estoilles d'or richement appropriees aux deux escussons de France, l'ung droictement a la perspective de Sa Majesté, l'aultre sur le dernier et a l'opposite; par le dehors et sur la sommité du poyle, y avoit une grande fleur de lys d'or, esclatante comme ung rayon du soleil. Il estoit soutenu de six bastons, ayant chascun une grosse pomme doree sur le bout, selon le nombre des six consuls qui le portoient; l'estoffe ou façon revenoient a dix-huit cents livres.

Sa Majesté entra soubs ce poyle, et fust conduicte le long de la grande rue des Combes, laquelle estoit, comme toute les autres destinees pour le passaige de sadicte Majesté, tendue de tapisseries, et bordee d'un grand nombre de personnes, jusques sur la soummité et couverture des maisons, tant des naturels habitans de la ville ou aultres de la province, qui estoient la accourus de plus de vingt lieues pour recevoir ce bonheur de voir leur prince souverain en ung lieu ou les roys de France n'ont pas souvent accoustumé de s'acheminer; ne se trouvant point que despuis le roy Loys onziesme aucun des predecesseurs de Sa Majesté fust venu a Limoges; et, sur ce propos, Sa Majesté dict aux consuls qu'il y avoit bien longtemps qu'on avoit faict pareille entree a Lymoges : « Sire, respondit le prevost, nous avons de nostre memoire receu fort magnifiquement Anthoyne de Bourbon, pere de vostre Majesté. — Il est vray, repartit le roy : c'estoit seulement en qualité de vicomte; il n'estoit pas roy de France. »

Et s'acheminant ainsin le long de ladicte rue, que retentissoit d'ung cry d'allegresse de *Vive le Roy*, Sa Majesté fut advisee qu'on y mesloit *et vive monseigneur le Dauphin ;* a quoy sadicte Majesté ayant prins garde dict : « Je ne lui envie point cela : ce peuple m'ayme »; et, d'ung visage joyeux, passant plus oultre, il descouvrit sur le milieu de la rue ceste belle fontaine Constantine, admirable et pour son antiquité et pour l'abondance de sa source, et pour la bonté et commodité de son eau ; mais en oultre la beauté ordinaire, on y avoit apporté ung tant singulier artiffice, que la nature et l'art sembloient combattre auquel demeureroient l'honneur d'avoir plus contribué a la perfection et embellissement de ceste pierre. Le roy, au premier rencontre, croyoit que les consuls heussent en desseing faict composer artificiellement ceste fontaine, pour d'aultant plus decorer son entree, jusques a ce qu'approchant de plus pres, il vid rejaillir vivement, par ung bon nombre de tuyaulx qui poussoient naturellement par cents goulots, ceste abondance d'eau qui coule d'ordinaire dans ladicte fontaine, dans celle des Barres, qu'on avoit joinct ensemble, pour plus grande somptuosité.

Ceste fontaine est fort antique ; sa source n'a pas esté casuellement trouvee, comme ceste aultre tant renommee au promontoire de l'Isle d'Imbros, de laquelle ung gros pact de terrain s'estant esboulé par hazard du promontoire, desbrisa plusieurs rochers, et en fist fortuitement la descouverte ; ny produicte a l'hazard d'ung coup de pied de cheval, bien quelle porte le nom de Chevalet, comme la fontaine des Muses par Pegaze : la nostre a esté recherchee jusques a la source, et par apres conduicte par les beaux aqueducqs, desquels Lymoges est richement fourny, jusques au lieu ou elle vient surgir.

Les beautes naturelles n'ont pas besoing d'aultre ornement, comme estant de soy parfaites : ceste fontaine, avec plusieurs aultres, embellit grandement la ville de Limoges ; mais encore l'artifice qu'on avoit joinct a ce qui estoit du naturel, rendoit une merveilleuse bonne grace a toute la fontaine.

Ung de ces principaulx ornement estoit une pyramide haultement relevee par le dessus, d'environ quatre-vingt ou cent pieds, avec des arcades qui venoient s'y joindre de l'ung et l'aultre cousté de la rue, le tout conduict avec toutes les proportions et beautes artificielles qui peuvent estre apportees a ung bel œuvre; l'exagone de la pyramide et flancs des arcades estoient tous couverts et repares par entrelacs de verdure, avec tant de feuilhages si artificiellement ondoyans et refendus, que cela donnoit ung grand esgayement a tout l'ouvrage.

Il y avoit quatre nereides en relief, eslevees sur le hault des quatre pilastres qui soubstenoient l'esguilhe de la pyramide. Les deux qui estoient premierement subjectes a la vue du roy portoient en leur gaulches, la premiere ung canistre plain de fleurs et de fruicts, l'aultre une urne remplie d'eau, faisant semblant de la verser dans la tasse de la fontaine, pour accroitre davantage son abondance; et tenoient en leurs droictes des rouleaux, en l'ung desquels estoient ces mots:

PRUDENTIA ET FORTITUDINE PARAVI REGNUM.

et en l'aultre second :

PARTUM JUSTITIA ET MODERATIONE RETINEBO.

Les deux aultres se voyoient a demy accoudees et couchees de bonne grace parmy les joncs, le tamarin, le souchet et les glais. Tout au faiste de l'esguilhe, fust planté ung globe doré, sacré a Sa Majesté royale, pour la consecration duquel estoit gravé tout autour en lettre d'or :

DONEC TOTUM IMPLEAT ORBEM.

Et, pour tesmoignage de l'antiquité de ceste fontaine Constantine, on avoit remply le vuyde d'ung des arcades qui venoit aboutir a la pyramide d'ung cartoche qui pendoit a plomb, dans lequel se lisoit, en lettres noires sur le blanc :

CONSTANTINO. IMPERATORI.
OB FUSUM VICTUM PROSTRATUM AC TANDEM IMPERATORIS EQUI CALCE ÆLISUM GALLUM ANNONVALLIANUM AQUITANIÆ PREFECTUM QUI CONSORTEM IMPERII LICINIUM ADVERSUS ILLUM ÆRE ET MILITE IUVERAT OB IDQUE LEMOVICENSEM ECCLESIAM SPOLIAVERAT POP. LEMOVICENS. IN FONTE PERENNI PERENNEM DICAVIT MEMORIAM ANNO CHRISTI CCCVI.

Je ne veux obmettre icy l'emblesme de Sanxon, tant convenable a la douceur et generosité du roy, qu'on ne la sauroit mieux exprimer, soubs telle aultre peinture qu'on peut inventer. C'estoit la representation d'ung fort et puissant Sanxon, qui se voyoit entre ces deux premieres nereides, si bien figuré, qu'il sembloit abattre et terrasser avec une massue, comme ung aultre Hercule, ung lion d'une grandeur et fierté excessives, pantelant a ses pieds, duquel, contre le commun ordre de la nature, qui produit d'ordinaire des effects semblables a leurs causes, sortoit une grande quantité de mousches a miel. Sur le quarreau de ce tableau ce lisoient ces mots :

> DE FORTI EGRESSA EST DULCEDO.

et aux deux flancs, pour l'esclaircissement de l'enigme :

> HENRICUS LEONE FORTIOR; HENRICUS MELLE DULCIOR.

et au bas d'icelluy ce distique :

> VI SUPERAS HOSTES PATERISQUE RESURGERE VICTOS
> DULCIA SIC FORTI MELLA LEONE FLUUNT.

et encore ce quatrain :

> O fortunes subjects, o France bien heureuse,
> Qui fleschis soubs la loy d'ung monarque si doux;
> Sa vertu te rendra pour jamais tres fameuse,
> Ses victorieux lauriers tres redoutable a tous.

Il y avoit encore plusieurs aultres devises, escriptaux et epigrammes, que les esprits les plus delies du barreau du siege presidial s'estoient esgaies d'inventer a l'honneur du roy; entre aultre, ceste cy, qui estoit justement posee sur l'endroict subject au passaige de Sa Majesté, et qui fust trouvee fort convenable, pour tesmoigner que la ville de Limoges ne pouvoit plus estre estimee petite, puisquelle logeoit et recevoyt chez soy le plus grand prince de la terre :

> QUOD TIBI REX AUGUSTE POTEST URBS IPSA RESIGNAT,
> GESTIT ET ADVENTU LUXURIARE TUO;
> PARVA LICET, TAMEN OBSEQUIO TIBI NOTA FIDELI,
> MAGNA ERIT HOSPITIO PRINCIPIS AUCTA SUI.

Le dedans de ceste pyramide estoit aussy fourny d'ung bon nombre d'instrumens et de voix, lesquelles s'entremeslant avec le murmure de l'eau, rendoient une double harmonieuse musique.

Toutes choses sembloient favoriser ceste heureuse reception de Sa Majesté. Nous avons marqué au commencement de ce discours que les six ou sept jours precedens avoient esté fort pluvieux et mal propices pour ceste ceremonie; mais sur le point qu'on voulust faire l'ouverture de ceste entree, le soleil, auparavant couvert de nuages, et qui ne sembloit esclairer qu'a regret, fust veu redoubler sa lumiere pour faire voir plus clairement une action si royalle.

Et comme le roy, outre passant ceste fontaine, apres y avoir contemplé a loysir toutes les diversites de son embellissement, s'acheminoit vers l'esglise de Saint-Martial, la nuict commença a s'approcher, et la lune enviant a son frere qu'il fust seul porte flambeau de ceste magnifique ceremonye, pareust avec une clarté sy brillante, qu'il sembloit quelle deust ramener ung nouveau jour. Soubs la faveur de sa lumiere, le roy arriva au devant la grand entree de Saint-Martial, laquelle on avoit enrichye d'arcs triomphans, faicts et impartis par une ingenieuse et tres belle disposition, a ung chascun desquels se lisoit quelque gentil traict a la louange du roy, mais entre autre ung souhait de toutes les felicites qui peulvent combler de bonheur un grand prince, contenu en ces mots :

IN HANC, HENRICE OPTIME, QUAM TUTAMUR URBEM TE ADVENISSE LETAMUR, HANC UTI DUPLICI JURE TUAM ET SEMPER TIBI TUISQUE FIDAM AGNOSCE, PACE PROTEGE, UTROQUE TEMPORE FOVE ET SUBLEVA, SIC SEMPER SERVIANT TIBI POPULI TUI ET INCURVENTUR ANTE TE INIMICI TUI; DIES SUPER DIES ADIICIANTUR TIBI, ASSIDEAT TIBI REGINA IN BENEPLACITO TUO, ET POST TE SEDEANT PACIFICE FILII TUI SUPER SOLIUM TUUM.

Cecy estoit soubstenu et porté par les deux saincts lateraux de la ville, St Martial et Ste Valerie, esleves en relief; et au dessus l'on voyoit deux mains s'entredonnant la foy d'alliance, avec ceste devise :

ACCIPE DAQUE FIDEM.

La sonnerie des grosses cloches, desquelles ceste esglise est richement pourveue, meslee avec le murmure du peuple, faisoit eslever ung tel bruict, qu'il estoit impossible de s'entroyr jusques a ce que le roy fust au devant de l'esglise.

Sa Majesté fust retenue sur le premier degré par reverend pere en Dieu messire Henry de la Marthonie, evesque de Limoges, assisté des abbes, chanoines et aultres ecclesiastiques de son clergé; et, comme c'est ung personnaige douhé de plusieurs rares et singulieres vertus, ayant celle de bien dire, mesme en ses discours familhers, tellement esmineute par dessus les aultres, que ceste cy leur fist comme une claire lumiere pour faire voir et esclairer leur beau lustre partout; apres avoir rendu a Sa Majesté la devotte soubmission que les prelats de sa qualité luy doibvent, il luy fist ung discours, lequel, s'il estoit inseré dans ce traicté, pourroit rendre tout le reste en sa perfection, comme le deffaud le rend manqué d'ung de ses plus grands ornemens; mais l'absence dudict sieur evesque au temps que j'escrivois ces memoires m'a privé de ce bien et contentement de pouvoir graver icy de mot a mot le grave discours du mieux disant et digne prelat de ce siecle.

Au partir de la, Sa Majesté fust conduicte le long de la grande nef, qui estoit tendue de deux costes d'une riche tapisserie dans le chœur de l'esglise ou l'on avoit dressé ung grand ciel de veloux rouge cramoysy, avec ung oratoire relevé au dessoubs, garny de carreaux de mesme parure, sur lesquels le roy estant incliné, le chœur commença retentir d'ung chant d'actions de graces, pour l'heureuse arrivee et prosperité de Sa Majesté, laquelle pendant ces chants spirituels fust veue eslever son cœur a une devote meditation des œuvres de Celuy qui tient les cœurs des roys en ses mains. Ce *Te Deum* finy, on fist ouverture des plus riches tresors de ceste esglise, mais entre aultres de ce precieulx reliquaire du chef glorieux de St Martial, qni ne se montre que chaque septenaire d'annees; et, comme les couppes d'or garnyes de plusieurs pierreries, dans lesquelles il repose, furent ouvertes au devant des yeux de Sa Majesté, ces yeux principalement rendus ce sembloit plus esclattans par la presence de ce divin joyeau, tesmoignant des plus grands effects d'un zele sacré de la foy et religion de ce prince, que la devotion, comme ung tres fort ministre de l'amour de Dieu, faisoit ruysseler abondamment dans son ame. Son cœur parust en cet instant vrayment touché de l'ayment de l'amour divin. Sa Majesté fust veue d'une façon toute royalle, mais d'ung

cœur humble et devot, venerer, adorer et louer Dieu et ses
saincts. Il baisa par plusieurs fois ce sainct reliquaire, y fist
toucher sa croix et son chappelet, et, appres l'accomplissement
de ceste ceremonie, Sa Majesté s'en retourna sur les mesme pas
a la porte par laquelle elle estoit entree en l'esglise, ou les
consuls l'attendoient.

L'on avoit bien preparé la sortie d'ung aultre costé et paré
superieurement la porte et cloistre de plusieurs beaux ornemens, d'arcades revestues de rameaux de lauriers et festons
de lierre verdoyant, comme estoit aussy ceste belle fontaine qui
se veoit en ceste belle place des cloistre, laquelle, par le murmure de son eau, rendoit ung grand esgayement a ceste sortie,
pour l'embellissement de laquelle, et affin de n'aller emprumpter sa parure plus loing, on s'estoit servy de l'emblesme
que le roy Loys le Debonnaire, empereur et roy de France, fils
de Charlemaigne, y avoit faict apposer, lorsqu'il edifia ce devot
et ancien temple, en la forme que nous le voyons pour ce
jourd'huy. C'estoit une lionne qui sembloit enfanter des lionceaux, et en mesme temps, cruelle envers sa propre geniture,
les tuer et les deschirer avec ses griffes. Thevet a faict estime
de ceste pierre en sa cosmographie, comme fort anticque. Au
dessoubs y a certains vers que la longueur du temps a presque
du tout effaces. Neanlmoyns on les avoit extraits et par apres
graves en lettres d'or sur ung champ noir au dessus de ceste
lionne, en ces mots :

OPPRIMIT HANC NATUS MALE SALUS ALUMNAM,
SED PRESSUS GRAVITATE LUIT SUB PONDERE PÆNAS.

et au dessoubs cest aultre :

ALMA LEÆNA DUCES SÆVOS PARIT ATQUE CORONAT.

Et pour tesmoigner que c'estoit Loys le Debonnaire, fils de
Charlemaigne, qui avoit faict ediffier ceste esglise en la sorte
quelle paroist a present, et posé ceste marque que nous avons
dict, on y avoit adjoulté plus bas en mesme characteres :

LUDOVICUS PIUS IMPERATOR ET GALLORUM REX, OB DEVICTOS A
PIPINO AVO GAIFRUM ET A CAROLO MAGNO PATRE UNALDUM, ECCLESIARUM AQUITANIÆ EXPILATORES, PACIS INFRACTORES, AC RECI-

DIVOS HOSTES, HOC MONIMENTUM IN EXTERIORI PARICIÆ HUJUS ÆDIS AB EO CONSTRUCTÆ, PONI CURAVIT, IN EUM QUE DICAVIT ANNO CHRISTI IXCCXXXII.

Mais, a cause que la nuict estoit deja haulte, et que l'on croyoit, suyvant la proposition que le roy en avoit faict entendre dans l'esglise, qu'il voulust coupper chemin et se retirer en son logis, Sa Majesté ne sortit par ceste porte du cloistre, mais fust conduicte a la premiere, par laquelle elle estoit entree, ou estant arrivé avec ung visage joyeux et tout plain d'allegresse, il dict aux consuls : « Allons maintenant par ou vouldrez ». Ces paroles augmenterent le couraige aux consuls et a tout le peuple, qui supportoient en paravant avec regret que Sa Majesté ne continua de suivre les lieux destines a son passaige.

ON VID tout soudain naistre ung beau jour parmy l'obscurité de la nuict, par ung nombre infiny de torches et flambeaux qui furent allumes ça et la le long des rues et fenestres des maisons, tellement qu'il sembloit que quelque aurore vint s'esclore a travers de ces tenebres et obscurité de la nuict.

CELA arriva sans y penser que ceste ceremonie fust continuee dans le commencement de la nuict, on croyoit avoir du jour de reste; mais ce rencontre casuel servist de plus grand ornement a ceste entree : cela donna du lustre et de la splendeur davantage a cest acte celebre. L'air de la nuict est plus posé, tranquille, et moings bruyant et tempestatif que celuy du jour ; les plus grandes magnificences des anciens se faisoient a la lueur des torches, comme de faict ces pompes ont trop plus meilheur grace a la lumiere des flambeaux que du jour ; l'esclat et splendeur des honneurs brille plus clairement et paroist mieux parmy ce sombre de la nuict, que non pas en plain midy.

LE ROY estant monté a cheval, se reunit soubs ce poyle, porté comme ausparavant par les consuls, lequel avoist esté garanty des mains des pages et lacquoys, par commandement expres, que Sa Majesté entrant dans l'esglise leur avoit faict de n'y point toucher, et fust conduict soubs ce poyle magnifique par la grande rue des Taules, de la en Crochador, montant de Manigne aux Bancs, la Ferrerie, au bout de laquelle on avoict faict conduire une aultre belle fontaine tiree de celle d'Eygoulene ; sa forme estant quadrangulaire, ayant a chasque coing un griffon regorgeant une grande abondance d'eau. Ceste fontaine estoit posee entre les leopards de pierre qui se voiend en ceste petite place St-Michel, relevee de douze pieds, revestue de plusieurs peintures et devises. Sur la sommité estoit posé ung Mars armé d'une targe et d'une espee, portant sa myne formee comme la frayeur et la contention et le tumulte de la guerre. Ce bravache estoit veu et regardé diversement : par les uns, comme par desdain et execration; par d'aultres, comme par honneur, par reverence et par admiration; mais aveugles en leur passion guerriere, ne s'appercevoient que ce Mars, fils de la deesse Ænia, estoit navré d'une playe mortelle qui paraissoit a demy couverte sur son costé senestre, laquelle il avoit receue par nostre tres renommé guerrier Diomedes, qui peust blesser les deites mesme, et par ce moyen assoupir tout d'ung coup et comme estouffer en leur berceau ces hidres de Bellonne, que quelques uns impatients de la paix vouloient faire renaistre en son royaulme ; et pour faire voir a quelle occasion ces leopards avoient estes eriges et esleves en pierre en plusieurs endroicts de la ville de Limoges, mesme en celuy duquel nous venons de parler, on avoit inscript sur la superficie d'ung carré de ceste fontaine, les mots suivans :

EUDONI AQUITANIÆ DUCI OB FIDAS OPORTUNAS SUPPETIAS CAROLO MARTELLO IN CLADE TURONENSI CONTRA ADIMARUM PRES-TITAS, GREG. III, PONTX MAX. HONORIS ERGO PRO STEMMATE PARDUM AUREUM IN EQUORE RUBRO CONCESSIT, POPULUS QUE LEMOVI. HOS LAPIDEOS EREXCIT.

Et plus hault :

> Sors des lieux soubsterrains, sors, o vive fontaine,
> Plus claire que l'argent, fait hault jaillir ton eau ;
> De doux coulans ruisseaux arrouse ceste plaine,
> Ou passe ce qui est au monde de plus beau.

De la Sa Majesté passa au-devant de ses deux maisons, savoir de celle ou sa justice, comme vicomte et seigneur de la ville, est exercee, et au-devant du palais ou la mesme justice est rendue soubs son authorité comme roy de France a ses subjects. Et apres se retira en son logis du Breuilh, a l'arrivee duquel on avoit approprie ung avant portail ayant l'entre deux voulté jusques a la premiere porte de la basse cour, et recouvert de feuilhage de laurier et d'aultres festons de verdure; a la clef de cest arc pendoit ung escu de France a fonds d'azur, enrichy d'ung collier des ordres a double rang de coquilles, que luy donnoient ung singulierement beau lustre, avec ung ange de chasque costé, portant en leurs gauches eslevees une couronne imperiale pour vray timbre de cest escu, et signiffiance que le roy ne recognoist aulcun superieur en teste, ains est monarque souverain en son royaulme, qu'il ne tient sinon de Dieu et de son espee. Traversant la cour du logis, on rencontroit l'aultre portail de l'entree du grand escalier, qui estoit aussy revestu d'ung avancement, soubstenu par des pilastres canelles, garnys de gros boulquets de fleurs et aultres ornemens d'une belle et naïfve peinture ; sur le milieu du berceau de cest arc estoient aussy poses deux grands escussons, l'ung aux armes de Navarre, l'aultre de la ville, au dessus des quels se lisoit en lettre d'or :

HENRICO IIII HEROI FORTISS. ET PRUDENTISS. QUOD RECONCILIATIS PACATIS QUE SUBDITORUM ANIMIS, PACE FIRMATA REGNUM REGNO RESTITUERIT S. P. Q. LEMOVIC P. HILLARITATI PUBLICE FIDELITATIQUE PERPETUE.

Sa Majesté, pendant son souper, ne tint guere aultre propos que sur les singularites de ceste entree, repetant souvent que tout ce qu'il avoit veu en cest acte luy avoit esté fort agreable, et que ce peuple avoit monstré une merveilleuse affection a son secours ; monsieur de Villeroy rendit ce dernier tesmoignage aux consuls, leur disant qu'ils estoient obliges de rendre grace a Dieu de ce que le roy estoit tres comtempt du debvoir que Limoges luy avoit rendu.

Le lendemain, pour l'entier compliment de ceste ceremonie, les consuls furent tous ensemble, vestus de leurs robes et portant les marques et livrees de la ville, qui sont chaperon de damas rouge cramoysy, presenter a Sa Majesté de deux grandes medaille d'or du poids de douze marcs, mais burinees et gravees avec tant d'artifice, qu'il faudroit que j'empruntasse le burin et la main mesme de l'ouvrier pour en tracer icy la figure, affin de n'obmettre rien de leurs ornemens, n'estant possible de suyvre avec la plume la subtilité de la main du maistre qui estoit esgayé a rendre ces pieces excellemment rares et parfaitement singulieres. En la premiere l'on voyoid le portraict du roy, armé de toutes pieces, monté a cheval, qui sembloit bondir a travers une grande armee, battre et abattre tout ce qui se presentoit au-devant de Sa Majesté pour faire resistance et s'opposer a son triomphe, tel qu'on l'a d'autrefois veu et admiré au retour d'une infinité de ces belles et grandes victoires, tout couvert et chargé de lauriers, de palmes et de trophees; droict a l'opposite de Sa Majesté, estoit ung bel excusson gravé des armes de France et de Navarre, et sur le bas, et presque aux pieds de Sa Majesté, ung aultre escu aux armes de la ville. Tout autour de la circonference de ceste premiere medaille on pouvoit lire ces mots :

HENRICI IIII, CHRISTIANIS. HÆROI FORTISS. INVICTISS. CLEMENTISS. S. P. Q. LEMOVIC. ADVENIENTI D. D. 1605.

Comme ceste premiere estoit vouee et consacree au roy, l'on avoit creu que l'on ne pouvoit dedier la seconde a personne que luy fust plus chere et affectionnee que monseigneur le daulphin, digne fils d'ung si digne pere, les tendres ans duquel promettent a la France un comble de felicité que les subjects de ceste couronne ayant jamais peu jouyr et gouster soubs ce regne heureux et fortuné de St Louys, duquel il est veritablement descendu et dont il porte le nom.

C'ESTOIT donc le portraict de monseigneur le daulphin qui estoit excellemment sculpté en ceste seconde medaille, ayant ung pied sur la terre et l'aultre sur la mer, porté et soubstenu par ung daulphin qui sembloit s'esgaier davantaige le long du bord de son ocean pour sentir et voiturer sur son dos une sy plaisante et agreable charge, laquelle le rendoit tout haultain et glorieux parmy les aultres poissons qui se voyoient a sa suite a travers les eaux azurees de ce moileux element, pour presage que l'empire de ce jeune prince ne s'estendoit qu'aultant que la terre et la mer peuvent comprendre et contenir d'estendue, on avoit par apres approprié une belle palme verdoyante en sa main, vray symbole des grandes victoires que luy sont promises du ciel, et de la paix qui doibt fleurir entre ses subjects soubs son heureuse domination apres celle de son pere; on voyoit encore pardessus deux anges qui posoient doucement sur sa teste ung riche double diademe, et plus hault, une aigle suspendue en l'air, sortant d'une nue, qui venoit luy laisser tumber de mesme sur son chef une couronne imperiale, pour presage certain que tout flechira ung jour soubs la puissance de ce genereux aiglon de la France. Le circuit de ceste seconde estoit entourree de ceste devise :

IAM CÆLUM IMPERII DIGNUM TE SIGNAT HONORE
NUSQUAM ABERO ET TUTUM PATRIA TE SEDE LOCABO.

Le peu de temps qu'on avoit designé a l'ouvrier ne luy ayant peu donner loisir de rendre ces deux pieces en la perfection qu'il avoit dessinee, et parceque le roy estoit sur son depart, les consuls pour ce manquement ne voulurent manquer a ce dernier debvoir; ainsi, avec une humble soubmission, prosternes aux pieds de Sa Majesté, luy offrant le present, Me Jehan Martin, prevost, luy discourust en ceste maniere : « Sire, vos tres humbles subjects et affectionnes serviteurs supplient tres humblement vostre Majesté de les excuser, s'il ne rendent a vostre grandeur le debvoir qu'ils sont tenus : imputez le, s'il vous plaist, au deffault de pouvoir, non de bonne volonté ; et, comme nos actions ont defailly a nostre debvoir, le peu que nous offrons a vostre Majesté est encore deffectueux pour la faulte de l'ouvrier et peu de temps qu'il a heu. Nous amenderons, Dieu aidant, les faultes; et, comme la grandeur des monarques est perpetuee par les liberalites qu'ils exercent envers leurs subjects, et que vostre Majesté, au camp d'Aubervillers, confirma les privileges que le roy Charles cinquiesme, surnommé le Saige, nous donna estant en vostre ville de Limoges, l'an mil quatre cents vingt-un, nous supplions tres humblement vostre Majesté que, pour laisser a nos successeurs une perpetuelle memoire que vostre Limoges a esté augmenté par le present d'ung si grand roy, auquel nous sommes doublement obliges, de nous donner les mesmes franchises qu'aux aultres villes cappitales pour le faict des tailles et francs fiefs ; et tout le peuple redoublera les vœux a la divine Majesté, pour vostre santé et prosperité, et de monseigneur le daulphin. Sire, c'est la mesme chose que vostre Majesté nous fist donner par Charles neufiesme; mais les troubles ont empesché que le don n'aye sorty a effect. »

Le roy, apres avoir veu et admiré tout ensemble ces deux medailles, les fist voir aux princes et grands seigneurs, estant pres de sa personne, et par apres les remist aux mains des consuls, leur disant : « Faictes les parachever, et me les envoyez au plustost. Quant a vos demandes, je suis bien memoratif que vous m'avez offert vos cœurs : faites dresser vostre requeste, j'en communiqueray a mon conseil et vous y apporteray tout ce que je pourray, » Depuis, Sa Majesté a liberallement octroyé l'exemption des francs-fiefs en faveur de ceux qui ont esté, sont et seront cy apres consuls de Lymoges, et de leurs enfans qui seront vivans lors de la taxe desdicts francs-fiefs; de quoy, apres plusieurs aultres graces et faveurs, Limoges est obligé a Sa Majesté.

Il est temps de finyr ceste seconde narration, que je ne pourrai mieux terminer que par le commun vœu des ordres de la ville de Limoges, et par la priere qu'ils font unaniment a Dieu, par l'intercession de leur patron St Martial, pour la prosperité de Sa Majesté :

VOTUM SENATUS POPULIQUE LEMOVICENSIS PRO FELICI HENRICI CHRISTIANISSIMI REGIS ADVENTU.

Eslection des consulz de la presant ville de Limoges, faicte par les cent preudhommes nommes par les precedans consulz a cest effeict, suivant l'edict du Roy; ladicte eslection et nomination de consulz faicte en l'assemblee de la grand salle de la maison commune le septiesme decembre mil six cens cinq, et ce pour l'annee prochaine mil six cens six que s'ensuyvent :

S' Marcial Vidault, bourgois;
Honnorable maistre Leonard Dechastanet, lieutenant general;
Honnorable maistre Jacques de Petiot, juge de la ville;
S' Marcial Sandelles, bourgois;
S' Joseph Decordes, de Consulat, bourgois;
S' Pierre Saleis, bourgois.

Eslection des collacteurs, faicte en la grand salle de la maison de ville par messieurs les preudhommes assembles et convocques a cest effeict le   (1).

Les Taules :

Marcial Decordes dict Le Couilhaud ;
Jehan Suduyraud.

La Porte :

Françoys Jayac ;
Pierre Renaudin.

Magninie :

Jehan Pinot ;
Laurens Bournaud.

Le Marché :

Thomas Maillot ;
Jehan Poylevé.

La Fourie :

M⁰ Guynot Sudour ;
François Victrat.

Le Clocher :

Marcial Mousnier ;
Pierre Chambon.

Boucharie :

Mr Pinot, advocat ;
Pierre Maslavergne.

Lansecot :

Mr Biais, advocat ;
Me Jehan Boulesteis, procureur.

---

(1) La date est en blanc dans le manuscrit.

Les Combes :

Mr Descoutures ;
Pierre Demuret.

Le Vieulx Marché :

Mathieu (1) ;
Jehan Bardinet.

(Signé :) J. MOURET, *scribe*.

(Ici une page blanche dans le manuscrit.)

Eslection des consulz de la presant ville de Lymoges, faicte par les cent preudhommes cy appres nommes par les sieurs precedans consulz, suyvant l'edict du Roy ; lad. eslection et nomination des consulz faicte en l'assemblee de la grand salle de la maison commune le septiesme decembre mil six centz six, et pour l'annee prochayne mil six centz sept, comme s'ensuyvent :

Syre Pierre Verier, bourgeoys et marchant ;
Honnorable Mᵉ Mathieu Benoyst, conselher ;
Monsieur Guerin, medecin du roy ;
Mᵉ Balthezard du Boys, juge de la sale (?) ;
Syre Jehan Boyol le jeusne dict Cere, bourgeoys ;
Mᵉ François Bonnin, avocquat au siege presidial.

---

(1) Le nom a été gratté.

— 116 —

Eslection de messieurs les collateurs, faicte en la grand salle de la maison commune par messieurs les cent preudhommes assambles a cest effect (1).

<table>
<tr><td>*Les Taules :*</td><td>*Le Clocher :*</td></tr>
<tr><td>Geral Bonnin ;
Jehan Boulhon.</td><td>Desvignes ;
Joseph Douhet.</td></tr>
<tr><td>*La Porte :*</td><td>*Boucherye :*</td></tr>
<tr><td>Estienne Hardy ;
Symon Croizier.</td><td>Joseph La Treyche ;
Jehan Malhard.</td></tr>
<tr><td>*Magninie :*</td><td>*Lancecot :*</td></tr>
<tr><td>Françoys Rougeron ;
Nycolas Varacheau.</td><td>Martial Roumanet ;
Joseph Leger.</td></tr>
<tr><td>*Le Marché :*</td><td>*Les Combes :*</td></tr>
<tr><td>Jehan Pabot ;
Joseph Gallichier.</td><td>Me Leonard Collomb ;
Françoys Albiac.</td></tr>
<tr><td>*La Fourye :*</td><td>*Le Vieux Merché :*</td></tr>
<tr><td>Estienne Roumanet ;
Estienne Baud.</td><td>Alber Plenas Meygous ;
Jacques Claveau.</td></tr>
</table>

(Ici cinq pages blanches, réservées probablement en partie à la transcription de l'arrêt du parlement de Paris, en date du 19 septembre 1607, dans le procès entre le roi de Navarre et les consuls. Nous n'avons pas cet arrêt.)

---

(1) On lit en marge : « L'arrest contre les coureurs de pavé est du 3e febvrier 1607, donné a Bourdeaux. Et fust publyé ycy le 22e dud. moys par Chapoulaud ». Nous n'avons pu nous procurer cet arrêt, et nous en ignorons la teneur. Nous lisons seulement au T. III, page 822, du P. BONAVENTURE DE SAINT-AMABLE : « Durant les annees 1608, 1609 et les mois de janvier, février et mars de l'an 1010, tous les habitans de Limoges, notamment les marchands, furent fort vexez par certains voleurs, agez de vingt ans, qui depuis leur bas age s'étoient nourris dans la ville, vivans en gneux et mandians, et se nommoient le Faure, petit Marsau et

Eslection de messieurs les consulz de la presant ville, faicte par les prudhonmes nonmes a cest effect, suyvant le reiglement estably par Sa Majesté le septiesme decembre mil six cens sept.

Philippes de Douhet, Sr du Puismolinier ;
Maistre Martial Bonnin, procureur ;
Honnorable Mr Pierre Decordes, esleu ;
Sire Jacques Benoist, bourgeois ;
Sire Martial Dubois dict Mouriquet, bourgeois ;
Sire Jehan Gadaud, marchant.

(Signé :) J. Mouret, *scribe*.

Eslection des collecteurs de la presant ville pour le despartement des tailles, faicte en la sale de consulat par les habitantz (1) *assembles a son de tambour, a la maniere accoustumee, le vingt septiesme apvril mil six cens huict.*

Les Taules :

Maistre Martial Alesme, greffier ;
Michel de La Roche, marchant.

Pierre du Croz; et un quatrieme, Mataby, leur servoit de furet. Ils se servoient d'une chandelle ensorcelee, et qui avoit quelque charme : tellement qu'on ne les pouvoit prendre qu'un jour de vendredy ; ce qui fut fait à Saint-Leonard, un de ceux-là ayant esté fait parrain et banquettant joyeusement. Ils avoient volé pour le moins 150 boutiques ou autres maisons. On fut contraint de faire une patrouille toutes les nuits. Un hôte appelé Freminet les logeoit et recoloit les marchandises. Le 14 d'avril, on prit deux autres recelateurs desdits larrons, à scavoir l'hôte de Maupas proche do Saint-Germain, qui fut pendu le même jour, son fils y assistant la corde au col, et Pataque Vigneron, qui fut aussi pendu, sa femme y étant presente la corde au col, laquelle en suite fut fustigee par la ville. Ainsi on remedia au malheur que quatre coquins avoient causé dans la ville et aux environs par leur souplesse et malice.

(1) Remarquez ici que ce sont les *habitants* et non les *prudhommes* qui nomment les répartiteurs.

De la Porte :

André Disnematin ;
Louys Crouchaud.

De Magninie :

Mathieu La Bische ;
Marcial Deau.

Du canton du Marché :

Jehan David ;
Jacques Bardinet.

De la Faurie :

Lenard Gergot ;
Maistre Jacques Papetaud.

Du Clocher :

Maistre (1) Desflottes ;
Pierre du Plessis.

De Boucherie :

Thomas Romanet ;
Jehan Romanet.

Lansequot :

Pierre David ;
Maistre Jehan Certe.

Les Combes :

Jehan Segon dict Dade ;
Maistre Jehan Guitard, procureur.

Le Vieulx Marché :

Jehan Benoist ;
Jehan Sellier dict Le Courpouraud.

(Signé :) J. MOURET, *scribe*.

---

(1) Le prénom est en blanc.

— 119 —

LORS DE NOSTRE NOMINATION, IL Y AVOICT UNG proces de grande consequence pendant au grand conseil, intanté par monsieur le general Mauple soubz le nom du Sʳ de Plenaveyre, son nepveu, comme ayant droict de luy ; ledict Sʳ, non comptant d'avoir tiré et exigé des consulz de l'annee precedante pour quelques executoires de Montferrand de l'an (1) la somme de cinq cens quelques livres ou environ, avoit encor obtenu arrest audict grand conseil aultres exemtoires du parlement de Bourdeaulx, et faict condempner les consulz precedentz a luy paier plusieurs sommes quy montoient bien de sept a huict cens escuz, ensemble tous les despens. Contre cest arrest, lesd. Sʳˢ precedentz consulz avoient presenté requeste civille, ayant auparavant lesd. arrest et requeste tenté tous les moyens d'accord, jusques a luy avoir offert, de l'advis des principaulx habitantz, la somme de seize cens cinquante livres, ce que leurs depputes rapportarent qu'il avoict accordé ; mais, par apres, il ne le voullust tenir, et feist bailler led. arrest.

CE PROCES estant en cest estat, nous fusmes charges, lors de nʳᵉ eslection, d'en faire la poursuitte pour la deffence de la ville et habitantz et les descharger de ceste foule et oppression, s'il se pouvoict. Et, pour cest effect, monsieur Benoist, l'un de nous, s'achemina en la ville de Paris pour la sollicitation dudict proces (?), ou il s'employa sy heureusement et avecq tant de soing et delligence que, par arrest dudict grand conseil du troysiesme de may an presant, sans avoir esgard aux arrestz obtenus par led. Mauple, les parties furent mizes hors de cour et de proces sans despans, et, par ce moyen, ladicte ville et habitantz descharges du moingz de la somme de mille ou douze cens escuz que ledict Mauple pretendoit leur faire payer tant en principal que despens, sans les aultres fraiz qu'il eust convenu faire pour les lettres de partement, lieve et reddition de compte.

[Procès entre le Sʳ Mauple et les consuls.]

Au MOYS de mai (2) de la mesme annee (1608), il plust a Sa Magesté nous bailler advis, par ses lettres du dernier de febvrier, qu'il avoit pourveu monsieur le compte de Chambert (3)

[Henri de Schomberg lieutenant du roi en Limousin.]

(1) La date est en blanc.
(2) Il faut lire : « Au mois de mars ».
(3) Henri de Schomberg, comte de Nanteuil et de Durestal, marquis d'Espinay en Bretagne, chevalier des ordres du roi, lieutenant général de ses armées, conseiller en ses conseils d'état

et de Nantueil, conseiller d'estat et gouverneur de la Marche, de sa lieutenence au pays de Lymosin, vacant par le deces de Mʳ de Masse, et nous conmandoit de le recevoir, le recognoistre et obeir comme son lieutenent aud. pays. Et le mesme nous fust escript et conmandé de la part de Monseigneur le duc d'Espernon, pair de France et gouverneur de ce pais.

[Le Sʳ du Puymoulinier, délégué vers le comte de Schomberg, obtient que ses compagnies passeront à quatre lieues de Limoges pour se rendre à Tulle.]

LEDICT SIEUR compte de Chambert nous auroict aussy escript qu'il seroict en ce pais le xxvᵉ mars avec deux compagnies de chevaulx-legers et quatre compagnies des gardes du Roy. Et, comme nous fusmes advertis de sa venue, monsieur du Puismolinier, l'ung de noz collegues, fust depputé pour luy offrir le service des habitans en general et particulier, et faire entendre la bonne affection avecq laquelle ilz attendoient sa venue. Lequel Sʳ du Puismolinier auroict rencontré led. Sʳ compte en sa ville d'Argenton. Ayant esté humainement veu et receu, auroict encor obtenu dudict seigneur comte que lesd. compagnies passeroient a quatre lieues loingt de la ville de Lymoges, quoyque ce fust leur chemin pour aller a Tulle, ou elles s'acheminoient.

CEPENDANT nous aurions faict les appresz requis pour recevoir led. sieur comte, a ce que l'entree fust selon son meritte et sa charge en tent qu'il se pourroict. Et pour ce les cappitaines qui avoient esté nonmes en ceste charge, assembles en la maison de ville, auroient esleu pour coulonnel monsieur Benoist, sieur de Compreignac, assesseur au siege de Lymoges.

[Préparatifs pour recevoir le comte de Schomberg.]

NOUS AURIONS aussy faict parer la porte de Montmailher, par ou se faisoit l'entree, d'arcades garnies des armoiries du Roy, dud. sieur comte et de celles de la ville, et, de mesmes, la porte de l'esglize Sainct-Martial et celle de la maison du Brueil ou logeoit ledict sieur.

LES TOURS des Arennes et Montmailler furent aussy garnies de fauconneaux et aultres pieces avec force fusees. Et audevant ladicte porte fust mis deux gros canons pour faire le salut.

N'ESTANT que quatre en ville, deux, quy estoient led. sieur du Puysmolinier et Duboys, allerent au devant led. sieur, acom-

---

et privé, etc., né au mois de juillet 1575, succéda à son père au gouvernement de la haute et basse Marche et à la charge de maréchal de camp général des troupes allemandes pour le service du roi; fut lieutenant du roi en Limousin en 1608.... Il fut pourvu du gouvernement des pays de Limousin, Saintonge et Angoumois en 1622. » (Le P. ANSELME, *Généal. hist.*, T. VII, p. 469.) — Voir aussi LAFOREST, *Limoges au xviiᵉ siècle*, p. 195 et suiv.

pagnies de cent ou six vingtz chevaulx des plus apparens de la ville. Led. sieur comte chassant aupres de la chapelle de Noalhat (?) se treuva sur le grand chemin, accompagnié de soixante a quatre vingtz gentilhommes. Lesd. consulz depputes ayant mis pied a terre, et ledict sieur comte aussy dessendu de cheval, luy auroient faict entendre le bon heur et contentement que la ville et habitantz avoient de sa venue, et soubzmissions qu'ilz faisoient a son service et obeissance. Led. sieur les ayant remercies et offert toute assistance, estantz remontes a cheval, seroient venuz a son costé droict. Et rencontrarent a l'endroict des terres de Bregefort les troupes des habitantz en armes, distingues en neuf compagnies des huict cantons de la ville (1) et faulx bourgz et de la Citté, a la teste desquelz estoict ledict sieur coulonnel, sur ung petit cheval, ung dardet (2) a la main. Ayant mis pied a terre, auroit salué ledict sieur comte, et, selon sa charge, presenté et offert la bonne affection et submissions des habitantz de la ville, citté et faulx bourgz, et de ceulx quy s'estoient mis en esquipage pour recevoir ses commendementz. Ledict sieur comte les ayant remercies avecq beaucoupt de contantement et offres d'amitié, lesd. trouppes auroient passé en bel ordre, a sa veue, ung canton apres l'aultre, les cappitaines et lieutenens marchantz a la teste de leur compagnie, les enseignes au milieu, a la vue dudict sieur comte et de toute la noblesse, quy s'estoient ranges pour les voir passer.

A LADICTE PORTE DE MONTMAIHIER, messieurs Bonnyn et Gadaud, consulz, ayant salué ledict sieur comte, lui auroient presenté les clefz de la ville, que ledict sieur auroict refuzé, et faict responce qu'ilz les avoient bien gardees pour le passé et qu'ils continuassent de mesme pour l'advenir.

AVECQ cet ordre, led. sieur comte seroict esté conduict en l'esglize de S! Martial, ou monsieur Verdier, abbé de ladicte esglize, l'auroict receu et bien venir (?). Et le *te Deum laudamus* chanté dans l'esglize, seroict esté accompagnié jusques a son logis au Brueil.

---

(1) Les *huit cantons*. Les circonscriptions militaires n'étaient donc pas identiques aux circonscriptions civiles.
(2) Un petit dard.

*Naissance du duc d'Anjou.
Réjouissances.*]

LE UNZIESME de may au mesme an, entendismes la bonne nouvelle de la naissance de monsieur le duc d'Anjou, filz du Roy (1), par les lettres desd. seigneurs d'Espernon et de Chambert (Schomberg). Et, pour ce, fust faict feu de joye ez la place des Bancz. Ledict sieur de Compreignac, colonnel, ayant assemblé au lieu de Soubz-les-Arbres troys ou quatre cens arquebuziers a sa suitte, l'enseigne ezlanche au milieu, vindrent au devant la maison de ville, ou estoient monsieur l'evesque et messieurs de la justice, d'ou nous serions partis ensemblement, ayant faict preceder la musieque; le feu allumé par monsieur de Lymoges, monsieur le lieutenent general et monsieur Gadaud Prevost, avecq le salut des pieces de canons, a la maniere accoustumee.

S'ENSUIT LA TENEUR de l'arrest donné au grand conseil contre Mr Mauple.

Extraict des registres du grand conseil du Roy.

ENTRE MAISTRE JEHAN DE MAUPLE, SIEUR DE Penavayre, conseiller ordinaire et provincial des guerres a Lymoges, demandeur et requerant l'intherinement d'une requeste du xxij^e novembre mil six cens sept, tendant afin que, executant l'arrest du conseil du xviij^e may aud. an, executoire luy soict delivré des sommes de quatre vingtz unze livres sept solz et cent huict livres six solz huict deniers, d'une part, en vertu de l'arrest de la court de parlement de Bourdeaulx du xxixe may mil cinq cens soixante seize, et des sommes de quatorze cens six livres quinze solz, deux cens quatre vingtz xiiij livres dix neuf solz troys deniers, et cent dix livres quatorze solz, d'aultre, contenues en executoires dudict parlement de Bourdeaulx des troysiesme, cinquiesme et septiesme jung aud. an; ensemble de la somme de cent quatre vingtz dix neuf livres dix solz contenue en l'exe-

---

(1) Né le 25 avril. La nouvelle avait mis plus de quinze jours pour arriver à Limoges Cependant, comme on le verra plus loin, il ne fallait que de trois à quatre jours pour aller à Paris. La nouvelle de l'assassinat d'Henri IV, commis entre quatre et cinq heures du soir le 14 mai 1610, fut connue à Limoges le 17, à cinq heures du matin, c'est à-dire deux jours et demi après.

cutoire du conseil du quinziesme septembre m. vᵉ iiijˣˣ ung; a l'encontre de M. Mathieu Benoist, Balthezard Duboys, François Bonnin, Jehan Guerin, Jehan Boyol dict Serre et Pierre Veyrier, consulz de lad. ville de Lymoges en l'annee m. vjᶜ sept, en leur propre et privé nom, d'une part; et lesd. Benoist et consortz, deffendeurs, d'aultre; et entre lesd. Benoist et consortz, consulz de lad. ville en l'annee m. vjᶜ sept, et Mᵉ Phelippes de Douhet, sieur de Sainct-Pardoux, Martial Bonyn, Pierre Decordes, Jacques Benoist, Martial Duboys et Jehan Gadaud, consuls de ladicte ville en l'annee m. vjᶜ huict, prenant le faict et cause pour lesd. consulz de l'annee m. vjᶜ sept, demendeurs et requerans l'entherinement de ces en forme de requeste civile du xijᵉ novembre vjᶜ sept, et, ce faisant, qu'ilz soient remis en tel estat qu'ilz estoient auparavant led. arrest du xviijᵉ may aud. an, d'une part; et ledict de Mauple, deffendeur, d'aultre, et entre lesd. Benoist et consortz, consulz de lad. ville en l'année vjᶜ sept, requerant l'intherinement d'une requeste du xviijᵉ febvrier vjᶜ huict, tendant a fin qu'attendu que led. Douhet et consortz, consulz de lad. ville en l'annee vjᶜ huict, ont pris le faict et cause pour eulx, ilz soient mis hors de cause, d'une part, et ledict Mauple, deffendeur, d'aultre : VEU PAR le conseil les escriptures desd. parties, lesd. lettres et requestes, ledict arrest du xviijᵉ may, par lequel lesd. consulz de ladicte annee vjᶜ sept auroient esté condempnes, comme consulz, payer audict de Mauple lesd. sommes mentionnees par icelluy, et que pour ce faire ilz obtiendront lettres d'assiette dans trois mois pour imposer et lever lesd. sommes sur lad. ville, aultrement et a faulte de ce faire dans led. temps, ilz auroient esté condempnes en leur propre et privé nom au paiement desd. sommes, lesd. executoires des despans dudict parlement de Bourdeaulx des iijᵉ, vᵉ et septiesme jung vᶜ lxxvj, aultres executoires de despans dudict conseil des xvᵉ septembre vᶜ iiijˣˣ ung, xxvᵉ aoust vᶜ iiijˣˣ deux et xxvijᵉ febvrier vᶜ iiijˣˣ troys, quictance de Mᵉ Jehan de Mauple, tresorier a Lymoges, a aulcuns des consulz de ladicte ville en l'annee vᶜ lxxviij des sommes y mentionnees du xvᵉ mars vᶜ iiijˣˣ trois, transaction d'entre lesd. Mauple, tresorier, et Joseph d'Auvergne, Jehan Malledent, Jehan Lavandier, Jehan Pinot et Jehan Hardy, contenant quittances des sommes a luy deues, du xvjᵉ juillet cinq cens quatre vingtz dix neuf, acte de l'assemblee de la maison de ville de Lymoges du septiesme decembre vj^c sept, coppie de la procuration desd. consulz de lad. annee vj^c huict a Mr Pierre Mignot, procureur au conseil, du six decembre vj^c sept, arrestz de la court de parlement de Bourdeaulx des xxj^e et xxix^e may et septiesme jung v^c lxxvj, aultres arrestz dudict conseil des premier aoust et septiesme decembre v^c iiij^{xx} ung, vingt cinquiesme may et quinziesme aoust cinq cens quatre vingtz deux, vingt septiesme janvier cinq cens quatre vingtz trois, quinziesme decembre cinq cens quatre vingtz huict, vingt sixiesme novembre six cens sept, vingt septiesme febvrier, quatre et treiziesme mars six cens huict, contredictz desd Mauple et consulz de ladicte annee six cens huict, declaration desd. consulz de ladicte annee six cens sept qu'ilz employent les contredictz fournis par les consulz de l'annee six cens huict du dix huictiesme apvril aud. an; salvation dud. Mauple, conclusions du procureur general du Roy, et tout ce que par lesd. parties a esté mis et produict par devers led. conseil; DICT A ESTÉ que le conseil, faisant droict sur lesd. instances, ayant esgard ausd. lettres, a remis et remect les parties en tel estat qu'elles estoient auparavant led. arrest du xviij^e may, et, au principal, a mis et mect lesd. parties hors de court et de proces; et neantmoingtz a ordonné et ordonne que lesd. executoires des despens tant du conseil que de lad. cour de parlement de Bourdeaulx seront renduz ausd. consulz de ladicte ville de Lymoges et sans despans desd. instances. Le presant arrest a esté mis au greffe dudict conseil, monstré au procureur general du Roy et prononcé aux procureur desd. parties, A PARIS, le troysiesme jour de may mil six cens huict. Signé : THIELEMENT.

(Le reste de la page est en blanc.)

Les noms des cent prudhonmes pris et choisis de chasque canton dix, pour par eulx estre faict eslection des consulz de l'annee prochaine ; ladicte nomination faicte par messieurs les consulz en la maison commune le vj^e decembre vj^c huict, le tout suyvant et conformement a l'edict de Sa Magesté.

Et premièrement au canton.

Des Taules :

Monsieur Dupuismolinier ;
Sr Gregoire Decordes ;
Sr Jehan Hardy ;
Sr Martial Vidaud ;
Sieur Pierre Duboys de La Salesse ;
Sr Pierre Duboys, Sr Dubouscheyron ;
Sieur Geral Bonnyn ;
Sr Jehan Suduyraud ;
Sieur Pierre Duboys, de La Faurie ;
Sr Mathieu Duboys, Sr Dupuytignon.

La Porte :

Monsieur Malledent, receveur du decime ;
Monsieur Desmontz ;
Sr Joseph Decordes ;
Sr Estienne Hardy ;
Sr François Jayat ;
Sr Claude Maillot ;
Sr Joseph Decordes dict Le Coulhaud ;
Sieur Jehan Vidaud ;
Sr Pierre Deschamps ;
Sieur André Disnematin.

Magninye :

Monsieur Boyol l'aysné ;
Sʳ Jacques Raymond dict Restoueilh ;
Sieur Jacques Roulhac ;
Monsieur Saleys, advocat ;
Monsieur Guerin ;
Sʳ Françoys Rougeyron ;
Sieur Jehan Malledent ;
Sʳ Durant Brugiere ;
Sʳ Jehan Belut ;
Sʳ Nicollas Varacheau.

Le Marché :

Monsieur l'esleu Benoist ;
Monsieur le controlleur Petiot ;
Monsieur le president Douhet ;
Sʳ Martial Gallechier ;
Sieur Pierre Mailhot ;
Mᵉ Yzaac Juge ;
Mᵉ Pierre Vernejoulx ;
Sʳ Estienne David ;
Sʳ Jehan Pabot ;
Sʳ Blaize Dumas.

La Faurie :

Monsieur Barny, conseiller ;
Sʳ Pierre Saleys ;
Sieur Mathieu Malledent ;
Sʳ Pierre Duboys dict Mousricquet ;
Sieur Françoys Colomb ;
Sʳ Leonard Gergot ;
Sieur Françoys Vitract ;
Sʳ Jacques Papetaud ;
Sʳ Jacques Voureilh ;
Sʳ Pierre Colomb.

Le Clocher :

Monsieur Recules, conseiller;
Monsieur le president Verthamon;
Monsieur Desflottes dict Mormaut;
Monsieur Du Boys, advocat;
Monsieur Desmaisons;
S\u1d63 Guilhaume Nicot;
Sieur Martial Mousnier;
S\u1d63 Jehan Verges;
Sieur Jehan Ardeiller;
S\u1d63 Lazare Teyssandier.

Boucherie :

Monsieur Pinot, advocat;
Monsieur Jayac, advocat des esleuz;
M\u1d49 Merigot de Leyssene;
M\u1d49 Loys Darfeuille, procureur;
S\u1d63 Jehan Farne;
S\u1d63 Jehan Ardent;
S\u1d63 Jehan Sanxon;
Sieur Pierre Malavergne;
Monsieur Bonnin, advocat;
S\u1d63 Jehan Delord.

Les Combes :

Monsieur Garreau, conseiller;
Monsieur Descoutures, advocat du Roy;
M\u1d49 Jehan Gadaud, procureur;
M\u1d49 Jehan Martin, procureur;
M. Coulomb, advocat;
S\u1d63 Joseph Lagarde;
Sieur Pierre Theulier;
Monsieur Pagnon, conseiller;
S\u1d63 Jehan Segond dict Dade;
M\u1d49 Françoys Albiac.

Lansequot :

Monsieur le lieutenent particulier :
Monsieur le juge Petiot ;
Monsieur Constant, advocat ;
Monsieur Lamy, advocat ;
Sr Gabriel de Labrousse ;
Sr Anthoine Veyrier ;
Sr Pierre David ;
Mr de Voyon, advocat ;
M^o Jehan Bouleysteyn ;
Me Jehan Certe, procureur.

Le Vieulx Marché :

Me Mathieu Boulet ;
Me Jacques Raymond ;
Jehan Bardinet dict Legros ;
Mathieu Juge ;
Sr Jehan Guerin ;
Sieur Jehan Benoist ;
Albert de Plenameyjoux ;
Mathieu Cibot dict Le Bureau ;
Jehan Bardinet ;
Françoys Cerclier dict Le Courpoural.

(Le reste de la page est en blanc.)

Eslection et nomination de messieurs les consulz de la presant ville, faicte par les sieurs preudhommes nommes a cest effeict, suivant le reiglement faict par Sa Magesté, le septiesme decembre mil six cens huict.

Honnorable maistre Gaspard Benoist, esleu ;
Pierre Dubois, sieur du Boucheyron ;
Honnorable maistre Marcial de Verthamond, tresorier general ;
Honnorable M⁰ Jehan Bonyn, procureur du Roy ;
Sʳ Claude Mailhot, bourgois et marchant ;
Anthoine Veyrier, bourgois et marchant.

(Signé :) J. Mouret, *scribe*

(Le reste de la page est en blanc.)

Eslection des collecteurs de la presant ville pour le departemant des tailles, faicte en la salle de consulat par les habitans assembles a son de tambour, a la maniere accoustumee, le quinziesme mars mil six cens neuf.

Des Taules :	*Le Marché :*
Jehan Hardy ;	Estienne David ;
Albert Chambinaud.	Mᵉ Pierre Vernejoux.
De la Porte :	*La Fourie :*
Mathieu Malledem ;	Mᵉ Jehan Dupin ;
François Seliere.	Jacques Voureys.
De Magninie :	*Le Clocher :*
Pierre Crouchaud ;	Guilhaume Foucaud dict Nicot ;
Jehan Croisier.	Jehan Ardellier.

Le canton de Boucherie :

Jehan Sanxon ;
Bartholome Taillandier.

Lansecot :

Gabriel Labrousse ;
M⁰ Nicolas Parrot.

Les Combes :

Mᵉ Jehan Gadault ;
Mᵉ Leonard Noailher.

Le Vieux Marché :

Pierre Sellier ;
Mᵉ Jacques Remon.

(Signé :) J. MOURET, *scribe.*

Les noms des cent prudhommes pris et choisis de chascun canton dix, pour par eulx estre faict eslection des consulz de l'annee prochaine ; ladicte nomination faicte par messieurs les consulz en la maison commune, le sixiesme decembre mil six centz neuf, le tout suivant et conformement a l'edict de Sa Magesté.

Et premierement au canton

Des Taules :

Monsieur Dupuysmolinier ;
Sʳᵉ Gregoire Decordes ;
Sʳᵉ Jehan Hardy ;
Sʳᵉ Martial Vidault ;
Sʳᵉ Pierre Duboys de La Salesse ;
Sʳᵉ Pierre Duboys de La Farrerie ;
Sʳᵉ Jehan Suduyraud ;
Mathieu Duboys, Sʳ Dupuytignon ;
Monsieur Alesme, greffier ;
Sʳᵉ Pierre Verryer.

La Porte :

Monsieur Maleden, recepveur ;
Monsieur Des Montz ;
Sʳᵉ Jehan Decordes ;
Sʳᵉ Estienne Hardy ;
Sʳᵉ Joseph Decordes dict le Coullaud
Sʳᵉ Jehan Vodault ;
Mᵉ Pierre Deschamps, appoticaire ;
Sʳᵉ Jehan Maleden l'ayné ;
Sʳᵉ Balthazard Douhet ;
Mᵉ Martial Bonin, procureur.

— 131 —

Magninie :

Monsieur Boyol l'ayné ;
Sre Jacques Reitoueil ;
Monsieur Saleys, advocat ;
Monsieur Guerin ;
Sre Jehan Maleden ;
Sre Durand Brugiere ;
Sre Nicolas Varacheau ;
Monsieur de Plenavayre ;
Monsieur Pinot, recepveur ;
Me Joseph Roulhat, procureur.

Le Clochier :

Monsieur Recules, conseiller ;
Monsieur le president Verthamond ;
Monsieur le greffier Rouhard ;
Monsieur Desmaisons, advocat ;
Sire Jehan Roux ;
Sire Guilhaume Nicot ;
Sire Martial Mousnier ;
Monsieur Maleden, recepveur,
Sire Jehan Ardeiller ;
Sire Lazare Texendier.

Le Marché :

Monsieur le controlleur Petiot ;
Sre Pierre Maillot ;
Me   (1), procureur ;
Me Pierre Vernejoulx ;
Sire Blaize Dumas ;
Sire Estienne David ;
Sire Thomas Maillot ;
Sire Mathieu Benoist ;
Sire Jacques Bardinet ;
Sire Jehan Benoist le jeune.

Boucherie :

Monsieur Sallot, conseiller ;
Monsieur Pinot, advocat ;
Me Loys Darfeulhe, procureur ;
Sire Pierre Theulier ;
Sire Pierre Chapellas ;
Sire Jehan Ardant ;
Sire Jehan Sanxon ;
Sire Pierre Malavergne ;
Sire Jehan Gadault ;
Monsieur Bonin, advocat.

La Faurie :

Monsieur Barny, conseiller ;
Sire Pierre Saleys ;
Sire Mathieu Maleden ;
Sire Jacques Benoist ;
Sire Pierre Coulomb ;
Sire François Coulomb ;
Sire Jehan Moulinier ;
Sire Estienne Roumanet ;
Monsieur Duboys, advocat ;
Me Jacques Papetaud, appothicaire.

Les Combes :

Monsieur Garreau, conseiller ;
Mr Descoutures, advocat du Roy ;
Monsieur le lieutenant criminel ;
Monsieur Coulomb, advocat ;
Sire Joseph Descoutures ;
Sire Pierre Duboys dict le Gascon ;
Me François Albiac, procureur ;
Me Jehan Gadault, procureur ;
Me Anthoyne Marcialet, procureur ;
Me Leonard Noailler, procureur.

(1) Le nom a été gratté.

Lansecot :

Monsieur le juge Petiot ;
Monsieur Constant, advocat ;
Monsieur Lamy, advocat ;
Monsieur Biays, advocat ;
Sire Gabriel Delabrousse ;
Monsieur Devoyon, advocat ;
S^{re} Noel Noailler ;
Me Nicolas Perot ;
Sire Joseph Leger ;
Sire Pierre David.

Le Vieulx Marché :

Me Mathieu Boulet, procureur ;
Me Jacques Raymond, procureur ;
Mathieu Juge ;
Jehan Guery ;
Albert de Plenasmeyjoux ;
(1) Plenasmeyjoux ;
Jehan Cybot dict le Bureau ;
Loys Las Vachas ;
Mathieu Malinvaud dict le Jalat ;
Pierre Celier.

Eslection des juges de la police de la presant ville de Lymoges, faicte en la maison de ville, le viij^e fevrier 1610.

Honorable Mr Me Anthoine de Barny, conseiller du Roy au siege presidial ;
Honorable Mr Me Jehan Chantour, Sr de Loumonnerie, conseiller du Roy en l'eslection de Lymousin ;
Sieur Jehan Hardy, bourgeois et marchant et consul ;
Sieur Jehan Sanxon, bourgeois et marchant et consul ;
Sieur François Celiere, bourgeois et marchant,
Et sieur Jacques David, bourgeois et marchant.

(Ici deux feuillets blancs au manuscrit.)

---

(1) Le prénom est en blanc.

Eslection de messieurs les consulz de la presant ville de Lymoges, faicte par les preudhommes nommes a cest effect, suyvant le reglement estably par Sa Magesté; faicte le septiesme decembre mil vj^c neuf.

Honorable Me Pierre de Douhet, esleu, S^r de St-Pardoux et Puymoulinier;
Sr Jeyan Boyol;
Honorable Me Simon Descoutures, advocat du Roy;
S^{re} Jehan Hardy;
S^{re} Joseph Decordes;
S^{re} Jehan Sanxon.

(Signé :) J. MOURET, *scribe de la maison de ville de Limoges.*

(Ici une demi-page et deux pages blanches dans le manuscrit.)

Eslection des collateurs de la presant ville l'annee vj^c x, nommes pour assister au departement des tailles, a la maniere acoustumee, le xiiij^e mars mil vj^c dix.

Du canton des Taules :

Pierre Mousnier;
Martial Dubois, filz a feu Leonard.

De la Porte :

Pierre Dauvergne;
Pierre Deschamps.

De Magninie :

André Bournaud ;
François Roulhac.

Du canton du Marché :

Mᵉ Jehan Dorat, clerc du greffe et procureur ;
Blaise du Mas.

De la Fourie :

Mᵉ Pierre Guy, procureur ;
Pierre Coulomb.

Du Clocher :

Mᵉ Leonard Rouard, greffier criminel ;
Jehan Roux.

De Boucherie :

Pierre Teulier ;
Pierre Chapellas.

De Lansecot :

Estienne Vigier ;
Martial Langelaud.

Des Combes :

Mᵉ Joseph Descoutures,
Mʳ Jehan Malignaud, procureur.

Du Vieux Marché :

Pierre de Plenas Meygeoux ;
Loys Cibot dict Las Vachas.

(Signé :) Mouret, *scribe de la maison de ville.*

Durant (1) les cinq ou six premiers mois de n^re consulat, [Mort d'Henri IV.] l'estat de la France ressembloit au calme d'ung occean paisible et tranquille, sans estre agitté d'aucune violance exterieure ou interieure. On ne faisoit, comme en un[e] autre Sabee, feu que de parfuns; on voyoit, ainsy que firent jadis les Troseniens, croistre dans la massue guerriere de nostre grand Hercule gauloys, l'olivier, marque de repos et seureté; et, comme Pithagore adoroit les autelz du temple d'Apollon en Delos pour la perpetuité de la paix, nous reverions en France l'astre dissipateur des dissentions de ce bel estat, et offrions nos cœurs et volontes sur l'autel de la Clemence invinsible d'Henry 4e n^re grand monarque. Nous mesurions la felicité de n^re estat par les annees de la paix, et estimions que plus de temps il demeuroit paysible, plus de temps il seroit heureux. Mais voyla tout soudain, a travers du serain de ceste longue et haulte paix, une noyre nuee qui s'en vient porter inopinement sur n^re chef la plus dure et horrible tempeste que nous heussions peu craindre ou redoubter a jamais : la mort impreveue de n^re grand Henry, l'amour, la joye et les delices de sa France, mort vrayement triste et funeste, mais encor plus cruel et malencontreux le temps et le genre de la mort. On faisoit desja les appareilz des plus haultes et genereuses entreprinses qu'aultre monarque heust peu excogiter ne exploicter, ausquelles avant que de donner commancement, on avoit, des le jeudy treiziesme de may de la presant annee, faict publicquement, a Sainct-Denys en France, la pompe magnificque du couronnement de la Royne; restoit de faire, le dimenche ensuyvant, ceste grande et auguste ceremonie de son entree a Parys, ou tous les appareils de cest acte royal estoientz prestz et disposes avec tant de grandeur qu'il seroit impossible de suyvre avec la plume ce que les plus rares espritz de la France avoient contribué pour l'embellissement de cest acte, que voila tout soudain ung changement inopiné d'ung extresme joye a ung extresme regret, des pompes d'allegresse d'un couronnement royal aulx pompes funebres du plus grand roy du monde, voila la France reduitte

---

(1) On lit en tête de cette pièce, et d'une écriture postérieure : « De l'année de l'ostension 1610 ». — Nous croyons que l'auteur de cette relation est Simon Descoutures, avocat du roi, lequel était consul à l'époque de la mort d'Henri IV. Les procédés de composition et le style ampoulé de ce morceau de littérature nous semblent avoir un grand air de parenté avec ceux qu'on a pu remarquer dans sa Relation de l'entrée d'Henri IV à Limoges en 1605. (V. ci-dessus page 85.)

a ce point que ce que le peuple debvoit contribuer de joye et d'applaudissement a ceste liesse publicque, il le fallut changer et convertir en mesme temps en dueils et gemissemens pour ceste perte commune. Terrible methamorphose de se voir porter tout a coup d'une extresme et publicque joye a une extresme et publicque lamentation ! Mais nous n'avons pas deliberé de coucher icy par escript et exprimer a la postérité dans ces annalles de la maison de ville l'histoire de la mort la plus funeste, lamentable et inesperee d'ung roy le plus grand, plus victorieux et mieux accomply qui peult jamais commander en terre. L'attrocité du cas nous en oste le courage, les larmes, les sanglotz nous ravissent le sens avec la voix, l'amertume et regretz de n^{re} ame, causee par ceste signalee perte, nous pryvent de parolle, d'hallayne, et nous rendent comme stupides et insensibles. SEULLEMENT, permettre n^{re} juste douleur, parmy les sanglotz et larmes raisonnables de n^{re} cœur, de tracer icy d'un crayon noircy dans l'humide de n^{re} luctueuse et publicque lamentation la nouvelle de la triste et a jamais lamentable catastrofe de n^{re} grand roy.

COMME, a Parys, on vivoit parmy les allegresses des pompes royalles et aultres actes de magnifficence du couronnement et entree de la royne, nous estions, a Limoges, esleves d'ung sainct desir a exalter la grandeur et bonté de n^{re} Dieu et a le louer en ses sainctz durant le temps de la sacree ostension des reliques precieuses de son bien heureux appostre sainct Martial; et estions desja parvenus jusques au dix septiesme de may, jour de lundy, environ les cinq heures de matin, que voila survenir inopineement le sieur de Chambaret, aultrement de Beaumont, lequel nous ayant mandé avoir charge de nous faire entendre quelque commandement par ordre (?) de Sa Magesté, aucuns de nous s'estantz achemines au logis de *Sainct-Jacques*, il leur auroit par des parolles asses ambigues faict entendre que nostre roy avoit esté blessé dez le vendredy au soir quatorziesme de ce mesme mois (1), nous donnant adviz de pourveoir a l'asseurance de la ville, attendu que la moindre playe en ceste personne sacree nous devoit causer ung asses grand estonnement. Et sans nous descouvrir aultre chose, auroit continué sa course vers Figeac, nous laissant cependant tremper en l'incertitude de ceste nouvelle; laquelle nous fust

---

(1) La nouvelle avait mis moins de trois jours à venir à Limoges.

— 137 —

esclaircie dans une ou deux heures apres par le sieur des Esgaulx, qui nous asseura avoir veu lettre dudict sieur de Chambaret, adressee au sieur de Sainct Germain, par laquelle il luy faisoit entendre comme le Roy, son bon maistre, avoit esté miserablement et prodictoirement (1) assassiné dans son carosse en la rue de la Farronnerie, dez ledict jour de vendredy, entre les quatre et cinq heures du soir.

CESTE ADDITION a la premiere nouvelle apporta de l'augmentation a nostre premiere douleur. Et, comme nous balancions auparavant entre l'esperance et la craincte, nous voyla tout a coup prosternes et soubzmis a la violance d'ung torrent rapide d'amertume, qui nous entrayne presque dans des precipices d'ung desespoir que nous nous proposions tout presant et asseuré.

AYANT demeuré ung jour et demy en ceste extaze, nous reprenons nos forces et courages, et deliberons d'assembler la ville et de proposer aulx habitantz le malheur advenu, affin de pourveoir a ce qu'ilz jugeroient necessaire pour l'asseurance de la ville soubz l'obeyssance de Leurs Magestes, en cas qu'il arriveroit quelque desordre a l'estat. Ce que fust faict publicquement en la grand salle de la maison de ville, ou y avoit une tres grande affluance de peuple, le mercredy dix neufiesme dudict moys de may, par la forme contenue succintement en l'acte qui en fust dressé pour envoyer a leursdictes Magestes, affin de leur tesmoigner les sainctes affections des habitans de Limoges au bien de leur service, et le tout dressé en ceste maniere.

[Simon Descoutures est délégué à Paris pour présenter à Louis XIII l'hommage de la ville de Limoges.]

AUJOURD'HUY dixneufviesme may mil six cens dix, avant midy, en la grand'salle de la maison de ville de Limoges, honnorables messieurs Jehan Sanxon, maistres Pierre de Douhet, sieur Dupuymolinier, esleu en l'eslection, Simon Descoutures, advocat du Roy, Jehan Hardy et Joseph Decordes, bourgeois et marchantz, consulz de la presant ville, ayant faict assembler les habitantz de ladicte ville par assemblee generalle, a son de tambour et cry publicq a la maniere accoustumee, en presence de honnorable Mᵉ Leonard de Chastenet, baron de Murat, lieutenant general en la seneschaucee de Limousin et siege presidial de Limoges, et tres grand nombre desdictz habitantz,

(1) *Proditoirement*, traitreusement : lat. *prodere*, trahir.

entre lesquelz estoient tous les ordres de la ville, officiers de la justice et des finances, et plusieurs notables bourgeois ; ledict sieur Descoustures a representé le detestable parricide et assasinast commis vendredy dernier en la personne du Roy, n^{re} sire, au grand regret et desplaisir de tout son peuple, et particulierement desdictz consulz et habitantz, qui en ont ressenty un tres grand et extreme regret et desplaisir ; mais que, parmy ce desastre, malheur, on avoit subject de louer et remercier Dieu de ce qu'ilz avoient sceu certainement comme monseigneur le Daulphin avoit esté couronné par la grace de Dieu roy de France, a la magesté duquel ung chascun debvoit obeyssance comme audict deffunct roy son pere. Et pour rendre un tesmoignage asseuré du debvoir auquel tout le peuple estoit obligé a Sadicte Magesté, lesdictz consulz avoient convocqué ceste assemblee generalle affin de jurer publicquement et unanimement la foy inviolable a nostre nouveau roy, comme vray et legitime successeur de feu nostre souverain monarque Henry quatriesme, que Dieu absolve, et d'accompaigner ce serement par une acclamation generalle de : VIVE LE ROY LOYS 13e a presant regnant ; et, affin que Sa Magesté la Reyne, sa mere, nosseigneurs les princes du sang et officiers de la courronne soient accertaines de ce tesmoignage de fidelité, envoyer devers Leurs Magestes personnes de qualité pour jurer entre leurs mains la mesme fidellité, au nom de toute la ville de Limoges. SUR QUOY lesdictz sieurs consulz, officiers et habitantz, d'une commune voix et acclamation publicque, ont dict qu'ilz estoient tres humbles et tres obeyssantz serviteurs et subjectz du roy de nouveau appellé a la courronne de France, et vouloient exposer leurs vies, moyens et facultes pour son service ; et ont tous cryé unanimement, par plusieurs et diverses fois : VIVE LE ROY LOYS 13e ! tendant les mains au ciel avec tres humbles prieres a Dieu de vouloir conserver Sa Magesté par longues annees en toute prosperité et bonheur ; et ont esté tous d'adviz d'envoyer par acte publicq ceste protestation devers Sadicte Magesté, la reyne, sa mere, et nosseigneurs les lieutenantz et gouverneurs de l'estat, et deputer personnes califfiees pour aller pardevers eux, aulx fins de faire de vive voix le mesme serement de fidelité. DE QUOY lesdictz sieurs consulz ont requis acte, qui leur a esté concedé par le scribe de la maison de ville de Limoges, les jour, mois et an susdictz. Signé : MOURET.

ET INCONTINANT apres, lesdictz sieurs consulz s'estantz retires tous ensemble en la chambre du conseil de ladicte maison de ville, apres longue deliberation, ont d'une commune voix esleu et depputé ledict sieur Descoustures, advocat du Roy, leur collegue, pour s'acheminer promptement pardevers Leurs Magestes, aulx fins de l'execution du contenu au susdict acte, et ont voulcu que led. sieur Descoutures s'accompaigne de Pierre Dubois, sieur du Bouscheyron, pour le mesme effect. De quoy ilz ont aussy requis acte ensemble de ce que, le lendemain, jour de l'Ascencion, vingtiesme dudict mois de may, lesdictz sieurs Descoustures et Dubois seroient partis de la presant ville avec leurs serviteurs, aux fins de leurdicte legation, qui leur a esté pareillement concedé, lesdictz jours dixneufviesme et vingtiesme desdictz mois et an, par le scribe susdict.

Le mesme matin de l'Assencion, ledict sieur Descoustures, n^{re} collegue, assisté dudict sieur du Bouscheyron, partyt et se rendit dans le quatriesme jour apres a Paris, ou, deux heures apres son arrivee, Monseigneur le duc d'Espernon le presenta a la Reyne, accompagnee de tous les princes du sang, officiers de la courronne et aultres seigneurs de son conseil; laquelle, apres avoir ouy la charge qu'avoit ledict sieur Descoustures, de la part de la ville, et receu le nouveau serement de fidellité qu'il fist entre les mains de Sa Magesté au nom de tous les habitantz, ensemble prins l'acte cy dessus inceré, qu'elle demenda, fist voir et tesmoigna par sa responce, ayant la larme a l'œil, que ce tesmoignage d'obeyssance venant si promptement d'une ville tant esloignee, et des premieres qui se fussent encores acquictees de ce debvoir, luy estoit tres agreable, et en loua et remercia grandement les habitantz de Limoges

Ce jour la ny les deux ou trois suyvantz, nostredict collegue ne peust estre presanté au Roy a cause de l'execution qui fust faicte de ce malheureux parricide Ravaillac. Mais, le jour ensuyvant, mondict seigneur le duc d'Espernon le presenta au Roy a presant regnant, assisté aussy de plusieurs princes et grandz seigneurs, lequel, estant debout sur un quarreau de veloux, avec une prestance et gravité extraordinaire pour son eage, escouta fort attentivement tout ce que ledict sieur Descoustures, nostre collegue, luy voulut dire pour lui tesmoigner la tres humble obeyssance que sa ville de Limoges avoit de nouveau voué et juré a Sa Magesté. Et apres qu'icelluy sieur Descoustures heust finy son discours, Sadicte Magesté prenant la parolle, fist voir par sa grave et esloquente responce que veritablement il y a quelque chose de plus relevé et particulier en l'âme de nos roys que le commun et ordinaire. Tous les princes et seigneurs embrasserent Sa Magesté, luy congratulantz d'avoir faict de son seul mouvement une si belle et ellegante responce aux consulz de Limoges. Mesmes, aucuns desdictz seigneurs furent tout aussy tost le rapporter a la Reyne, qui estoit dans une aultre chambre, proche de celle du Roy ; laquelle en receust un tres grand contantement. Monsieur de Souvray, gouverneur de Sadicte Magesté, suyvit nostredict collegue jusques pres de la porte de ladicte chambre, et luy dict qu'il avoit occasion d'estre bien contant, puisqu'il avoit receu la premiere harangue que Sa Magesté heust encores jamais faict a personne.

Pour tesmoigner que Leurdictes Magestes avoient reçu en tres bonne part la legation dudict sieur Descoustures et offre de nos tres humbles volontes et affections au bien de leur service, ilz nous firent ces despeches par nosdictz deputtes.

De par le Roy.

Tres chers et bien amez, nous avons receu beaucoup de plaisir d'avoir veu par vos lettres que le sieur Descoustures, n^{re} advocat en n^{re} presidial de Limoges, nous a apporteés, et sceu par luy mesmes le bon debvoir que vous aves faict en n^{re} dicte ville sur la nouvelle du decedz du feu roy, n^{re} tres honnoré seigneur et pere, pour y contenir toutes choses en l'ordre accoustumé, et la recognoissance et obeyssance qui nous y a esté unanimement rendue, dont nous vous sçavons fort bon gré. Vous pouvez demeurer asseures que, continuant en ceste affection et fidelité, vous augmenteres tousjours en nous la bonne volonté que nous avons pour le bien et advantaige de n^{re}dicte ville de Limoges, comme vous entendres plus particulierement par ledict sieur Descoustures, que nous renvoyons pardela ; auquel nous en remettant, nous ne vous en ferons ceste-cy plus longue. Donné a Parys, le second jour de jung mil six cens dix. Signé : Louys, et plus bas : Philippeaux.

Lettres de la Reyne regente.

Messieurs, je vous asseureray par ceste-cy du contentement et satisfaction que le Roy monsieur mon filz a receu d'avoir veu par les lettres que vous luy aves escriptes et qui luy ont esté presentees par le sieur Descoustures, son advocat au siege presidial de Limoges, le bon debvoir que vous aves apporté de v^re part sur la nouvelle du malheureux accident survenu au feu Roy mon seigneur, pour contenir ladicte ville en repos et soubz son obeyssance. Vous ne pouvies en meilheure occasion luy rendre tesmoignage de v^re affection et fidelité, a laquelle je vous exhorte de continuer, et esperer que, comme vous l'aves recogneu pour v^re roy, comme tel, il vous deppartira tousjours les faveurs de sa bonne grace, en toutes les occasions que vous luy en donneres et qui s'offriront pour le bien de sadicte ville et le v^re pareil. A quoy vous pouves aussy vous asseurer de mon intercession et assistance, ainsy que vous dira plus particulierement ledict sieur Descoustures. Sur ce, je prye Dieu, Messieurs, vous avoir en sa saincte garde. Escript a Parys, ce second jour de jung 1610, signé : MARIE, et plus bas : PHELIPPEAULX.

COMME, semblablement, ledict seigneur d'Espernon et monsieur de Schombert, gouverneur et lieutenant pour Sadicte Magesté en ce pays de Limousin, nous firent des despeches sur ce mesme subject par n^rd. collegue, de telle teneur :

MESSIEURS, les sieurs Descoustures et Dubois, que vous avez deputtes pour venir rendre les asseurances de la fidelité et obeyssance que ceux de v^re ville veullent continuer de rendre au Roy et a la Reyne sa mere, se sont sy bien acquictes de leur legation que je m'asseure qu'ilz vous remportent celle du contantement que Leurs Magestes en ont heue, lequel vous sera tesmoigné par les lettres qu'elles vous escripvent. Ilz n'ont pas obmys a me rendre les complimens desquelz vous les aves charges, dont je vous remercie aultant que mon affection est portee a m'emploier en tout ce que je penseray estre propre et utile pour le bien conservation de v^re ville et pays. Je vous supplie d'avoir ceste creance de moy, et de faire estat que je ne seray jamais aultre, Messieurs, que vostre entierement meilheur et plus affectionné amy. Jehan LOUYS DE LA VALLETTE. A Parys, ce vingt neufviesme may 1610.

[Lettre du duc d'Epernon aux consuls.]

— 142 —

[Lettre du maréchal de Schomberg aux consuls.]

MESSIEURS, les lettres que je vous ay escriptes dez le soir de la mort du feu roy vous auront apprins que ce qui m'empescha d'envoyer expres et en plus de diligence vers vous est que Monsieur le duc d'Espernon estoit icy ; et neaulmoings, pour vous exhorter a la resolution que je voy que vous avez prinse solempnellement de demeurer stables en la fidelle obeyssance que vous devez a Leurs Magestes, je vous vouleuz escrire, comme aussy pour vous asseurer, comme je fais par ceste-cy de mon affection a vous servir en toutes occasions et vous assister en la bonne volonté que vous avez de contribuer ce qui sera de vous au bien de l'estat et a l'entretenement de la paix. Le plus expedient moyen de la conserver est, demeurant en l'obeyssance deue au Roy et a la Reyne, de faire exactement observer les eedictz tant de pacifification qu'aultres faictz par le feu roy. Vous avez fort bien faict de deputter icy ces messieurs, et d'estre des premiers des provinces esloignees a vous acquicter de ce debvoir. La presance de mond. sieur d'Espernon icy faict que je vous escriptz moings souvant, m'asseurant qu'il vous tient advertis de ce qui le merite. Je le seconderay en l'asseurance que vous desires que prennent Leurs Magestes de v^{re} fidelité, et vous serviray partout ou j'en auray le moyen. Faictes en estat, et continuer a me mander de voz nouvelles et a m'aymer, car je suis et seray tousjours, et vous supplie d'en asseurer toute la ville, Messieurs, v^{re} plus affectionné a v^{re} service : SCHOMBERG. De Parys, ce vingtseptiesme may 1610.

Coppie d'ung contraict passé entre Messieurs les consulz de l'annee mil six cens quatre et les consulz de l'annee mil six cens cinq en la present ville de Limoges.

[1605. — Collége des Jésuites. — Distribution entre les mains de personnes solvables de la somme provenant de la souscription.]

Le quatorziesme jour d'aoust mil six cens cinq, avant midy, a Limoges, en la maison commune de ladicte ville, ont esté presentz honnorables messieurs Martial Benoyst, conseiller du roy et tresorier general de France en la generallité de Lymoges, Jehan Boyol et Pierre Duboys, bourgeois et marchant de Limoges, faisant tant pour eulx que pour Messieurs Mes Jehan

Verdier, sieur Darfeuilhe, tresorier general de France aud. Lymoges, Pierre de Douhet, sieur Dupuymollinier, et Joseph Croisier, recepveur general des finances, absens, consulz en la present ville de Limoges en l'annee derniere mil six centz quatre ; lesquelz, suyvant l'arrest de la court de parlement de Bourdeaulx du vingtdeuxiesme juing dernier (1), ont payé

---

(1) Voici la teneur de cet arrêt, dont la grosse se trouve aux archives de la Haute-Vienne, A. 2592 :

Extraict des registres de parlement.

ENTRE LES CONSULZ DE LA VILLE DE LIMOGES de l'annee mil six cens quatre, demandeurs l'interinement de certaine requeste, d'une part, et les consulz de la presente annee mil six cens cinq dudict Limoges, defendeur, et entre le scindic du college de la compagnie de Jesus de ladicte ville de Limoges, demendeur l'interinement de certaines requestes et lettres royaulx en cassation de contract et promesse, et lesdictz consulz dudict Limoges desdictes annees mil six cens quatre et mil six cens cinq, defendeurs ausdictes requestes et promesse, d'autre. VEUS le proces, requeste a ladicte cour, presentee par lesdictz consulz de l'annee mil six cens quatre, tandant aux fins qu'il plaize a la cour condempner lesdictz consulz de la ville de Limoges qui sont en charge la presente annee prendre et recepvoir desdictz consulz de ladicte annee mil six cens quatre la somme de sept mil cent dix huict livres, et, moyenant la delivrance qu'ilz leur en fairont, declairer lesdictz consulz quittes et vallablement descharges de tout le manyement qu'ilz pourroient avoir heu pour raison dudict affaire et negoces, et qu'ilz n'en pourront par cy apres estres inquiettes ny recherchés soict par les manans et habitans dudict Limoges ny par les peres Jesuistes de ladicte ville, en datte ladicte requeste du huictiesme de janvier mil six cens cinq ; lettres d'attache et exploictz d'assignation du quatorziesme febvrier audict an ; aultre requeste a ladicte cour, presentee par ledict scindic desdictz Jesuistes, tandant aussy aux fins qu'il plaize a ladicte cour condempner lesdictz consulz faire le fondz de la rente anuelle des deux mil livres dans briefz dellay, a ladicte raison du denier vingt, et mettre ledict fondz entre mains solvables et de facille convention, sans payer ladicte rente par quartier, achepter les maisons et plasses convenables pour l'habitation du nombre des personnes de ceux de ladicte compagnie necessaires audict college, faire edifier ladicte maison, eglize et classes conformement a l'acte public de ladicte fondation, payer les quatre mil livres d'arresraiges sans prejudice du surplus, s'il y eschoict, a peyne de mil livres, et, a faulte d'obeyr, ordonner que lesdictz consulz y seront contrainctz en leurs propres et privé nom, en datte du vingtiesme d'apvril mil six cens cinq ; lettres d'attache et exploictz d'assignation en date du vingt cinquiesme

reallement comptant et dessuicte a honnorables messieurs Jehan Vidaud, consul prevost, Anthoine Barny, conseiller et juge magistrat au siege presidial de Lymoges, Martial Martin, sieur Desmontz, Gregoire Decordes, bourgeois et marchant, et

d'apvril audict an; defenses et requeste de reception desdictz consulz de la presente annee mil six cens cinq; acte consullaire faict entre lesdictz consulz en l'annee mil six cens quatre et le Pere Recteur desdictz Jesuistes, du huictiesme may mil six cens quatre; arrest par lequel est ordonné que lesdictz habitans dudict Limoges seront contrainctz au payement des sommes promises ausdictz Jesuistes, en datte du trente uniesme decembre mil six cens troys; contract faict et passé entre les habitans dud. Limoges concernant de la fondation dud. college de Limoges en datte du dernier jeuillet mil cinq cens quatre vingtz dix sept; aultre acte consullaire de la maison de ville des habitans dud. Limoges et assemblée faicte entre iceuxdictz habitans, le neufiesme jung mil six cens quatre; deux arrestz donnes entre les consulz de l'annee mil six cens quatre et le[s] pere[s] Jesuistes dud. Limoges, en datte des douziesme juillet et unziesme d'aoust aud. an mil six cens quatre; acte de sommation faicte par les consulz de ladicte annee mil six cens quatre aux consulz de ceste annee mil six cens cinq; aultre requeste a ladicte cour, presentee par led. scindic, tandant aux fins qu'ilz plaize a la cour condempner ledict consul (*sic*) de la presente annee mil six cens cinq, en leurs propres et prives noms, de payer incontinant et sans dellay aud. scindic, par provision, sur les arresraiges qui doibvent, la somme de deux mil livres, et a ce faire, ordonner qu'ilz y seront contrainctz, du sixiesme may mil six cens cinq; arrest a mettre par devers la cour, du douziesme may mil six cens cinq; lettres royaulx obtenues par led. scindic en cassation de contract et promesse, et exploictz d'assignation en datte du quatriesme may mil six cens cinq; aultre requeste a ladicte cour, presentee par lesd. consulz de ladicte annee mil six cens quatre, tandant aux fins que, sans avoir esgard a la requeste dudict scindic, et sauf de se pourvoir contre les consulz qui sont a present en charge, interiner la requeste par iceulxdictz consulz, presentee contre ledict consul (*sic*) de la present[e] annee mil six cens cinq, ce faisant, le condempner de prendre et recepvoir la somme de sept mille cent dixhuict livres, ensemble ladicte obligation de cinq mil livres, et leur en bailher bonne et vallable quittance et descharge, en datte du vingtiesme may aud. an; livre de lieve de rentes constituees au(x) pere(s) Jesuistes dud. Limoges; promesse faicte par le pere Sollier de ne demender d'interest des sommes levees depuis le jour qu'elles auront esté receues jusques a l'employ, en datte ladicte promesse du vingt septiesme jeuillet mil six cens quatre; responces et requestes de reception desdictz consulz de l'annee mil six cens cinq; aultre[s] responces dudict scindic, et requeste de reception du dixiesme jung mil six cens cinq; aultre requeste aussy a ladicte cour presentee, tandant aux fins qu'il plaize a la cour leur

Me Jehan Martin, procureur, consul[s] de la present ville, la present annee, faisant tant pour eulx que pour sieur Pierre Duboys, aussy consul de lad. ville, leur collegue, en vertu de sa procuration inceree au pied des presentes, la somme de treize

adjuger leurs fins et conclusions prinses par leur corrigé et aultres de droict avec despans, dommaiges et interestz; aultre requeste de forcluzion a dire, produire et en droict; et aultres pieces et productions desdictes parties : DICT A ESTÉ, interinant lesdictes lettres royaulx quand a ce, que la cour a declaré et declaire les susdictz accordz du huictiesme may mil six cens quatre de nul effect et valleur, et, sans avoir esgard a icelluy, a ordonné et ordonne que le contract du sixiesme novembre mil cinq cens quatre vingtz dix neuf sortira son plain et entier effect, et ce faisant, a condempné et condempne lesdictz Vidaud, Barnier (?) et aultres ausdictz noms de consul, payer annuellement audict scindic la somme de douze cens livres de rente, amortisable au denier vingt; et a ces fins, ordonne qu'ils feront fontz de la somme de vingt quatre mil livres, pour icelle employer en biens inmeubles lorsque l'occation et la commoditté s'en presenteront; et, jusques a ce, sera ladicte somme mise entre les mains de personne[s] solvables, desquelz lesdictz consulz seront responsables, pour icelle tenir a l'interest au denier vingt, qui seront payes par demyes annees par advance, le tout a la dilligence desdictz consulz, ausquelz ladicte cour enjoinct faire bastir et construire l'esglize et classes et faire faire toutes aultres reparations necessaires en l'entien college dudict Limoges, suivant le contenu dudict contract; et, moyennant ce, ordonne ladicte cour que ledict scindic fournira le nombre de sept regens, suffizans et capables, pour l'instruction de la junesse, et satisfera a toutes aultres charges portees par ledict contract; et, avant faire droict du revenu du prieuré de Sainct Jehan d'Aurel, ladicte cour ordonne que le syndic du clergé de Limoges sera appellé au proces a la dilligence desdictz consulz, pour, ce faict, estre faict droict aux parties de leurs fins et conclusions, ainsy qu'il appartiendra; et, interinant la requeste desdictz Benoist, Verdier, Crozier, de Douet, Bouyol et Duboys, consulz de l'annee mil six cens quatre, quand a ce, ladicte cour a ordonné et ordonne que toutes les sommes qu'ilz ont pardevers eulx et qui ont esté levees par eulx sur les habitans dud. Limoges en consequence du susd. contract seront remises entre les mains des consulz de la presente annee, pour estre collocqueeś a l'interest au proffict dud. scindic, suivant le contenu du presant arrest; et, moyennant ce, demeureront lesdictz consulz de l'annee mil six cens quatre vallablement descharges desdictes sommes; et, avant faire droict des arresraiges pretendus par led. scindicq contre lesdictz consulz, ladicte cour ordonne que les parties viendront a compte despuis l'an mil cinq cens quatre vingtz dixsept jusques a present, heu esgard a ladicte somme de douze cens livres par an et nombre des regens qu'icelluydict scindic a entretenu aud. college; et pour ce faire, les parties s'accor-

mille quatre vingtz une livre dix solz, sçavoir : sept mil quatre vingtz une livre dix solz en deniers comptans, en especes de francz, testons et aultre monnoye, prinse et receue par lesd. sieurs consulz de la present annee, qui s'en sont contemptes, et le surplus, revenant a six mille livres, en deux obligations, chascune de trois mille livres, la premiere d'icelles a eulx deue par ledict sieur Vidaud, en dathe du vingt septiesme juilhet mil six cens quatre, receue par Mouret, notaire royal, et l'aultre par Jehan et Mathieu Mouliniers, en date du vingt sixiesme octobre mil six cens quatre, receue par ledict Mouret, notaire royal; pour le contenu ausquelles obligations lesd. sieurs a present consulz demeurent subroges, pour les rettirer par eulx ou leurs successeurs consulz des debiteurs. Et, a ses fins, leurs ont dellivré lesd. obligations, la premiere ayant ung advenant au pied, du vingt quatriesme novembre dernier, signé de mesmes, et promis guarantir ung moys appres le terme escheu. Et, moyennant ce, lesd. sieurs consulz de l'annee derniere demeurent quictes de la somme de treize mille quatre vingtz une livre dix solz par eulx receuz de deniers promis par aulcungs particulliers de lad. ville pour la dottation du college d'icelle, suyvant l'estat et rolle qu'ilz delliveront ausd. sieurs a present consulz, signé de leur main, le tout sans approuver par lesd. sieurs, a present consulz, ledict arrest pour les aultres choses y contenues, dont a esté concedé lettres de quictance soubz le scel de la viconté de Lymoges, en presence de Leonard Chambier dit Bouchaud et Jehan Bussieres de Chamboulive, praticien de Lymoges, tesmoingtz a ce appelles. Signé a l'original des presentes : Jehan Vidaud, prevost consul; Barny, consul; Martin, consul; Decordes, consul; Martin, consul; Benoyst,

deront d'auditeurs de comptes; et cependant, par maniere de provision, a adjugé et adjuge aud. scindic la somme de deux mil livres, laquelle somme lesdictz consulz audict nom delliveront aud. scindic dedans deux moys prochains, aultrement et a faulte de ce faire, et ledict terme escheu, seront iceulxdictz consulz contrainctz au payement d'icelle en leurs noms propres et prives, sans despans des chefz decides, les aultres reserves en fin de cause. DICT AULX parties, a Bourdeaux, en parlement, le vingtiesme jour de jung mil six cens cinq. (Signé :) de Pontac. Collation faite.

Au bas, mention de la signification du présent arret, faite le 23 juin à M. François Duteil, procureur des consuls de l'année 1606. L'ordre de signification avait été donné le 22.

contractant; Boyol, contractant; Leonard Bouchaud, present; Bussieres, present.

Sensuict la procuration dud. Duboys. Le vingtiesme juilhet mil six centz cinq, avant midy, a Limoges, dans la chambre du conseil de la maison de ville, a esté present sire Pierre Duboys, bourgeois et marchant, consul de lad. ville, lequel, de son bon gré et vollonté, a faict et constictué par ses presentes, constitue ses procureurs generaulx et speciaulx en ce que la generallité ne desroge a la speciallité, ne au contraire, Messieurs M^{es} (1); ausquelz et chascung d'eulx ledict constictuant a bailhé pouvoir et puissance de comparoir pour luy par devant tous juges et commissaires ez tous sieges et proposer demandes, bailher deffences, contester cause, produyre tesmoingtz, tiltres, recuzer juges et lieux, ouyr sentences, et d'icelles appeler, si besoing est, avec puissance de substituer et eslire domicille. Speciallement et par expres, ledict constictuant a bailhé charge et mandement a sesd. procureurs de prendre et recepvoir par sesd. procureurs et collegues la somme de sept mille quatre vingtz deux livres, laquelle est entre les mains des consulz de l'annee derniere, ensemble deux obligations de la somme de six mille livres, leur en baillier acquist et descharge valable, et icelle somme prester, ainsin que ses collegues adviseront, leur en bailhant tous pouvoir et charge, generallement faire tout ainsin que led. constituant feroict sy present estoict en sa personne, promectant avoir tout ce que par ses collegues sera faict en cest affaire pour agreable, moyennant sa foy et serement, soubz obligation de tous et chascuns ses biens presentz et advenir, et de son voulloir et consentement y estre jugé et condempné par le notaire soubzsigné. Dont ont esté concedé lectres soubz le scel de la viconté de Lymoges, en presence de Jehan de Maneu, notaire, et Anthoine Valladon, praticien, demeurans a Lymoges, tesmoingtz ad ce appelles et requis. Signé a l'original des presentes : Pierre Duboys, J. de Maneu, present; et Valladon. Et ledict jour quatorziesme dud. mois. d'aoust mil six cens cinq, appres midy, en la grand salle de la maison commune de lad. ville, ont esté presens lesd. sieurs Jehan Vidaud, bourgeois et marchant, prevost; Anthoine Barny, conseiller du roy

---

(1) Les noms sont en blanc dans le manuscrit.

et juge magistrat au siege presidial de Lymoges; Martial Martin, sieur Desmontz; Gregoire Decordes, bourgeois et marchant, et Mᵉ Jehan Martin, procureur aud. siege presidial, consulz de la present ville de Lymoges, faisant tant pour eulx que pour led. Pierre Duboys, bourgeois et marchant, aussy consul de lad. ville, leur collegue, en vertu de sa procuration expresse cy dessus mentionnee, lesquelz, en presences des soubz nommes, ont dict que, COMME lesd. sieurs consulz de l'annee derniere heussent entre leurs mains la somme de sept mille quatre vingtz une livre dix solz des deniers par eulx leves des promesses faictes par les particulliers habitans de la present ville pour la dottation du college d'icelle, laquelle somme, par arrest de la court, lesd. sieurs, a present consulz, ont esté condempnes recepvoir et employer aujourd'huy, lesd. sieurs consulz, suyvant led arrest, sans icelluy approuver pour les aultres chefz que de la somme seullement, ont illec employé et dellivré lesd. deniers, sçavoir : a honnorable Mᵒ Jehan de Mauple, sieur de la Borrye, et Martial Benoyst, sieur de Compreignac et Masdelaige, tresoriers generaulx de France en la generallité de Lymoges, a chescung d'eulx la somme de troys centz livres; a noble Fransois Huguon, sieur de la Gardelle, la somme de troys centz livres; a honnorables messires Jacques du Peyrat et Mathieu Benoyst, conseillers du roy et juges magistrats aud. siege presidial, chescung d'eulx la somme de troys centz livres; a Phelippes de Douhet, sieur de Sainct Pardoux et du Puymollinier, semblable somme de troys centz livres; a Mᵉ Jehan Malledent, recepveur des tailhes en l'eslection, la somme de troys centz livres; a sire Jehan Boyol, bourgeois, la somme de troys centz livres; a Mᵒ Jehan Pinot, recepveur du tailhon en l'eslection et sire Jehan Verger, bourgeois et marchant, a chescung d'iceulx semblable somme de troys centz livres; a sires Pierre et Claude Mailhotz freres, bourgeois et marchans, a chascung d'eulx la somme de troys cens livres; a Mᵉ Anthoine de la Charlonie, commissaire, pour faire faire la monstre (1) et a monsieur   , semblable somme de troys centz livres; a sires Martial Vidaud et Mathieu Benoyst, bourgeois et marchans, a chascung d'iceulx semblable somme de troys centz livres; a Mathieu Petiot, sieur de Chavaignac, pareilhe somme de troys centz livres; a sire Pierre Duboys, filz

(1) *Montre*, revue d'inspection des troupes.

de feu Yrieys, bourgeois et marchant, pareilhe somme de troys centz livres; a M° Pierre Vernejoul, procureur au siege presidial, la somme de troys centz livres ; a Jehan Mouret, notaire soubzsigné, qui a receu les presentes, pareilhe somme de troys centz livres; a sire Estienne Hardy, bourgeois et marchant de Lymoges, pareilhe somme de troys centz livres; a Jehan Sanxon, bourgeois et marchant de Lymoges, cent cinquante livres ; a Pierre Duboys, sieur Dubouscheyron, cent cinquante livres ; a sire Joseph Decordes dict Le Coulhaud, bourgeois et marchant, et a M° Fransois Albiat, procureur, a chascung d'eulx cent cinquante livres; aud. de La Charlonye, faisant pour Jehan de Lort (?), marchant de Lymoges, auquel a promis faire signer, cent cinquante livres; a sire Mathieu Theveny, trente une livres dix solz; et ledict sieur Jehan Vidaud, en son nom propre, a prins et retenu la somme de troys centz livres restans. Tous lesquelz ont prins et receu, et se sont obliges chascung pour son regard et particullierement et divisement desd. sommes de troys centz livres, d'une part, trente une livre dix solz, d'aultre, respectivement receues par ung chascung d'iceulx, sans qu'ilz puissent estre tenuz de plus grandz sommes, pour garder icelles sommes, suyvant ledict arrest, affin d'obvier a ung plus grand proces; durant six moys seullement, appres lesquelz, lesdictz obliges, et chascung d'eulx, s'en pourront descharger en les remettant ez mains des consulz quy seront alors en charge, affin que par lesd. consulz lesd. sommes soyent employees selon qu'il est ordonné par ledict arrest. Pendant lequel temps de six moys, les susd. obliges se pourront aussy descharger desd. sommes en deschargant la ville et habitans envers ledict college de la rente qu'elles doibvent, partie pour la dottation d'icelluy, suyvant led. arrest; et ce que dessus les parties ont promis tenir, juré et obligé, et sera soubzmis au presidial et seneschal, etc... condempné, etc... et concedé lettres soubz le scel de la viconté de Lymoges, en presences de Anthoine Valladon, natif d'Enbazac, et Jehan Buxieres, natif de Chamboulive, practicien, demeurant a Lymoges, tesmoingtz a ce appelles et requis. Signé en l'orriginal des presentes : DE MAUPLE; HUGON, pour avoir receu lesd. trois centz livres; JEHAN VIDAUD l'aisné, pour avoir receu lesd. trois centz livres ez mains; BENOIST, pour avoyr receu la somme de trois centz livres; DUPEYRAT, pour avoir receu lesd. trois centz livres; MALLEDENT, pour avoir receu lesd. trois centz livres; BENOIST, pour avoir receu la somme de trois centz livres; BOYOL, pour avoir receu la somme de troys centz livres; PINOT, pour avoyr receu la somme de troys centz livres; MAILHOT, pour avoir receu trois centz francs; Jehan VERGES, pour avoir receu troys centz livres; Martial VIDAUD, pour avoyr receu lesd. trois centz livres; DE LA CHARLONYE, pour avoir receu trois centz livres; Monsieur BENOYST, pour avoir receu troys centz livres; M. PETIOT, pour avoyr receu la somme de troys centz livres; DUBOYS, pour avoyr receu trois centz livres; J. MOURET, pour avoir receu lad. somme de troys centz livres; VERNEJOUL, pour avoir receu lesd. troys centz livres; E. HARDY, pour trois centz livres seullement; Jehan VIDAUD, prevost consul; DECORDES, consul; MARTIN, consul; DELORT, pour avoir receu la somme de cent cinquante livres seullement; ALBIAT, pour avoir receu la somme de cent cinquante livres seullement; J. SANXON, pour avoir receu la somme de cent cinquante livres seullement; P. DUBOYS, pour avoir receu la somme de cent cinquante livres seullement; DECORDES, pour avoir receu cent cinquante livres; M. THEVENY, pour avoir receu trente une livres dix solz; J. BUSSIERE, present; VALLADON, present.

Pour copie, (Signé :) J. MOURET, *notaire*.

[Contrat passé entre le P. Christophe Balthazard, de la compagnie de Jésus, et les consuls, relativement au collége de Limoges.]

Copie du contract passé entre les consulz de la present ville en l'annee 1605 et reverend Pere Christoffle Baltesar, religieux et provincial de la Compagnie de Jesus en la province d'Aquitaine, assisté d'aultres de la mesme Compaignie.

SAICHENT tous presents et advenir que, pardevant le notaire soubzsigné et tesmoingtz empres nommes, a Lymoges, maison du college et premiere salle d'icelluy, le huictiesme jour de novembre mil six centz cinq, appres midy; ont esté presentz honnorables Mes Anthoine Barny, conseiller du Roy et juge magistrat au siege presidial de Lymoges, Jehan Vidaud l'aisné, Pierre Duboys, bourgeois et marchant, et M° Jehan Martin, procureur, consulz de lad. ville de Lymoges, pour eulx et leurs successeurs consulz, d'une part; et reverend Pere Christoffle Baltazar, religieux et provincial de la Compaignie de Jesus ez la province d'Acquitaine, assisté des reverendz Peres Fransois Sollier, Anthoine Mongailhard et Jehan Sablatery, prebstres et religieulx de lad. Compaignie pour eulx et leurs successeurs quelzconques, d'aultre part : COMME ainsin soict que l'an mil cinq centz nonante neuf et le vingt septiesme novembre, aist esté passé contraict entre les sieurs consulz de la present ville estans pour lors en charge, et led. pere Fransois Soullier au nom de reverend pere Alexandre George, lors provincial de lad. compaignie de Jesus en la province d'Acquitaine, contenans la dottation du college de lad. compaignie en ceste ville, et despuys, sur l'execution d'icelluy seroict intervenu proces en la court de parlement de Bourdeaulx entre le scindic dud. college et lesd. sieurs a present consulz, et arrest auroict esté donné le vingtiesme du moys de jung dernier, pourtant, entre aultres choses, que les consulz de l'an present viendroyent a compte avec ledict scindic, et sepandant, payeroyent deux mille livres par provision dans deulx moys, et feroyent bonne la somme de douze centz livres de rente, pour l'asseurance de laquelle feroyent fondz de vingt quatre mille livres, et aultres choses portees par ledict arrest; contre lequel lesd. consulz se voullant pourvoir par requeste civile, et neaulmoingtz desireux d'establir au mieux qu'il leur seroict possible ledict college ja commencé en leur ville, pour les grandz biens que en proviennent a l'ediffication du peuple et instruction de la jeunesse, auroyent avec plusieurs notables personnes de lad. ville procuré et faict faire l'union du prieuré d'Actavaulx (1) aud. college, et, pour ce faire, expose plusieurs sommes, faict de grandes fornitures, fraiz et despans, pour, par se moyen, venir plus facilement a la descharge de la ville sur toutes les pretentions que ledict college pourroict avoir sur icelle a raison de sa dottation. Et pour ce estant venu aud. college ledict reverend pere Christoffle Baltezard, provincial, l'auroyent requis d'accepter ledict prieuré d'Actavaulx aveq aultres parties, et declairer ladicte ville avoir satisfaict de son costé et pour sa cothitté a ce qu'elle estoict obligee de faire pour la susd. dottation, tant pour l'obli-

---

(1) M. P. LAFOREST (*Limoges au* XVII*e siècle*, p. 155) dit *Altaroche*. Le vrai nom est *Aultevaux* ou plutôt *Tavaux*, dans l'archiprêtré de Nontron. (Voir le *Pouillé* manuscrit de NADAUD.)

gation du susd. contraict que par ledict arrest et sans aultrement l'approuver, et aud. protestations de se pourvoir contre icelluy. Disoyent aussy qu'ilz estoient tenuz a compte sur les arreyrages que pouvoyent estre demandes selon les fonctions et classes que lesd. Peres avoyent faict audict college, et que, sur l'execution dud. arrest, pour le chef dud. compte seullement, les parties ayant prins arbitres d'une part et d'aultre, ilz auroyent faict ung concordat sur tous leurs differends, lequel il restoict rediger par escript. Et pour ce, aujourd'huy sus escript, le reverend pere Christoffle Baltezard, provincial, assisté desd. Peres, dezirant d'entretenir l'amitié et concorde quy doibt estre [entre] lesd. sieurs consulz et ledict college, et evicter plus grand proces, fraiz et despans, voullant ainsin amiablement traicter avec lesd. sieurs consulz et soubz le bon plaisir du reverend Pere Claude Aquaviva, general de lad. compaignie, a accepté et accepte l'union dud. prieuré d'Actavaulx comme procuree et faicte a la dilligence et fraiz desd. sieurs consulz et particulliers habitans, pour faire cesser ledict arrest et acquicter la ville des obligations susd.; accepte aussy la rente provenant des trois mille livres, d'une part, qui sont entre les mains du sire Jehan Vidaud, et d'aultres trois mille livres de Jehan et Mathieu Moulinier, faisans partye des deniers leves par les consulz de l'an passé, dont les obligations ont esté remizes par les consulz de l'an present aud. Pere provincial pour s'en servir quand besoingt seroict. Lesquelz sieurs consulz ont aussy cedé aud. reverend Pere provincial tous leurs droictz, et actions qu'ilz ont contre lesd. Vidaud et Moulinier pour lad. somme de six mille livres; accepte aussy le reste des rentes provenantes des promesses particullieres des habitans dud. Lymoges, ainsy qu'elles sont couchees dans le livre dud. scindic du college, suyvant un cayier de restes contresigné desd. consulz, quy a esté bailhé aud. Pere provincial; lesquelles rentes de restes se leveront soubz le nom desd. sieurs consulz ou leurs successeurs, aux fraiz, perilz et fortune et dilligences du scindic dud. college, et sans que lesd. sieurs consulz soyent tenuz d'aulcune garantye qu'elle quelle soict, ains demeurera la perte comme le proffict aud. college, a la charge que le principal desd. sommes de six mille livres et se quy se levera du principal desd. rentes quy restent a lever seront employees en fondz, rentes ou domaines au proffict dud. college pour asseurer la dottation d'icelluy, de l'adviz desd. consulz, au peril et dilligence des recteur et scindic dud. college. Et, moyennant lad. union dud. prieuré d'Actavaulx, jouyssance de la rente provenant des susd. six mille livres et levee du reste des rentes sur les particulliers habitans, oultre et pardessus le revenu de l'antien college, et ce que d'ailheurs est destiné pour la dottation d'icelluy, mentionnee par led. contraict de l'an mil cinq cens quatre vingtz dix neuf (1), ledict Père provincial a declairé et declaire se tenir comptant desd. sieurs consulz et maison de ville tant de ce qu'elle, de son costé et de sa cothitté, debvoict apporter a la dottation dud. college, comme aussy des deux mille livres par maniere de provision adjugees par ledict arrest de la court, et de toutes les sommes levees sur les particulliers jusques au jour dud. arrest et de toutes aultres choses quelzconques concernant lesd. consulz et maison de ville, avec pacte expres accordé entre lesd. parties que, en evenement que ledict recteur ou scindic dud. college vinsent a debater et mettre en contreverse pour l'advenir qu'il n'estoict suffizamment dotté de la part de lad. maison de ville, lesd. consulz et leurs successeurs pourront employer a leur descharge et desd. habitans de tout ce qu'ilz pourroyent estre tenuz par ledict contraict ou actes consulaires le revenu du prieuré d'Aureilh, comme ayant esté uny aud. college, aux fraiz, poursuittes et dilligences et en faveur desd. habitans, sans, pour ce, que lesd. consulz et habitans s'en puissent aider pour demander aulcune repetition sur le revenu dud. college, ne qu'a ceste occazion ilz puissent pretendre qu'ilz l'ayent dotté de plus qu'ilz n'estoient tenuz, pour se prevaloir d'aulcune diminution ny retrenchement du revenu d'icelluy. Et, pour ce, soubz le mesme bon plaisir du reverend Pere general et descharge de la ville et desd. particulliers quy s'y sont employes, dez a present et pour l'advenir, recognoist led. Pere provincial que tout le surplus desd. deniers leves dont lesd. particulliers peuvent estre charges par contraict du quatorziesme jour d'aoust dernier passé, comme aussy la somme levee par messieurs Vidaud et Petiot, sieur de Chavaignac, montant deux mille quatre cens quarante six livres, suyvant le compte illec exibé, le tout forny dez l'an quatre vingtz dix huict ou dix neuf, ont esté forny bien et deuhement employé pour le bien, proffict, uzaige et commodittes dud.

---

(1) Voir ce contrat au *Bulletin de la Société d'Agriculture, des Sciences et des Arts de la Haute-Vienne*, année 1839, pages 63 et suiv.

college, et du tout les aquicter et descharger, ensemble de toutes aultres pretentions qu'ilz pourroyent avoir et demander contre lesd. consulz et maison de ville, avecq promesse de jamais ne demander aulcune chose soict ausd. sieurs consulz et particulliers nommes aud. contraict ou leurs successeurs en quelque fasson et pour quelque cause et maniere que se soict. Comme aussy lesd. consulz demeurent quictes de tous arreyrages du passé, sans aultre reserve que de ceulx que sont deubz par les particulliers quy n'ont amorty les promesses par eulx faictes, et dont mention est faicte cy dessus; lesquelz arreyrages seront leves aux perilz, fortunes et dilligences dud. scindic du college; recognoissant aussy lesd. reverendz Peres provincial, recteur et scindic que tous les tiltres qu'on a peu recouvrer concernant le revenu temporel desd. prieures d'Aureilh et d'Actavaulx sont entre leurs mains, comme aussy les placetz, bailhes et provisions concernant l'union desd. beneffices. Et, moyennant ses presentes, lesd. parties s'en vont hors de court et de proces, sans aulcungs despans, le tout soubz le bon plaisir de lad. court de parlement. Et affin que ledict accord, aceptation, descharge soyent a perpettuité vallables, et que le college soict miz en bon estat, promect ledict Pere provincial d'obtenir dans six moys la vollonté, declaration et bon plaisir du reverend Pere general, tant sur ce present acte que sur le susd. contraict de l'an mil cinq centz quatre vingtz dix neuf (1), les aultres parties concernantz le nombre des regens, l'ung desquelz fera la philosophie, l'afranchissement des tailhes, le bastiment de l'esglise et classes et habitation, et la diminution des classes au prorata du revenu dud. college, computation faicte du revenu dud. prieuré d'Actavaulx, comme du surplus de ce que entre en ladicte dottation, demeurant comme elles sont portees par ledict contraict, selon lequel elles sortiront leur effect, le tout soubz le bon plaisir du reverend Pere general, lequel obtenu, lesd. parties promettent faire esmologuer ses presentes en ladicte court de parlement. Et, pour cest effect, ont constitué leur procureur Messieurs M[es] (2), ausquelz ilz ont bailhé tout pouvoir a cest effect requis. Et tout ce que dessus lesd. sieurs consulz et provincial ont promis tenir

---

(1) Voir au *Bulletin de la Société Archéologique du Limousin*, T. III, la charte de fondation du collége de Limoges, en date du 25 mars 1606, donnée par Claude Aquaviva.

(2) Les noms sont en blanc dans le manuscrit.

moyenant serement par eulx faict et presté aux sainctz evangilles nre Seigneur, le livre touché par lesd. sieurs consulz, et la main mise a la poitrine par led. Pere provincial, soubz l'obligation et ypotheque de tous et chascungs leurs biens presentz et advenir, renoncantz a tous droictz et exceptions a ses presentes contraires, se soubzmettans, pour l'entretenement d'icelles, a tous juges royaulx et subhalternes. Et, de leur voulloir et consentement, y ont esté juges et condempnes par le notaire soubzsigné. Dont ont esté concedé lettres soubz le scel de la viconté de Lymoges, en presences de Jehan de Manent, notaire, natif de la Pourchairie, et Anthoine Valladon, praticien, demeurant a Lymoges, tesmoingtz a ce appelles et requiz. Signé a l'original des presentes : BALTEZARD, provincial; F. SOULLIER, *quy supra*; A. MONGAILHER; Jehan SABHATERY, *quy supra*; BARNY, prevost consul; Jehan VIDAUD, consul; Pierre DUBOYS, consul; MARTIN, consul; J. DEMANENT, present; VALLADON, present.

    Pour coppie, (Signé :) J. MOURET, notaire.

(Ici une page blanche au manuscrit.)

Les noms des centz prud'hommes prins et choysis de chascun canton dix, pour par eulx estre faict eslection des consulz de l'annee prochaine; ladicte nomination faicte par M^{rs} les consulz en la maison commune, le sixiesme decembre mil six centz dix, le tout suyvant et conformeement a l'edict de Sa Magesté. Et premierement :

Des Taules :

Gregoyre Decordes ;
Pierre Duboys, Sr Dubouscheyron ;
Martial Vidaud ;
Pierre Duboys de la Sallesse ;
Pierre Duboys de la Ferrarge ;
Martial Decordes ;
Pierre Malledent ;
Pierre Veyrier ;
Jacques David ;
Martial Sandelles.

Magninye :

Seré Boyol ;
Monsr Guerin ;
Jehan Malledent ;
Durand Brugiere ;
Nycolas Varracheaud ;
Me Joseph Roulhat ;
Pierre Croyzier ;
André Bournaud ;
Jehan Poylevé.

La Porte :

Monsr Malledent ; recepveur ;
Mr Desmontz ;
Joseph Decordes dict *le Chaton* ;
Estyene Hardyt ;
Claude Mailhot ;
Jehan Vidaud ;
Pierre Deschamps, appothicaire ;
Joseph Douhet ;
Maistre Martial Bonyn ;
Leouard Michelon.

Le Marché :

Monsr le general Benoist ;
Le contrerolleur Petiot ;
M^e le president Douhet ;
Pierre Maillhot ;
Blazy Dumas ;
Me Yzaac Juge ;
Me Pierre Vernajoulx ;
Mathieu Benoist ;
Estyene David ;
Martial Gallechier.

La Faurie :

Monsʳ Barny, conseiller ;
Pierre Saleyz ;
Pierre Colomb ;
Jehan Moulynier ;
Estyene Roumanet ;
Mᵉ Duboys, advocat ;
Jacques Papelaud, appothicaire ;
Mᵉ Guynot Sudour ;
Jehan Sarrazin ;
Mʳᵉ Pierre Guy.

Les Combes :

Monsʳ le lieutenant criminel ;
Mʳ Garreau, conseiller ;
Mᵉ Joseph Descoustures ;
Pierre Muret ;
Pierre Duboys ;
Mᵉ Jehan Gadault, procureur ;
Mᵉ Francoys Albiac, procureur ;
Mᵉ Anthoyne Martialet, procureur ;
Mʳ de l'Aumousnerye ;
Martial Dubouscheyz.

Le Clocher :

Mʳ Recules, conseiller ;
Mʳ le president Vertamond ;
Jehan Roux dict *le Besson ;*
Guillhaume Foucaud ;
Martial Mousnyer ;
Jehan Ardellier ;
Lazare Texandier ;
Mʳ de la Charlonye ;
Estyene Peyroche ;
Jehan Verges.

Lansecot :

Monsʳ le juge Petiot ;
Mʳ Lamy, advocat ;
Mʳ Desflottes ;
Mʳ Byays, advocat ;
Anthoyne Veyrier ;
Joseph Legier ;
Mᵉ Joseph Crosrieu ;
Gabriel de Labrousse ;
Mʳ de Voyon, advocat ;
Estyene Vigier.

Boucherye :

Mʳ Sallot, conseiller ;
Pierre Theullier ;
Mʳ l'avocat Bonyn ;
Pierre Chapellas ;
Geral Decordes ;
Jehan Gadaud ;
Mᵉ Geral de Jayac ;
Jehan Delor ;
Jehan Romanet ;
Jehan Farne.

Le Vieulx Marché :

Mᵉ Jacques Raymond ;
Mathieu Juge ;
Louys Cibot dict *las Vachas ;*
Mᵉ Mathieu Boullet ;
Jehan Beney ;
Garat l'ayné ;
Jehan Bardinet dict Vigeois (?) ;
Jehan Guery ;
Pierre de Plenasmeygoux ;
Albert de Plenasmeygoux.

C'est l'eslection de messieurs les consulz de la present ville de Lymoges, faicte en la grand sale de la maison de ville par les preud'hommes nommes et assembles a cest effect, suyvant le reglement estably par Sa Magesté, le septiesme decembre m. vj^c dix.

Sr Pierre Duboys, Sr de la Jourdanie ;
Sr Gregoire Decordes, bourgeois ;
Sr Martial Martin, S^r des Monts (1) ;
Honorable Mr Joseph Lamy, advocat au siege presidial ;
S^o Mathieu Benoist, bourgeois et marchant ;
Honorable Me Guillaume Salot, conseiller du roy aud. siege presidial.

(Signé :) J. MOURET, *scribe.*

C'est l'eslection des collateurs, faicte en la grand' sale de la maison de ville par les habitants assembles au son de la cloche et tambour, le dimanche xiij mars mil vj^c unze.

Du canton des Taules :

Sieur Pierre Dubois de la Ferrerie ;
Sieur Jehan Bouton.

La Porte :

Sieur Leonard Michelon ;
Sieur Jehan Vidaud l'ainé.

---

(1) A la suite : *Requiescat in pace.*

Magninie :

Sieur Jamme Reytouil ;
Sieur Pierre Roulhat.

Le Marché :

Maistre Yzaac (1) ;
Sieur Pierre Mailhot.

La Fourie :

Monsieur Barny, conseiller ;
Sieur Mathieu Malleden.

Le Clocher :

Monsieur de la Malhartie ;
Sieur Jehan Verges.

Boucherie :

Sieur Pierre Roumanet ;
Jehan Farne.

Lansecot :

Monsieur Recules, conseiller ;
Monsieur de Voyon, advocat.

Les Combes :

Sieur Pierre Duboys dict le Gascon ;
Maistre Pierre Duclou.

Le Vieux Marché :

Sieur Jehan Guery ;
Marcial Boysse.

(Signé :) J. MOURET, *scribe*.

(Ici un feuillet blanc dans le manuscrit.)

---

(1) Le nom a été gratté.

C'est l'eslection de messieurs les consulz de la present ville de Lymoges, faicte en la grand sale de la maison de ville par les preudhommes nommes et assembles a cest effect, suyvant le reglement establyy par Sa Magesté, le septiesme decembre mil six cens unze.

Monsieur M⁰ Martial Benoist, tresorier general;
Sire Joseph Decordes, bourgeois et marchant;
Mʳ Mᵉ Jehan Saleys, advocat;
Sire Pierre Du Boys, de la Ferrerie, bourgeois et marchant;
Mʳ Mᵉ Helies de Recules, conseiller au siege presidial;
Mʳ Mᵉ Anthoyne Barny, aussy conseiller aud. siege.

(Signé:) J. MOURET, *scribe*.

C'est l'eslection des collateurs, faicte en la grand sale de la maison de ville par les habitans assembles au son de la cloche et tambour, le dimanche dixhuictiesme mars mil six cens douze.

Du canton des Taules :

Marcial Decordes dict *le Couillaud*;
Jacques David.

La Porte :

Pierre Renoudin;
Pierre Brunet.

Magninie :

Marcial Lequart;
Jehan Cybot.

Le Marché :

Thomas Maillot ;
Mathieu Theveny.

La Fourie :

David Romanet ;
François Coulomb.

Le Clocher :

Francois Cruche ;
Lazare Texandier.

Boucherie :

Jehan Noailler ;
Gerald Decordes.

Lansecot :

François Delauze ;
Jehan Navieres.

Les Combes :

Jehan Debeaubrueil ;
Israel Gandin.

Le Vieulx Marché :

François Bardinet ;
Jehan Cibot dict *le Bureau*.

(Signé :) J. Mouret, *scribe*.

[Élection des cent prud'hommes pour l'année 1612.]

(1)

Des Taules :

Pierre Veyrier ;
Jacques Daniel ;
Jehan Hardy ;
Martial Sandelles ;
Pierre Duboys La Salesse ;
Marcial Dubois ;
Pierre Dubois, S' Duboucheyron ;
Marcial Vidault ;
Monsieur Dupuymolinier ;
Gregoyre Decordes.

Le Marché :

Le contrerolle Petiot ;
Mons' le general Verthamond ;
Blaise Dumas ;
Pierre Mailhot ;
M' l'esleu Benoist ;
Jacques Bardinet ;
Joseph Gallechier ;
Jehan David ;
Izaac Juge ;
Mathieu Benoist.

La Porte :

Joseph Dhouet ;
Pierre Maledent ;
Pierre Deschamps ;
Jehan Verthamond ;
Pierre Dauvergne ;
Françoys Jayac ;
Estienne Hardy ;
Jehan Vidault ;
Claude Mailhot ;
Leonard Michelon.

La Faurie :

M' le conseilher Dupeyrat ;
Pierre Saleys ;
Mons' l'advocat Duboys ;
François Coulomb ;
Maistre Jehan Dupin ;
Jacques Benoist ;
Guynot Sudour ;
Eyssenault ;
Leonard Gergot ;
Papetault.

Magninie :

Jehan Boyol ;
Monsieur Guerin ;
Jehan Maledent ;
M' le recepveur Pinot ;
Jehan Belut ;
Jehan Moulinard ;
François Rougeyron ;
Jehan Maureil ;
Pierre Croysier ;
Bertrand Cassaigne.

Le Clocher :

Jehan Chastaignac ;
Guilhaume Foucault ;
Marcial Mousnier ;
M' le greffier Rouard ;
Jehan Hardeilher ;
M' de la Charlonie ;
Jehan Verges ;
M' Dupeyrat, S' de la Mailhartie ;
Estienne Peyroche ;
Lazare Tezandier.

(1) L'en-tête a été laissé en blanc dans le manuscrit.

Boucherie :

Monsieur Salot ;
Pierre Teulier ;
Jehan Ranson ;
Pierre Malavergne ;
L'advocat Bounin ;
Geral Jayac ;
Jehan Gadault ;
Geral Decordes ;
Monsieur Pinot ;
Desmontz.

Les Combes :

Mr Jehan Martin ;
Mr Jehan Gadault ;
Mr Leonard Noailher ;
Mr François Albiac ;
Pierre Duboys *le Gascon ;*
Anthoine Martialet ;
Monsieur Cybot ;
Mr Marcial Bounin ;
M^r le procureur du Roy ;
M^r le conseilher Paignon.

Lansecot :

Monsieur le juge Petiot ;
L'advocat Lamy ;
Mr Biays ;
Anthoine Veyrier ;
Pierre Saleys ;
François Delauze ;
Goudon ;
Marcial Ardent ;
Joseph Crosrieu ;
Monsieur l'advocat Voyon.

Le Marché :

Mr Jacques Raymond ;
Mathieu Juge ;
Loys Cybot dict *Las Vachas ;*
Jehan Benoist ;
Jehan Bardinet dict *Le Gros ;*
Jehan Guery ;
Albert de Gory ;
Jehan Ringault dict *Manant ;*
Mr Mathieu Boulet ;
Pierre de Plenasmeyjoux.

C'est l'eslection de messieurs les consulz de la present ville de Lymoges, faicte en la grand sale de la maison de ville par les preudhommes nommes et assembles a cest effect, suivant le reglement estably par Sa Majesté, le septiesme decembre mil six cens douze.

Monsieur Me Jacques Dupeyrat, conseilher ;
Sire Marcial Vidault ;

M⁰ Leonard Rouard, greffier criminel ;
Sire Jehan Chastaignac ;
Sire François Coulomb ;
Sire Bertrand Cassaigne.

(Signé :) J. MOURET, *scribe de la maison de ville.*

C'est l'eslection des collateurs, faicte en la grand sale de la maison de ville par les habitans assemblés au son de la cloche et tambour, le dimanche dixseptiesme jour de mars mil six cens treize apres midy.

Du canton des Taules :

Sieur Jehan Audier ;
Sieur Pierre Veyrier.

De la Porte :

Joseph Dhouet ;
Sieur Simon Croisier.

De Magninie :

Sieur Pierre Croisier ;
Sieur Jehan Boyol dict *Ceré.*

Le Marché :

Sieur Pierre Ardelier ;
Sieur Joseph Galichier.

La Fourie :

Sieur Jacques Eyssenaud ;
Sieur Pierre Saleys.

Le Clocher :

Sieur Marcial Mousnier ;
Sieur Jehan Durand.

Boucherie :

Monsieur Bonin, advocat;
Mathieu Joussen dict *Fouillaud.*

Lansecot :

Sieur Pierre Saleys le jeune;
Monsieur Biays, advocat.

Les Combes :

Mathieu Durand;
M⁰ Gabriel Albiac, procureur.

Le Vieulx Marché :

Mathieu Juge;
Jehan Cibot.

(Signé :) J. Mouret, *scribe.*

(Ici un feuillet blanc dans le manuscrit.)

Coppie des lettres patantes du Roy Louis treziesme a presant regnant, portant confirmation des privilleiges de la presant ville, obtenues la presant annee, et lesdictes lettres sellees de cire verte.

Louis, par la grace de Dieu roy de France et de Navarre, a tous presans et advenir, salut. Nos predecesseurs rois d'heureuse memoire, recognoissans les fidelite, obeissance et merites des consuls et habitans de la ville de Lymoges es occasions passees, qui se sont presantees, importans ou bien de l'estat et couronne de France, leur auroient accordé et successivement confirmé plusieurs beaulx privilleges, franchises, im- [Transmission aux enfants mâles des consuls des priviléges à eux accordés.]

munitez, libertez, exemptions et droictz, desquelz, de regne en regne, ilz auroient jouy paisiblement suivant les lettres patentes a eulx accordees, registrees par tout ou besoing a esté; mesmes par le feu roy Henry le Grand, nostre tres honoré S^r et pere, que Dieu absolve, par ses lettres patentes du mois de juing mil v^c iiij^{xx} dix; mais, comme n^{re}d. S^r et pere, pour quelques bonnes considerations, par reiglement faict en l'annee six cens deux, auroit retranché et reduit les douze consulz d'icelle ville a six, ils auroient, par leur requeste, supplié n^{re} S^r et pere estandre le privillege et exemption des francz fiefz et nouveaulx acquestz, qui auparavant n'avoit esté accordé seulement par nosd. predecesseurs que aux consulz d'icelle ville, qui ont esté, sont et seront cy apres, a leurs enffans masles trouves vivans lors des taxes, desquelles ilz seroient et demeureroient affranchis; sur quoy, arrest de nostre conseil d'estat seroit intervenu le treziesme juillet mil six cens six, par lequel est ordonné que les enfans masles d'iceulx consulz jouiront dud. previllege et exemption sans pouvoir estre cottisez, ledict arrest confirmé par lettres patentes de n^{re}dict S^r et pere du mois de juillet aud. an, verifiees et registrees tant en nostre cour de parlement de Bourdeaux que chambre des comptes a Paris, en consequence desquelles ilz ont tousjours despuis jouy d'icelle exemption; SCAVOIR FAISONS que, voullans, a l'exemple de nostred. S^r et pere et avec noz predecesseurs, favorablement traicter lesd. consulz et habitans d'icelle ville de Lymoges, et, pour les mesmes considerations, les maintenir et conserver, a l'advenement a n^{re} couronne, en tous lesd. privilleges et exemtions, DE L'ADVIS DE nostre conseil, qui a veu les coppies collationees desd. privilleges accordes par noz anciens predecesseurs, lettres patentes des roys Charles neufiesme, Henry troisiesme, et de nostredict S^r et pere, des annees v^c soixante cinq, soixante dixneuf, quatre vingt dix et six cens six, avec lettres, verifications cy attachees soubz le contresel de nostre chancellerie, AVONS tous et chacuns les previlleges, concessions, franchises, libertes, immunites, droictz et concessions portes et mentionnes par toutes lesd. lettres en general et particullier, accordez aux consulz et habitans d'icelle ville de Lymoges, et leurs enfans masles, confirmes, ratiffiez et approuves, et, de noz grace special, plaine puissance et auctorité royal, confirmons, ratiffions et approuvons, voullons et nous plaist sortir leur plain et entier effect, pour par iceulx habitans et leurs successeurs a l'advenir, eulx et leurs enffans masles, en jouir et user plainement et paisiblement ainsy qu'ilz en ont cy devant bien et duement jouy et usé, jouissent et usent encor a presant. Si donnons en mandement a noz ames et feaulx conseilhers les gens tenens n^re cour de parlement a Bordeaulx, gens de noz ...... a Paris, commissaires depputes ou a depputer sur le faict des franc fiefz et nouveaulx acquestz audict pais, seneschal de Lymousin ou son lieutenent, a tous noz ames justiciers et officiers qu'il appartiendra, et a chacun d'eulx premier sur ce requis ces presentes faire registrer et de tout le contenu tant en icelles que de noz predecesseurs faire jouir et user plainement et paisiblement lesd. consulz et habitans et leurs successeurs et enfans d'iceulx consulz conformement aud. arrest, cessans et faisans cesser tous troubles et enpeschemens au contraire. Car tel est nostre plaisir. Et, afin que ce soit chose ferme et stable a tousjours, nous avons faict mettre n^re seel a ces presantes. Donné a Paris, au mois d'avril, l'an de grace mil six centz treze, et de nostre regne le troisiesme. Signé sur le repli : par le roy estant en son conseil, Poussepin; et a couté : *Visa contentor*, signé : Perrochel. *Registrata*. Plus, escript au dos : Registrees en la chambre des comptes, ouy le procureur general du roy, pour jouir par les impetrans de l'effect et contenu en icelles, selon leur forme et teneur, et comme ilz en ont cy devant bien et deuement jouy, jouissent et usent encores de present, suivant l'arrest de ce faict le troisiesme jour de may mil six cens treze.

Coppie du susdict arrest portant veriffication de la confirmation des susdictz privilleiges en la chambre des comptes.

Veu par la chambre les lettres patentes du roy donnees a Paris au mois d'avril dernier, signees sur le reply : *Par le Roy* : Poussepin, et scellees soubz lactz de soye de cire verte, par lesquelles, pour les causes y contenues, Sa Majesté a accordé aux consulz et habitans de la ville de Lymoges et leurs enfans malles tous et chacuns les privilleiges, concessions, franchises, libertes et immunites portees par toutes les lettres de ses predecesseurs y attaches soubz le contresel en general et particulier, et iceulx confirmes, ratiffies et approuves, pour en jouir par iceulx habitans et leurs successeurs a l'advenir consulz et leurs enfans masles plainement et paisiblement ainsi que plus au long le contiennent lesdictes lettres; veu aussy lesdictes precedentes y attachees, mesmes celles du feu sieur roy dernier decedé, du mois de juillet mil six cens six, et arrest de veriffication d'icelles du septiesme apvril mil six cens sept, requeste presentee par lesdictz impetrans affin de registrement desdictes lettres, conclusions du procureur general du roy, et consideré, LA CHAMBRE a ordonné et ordonne lesdictes lettres estre registrees, pour jouir par les impetrans de l'effet et contenu en icelles selon leur forme et teneur, et comme ilz en ont cy devant bien et duement jouy, jouissent et usent encores de present. Faict le troisiesme jour de may mil six cens treize.

———

(Ici trois pages blanches au manuscrit.)

———

C'est l'eslection de messieurs les consulz de la presant ville de Limoges, faicte en la grand sale de la maison de ville par les preudhommes (1), *nommes et assembles a cest effect suivant le reglement estably par Sa Majesté, le septiesme decembre mil six cens treize.*

Monsieur Jacques Petiot, juge de Lymoges;
Sieur Jacques Benoist;
Sieur Jehan Vidault;
Leonard Dupeyrat, sieur de la Mailhartie;
M° Martial Maledent;
Sieur Pierre Roulhac le jeune.

(Signé :) J. MOURET, *scribe.*

———

(1) On remarquera que la liste de ces prud'hommes n'a pas été inscrite au manuscrit.

Eslection des juges de la police pour l'anneé 1613.

M⁰ Bardon, conseilher;
M⁰ Pagnon, conseilher;
S⁰ Jacques Benoist, consul;
S⁰ Pierre Roulhac le jeune;
M⁰ de Beaubrueilh.

C'est l'eslection des collateurs, faicte en la grand sale de la maison de ville par les habitans assemblez au son de la cloche et tambour, le dimanche neufviesme mars mil six cens quatorze.

Du canton des Taules :

Sieur Albert Reynou;
Sieur Jehan Boulhon.

Du canton de la Porte :

S⁰ François de Jayac;
Sieur Estienne Hardy.

Du canton de Magninie :

Sieur Marcial Belut;
Sieur Pierre Jayac.

Du canton du Marché :

Sieur Barthelome Chastaignat;
Sieur François Dauvergne.

De la Fourie :

M⁰ Jacques Papetaud;
Mathieu Colin.

Le Clocher :

Mʳ Marcial Baillot ;
Mʳ Jehan Desflottes.

Boucherie :

Sieur Jehan Gadault ;
Mʳ Gerald de Jayac.

Lansequot :

Barthelome La Chenaud ;
Mʳ Pierre de la Brousse.

Les Combes :

Mʳ Jehan Martin ;
Jehan Segond dict *Dadé*.

Le Vieux Marché :

Pierre de Plenasmeyjoux ;
Jamme d'Aixe dict *Pire*.

(Signé :) J. MOURET, *scribe*.

*S'ensuyt les nons des sent prudhommes prinz et choizis
de chacun canton dix pour (par) eux estre faict election des consulz de l'annee prochaine, lad. nomination faitte par messieurs les consulz en la maison commune le ve dessanbre 1614, suyvant et conformemant a l'esdit de Sa Magesté. Et premieremant au canton*

Des Taules :

Monsr du Boucheyron ;
Marcial Sandelles ;
Jehan Ardy ;
Pierre Duboys de la Salesse ;
Pierre Duboys de la Ferrerie ;
Monsr du Puymoulinier ;
Jehan Suduyraud ;
Mathieu Moulinier ;
Monsr le conseilher Dupeyrat ;
Marcial Vidaud.

Magninie :

Monsr Guerin ;
Jehan Boyol ;
Bertrand Cassagne ;
Jehan Romanet ;
Jehand Belud ;
Pierre Croyzier ;
David Romanet ;
Jehan Maledan ;
Pierre Jayat ;
Jacques Roulhac.

La Porte :

Mr Pierre Deschaups ;
Estienne Ardy ;
Marcial Meynard ;
Joseph Decordes ;
Claude Malhot ;
Monsr le recepveur Maledant ;
Isac Cibot ;
Josepf Dohet ;
Jehan Verthamond ;
Symon Croizier.

Le Marché :

Monsr le general Benoist ;
Mr Izac Juge ;
Josepf Malhot ;
Monsr l'esleu Benoist ;
Jehan Benoist, gendre du Boucheyron ;
Josepf Galichier ;
Berthelome Chastagnat ;
Pierre Ardelher ;
Mathieu Benoist ;
Bonneventure Poylevé.

Le Clocher :

Jehan des Flottes dit Mouvan ;
Jehan Verges ;
Michel Brugiere ;
Jehan Chastagnat ;
La Charlonie ;
Le greffier Roar ;
Jehan Ardelher ;
Lazare Teysendier ;
Le Besson Roux ;
Jehan Guybert.

Lancecot :

Monsr l'advocat Lamy ;
Monsr Biay ;
Josepf Decordes dit *le Coulhaud;*
Monsr l'esleu Voyon ;
Marcial Ardan ;
Pierre Saley ;
Anthoyne Verrier ;
Monsr l'advocat du Pon ;
Le procureur Labrousse ;
Marcial Romanet.

La Fourie :

Monsr le conseilher Barny ;
Monsr l'advocat du Boys ;
Jehan Suduyraud le jeune ;
Pierre Saleys ;
Marcial Maledant ;
Me Guinot Sudour ;
Me Jacques Papetaud ;
Françoys Coulonb ;
Jacques Eyssenaud ;
Mathieu Colin.

Les Conbes :

Me Jehan Martin ;
Me Leonard Noalher ;
Monsr Debeaubreil ;
Françoys Rougeyron ;
Monsr le conseilher Pagnon ;
Jehan Seguond dit Dadé ;
Mathieu Leyraud ;
Monsr le procureur du Roy ;
Monsr l'advocat Albiat ;
Marcial Duboucheys.

Boucherie :

Jehan Gadaud ;
Jehan Delor ;
Monsr l'advocat Bounin ;
Jehan Ardant ;
Jehan Farne ;
Jehan Lascure ;
Jehan Sanson ;
Pierre Teulher ;
Pierre Chappellas ;
Pierre Malevergne.

Le Vieux Merché :

Jehan Guery ;
Mathieu Juge ;
Louys Cibot dit *Las Vachas ;*
Le petit Mathieu dit *Le Bureau,*
Me Berthelome Lachenaud ;
Estienne David ;
Le Petit Mousur ;
Simon Grenier ;
Pierre de Plenasmeyjoux ;
Estienne Verthamond.

(Ici cinq pages blanches au manuscrit.)

C'est l'eslection de messieurs les consulz de la presant ville de Lymoges, faicte en la grand sale de la maison de ville par les preudhommes nommes et assambles a cest effect, suivant le reiglement estably par Sa Magesté, le septiesme decembre mil six cens quatorze.
1614.

Monsr Me Gaspard Benoist, esleu ;
Pierre Duboys, sieur du Bouscheyron ;
Sr David Roumanet ;
Sieur Pierre Saleys ;
Sieur Jehan de Beaubrueil ;
Sieur Jehan Loudeys.

(Signé :) J. MOURET, *scribe.*

C'est l'eslection des collacteurs, faicte en la grand sale de la maison de ville par les habitantz assambles au son de cloche et tambour, le dimanche vingtneufviesme mars mil six centz quinze.

Les Taules :

Sr Pierre Maledent ;
Sieur Jehan Seduyraud.

La Porte :

Mathieu Maledent ;
Sieur Jehan Jayac.

Magninie :

Sieur Jehan Maledent ;
Sieur Bertrand Cassaignac.

Le Marché :

Sieur Joseph Maillot ;
Sieur Jehan Benoist.

La Fourie :

Mᵉ Guynot Sudourt ;
Mᵉ Balthezard Duboys, advocat.

Le Clocher :

Sieur Leonard Saleys ;
Sieur Jehan Ardellier.

Boucherie :

Mᵉ Maureil Pinot, advocat ;
Sieur Pierre Bellavue (?).

Lansecot :

Mʳ Duponct (?), advocat ;
Joseph Blanchard, orfeuvre.

Les Combes :

Mᵉ Jacques Rogent ;
Mᵉ Marcial Bounin, procureur.

Le Vieux Marché :

Mᵉ Jacques Raymond ;
Guillaume Plenas Meygeoux.

(Signé :) J. MOURET, *scribe:*

Les noms des centz prud'honmes pris et choysis de chasque canton dix, pour par eulx estre faict eslection des consulz de l'annee prochaine; lad. nomination faicte par M^{rs} les consulz de la maison comune, le vij^e decembre 1615, suyvant et conformement a l'edict de Sa Magesté.

1615.

Et premierement :

Les Taules :

Monsieur Dupuysmolinier ;
Monsieur de Grand Saigne ;
Martial Vidaud ;
Jehan Hardy ;
Mr du Peyrat, conseilher ;
Jehan Suduiraud, marchant ;
Pierre Duboys de la Salesse ;
Jacques David ;
Martial Sandelles ;
Pierre Duboys de la Ferrerie.

Magninye :

Jehan Boyol ;
Ceré Boyol ;
Mr Guerin ;
Jehan Roumanet ;
Mr Cassaigne ;
Jehan Malledent ;
Mathieu Labische ;
Pierre Crosier ;
Jehan Maureil ;
M^r le receveur Pinot.

La Porte :

Jehan Verthamond ;
Mr Malledent, gendre de Malhot ;
Joseph Decordes ;
Pierre Dauvergne ;
Estienne Hardy ;
Leonard Michelon ;
Symon Crozier ;
Claude Mailhiot ;
Jehan Vidaud ;
Mr Malledent, receveur.

Le Marché :

M^r le general Benoist ;
M. le general Verthamond ;
M^r le conseilher Benoist ;
Joseph Mailhot ;
Pierre Mailhiot ;
Mathieu Benoist ;
Mr Yzaac Juge ;
Jehan Benoist le jeune ;
Le conseilher Petiot ;
Me Jehan Le Dorat.

La Faurie :

Françoys Coulomb ;
Mathieu Coulin ;
Leonard Roumanet ;
Guynot Sudourt ;
Mr Barny, conseilher ;
Sire Jehan Moulinier ;
Mr Pinot, advocat ;
Jacques Benoist ;
Jacques Vaureys ;
Essenaud.

Lansequot :

M^r le lieutenant general ;
Mr Desflottes ;
Mr Lamy, advocat ;
Mr Biays, advocat ;
Beaubrueilh dict *Mouton ;*
M^r le juge Petiot ;
Mr de Voyon ;
Pierre Mauplo ;
Mr Constant, advocat ;
Mr Dupont, advocat.

Le Clochier :

M^r le president Verthamond ;
Jehan Ardeilhier ;
Mr Rouard, greffier criminel ;
Jehan Chastaignac ;
Michel Brugiere ;
Jehan Verges ;
Estienne Peyroche ;
Mr de Lacharlonye ;
Mr Suduiraud, advocat ;
Mr de la Malhiartie.

Les Combes :

Martial Duboys, bourgeois ;
Jehan Audoy dict *Bastier*, procureur ;
M^r le con^{eur} Nicollas ;
M^r le lieutenant particulier ;
Me Jehan Martin, procureur ;
Me Jehan Nantiac, procureur ;
M^r le procureur du Roy ;
Pierre Duboys des Faulbours ;
Me Pierre du Clou, des faulx bourgz de Monmalhier ;
Mathieu Durand.

Boucherie :

Mr Bonnyn, advocat ;
Jehan Farne ;
Jehan Gadaud ;
Jehan Delort ;
Latreilhe ;
Jehan Sanxon ;
Pierre Chappellas ;
Jehan Roumanet ;
Pierre Malavergne ;
Jehan Ardent.

Le Vieulx Marché :

Anthoine Veyrier ;
Lachenaud ;
Pierre David ;
Estienne David ;
M^r l'esleu Vaubrune ;
Jacques Grenier, hoste de *la Couronne ;*
Pierre de Plenameyjoux ;
Albert de Plenameyjoux ;
Le filz de Phelippon Verthamond ;
Me Jacques Raymond, procureur.

S'ensuyt la teneur de l'arrest donné, requerans M^rs les consulz de la present ville, a l'encontre de Jehan Martin le jeune, Marchand de lad. ville, et commission sur ce obtenue.

Extraict des registres du conseil privé du Roy.

ENTRE JEHAN MARTIN LE JEUNE, marchant de la ville de Lymoges, demendeur et requerant l'intherinement des lettres du troysiesme octobre mil six cens 14, tendant afin que, nonobstant l'opposition formee par les consulz de la ville de Lymoges a l'establissement des moulins et blancherie de toilles et autres manefactures en lad. ville de Lymoges, suyvant les lettres de privilege a luy envoies par Sa Magesté, il soict ordonné que lesd. lettres et arrest du parlement de Bourdeaulx de veriffication d'icelles sortiroient leur plain et entier effect, et requerant les despens d'un deffault, d'une part, et lesdictz consulz, deffendeurs, d'aultre : VEU PAR LE ROY EN SON CONSEIL lesd. lettres, exploict d'assignation donne ausd. deffendeurs, du xiij^e novembre aud. an; ledict deffault du viij^e janvier dernier; exploict de reassignation donné ausd. deffendeurs, du xxve dudict mois et an; coppie desd. lettres de privilege, du dernier aoust m. vj^c xiij, par lequel auroict esté permis aud. demendeur de construire et ediffier en ses terres et heritaiges ou aultres lieulx le plus conmodes, en desdonmageant les propriettaires, telle quantité desd. moulins et eediffices pour fere lesd. blancheries que seront necessaires, avec inhibitions et deffances a toutes personnes, de quelque qualité et conditions qu'ilz soient, de bastir ou fere bastir des moulins, eediffices ou blancheries, ni se servir de la façon des engins propres a la conservation desd. moulins, dans le pais de Lymousin, sy ce n'est du gré et consentement dud. Martin, et ce durant le terme de vingt cinq ans, a compter du jour de la veriffication desd. lettres, pour le temps de quinze ans du vingtiesme novembre aud. an; autre arrest d'enregistrement d'icelles du quinziesme mars dernier; coppie de requeste presantee au seneschal de Lymousin par lesd. deffendeurs tendant afin d'avoir comunica-

[Établissement de blanchisseries de toiles.]

tion desd. lettres pour, icelles leues, dire et requerir ce que de raison pour la conservation du bien publicq et soulagement des habitans de lad. ville, laquelle auroict esté ordonnee estre monstree a la partie et au procureur du Roy, pour, eulx ouys, estre ordonné ce que de raison pour la conservation du bien publicq et soulaigement des habitans de lad. ville, du iiij^e febvrier m. vj^c xiiij, avec exploict de signiffication d'icelle, du xe desditz mois et an; appoinctement pris pardevant led. seneschal de Lymousin, par lequel auroict esté ordonné que lesd. consulz justifieroient leur opposition dans troys jours, aultrement, et a faulte de ce fere, seroit faict droict, des dixiesme, xxve febvrier et troysiesme mars aud. an; aultre appoinctement du iij^e jung aud. an, contenant les droictz des parties, et renvoys faict par ledict seneschal au conseil; aultre acte du sixiesme dud. mois, contenant la declairation desd. deffendeurs ne vouloir empescher que led. demendeur ne face blanchir les toilles a sa façon, selon son intention, n'empeschant pas led. Martin que ceulx qui ont accoustumé de blanchir toilles ne continuent a les blanchir a leur façon entienne comme ilz avoient accoustumé cy devant, et qu'ilz ne peuvent et ne doibvent estre abstrainctz ny obliges de les blanchir selon la prethendue invention dud. demendeur, aultrement que se seroit fere tort aux marchantz et a la liberté publicque, a la conservation de laquelle lesd. consulz ont intherestz, par lequel auroict esté ordonné qu'elles se pourvoiroient par devers le conseil comme elles verront estre affaire par raison; appoinctement en droict, contenant la mesme declairation desd. deffendeurs (du) xij^e febvrier dernier; aultre appoinctement en droict du xviij^e desd. mois et an; requeste presentee au conseil par led. demendeur, tendant affin que, sans avoir esgard aux prethendues offres, lesd. lettres de privilege sortent leur plain et entier effect, sur laquelle auroict esté ordonné qu'en jugeant seroict faict droict, du deuxiesme du present mois et an; escriptures desd. parties, et tout ce que par icelles a esté mis et produict par devers le commissaire a ce depputté par le conseil; ouy son rapport, et tout consideré : LE ROY EN SON CONSEIL a ordonné que led. Martin jouira du privilege contenu esd. lettres, sans qu'il puisse empescher les habitans dud. pais de blanchir leurs toilles a aultre uzaige, comme ilz faisoient auparavant, que celluy contenu ausd. lettres, et sans despans. FAICT au conseil privé du Roy, tenu a Paris, le vingtquatriesme jour d'apvril mil six cens quinze. Ainsin signé : DE LAGRANGE.

S'ensuyt la commission sur ce obtenue.

Louis, par la grace de Dieu Roy de France et de Navarre, a n^re huissier ou sergent et premier sur ce requis. Nous te mandons et commandons que l'arrest de n^re conseil cy attaché soubz n^re seel, ce jourd'huy donné, entre Jean Martin le jeune, marchant de la ville de Lymoges, demendeur, d'une part, et les consulz de lad. ville, deffandeurs, d'aultre, tu signiffies audict Martin, a ce qu'il n'en prethende cause d'ignorance, et luy faire de par nous deffences d'y contrevenir, a peyne de tous despans, domaiges, interestz, et au surplus, faire pour l'entiere execution d'icelluy, a la requeste desd. deffendeurs, toutes significations, assignations, commendements, deffences et aultres actes et exploictz requis et necessaires, sans que tu sois tenu demender aucun congé *ne pareatis*. Car tel est n^re plaisir. Donné a Paris, le xxiiij^e jour d'apvril l'an de grace mil six cens quinze, et de n^re regne le cinquiesme. Et plus bas est escript : Par le conseil : de Lagrange.

Aujourd'huy unziesme juillet mil six cens quinze, a Lymoges, apres midy, dans la chambre du conseil de la maison de ville, ont estes presantz messieurs Pierre Duboys, sieur du Bouscheyron, prevost, Mr Gaspard Benoist, esleu en l'eslection du hault Limousin, David Roumanet, Pierre Saleys, Jehan de Beaubrueilh et Jehan Londeys, consulz de ladicte ville, lesquelz estant assembles pour deliberer des affaires d'icelle : Comme ainsin soict que l'eau des fontaines du Chevalet (1) et des Bares procede d'une mesme source, et qu'il soit esté arresté que les deulx tiers de l'eau qui produict lesd. fontaines demeureront pour ladicte fontaine du Chevalet, et l'aultre tiers

[Fontaine des Barres.]

---

(1) La fontaine du Chevalet, que le compilateur des Chroniques manuscrites déposées à la bibliothèque communale de Limoges fait remonter à l'empereur Constantin, était rue des Combes près de l'hôpital de St-Martial. Au xviie siècle, cette fontaine fut, d'après le compilateur, enlevée par un seigneur de marque, qui la fit mettre dans la cour de son château. Cependant cette fontaine se trouve indiquée dans le plan de Limoges dressé vers la fin du xviie siècle par A. Jouvin de Rochefort. D'après la comparaison de ce plan avec les plans modernes, elle devait se trouver rue des Combes, vers la rue Ste-Valérie.

— 180 —

pour lad. fontaine des Bares, et que ladicte fontaine des Bares soict esté eslevee en peramyde quarree par le bas, ayant quatre faces, en chascune desquelles il aye esté arresté de mettre ung tuyaud pour jetter l'eau; et de tant qu'il pourroict advenir qu'il n'y auroict suffizemment d'eau pour remplir les quatre tuyaulx, A CESTE CAUSE, lesd. sieurs consulz ont conclud et arresté pour servir de reigle a l'advenir que s'il estoit requis reduire lesd. quatre tuyaulx en trois, que les trois quy regardent et sout a la grand rue que l'on dessent de la place en la rue des Combes, scavoir : l'un sur le devant arregardant sur la maison de   (1), l'aultre arregardent a la grand rue des Combes, que l'on va de la fontaine du Chevalet a la porte Monmalhié, et l'aultre visant vers l'arbre de Beauvoys (2) et la rue que l'on va de lad. fontaine des Bares a l'esglize St Michel, demeureront pour jetter ladicte eau; et mesmes, s'il faloict remettre lesd. tuyaulx en deux seulement, les deux quy sont devers la grand rue, scavoir celuy quy vize vers la maison dud.   (3), qui est par le devant, et celluy qui regarde vers lad. grand rue allant de la fontaine du Chevalet a lad. porte Monmalhié, demeureront sans pouvoir estre estouppes, pour par iceulx jetter toute lad. eau, affin que ladicte fontaine serve pour l'embelissement de lad. grand rue. Dont et dequoy, requerant lesd. consulz, a esté conceddé acte en tout, soubz le bon plaisir de noz successeurs. Ainsin signé : P. DUBOYS, prevost; BENOIST, consulz; D. ROUMANET, consul; SALEYS, consul; Beaubrueilh, consul, et Londeys, consul.

Collationné.

[Fontaine de la Claustre (3).]

AU JOUR D'HUY VINGT QUATRIESME JOUR D'OCTOBRE mil six cens quinze, avant midy, en la chambre du conseil de la maison de ville, ont estes preseutz honnorables messieurs Jehan de Beaubrueilh, consul prevost; Gaspard Benoist, esleu; Pierre

---

(1) Le nom est en blanc.
(2) L'arbre de Beauvais, suivant le chroniqueur ci-dessus, se trouvait dans le « cerne des Combes, au-dessous du portail Imbert ». Il avait été planté, l'an 1507, par les consuls. Il y avait sous cet arbre un marché de petites denrées. Il fut coupé le 2 octobre 1666.
(3) Cette fontaine, ainsi que celles du Chevalet et des Barres, provenait du lieu dit La Roche-Ferrière. Par accord intervenu le 31 août 1508, les eaux avaient été divisées par moitié entre les fontaines du Chevalet et des Barres, d'une part, et la fontaine de la Claustre, appartenant aux religieux de St-Martial, d'autre part. (Voir T. Ier du présent ouvrage, page 9 et suiv.)

Duboys, Sʳ du Bouscheyron, David Roumanet, Pierre Saleys et Jehan Londeys, bourgeois, marchans, consulz de la presant ville, assistes de Mʳˢ Mᵉ Jacques du Peyrat, conseiller du roy au siege presidial dud. Limoges ; Mʳ Guillaume Rougier, advocat et contrerolleur general du taillon pour le roy en la generallité de Limoges; Pierre Veyrier, juge de la Bource ; Pierre Dubois, Sʳ de la Jourdanie ; Martial Sandelles, bourgeois; sires Jehan et Mathieu Moulinier, Jehan Suduiraud, Jehan Hardy, Jacques David, Jehan Hardelier, Martial Dubois, bourgeois et marchans; Dominique Mouret et Jehan Mouret, son filz, Pierre Mouret et Jehan Teillet, orpheuvres ; Albert Chambinaud, Lazare Texendier, Psaumet Mouret, Anthoine Martin dict Dessables, Jacques Petit, Psaumet Faulte le jeune, Estienne Peyroche, Jehan Benoist et Pierre Martin dict des Sables, bourgeois et marchantz de lad. ville, tous proches voysins de la fontaine de la Claustre, de laquelle est faict mention cy dessoubz, pour eulx, leurs hoirs et successeurs, d'une part, et honnorable Mʳ Jehan Pinot, receveur du Taillon en l'eslection de Limoges, au nom et comme scindic des Peres Recoles de l'ordre Sainct François (1) de la presant ville de Limoges, faisant pour lesd. Sʳˢ Recolectz, d'aultre part. COMME lesd. sieurs consulz ayent faict a grandz fraictz curer et nectoyer les canaulx de la fontaine de la Claustre des la sortie d'icelle jusques a sa source, et, pour ce, faict travalhier durant trois ou quatre mois derniers, et faict en sorte que l'eau d'icelle fontaine, quy estoit gastee par les ordures qu'on y avoit jetté, est asteure (à cette heure) bien pure et nette et les canaulx et conduitz bien acconmodes pour l'uzaige des habitantz de lad. ville et voysins de ladicte fontaine ; ledict sieur Pinot, audict nom de scindic, disoit que environ la troysiesme partie de l'eau d'icelle fontaine heust accoustumé de toute entiquitté de fluer dans le jardin de la maison appellee du *Bastiment,* ou lesd.

---

(1) Voici une note manuscrite de l'abbé Legros, qui se trouve en marge de la page 824 de l'exemplaire du T. III du P. Bonaventure de St-Amable, que possède la bibliothèque de Limoges. Cette note ne fait du reste que reproduire l'abbé Nadaud :

« L'an 1614 et le 14 d'avril, les Pères recollets furent mis en possession de la maison qu'on appelait *le Bastiment*, où les bateleurs et les comédiens faisaient auparavant leurs exercices. La première pierre de la chapelle des Recollets fut posée le 14 juillet 1616. Ils y ont introduit une confrérie pour les femmes. » (NADAUD, *Mém. mss.*, T. II, p. 433.) On y a rétabli la comédie en 1791.

Il y avait en outre, depuis cette époque, un établissement de bains et un café. Tous ces bâtiments sont devenus propriété de la ville depuis un certain nombre d'années.

Peres a presant sont loges, icelle maison leur ayent esté acquise puis dixhuict mois en ca, et y ont acconmodé une chappelle a l'honneur et soubz le tiltre de Mʳ Sainct François. Et, de tant que lesd. sieurs consulz et voysins dudict lieu de la Claustre disoient que ladicte eau de ladicte fontaine ne pouvoict surgir et defluer ailheurs qu'en lad. place de la Claustre, et que, sy pardevant les proprieteres dudict logis du Bastiment en avoient prins quelque portion, s'estoit une usurpation sur le publicq, faicte pendant qu'on n'uzoit poinct de ladicte eau, sinon pour laver du linge ou abreuver les chevaulx, et que, a present, lad. fontaine ayant esté acconmodee et curee et l'eau se treuvant fort bonne, il n'estoit pas qu'il en fust reservé aulcune partie pour une maison particulliere qui n'a aulcun tittre ne document pour raison de ce, toute pocession et usurpation estant inutille selon l'accoustume de Lymoges, et mesmes de particulier au publicq; pour raison de quoy, lesd. parties pouvoient entrer en differend. Pour auquel obvier, ilz se sont convenus et accordes comme s'ensuyt : C'EST ASSAVOIR que lesd. sieurs consulz, de l'advis desd. habitans, pour la conmodité desd. Peres recoletz seulement, et afin qu'ilz puissent plus librement servir Dieu et n'ayant la peyne d'envoyer querir l'eau hors de leur maison et couvent, ont voulu et consenty, veulent et consentent qu'ilz puissent prendre et faire decouler et sortir dans leurd. jardrin et pour leur uzaige la cinqᵐᵉ partie de l'eau de lad. source et fontaine, laquelle passe soubz leur maison et a l'endroict de leur jardrin, et se servir pour lad. concurance desd. canaulx quy conduisent lad. eau jusques audict endroict, sans qu'ilz soient tenus de l'entretenement d'iceulx, veu leur qualité, les aultres quatre parties de ladicte eau demeurant reservees pour lad. fontaine de la Claustre en   de ladicte ville pour l'uzaige et service des habitantz de ladicte ville et voysins de lad. fontaine. Seront neantmoingtz tenus, pour l'entretenement de lad. fontaine, faire ouverture de leurs portes toutesfois et quantes qu'ilz en seront requis, ladicte maison estant chargee dud. servitud, a la charge, neaulmoingtz que, (si) lesd. Peres Recoletz se retiroient de ladicte maison pour prendre une meilleur comoditté, nul aultre qu'eux ne pourra jouir de ladicte eau. Et ainsin l'ont et arresté lesd. parties, et promis tenir, moyenent leur foy et serement soubz obligation et ypothecque de tous et chascuns leurs biens, se soubzmettant, pour l'entretenement des presantes, au presidial et seneschal de Lymoges et a tous aultres juges royaulx et subalternes. Et, de leur vouloir et consentement, y ont estees jugés et condempnes par le notaire soubzsigné, dont ont esté conceddé lettres soubz le scel royal de la viscónté de Limoges, ez presances de Joseph Decordes et Pierre Mouret, praticiens de Limoges, tesmoingtz a ce appelles. Ainsin signé : BEAUBRUEILH, prevost des consulz; SALEYS, consul, et LONDEYS, consul; PINOT, scindic desd. Peres; P. VEYRIER, DUBOYS, DAVID, J. HARDY, SUDUYRAUD, voysin; DUPEYRAT, voysin; M. DUBOYS; MOULINIER, voysin; M. SANDELLES, voisin; PETIT, voisin; MOURET, voysin; A. CHAMBINAUD, voisin; MOULINIER, voysin; TEILLET, voysin; ROUGIER, voisin; MARTIN, BENOIST, MOURET, ARDELHIER, TEYSSENDIER, MOURET, Psaulmet FAULTE, MARTIN, MOURET et PEYROCHE; MOURET, presant, et DECORDES, presant.

Collationné.

S'ensuict la teneur de l'arrest et jugemens de la court seneschalle, donnes a l'encontre de Noel Laudin, courretier de la presant ville, ensemble du contract passé avec led. Laudin.

[Office de courtier-juré. Jugement du 8 août 1600.]

Extraict des registres de parlement.

ENTRE LEONARD GRANCHOU, APPELLANT DE CERTAINE (sentence) donnee par le seneschal de Lymousin ou son lieutenent au siege de Lymoges, du vingtiesme janvier 1599, Mes Jacques Dupeyrat, Jehan de Joyet, conseilhers aud. siege; Pierre Senemaud, Jehan Disnematin, Jehan Roulhat, Michel Brugiere, Pierre Gay, Nicollas, Jacques Martin et Lebissouard (1), consulz de la ville de Lymoges la present annee, aussy appellantz de ladicte sentence, ensemble de la reception des courretiers en icelle ville et de tout ce qui s'en est ensuivy, d'une part; et Freres Chambinaud et Noel Laudin, pourveuz desd. estatz de courre-

(1) C'était probablement le surnom d'Isaac Mousnier qui figure au nombre des consuls de l'année 1600.

tiers, appelles et demendeurs l'intherinement de certaine requeste contre freres Celarier et Laurens Jourde, deffandeurs a icelle : Veu les proces, arrest donné entre lesd. parties le dixiesme juillet dernier; commission obtenue sur led. arrest avec les lettres d'attache de M⁰ Martin Veyrier, juge royal de S¹ Leonard, et exploictz d'assignation du xx⁰ dudict mois de juillet; proces verbal contenent la deliberation faicte suyvant le susd. arrest du vingt uniesme du susd. moys de juillet; declaration faicte par aulcuns habitans dud. Limoges avoir signé certain acte y mentionné en leurs maisons et non en la maison comune, dattee du xxij⁰ jung dernier; attestation faicte pardevant le lieutenent general dud. Limoges, dud. jour xxij⁰ jung; declaration faicte en lad. maison comune le xxix⁰ dud. mois de juillet, et aultres pieces et productions desd. parties, aultres que lesd. Celarier et Jourde ; avec deux requestes contenent appoinctementz en droict des xx⁰ et xxv⁰ du presant mois d'aoust. Dict a esté que la court a mis et mect les appellations et ce dont a esté appellé au neant, maintenu et maintient diffinitivement lesd. Chambinaud et Laudin en la pocession et jouissance desd. estatz de courretiers jures en lad. ville de Limoges, faict inhibitions et deffances tant ausd. Granchou, Celarier et Jourde que tous aultres les troubler ny empescher en l'exercice desd. estatz, sur peyne de cinq cens escuz et aultre arbitraire; a la charge que, suyvant lad. deliberation et declairation faicte en lad. maison de ville de Lymoges, lesd. Chambinaud et Laudin ne pourront vendre ny debiter pour leur compte aulcunes marchandises, ny LOGER EN LEURS MAISONS aulcungz marchantz, prendre ny lever desd. marchantz de ladicte ville ny des estrangiers aulcune chose que de gré a gré et lorsqu'ilz seront par lesd. marchantz vollontairement emploies; Sans despans faictz tant par devant le seneschal que en la presant court, et pour cause. Dict aux parties, a Bourdeaulx, en parlement, le viij⁰ jour du mois d'aoust 1600. Signé : DE PONTAC.

[Office de courtier-juré.

Sontence de la sénéchaussée du 28 mars 1615.]

ENTRE LES CONSULZ DE LA PRESANT VILLE LA PRESANT ANNEE, demendeurs en requeste, comparentz par Mouret, leur procureur, assistant Constant, leur advocat, d'une part; Noel Laudin et Helies Faugeyrat, courretiers de lad. ville, deffendeurs, comparentz par Caillaud, leur procureur, assistant Dupont, leur advocat, et led. Laudin en sa personne, d'aultre.

Apres que Constant, pour lesd. S^rs consulz de la presant ville, a presupposé la requeste par eulx presantee, et remonstré que, s'il n'est pourveu aux abus, malversations et monopoles que se commectent journellement, le conmerce sera tellement alteré que le publicq en recevra un tresgrand doumaige, cella proceddant de ce que les deffendeurs ne veullent observer les reiglementz faictz par la cour de parlement que il a illecq exhibé, par le(s)quel(s) il est inhibé aux courretiers de ne tenir hostelerie ne faire aulcuns actes de marchantz, et ne prendre rien que de gré a gré, et de ceulx qui l'emploieront. A tout cella il contrevient, tient hostellerie, y faict faire les dessentes de marchandises, traicte avec les marchantz estrangiers, leur bailhe advis, tire des esmolumentz d'eulx, faict que la marchandise despend de luy, ou, sy quelque marchant estranger ne veut acquiesser à sa volunté, il le faict assigner, comme, ses jours passes, sans commission, il fist assigner au conseil privé ung marchant de Languedoc pour cella. Ce faisant, afin que tout le commerce despende de luy, et qu'il mesnage le tout a sa fantazie, il faict encherir les marchandizes et n'en livre que a ceulx qu'il luy plaist, empesche qu'on ne traicte avec les marchandz fourains, ou les faict tenir sy fermes qu'ilz n'ont moyen de traicter avec eulx. Telle chose du droict estant repprouvee par les ordonnances royaulx, il s'en (suict?) qu'elle est intollerable, ne pouvant obster l'arrest du conseil privé, car il n'est que intervenu sur ce que on vouloict rembourcer led. courretier, et il est que, sa vie durand, il jouira, et apres, a ses heritiers le rembourcement pourra estre faict. A tant, il a requis estre inhibé, a grosses peynes, de contrevenir aux arrestz de la court de parlement, ce faisant, ne tenir hostellerie ne exercer aulcun apte (acte) de marchant, ne prendre que de gré a gré de ceulx dont led. deffendeur sera employé, estre ordonné que toutes marchandises seront apportees au poids du Roy et en lieu cappable pour les recepvoir, ou les reiglementz seront affiches en ung tableau; et sur les contreventions estre permis d'informer, et les susd. deffendeurs estre condempnes en tous leurs despens, doumaiges et interestz. Dupont, pour les deffendeurs, a dict ses parties estre pourvueuz de lettres du roy aux estatz de courretiers jures en la present ville; mesmes, que les S^rs consulz des annees dernieres les ayant vouluz empescher de la jouissance d'iceulx, mesmes voulu rembourcer lesd. parties, s'estant pourvueuz au conseil privé du roy, par arrest d'icelluy et mesmes du consentement desd. consulz ilz auroient estes maintenuz, et retenu la connoissance de leur cause, tellement que d'alleguer ung arrest de la cour de parlement, il n'y a nulle apparance pour les empescher en la fonction de leurs charges, ne moingtz a tenir hostellerie, chose quy ne leur est incompatible et qu'ilz ne fassent aptes (actes) de marchantz, n'empeschant le reiglement requis estre executté et que toutes marchandises soient portees au poids du Roy; que sy sesd. parties avoient delinqué, les S^{rs} parties adverses se debvoient pourvoir par informations, a tant s'arreste que des fins et conclusions contre eulx prinses ilz doibvent estre relaxes; et d'aultant qu'il y a certains personnages tant de la ville, faulxbourgz, Citté, pont St-Martial qui se miscuent (s'immiscent) en lad. charge de courretier, supplie la court leur vouloir inhiber et deffendre de ce faire, ne moingtz s'entremettre en la charge et fonction de ses parties, le tout a peyne de mille livres et de tous despens, doumaiges, intherestz. LEDICT COUSTANT a dict que l'arrest qui a esté baillé au conseil ne concerne le reiglement que lesd. deffendeurs doibvent tenir, que seullement de ce que estoit du rembourcement de leurs offices. C'est pourquoy s'arreste le reiglement l'arrest de la cour de parlement de Bourdeaulx debvoir estre executté. DESCOUTURES, advocat du roy, a dict que l'arrest baillé au conseil ne conserne que ce qu'estoit du remboursement des deffendeurs, et requiert que iceulx deffendeurs ayent a tenir le reglement baillé par la court de parlement, et sur ses contreventions qu'il soict commis pour informer. SURQUOY, nous avons baillé acte des dires des parties, ensemble du requis du procureur du Roy; faisant droict duquel, ordonnons que le reiglement porté par l'arrest de la court de parlement sera observé et executté suyvant sa forme et teneur, et que toutes marchandises seront portees au poidz du roy, et, sur les contreventions, avons commis pour informer, comme aussy avons faict inhibitions et deffances a toutes personnes que ne sont pourveuz de lettres du roy pour la charge de courretier juré de s'entremettre et faire la fonction de lad. charge de couratier, a peyne de cinq cens livres et de tous despens, doumaiges et intherestz. FAICT judiciellement, a Lymoges, en la court de la seneschaussee de Lymousin, y seant M. Darlot, conseiller du roy n^{re} sire et lieutenant particulier en icelle, le vingt huictiesme mars mil six cens et quinze. Signé : DARLOT et GUY, commis du greffier.

ENTRE LE PROCUREUR DU ROY DE LA PRESANT SENESCHAUCEE, promovant M^rs les consulz de Lymoges, demendeurs, comparent led. procureur du Roy par Bonnin, et les consuls, par Mouret, leur procureur, d'une part; et Noel Laudin, courretier, adjourné par David, sergent roial, comparent en sa personne, avec Cailhaud, son procureur, d'aultre part. Ouys les procureurs des parties, ensemble le procureur du Roy, nous ordonnons, avant fere droict a icelles parties, les informations, aultres pieces et conclusions du Roy seront mises par devers nous, pour, icelles leues, estre ordonné ce que de raison. Faict a Lymoges, par devant Mr de Chastanet, lieutenent general en icelle, le dix septiesme jung m. vj^c quinze.

[Même affaire. — Sentence du 17 juin 1615.]

S'ensuict les conclusions du procureur du Roy, et sentence sur ce intervenue.

VEUES les charges et informations faictes a l'encontre de Noel Laudin, ensemble son audition ; arrest de la court de parlement de Bourdeaulx portant reiglement et aultre procedure ; LE PROCUREUR DU ROY dict que led. Laudin ne se peult excuser qu'il n'aye contrevenu aux inhibitions a luy faictes par led. arrest, car luy mesmes accorde avoir logé dans sa maison des marchantz, et qu'il tient hostellerie, chose qui luy est expressement prohibee. Et ne sert de se vouloir couvrir que ce n'est luy qui tient lad. hostellerie, mais son filz, car est tousjours dans sa maison, et ce que directement (est prohibé), il le faict indirectement, et ce qui est prohibé a l'un est prohibé a l'aultre, et la fraude n'en est que tropt manifeste. LEDICT procureur du Roy requiert que ledict Laudin, pour ainsin avoir contrevenu aux inhibitions de la court, soict condempné aulmosner au couvent des Recolles de la presant ville la somme de vingt cinq livres, et que les inhibitions cy devant faictes soient reiterees tant au pere que au filz, et a eulx inhibe de monopoler avec les marchantz directement ou indirectement, iceulx loger en leur maison, ne y faire dessendre aulcune marchandise, a peyne de privation de sa charge et de punition exemplaire. Signé BONNIN, procureur du Roy.

ENTRE LES CONSULZ DE la ville de Lymoges, demendeurs en

contrevention, led. Noel Laudin, deffendeur, d'aultre. Veu les charges et informations faictes a l'encontre dudict Laudin, dattees du douziesme du present mois, signees de nous, audition faicte dudict Laudin, signé de luy et de nous, du quinziesme dud. mois de jung, arrest de la cour de parlement de Bourdeaulx du xiiie aoust 1600, signé de Pontat, sentence de la present cour baillee en execution dudict arrest du xxiiij^e mars dernier, signee Darlot et Guy, et tout ce qui a esté produict pardevers nous, joinct les conclusions du procureur du Roy ; par advis du conseil, nous avons, comme autresfois, faict et faisons iteratifves inhibitions et deffances audict Laudin, deffendeur, ensemble a Laurent, son filz, de contrevenir aux reiglements portes par les arrestz et jugementz de la present court donnes sur l'observation d'iceulx, a peyne de cinq cens livres et de plus grande, s'il y eschoit ; et pour les controvensions commises par iceulx Laudin resultans du proces, l'avons condempne et condempnons a ausmoner au couvent des Recolles de la presant ville en la somme de vingt cinq livres, et aux despens envers lesd. S^{rs} consulz, demendeurs, tels que de raison, la taxe d'iceulx a nous reservee. Signes : de Chastanet, lieutenent general, rapporteur ; Nicollas. Et au marge est escript : Taxe pour les espices, ung escu et demy. Prononcé a Lymoges, en la court de la seneschaucee de Lymousin, par Mr de Chastanet, lieutenent general en icelle, en absence des parties et de leurs procureurs, ausquelz sera signiffiee, le vingt troysiesme jung mil six cens quinze.

Signiffié led. jour lad. sentence a Mouret et Cailhaud, procureurs des parties, parlant a leurs personnes ; lequel Cailhaud a faict responce qu'il est appellant ; led. Mouret n'a faict de responce. Par moy, signé : Pinchaud, et Guy, commis du greffier.

Le vingtneufviesme d'aoust mil six cens quinze, avant midy, en la chambre du conseil de la maison de ville de Lymoges, ont estes presant(s) honnorables Mrs Me Gaspard Benoist, esleu ; Pierre Dubois, Sr du Bouscheyron, David Roumanet, Jehan de Beaubrueil et Jehan Loudeys, bourgeois, consulz de la presant ville de Lymoges, pour eulx et les leurs, d'une part ; et sire Noel Laudin, marchant et courretier juré de la ville de Lymoges, pour luy et les siens, d'aultre part. Comme les parties soient en proces devollu par appel en la court sur les contreventions prethendues par lesd. S^{rs} consulz avoir esté faictes par led. Laudin aux reiglementz consernantz lad. charge de couretier portes par les arrestz de la court; icelles parties creignant les doubteux evenementz dudict proces, ont transigé et accordé comme s'ensuict : C'EST ASSAVOIR que led. Laudin sera tenu, comme a promis, garder et observer les reiglementz portes par lesd. arrestz et par la sentence de la cour seneschale conforme a iceulx, dont il s'estoit porté pour appellant, et n'y pourra contrevenir ores ny pour l'advenir, pour quelque cause que ce soit; aussy pourra led. Laudin se fere descharger de la condempnation de l'ausmone portee par lad. sentence, sans que lesd. S^{rs} consulz y puissent bailler empeschement, en ce que led. Laudin sera tenu de rembourcer lesd. S^{rs} consulz des frais par eulx faictz tant pardevant le seneschal que en la court, selon qu'ilz seront taxes et moderes par les procureurs qui ont comparu par lesd. parties pardevant le seneschal, et payera de plus les espices, sy aulcuns en estoient deubz; et moyenant ce, lesd. parties, soubz le bon plaisir de lad. cour, s'en vont hors de court et de proces, sans aultres despens. Et ce que dessus lesd. parties ont promis tenir moyenant leur foy et serement, et soubz l'obligation de tous et chascuns leurs biens presant et advenir, avec submission a tous juges royaulx et subalternes. Et, de leur consentement, y sont estes juges et condempnes, et conceddé lectres soubz le seel royal de la vicomté de Lymoges, ez presences de Joseph Decordes et Pierre Mouret, praticiens de Lymoges, tesmoingtz. Ainsin signé a l'original des presentes : Roumanet, consul; Duboys, consul; Benoist Beaubrueil, consul; Londeys, consul; Laudin; Mouret, presant, et Decordes, presant.

(Le reste du feuillet est blanc.)

C'est l'eslection de messieurs les consulz de la presant ville de Lymoges, faicte en la grand salle de la maison de ville par les cents preudhommes nommes et assambles a cest effect, suyvant le reiglement estably par Sa Magesté, le septiesme decembre mil six cens quinze.

Monsieur Dechastenet, lieutenant general ;
Monsieur Dupuymoulinier ;
Sieur Jehan Boyol ;
Monsieur Bonnin, procureur du Roy ;
Sire Pierre Veyrier, bourgeois et marchant ;
Sire Jehan Maledent, bourgeois et marchant.

(Signé :) J. MOURET, *scribe de la maison de ville.*

C'est l'eslection des collecteurs, faicte en la grand sale de la maison de ville par les habitants assambles au son de cloche et tambour, le dimanche vingt septiesme apvril, apres midy, mil six cens seize.

Les Taules :

Jehan Pinchaud ;
Marcial Duboys.

La Porte :

Claude Maillot ;
Jaques Maledent.

Magninie :

Monsieur Baignol, advocat ;
Joseph Michel.

Le Marché :

Pierre Maillot ;
Estienne David.

La Faurie :

Pierre Faulte ;
Mᵉ Pierre Dupin, procureur.

Le Clocher :

Guillaume Boubiac ;
Jehan Mousnier.

Boucherie :

Mᵉ Joseph Latreille ;
Jehan Sanxon.

Lansecot :

Anthoine Veyrier ;
François Labrousse.

Les Combes :

Mᵉ Jehan Gadaud ;
Monsieur Albiac, advocat.

Le Vieux Marché :

Pierre de Plenasmeygeoux ;
Louys Cybot dict Las Vachas.

(Signé :) J. Mouret, *scribe de la maison de ville.*

Les noms des cent preudhonmes pris et choisis de chaque canton dix, pour par heulx estre faict eslection des consulz de l'annee prochaine; lad. nomination faicte par M^{rs} les consulz en la maison commune, le vij^e decembre mil six cens seize, suyvant et conformement a l'edict de Sa Magesté. — 1616.

Et premierement :

Les Taules :

M^r le threzorier Malleden ;
Martial Vidaud ;
Jehan Hardy ;
Mr Dupeyrat, conseiller ;
Jehan Soudoyrauld ;
Pierre Duboys de la Salesse ;
Marcial Sandelles ;
Pierre Duboys de la Ferrerye ;
Pierre Duboys, Sr Duboucheron :
Le recepveur Alesme.

La Porte :

Joseph Decordes ;
Jehan Verthamond ;
Pierre des Champs ;
Estyenne Hardyt ;
Claude Mailhot ;
Marcial Decordes ;
Yzac Cibot ;
Simon Croyzier ;
Jehan Vidaud l'aisné ;
Mr Malleden, recepveur des tailhes.

Magnigne :

Cere Bouyol ;
Bertran Cassaigne ;
Jehan Romanet ;
Louys Michelon ;
Pierre Croyzier ;
Jehan Maureilh ;
Mathieu La Biche ;
Marcial Rousset ;
Pierre Roulhac ;
Jehan Bastide.

Le Marché :

M⁽ʳ⁾ le thresorier Benoist ;
M⁽ʳ⁾ le thresorier Verthamond ;
M⁽ʳ⁾ l'esleu Benoist ;
M⁽ʳ⁾ le conseiller Benoist ;
Pierre Mailhot ;
M⁽ʳ⁾ Yzac Juge ;
M⁽ʳ⁾ le controlleur Petiot ;
M⁽ʳ⁾ Jehan Le Daurat ;
Jacques Bardinet ;
Pierre Ardeilher.

La Faurie :

Pierre Saleys ;
Françoys Coulomb ;
Leonard Romanet ;
Jehan Jayac ;
M⁽ʳ⁾ Guinot Sudour ;
M⁽ʳ⁾ le conseiller Barny ;
Jacques Benoist ;
Eyssenaud ;
Mathieu Duboys ;
M⁽ʳ⁾ Jacques Papetaud.

Le Clochier :

Mr Anthoine de La Charlonie ;
Mr de La Mailhartre ;
Guilhaume Boubiat ;
Jehan Ardeilher ;
Jehan Verger ;
Jehan Chastaignat ;
Michel Brugiere ;
Le greffier Rouard ;
Joseph Dhouet ;
Mr de Bonnefon.

Boucherie :

Mr Bonnyn, advocat ;
Jehan Farne ;
Zachee Second ;
Jehan de Lor ;
Pierre La Porte ;
Jehan Sanxon ;
Pierre Chappellas ;
Jehan Romanet ;
Pierre Malavergne ;
Pierre Teulyer.

Lansequot :

Mr le juge Petiot ;
Mr Dupont, advocat ;
Mr Devouyon ;
Mr l'advocat Lamy ;
Mr Biay ;
Mr le conseiller Recules ;
Pierre Mauplo ;
Desflottes ;
Guilhaume Beaubreilh ;
Mr Joseph Crorries (?).

Les Combes :

Mʳ le lieutenant particulier ;
Mʳ des Coutures, advocat du roy ;
Mʳ Jehan Martin, procureur ;
Marcial Duboys dict Mauriquet ;
Le controlleur Nicollas ;
Mʳ Jehan Gadaud, procureur ;
Albiat, advocat ;
Joseph Des Coutures ;
Mʳ Pierre Duclou ;
Jehan Audouy dict Bastier.

Le Vieulx Marché :

Anthoine Verrier ;
La Chanaud ;
Etyenne David ;
Nouailher ;
Jacques Grenier ;
Mʳ Jacques Raymond ;
Des Champs, appothicaire ;
Mathieu du Bureau dict Le Petit ;
Albert de Plenas Meyjoux ;
Jehan de La Marion.

(Ici un feuillet blanc dans le manuscrit.)

C'est l'eslection de messieurs les consulz de Lymoges, faicte en la sale de la maison de ville par les preudhommes nommes pour cest effect, suyvant le reglement estably par Sa Magesté, le septiesme decembre mil vj^c seze.

Pierre Duboys, S^r de La Jourdanie ;
Gregoire Decordes, Sr de Ligoure ;
Mr Me Gaspard Benoist, conseiller du roy au siege presidial de Lymoges ;
Mathieu Labesse, bourgeois et marchant ;
Honorable Me Jacques Dupont, advocat ;
Honorable Me François Bonin, advocat.

(Signé :) J. MOURET, *scribe de la maison de ville de Lymoges.*

(Le reste de la page est en blanc.)

C'est l'eslection des colleteurs, faicte en la grand salle de la maison de ville par les habitans assembles au son de cloche et tambour, le dimanche dixneufiesme febvrier mil six cens dixsept, apres midy.

Les Taules :	Magninie :
Jehan Juge ;	Joseph Bouilher ;
Jehan Hardy.	Jehan Moureilh.

La Porte :	Le Marché :
Me Pierre Deschamps, appothicaire ;	Martial Mailhot ;
Isaac Cybot.	Jehan David.

La Fourye :

Mre Jehan Guy ;
Jehan de Beaubrueilh.

Lansequot :

Mre Nicolas Parrot ;
Monsieur Lamy, advocat.

Le Clocher :

Martial Ardent ;
Jehan Verges.

Les Combes :

Martial Dubois dict Mouriquet ;
Mre Jehan Nantiac, procureur.

Boucherie :

Pierre Chapellac ;
Jehan Delort.

Le Vieulx Marché :

Jehan Cybot dict Monsieur ;
Guilhaume de Plenas Meigeoux.

(Signé :) J. MOURET, *scribe de la maison de ville.*

Les noms des cent preudhommes pris et choisis de chasque canton dix, pour par eulx estre faict eslection des consulz de l'annee prochaine ; ladicte nomination faicte par messieurs les consulz de la maison commune, le vij^e decembre mil six cens dixsept, suyvant et conformement a l'edict de Sa Magesté.

1617.

Et premierement :

Les Taules :

Monsieur Dupuymoulynier ;
Monsieur Dupeyrat, conseiller ;
Pierre Dubois, Sr du Bouscheyron ;
Jehan Hardy ;
Geral Bonnin ;
Jacques David ;
Martial Duboys ;
Mathieu Maledent ;
Mathieu Coulin ;
Mr Martial Alesme.

La Porte :

Joseph Decordes;
Mr le conseiller Vidaud;
Pierre Deschamps, appothicaire;
François Cellier;
Estienne Hardy;
Martial Decordes;
Jehan Vidaud l'aisné;
Izaac Cybot;
Simon Croizier;
Jehan Senemaud.

Magninie :

Monsieur Boyol;
Jehan Malledent;
Bertrand Cassaigne;
Pierre Roulhac;
Guillaume Labische;
Joseph Decordes le jeune;
Pierre Jayac;
Monsieur le conterolleur Guerin;
Jehan Bastide;
André Chapellac.

Le Marché :

Monsieur Verthamon, thresorier general;
Monsieur lesleu Benoist;
Monsieur le conterolleur Petiot;
Mre Jehan Dorat;
Mre Izaac Juge;
Blaize Dumas;
Pierre Mailhot;
Jehan Benoist le jeune;
Jacques Bardinet;
Pierre Ardeilhier.

La Fourie :

Pierre Saleys ;
François Coulomb ;
Leonnard Roumanet ;
M. le conseiller Barny ;
Jehan Jayac ;
Jacques Benoist ;
Mre Guynot Sudour ;
Monsieur Duboys, advocat ;
Mathieu Duboys ;
Jehan Lascure.

Le Clocher :

Monsieur de la Charlonnye ;
Monsieur de la Maillarthe ;
Estienne Peyroche ;
Jehan Ardeilhier ;
Lazare Texendier ;
Jehan Verger ;
Joseph Douhet ;
M^r le Viseneschal ;
Monsieur Rouhard ;
Michel Brugiere.

Boucherie :

Jehan Gadaud ;
Zachee Segond ;
Jehan Delort ;
Jehan Farne ;
Mre Pierre Bersoyre ;
Jehan Veyrier, orpheuvre ;
Jehan Sanxon ;
Pierre Malavergne ;
Pierre Chapellas ;
Pierre Theulier.

Lansecot :

Mr le juge Petiot ;
Monsieur de Voyon ;
Monsieur Recules, conseiller ;
Pierre Mauplo ;
Mr Biays ;
Mre Pierre Labrousse ;
Mre Joseph Crosrieu ;
Martial Roumanet ;
Guilhaume Beaubrueilh ;
Martial Ardent.

Les Combes :

Mre Leonnard Noailher ;
Mre Jehan Gadaud ;
Mre Martial Gadaud ;
Pierre Duboys dict le Gascon ;
Martial Duboys dict Mouriquet ;
Mre Martial Bonnin ;
Monsieur Poylevé, advocat,
Mre Pierre Duclou ;
Jehan Doyneye, marchant ;
Segond dict Dade.

Le Vieulx Marché :

Estienne David ;
Anthoyne Veyrier ;
Mre Jacques Reymond ;
Jehan Deschamps, appothicaire ;
Jehan Noailher ;
Mre Estienne Pabot ;
Pierre Saleys le jeune ;
Mre Barthelome Delachenaud ;
Jehan de la Marieu ;
Mathieu Cybot dict Le Bureau.

(Ici un feuillet blanc dans le manuscrit.)

C'est l'eslection de messieurs les consulz de Lymoges, faicte en la salle de la maison de ville par les preudhommes nommes pour cest effect, suyvant le reglement estably par Sa Majesté, le septiesme decembre mil six cens dix sept.

Monsieur Mre Anthoyne Barny, conseiller du Roy au siege presidial;
Joseph Decordes, sieur Delagrange et bourgeoys dud. Limoges;
Pierre Duboys de la Ferrerie, bourgeois et marchant de lad. ville;
Monsieur Mre Jehan Vidaud, conseiller du Roy au presant siege;
Estienne Peyroche, bourgeois et marchant de lad. ville;
Monsieur Mre Jehan de Voyon, esleu.

(Signé :) J. MOURET, *scribe de la maison de ville.*

C'est l'eslection des collecteurs, faicte en la grand salle de la maison de ville par les habittans assembles au son de cloche et tambour, le dimanche unziesme mars mil six cens dix huict.

Les Taules :

Michel Maledent;
Pierre Decordes.

La Porte :

Françoys Selliere;
Leonard Michelon.

Magninie :

Jehan Regnaudin ;
Anthoyne Senemaud.

Le Marché :

Mre Yzaac Juge, procureur ;
Jacques Bardinet.

La Fourie :

Mathieu Duboys ;
Jehan Lascure.

Le Clocher :

Jehan Moulynyer le jeune ;
Lazare Texendier.

Boucherie :

Pierre Malavergne ;
Pierre Duboys.

Lansecot :

Pierre Crozeil ;
Jehan Navieres.

Les Combes :

Mre Leonard Noailher ;
Mre Pierre Ducloux.

Le Vieux Marché :

Jehan Guery ;
Mre Leonard de la Joumard.

(Signé :) J. MOURET, *scribe*.

(Ici un feuillet blanc dans le manuscrit.)

Eslection de messieurs les consulz de la ville de Lymoges, faicte en la sale de la maison de ville par les preudhommes nommes pour cest effect suyvant le reglement stably par Sa Magesté, le septiesme decembre mil six cens dix huict.

Monsieur Me Martial Benoist, tresorier general, Sr de Compreignac et Mas de le Lage ;
Sr Bertrand Cassaigne, bourgeois et marchant ;
Sr Joseph Douhet, bourgeois et marchant ;
Sr Jehan Ardelier, bourgeois et marchant ;
Mr Me Anthoine de La Charlonnie, recepveur des tailles de l'eslection ;
Sr Marcial Dubois, bourgeois.

(Signé :) J. MOURET, *scribe de la maison de ville.*

Eslection des sieurs collecteurs, faicte en la salle de la maison de ville de Lymoges, le vingt quatriesme febvrier mil six cents dix neuf, a la maniere acoustumee.

Les Taules :

Jaques David ;
Jehan Audier.

La Porte :

Pierre Maledent ;
Marcial Decordes.

Magninie :

Mathieu Theveny ;
Mr Michel Guerin, contrerolleur.

Le Marché :

Pierre Ardellier ;
Jehan Bayle.

La Fourie :

Bartholome Moulinier ;
Jaques Texandier.

Le Clocher :

Pierre Chambon ;
Marcial Debeaubrueil.

Boucherie :

Pierre Selliere ;
Bartholome Taillandier.

Lansecot :

Jehan Noailler ;
M⁰ Martial Gadaud.

Les Combes :

M⁰ Jehan Senemaud ;
Pierre Duboys dict le Gascon.

Le Vieux Marché :

Pierre Cellier ;
François Picheguay.

(Signé :) J. MOURET, *scribe de la maison de ville.*

C'est le nom des cent preudhommes prins et choyzis de chasque canton dix pour par eux estre faict eslection des consulz de l'annee prochaine, ladicte nomination faicte par messieurs les consulz de la maison commune, le septiesme decembre mil six centz dix neuf, suyvant et conformement a l'edict de Sa Majesté.

Et premierement :

Les Taules :

Mr Dupuymoulinier ;
Sieur Pierre du Boys Duboucheyron ;
Mr Duboys, sieur de La Jourdanie ;
Sieur Pierre Veyrier ;
Mr du Boys de la Ferrerie ;
Sieur Gregoyre Decordes ;
Sieur Mathieu Malledent ainé ;
Sieur Martial Vidaud ;
Sieur Jehan Audier ;
Sieur Leonard Gauvy (?) ;
M^r le recepveur Dalesme (1).

La Porte :

Mr Decordes, sieur de Lagrange ;
Mr de Courbiat ;
Me Yzaac Cybot ;
Sieur Marcial Decordes dict le Coulhaud ;
Me Pierre Deschamps, appothicaire ;
Sieur Pierre Chastaignac ;
Sieur Jehan Verthamond ;
Sieur Barthezard de Douhet ;
Mr de Malledent, sieur du Caillaud ;
Sieur François Celiere.

(1) On remarquera que ce canton a onze collecteurs au lieu de dix. Il y a probablement une erreur de copiste.

Magninie :

Sieur Jehan Bouyol;
Sieur Jehan Maledent;
Sieur Mathieu La Bische;
Sieur Pierre Roulhac;
Sieur Jehan Bastide;
Sieur Pierre Croyzier;
Mʳ le contrerolleur Guerin;
Sʳ Bernard   (1);
Sieur Joseph Peyrou;
Mʳ l'advocat Saleys.

Le Marché :

Mʳ l'esleu Benoist;
Mʳ l'acesseur Benoist;
Sieur Joseph Gallichier;
Sieur Pierre Maillot;
Mᵉ Yzaac Juge, procureur;
Thomas Dumas;
Sieur Jaques Bardinet;
Sieur Pierre Ardeillier;
Leonard Cybot;
Sieur Pierre Duboys, sieur de Chamboursat (?);
Mʳ Maillot, gendre de feu Mʳ Rouard.

La Fourie :

Monsieur le conseiller Barny;
Sʳ Mathieu Duboys;
Sieur Jaques Benoist;
Mʳ le conseiller Dupeyrat;
Sieur Françoys Coulomb;
Sieur Pierre Saleys;
Sieur Jaques Voureys;
Le sieur Baud, gendre de Anthoine Veyrier;
Mʳ Sudour;
Sieur Jehan Lascure.

(1) Illisible.

Le Clocher :

Mʳ le president Verthamond;
Mʳ l'advocat Du boys;
Mʳ Desmaisons, sieur de Bonneffont;
Mʳ de la Mailhartre;
Sieur Estienne Peyroche;
Sieur Lazare Texendier;
Sieur Pierre Chambon;
Sieur Michel Brugiere;
Sʳ Jehan Suduyraud;
Sieur Louys David;
Sieur Françoys ......

Boucherie :

Mʳ l'advocat Bonnin;
Sieur Pierre Bellemye;
Sieur Jehan Delort;
Sieur Jehan Sanxon;
Sieur Pierre Teulier;
Mᵉ Zachee Segond;
Sieur Pierre Maslavergne;
Sieur Pierre Chappellas;
Mᵉ Merigot de Leyssene;
Sieur Pierre Noailher le pere.

Lancecot :

Mʳ le juge Petiot;
Mʳ l'esleu de Voyon;
Mʳ l'esleu de Lapine;
Mʳ l'advocat Dupont;
Mʳ l'advocat Lamy;
Mʳ le greffier de Mauple;
Sieur Marcial Roumanet;
Mᵉ Marcial Gadaud, procureur;
Mᵉ Pierre de la Brousse, procureur;
Marcial Ardent, orfeuvre.

Les Combes :

M‍ʳ le recepveur Mosnier ;
Mᵉ Marcial Bonnin, procureur ;
Mʳ l'advocat Marchandon ;
Sieur Marcial Duboys ;
Mouriquet le jeune ;
Mʳ Malignault ;
Mᵉ Jehan Senemault ;
Mʳ l'advocat Albiac ;
Mᵉ Pierre du Clou ;
Sieur Bonneventure Segond ;
Mʳ Noailher, procureur.

Le Vieux Marché :

Sieur Estienne David ;
Mʳ Estienne Pabot, procureur ;
Sieur Jehan Benoist ;
Bartholome de Lachenaud ;
Mᵉ Jaques Raymond, procureur ;
Mᵉ Leonard Lajoumard, procureur ;
Delauze, hopte du *Cheval-Blanc* ;
Mathieu Charles ;
Jehan Noailler ;
Mathieu Cybot dict le Bureau.

Eslection de Messieurs les consulz de la ville de Lymoges, faicte en la sale de la maison de ville par les preudhommes nommes pour cest effect, suyvant le reiglement estably par Sa Magesté, le septiesme decembre mil six centz dixneuf.

Maistre Jaques de Petiot, juge royal de Lymoges ;
Monsieur Desmaisons, sieur de Bonneffont ;

Mᵉ Barthezard Duboys, advocat;
Sieur Jehan Bastide, bourgeois;
Monsieur Dupeyrat, sieur de La Mailhartre;
Mᵉ Yzaac Juge, procureur.

(Signé:) J. MOURET, *notaire et scribe de la maison de ville.*

C'est l'eslection des collecteurs, faicte en la grand sale de la maison de ville par les habitants assembles au son de cloche et tambour le dimanche quinziesme mars mil six centz vingt.

Les Taules:

Jehan Moulinier;
Jehan Bouillon.

La Porte:

Pierre Renoudin;
Simon Croysier.

Magninie:

Pierre Jayac;
Jehan Belut.

Le Marché:

Mᵉ Jehan Dorat;
Jehan Cybot.

La Fourie:

Jaques Eyssenaud;
Jaques Benoist.

Le Clocher:

Mᵉ Claude Mosneron;
Jaques Martin, sieur Desmontz.

Boucherie :

M⁺ Geral de Jayac ;
Mᵉ Merigot de Leyssene.

Lansecot :

Mᵉ Jehan Peyriere, procureur ;
M⁺ Jehan Biays, advocat.

Les Combes :

François Moureau ;
Pierre Signet.

Le Vieux Marché :

Simon Grenier, hopte de *la Couronne* ;
François Bardinet.

(Signé :) J. MOURET, *scribe de la maison de ville.*

(Ici un feuillet blanc dans le manuscrit.)

Eslection de Messrs les consulz de la ville de Lymoges, faicte en la sale de la maison de ville par les preudhommes nommes pour cest effect, suyvant le reglement estably par Sa Magesté, le septiesme decembre mil vj^c vingt.

Messieurs Mᵉ Gaspard Benoist, esleu de l'eslection ;
M⁺ Jehan de Grandsagne, procureur du roy ;
Pierre Duboys, Sʳ du Boucheyron ;
Pierre Saleys, bourgeois et marchant ;

Pierre de Jayac, sieur de La Garde ;
Mᵉ Jehan Dalesme, recepveur du taillon en lad. eslection.

(Signé :) J. Mouret, *scribe de la maison de ville.*

(Le reste du feuillet est blanc.)

S'ensuict le nom des capitaines nommes suyvant les lectres de Sa Magesté (1).

Pour le canton des Taules :

Mʳ Mᵉ Jehan Vidaud l'ayné, conseiller du roy au siege presidial ;
Sire Leonard Michelon, son lieutenent.

Pour le canton de Magnine :

Sire Jehan de Jayac, bourgeois et marchant ;
Sʳ Gregoire Boyol, bourgeois, son lieutenent.

Pour les Bancx :

Mᵉ Martial Benoist, advocat ;
Sieur Jacques Bardinet, son lieutenent.

Pour le Clocher :

Sire Joseph Douhet, bourgeois et marchant ;
Mᵉ Martial Arnaud, commis au greffe du bureau, son lieutenent.

(1) Voyez ci-dessus la note de la page 51.

Pour Boucherie :

Mᵉ Jehan de La Treille, commis au greffe civil,
Et Mᵉ Simon Debeda (?), son lieutenent.

Pour la Fererie (1) :

Mʳ Mᵉ Leonard Decordes, esleu en l'eslection ;
Sire Merlin, son lieutenent.

Pour les Combes :

Monsʳ Mᵉ Jacques Martin, conseiller du roy aud. siege ;
Mᵉ   Malignaud, advocat du roy ...., son lieutenent.

Pour le Vieux Marché :

Mʳ Mᵉ Anthoine de Vaulbrune, esleu en lad. eslection ;
Mᵉ Jehan Deschamps, apoticaire, son lieutenent.

Eslection des collecteurs, faicte dans la grand sale de la maison de ville de Lymoges par les habitantz assambles au son de cloche et de tambour le dimanche quatorziesme mars mil six centz vingt ung.

Les Taules :

Marcial Vidaud ;
Guilhaume Hardy.

---

(1) Nous pensions d'abord qu'il y avait là une erreur de copiste, et qu'il fallait lire *la Fourie*, un des cantons pour l'élection des consuls, des prudhommes et des répartiteurs, mais il y a bien *Fererie*. Plus loin on trouve constamment *la Fererie*, désignée comme canton de la milice bourgeoise. De plus, les cantons du Consulat et des Taules sont réunis sous le même commandement, et ne forment qu'une compagnie, ce qui nous confirme dans notre idée que les circonscriptions militaires n'étaient pas les mêmes que les circonscriptions civiles.

La Porte :

François Jayac ;
Pierre Dauvergne.

Magnine :

Pierre Croysier ;
Pierre Roulhac.

Le Marché :

Pierre Mailhot ;
Jehan David.

La Fourie :

François Coulomb ;
Estienne Bachelier.

Le Clocher :

Marcial Arnaud ;
Pierre Seduyraud.

Boucherie :

Jehan Farne ;
Mathieu Foulhaud.

Lancecot :

Mᵉ Pierre Labrousse ;
Pierre Veyrier.

Les Combes :

Mathieu David ;
Marcial Duboys le jeune.

Le Vieux Marché :

Mᵉ Jaques Raymond ;
Mathieu Cybot dict Le Jalat.

(Signé :) J. Mouret, *scribe de la maison de ville.*

C'est le non des centz prudhommes prins et choysis de chasque quanton, pour par eulx estre faict election des conceulz de l'annee prochaine; ladicte nomination faicte par Messieurs les conceulz de la maison commune le septiesme decembre mil six centz vingt ung.

Les Taules :

Pierre Duboys de la Ferarie ;
Psaulmet Faute ;
Mr Londeys ;
Pierre Decordes ;
Jehan Boulhon ;
Jehan Pinchaud ;
Jehan Benoist ;
Pierre Duboys, Sr Dubouscheyron ;
Le greffier Maledent ;
Jehan Douhet.

La Porte :

Me Pierre Deschamps ;
Jaques Maledent ;
Joseph Decordes, S^r de La Grange ;
Estienne Hardy ;
Julien David ;
Simon Croyzier ;
Leonard Michelon ;
Thomas Maillot ;
Marcial Guymbert ;
Jehan Coulomb.

Magnigne :

Joseph Boullet ;
Jehan Belut ;
Mʳ le recepveur Pinot ;
Joseph Michel ;
Pierre Roullat ;
Jehan Maledent ;
Zachee Segond ;
Simon Deschamps ;
Pierre Cybot dict Pilat ;
Mʳ Cassaigne.

Boucherie :

Jehan Delort ;
Pierre Bellemie ;
Pierre Lymouzin ;
Joseph Decordes laisné ;
François Bechameilh ;
Pierre Noailler ;
Mʳ l'advocat Bonnin ;
Jehan Ardent ;
Jehan Farne ;
Pierre Duboys.

Le Marché :

Mʳ le general Benoist ;
Mʳ l'eslu Benoist ;
Joseph Maillot ;
Joseph Galecher ;
Martial Maillot ;
Jehan Cybot ;
Jehan Baylé ;
Jehan Poylevet ;
Pierre Noailler ;
Venture Poylevet.

La Faurie :

Pierre Jayat;
Papetaud;
Mᵣₑ Guynot Sudour;
Mathieu Duboys;
Simon Debroha;
Mᵣₑ Jehan Dengrazas;
Pierre Saleys l'aisné;
Jehan de Jayat;
Jaques Eyssenaud;
Jaques Benoist.

Le Clocher :

Jehan Rougier;
Mʳ le recepveur Mousnier;
Martial Ardent;
Estienne Peyroche;
Jehan Ardeiller;
Barthelomy Guybert;
Pierre Soudoyraud;
Pierre Chambon;
Jehan Mousnier;
Mʳ de La Charlonie.

Lansequot

Jehan Noailler;
Mʳ Constant, advocat;
Mʳ Dupont;
Mʳₑ Pierre Labrousse;
Pierre Saleys le jeune;
Barthelome Lachenaud;
Jehan Sudoyraud;
Mathieu Constant;
Jehan Benoist.

Les Combes :

Martial Duboys l'aisné ;
Mr Leonard Noailler ;
Jehan Jupille ;
Psaulmet Decordes ;
Mre Pierre Duclou ;
Jehan Gergot ;
Charles Delauze ;
Pierre Duboys dict le Gascon ;
Le jeune Voulondat ;
Estienne Germo.

Le Vieux Marché :

Pierre Plenasmeyjoux ;
Pierre Ceiller ;
Jehan Bardinet dict le Gros ;
Jehan Cybot dict Ringaud ;
Mre Jaques Reymond ;
Boulet, procureur ;
Pierre Veyrier le jeune ;
Mathieu du Jalat ;
Guilhaume Vigier ;
Jehan Manan.

Eslection de Messrs les consulz de la ville de Lymoges, faicte en la sale de la maison de ville par les preudhommes nommes et assembles pour cest effect, suyvant le reglement estably par Sa Magesté, le septiesme decembre mil vj^c vingt ung.

Mrs Me Pierre de Douhet, S^r de St-Pardoux, et Puymoulinier; greffier ;
Jehan Boyol, Sr Duburg;
Jehan Maledent, recepveur des tailles, Sr de Meillac;
Gregoire Decordes, esleu ;
Pierre Maillot, bourgeois et marchant,
Et Me Leonard Albiac, advocat.

(Signé :) J. MOURET, *scribe de lad. maison de ville.*

———

C'est l'eslection des collecteurs, faicte en la grand sale de la maison de ville par les habitantz assambles au son des cloches et tambour, le dimanche huictiesme de may mil six centz vingt deux.

Les Taules :

Marcial de Beaubrueil;
Joseph Cybot.

La Porte :

Barthezard de Douhet;
Mre Pierre Deschamps, appothicaire.

Magninie :

Joseph Michel;
Jehan Pinot.

Le Marché :

Joseph Maillot ;
Pierre Ardellier.

La Fourie :

M⁰ Merigot de Leyssene ;
Jaques Voureys.

Le Clocher :

Leonard Merlin ;
Marcial Ardent, orfeuvre.

Boucherie :

Mʳ La Treilhe ;
Jehan Sanxon.

Lancecol :

Marcial Roumanet ;
M⁰ Leonard Delort ....., procureur.

Les Combes :

Sire Jehan Jupile ;
M⁰ Pierre Pinchaud, procureur.

Le Vieux Marché :

Jehan Coulomb dict Proximard ;
François Clement dict Picheguay.

(Signé :) J. Mouret, *scribe de lad. maison de ville.*

(Ici un feuillet blanc dans le manuscrit.)

Eslection de Messieurs les consulz de la ville de Lymoges, faicte dans la salle de la maison de ville par les preudhommes nommes et assambles pour cest effect, suyvant le reglement estably par Sa Magesté, le septiesme decembre mil six centz vingt deux.

Monsieur M⁰ Jehan Decordes, lieutenant general;
Monsieur M⁰ Jehan Mousnier, recepveur des tailles en l'eslection ;
Jaques Benoist, bourgeois;
Honorable Marcial Benoist, sieur Dumontin (1), advocat au siege presidial ;
Joseph Michel, bourgeois et marchant;
Jehan de Jayac, bourgeois et marchant.

(Signé :) J. Mouret, *scribe de lad. maison de ville.*

C'est l'eslection des collateurs des tailles, faicte par les habitants de la ville de Lymoges assembles au son de tambour a la maniere acoustumee en la maison de ville, chambre du conseil, a cause du petit nombre qui se sont presentes aprez avoir longuement attendu, le douziesme de mars m. vi⁰ vingt trois.

Les Taulles :

Jehan Tilhet;
M⁰   (2) Decordes, advocat.

---

(1) Ou plutôt Dumonteil, comme il est appelé dans le récit de la réception du comte de Schomberg en 1623. (V. plus loin.)
(2) Le prénom est en blanc dans le manuscrit.

Magninie :

Joseph Bouille ;
Leonard Lymousin.

Le Marché :

Jehan Poylevé ;
Joseph Galecher.

La Faurie :

Barthelome Moulinier ;
Michel de la Roche.

Le Clocher :

Jehan Mousnier ;
Pierre Rauchon.

Boucherie :

Jehan Delort ;
Pierre Teulier.

Lansecot :

Me Nicolas Parrot ;
Mathieu Constant.

Les Combes :

Jehan Segon dict Dade ;
Jehan Volondat.

Le Vieux Marché :

Nicolas Guerin ;
Pierre de Plenas Meygoux.

(Signé :) J. MOURET, *scribe de lad. maison de ville.*

(Ici une page blanche au manuscrit.)

C'est le nom des cent preudhommes nomes par messieurs les consulz de la present ville pour l'eslection de leurs successeurs consulz.

Les Taules :

Mr du Puymoulinier;
Pierre Duboys de la Ferarie;
Jehan Decordes l'ayné;
Pierre Decordes;
Mr Londeys;
Jehan Bouillon;
Jehan Pinchout;
Jehan Benoist;
Jehan Douhet;
Mr Duboys, Sr du Boucheyron.

La Porte :

Mr Decordes, Sr de La Grange;
Martial Decordes dict le Couillaud;
Me Piere Deschamps, appothicaire;
Jacques Maledant;
Estienne Ardy;
Leonard Michelon;
Simon Croiziers;
Julien David;
Me Leonard Delominie, notaire;
Mr le recepveur Vidault.

Maignine :

Me Jean Bouyol layné, sieur du Burg;
Josept Decordes le jeune;
Mr Chassaigne, contreroleur general;
Pierre Rouilhat;

Jehan Limousin ;
Jehan Belut ;
Pierre Cibot dict Pilat ;
Josept Bouillet ;
Simeon Deschamps ;
Mᵉ Jehan Rougier, recepveur de l'ordinaire.

Le Merché :

Mʳ le general Benoist ;
Mʳ l'esleu Benoist ;
Mʳ Mailhot, contrerolleur ;
Martial Mailhot ;
Josept Galachier ;
Jehan Baille ;
Andrien Pabost ;
Jehan Cibot des Pousses ;
Jehan Poylevet, juge de police ;
Venture Poylevet.

La Ferrarie (La Fourie) :

Sʳ Pierre de Jayat, juge de bourse ;
Papetaut ;
Mᵉ Pierre Dupin ;
Mathieu Duboys ;
Jacques Eyssenaud ;
Jehan Lascure ;
Mᵉ Jehan Dengrazas, notaire (?) ;
Estienne Bacheliers ;
Mᵉ Guynot Sudour ;
Mʳ Saleys, du Gras.

Le Clocher :

Le jeune advocat Pinot ;
Estienne Peyroche ;
Jehan Ardellier ;
Piere Sudoyraud ;
Jehan Mousnier, gendre de Mʳ Dubouscheyron ;

Barthelome Guybert;
Blanchon, gendre de M. Duboucheyron;
Mr Pinet, assesseur en l'eslection;
Pierre Chambon;
Mr l'esleu Decordes.

Boucherie :

Jehan Delon;
Piere Belle .....;
Josept Decordes l'ayné;
Mr l'advocat Bonnin;
Jehan Ardent;
Leonard Sanson;
Françoys Bechamey;
Pierre Noialler;
Piere Lymousin dict Gay;
Piere Duboys.

Lansecot :

Mr Constant, advocat;
Mr le juge Petiot;
Mr Dupont, advocat;
Mr l'esleu Devoyon;
Me Pierre La Brousse;
Jehan Mousniers;
Lachanaud;
Jehan Nouallier;
Pierre Saleys;
Mr Lapine, esleu.

Les Combes :

Mr Jehan Peyriere, procureur;
Mr Aubiat;
Juppille;
Martial Duboys l'ayné;
L'advocat Marchandon (ou Marsaudon);
Me Pierre Duclou;

Jehan Gergot;
Jehan Voulondat le jeune;
Charles Delauze;
L'advocat Lamy le jeune.

Le Vieux Marché :

M⁰ Piere Mauple, S⁰ de Plenevayre;
Jehan Benoist de *Las Courieras;*
Piere Veyrier le jeune;
Guilhaume Vigier;
Piere de Plenas Mejou;
Jehan Celier;
Mathieu de Jallat;
Jehan Bardinet dict le Gros;
M⁰ Jacques Reymond, procureur;
Boulet, procureur.

[Ici une page blanche au manuscrit (1).]

Eslection de messieurs les consulz de la ville de Lymoges, faicte dans la sale de la maison de ville par les preudhommes nommes et assembles pour cest effect et assembles au son de la cloche et tambour, suyvant le reglement estably par Sa Magesté, faict le septiesme decembre mil six cents vingt trois.

Honorable M⁰ Jacques de Petiot, juge de Lymoges;
Joseph Decordes, S⁰ de la Grange;
M⁰ Piere de Mauplo, S⁰ de Plenavayre;

---

(1) Chronologiquement, c'est ici que devrait se placer le récit de la réception du comte de Schomberg, qui, dans le manuscrit, ne vient qu'après la liste des consuls.

Jehan Vertamont, Sʳ des Monts;
Pierre Saleis le jeune, bourgeois et marchant;
Joseph Galecher, bourgeois et marchant.

(Signé :) J. MOURET, *scribe de lad. maison de ville.*

[Le reste du feuillet est en blanc.]

Entree de Monseigneur le comte de Schomberg, faicte en l'annee 1623 (1).

En l'annee mil six cens vingt deux, le septiesme jour de decembre, monsieur maistre Jehan Decordes, lieutenant general en la senechaulcee de Limosin et siege presidial de Lymoges, presant, assisté de Mᵉ Jehan de Granssagne, procureur du Roy aud. Limoges, furent esleuz consulz par l'advis des cent preudhommes, de la meniere acoustumee.

Messieurs (2)

Mᵉ Jehan Decordes, lieutenant general de Lymoges;
Mʳ Jehan Mousnier, recepveur des tailhes;
Sieur Jacques Benoist, sieur du Bias;
Mʳ Martial Benoist, advocat et sieur du Montin (3);
Sieur Joseph Michel, sieur de Sessaguet et bourgeoys de Lymoges;
Sieur Jean de Jayac, aussy bourgeoys et marchant dudict Lymoges,

[Réception du maréchal de Schomberg.] Lesquelz ayant aprint que Monseigneur le conte de Schombert estoict gouverneur en ceste province de Lymoges, pour y tenir le mesme rang qu'avoict auparavant monseigneur le duc

(1) V. LAFOREST, *Limoges au* xvııᵉ *siècle*, pages 195 et suiv.
(2) La liste des consuls de 1622 a été déjà donnée page 220; mais celle-ci est plus complète.
(3) Dans le récit qui va suivre, il est appelé Dumonteil. La famille Dumonteil est très-connue.

d'Espernon, nostre gouverneur, et que desja les provisions concedees par Sa Magesté avoyent estes mises ez mains de monsieur le lieutenant general, pour en fere fere au Palais Royal lecture et publicquation et l'enregistrement au greffe, prindrent resolution d'envoyer saluer mondict Seigneur de Schombert de la part de la ville. Monsieur le lieutenant general et monsieur de Jayac furent depputtes a cest effect, le vingtcinquiesme jour de janvier mil six cens vingt troys ; mais, une grande malladie estant lors survenue audict sieur lieutenant, ledict sieur Jayac feist le voyage, et receu(t) de mondict seigneur, quy estoit en sa maison de Nanteil, ung traictement tres favorable, le xx^e jour de feuvrier aud. an 1623. L'affection naturelle que ce seigneur porte a ceste province l'oblige promptement a la vouloir honorer de sa presance. A ses fins, il despesche ung gentilhomme vers les S^{rs} consuls, le quinziesme de may, qui les assure de son arrivee dans trois ou quatre jours, mais que son intention n'estoyt aulcunement portee a les constituer en grandz fraictz pour luy faire une antree telle quy estoyt dheue a sa callicté, ains vouloyt seullement, pour tesmoiniage de leur affection, qu'ilz se randissent a la porte de la ville, a son arrivee, portant leurs marques consulaires et les clefz de leur ville ez main pour les luy offrir, cellon laccoustume ; ce quy fust excequté prudammant par le Sr Michel, lors prevost, acompaigné des Srs Mousnier, du Bias et Dumonteil. Monsieur le lieutenant general et monsieur Jayac monterent a cheval, et luy allerent audevant avec ung tres grand nombre des plus notables de la ville.

Monseigneur de Chomberg estant arrivé a la porte Monmailher, et conduict a l'instant en la maison de feu monsieur de Chastenet, lieutenant general audict Limoges, appellee Le Brueil, ou son logis estoyt destiné, fust a mesme temps visité de messieurs les officiers de la justice, M^{rs} les trezoriers generaux de France et M^{rs} les esleuz ; comme aussy Monsieur de Limoges et M^{rs} des chappitres de St Estiene et St Martial et plusieurs aultres en grand nombre le vindrent salluer et randre toute sorte de sumission.

Le landemain, seiziesme jour de may, mondict seigneur fust adverty par messieurs les consulz que tout le peuple de la ville, d'une commune voix, en signe de rejouissance, estoyent tous dispozes a luy faire une entree, et que les S^{rs} consulz avoient nommé a cest effect les cappitaines et les lieutenants des compagnies de la ville, qui s'estoient desja constitues en fraiz pour luy tesmoigner leur debvoir, et avoient esleu parmy eux pour leur collonel general M⁰ Jacques Petyot, juge royal ordinaire de Limoges, ce quy obliga mondict seigneur a leur destiner jour certain pour faire son entree, pendant lequel, pour leur donner ung plus grand loysir a se preparer, il fust visiter plusieurs villes de son gouvernement, jusques au septiesme de jung et a jour de dimanche, que monsieur de Limoges fist ung tres superbe banquet a Monseigneur de Chomberg et a plusieurs seigneurs et gentilhommes du pays, en son chasteau d'Isle, distant de la ville de Limoges de demy lieu ou environ. Il estoyt une heure apres midy quant monsieur Decordes, lieutenant general, couvert de sa grand robbe de damas noir, avec son chaperon de consul de damas rouge par dessus et son bonnet quarré, et monsieur Mousnier, recepveur, couvert pareilhement d'une grand robbe a la bourgoize, avec son chapperon de damas rouge et sa tocque de veloux noir, montes sur leurs chevaux couverts de belles ousses, acompaignes de plus de cinquante notables bourgois de la ville, montes aussy sur leurs chevaux, couvertz de grandes ousses, feurent trouver mondict seigneur au chasteau d'Isle, et, apres luy avoir faict une tres proffonde reverance, monsieur le lieutenant general, prenant son subject sur l'absance de mondict seigneur despuis quatre ou cinq ans qu'il cestoyt desmis de la charge de lieutenant general pour le roy en ceste province, qu'il exerçoyt auparavant, luy firent l'arrangue que s'ensuict :

« MONSEIGNEUR, sy la religion des anctiens, par ung secrect mistere, nous faict adorer dans les villes des dieux particulhiers dont la presance est un bonheur et l'absance ung presaige d'une callamité publicque; sy, aultresfois, les dieux de Troye feurent veuz par Ennee abandonnant leurs temples et leurs aultelz sacretz, prevoyant les malheurs et la ruyne fatalle de ceste superbe cyté, la demeure de sy grandz roys; sy la ville de Tyr fust quitee par Apollon, son bon genie et conducteur, la voyant condampnee par arrest du destin a passer par les armes de Alexandre, la ville de Limoges, avec juste raison, auguroyt des maleurs et presantoyt des infortunes, se voyant delayssee l'espace de quatre ou cinq ans de son antien conservateur, son dieu gardien et tutellaire, deffanceur de sa liberté et protecteur de son reppos. Mais, puis qu'il plaict au siel favoriser nos sainctz ..... et combler noz soucitz de l'influance de ses graces, puis, dis je, que vostre grandeur daigne se retourner vers nous et nous ramener le bonheur quy nous avoyt esté ravy par son absance, nous luy consacreront des temples et luy dresseront tant d'hostelz, non pas au mitant de noz rues ne dans noz carrefours, mais au plus proffont de noz ceurs, que, comme ilz sont les premiers sieges de leurs ames et les partyes dernieres mouvantes de noz corps, elle aussy nous recognoistra des le premier poinct de noz vies jusques a noz derniers souspirs ses tres humbles, tres hobeyssans et tres fidelles serviteurs. »

Monseigneur de Chomberg tesmoigna sur son vizaige ung singulier contentement de ce discours, quy luy remetoyt en memoyre les bons offices qu'il avoyt randu a ceste province, et protesta tout haultement de procurer de plus en plus son bien et sa grandeur, et sur tout de Limoges, la ville cappitalle et principalle; puis, monté sur ung grand cheval richement arnaché, a suite des plus grandz seigneurs et gentilhommes de la province, quy marchoient devant luy, les trompestes de la ville ......, ayant a ses costes monsieur le lieutenant general et monsieur Mousnier, consul, avec les bourgois de la ville quy suivoient. Apres Monsʳ le viseneschal tenoyt le devant avec sa compagnie d'archiers, couvertz de leurs ocquetons rouges. Messieurs les officiers de la justice s'estoient randus au chasteau d'Isle avant les S^{rs} consulz, et avoyent randu a mondict seigneur toute sorte de sumission; mais, a cause d'ung certain different qu'ilz heurent avec messieurs les consulz pour leurs rans et leurs presseances, ilz resolurent entre eux mesmes de ne se trouver pas a la séremonie, prevoyant quelque confuzion.

Monseigneur de Chomberg, se advansant ainsin vers la ville, vid parestre sur son chemin et dans une grande campaigne ung regiment de gentz de pied des plus jeunes et agueris de la ville et en bel equipaige, conduictz par leur collonel general, et ranges a ung batailhon carré compozé de quinze centz hommes, chascune compagnie conduicte par les cappitaines des cantons, avec chascun leur drappeau et livrees, et le tout mis en tres bel ordre par le Sr Merlin, bourgois de lad. ville, sergent majour dudict regiment. Les fiffres et tambours faisoient retantir l'air de toutes pars. Ou estant arrivé, Mr Jacques

Petyot, juge royal ordinaire de lad. ville, collonel general dudict regiment, s'estant ung peu advancé a la teste de son bataillon, luy parla en ceste sorte :

[Ici un blanc réservé au discours, qui n'a pas été recopié.]

MONDICT SEIGNEUR, apres avoir admiré quelque temps ce bel ordre de gentz de guerre, s'avansat un peu vers la ville, et entendit a mesme temps ung salut general qui fust faict a son honeur par toute ceste infanterie; et, s'estant campé en lieu proppre, voulou voir passer fille a fille toutes les compagnies dudict regiment, ou il print ung merveilheux plaisir; puys, venant a la suitte desd. compagnies en mesme ordre que dessus, fust conduict jusques a la ville. Et, passant audevant la porte des Arresnes, fust sallué d'ung grand nombre de fauconneaux qu'on avoyt monté dans les temps et d'une piece collevrine et aultres faulconneaux industrieusement esleves sur le boulevoir St Marcial. Puys, s'advansant un peu vers la porte de Monmailher, il entendict jouer deux gros doubles canons qu'on avoyt bracqué audevant la porte et plusieurs fauconneaux quy estoient dans les tours. Et, a mesme temps, les trompestes jouerent leurs fanfares en signe de joye publicque. Le portal de la ville estoyt hartistement parré de plusieurs hars [arcs] triumfeaux et aultres artiffices curieusement recerches dans l'invention de l'artizant. Les armoiries du Roy paroissoient, et avec (?) celle de monseigneur et de la ville reaussoient les costes. Le pourtraict de mondict seigneur, naivement representé au pinseau, entouré de guirlandes et lauriers verdoyans, couvroyt le frontispice du portal, et, deriere icelluy, sur ung teatre magnifficque, la muzique et les instrumentz faisoient un melodieux consert a la louange de ce seigneur, lequel, apres avoir fandu la presse dung nombre innumerable d'hasistans et estrangiers quy avoient acoureu de toutes parts pour voir cest magneffisance, et enfin parvenu a la premiere entree de la ville, Monsieur Michel, prevost, acompaigné des Srs du Bias, Dumontin (1) et Jayac,

---

(1) Ailleurs Dumonteil. (V. page 227.)

avec leurs robes, chapperons de damas rouge et tocques de veloux noir, et de plusieurs aultres bourgois notables de la ville, luy fist le discours quy s'ensuict :

« Monseigneur, nous sommes grandement heureux d'estre continues soubz voz gouvernementz et commandes par ung sy brave et genereux seigneur que vous, doué de tant de graces et perffections, que tout le monde loue et honnore. C'est pourquoy, monseigneur, avec les clefz des portes de ceste ville et le poylle que nous vous presantons, nous vous offrons noz ceurs, les veux et affections de tous ses consitoyens. Que sy en ceste vostre reception vous ne trouves tant de magniffisance comme il appartient a vostre grandeur, n'en rapporte, ne imputes la cause a nous, car en desin de volompté nous ne sederons a quelques personnes et ville quelle soyt de voz gouvernementz. »

Monseigneur de Chomberg, assetant [acceptant] les clefz de la ville, ne pouvoient dissimuler le contantement et la joye incroyable qu'il avoyt dans son ame; mais, ayant jecté l'eulh sur ung beau et superbe daix quy luy fust offert par les sieurs consulz, retenu de sa modestie, il le reffusa fort hosnestement ; en fin, vaincu par leurs prieres, il leur permist de le porter environ dix pas audevant de luy. Le daix estoyt carré en sa forme et a double fondz; le dessus d'ung velloux tanet couvert de clincant d'or, tant plainct que vuide, et le dedans d'ung gros de Naple jaune, couvert de passement d'argent, — se sont les couleurs et livrees de Monseigneur le conte, — la double pante en escailhe de mesme estoffe que dessus, garnye a l'antour de grosses ouppes et de franges, entretissus de fillectz d'or, d'argent et de soye, entouroyent ce grand ciel (?); et les armories du Roy et celles de la ville relepvees en broderie d'or paroient richement les deux boutz; celle de Monseigneur, enrichie de mesme, brilhoyt aux deux costes avec un esclat merveilheux. Toute ceste grande assamblee marchat ainsin par ordre jusques au grand clochier de St Martial, ou mondict seigneur mist pied a tere et fust aussy tost acully par Monsieur de Limoges, assisté de messieurs du chappitre de St Martial. Et, apres avoir entendu par la bouche du S evesque une tres belle exortation sur la dignité de sa charge et soing particulher qu'il debvoyt avoir de ceste province, il fust conduict dans la grand nef et puis dans le ceur de l'esglize, ou l'on randist action de graces a Dieu, et le *te deon* fust chanté avec la muzicque et instrumentz, qui ravissoient les assistans a une tres proffonde devotion. Puis sorty et remonté sur son cheval, et parce que la nuict quy estoyt desja proche heust oscurci l'esclat de ceste belle seremonye, on pourveut promptement a un grand nombre de flambeaux, quy par la vivassité de leurs lumieres surpassoient le jour mesmes; et ainsin il fust conduict tout le long de la rue et dans celle de Crochedor; et, montant au hault de Manigne, apres avoir traversé la place des Bans et de la Fererie, my pied a terre au Brueil, proche du grand palaiz royal, ou son logis avoyt esté preparré. Toute la nuict ne fust que joye et passe tant dans la ville, en signe de réjouissance publicque, et chascun en particulher faisoient des veuz au Siel pour la prosperité d'ung sy bon seigneur, affin que longuement nous puissions vivre soubz sa protection. Dieu par saincte grace exauce noz prieres !

Sensuict les noms des capitaines de la ville de Lymoges esleuz pour l'entree de monseigneur le comte de Chombert, faicte en l'annee mil six centz vingt troys.

Pour le canton des Taules :

Sire Martial Guybert, bourgeois et marchant;
Sieur Jehan Ducloupt, son lieutenant.

Pour le canton de Magninie :

Mᵉ Jehan Boyol, filz de feu sieur aultre Jehan Boyol;
Sieur Jehan Ruaud, son lieutenant.

Pour les Bancz :

Monsieur du Masdupuy;
Sieur Leonard Roux, son lieutenant.

Pour le Clocher :

Monsieur Baignol l'ainé, advocat;
Sire Jehan Lavault, lieutenant.

Pour Boucherie :

Sieur Pierre Saleys;
Sire Jehan Lascure, lieutenant.

Pour la Ferrerie :

Mr Petiot, juge, esleu collonel general entre les capitaines;
Sieur Pierre Faulte, lieutenant

Pour les Combes :

Mr de la Coste .....;
Jehan Noailher, marchant.

C'est le rolle des cent preudhommes nommes pour l'eslection des consulz de l'annee prochaine, qui se fera demain septiesme decembre mil six centz vingt quatre, a l'heure d'une heure apres midy.

Les Taules :

Monsr du Puymolinier;
Sr Pol Dubois;
Sr Jacques Martin, Sr du Teillau;
Pierre Chastaignac le jeune;
Jean Douhet;
Tirebast, procureur;
Mathieu Colin;
Mr du Bouscheyron;
Nicolas, gendre du sieur Croisier;
Jacques Benoist.

La Porte :

Pierre Malledent ;
Marcial Decordes ;
Pierre Deschamps, appotiquaire ;
Desflottes ;
Jacques Malledent ;
Monsr Vidaud, receveur des tailles ;
Joseph Michel ;
François de Jayac ;
Mercier, appotiquaire ;
Joseph Douhet.

[*Maigninie :*]

Mr Boyols Dubourg ;
Joseph Bouillet ;
Joseph Decordes, gendre de Mr Constant ;
Croisier, gendre de Mr Dubois ;
Zachee Second ;
Pierre Jayac ;
Jean Jayac ;
M^r le contrerolleur Cassaigne ;
Mr Manen ;
Mr Malledent ;

La Fourie :

Pierre Faute ;
M^r l'esleu de Voyon ;
M^r l'esleu Decordes ;
Leonard Merlin ;
Jehan Naugeat dit Langelaud ;
Helies Froment ;
Mr Clement, greffier ;
Mr Brunet, advocat ;
Jean Mosnier, gendre de chez Mr Decordes ;
Mr Dubois, advocat.

Le Clocher :

Mʳ Lamy, advocat, l'aisné ;
Mʳ Pinot le jeune, advocat ;
Mʳ Peyroche ;
Mʳ Baignol le jeune, advocat ;
Mʳ de la Maliatre ;
Mʳ Baignol l'aisné ;
Mʳ l'esleu Pinet ;
Garat, demeurant pres Mʳ le lieutenant particulier ;
Mʳ Ardellier ;
Mʳ Cibot, procureur fiscal.

Boucherie :

Mʳ le conseiller Barny ;
Mʳ Bonnin, advocat ;
Leonard Sanson ;
Pierre Teulier ;
Malevergne l'aisné ;
Dangrezas ;
Mathieu Dubois du Puitinion ;
Jean Farne ;
Jean Romanet dit le Bayle ;
Jacques Voureil.

Lancequot :

Mʳ Constant, advocat ;
Mathieu Constant ;
Mʳ le procureur La Brousse ;
Mʳ de Recules, conseiller ;
Joseph Blanchard ;
La Chenaud ;
Mʳ Dupont, advocat ;
Jean Noualler ;
Mᵉ Estienne Pabot, procureur ;
Mʳ de la Charlonie.

Les Combes :

Mʳ Mosnier, receveur des tailles;
Pierre Verrier;
Perriere, procureur;
Marcial Dubois dit Mauriquet;
Mʳ Martin le jeune, conseiller;
Mʳ Marchandon, advocat;
Pierre du Clou;
Volondat le jeune;
Dade;
Charles Delauze.

Le Marché :

Mʳ Roulhac, advocat;
Mathieu Molinier;
Marcial Mailhot;
Joseph Peyron;
Daniel La Roudie, procureur;
Mʳ Benoist, acesseur;
Mʳ Benoist, esleu;
Mʳ Vertamond, general;
Mʳ Mailhot, contrerolleur;
Pierre Dubois, gendre chez Mauplo.

Le Vieux Marché :

Joseph Decordes, gendre chez Mauplo;
Mᵉ Jean Rogier, procureur;
Gergot, gendre de du Clou;
Jean Farne dit Juge;
Mathieu du Bareau;
Mathieu du Jalat;
Jean Naugeat, Mᵉ du jeu de paume;
Mᵉ Jacques Raimon;
Jean Poylevé le jeune;
Jean Las Vachas.

Arresté le sixiesme decembre avant midy mil six centz vingt quatre.

C'est le nom des cappitaines et leurs lieutenentz, faictz et esleuz en maison de ville, le vingt cinquiesme janvier mil six cent vingt cinq.

Pour Consulat et les Taules :

Leonard de Cordes, Sr de Felix ;
Jean Douhet, lieutenent.

Magninie :

Monsieur l'advocat Boyol, filz de feu Sr Cere Boyol ;
Estienne Malledent, filz de Sr Jean Malledent.

Le Marché :

Sr Pierre Dubois, bourgeois ;
Malledent, Sr de la Lingaine (*sic,* peut-être Tinquaine?).

Le Clocher :

Sr Estienne Peyroche ;
Sr Lazare Texandier.

La Farerie (1) :

Sr Leonard Merlin ;
Sr Guillem Nicot, gendre de Mr David.

Boucherie :

Sr Pierre Saleis ;
Sr Jehan Jayac, filz ainé de M^r le procureur.

Les Combes :

Sr Marcial Dubois dit Mauriquet ;
Sr Bolesteis, hopte de *La Biche.*

---

(1) *Sic.* V. la note de la page 212. On remarquera qu'il n'y a que huit compagnies, et que les cantons du Consulat et des Taules n'en forment qu'une.

Lancecot :

S' Jehan Nouailler ;
S' Jean Colin dit Langelaud.

Eslection de Messieurs les consulz de la ville de Lymoges, faicte en la salle de la maison de ville par les preudhommes nommes pour cest effect, le septiesme decembre mil six centz vingt et quatre, suivant le reiglement establi par Sa Magesté.

Honorable M' maistre Jehan Marran, lieutenent particulier ;
Monsieur M' Leonard Constant, advocat ;
S' Jehan Rogier, recepveur des consignations ;
S' Francoys de Jayac, bourgeois et marchant ;
S' Marcial Decordes, bourgeois et marchant ;
S' Jehan Rommanet, bourgeois et marchant.

(Signé :) J. MOURET, *scribe de la maison de ville.*

(Le reste de la page est en blanc.)

C'est l'es'ection des collecteurs, faicte en la grand salle de la maison de ville par les habitants assembles au son de la cloche et tambour, le dimanche treiziesme de avril mil six centz vingt et cinq.

Les Taules :

Paul Dubois ;
Jacques David.

La Porte :

Senemaud, gendre de Sr Jean Molinier ;
Yzaac Cibot.

Magninie :

L'advocat Boyol ;
Jean Baud.

Le Marché :

Estienne David ;
Jean Bary dit Gouvernat.

La Fourie :

Jacques Texandier ;
Guinot Sudour.

Le Clocher :

Marcial Arnaud ;
Jean Hardellier.

Boucherie :

Geral Jayac ;
Pierre Chapelas.

Lansecot :

Jean Certe ;
Joseph Blanchard.

Les Combes :

Geremie ;
Noailler.

Vieux Marché :

(1) La Joumard ;
Descoutures.

(Signé :) J. Mouret, *scribe de la maison de ville.*

S'ensuit la teneur de l'arrest donné contre Messieurs les esleus de la present ville au conseil privé du Roy.

Extrait des registres du conseil privé du Roy.

[Priviléges de la ville.
—
Procès relatif aux droits seigneuriaux réclamés au nom du roi de Navarre.]

ENTRE LES CONSULZ DE LA VILLE DE LYMOGES, demandeurs en requeste du viij^{me} febvrier mil six cents vingt et quatre, d'une part ; et les president, lieutenantz et esleus de lad. ville, deffendeurs, d'aultre, et Me Anthoine Valladon, contrerolleur des deniers communs d'octroy et extraordinaires de la maison de ville dud. Lymoges, intervenant : VEU PAR LE ROY EN SON CONSEIL lad. requeste tendant en cassation des ordonnances et executoires decernees par les presidens, lieutenantz et esleus dud. Lymoges, des vij^e, xj^e, xiij^e et xix^r decembre mil six centz vingt et trois, comme contraires aux privileges desd. habitans, et qu'ilz continueront la levee du droit du souquet sur le vin qui se vend en detail dans lad. ville, de quatre deniers pour livre des autres marchandises, sans estre tenus d'en faire les baux affermes pardevant lesd. esleuz, ny randre compte, et faire deffences tant ausd. esleuz que tous autres de troubler lesd. consulz et habitans en la jouissance desd. droitz et privileges, ny de les contraindre de compter pardevant autre que pardevant le seneschal de Lymosin, ainsy qu'il est accoustumé ;

---

(1) Les prénoms sont en blanc.

arrest sur lad. requeste dud. jour septiesme febvrier, par lequel est ordonné que lesd. esleuz seront assignes aud. conseil aux fins dicelle, et que toutes poursuittes surcerront a l'encontre desd. consulz, avec deffances de mettre l'executoire decerné par lesd. esleuz a lancontre deux a execution ; privilleges desd. habitans de Lymoges a eux accordes par Charles cinquiesme, le xxvj° decembre m. iij^c lxxj (1) ; declaration du roy en forme deedict sur la juridiction et exemption desd. presidentz, lieutenentz, esleuz et autres officiers des eslections de ce royaume, du mois de decembre m. v^c iiij^{xx} xiiij, portant que lesd. esleuz auront la cognoissance des proces civil et criminel, circonstances et despandances des aydes, tailles et autres deniers, et que les baux et marches qui se feront desd. aydes, subcides, deniers et octroy, et desquelz la cognoissance en est attribuee ausd. esleuz, se feront pardevant lesd. esleuz, et qu'ilz payeront chascun deux aux parties casuelles, par forme de supplement, pour la somme a laquelle ilz seront taxes ; verifification dud. esdit a la cour des aydes, du xiij° may m v^c iiij^{xx}v ; quictance de cent quatre escuz, qui est la finance par lesd. deffandeurs payee pour jouir desd. droitz, du xiij^e may m. v^c iiij^{xx} xiij ; arrest de la chambre des comptes du xxij^e septembre iiij^{xx} xvij, par lequel est ordonné que lesd. demandeurs jouiront de leursd. privilleges, don et octroy, sans qu'ilz soient tenus de compter desd. deniers d'octroy pardevant autres que pardevant le seneschal de Lymoges ou son lieutenent ; autre arrest de la chambre des comptes du xxvj^e may m. vj^c vj, par lequel lesd. habitans de Lymoges sont descharges de l'assignation qui leur avoit esté donnee a la requeste du procureur general pour venir compter des droitz de souquet et quatre deniers pour livre qui se levent aud. Lymoges ; coppie de confirmation des privilleges desd. consulz et habitans, du mois d'avril mil six centz treize (2) ; proces verbal desd. esleuz, contenant leurs ordonnances que commandement sera faict ausd. consulz de faire publier et proclamer en lad. ville de Lymoges et aux paroisses circonvoisines que lesd. deniers d'octroy se bailleront a ferme pour apres proceder au bail desd. droitz, et, a faute d'avoir par lesd. consulz satisfaict a lad. ordonnance, ont esté condamnes en l'amande, des vij^e, xj^e et xiij^e decembre m. vj^c xxiij ; exequ-

---

(1) V. pour ces priviléges *Bulletin de la Société Archéologique du Limousin*, T. XIV, p 22 et suiv.
(2) V. ci-dessus, page 167.

toire decerné par lesd. esleuz de la somme de cinquante livres a l'ancontre desd. consulz, de peynes contre eux indites et declairees par les ordonnances desd. esleuz, du xix⁰ dud. mois et an; exploit de commandement de payer lad. somme faict ausd. consulz en vertu dud. exequtoire, du premier de janvier m. vj° xxiiij; requeste d'intervantion dud. Valladon, du xxiij° may aud. an m. vj° xxiiij; eedit de creation de son office du mois de decembre m. v° iiij^xx ung; sentence de provision du viij° juillet m. vj° xxiij; sa reception aud. office, du xxij° novambre aud. an; appoinctement en droict pris entre lesd. parties, leurs escriptures et productions et tout ce que par elles a esté mis et produict pardevers le Sr de Chambures, conseiller du Roy et M° des requestes ordinaire de son hostel, commissaire a ce deputé; ouy son rapport et tout consideré : LE ROY en son conseil, faisant droit sur lad. instance, a deschargé lesd. consulz de la condamnation portee par lesd. jugementz desd. esleuz, et, sans y avoir esgard, a maintenu et maintient lesd. consulz en la liberté de leurs privilleges; ce faisant, les a exemptes de faire les baux et afferme des deniers communs de la ville de Lymoges dont est question pardevant lesd. esleuz, sans despans. Faict au conseil privé du Roy tenu a Paris, le vingt huictiesme jour de decembre mil six centz vingt et quatre. Collationné et ainsy signé : LE TENNEUR.

(Le reste de la page est en blanc.)

[Même affaire.] Louis, par la grace de Dieu, roy de France et de Navarre, au premier de noz ames et feaux conseillers maitres des requestes ordinaires de nostre hostel, conseillers de noz cours souveraines, seneschal de Lymoges, ou son lieutenent, salut. Ensuivant l'arrest de n^re conseil cy attaché, cejourd'huy donné entre les consulz de la ville de Lymoges, demandeurs, d'une part, et les presidentz, lieutenentz et esleuz de lad. ville, deffaudeurs, d'autre; et M° Anthoine Valladon, contrerolleur des deniers communs d'octroy et extraordinaires de la maison de ville de Lymoges, intervenant : Nous vous mandons et comettons par ces presentes que n^re dit arrest vous mettres a dheue et antiere execution, sans permettre ny souffrir estre contrevenu a icelluy, ny lesd. consulz estre troubles en la liberté de leurs privilleges, esquelz ilz sont maintenus par n^{rre}d. arrest; de ce faire vous donnons pouvoir; mandons en outre au premier huissier de n^{re}dit conseil ou autre n^{re} huissier ou sergent faire pour l'antiere execution de n^{re}dit arrest, a la requeste des consulz, tous exploitz de signiffication, commandementz et deffances requises et necessaires; sans pour ce demander *visa ne pareatis*. Car tel est n^{re} plaisir. Donné a Paris, le vingt huictiesme jour de decembre l'an de grace mil six centz vingt quatre, et de n^{re} regne le quinziesme. Par le Roy en son conseil, ainsy signé : LE TENNEUR.

(Le reste de la page est en blanc.)

Sur les plainctes et doleances que nous furent faictes au commencement de l'annee de n^{re} charge par la plus grande partye des habitantz de ceste ville, pour ce que certaines personnes, comme deputes a la verification et recherche de l'ancien domaine de Navarre pour les censives, lotz et vantes, homages, adveuz et denombrementz pretendus estre deubz au roy comme vicomte de Lymoges, lesquelz commissaires et partisans s'estantz ung temps loges a Solomniac et despuis en la ville de Tiviers, auroient, par le moyen de leurs sergens et autres, faict plusieurs assignations, contraintes et executions sur le bestail et autres biens desd. habitans, et contraint iceulx de se rachapter par le payement desd. choses a eux demandees quoique non dheues, avec beaucoup de fraiz qu'il falloit aller payer a la cour, que pour ce on avoit establie aud. lieu de Tiviers, au grand prejudice et domage des pauvres habitans et directement contre les droitz et privilleges de ceste ville, pour la recherche desquelz aucuns de nous se seroient occupes, durant quelques mois, de veoir les papiers, esditz et privilleges qui sont en ceste maison de ville, pour deffandre lesd. habitans de telles choses demandees; et sur ce fust dressé memoires et requeste pour icelle presanter au roy et a son conceil, dont la teneur s'ensuit :

Au Roy

et Messeigneurs de son conseil.

Sire,

[Même affaire.
Requête
des consuls
au roi.]

Les consulz, manans et habitans de vre ville de Lymoges vous remonstrent tres humblement que le feu roy de Navarre s'estant faict adjuger par arrest de vre cour de parlement de Paris la justice de lad. ville de Lymoges, en ce que les vicomtes de lad. ville de Lymoges souloient tenir, en execution dud. arrest, il s'en ensuivit autre arrest du sixiesme de septembre l'an 1544 (1) entre le roy de Navarre et les consulz, manans et habitans de lad. ville de Lymoges, par lequel, comme ainsin fut que le roy de Navarre pretendit que de tous biens quy n'avoient de cens comme dependans de luy, il peut imposer cens sur iceulz, et que des censives ou biens nobles il se pretendit homager et hault seigneur, et diceulz luy estre deub homages, adveuz, denombrementz, lotz et vantes et autres droitz seigneuriaux; et lesd. habitans au contraire eussent maintenu qu'ilz estoient es païs de droit escript et franc aleu, qu'ilz pouvoient tenir allodiallement et sans rante, et que des censives et biens nobles ilz n'estoient tenus a aucun homage ny a aucunes redevances, sy par titres on ne monstroit de telle sujection, et que, de tout temps et ancienneté, ilz avoient jouy de lad. franchise et exemption. Par led. arrest les parties furent reglees a veriffier par led. roy de Navarre, par tiltres et tesmoings, ce quy estoit de son intention, et lesd. manans et habitans au contraire a veriffier par tiltres et tesmoings leur liberté, immunité et leur possession immemorialle. Par le mesme arrest il est cotté que ceste contestation est entre le roy de Navarre et les particuliers habitans de lad. ville, au nombre desquelz sont lesd. consulz comme administrateurs des aumosnes de Saincte Croix, quy sont dottees de plusieurs belles rantes foncieres et autres droitz et devoirs au dedans, non seulement de lad. ville de Lymoges, mais la plus grande partye hors dicelle et dans lad. vicomté et ailleurs, despuis et en l'annee 1566. Sur plusieurs desd. controverses transaction fut passee, et par lad. transaction, l'article concernant les censives fut reservé et non compris en lad.

(1) V. ci-dessus, T. I, p. 375.

transaction. Et comme Mᵉ Auguste Galand, procureur general de l'ancien domaine de Navarre, eut faict saisir plusieurs maisons en lad. ville de Lymoges et assigner lesd. suppliantz au grand conceil pour raison des censives et droitz seigneuriaux pretendus, lesd. suppliantz vous ayant remonstré la litispendence qui estoit et est en vʳᵉd. cour de parlement de Paris, par arrest donné avec led. Mᵉ Auguste Galand, le 19ᵉ de septembre 1607, vous auries renvoyé led. proces et differend desd. parties concernant lesd. censives et autres droitz seigneuriaux pretendus pour et au nom de Vʳᵉd. Magesté contre les habitans de vʳᵉd. ville de Lymoges en vʳᵉd. cour de parlement de Paris, pour y proceder a l'execution dud. arrest du siziesme de septembre 1544, suivant les derniers actes et errementz, a laquelle vʳᵉd. cour de parlement, en tant que besoing seroit, vous en auries attribué toute cour, jurisdiction et cognoissance, et icelle interdite et deffendue a tous autres juges. En consequence de quoy, vʳᵉd. cour de parlement, par arrest du vingtiesme de juillet 1609, auroit retenu la cognoissance de lad. cause; dabondant, par autre arrest du dernier juillet 1609, vous auries confirmé led. renvoy de lad. cause, avec inhibitions et deffences tres expresses d'attempter aucune chose au prejudice diceluy. Ce non obstant, au prejudice de tant d'arretz et de lad. litispendence, de nouveau Mᵉˢ Jacques Garsaulan, Raymond Martin et François Madereau, subroge[s] au lieu de Billard, comme adjudicataires de l'ancien domaine de Navarre soubz le nom de vʳᵉ procureur, ont faict assigner plusieurs particuliers habitans de lad. ville de Lymoges pardevant Mᵉ Jacques Le Meusnier, thresorier en la generallité de Lymoges, et pardevant Mᵉ Pierre Tino, juge mage de Perigueux, commissaires deputes pour la veriffication et recherche de vʳᵉ ancien domaine de Navarre, pour payer les pretendus droitz et censives, lotz et vantes, prester homages, bailler adveuz et denombrementz, et ont faict et font journellement et avec precipitation une grande procedure contre lesd. particuliers habitans de vʳᵉ ville de Lymoges, qu'est un vray et formel attentat insoustenable et intollerable fait au prejudice de lad. litispendence et du renvoy faict et reiteré en vʳᵉd. cour de parlement, ordonné par Vʳᵉ Magesté, de vos inhibitions aussy reiterees, par ce que, encores que, lors du renvoy, il ne fust que question des saisies des maisons de Lymoges, toutesfois ce renvoy estoit faict indefiniment pour proceder suivant l'arrest de l'an 1544, quy a contesté sur tous les droitz pretendus contre les habitans de Lymoges en toute la vicomté, tant dans lad. ville de Lymoges que hors icelle, il s'en ensuit donc en bonne concequence, est faict pour toutes les pretensions desd. S^{rs} adjudicataires quy ne peuvent proceder au parlement pour ce qui est dans la ville et pour ce qui est hors icelle, proceder pardevant les commissaires qu'ilz ont choisy et se dire droict en leur cause propre, et ainsin diviser sans aucune apparence de raison une mesme cause. De laquelle procedure allant, en ce quelle concerne tout et respecte lesd. habitans, et, affin qu'elle ne leur soit de prejudice, lesd. suppliants declarent estre appelans et appellent.

Ce consideré, et attandu que par les pieces cy atachees il appert de ce que dessus qu'avant l'arrest de l'an 1544 lesd. suppliantz ont maintenu leur franchise et liberté pour le bien allodial et franc alleu et des biens nobles contre les pretendus droitz d'homage et autres droitz seigneuriaux indistinctement en toute la vicomté, non seulement en la ville de Lymoges, mais aussy hors icelle, et par led. arrest indistinctement est intervenu reglement de contrarieté, voire que, en l'an 1545, lesd. suppliantz ont tousjours maintenu leur franchise et liberté pour le bien allodial et de franc aleu pardevant le commissaire executeur de l'arrest, tant au dedans de la ville que hors icelle, et sur le tout, du consentement du roy de Navarre, ils ont esté renvoyes aud. parlement par led. comissaire, ainsin qu'il appert par la procedure faicte pardevant le commissaire conseiller dud. parlement, executeur dud. arrest, et ainsin a presant lesd. adjudicataires ne peuvent refuser que sur le tout ilz ne procedent aud. parlement : IL VOUS PLAISE, SIRE, sans avoir esgard a telle nulle procedure, recepvoir lesd. supplians appellans d'icelle et ordonner, conformement a voz arretz precedentz, le renvoy de lad. cause en v^{re}dit parlement de Paris pour y proceder a l'execution dud. arrest du sixiesme de septembre 1544, suivant les derniers actes et erremens sur le faict desd. censives et autres droitz et devoirs seigneuriaux pretendus contre lesd. habitans de Lymoges, tant au dedans la ville de Lymoges que hors d'icelle, et, dans lad. vicomté, ses circonstances et dependances, ensemble pour la cassation de lad. procedure faicte au prejudice de lad. litispendance et des renvoys gemines par V^{re} Magesté et inhibitions reiterees. Neanmoins, a grosses peynes reitterer lesd. inhibitions de plus attempter tant ausd. commissaires que aux parties, a peyne de nullité, cassation de procedures contre lesd. commissaires en leurs noms propres et prives; et, a ces fins, ou ilz voudroient passer oultre, permettre de les faire appeler en v^{re}d. cour de parlement pour respondre des contreventions ausd. inhibitions. Et les suppliantz continueront de prier Dieu pour la santé et prosperité de V^{re} Magesté.

Il est ordonné que la presente requeste sera communiquee au procureur general de la maison de Navarre et a Me Jacques Garsaulan, fermier general des deniers de lad. maison de Navarre, pour, eux ouys ou leur responce veue, estre pourveu aux supplians ainsin que de raison. Faict au conceil d'estat du Roy, tenu a Paris, le   (1) jour de febvrier mil six centz vingt et cinq.

Icelle requeste estant dressee, fut depputé par les consulz Monsieur Me Jehan Marran, lieutenant particulier, prevost consul, pour aller a la cour, tant pour saluer de n^{re} part Monseigneur de Schomberg, n^{re} gouverneur, et recepvoir ses commandemantz, que aussy pour luy faire veoir lad. requeste, et, par son advis, en poursuivre le jugement. Lequel Sr Marran, ayant prins en sa companie pour faire led. voyage Me Jehan de Beaubrueil, prevost en la jurisdiction ordinaire, affectionné au service de la maison de ville, lesquelz, nonobstant l'injure du temps, partirent de ceste ville le xxiij^e decembre et s'en allerent a Paris, ou le roy estoit pour lors. Et tant fut procedé sur lad. requeste que, toutes parties ayant esté appellees au conceil du Roy, apres plusieurs delais et subterfuges, rapportes par nosd. partyes, quy nous causerent une grande despence, fust, par la diligence desd. Srs Marran et de Beaubrueil, donné arrest comme s'ensuit:

[Même affaire.

Délégation à Paris de Marran, prévôt des consuls.]

Extraict des registres du conseil d'estat.

Veu au conseil d'estat du roy la requeste presentee en icelluy par les consulz, manans et habitans de la ville de Lymoges, tendant a ce qu'attandu que les differens pour raison des censives, foys, homage et droitz seigneuriaux pretendus par Sa Magesté contre lesd. supplians pour leurs biens, maisons

[Même affaire.]

Arrêt du Conseil d'Etat du 22 mars 1625, qui attribue la connaissance du procès au parlement de Paris.]

(1) Le quantième est en blanc.

et heritages tant en la ville que autres lyeux dependans de la vicomté de Lymoges sont pendans en la cour de parlement a Paris, et y ont tousjours esté regles tant du grand conseil qu'autres jurisdictions, ou l'on les a voulus distraire par arrestz contradictoires donnes avec le procureur general de la maison de Navarre, il pleut a Sa Magesté, sans avoir esgard aux procedures faictes par Mrs Jacques Garsaulan, Raymond Martin et François Mareteau (1), subroges au lyeu de Me Billard, cy devant adjudicataire de l'ancien domaine de Navarre soubz le nom de procureur general de lad. maison, contre plusieurs des suppliantz pardevant Me Jacques Le Musnier, thresorier de France en la generalité de Lymoges, et Me Pierre Tino, juge mage de Perigueux, commissaires deputes pour la verification et recherche de l'ancien domaine de Navarre pour lesd. censives, lotz et vantes, homages, adveuz et denombremens pretendus, renvoyer les parties en la cour de parlement de Paris pour y proceder sur leurs differens, en execution de l'arrest d'icelle du xvj^e septembre 1544, suivant les derniers erremens, avec deffences aud. Garsaulan et autres de les poursuivre ailleurs a peyne de nullité, cassation de procedures, despans, domages et interestz; l'arrest dud. conseil du xix febvrier dernier, par lequel auroit esté ordonné que lad. requeste seroit communicquee au procureur general de lad. maison de Navarre et a Me Jacques Garsaulan, fermier general du domaine de lad. maison, pour, eux ouys ou leur responce veue, estre pourveu aux supplians sur les fins d'icelle, ainsin que de raison; proces verbal de signification a eux faicte dud. arrest du xxj^e dud. mois de febvrier; led arrest du xvj^e septembre 1544 pour le reglement de plusieurs pretentions respectivement faictes entre le roy de Navarre et lesd. supplians, par lequel, entre autres choses, auroit esté ordonné que led. Roy de Navarre veriffierait par titres et tesmoings que les adveuz, denombremens, lotz et vantes et autres droitz seigneuriaux luy sont deubz de tous biens nobles et autres, et lesd. suppliants, de leur franchise et jouissance; arrestz dud. conseil des (2) septembre et dernier juillet 1609, portans renvoy du differend desd. parties aud. parlement; arrest de retention et procedures faictes aud. parlement, des cinquiesme juillet 1609 et vij^e sep-

---

(1) *Sic*. Il est appelé plus haut Madereau.
(2) En blanc dans le manuscrit.

tembre 1623 : LE ROY EN SON CONSEIL, ayant esgard a lad. requeste, a renvoyé et renvoye les proces et differentz d'entre lesd. parties concernans les cens, rantes, droitz et devoirs seigneuriaux et feodaulx, lotz et vantes, foy et homage, adveuz et denombremens pretendus pour et au nom de Sa Magesté a cause de sa vicomté de Lymoges, en sa cour de parlement de Paris, pour proceder en execution de l'arrest d'icelle suivant les derniers erremens, a laquelle, en tant que besoing seroit, Sad. Magesté de nouveau luy en a attribué toute cour, jurisdiction et cognoissance, et icelle interdicte a tous autres juges, a la charge de faire vuider par lesd. consulz, manans et habitans de Lymoges tous lesd. differendz dedans six mois pour toutes prefixions et dellais. FAICT au conceil d'estat tenu a Paris, le vingt deux^e jour de mars mil six cens vingt cinq.

S'ensuit coppie de la lettre sur le subject que dessus, escripte appres led. arrest par Monseigneur le compte de Schomberg, n^{re} gouverneur.

MESSIEURS, lorsque l'on croyoit v^{re} affaire, que poursuit ici le sieur de Beaubrueil, achevee, le sieur Garsaulan est venu a la traverse, et a presenté une autre requeste au conseil contre l'arrest que vous avies obtenu au raport de Mr de Leon. Sur cela, j'ay mandé led. sieur Garsaulan et n'ay peu obtenir autre chose de luy que ung delay de deux mois, dans lequel vous me feres scavoir sy vous voules convenir de Messrs du grand conseil ou quelques autres juges que messieurs du parlement pour terminer vos differendz avec led. Garsaulan, ou sy vous voules continuer vos poursuites au conceil pour veoir ce quy en arrivera. Le Sr de Beaubrueil vous entretiendra plus particulierement sur ce subject et vous dira quelques autres expediantz dont je luy ay faict ouverture, et moy je vous prieray de croire que vous me trouveres tousjours tres disposé a vous randre tous les services qui seront en mon pouvoir, comme estant v^{re} bien humble et plus affectionné a vous faire service. SCHOMBERG. — A Paris, ce 15e apvril 1625. — Au dessus est escript : A Messieurs, Messieurs les consulz de Lymoges, à Lymoges.

[Même affaire. — Opposition faite audit arrêt par Garsaulan.]

Est a notter que, par le grand pouvoir de nos parties et des partisans, led. arrest ayant esté mis au greffe, signé de méssieurs les juges, le greffier en dona la coppie en velin, sans la vouloir signer, au sieur de Beaubrueil, disant led. S^r greffier qu'il luy avoit esté ainsin commandé. Et lesd. commissaires et partisans n'ont despuis mollesté personne de ceste ville. Du tout soit randu graces a Dieu, a St Marcial et a monseigneur de Schomberg, n^{re} gouverneur. Il importe a messieurs qui succederont en la charge d'envoyer en cour homme capable pour faire expédier led. arrest, ja signé, mis au greffe et expedié, retenu toutefois, le voulant faire sceller.

(Ici, à peu près deux pages blanches.)

C'est le rolle des cent prudomes nommes pour l'ellection des consulz de l'annee prochaine, qui se fera demain sep^{me} decembre mil six centz vingt cinq, a l'heure d'une heure appres midy.

_{Au canton des Taulles :}

Mr du Puy Moulinier ;
Pierre du Bois, Sr du Boucheyron ;
Mr Vidaud, recepveur des decimes ;
Sr Jaques David ;
Sr Jean Douhet ;
Sr Martial du Bois ;
Sr Pierre Chastaniac le jeune ;
Sr Jean Pinchaud ;
Sr Pierre Nicollas ;
Sr François Salliere.

La Porte :

Mr l'esleu Benoist ;
Mr de Cordes, Sr de La Grange ;
Mr Vidaud, receveur des tailles ;
Mr Verthamond, Sr des Monts ;
Mr Douhet, Sr du Boucheron ;
Sr Leonard Michellon ;
Sr Simon Croisier ;
Sr Pierre Chastaniac l'ayné ;
Sr Jaques Malleden ;
Sr Izaac Sibot.

Magnine :

Mr Cassagnes, contrerolleur ;
Mr Boyol, advocat ;
Sr Joseph Michel ;
Sr Mathieu Moulinier ;
Sr Jean de Manent ;
Sr Antoine Senamaud ;
Sr Germain Crouchant ;
Sr Pierre Croisier ;
Sr Guilhaume La Biche ;
Sr Joseph de Cordes.

Le Marché :

Mr de Compreiniac ;
Mr Benoist, assesseur ;
Mr Benoist, advocat du Roy ;
Mr Petiot, contrerolleur general ;
Mr Maillot, contrerolleur des decimes ;
Sr Jean David ;
Sr Adrien Pabot ;
Sr Jean Poyllevé ;
Mr Izaac Juge ;
Sr Pierre Ardelier.

Au canton de la Faurie :

Mʳ Pinot, receveur ;
Sʳ Jaques Benoist ;
Sʳ Pierre Saleys l'ayné ;
Sʳ Pierre de Jayat ;
Sʳ Jean de Jayat ;
Sʳ François Coulomb ;
Sʳ Mathieu du Bois ;
Sʳ David Romanet ;
Sʳ Jean Limousin ;
Sʳ Leonard Pappetaud.

Le Clocher :

Mʳ Mousnier, recepveur des tailles ;
Mʳ de la Charlonie ;
Jaques Martin, Sʳ du Teillou ;
Sʳ Estienne Peyroche ;
Sʳ Joseph Douhet ;
Sʳ Leonard Merlin ;
Sʳ Jehan Ardellier ;
Sʳ François Peyrou ;
Sʳ Martial Ardent ;
Sʳ Pierre Chambon.

Lancecot :

Mʳ le juge de Petiot ;
Mʳ de Voyon, esleu ;
Mʳ Mauplo ;
Mʳ Dupont, advocat ;
Mʳ L'Amy, advocat ;
Mʳ Pierre La Brousse ;
Sʳ Pierre Saleys le jeune ;
Sʳ Mathieu Constant ;
Sʳ Joseph Blanchart ;
Sʳ Bartholomé La Chanaud.

Les Combes :

Mr Pinot, advocat ;
Sr Martial du Bois l'ayné ;
Mr Jean Rogier ;
Sr Mathieu David ;
Sr   (1) Boulesteys, Mre de *La Biche ;*
Sr Martial Muret ;
Sr   (1) Segond l'ayné ;
Sr Pierre du Clou ;
Sr Charles de Lauze ;
Me Leonard Noallier.

Boucherie :

Mr Barny, conseiller ;
Mr Bonnin, advocat ;
Sr Joseph de Cordes dit le Coulhaud ;
Mr Geral de Jayat ;
Sr Michel de la Roche ;
Sr Pierre Chappellas ;
Sr Pierre Mallevergne ;
Sr Pierre Cogniasse ;
Sr Pierre Teullier ;
Sr Pierre Noallier.

Le Vieulx Marché :

Sr Gregoire Boyol ;
Mr du Bois, advocat ;
Me Jaques Raymont ;
Sr Nicollas Guery ;
Mr Martial Garat ;
Pierre Plemoison (Plainemaison ?) ;
Jean Farne dit Juge ;
Mathieu dit le Bureau ;
François Ringaud ;
Pierre Cellier.

(Liste des consuls, faisant double emploi avec la liste suivante.)

---

(1) Les prénoms sont en blanc.

C'est l'eslection de messieurs les consulz de la ville de Lymoges, faicte en la grand sale de la maison de ville par les preudhommes nommes et assembles pour cest effect, suyvant le reglement estably par Sa Magesté, a la maniere acoustumee, le sep^{me} decembre mil vj^c vingt cinq.

Honnorable monsieur Mre Pierre Benoist, trezorier general de France en la generalité de Lymoges, Sr de Compreignac ;
Mr Mr Jehan des Maisons, Sr du Vigenaud, visenechal ;
Mr Mr Jean Vidaud, recepveur des tailles ;
Mr Mr Anthoine (1) Boyol, advocat, Sr de Mazeretas ;
S^o Joseph Decordes le jeune, bourgeois et marchant ;
Sr Jacques Martin, bourgeois et marchant.

(Signé :) J. MOURET, *scribe de la maison de ville.*

(Le reste de la page est en blanc.)

(1) Il y avait primitivement *Jean*, qui a été biffé postérieurement ; *Anthoine* est en surcharge.

C'est le roole des cent preudhommes pour l'election des consulz, quy se fera, aydant Dieu, demain septiesme decembre mil six centz vingt six.

Canton des Taules :

Sʳ Jacques David ;
Sʳ Paol Dubois ;
Sʳ Mathieu Coulin ;
Sʳ Pierre Nicolas ;
Sʳ Lois Michelon ;
Sʳ Pierre Dubois, Sʳ Duboucheron ;
Sʳ Pierre Veyrier ;
Sʳ Mathieu Malledent ;
Mʳ Londeys ;
Mʳ Alesme, recepveur.

La Porte :

Sʳ Izac Cybot ;
Sʳ Joseph Michel ;
Sʳ François Jayat ;
Sʳ Pierre Deschamps, appothicaire ;
Sʳ Gerald Mercier, appothicaire ;
Sʳ Estienne Hardy ;
Mʳ Verthamon ;
Mʳ Vidaud, conseiller, l'aisné ;
Sʳ Leonard Michelon ;
Sʳ Marcial Guybert.

Magninie :

Mʳ Cassaigne, contrerolleur ;
Mʳ Brugiere, advocat:
Mʳ Rougier, recepveur ;
Sʳ Pierre Croizeilh (1) ;

---

(1) Il est appelé Croisier dans la précédente liste des prud'hommes.

Sʳ Pierre Cybot, notaire;
Sʳ Jehan Crozier, gendre de Rousset;
Mᵉ Jehan Manent;
Mᵉ Jehan Leyssene, procureur;
Sʳ Pierre Roulhat;
Sʳ Joseph Boulhet.

Le Marché :

Mʳ Benoist, assesseur;
Mʳ du Montin, advocat du Roy;
Mʳ Petiot, Sʳ de Tailhat;
Sʳ Jehan David;
Sʳ Jacques Bardinet;
Sʳ Izac Juge;
Sʳ Pierre Dubois;
Sʳ Joseph Senamaud;
Sʳ Nicolas Cybot;
Sʳ Pierre Ardeilher.

La Fourie :

Sʳ David Romanet;
Sʳ Jehan Decordes, gendre de chez Delomenie;
Sʳ Jehan Jayat;
Sʳ Pierre Saleys l'aisné;
Sʳ Pierre Jayat;
Sʳ Guynot Sudour;
Sʳ Jacque Eyssenaud;
Sʳ Marcial Delomenie;
Mʳ Rougier le jeune, contrerolleur;
Sʳ Pierre Faulte, collecteur.

Le Clocher :

Mʳ Pinot, esleu;
Mʳ Desmaisons, advocat;
Mʳ Chastaignat, recepveur;
Mʳ Cartier, recepveur;
Mʳ Marcial Ardent;
Mʳ Marcial Arnaud;

Sʳ   (1) Lagrange, appoticaire;
Sʳ Pierre Chambon;
Mʳ Lois Darfeulhe;
Sʳ Joseph Douhet.

Boucherie :

Sʳ Jehan Farne;
Sʳ Jehan Chabrol;
Sʳ Pierre Malavergne;
Sʳ Pierre Chappelas;
Sʳ Jehan Lascure;
Sʳ Thomas Bouttineau;
Mʳ Gerald Dejayat;
Mʳ   (1) Tardieu, notaire;
Sʳ Pierre Teulier;
Sʳ Joseph Latreilhe.

Lansequol :

Mʳ Petiot, juge;
Mʳ Dupon, advocat;
Mʳ Devoyon, esleu;
Mʳ Mauple, greffier;
Sʳ Jehan Noalher;
Sʳ Mathieu Constant;
Sʳ Pierre Desmoulins;
Sʳ Laurens Dumas;
Sʳ Noel Papon;
Mʳ Estienne Thomas, procureur

Les Combes :

Mʳ Mousnier, recepveur;
Mʳ Nantiat, assesseur;
Mʳ Dubouscheys, advocat;
Mʳ Joseph Decordes, gendre chez Mauple;

(1) Le prénom est en blanc.

Sʳ Marcial Muret ;
Sʳ Charles de Lauze ;
Sʳ Jehan Second dit Dadé ;
Mʳ Jehan Lamy, procureur ;
Mʳ Noalher, procureur ;
Mʳ Poylevé, advocat.

Le Vieux Marché :

Sʳ Jehan Veyrier ;
Sʳ Jehan Bouttoudon ;
Sʳ Guilhaume Vigier ;
Mʳ Jehan Ladjoumard, procureur ;
Mʳ Pierre Boulet, procureur ;
Mʳ Jacque Raymond, procureur ;
Sʳ Lazare David ;
Sʳ Jehan Vasracheau (?), filz de Lois ;
Sʳ Mathieu Le Jalat ;
Sʳ   (1) Raymond, boulangier.

C'est l'eslection de messieurs les collateurs, faicte en la maison de ville a la maniere acoustumee, le dimanche xijᵉ may m. vᶜ xxvj, en chambre du conseil.

Les Taules :

Martial Dubois ;
Jehan Goudin.

La Porte :

Martial Guymbert ;
Leonard Michelon.

Magninie :

Martial Rousset ;
Jehan de Navieres.

(1) Le prénom est en blanc.

Les Bancz ou *le Marché* :

Pierre Dubois ;
Jacques Eyssenaud.

Le Clocher :

Lazare Tessendier ;
Martial Senemaud.

Boucherie :

M⁰ Joseph Latreilhe (?) ;
Jehan Chabrol.

Lansecot :

Simon Grenier ;
Gregoire Boyol.

Les Combes :

Martial Muret ;
Mʳ Jehan Senemaud.

Le Vieux Marché :

Mʳ Jehan Remon ;
Mathieu Cybot.

(Signé :) J. Mouret, *scribe de lad. maison de ville.*

(Ici un feuillet blanc dans le manuscrit.)

C'est l'eslection de Messrs les consulz de la ville de Lymoges, faicte en la grand sale de la maison de ville par les preudhommes nommes pour cest effect et assembles au son de la cloche et tambour, a la maniere acoustumee, le sep^{me} decembre mil vj° vingt six.

Monsieur Me Gaspard Benoist, assesseur civil et criminel au siege de Lymoges;
Louys des Maisons, Sr de Bonnefont;
Me Jehan Maledent, recepveur des decimes;
Pierre Maslevergne, bourgeois et marchant;
Gregoire Boyol, bourgeois;
Leonard Merlin, marchant.

(Signé :) J. MOURET, *scribe de la maison de ville de Limoges.*

(Le reste de la page est blanc.)

Eslection des collateurs pour le faict des tailles, faicte en la maison de ville par les habitans convoques pour cest effect a la maniere acoustumee, le dimanche xxj^e mars m. vj^e xxvij.

Les Taules :

Barthelemy Moulinier;
Jehan Ardelier.

La Porte :

Mathieu Maledent ;
Mathieu Coulin.

Magninie :

Zachee Segon ;
Pierre Croisier.

Le Marché :

Pierre Ardelier ;
Jehan David.

La Fourie :

Charles Pouyat ;
Jehan Lascure.

Le Clocher :

François Guybert ;
Martial Ardent.

Boucherie :

M° Joseph Decordes, procureur ;
Thomas Boutineau.

Lansecot :

Jehan Noailler ;
M° Estienne Thomas, procureur.

Les Combes :

Pierre du Cloup ;
Estienne Germain.

Le Vieux Marché :

Nicolas Guery ;
Jehan Coulomb dict Proximard.

(Signé :) J. MOURET, *scribe de lad. maison*.

S'ensuict le nom de Messrs les preudhommes nommes pour faire l'eslection de Messrs les consulz, le vj decembre m. vj^c xxvij.

Les Taules :

Jacques Martin, Sr du Teilloux ;
Monsr du Puymoulinier ;
Mathieu Colin ;
Jehan Renoudin le jeune ;
Pierre Nicolas ;
Monsr Duboucheyron ;
Mathieu Decordes ;
M^r le recepveur Alesme ;
    (1) Tirebast, procureur,
Jehan Teillet dict Savois.

La Porte :

Mr Vidaud l'ayné, conseiller ;
Mr Vertamont, S^r des Monts ;
François Jayac ;
Mr Decordes, Sr de Felis ;
Mr Vidaud, recepveur des tailles ;
François Brunoi ;
Pierre Peconnet ;
Mr de Traslage, conseiller ;
Joseph Decordes, gendre chez Mousnier ;
Le ..... (?), bonnetier.

Magninie :

Germain Crouchaud ;
Jehan Beaubreuil ;
Joseph Boulhet ;
M^r l'advocat Bouyol ;

---

(1) Le prénom est en blanc.

Estienne le Dorat, gendre chez Michelon ;
Mr Jehan Moulinard ;
Pierre Genton (ou Gouton), des fauxbourgs ;
Jehan Renondin l'ayné ;
Mr l'esleu Vidaud ;
Mr le recepveur Rougier.

Le Marché :

Monsr de Compreignac ;
Leon{d} Roux ;
Pierre Barry dict Gouvernat ;
Jacques Bardinet ;
Senemaud, gendre chez Dumont ;
Pierre Malhiot ;
Pierre Hardelier ;
    (1) Laroudie ;
    (1) Fregefont ;
Isaac Juge.

La Fourie :

Jacques Voureis ;
Jacques Benoist ;
Jehan Jayac, marchant ;
Mr Guynot Sudour ;
Jehan Grelet dict le ..... (?) ;
Pierre Deschamps ;
Jehan Pouyat, espicier ;
Joseph Descordes, procureur ;
Martial Gadaud, bonnetier ;
Mr François Faulte, huissier du bureau.

Le Clocher :

Mr le visceneschal ;
Mr Jehan Clement, procureur ;
Mr Pyné, assesseur en l'eslection ;
Leon{d} Lagorsse, marchant ;

---

(1) Les prénoms sont en blanc.

Mr l'esleu Decordes;
Mr Demontin;
Marcial Ardent;
Guillaume Boubiat;
Jehan Noujat;
 (1) Eyraud dict Maritou.

Boucherie :

Mr Jayac, advocat;
Jehan Chabrol, du fauxbourg;
Jehan Farne;
Mr Latreille;
 (1) Duteil, procureur;
Thomas Boutineau le jeune;
Pierre Michel;
Pierre Touiller (?), des fauxbourgs;
Pierre Roux;
Mr Marcial Delomenie.

Lansecot :

Joseph Blanchard;
Mr de Voion (?);
Mathieu Constant;
Thomas de la Roche;
Garach, greffier;
Pierre Romanet, gendre de Blanchon;
Mr Lapine;
Jehan Mousnier, gendre chez Decordes;
 (1) Labrousse, procureur;
Mr Mauplo.

Las Combas :

Mr de Lombardie;
Lamy, procureur;
Mr Dubouscheys, advocat;
Mr Boux le jeune, advocat;

(1) Les prénoms sont en blanc.

Marcial Dubois;
Mr Albiac, advocat;
Mr Penicaud, advocat;
Pierre Ducloup;
    (1) Boulesteis, hopte de *La Biche* (2).

Le Vieux Marché :

Lazare David;
Jehan Boutoudon;
    (3) Lajoumard, procureur;
    (3) Boulet, procureur;
Jehan Bardinet;
    (3) Desmoulins;
Jehan Deschamps, apothicaire;
Jehan Noailler;
Martial Boysse, bastier;
    (3) Roussaud dict Babasse.

(Ici une demi-page en blanc.)

C'est l'eslection de messieurs les consulz de la ville de Lymoges, faicte en la grand sale de la maison de ville par les preudhommes nommes pour cest effect, assembles au son de la cloche et tambour, le vij decembre m. vi° xxvij.

Monsieur Mr Jehan Vidaud l'ayné, conseiller;
Mr Mr Jehan Nicolas, Sr de Traslage, conseiller;
Sr Guillaume Bouyol, bourgeois;

---

(1) Le prénom est en blanc.
(2) Notez qu'il n'y a que neuf prud'hommes désignés dans ce canton.
(3) Les prénoms sont en blanc.

Mᵉ Jehan Desmaisons, advocat;
Sʳ Blaise Brugiere, bourgeois et marchant;
Sʳ Leonᵈ Michelon, bourgeois et marchant.

(Signé :) J. MOURET, *scribe de la maison de ville.*

(Le reste de la page est en blanc, ainsi que la page suivante : ces blancs étaient probablement réservés à la liste des prud'hommes de 1628, laquelle n'a pas été inscrite.)

Eslection de messieurs les consulz de la ville de Lymoges, faicte en la grand sale de la maison de ville par les preudhommes nommes pour cest effect, assembles au son de la cloche et tambour a la maniere acoustumee, le vij decembre m. vjᶜ vingt et huict.

Monsieur Mʳ Martial de Douhet, Sʳ du Puymoulinier, lieutenant criminel;
Mʳ Mʳ Jehan André Vidaud, conseiller;
Mʳ Jehan Dalesme;
Pierre Decordes, Sʳ de la Bernardie;
Mathieu Colin, sieur des Barres;
Mathieu Decordes, Sʳ Dagry et de Malaseuve (1).

(Le reste de la page est en blanc.)

---

(1) Gris, le Bas-Gris (originairement *Agri*) et Maleseuve sont trois propriétés voisines, à quatre lieues environ sur la route de Limoges à Eymoutiers.

Eslection des collateurs, faicte par les habitans en la chambre du conseil de la maison de ville, a la maniere acoustumee, le premier d'apvril m. vj^c vingt neuf.

Les Taules :

Pierre Champagnac ;
Jehan Douhet.

La Porte :

Joseph Decordes, filz de feu Sr Martial ;
Mr Jacques Rougier, procureur.

Magninie :

Me Anthoine Boiol, advocat ;
Joseph Rouillac.

Le Marché :

Mr Mr Martial Benoist, advocat du Roy ;
Mr Daniel de la Roudie, procureur.

La Faurie :

François Coulomb ;
Mathieu Benoist.

Le Clocher :

Lazare Texendier ;
Mr Jehan Bagnol le jeune, advocat.

Boucherie :

Mr François Bonin, advocat ;
Michel la Roche.

Lansecol :

Me Nicolas Perere (?), chirurgien ;
Guillaume Vergier.

Les Combes :

M‍ʳ Jehan Senemaud, commis du greffier ;
Hierosme de la Jourdanie.

Le Vieux Marché :

Pierre Barry dict Gouvernac ;
Pierre de Plenas Meygeoux.

(Signé :) J. MOURET, *scribe de lad. maison de ville.*

Eslection de messieurs les consulz de la ville de Lymoges, faicte en la grand sale de la maison de ville par les S‍ʳˢ preudhommes nommes pour cest effect, assembles au son de la cloche et tambour, suyvant le reglement faict par Sa Magesté, le sep‍ᵐᵉ decembre mil vj° vingt neuf.

Mons‍ʳ M‍ᵉ Jacques de Petiot, juge royal de Lymoges ;
Mons‍ʳ M‍ᵉ Gregoire Decordes, esleu ;
Pierre Dubois, S‍ʳ du Boucheyron ;
M‍ʳ M‍ᵉ Jacques de Douhet, S‍ᵍʳ du Montauseau, conterolleur general des finances ;
M‍ʳ M‍ᵉ Jehan Decordes, advocat ;
M‍ʳ M‍ᵉ Claude Cartier, recepveur en l'eslection de Tulle.

(Signé :) J. MOURET, *scribe de lad. maison de ville.*

Le dix neuf‍ᵐᵉ juillet m. vj‍ᶜ trente, messieurs les consulz ont nommé pour avoir la charge de bailles de l'hospital S‍ᵗ Gerald, ponr les quatre annees advenir, sieurs Jehan Pinot l'ayné, bourgeois et marchant ; Pierre Duboys, S‍ᵍʳ de Chambourzac ;

Paul Genteau, bourgeois et marchant, des faux bourgs de Magnine, et Mr Estienne Thomas, procureur au siege presidial.

(Signé :) DECORDES, *prevost consul;* DECORDES, *consul;* DUBOYS, *consul;* J. MOURET, *scribe susd.*

(Ici trois pages blanches, réservées sans doute à la liste des cent prud'hommes désignés pour faire l'élection des consuls de l'année 1630-31, laquelle liste n'a pas été transcrite au manuscrit.)

Eslection de messieurs les consulz de la ville de Lymoges, faicte en la grand sale de la maison de ville par les cent preudhommes nommes pour cet effect, assembles au son de la cloche et tambourg, suyvant le reglement faict par Sa Magesté, le sep{me} decembre mvj{c} trente.

Monsieur Me Gaspard Benoist, esleu ;
Mr Jehan Rougier, recepveur des consignations ;
Leon{d} Decordes, sieur de Felis ;
Sr David Romanet ;
Sr Jacques David ;
Me Leonard Albiac, advocat.

(Signé :) J. MOURET, *scribe de lad. maison de ville.*

(Ici le reste du feuillet et quatre autres feuillets blancs.)

[La peste à Limoges, 1631 (1)]

Aujourd'huy dixhuictiesme jour d'avril mil six centz trente ung, en la chambre du conseil de la maison de ville de Lymoges, ou estoient assembles Messieurs Mes Jean Decordes, lieutenant general; Jacques David, bourgeois et marchant, prevost; Gaspard Benoist, esleu; Jean Rogier, recepveur des

---

(1) Cette peste, au dire du P. Bonaventure de Saint-Amable, commença vers la fin de septembre 1630, et « s'échauffa » davantage au printemps de l'année suivante. Les feuillets précédents de notre manuscrit, laissés blancs par le scribe, étaient-ils destinés à reproduire divers incidents de cette calamité? Nous ne saurions l'affirmer. En tous cas, voici, comme éclaircissement, un document reproduit en partie par ALLOU, *Description des monuments de la Haute-Vienne*, p. 247, et en entier par LEYMARIE, *Limousin historique*, p. 35. Ces deux ouvrages étant devenus très-rares, nous croyons qu'il y a quelque utilité à reproduire ce document.

Extrait du « *Livre de recepte et de mise de la confrerie de la Feste-Dieu establie dans l'esglise de St Pierre Duqueiroix de Limoges* », f° 194 et suiv. — Ce manuscrit est déposé à la Bibliothèque communale de Limoges.

« PESTILENCE NOTABLE
EN L'ANNEE 1631.

» Nous escripvons aux siecles a venir, et inserons dans ce papier, comme sur les colonnes de la Syrie, qu'aux environs de mars de l'annee 1631, noz peches estant parvenus a leur comble, et ayant excedé la mesure de ceux de noz peres, Dieu espia quasi toute l'Europe occidentale par ce genre de maladie, qui ne pardonna pas mesme jadis au temple de la deesse CROTONE (c'est la peste), qui ravagea hostilement noz foyers, noz maisons et noz familles, et fist un funeste charnier de noz concitoyens, au nombre de ving mille, par bon calcul et denombrement politique, a nombrer des le commencement de mars jusques au declin du mois de SEPTEMBRE suivant et du signe torride de la canicule. Que si Dieu n'eust arresté la tuerie de l'ange devastateur qui alloit fondre dessus Juda, possible serions-nous reduictz, comme Sodome et Gomorre, sans rejetons d'hommes et sans semence, ensepvelis dedans noz ruines. Deplorable estoit l'image de ceste fameuse ville, lors qu'on portoit ses vieillards sur une marre (?), sans respect et sans pompe, dans un charnier que la prevoiance magistrale et consulaire avoit faict enfouir au lieu et cemetiere de St CESSATEUR, vulgairement St CESSADRE. La, noz matrones et noz vierges, insolemment traictees et sans pudeur, entassees pesle mesle par noz courbeaux (1),

---

(1) Ce terme n'avait pas autrefois l'acception populaire qu'il a aujourd'hui. Il était employé par de bons auteurs pour désigner les gens chargés, en temps de contagion, de porter les malades à l'hôpital et les morts au cimetière. L'oiseau de proie, *lanier*, intervient ici pour compléter l'image.

consignations; Leonard Decordes, Sr de Felix; David Romanet, bourgeois et marchant, et Leonard Albiac, advocat au siege presidial de Lymoges, deliberans sur les moyens de pourvoir a la maladie contagieuse ja espandue en plusieurs et divers endroictz de la ville, et dont on crainct et prevoit l'acroissement

vrays laniers; la, tes HELENES en beauté, o Lymoges, la, tes PORTIES, tes LUCRECES en chasteté, pour, de ce charnier, un jour, comme du champ d'Ezechiel, reprendre leurs carcasses. Souviens toi, Posterité, qu'un jour, de cet auguste parterre et charnier de St Cessadre, comme du tombeau de CLEARCHUS, sortiront tout autant de lauriers d'une verdure toffue, pour avoir si glorieusement et chrestienement laissé leur vie dans l'enceinte de leurs murs, et dans ceste desolation publique, qui fust comme la tonsure et rasure du genre humain. LA LOY civique de certains peuples condemnoit a l'amende et privoit du droict de bourgeoisie, chez HERODOTE, dans sa MELPOMENE, ceux qui, dans une occasion publique, desertoient leurs murs et leur patrie; mais, o glorieuses et fortunees ames, vives dans le tombeau puisque vous vives dans le sejour de l'eternité, et que voz noms soient proclames apres la mort puisqu'ilz sont desja escrips dans l'Empyree. La Hierusalem inferieure desormais vous decernera des honneurs funebres et annuels.

» Et de faict que la maladie contagieuse ayant balhé treves des la fin de septembre, et au point que ses causes superieures et naturelles balhoient de la terreur a toute la province, le ving deuziesme de febvrier de l'annee suivante, fust indicte procession generale, avec convocation des ordres religieux, et des lors, *stetit Phinees et cessavit quassatio*, et en suitte, le lendemain, de la part de Monseign^r le reverendiss^e evesque FRANÇOIS DE LA FAYETTE, un service general pour les ames de ceux qui gisent incognus et inglorieux dans le sepulchre, envelopes dans ceste commune ruine. Or, ce qui adjoustoit a noz malheurs, c'est que Limoges, ville riche de deux siecles, peuplee de tant d'hommes, incontinent apres PASQUES, fut desertee de la plus part, sans respect aulcun de noz saincts tutelaires et de l'ostension jubilaire. Vray est que la closture de noz saincts, le mardy de la PENTHECOSTE, en attira bonne partie des villages circonvoisins, nonobstant les communes apprehensions du mal. Et ce fust des lors qu'on ne trouva plus Lymoges dedans Lymoges; ce fust des lors que noz temples furent fermes comme celuy de JANUS a Rome, noz autels eriges en raze campagne comme ceux des sacrificateurs du Soleil, et le culte du grand Dieu transferé ez villettes et bourgades, comme lors des Hebreux soubz leur bon roy SEDECHIAS, auquel on creva les yeux, si que nous pouvions dire avec ceste troupe luctueuse (1), tournant la teste vers noz murs : « Nous nous sommes assis sur le bord des fleuves en Babylone; la, nous avons pleuré, nous ressouvenant de toy, Sion,

---

(1) Lat. *luctuosa*, pleine de deuil.

encores plus grand a mesure qu'on entrera dans la saison du printemps et dans les chaleurs de l'esté : ledict S^r lieutenant general a proposé ausd. S^r consulz qu'il jugeoict grandement a propos, voire tres necessaire, d'establir une chambre de santé a l'exemple de pluzieurs bonnes villes bien policees, affligees de

et ceux qui conduisoient la trouppe captive nous pressoient de leur chanter des hymnes et des airs de Sion (1) ».

» L'eglise parrochiale de St Pierre et celle de St Michel des Lyons, seules, subsisterent dans le danger, faisant actuellement le service, et d'un bon nombre de prebtres, partie desquels s'en estoient fuis a la campagne et partie desquels la memoire est en benediction., demeurerent dans le conflict et treuverent leur tombeau dans ceste desolation publique. Mre SIMON FOURNIER et Mre LEONARD FALOT, prebtres d'icelle, s'exposerent volontairement comme victimes pour le publict, et rendirent de bons offices a venerable Mr Mre Baltazard de Douhet, prevost des Seycheres et curé de St Pierre, pour lors a Paris, en qualité de vicaires et pour la direction des sacremens. La MAISON de santé, ainsi appellee par antiphrase, et les HUTTES estoient a la Maison-Dieu plus pestiferees d'elles mesmes que la peste mesme. Noz casuettes et cabanes des Vignes formilloient de pestiferes, et chasque vigne servoit de parterre sacré et de cemetiere a ses hosptes. Le grand cemetiere de St Paul, qui avoit servi de charnier a noz peres en cas semblable et lors des grandes mortalites (2), fust empesché par M^{rs} les reverends peres feuilians (3). O temps ! o mœurs ! que la sepulture soit contestee de ces temps si religieux parmi tous peuples et nations ! Telle donc fust l'image, et telle fust la playe de n^{re} pauvre ville en l'annee 1631, plus formidable que les playes de l'Egipte avec ses fleuves de sang, avec ses rancs et locustes, annee qui avoit esté precedee par cinq ou six annees de disette et sterilité, qui furent comme les vaches maigres de Pharaon, en crouppe desquelles suivit la pestilence. Noz annales en fairont foy aux siecles a venir, et les archives de la maison de ville ne le confirmeront que tropt a la posterité. »

Voici encore un document presque contemporain, extrait du manuscrit dit *Annales manuscrites de* 1638. — Nous prévenons le lecteur que nous sommes obligé de rétablir l'orthographe.

Commencement de la contagion (p. 372).

« Ladite année 1630, sur la fin de septembre, se découvrit la contagion au faubourg des Arènes, ayant été portée par un étranger qui mourut au logis des *Trois-Anges*, et sur ce d'autres, tellement qu'ayant continué peu à peu tout l'hiver, s'échauffa à la prime (au printemps)

---

(1) *Super flumina Babylonis*, etc.
(2) Voir notamment. T. II, p. 258 et 262 du même ouvrage, la peste de 1563.
(3) A cause du voisinage. Le cimetière de Saint-Paul était à côté du cloître des Feuillants.

la peste comme est a presant la ville de Lymoges, lad. chambre composee de tous les corps et compaignies de la ville, des juges de police et certain nombre des notables bourgeois et marchantz d'icelle, par l'advis et conseil desquelz, sur les propositions faictes par lesd. S⁽ʳˢ⁾ prevost et consulz, soyent deliberes, resolus

de l'année 1631, si fort qu'elle donna sujet aux habitants de se retirer à la campagne.

» Nonobstant la contagion qui s'échauffoit tous les jours; aux semaines saintes de l'année 1631, l'ostention du chef du glorieux saint Martial fut faite et des autres saintes reliques, mais non avec affluence de peuple, à cause de la maladie, qui, au mois de mai, fut par tous les quartiers de la ville, qui donna sujet aux habitants qui avaient de quoi de se retirer à la campagne. Nonobstant tout, la clôture des saintes reliques ne fut faite qu'à l'ordinaire, le mardi de la Pentecôte, auquel temps la maladie était dans une grande violence, et le blé fort cher. Et valut le seigle sept à huit livres le septier. Dont les consuls, prévoyant la nécessité de la maladie et pauvres de la ville, comme aussi pour la garde d'icelle, pour laquelle fut commis Guillaume Pénicaud pour capitaine avec cent soldats pour garder les portes de la ville, faisant patrouille la nuit par les rues pour empêcher qu'il ne se fît de voleries; et, outre ce, commirent des médecins de la ville et étrangers, dont l'un se tenoit dans la tour Branlant et l'autre au lieu appelé de la Mailhartre, au-dessous la Mauvendière; outre ce, des chirurgiens tant habitants qu'étrangers. Et, pour la santé de l'âme, il y eut des prêtres qui s'offrirent volontairement, comme aussi des pères Jésuites, Récollets et autres. Et furent faites des maisons ou huttes pour loger les pauvres malades, sous la Maison-Dieu, dans le pré, le long du ruisseau. Pour lesquels frais, lesdits sieurs consuls firent taxe sur ceux qui se retiroient de la ville, pour lesquels faire payer, empêchèrent qu'aucuns meubles ne sortissent. Laquelle somme ne fut bastante [suffisante] pour subvenir aux frais qui furent faits pour la solde des soldats et nourriture des pauvres qui estoient aux huttes, auxquels on envoyoit aliments pour les substanter; tellement que les consuls firent beaucoup d'avances, desquelles ils n'ont été achevés de rembourser, dont il y a eu procès qui dure encore, ce qui est injuste, car ils sont louables de ce que, pendant ladite contagion, il n'y eut aucuns larcins ni maisons pillées, si bien ils avoient mis ordre. Laquelle maladie commença à cesser après la procession de saint Roch, où lesdits consuls assistèrent avec leurs marques. Et depuis, ont continué d'assister à la procession que les prêtres de Saint-Pierre font ledit jour de saint Roch, ensemble les confrères. En laquelle église de St-Pierre le Saint-Sacrement est exposé, et aussi à Saint-Michel-des-Lions. L'on fait état qu'il en mourut de personnes dans la ville, cité, faubourgs et banlieue vingt mille personnes, et plus que moins, sans compter ceux des autres villages où ce mal passa. Et depuis, la fête est chômable. Icelle année fut fort fertile en grains,

et executes toutes sortes d'affaires et reglementz concernant lad. maladie contagieuse. Laquelle proposition auroict esté grandement approuvee par lesd. S^{rs} prevost et consulz, qui se seroient offertz a faire toutes les dilligences requises pour faire entendre et communicquer ladicte proposition a tous lesd. corps et compaignies de la ville pour l'establissement de ladicte chambre de santé. Laquelle leur ayant esté communicquee et par eulx jugee tres utille et necessaire, lesdictz corps et compaignies, en concequance de ce, auroient depputté pour cest effect, assavoir : de la part du chappitre de l'eglize collegialle de St Martial, Mrs Mes Jean du Bour, chanoine et prieur de St Geral, et Anthoine Verrier, aussy chanoine de ladicte eglize ; de la part du siege presidial, Mrs Mes Jean Vidaud, Symon Descoustures, conseiller et advocat audict siege presidial ; de la part du bureau des finances, Mrs Mes Gaspard Benoist, trezorier general, et Jean Periere, advocat du Roy en lad. generallité de Lymoges ; de la part de l'eslection, Mrs Mes Guillaume de Verthamond, president, et Jean de Voyon, esleu ; de la part des juges de police, Mrs Mes Jean de Recules et Anthoine Maledent, conseillers au siege presidial de Lymoges, et les Srs Maledent et Chastaignat, bourgeois et marchans ; et, du nombre desdictz bourgeois, les Srs Jean de Jayac et Jacques Martin, Sr du Teilloux, aussy bourgeois de lad. ville. Laquelle depputtation faicte, lesd. S^{rs} depputes, le vingt huictiesme jour d'avril audict an, se sont randus et assembles en la maison de ville pour commancer leur premiere sceance et regler la continuation dicelles aux jours suivans, assavoir despuis les deux heures de rellevee jusques a quatre. EN LAQUELLE SCEANCE a esté representé par lesd. S^{rs} consulz que, des le commancement de leur charge, ilz se seroient pourveus d'officiers et de toutes aultres personnes necessaires pour servir a l'effect de ladicte maladye contagieuse, fors et excepté des personnes de deux prebtres seculiers ou religieux necessaires pour la consolation et administration des sacrementz aux malades et personnes mourantes, a quoy M^{rs} les cures des paroisses de St Pierre et de St Michel sont

---

fruits et grande quantité de vin, qui soulagea beaucoup ceux qui avoient beaucoup dépensé et autres pauvres. »

(Voir aussi, au sujet de la peste de 1631, les *Mémoires manuscrits de Pierre Mesnagier*, appartenant à la Bibliothèque communale de Limoges ; M. Pierre LAFOREST, dans son *Limoges au* XVIIe *siècle*, pages 179 et suiv., a fait l'histoire de ce fléau.)

obliges par le deub de leur charge, ou, quoy que soict, fournir au logement, nouriture et entretenement d'iceux, pour raison de quoy, il y a proces pandant en la cour de parlement de Bourdeaux, l'issue duquel on poursuivoict et attandoict de jour a aultre. Neaulmoings, y voyant plus de longueur qu'il ne seroict besoing, ilz ont ung extreme regret et desplaisir de voir tant de paouvres personnes qui meurent sans pouvoir recepvoir ce contantement, dont il y a subject de croire que la mauvaise volonté et opiniastreté desdictz S^{rs} cures (1) en sera responsable devant Dieu. DAVANTAGE, ung chascung void que la maladie, qui croist et augmente de jour a aultre, a donné une sy grande aprehention du danger, que tous les habitants quictent et abandonnent la ville sans laysser les moyens de pourvoir a la seureté, garde et conservation d'icelle, ce que ne se peult et ne se doibt faire, sans establir au prealable une compaignie composee de tel nombre de soldatz qu'il sera advisé, soubz la charge d'un cappitaine fidelle, soigneux et vigilant, pour avoir l'oeil a tout ce qui se passera, faire reveues et patrouilles pour empescher les larcins, volz et sacagementz des maisons et aultres desordres qui se commettent a la faveur de la nuict par ung grand nombre de personnes de neant, que la paouvreté a reduict au desespoir. Mais, comme soict ainsin que les plus sages polliticques de l'anticquité ont justement appellé l'argent et les finances les nerfz de la guerre, sans lesquels les meilleurs et plus utiles reiglementz demeurent inhutilz et languissans, C'EST POURQUOY lesd. S^{rs} consulz representent a messieurs de la chambre que ce sont les poinctz principaux sur lesquelz a present on a a deliberer, notamment sur les moyens pour faire ung fondz necessaire pour l'execution de ce qui sera ordonné, qui ne peult provenir dailleurs que de l'ayde et secours des habitantz, naturellement obliges a contribuer les moyens pour le salut et conservation de leur commune patrie, priantz humblement la chambre d'y adviser et pourvoir. Sur lesquelles propositions, lad. chambre a esté d'avis et trouve bon que, sans attendre l'arrest de la cour sur l'instance y pandante contre

---

(1) On remarquera le blâme infligé aux curés de Saint-Pierre et de Saint-Michel. Celui de Saint-Pierre était alors Balthazar de Douhet, que le membre de la confrérie du Saint-Sacrement de Saint-Pierre, auteur de la relation reproduite en note, cherche à excuser en disant qu'il était à Paris. Quant au curé de Saint-Michel, c'était, d'après Legros (*Recherches sur l'église paroissiale de Saint-Michel-des-Lions*, Limoges, 1811, in-12), Henri Martin I, conseiller, aumônier du roi.

lesd. S^rs cures, d'establir les R. P. François et Albert, relligieux de l'ordre des Recolletz, pour consoler et administrer les sacrementz aux malades qui se trouveront tant au dedans de la ville que hors d'icelle. De plus, trouvent bon et necessaire d'establir une compaignie de trente ou quarante soldatz, pour ung commancement, sauf d'en augmenter le nombre selon le besoing, pour tenir la ville en seurté et les environs d'icelle. Et, pour recouvrer promptement les moyens de pourvoir au tout, a esté resolu qu'il sera procedé a la taxe de ce que doibvent porter lesdictz habitantz et ung chascung d'eux pour sa mise aux fraictz et despances de la contagion, seuretté, garde et conservation de la ville, par forme de prest et advance, sauf d'en estre rembources sur l'assiette qui en sera faicte sur tous les habitantz, leurs cothites deduictes; et au payement de leurs taxes estre contrainctz par toutes voyes et rigueurs de justice, nonobstant oppositions ou appellations quelzconques, sans prejudice d'icelles, attandu le privillege de l'employ desd. deniers.

(Signé :) DECORDES, *lieutenant general;* J. DAVID, *prevost consul;* DECORDES, *consul;* ROMANET, *consul;* BENOIST, *consul;* J. ROGIER, *consul.*

Extraict des registres de la seneschaucée de Limousin.

SUR LA REQUESTE PRESANTEE a Monsieur le lieutenant general par les consulz de la ville de Limoges, tandante aux fins et pour les causes y contenues qu'il y a ja longtemps qu'ilz ont faict entendre aux habitantz les grands fraictz et despances qu'il leur convient supporter a l'ocazion de la maladie contagieuse, et le peu ou poinct de moyens qu'ilz ont d'y pouvoir subvenir, de sorte qu'ilz auroient esté contrainctz d'emprunter a rante plusieurs notables sommes de deniers soubz le credit de leurs noms prives, pour avoir moyen de continuer l'ordre par eulx establi pour l'effect de ladicte maladie, laquelle, s'augmentant de jour a aultre, a donné ung tel esfroy et espouvantement ausdictz habitantz qu'ilz se disposent a quicter et abandonner, au grand regret et desplaizir des supplians, qui aprehendent justement ce desordre et desolation de ladicte ville par la retraicte de leurs concitoyens, qui s'efforcent clandestinement et a cachettes de faire sortir de lad. ville leurs meubles et en suytte leurs personnes, sans entrer en consideration que, ce malheur arivant, il est necessaire d'establir en lad. ville une garnison de certain nombre de soldatz soubz la charge d'ung cappitaine qualifié, fidelle, soigneux et vigilant, pour la seurté, garde et conservation de lad. ville, mesmes laysser les moyens de pourvoir a une si grande et extraordinaire despance, quy ne se peult faire sans l'ayde et contribution des habitantz, ne mesmes laysser le fondz et provision pour la nourriture de ce grand nombre de paouvres dont ilz sont charges. C'est pourquoy ilz requierent faire inhibitions et deffances auxdictz habitantz sortir ou faire sortir de ladicte ville aulcungs meubles directement ne indirectement, sans au prealable avoir payé et satisfaict a ce quy leur sera ordonné par les supplians de payer pour subvenir aux fraictz et despances de la maladie contagieuse, seuretté, garde et conservation de ladicte ville, et ce par forme de prest et advance, sauf d'en estre rembources sur le deppartement quy en sera faict en vertu de l'obtemption des lettres de Sa Magesté ; ensemble laisse le fondz et provision necessaire pour la nouriture des paouvres dont ilz sont charges. Et, a deffault de satisfaire a ce, les delayans et reffusantz y seront contrainctz par saisie et arrest de leursd. meubles, et autres voyes et rigueurs de justice. Et ferez bien. Signé : Jacques DAVID, *prevost consul;* et plus bas lad. requeste respondue : Soict monstré au procureur du Roy pour, luy ouy, estre ordonné ce qu'il appartiendra. Faict a Lymoges, le vingt cinquiesme d'avril m. vj^c trente ung ; signé : DECORDES, lieutenant general. VEU la susd. requeste, le procureur du Roy, attandu l'extreme necessité, dissette et danger evident de la maladie contagieuse, requiert inhibitions et deffances aux habitantz de la presant ville de faire sortir aulcungs meubles d'icelle sans avoir payé et acquicté par prealable, par forme de prest et advance, sans prejudice de leur rembourcement par cy apres, les sommes de deniers, chascung pour son regard, ordonnees pour subvenir aux fraictz et despances qu'il conviendra faire jusques ou septiesme decembre prochain pour la garde et conservation de lad. ville, ensemble pour la nouriture des paouvres pestiferes qui sont expelles dicelle, et de plus laysser provision pour nourir les aultres paouvres de lad. ville non pestiferes, suivant la taxe quy en a esté cydevant faicte jusques

au (1)... ....
ordonnees pour subvenir aux fraictz et despance qu'il conviendra faire jusques au septiesme decembre prochain pour la garde et conservation de la ville, ensemble pour la nouriture des paouvres pestifferes quy sont expelles d'icelle, plus de laysser provision pour nourir les autres pauvres d'icelle non pestifferes suivant la taxe qui en a esté cydevant faicte jusques au quinziesme juillet prochain, suivant l'arrest de la cour de parlement, et a faulte de ce faire, que les reffuzantz et delayans y seront contrainctz par saisie et arrest de leurs meubles et aultres voyes et rigueurs de justice; et donné en mandement permis faire publier la present ordonnance. Faict a Lymoges, le vingt sixiesme avril mil six centz trente ung. Signé : DECORDES, *lieutenant general*, et MOULYNARD, *commis du greffier*.

[Signé au manuscrit :] DECORDES, *lieutenant general*.

LE VENDREDI, SEGOND DE MAY (2)........................

[Peste de 1631 (suite). — Maison de santé.]

LE CINQUIESME may audict an, en la chambre du conseil de la maison de ville, ou estoient assembles Messieurs Decordes, lieutenant general; David, prevost; Benoist, Decordes, Rogier, Romanet et Albiac, consulz; Recules, conseiler ; Maledent et Chastaignat, juges de police; apres avoir considéré les environs de lad. ville pour trouver ung lieu pour l'establissement de la maison de santé, ne s'estant trouvé de lieu plus propre ny moings domageable au publicq que le prieuré de la Maison-Dieu, deppandant de l'abbaye de la Reigle, a esté resolu et arresté que ladicte maison de santé y sera establie, soubz le bon plaisir de la dame de Verthamond, abbesse de ladicte abbaye, laquelle sera priee d'agreer led. establissement, et que, pour ce faire, lesd. Srs David, prevost, et Decordes se porteront en ladicte abbaye.

(Ici un feuillet blanc dans le manuscrit.)

---

(1) Ici se termine le feuillet dans le manuscrit. La partie supérieure du feuillet suivant a été détachée à l'aide du canif, et l'on a ainsi enlevé, en même temps qu'une douzaine de lignes qui peut-être n'avaient pas grande importance, une douzaine de lignes de la page suivante, qui, probablement, avaient une toute autre valeur.

(2) C'est ici que se trouve la lacune dont nous avons parlé à la note précédente.

Eslection de messieurs les consulz de la ville de Lymoges, faicte en la grande sale de la maison de ville, suyvant le reglement establi par Sa Magesté, par les S^{rs} preud'hommes nommes pour cest effect, assembles au son de la cloche et tambour, le septiesme decembre mil six cents trente ung.

Monsieur Me Jacques du Pont, advocat ;
Monsr Me Jehan Vidaud, contrerolleur en la generalité :
Mr Me Leon^d Lagorsse, contrerolleur en la même generalité ;
Sr Pierre Hardy, Sr du Puytison, bourgeois et marchant ;
Mr Me Jehan Benoist, advocat ;
Sr Pierre Chastagnac, bourgeois et marchant.

(Signé :) J. MOURET, *scribe de lad. maison de ville.*

Le neufviesme novembre mil six cent trente deux, le Roy fit son entree en cette ville, ou il fut receu avec toutte la pompe et magnificence possible, au bruit du canon et des cris de joye de tout le peuple. Les clefs luy furent donnees par le Sr du Carrier, jeune enfant, fils de M^r le conseiller Vidaud, a l'entree de la ville, d'ou Sa Majesté fut conduite en la maison du Brueil, qui avoit esté preparee pour le recevoir (1). [Passage de Louis XIII à Limoges]

(1) Le reste de la page est en blanc dans le manuscrit. Cette note, qui n'est pas de la même main que celle du scribe ordinaire, et dont l'orthographe diffère d'ailleurs de celle usitée à cette époque, nous semble avoir été intercalée postérieurement dans le texte. Le manuscrit est d'ailleurs muet sur ce passage de Louis XIII à Limoges. Nous croyons devoir reproduire ici le récit de cet évènement, donné par l'auteur des chroniques manuscrites connues sous le nom de *Manuscrit de 1638*, page 375.

ENTREE DU ROY LOUIS XIIIe DU NOM.

« Le 9e novembre 1632, le roy, Louis 13e du nom, de France et de

C'est la nomination de messieurs les collateurs des tailles, faicte en la chambre du conseil, le dimanche vingt cinquiesme apvril m. vj⁰ trente deux.

Du canton de la Porte, S^{rs} :

Yzaac Cybot ;
Pierre Jayac le jeune, bourgeois et marchant.

Du canton de Magninie, S^{rs} :

Jehan Renoudin le jeune ;
Jehan Troutiers, bourgeois et marchant.

Navarre, revenant de Toulouse (1), arriva à Limoges en temps fort mauvais, faisant grande pluie, et ne voulut être reçu en magnificence, comme l'on s'était préparé. Il eut au-devant de lui les députés de la ville avec plusieurs bourgeois et marchands, à cheval, lesquels furent au-delà de Saint-Lazare. Il entra par la porte Manigne, et là, lui furent présentées les clefs de la ville par un beau fils nommé Jean Vidaud, fils de monsieur Vidaud, conseiller au siége présidial.

» Et après, sur ledit roi fut porté un beau poêle porté par quatre consuls ayant des robes de velours avec les chaperons de damas. Et fut conduit à Saint-Martial, où il ne voulut entrer, le seigneur évêque et chanoines étant sous le clocher en état de le vouloir recevoir, le roi voyant que le sieur évêque avoit quelque différend avec l'abbé pour ladite réception (2). Quoi voyant, le roi passa outre, et alla descendre en son logis du Breuil. Par où le roi passa, les rues étoient tendues de tapisseries jusques sur le pavé. Et le lendemain matin, partit pour aller tout droit à Paris, après avoir ouï la messe dans l'église de S^{nt}-Michel-des-Lions, qui fut dite par un de ses aumôniers. Ledit sieur évêque y étoit avec ses habits pontificaux, pendant la messe. Et, pour la susdite dispute, le roi ne visita point Saint-Martial.

» Pour faire les frais de ladite entrée, il fut fait taxe par les consuls ; pour l'advancement de laquelle furent nommés huit bourgeois et marchands, dont chacun avança trois cents livres, qui, depuis, furent regallées sur les habitants, par ordre du Roy. »

(1) Où il avait fait condamner le duc de Montmorency à avoir la tête tranchée.
(2) « Entre cet abbé et le prélat s'était élevé un conflit sur la question de savoir qui de l'un ou de l'autre ferait à S. M. les honneurs de l'église. » Pierre LAFOREST, *Limoges au* XVIIe *siècle* page 208.

Du canton du Marché, S^{rs} :

Joseph Senemaud ;
Et Jehan Barny, bourgeois et marchant.

Du canton de la Fourie, S^{rs} :

Leon^d Papetaud, apothicaire ;
Me Pierre Deschamps, procureur.

Du canton du Clocher, S^{rs} :

Psaumet des Sables, marchant ;
Me Louys Darfeuilhe, procureur.

Du canton de Boucherie, S^{rs} :

François Bechameil ;
Leon^d Lymousin.

L'explication du différend qui empêcha Louis XIII d'entrer à Saint-Martial est donnée par un autre annaliste limousin, dont le manuscrit, appartenant à la Bibliothèque de Limoges, est connu sous le nom de *Manuscrit de Pierre Mesnager*. Voici ce qu'on lit à la page 219 :

« L'annee mil six cent trente deux, il arriva en cette ville et église St-Martial un grand désordre entre Monsieur du Verdier, abbé de Saint-Martial, et Messieurs les chanoines de ladite église. Et se battirent si fort qu'il fut répandu quantité de sang parmi le chœur, ce qui causa qu'il ne se dit aucune messe dans le chœur de l'église pendant un mois entier, et fallut que Monsieur François de La Fayette retourna bénir et sacrer ladite église ; et, par ce moyen, il fut reçu des chanoines comme s'il eût été leur abbé, et, du depuis, a eu la visite sur eux. Et furent prisonniers une partie des serviteurs de l'abbé l'espace de dix-huit mois. »

(V. Roy-Pierrefitte, *Monastères du Limousin*, Saint-Martial (p. 81). Cet auteur prétend, d'après les manuscrits de l'évêché, que « quoiqu'en dise Bonaventure, p. 840, l'évêque reçut Louis XIII à Saint-Martial, le 9 novembre 1632. Simple copiste, nous n'avons pas à décider la question, nous ferons seulement remarquer :

1º Que le Père Bonaventure ne fait que reproduire textuellement le récit donné par le *Manuscrit de 1638*;

2º Que l'auteur des annales connues sous le nom de *Manuscrit de Pierre Mesnager*, et auxquelles nous venons d'emprunter notre dernière citation, est contemporain des faits qu'il raconte.

Du canton de Lansecot, Srs :

Me Leond Certe, advocat;
Mr Jehan Deschamps, apothicaire.

Du canton des Combes, Srs :

Mr Jacques Progen, procureur;
Me Leond Noailler, procureur.

Du canton du Vieux Marché, Srs :

Nicolas Guery, marchant;
Jehan Parrot dict le St Jacquier.

(Signé :) J. MOURET, *scribe de la maison de ville de Lymoges.*

(Ici quatre pages blanches.)

Esleclion de Messieurs les collateurs, faicte en la chambre du conseil de la maison de ville a la maniere accoustumee, le dix septiesme may mil six centz trente troys.

Les Taules :

Mathieu Moulinier le jeune;
Françoys Nicot.

La Porte :

Jehan Ducloup;
Joseph Decordes.

Le Marché :

Joseph Maillot;
Pierre Maillot, sieur de Chamboursat.

La Fourie :

Jehan Lascure;
Jacques Eyssenault.

Le Clocher :

Helies Froment;
Estienne Brugiere.

Boucherie :

Barthelemy Taillandier;
Leon^d Cybot.

Lansecot :

Francoys Calveu dict Pichegay;
Thomas, procureur.

Les Combes :

Pierre Gicquet;
Jehan Gergot.

Le Vieulx Marché :

Leonard Ladjoumard, procureur;
Françoys Brunier.

Eslection de messieurs les consulz de la ville de Lymoges, faicte en la grand sale de la maison de ville, suyvant le reglement estably par Sa Magesté, par les S^{rs} preudhommes nommes pour cest effect, assembles au son de la cloche et tambour, le sep^{me} decembre mil vj^c trente deux.

Monsieur Me Jacques Martin, conseiller du Roy au siege presidial;

Mʳ Mᵉ Jehan Chastagnac, recepveur des tailles;
Sʳ Mathieu Moulinier, bourgeois et marchant;
Sʳ Estienne Romanet, bourgeois et marchant;
Mᵉ Estienne Maledent, contrerolleur des decimes au diocese de Xainctes;
Sʳ Jehan de Jayac, bourgeois et marchant.

(Signé:) J. MOURET, *scribe de la maison de ville.*

Apres nostre nomination faite, desirant donner commansemant a nos charges, nous avons treuvé bon conmanser par l'election de messieurs les juges de police, et avons nommé :

De Messieurs de la justice :

Mʳᵉ Fransois Martin, conselher;
Mʳᵉ   (1) de Buact, conselher.

De Messieurs les consuls :

Sieurt Estienne Romanet, bourgeois et marchant;
Sieurt Estienne Maledant, conterouleur des desimes de Saintes.

De Messieurs les bourgeois :

Sieurt   (1) Lafose, marchant;
Sieurt Jehan Rous, de Boucherie, marchant.

Le huictiesme du mois de decembre mil six cans trante deux, Messʳˢ Mʳ Jacques Martin, conseiller du roy au siege presidial de Limoges; Jean Chastaignac, recepveur des tailhes; Mathieu Moulinier, Estienne Rommanet, Estienne Maledant, Jean de Jayac, ayant esté nommes et appelles aux charges consullaires en l'assemblee qui pour raizon de ce avoit esté faitte le jour precedant, a laquelle avoit prezidé Monsʳ Dargenson, conseiller

(1) Le prénom est en blanc.

du Roy en ses conseilz d'estat et privé, M⁰ des requestes ordinaires de son hostel et intendent de justice, pollice et finance en Limousin, Angoumois, Poytou, Auvergne et autres provinces, auroit esté propozé par led. Mᵉ Jacques Martin, prevost, qu'il estoit necessayre de pourvoir a un grand nombre de pauvres, lesquels alloit mandiant par la presant ville, tant des naturels du pays que des estrangers, et qui se trouveroit diverses personnes, lesquelz travailheroit a demander et a leur faire donner ce qu'ilz jugeroit a propos suivant leurs necessites. Sur quoy l'affaire ayant esté mis en deliberation, auroit esté rezollut par lesdictz Sʳˢ consulz d'une commune voix qu'il seroit donné a tous les pauvres quy sont de presant en lad. ville, touttes les semaynes, du pain a chacun suffizamment pour sa nourriture; et aux estrangers mallades, ilz seront nourris et medicamentes dans l'hospital de Sᵗ Geral; et aux autres estrangers quy ne seront mallades, leur sera donné de l'argent pour leur passade. Et, pour amasser et lever les liberallites des habitans envers les pauvres, et avoir soing de leurs necessites ont esté depputes deux des habitans de chasque canton; lesquelz seront tenus dy vacquer durant une sepmayne pour chascun desd. cantons. Et premierement, ont esté nommes :

Pour celluy du Consullat :

Jehan Verthamond, Sʳ Desmons;
Sieur Martial Guybert, marchant.

De Maignigne :

Monsʳ Vidau, esleu;
Sʳ Elye Rousset, marchant.

Des Bancqz :

Mon Sʳ Mailhot, contrerolleur;
Pierre Du Bois, Sʳ de Chamboursat.

Du Clocher :

Mon Sʳ de Lor, recepveur;
Sieur Jacques Baillot, marchant.

De Boucherie :

Mon sieur du Treil;
Le sieur Pailhier.

De la Ferrerye :

Mon Sr de Vouyou;
Le Sr Paignon.

Des Combes :

Mon S^r ladvocat Jayac;
Mon Sr Malignaud, procureur.

De Lansecot :

Le sieur Nouailher;
Le sieur Navières l'aysné (1).

Le trantiesme decembre mil six cens trante deux, Messrs les consulz susd. estant assamblés en la chambre du conseil de la maison de ville, ont esté nommes les cappitaines. Et premierement :

Du canton du Consulat :

Monsr Veyrier, tresorier, Sr de la Quintaine, cappitaine;
Sr Pierre de Jayac le jeune.

De Maignigne :

Mon Sr Vidau, esleu, cappitaine;
Sr Simon Roumanet, bourgeois et marchant, lieutenant.

Des Bancz :

Mon Sr de la Lingaine, recepveur, cappitaine;
Sr Fregefond, procureur, lieutenant.

---

(1) On remarquera que dans cette liste et les deux suivantes, il n'y a que huit cantons representés au lieu de dix.

Du Clocher :

Mon Sr le president Verthamond, cappitaine ;
Mon Sr Baignol le jeune, advocat, lieutenant.

De Boucherie :

Mon Sr du Treil, procureur, cappitaine ;
Mon Sr Lafosse, marchant, lieutenant.

De la Ferrerye :

Mon Sr le conseiller Martin, cappitaine ;
Mon Sr Reculles, marchant, lieutenant

Des Combes :

Mon Sr Jayac, advocat, cappitaine ;
Mon Sr Nouailher, procureur, lieutenant.

De Lansecot :

Le Sr Nouailher, marchant, cappitaine ;
Le sieur Cibot, lieutenant.

Le quatriesme du mois de janvier mil six cens trente trois, en la chambre du conseil de la maison de ville, ont esté assemblés Messrs les consulz susd., sûr les nouvelles receues que Sa Magesté avoit pourveu mon Sr le duc de Vantadour du gouvernement en chefz du Limousin (1), et que, dailheurs, il y avoit des arreztz du conseil portent que la somme de 9,900 livres seroit impozee en la presant ville de Limoges pour sa part des habitz de l'armee d'Italye, ensemble que l'on a expedye lettres d'assiette pour impozer la somme de 25,000 livres provenent des fraiz faitz en l'annee de la contagion, a esté depputé Mr Jacques Martin, conseiller, du comun advis des Srs consulz, pour s'en aller poursuivre au conseil la descharge desdittes sommes, et

[Le duc de Ventadour gouverneur du Limousin.]

---

(1) Le Maréchal de Schomberg était mort à Bordeaux le 17 novembre 1632.

faire la reverance a mondict S⁻ le duc de Ventadour, de la part de la maison de ville.

Le vingt troiziesme du mois de febvrier, ledict sieur Martin est party pour aller en son voyage de Paris, suivant la depputation sy dessus faicte.

Le septiesme du mois de may mil six cens trente trois, en la chambre du conseil de la maizon de ville, ont esté assembles les susd. S⁻ˢ consulz. A esté reprezanté par le S⁻ Jacques Martin qu'ayant esté depputté, ainsin qu'il est cy dessus porté par les actes precedantz, il avoit, pour randre raizon de son voyage, poursuivy la descharge de la somme de 25,000 livres, d'un costé, provenant des frais faitz pandent l'annee de la contagion, et de la somme de 9,900 livres, d'autre, pour les habistz de l'armée d'Italie, et n'ayant peu obtenir l'antiere descharge desdittes sommes, il auroit obteneu deux arrestz au conseil, lesquelz il a mis sur le bureau, par lequel le payement desd. sommes et l'impozition et levee d'icelles est ranvoyé a faire en deux annees consecutives, lesquelles commenceront en l'annee mil six [cents] trante quatre.

[Passage du duc de Pompadour.] Le dixiesme du mois de juin mil six cens trante trois, monsieur de Pompadour, gouverneur, estant arrivé de la ville de Paris en poste, estant logé en la maison de Monsʳ de Limoges [l'évêque], Mʳˢ les consulz ont esté le saluer et le remersier de la payne qu'il avoit prins a Paris pour les affaires de la ville et soulagement du publicq.

Et le landemain unziesme dud. mois, partent de Limoges, les Sʳˢ Martin, Malledant et Jayac, conseulz, furent le conduyre a une lieue de ville, acompaigné de plusieurs bourgeois.

Le duc de Ventadour gouverneur du Limousin. — Envoi de délégués à Paris pour lui présenter les services des consuls] Le quatriesme du mois de juilhet mil six cans trante trois, ayant receu des lettres de Paris, par lesquelles il estoit mandé que monsʳ le duc de Ventadour avoit presté le serement du gouverneur en chef du Limousin, ayant esté propozé par Mʳ Jacques Martin, prevost, qu'il seroit necessaire d'anvoyer quelqu'un de la compaignie pour aller salluer led. seigneur de Ventadour, auroit esté trouvé bon par lesdictz sieurs consulz de depputer Monsʳ Malledant, l'un de leur (sic) collegues, auquel auroit esté bailhé lettre de la part de la maison de ville, pour presanter a Monsieur le Gouverneur, avec charge de luy offrir tous les services de la maison de ville.

Le quinziesme du mois de juilhet mil six cans trante trois, les dits Sʳˢ conseulz ayant esté advertis que Monsʳ le duc Daluy (1) et Madame sa femme, gouverneur du Languedoc et sy devant gouverneur du Limousin, arrivoit en la present ville, lesdits Sʳˢ conseulz, assemblés en la maison commune, auroit (sic) depputté Monsʳ Mʳᵉ Jacques Martin, conseiller du Roy et Monsʳ Roumanet, bourgeois et marchant, pour aller au devant de luy, luy faire la reverance et luy offrir les services du general et du particulier de la maison de ville; lesquelz estans partis, accompaignés de cent ou six vingtz bourgeois à cheval, rencontrarent ledit Sʳ Daluy a une lieue de la ville de Limoges, et luy ayant randu leurs submissions, l'auroit accompaigné dans la maison du Breuilh jusques dans sa chambre; d'ou, ayant prins congé de luy, s'en retournerent a la maison de ville, et a mesme temps, tous lesd. Sʳˢ conseulz estans revestus de leurs robes et ayant prins leur bonnez et chapperons, seroit allés, les quatre gaigiers devant eux, saluer Monsʳ le duc Daluy dans sa maison, et de la s'en seroint retournés dans la maizon de ville.

Passage du duc et de la duchesse d'Halluin.

Le dix-huictieᵐᵉ dudit mois, Messʳˢ Moulinier et Jayac, conseuls, acompaignés de plusieurs bourgeois, ont conduict Monsieur le duc Daluy a une lieue de la ville.

Le trantiesme dudit mois, Monsʳ Maledant, conseul, estant de retour de Paris, — il avoit esté depputé pour salluer Monsieur le duc de Ventadour, — lesdictz sieurs conseulz estant assemblés, il auroit apporté des lettres de mond. Sʳ le duc de Ventadour, et nous auroit assuré de l'affection et bonne vollenté qu'il avoit pour la maizon de ville, conformement aux offres portées par sesdites lettres.

Retour de Paris de M. Maledent, envoyé au duc de Ventadour.

---

(1) Il s'agit du duc d'Halluin, fils du maréchal de Schomberg, qui avait succédé à son père dans son gouvernement à la fin de 1632, et que le Roi avait presque aussitôt nommé gouverneur du Languedoc.

Désignation de nouveaux commissaires pour pourvoir aux besoins des pauvres.

Le douziesme du mois d'aoust mil six cans trante trois, en la chambre du Conseil de la maison de ville, où estoit assemblés Messrs les conseulz susdictz, a esté propozé par Monsr Moulinier, Prevost, que les depputtés qui travailhoi[en]t pour la necessité des pauvres (1), ce lassent d'en prandre, et qu'il seroit bezoing de proceder en une nouvelle nomination pour les soulager, veu mesme que l'ordre desdits pauvres a esté si bien receu des habitans et observé despuis l'establissement d'iceluy pour le soulagement desdits pauvres, qu'ilz ont esté nourris dans la ville, entretenus et mediquamentés dans l'hospital de Saint-Geral, sans que, despuis ledict temps, on n'a veu aulcun pauvre de la ville ny des estrangers mandier par ladite ville, par les esglizes ny dans les maisons particullières (2) : ce qu'ayant esté mis en deliberation, ont esté nommés pour continuer a gouverner les deniers des pauvres :

Premierement, du canton de Consullat :

Sr Pierre Jayac, le june, marchant ;
Sr Isaac Cybot, marchant.

De Maignigne :

Sr Jean Decordes ;
Monsr Boyol, l'advocat.

Des Bancqz :

Pierre Du Boys, sieur de Chamboursat ;
Sieur Joseph Scenemaud.

Du Clocher :

Sr Estienne Brugere ;
Sieur Farne, le june.

(1) Ce sont les seize bourgeois nommés le 8 décembre 1632. (Voir plus haut, p. 284, 285.) On remarquera que cette désignation s'est effectuée par canton militaire et non par canton électoral.

(2) Il faut dire qu'à ce moment la misère avait fort notablement diminué à Limoges, grâce à l'abondance de la récolte de 1632 ; les *Annales* nous apprennent que cette année fut « très » fertile en grains, fruitz et grande quantité de vins », p. 403.

De Boucherie :

Monsr l'advocat Latreilhe ;
Sieur Jean Dupin.

De la Ferrerye :

Sr Jean Deysandier (*sic*) ;
Sieur Jean Fromant.

Des Combes :

Monsr Faure, advocat ;
Monsr Alesme.

De Lansecot .

Sieur Jean David, le june ;
Monsieur Bardinet.

Le dix huictiesme du mois d'aoust, en la maison de ville, Messrs les conseulz étant assemblés sur la venue et arrivée de Monsr le premier president de Bourde[au]x, ont esté depputtés Monsr Chastaignac et Monsr Romanet pour l'aller salluer de la part de la ville, lesquelz, accompaignés de vingt-cinq ou trante bourgeois à cheval, le salluerent à une lieue de la ville, et, de la, le conduisirent en la maison de Monsr de Limoges (1), et, après avoir prins congé de luy, se retir[er]ent dans lad. maison de ville, ou estant arrivés, tous lesdicts Srs conseulz l'allarent salluer en corps, avec les marques consulleres.

Le vingt-uniesme dudit mois, Monsr le premier President, partent, fust conduict par Messrs Martin et Chastaignac avec plusieurs bourgeois, à une lieue de la ville.

Voyage à Limoges du premier président de Bordeaux.

(Le verso du feuillet est resté en blanc.)

---

(1) A l'hôtel épiscopal, alors situé sur l'emplacement de l'Evêcaud, ou plutôt entre l'Evêcaud et l'entrée actuelle du palais que Limoges doit à Mgr Duplessis d'Argentré.

Réclamation des consuls de 1631 pour les avances faites par eux durant la peste. — Nomination de quatre commissaires pour le recouvrement de la somme due par la commune.

Aujourd'huy neufviesme juin mil six centz trente trois, apres midy, en la chambre du conceils de la maison de ville, ou estoint assemblés Messieurs Mᵉ Jaques Martin, conceiller du Roy, et juge magistrat au siege presidial, prevost; Jehan Chastaignat, recepveur des tailles en la Cité, sieur Mathieu Moulinier, bourgeois et marchant, et Estienne Maledent, contreroleur des Decimes au dioceze de Xainctes, et Sʳ Jehan de Jayat, bourgeois et marchant, consulz de la pⁿᵗ ville, pour traicter des afferes de la maison de ville : sur ce qu'il a esté proposé par ledict Sʳ Prevost que, sur la poursuitte faicte par Messʳˢ Mʳᵉ Gaspard Benoist, eslu, Jehan Rougier, recepveur des Consignations, et autres consulz de la pⁿᵗ ville, l'année mil six centz trente ung, par devant Messieurs les trezoriers generaux de France au bureau de cette ville, contre lesdits sieurs a present consulz, pour les contraindre a faire la levée de la somme de quattre mille neuf cents trente huit livres treize sols quatre deniers, à eux deubs pour l'advence qu'ils en ont faict pour les frais par eux faictz durant la contagion, laquelle somme ils n'ont peu lever sur les cottisés et l'ont mise en resprise ; sur laquelle poursuitte, lesditz Sieurs trezoriers generaux auroint baillé leur ordonnance, portant que la susdicte somme seroit levée par lesdictz Sʳˢ a present consulz, dans trois moys ; et pour cest effet ils pourroint commettre et deputer quatre desdictz habitans pour faire ladicte levee dans ledict terme, ainsin qu'il est plus emplement contenu par ladicte ordonnance illecq exibée et leue, dattée du treziesme apvril dernier, *signée* : ARNAUD, huissier heriditayre ; et parceque lesdictz sieurs consuls en pourroint estre recherchés, apres avoir deliberé sur ladicte nomination, ont faict eslection et nomination des perssonnes de Sieur Aubin Faute, bourgeois et marchant, Pierre Dugeneyty, Reymond Jourde, aussi marchants, et Pierre Cybot, bourgeois, fils de Mʳᵉ Cybot, advocat du roy, lesquelz ils ont commis et deputtés, baillé toute charge et pouvoir de faire ladicte levée et collecte sur les denommés au rolle des reprinses, faict et arresté en la Chambre des Contes, et qui sont chargés de payer le contenu audict rolle illecq exibé, du vingt cinquiesme octobre mil six centz trente deux, *signé :* LEFFERRON ; de laquelle nomination lesdictz sieurs consuls ont requis acte, qui leur a esté consedé par le scribe de la dicte maison de ville, ledict jour, mois et an. *Signé :* MARTIN, prevost consul, CHASTAIGNAT, consul, MOULINIER, consul, MALEDANT, consul, Jehan de JAYAT, consul.

J. MOURET, *scribe de la maison de ville.*

Aujourdhui treziesme jour du moys de juin mil six centz -nte trois, a Lymoges, par devant le notayre royal et les tes-)ings soubzsignés, c'est presenté Pierre Barry, capitayne de la ,ison commune (1) de la dicte ville, lequel, fesant pour les sieurs nsulz d'icelle, estant en charge la presente année, et comme ant d'heux charge, a intimé et notifié a sieur Aubin Faute, ,rchant, Pierre du Geneyty, et Reymond Jourde, aussi mar- ant, et Pierre Cybot, bourgeois, fils de feu Mr Cybot, vivant vocat du Roy, la nomination faicte de leurs perssonnes par dictz sieurs consulz, du neufvienne du present moys, pour levée et estre les collecteurs de quattre mille neufz centz trente ict livres treize solz et quatres deniers, en l'ordonnance de :ssieurs les trezoriers generaux de France, en la generalité de moges, en datte du treiziesme jour d'avril dernier, an present l six centz trente trois, *signé* : ARNAUD, et ce sur les habitans dit Lymoges denommés au rolle des reprinses qui a esté arresté la Chambre des Contes, copie duquel rolle collationné et signé Messrs Mre Jaques Martin, consul prevost, et a esté mise entre mains dudit Sr Jourde; ensemble, la coppie de la susdicte lonnance desdictz sieurs trezoriers ou (*sic*) du susdict acte de mination, *signé* : « MOURET, scribe de la dite maison de ville », nmant deux collecteurs de proceder incontinant et sans delay a levée desdictz deniers, autrement ledict Barry, audict non,)teste contre eux de tout ce que les dicts sieurs consulz pourroint re recherchés a deffaut de ladicte levée, tous despens, dom- ages interetz et de tout ce qu'il peut et doit plus emplement otester, au domicille desdicts sieurs Faute, du Geneyty, Jourde Cybot, parlant sçavoir a la perssonne dudict du Geneyty, quel a esté baillé coppie; audict Jourde, et a lui baillé aussi oie des susdictes pièce, enssemble du present acte auxditcts urs Faute et Cybot, aussy a leurs personnes et a chascun llé coppie que ledict Cybot a prins, non signée, seulement pour r que c'est, et ce faict, en faire bonne responce, icelle qu'il partiendra; don et du tout audict Barry, audict non, le querant, a esté concedé acte, pour luy servir que de raison, en sences de Mre Mathieu David, lieutenant de la presente ville Guilhaume Blanchard, gager de ladicte maison commune,

<small>Signification aux intéressés, par un officier du consulat, des commissions ci-dessus.</small>

) Les deux capitaines de la maison commune étaient de simples huissiers. On voit l'un x porter la masse devant les consuls dans plusieurs cérémonies publiques.

tesmoingts a ce apellés et requis (1), * lesquels avecq led. Bary ont signé a l'original des presentes et moy * A. Rougier, notre royal heredre et de lad. maison de ville (2).

Liste des prudhommes électeurs.

S'ensuit les noms de Messieurs les preudhommes nommés pour faire eslection de Messieurs les consulz le sixiesme decembre mil six cents trante troys.

Les Taules :

Monsieur le lieutenent criminel ;
Monsieur l'acesseur ;

---

(1) L'année 1633 fut témoin d'assez sérieux désordres provoqués par la discorde qui régnait depuis l'année précédente entre les Récollets de la province de Guyenne. Des deux couvents de Limoges, l'un tenait pour un parti, l'autre pour la faction adverse. Les *Annales* rapportent qu'après plusieurs « disputes et batteries », le gouverneur et ses gentilshommes durent aller rompre les portes du couvent de Saint-François (bâtiment dit de l'Ancienne-Comédie).
Le 3 août de la même année, l'évêque et l'abbé de Saint-Martial mirent fin par un compromis à leurs longs débats touchant la visite de cette église. L'entière juridiction de l'évêque fut reconnue ; l'abbé n'eut plus que le droit de correction fraternelle sur les chanoines. (Legros, *Abrégé des Annales*, page 576).
Cette même année, on fit quelques réparations à l'église Saint-Michel-de-Pistorie.
En 1633, un procès assez intéressant était pendant entre les médecins et les apothicaires de Limoges. Ces derniers, « désirant établir une maistrise de leur art, et se faire juré (*sic*) « comme il y en a dans les meilleures villes du royaume », s'étaient adressés, en 1621, au siège sénéchal pour obtenir des lettres-patentes constituant leur profession en corporation jurée. On ne comptait pas à cette époque moins de vingt-cinq pharmaciens pour la ville seulement, qui n'avait pas plus de 12,000 habitants. Il n'existe aujourd'hui que 24 pharmaciens dans toute la commune, c'est-à-dire pour une population de 65 à 70,000 âmes.
Du consentement des médecins et chirurgiens, des consuls et du procureur du roi, il leur fut permis de se réunir pour discuter des statuts. Ceux-ci reçurent l'approbation royale en 1627 (lettres-patentes du mois de février). Mais les apothicaires manifestèrent bientôt, vis-à-vis des médecins, une indépendance dont ces derniers se montrèrent fort scandalisés. Un procès s'engagea entre les « docteurs en medecine et medecins ordinaires » de la ville de Limoges : Jacques Arbonneau, Pierre Lafont, David Chabaudie et François Villoutreix, et les apothicaires, ayant pour syndics Claude Monneyron et Jean de Reculés.
Les archives de la Haute-Vienne (série C liasse 16) possèdent un curieux mémoire des premiers, dont quelques passages rappellent les phrases les plus ronflantes des personnages de Molière : « Les apothicaires, qui sont dans un ordre soumis et inférieur aux medecins, » pretendent dispenser des remedes sans leur autorité et desengager leur pharmacie du » debvoir et des defenses auxquelles elle est obligée par la loi civile et politicque et par sa » propre jonction à la reyne des sciences, qui est la medecine »..... Nous ne saurions dire quelle fut l'issue de ce différend.
(2) Ce qui est entre * * est de la main du notaire qui a signé. En marge une signature, qui n'est celle ni du scribe de la maison de ville qui a signé au folio précédent (Mouret) ni de celui dont on trouve la signature au folio suivant (Descordes).

Pierre Chastaignac, juge ;
François Nicot ;
Pierre Faulte ;
Mathieu Coulin ;
Mathieu Decordes ;
Monsieur Londeys ;
Mr Barthelemy Moulinier ;
Mr Vidaud, recepveur.

La Porte :

Monsieur de Felix ;
Monsieur Desmons ;
Monsieur de Bonnefon ;
Monsienr de Meillat ;
Pierre Jayac, le jeune ;
Monsieur Vidaud, conseiller ;
Izac Cybot ;
Jehan Coulomb, juge ;
Jehan Ducloub, juge ;
Jehan Peconnet.

Magnine :

Mr Rougier, recepveur ;
Bouyol l'ayné ;
Jacques David ;
Jehan Rouillac, bourgeois et marchant ;
Jehan Rouillac, advocat ;
Maledent, recepveur ;
Martial Rousset ;
Joseph Rouillac, procureur ;
Vidaud, esleu ;
Jehan Poilevet ;
David Romanet ;
Jehan Ruaud.

Le Merché (sic) :

Maillot, contrerolleur ;
Joseph Maillot ;

Chamboursac ;
Pierre Cybot ;
Fregefon, procureur ;
Crouzeil ;
Jehan Carier ;
Martin, recepveur ;
Lapine, esleu ;
Estienne Disnematin, l'ayné.

La Fourie :

Pierre Jayac ;
Pierre Cybot ;
Simon Romanet ;
Jehan Du Boys ;
Jehan Baud ;
Benoist, advocat ;
Vidaud, contrerolleur ;
La Lingaine, recepveur ;
Lafosse ;
Pierre Saleys.

Le Clocher :

Monsieur Vertamond, president ;
Monsieur Reculetz, conseiller ;
Monsieur Maledent, conseiller ;
Monsieur Baignol, advocat ;
Baignol le jeune ;
Pierre Cybot ;
Lagorsse ;
Estienne Brugière ;
Decordes, esleu ;
Dumontin, tresorier ;
Baillot, procureur.

Boucherie

Monsieur Bonin, advocat ;
Martial Senemaud ;
Duteil, procureur ;

Barthelemy Tailandier ;
Pierre Chapelas ;
Jehan Chapelas ;
Pierre Roux ;
Malavergne ;
Guillaume Segond ;
Leonard Delomenie.

Lansecot :

Monsieur Martin, conseiller ;
Desvoyon, esleu ;
Dupont, advocat ;
Masbouchier ;
Thomas, procureur ;
Mauplot, greffier ;
Clement, greffier ;
Pierre Martin, dict le Bizouard (1) ;
Guillaume Nicot, l'ayné ;
Berger (?), advocat.

Les Combes :

Monsieur Albiac, advocat ;
Monsieur Mousnier, greffier ;
Monsieur Montauseau (*sic*) ;
Noailler, procureur ;
Jayac, advocat ;
Dubouscheys, advocat ;
Gergot, des faultzbourgs ;
Bonin, procureur ;
Segond, dict Dade ;
Vollondat.

Le Vieux Merché :

Noailler ;
Navieres, l'ayné ;
François Picheguay ;

---

(1) Ce nom s'appliquait à certains marchands colporteurs.

Lajoumard, procureur ;
Pire, le bouchier ;
Mathieu Le Bureau ;
Mathieu Dujalat ;
Albert de Plenasmeyjoux ;
Jacques Bardinet ;
Guillaume Penicault.

   J. Decordes, *scribe de la maison de ville de Lymoges.*

Eslection de Messieurs les Consulz de la ville de Lymoges, faicte par les centz preudhommes nommés et esleuz dans la grand salle de la maison commune a la manière acoustumee, le septiesme jour du moys de decembre mil six centz trante troys.

Honnorable Mr François Martin, conseiller du Roy et juge magistrat ;
Honnorable Mr Pierre Vidaud, aussy conseiller du Roy, et esleu en l'eslection du Hault Lymousin ;
Honnorable Mr Pierre Baignol, advocat en parlement ;
Honnorable Mr Marcial de Malledent, sieur de la Lingayne, recepveur des tailles, audit Lymoges ;
Sieur Simon Roumanet, bourgeois et marchant ;
Sieur Jehan Gregoyre de Roullac, aussi bourgeois.

   J. Decordes, *scribe de la maison de ville de Lymoges.*

Le dernier jour dudit moys de decembre, an susdit, a esté pro- *Nomination de juges de police.*
cedé par lesdits Sieurs consulz a la nomination des Sieurs juges
de police, sçavoir :

De Messieurs de la Justice :

Honnorable Mʳ Jehan Defflottes, conseiller ;
Honnorable Mʳ Jehan Desmaisons, aussy conseiller.

De Messieurs les Consulz :

Dud. (*sic*) Sieur Mʳᵉ Jehan Vidaud, conseiller et esleu ;
Et Sieur Roumanet, bourgeois.

De Messieurs les Bourgeois :

Pierre Duboys, sieur de Chamboursat ;
Sieur Joseph Roumanet, bourgeois et marchant.

J. Decordes, *scribe susd.*

(Deux pages en blanc.)

C'est la nomination des Cappitaines et Lieutenantz de la presente ville, faicte par les Sieurs Consulz de l'année mil six centz trante quatre, faicte au moys de may de ladite année 1634.

Le canton de Consulat :

Monsieur Dupeyrat, procureur du Roy en la generalité de Lymoges ;
Lieutenᵗ, M. Rouard.

Du canton de Magninie :

Sieur Helyes Rousset, bourgeois et marchant ;
Lieutenant, sieur (1)   Romanet, aussy marchant.

Les Bancz :

Pierre Decordes, sieur de Sainct Leger ;
Lieuten^t, Sieur Jehan Roux.

Le Clocher :

Monsieur Delort, recepveur du taillon ;
Lieutenant, Sieur Mar^{al} Baillot, marchant.

Boucherie :

Monsieur de Douhet, advocat ;
Lieuten^t, Mr Jaques Rougier, procureur.

La Fererie :

Monsieur Mauple, Sieur de Plenavayre ;
Lieuten^t, Sieur Aubin Faulte, marchant.

Les Combes :

Monsieur de Douhet, Sieur de Montauseau ;
Mr Martial Bonnin, procureur.

Lancecot :

Jehan David, marchant ;
Lieuten^t, Marcial Cybot, dict Goudendaud.

           J. Decordes, *scribe de la maison de ville de Lymoges.*

---

(1) Le prénom est laissé en blanc au manuscrit.

En ladicte année mil six centz trante quatre, et au moys de mars, ayant pareu quelques maisons dans la ville frappées du mal contagieux, apres avoir esté (*sic*) pourveu a les faire nettoier, fust arresté par l'advis de Messieurs le Lieutenant general du siege ordinaire de la ville et juges de police et aultres principaux bourgeois de la ville assemblés pour cest effect, d'expeller hors la present ville les pauvres mandiantz pour esviter le peril de ladicte contagion, et neanmoingtz pourvoir à leurs vivres et aultres necessitez pendant qu'ils demeureront hors ladite presente ville ; et pour faire une collecte des aumosnes que chascun des habitantz voudroient librement et charitablement donner pour cest effect, furent esleuz de chascun canton deux bourgeois, sçavoir :

Craintes d'épidémie : mesures prises par les Consuls

Pour le canton de Consulat (1) :

(Le reste de la page est en blanc ainsi que la page suivante.)

---

(1) Aux années 1633 et 34 se rapportent des troubles occasionnés par la gabelle, et dont le *Manuscrit* de Pierre Mesnagier parle en ces termes (fol. 220) :

« A l'année mille six cant trante et troys, Monsieur Hanne de Levict, duc de Vantadour, » gouverneur du Hant et Bas Limosin, vouiloy establir la gabelle par les villes de son gouver- » nement, avect Monsieur Biont, qui estoit commiserre du roy. Lequel Biont metoy par les » villes du resort du Limosin dé jehan (*sic*) de guerre an garnison, et se crôiant estre le plus » for. Neanmouin, les petits artisans se levarre contre les partisant qui estoy de la ville, avect- » que les harmes an ment (A), et fire seser leur mauvés desaint et entreprinse. Et a l'année » mille six cant trante quatre, velle des Trois Roy, furent bruler la prison de la cour presi- » dialle de Lymoges, qui commansare a bruler a deux heures de nuit, et durat le feut jusques » a douse heures du landement des Rois. Et sant le secour qu'il fuct mit, lé prisonnier se fuse » tous brullé : que mesme lé grille de fer qui la estoy tombare toutes par elles mesmes..... » incontinant fire rebatir la prison depuis le creux dé basses fosses jusques aux aut dé » tuilles, le tout de pierre de talles, etc. »

En 1634, les Carmélites de Limoges quittèrent le couvent, sis près la fontaine des Barres, qu'elles occupaient depuis 1618, et s'établirent dans la maison des Verthamont, au bout du faubourg Manigne. Elles vendirent 22,000 l. leur ancien monastère aux Filles de Notre-Dame.

La même année fut créée la Sénéchaussée de Saint-Léonard.

Un édit de janvier de la même année révoqua les privilèges des villes ; mais celles-ci trouvèrent, pour la plupart, à prix d'argent, le moyen de faire confirmer les lettres royales qu'elles avaient déjà obtenues.

La foire des Rameaux fut établie au mois de juin 1634. Les lettres de Louis XIII à ce sujet sont conservées aux Archives de l'Hôtel-de-Ville. (HH. 1.)

(A) En mains : la traduction n'est pas inutile

Nomination des bailes de l'hôpital Saint-Gérald.

Le quatorziesme juillet audict an mil six centz trante quatre (1), apres que Sieurs Jehan Pinot, Pierre Duboys, sieur de Chamboursat, Paol Dargenteau et Mᵉ Estienne Thomas, procureur, bailles des pauvres de l'hospital Sainct-Geral ont represanté qu'ilz ont exercé leur dicte charge de bailles pendant quatre années, laquelle (sic) fini au moys d'aougst prochain, partant a esté requis, suyvant la coustume, proceder à la nomination des nouveaux bailles : ce qui a esté faict par (2) les Sieurs consulz a present en charge, es personnes de :

Maistre Leonard de Jayac, advocat ;
Sieur Jehan Dupré, l'ainé, marchant ;
Sieur Marcial Guybert, aussy marchant ;
et Mᵉ Jehan Graud, procureur.

J. Decordes, *scribe de la maison de ville de Lymoges.*

(Le reste de la page et la page suivante en blanc.)

Eslection de Messieurs les Consulz de la presant ville de Lymoges, faicte dans la grand salle de la maison commune, par les centz preudhommes nommés a cest effect le septiesme jour du mois de decembre mil six centz trante quatre, a la maniere accoustumée.

Honnorable Mʳ Jehan Defflottes, conseiller du Roy et juge magistrat au siege presidial de Lymoges ;
Honnorable Mʳ Anthoine de Malledent, aussy conseiller au mesme siege ;
Mʳ Jehan de Roullac, advocat ;

---

(1) Ici les mots *a esté procedé*, biffés.
(2) *Nos*, biffé.

Honnorable Mʳ Marcial de Malledent, recepveur des Decimes ;
Jehan Martin, sieur de la Rebiere (1) ;
Jehan Boyol, sieur de Ros.

    J. DECORDES, *scribe de la maison de ville*
     de Lymoges.

(Le reste de la page en blanc. (2)

Eslection et nomination des cappitaines et lieutenantz pour l'année mil six centz trante cinq, faicte le huictiesme jour du moys de decembre (3) *an mil six centz trante quatre, pour la reception et entrée en ceste ville de Monseigneur le duc de Ventadour, gouverneur et lieutenant pour Sa Majesté au pays de Lymousin.*

1. *Cappitaines du canton de Consulat :*

Monsieur Veyrier, sieur de la Quintaine, (?) tresorier general de France en la generalité de Lymoges ;
Lieutenant, Pierre Duboys, sieur du Bouscheyron, esleu en l'eslection.

2. *Magninie* :

Sieur Joseph Roumanet, bourgeois ;
Lieutenant, Jehan Dupré le jeune.

---

(1) Nous ne saurions lire ici *Ribière*.
(2) Trois jours après l'élection de ces magistrats, le dix décembre, « Monsieur le duc de » Vantadour fit son entrée à Lymoges comme gouverneur. Il avoit bon nombre d'infanterie et » autres. Et fust receu a Saint-Martial par Mgr l'Evesque, ou le *Te Deum* fust chanté ; et de » la, alla descendre au Brueil ». *Annales*, p. 406, 407.
(3) *Mil six centz tra... audict*, biffés.

3. *Les Bancz* :

Pierre Duboys, sieur de Chamboursat ;
Lieutenant, Joseph Sénemault, marchant.

5. *Boucherie* :

Monsieur Latreilhe, advocat ;
Lieutenant, Pierre Roux, marchant.

4 (1). *Le Clocher* :

Monsieur Chastaignat, lieutenant en l'eslection ;
Lieutenant, Hieremye (?) (2) Texendier, marchant.

La Ferrerie :

Le sieur Constant, sieur du Mas du Bost ;
Lieutenant, Guillaume Faulte, fils de sire Pierre Faulte.

Les Combes :

Monsieur Berger, advocat ;
Lieutenant, le sieur Nantiac, aussy advocat.

Lancecot :

Sire Pierre Noailler, marchant ;
Lieuten⁺, François Cybot, fils de Mathieu du Bureau.

J. DECORDES, *scribe*.

Nomination des juges de police. — Le dernier jour du moys de decembre mil six cents trante quatre a esté procedé par les sieurs consuls a la nomination des sieurs juges de police :

(1) On remarquera que la série des numéros mis devant les cantons ne continue pas ; elle n'avait pour but, semble-t-il, que d'indiquer l'interversion des nos 4 et 5.
(2) *Lazare*, biffé.

Premièrement, *de Messieurs du Siege* :

Monsieur De Cordes, accesseur ;
Monsieur Bardon le jeune, conseiller.

De Messieurs les Consuls :

Monsieur de Malledent, conseiller ;
Monsieur Boyol, sieur du Ros (*sic*).

Des sieurs bourgeois et marchants :

Sieur Simon Defflottes ;
Sieur Pierre de Jayac, le jeune.

J. Decordes, *scribe*.

(Le reste de la page et la page suivante en blanc (1).

---

(1) Les Consuls de 1634-1635 ne nous ont laissé aucune note sur l'année de leur administration, qui fut pourtant signalée par plusieurs faits notables, entre autres par la création du Présidial de Guéret, et par la mort de M. de Pompadour, lieutenant au gouvernement : sa succession fut réservée à son fils ; mais M. de Laurière fut chargé provisoirement de la lieutenance. Il fit son entrée à Limoges au mois de juin. — La même année, le P. Bonaventure de Saint-Amable, le futur historien de saint Martial et du Limousin, arriva pour la première fois à Limoges (*Histoire de saint Martial*, t. III, p. 839).

Du 1er septembre 1634 au 7 janvier 1635 fut tenue à Poitiers une session des Grands Jours pour les provinces de Poitou, Saintonge, Limousin, Marche, et pays circonvoisins. Les *Mémoires* de Pierre Robert, lieutenant général au siège sénéchal du Dorat, dont les Archives de la Haute-Vienne possèdent des extraits tirés par M. Auguste Bosvieux de la copie de D. Fonteneau (T. XXIX de la collection de ce dernier) fournissent à cet égard de curieux renseignements. Des assises extraordinaires étaient alors indispensables pour suppléer à l'insuffisance des petits tribunaux et pour étendre la justice du roi à des seigneurs puissants, auxquels l'impunité eût été trop souvent assurée. « A cette époque, dit Robert, on n'entendoit parler » partout que des violences, voleries, assassins, meurtres et outrages commis de toutes parts » par l'insolence des gentilshommes et autres peuples du pays de Poitou, Limousin, Haute et » Basse Marche et Angoumois ». Tous les officiers royaux d'un certain rang : lieutenants généraux, lieutenants criminels, procureurs du Roi, furent contraints de comparaître en personne devant la cour pour y rendre compte de leurs actes. Un assesseur de robe courte du vice-sénéchal de Bellac, Louis de Montfaucon, dit Mourier, convaincu d'un grand nombre de concussions, exactions et violences, fut condamné à mort et pendu à Poitiers au mois d'octobre, après avoir fait amende honorable, pieds nus, la corde au cou et un cierge de trois livres à la main, en présence du peuple, devant la cathédrale. On mit en prison Jean Aubert, prévôt pro-

Eslection de Messieurs les Consuls de la present ville de Lymoges, faicte dans la grand salle de la maison commune par les centz prudhommes nommés à cest effect, le septiesme jour du moys de decembre mil six centz trante cinq, à la manière acoustumée.

Honnorable Mr Mre Jehan Veyrier, sieur de la Quintaine, conseiller du Roy, tresorier general de France en la generalité de Lymoges ;

Monsieur Mre François Bonnin, advocat du Roy en la jurisdiction royalle ordinaire de Lymoges ;

Monsieur Mre   (1) Lapine, conseiller du Roy et contre-rolleur, esleu en l'eslection du Hault Lymousin ;

Monsieur Mre Jehan Rougier ;

---

vincial de la Basse Marche. Un gentilhomme qui s'était porté en pleine église à d'odieuses violences sur un prêtre fut condamné à la peine capitale et exécuté. Les meurtriers de Pierre de Fonsreau, lieutenant criminel du Dorat, qui habitaient le château de Thouron, subirent le châtiment dû à leur crime. Le baron de Saint-Germain-Beaupré, gouverneur de la Marche, eut une peur terrible d'être appelé devant la Cour : il avait mille fois mérité d'être frappé. Il échappa, à Poitiers, à la juste punition de ses extorsions, de ses pillages et de ses crimes. Ce ne fut pas pour longtemps. Au mois de février ou mars 1635, le Parlement de Paris le condamnait par contumace à avoir la tête tranchée ; mais il avait prévu l'orage et avait déjà fait passer son gouvernement sur la tête de son fils. — Les *Grands Jours* de Poitiers, où furent édictés plusieurs arrêts en forme de règlement, relatifs surtout à l'exercice du culte réformé, étaient présidés par Tanneguy Seguier, président à mortier au Parlement de Paris. Deux membres distingués du parquet de cette Cour, Omer Talon et Tronchet, avaient été désignés pour requérir au nom du roi et exercer, au cours de ces assises, ce que nous appelons aujourd'hui le ministère public.

On trouve, dans diverses liasses des Archives départementales, notamment dans le fonds de la Sénéchaussée, récemment versé à ce dépôt, la mention d'un procès criminel qui dut produire une très grande émotion à Limoges. Il s'agit de poursuites dirigées contre un ancien lieutenant criminel au siège de cette ville, François Croisier, et contre Jean de Lavergne, sieur de Champaignac, et demoiselle Marguerite de Lavergne, ses complices.

Croisier fut condamné à mort, entre 1630 et 1640, paraît-il, par un arrêt du Parlement. Nous ne saurions dire si cet arrêt fut exécuté, et nous n'avons pu, malgré nos recherches, découvrir aucun détail précis sur cette affaire. Il ne paraît pas toutefois que le procès de Croisier ait été instruit à l'occasion des Grands Jours.

(1) Le prénom est resté en blanc.

Sieur Joseph Roumanet, bourgeois ;
Sieur Simon Defflottes, aussy bourgeois.

    J. DECORDES, *scribe de la maison de ville*
    de Lymoges.

(Le reste de la page en blanc.)

Eslection et nomination de capitaines et lieutenants pour l'année mil six centz trante six, faicte le..... (1) *par les Sieurs Consulz de la presant ville.*

Capitaines du canton de Consulat :

Sieur Pierre Chastaignat, bourgeois et marchant ;
Lieutenant, Louys Michelon.

Magninie :

Mr Jehan David, marchant ;
Sieur Pierre Jayac.

Les Bancz :

Le sieur Jehan Baylle, bourgeois et marchant ;
Lieutenant, François Guytard, aussy marchant.

Boucherie :

Mr François Mouret, sieur de Mandelessas ;
Lieutenant,   (2) Delomenie, bourgeois et marchant.

---

(1) La date a été laissée en blanc.
(2) Le prénom est resté en blanc.

Le Clocher :

Honnorable Mre Pierre Chastaignat, advocat du Roy en les Senechaussée et Presidial de Lymoges ;
Lieutenant, Sieur Leonard Mousneron.

La Ferarie :

M^ro Jehan Certe, advocat ;
Lieutenant, sieur   (1) Paignon, fils du sieur Yrieys Paignon.

Les Combes :

Mr Mre Leon de Douhet, sieur du Gravier ;
Lieutenant, Mr Jehan Boysse, procureur.

Lancecot :

Mr Pierre David, procureur ;
Le filz de Mathieu du Bureau, lieutenant.

    J. DECORDES, *scribe de la maison de ville de Lymoges.*

Esleclion et nomination des sieurs juges de police, faicte par Messieurs les consulz.

Premièrement *de Messieurs du Siege* :

Honnorable Mr Mre Marcial Duboys, conseiller du Roy ;
Honnorable Mr Mre Joseph (2) Descoustures, aussy conseiller.

De Messieurs les Consulz :

Honnorable Mr Mre François Bonin, advocat du Roy en la jurisdiction royalle de Lymoges ;

(1) Le prénom en blanc.
(2) On avait d'abord écrit Simon.

Honnorable Mr Mre Barthezard Lapine, conseiller et contrerolleur en l'eslection.

Des sieurs bourgeois et marchantz :

Sieur Marcial Hardy, bourgeois et marchant;
Sieur François Nicot, aussy bourgeois et marchant.

J. Decordes, *scribe de la maison de ville de Lymoges.*

(Le reste de la page et le verso du feuillet en blanc. (1)

Eslection de Messieurs les Consulz, faicte dans la grand salle de la maison de ville, par les centz preudhommes nommés et esleuz pour cest effect, le septiesme jour du moys de decembre mil six centz trante six.

Monsieur Mre Marcial Duboys, conseiller au presidial de Limoges ;
Monsieur Mre Guillaume de Verthamond, president en l'eslection ;
Monsieur Mre Marcial de Malledent, contrerolleur ;
Monsieur Mre Pierre (2) Delort, recepveur du taillon ;
Sieur Jehan Ruaud, bourgeois ;
Sieur Pierre Cellière le jeune, bourgeois.

J. Decordes, *scribe de la maison de ville de Limoges.*

---

(1) En 1636, la chronique locale ne nous fournit guère d'autre fait intéressant que l'établissement, par Marcelle Chambon, de la confrérie de Saint-Martial des Ardents, à Saint-Martial de Limoges.
(2) On avait d'abord écrit *Jehan*, puis on l'a biffé.

Nomination des officiers de la milice pour 1637.

Le dixième janvier 1637, Messieurs les Consuls subsd., estant assemblés es la chambre du conseil, ont nommé pour capitaines des cantons les cy dessoubs nommés, sçavoir :

De Consulat :

Monsieur Decordes, sieur de Feli ;
Jehan Moulinier le jeune.

Magninie :

Monsr Rougier, recepveur des consignations ;
François Roulhac, marchan.

Les Bancz :

Monsr Dumontin, tresorier ;
François Senamaud, marchan.

Le Clocher :

Monsr Desmaisons, conseiller ;
Thomas Hardelier, marchan.

Boucherie :

Mr Bardon, conseiller ;
Jacques Vaureys, marchan ;

La Ferrerie :

Monsr Descordes (?) esleu ;
Montaudon, marchan.

Les Combes :

Monsieur Decousture, conseiller ;
Charles Delause ;

Les Bouchiers (1) :

Jehan Navieres ;
François Bardinet.

---

(1) C'est, croyons-nous, la seule fois que la compagnie du Vieux-Marché, qui comprenait la rue Torte et son réseau, est désignée par la profession de la plupart des habitants de ce quartier.

S'ensuivent les juges de police pour l'année presante 1637.

Monsr Paignon, conseiller ;
Monsr Bardon, conseiller ;
Monsr de Verthamond, presidant des esleus, consul ;
Monsr Mre Pierre Delhort, recepveur du taillon, consul ;
Sieur Jehan Baillot, marchan ;
Sieur Jehan Dupré, le jeune, marchan.

S'ensuivent les juges de Bourrse, qui se creent (?) le 21ᵉ may (1) 1637.

Sieur Mathieu Moulinier, juge ;
Sr Estienne Brugiere, premier consul ;
Sr François Nicot, second consul (2) ;

S'ensuivent les noms de Messieurs les prudhommes, nommés pour faire l'eslection de Messieurs les Consuls le vjᵉ *decembre mil six cent trante sept.*

Les Taules :

M^r le lieutenant criminel ;
M^r l'assesseur ;
Mr Londeys ;
Mr Vidaud, recepveur ;
Mr Mathieu Decordes, recepveur ;

---

(1) *Juin*, biffé.
(2) On remarquera que depuis 1566 (2ᵉ vol., p. 318), les *Registres Consulaires* n'ont pas fait mention de l'élection des juges de Commerce.
En 1637 : établissement du siège présidial de Guéret, et union du prieuré de Saint-Gérald-lès-Limoges à la Congrégation des Chanoines réguliers de Sainte-Geneviève.

Sʳ François Nicot ;
Mʳ de la Quintaine ;
Sʳ Berthelomy Moulinier ;
Sʳ Tirebas, procureur ;
Mʳ Alesme, recepveur.

La Porte :

Mʳ de Feli ;
Mʳ Desmonts ;
Mʳ Jacques Maledant ;
Mʳ Rouard, esleu ;
Mʳ Vidaud, consul ;
Sʳ Pierre de Jayac;
Sʳ Ysaac Cibot ;
Sʳ Pierre Hardy ;
Jehan Colomb, sieur de Courbiat ;
Sʳ Gerard Mercier.

Magninie :

Mʳ Rougier, recepveur ;
Sʳ Mathieu Moulinier ;
Sᵗ Estienne Romanet ;
Sʳ Jehan de Jayac ;
Sʳ Jehan Duppré ;
Sʳ Marcial Maledant ;
Mʳ Vidaud, esleu ;
Mʳ Roulhat, advocat ;
Sʳ Jehan Gregoire de Roulhat ;
S° Joseph Romanet.

Le Marché :

Mʳ Mailhot, contrerolleur ;
Mʳ du Montin ;
Sʳ de Chamboursat ;
Sʳ Jehan Baille ;
Sʳ Jehan Boyol, sieur de Roux ;
Mʳ Martin, recepveur ;
Sʳ Nicollas Guery ;

Mʳ Boyol, advocat ;
Sʳ Estienne Brugiere ;
Sʳ Jacques David.

La Forie :

Sʳ Pierre Croceil ;
Sʳ Simon Romanet ;
Sʳ Pierre Cibot l'ayné ;
Mʳ Vidaud, contrerolleur ;
Mʳ de la Lingaine ;
Sʳ Jehan La Fosse (1) ;
Sʳ Pierre Saleys l'ayné ;
Mʳ Benoit, advocat ;
Mʳ Duboucheront, esleu ;
Sʳ Manent, greffier.

Le Clocher :

Mʳ Recules, conseiller ;
Mʳ Desmaisons, conseiller ;
Mʳ Chastagnat, recepveur ;
Mʳ Baignol l'ayné, advocat ;
Mʳ Baignol le jeune ;
Mʳ de Buat, conseiller ;
Mʳ de la Charlonie ;
Sʳ Leon Moneron ;
Sʳ Jehan Bailhot ;
Sʳ Jehan David.

Boucherie :

Mʳ Bailhot, advocat ;
Mʳ Bonin, advocat ;
Mʳ Duteil, procureur ;
Sʳ Pierre Celiere l'ayné ;
Mʳ Latreille, advocat ;
Sʳ Pierre Roux ;

---

(1) Jean Lafosse est l'auteur du journal manuscrit que nous publions à l'Appendice.

Sʳ Pierre Chappellas ;
Sʳ Pierre Nouailler ;
Sʳ Jacques Bailhot ;
Sʳ Leonard Delomenie.

Lansecot :

Sʳ Pierre Cibot le jeune ;
Mʳ le juge Petiot ;
Mʳ Devoyon, esleu ;
Mʳ Dupon, advocat ;
Mʳ le lieutenant Volondat ;
Sʳ Mathieu Constans ;
Constans, sieur du Ma (*sic*) du Bost ;
Mʳ l'advocat Duboys ;
Mʳ Baltazard Lapine ;
Mʳ Desflottes, conseiller.

Les Combes :

Mʳ Clemen, greffier ;
Mʳ Martin le jeune, conseiller ;
Mʳ Grand, procureur (1) ;
Mʳ Descoustures, advocat du Roy ;
Mʳ Jayac, advocat ;
Sʳ Gergot, des faux-bourgs ;
Mʳ Duboucheys, advocat ;
Sʳ Senamaud, greffier ;
Sʳ Decordes, notaire ;
Mʳ Cibot, advocat de l'Ordinaire.

Le Vieux Marché :

Sʳ François Bardinet ;
Sʳ Mathieu du Jalat ;
Sʳ Jehan Nouailher ;
Mʳ Maledant, contrerolleur, esleu ;
Sʳ Guilhaume Nicot l'ayné ;

---

(1) On avait d'abord mis *advocat*.

Sʳ Aubin Faulte;
Sʳ Simon Desflottes;
Sʳ Pierre Faulte;
Sʳ Lortcournet, procureur ;
Mʳ Maledant, conseiller.

(Le verso du feuillet est resté en blanc.)

Eslection et nomination de Messieurs les Consulz, faicte par les centz preudhommes nommés à cest effect, dans la grand salle de la maison commune, le septiesme jour de decembre mil six centz trante sept.

Monsieur Mʳᵉ Jacques de Petiot, juge royal de Limoges ;
Monsieur Mʳᵉ Simon Descoutures, advocat du Roy en la Seneschaussée (?) du Hault Lymousin ;
Mʳ Mʳᵉ Gregoyre Decordes, conseiller (?) et esleu ;
Jean de Verthamond, sieur des Montz :
Sieur Bartholome Moulinier, bourgeois ;
Sieur François Nicot, bourgeois.

J. DECORDES, *scribe de la maison de ville.*

C'est la nomination de Messieurs les juges de police pour l'année presante mil six cents trante huict, faicte le huictiesme jour de janvier de ladicte année mil six centz trante huict.

Premièrement, *de Messieurs les officiers* :

Monsieur Mʳᵉ Jaques Martin, conseiller ;
Monsieur Mʳᵉ Pierre Duboys, esleu.

De Messieurs les Consulz :

Monsieur Descoustures, advocat du Roy ;
Monsieur De Cordes, conseiller, esleu.

De Messieurs les bourgeois :

Pierre Hardy, sieur du Puytison ;
Sieur Jaques Baillot, bourgeois.

J. Decordes, *scribe de la maison de ville de Limoges*.

(Le verso du feuillet en blanc.)

Renouvellement des bailes de l'hôpital de Saint-Gérald, 1638.

Le vingt quatriesme de juillet mil six centz trante huict (1), avant midy, ou estoient assamblés honnorables Messieurs Mre Simon Descoustures (2), advocat du Roy, prevost ; Jaques de Petiot, juge royal ; Gregoyre Decordes, conseiller du Roy et esleu en l'eslection ; Bartholome Moulinier et François Nicot, bourgeois, consulz, lesquelz ont faict eslection et nomination pour bailles de l'hospital Sainct Geral, pour quatre années advenir, des personnes de Messieurs M^{res} Jehan Martin, recepveur, Jehan Latreilhe, advocat, sieur Mathieu Labische, bourgeois, et Mre Leonard Noailler, procureur. Faict les jour, moys et an susd.

J. Decordes, *scribe de la maison de ville de Limoges*.

(Le reste du recto et le verso du feuillet sont restés en blanc (3).

(1) *a esté*, biffé.
(2) C'est, croyons-nous, la dernière fois que Simon Descoustures est nommé dans nos registres. Ce magistrat mourut le 9 juin 1644, âgé de 71 ans. Il avait joui, pendant un demi-siècle, d'une grande influence à Limoges. Il fut enterré aux Cordeliers : son épitaphe, qui se lisait sur une plaque de marbre noir fixée dans le chœur, auprès de la porte de l'Evangile, a été conservée par Legros.
(3) Les Consuls de 1637-1638 ne mentionnent ni les démarches faites pour la suppression

Eslection et nomination de Messieurs les Consulz de la ville de Lymoges, faicte le septiesme decembre mil six centz trante huict, pour l'année mil six centz trante neuf, par les centz preudhommes esleuz nommés a cest effect, suivant la vollonté de Sa Majesté.

Monsieur Mre Pierre De Cordes, sieur de la Bernardye, conseiller du Roy et son accesseur civil et criminel au presidial et senechal de Lymoges ;
Monsieur Mre Jehan Vidaud, conseiller du Roy et son recepveur des tailhes au dioceze de Lymoges ;
Leonard De Cordes, sieur de Felix ;
Jehan David, sieur de Laplaigne, bourgeois ;
Mre Joseph Dubouscheys, advocat ;
Jehan de Verthamond, escuier, sieur de Ches Tandeau.

J. Decordes, *scribe de la maison de ville de Limoges.*

(Le reste du recto et le verso du feuillet sont restés en blanc.)

C'est la nomination de Messieurs les capitaines du consulat (1) *desdits sieurs Consulz.*

Consulat :

Monsieur Benoist (?), advocat, capitaine ;
Monsieur Roumanet l'ainé, lieutenant.

du siège sénéchal de Saint-Léonard, « qui choqoit fort Lymoges » et provoquées par les magistrats de la Sénéchaussée, et surtout par les procureurs ; ni l'ostension septennale des reliques des saints, qui fut signalée par une dispute entre les officiers de l'Evêque et un chanoine de la cathédrale d'une part, et, de l'autre, l'abbé de Saint-Martial, « auquel on fist tumber sa mittre, et fust chassé. Dont il y eût grand scandalle et ensuitte informations et grand procès (*Annales*, p. 408). Le manuscrit de Jean de Lavaud ajoute que le chanoine et les officiers de l'évêque furent condamnés à faire réparation audit abbé et à lui demander pardon.

(1) Consulat est pris ici dans le sens de : année du Consulat, année de la charge.

Magninie :

Monsieur de Labrousse, sieur de Teyxonnieres, capitaine;
Sieur François Roulhac, lieutenant.

Les Bancz :

M⁺ De Cordes, sieur de Sainct Leger, capitaine;
Sieur Jacques David, lieutenant.

Boucherie :

Monsieur de Douhet, capitaine ;
Le sieur Farne, gendre de Jupile, lieutenant.

Le Clocher :

Monsieur Chastaignat, advocat du Roy, capitaine;
Monsieur   (1), lieutenant.

La Ferrarie :

Monsieur Martin, sieur du Moulin Blanc, capitaine ;
M⁺ Ruaud, gendre de M⁺ l'advocat Boyol, lieutenant.

Les Combes :

Monsieur M⁺ᵉ Jacques Martin, conseiller, capitaine;
Sieur Charles Delauze, lieutenant.

Lancecot :

Sieur Jehan David, fils de feu Estienne David, capitaine;
Le fils de Mathieu Cybot, dit le Bureau, lieutenant.

J. DECORDES, *scribe*.

---

(1) Le nom est resté en blanc.

Messieurs les Juges de la police pour la mesme année.

Messieurs Mre Jehan Vidaud, conseiller ;
Mr de Reculetz, aussy conseiller ;
Mr Mre Joseph du Bouscheyt, advocat ;
Jehan de Verthamond, sieur de Chez-Tandeau ;
Sieur Jehan Cybot, bourgeois ;
Jehan Navières, aussy bourgeois.

J. DECORDES.

Messieurs les Juges de Bource de la mesme année.

Sieur Yzac Cybot, bourgeois ;
Sieur Jacques Baillot ;
Le sieur Ardellier, aussy bourgeois.

J. DECORDES, *scribe susdict*.

(Le reste du recto de ce feuillet, le verso et les quatre feuillets suivants — 181 à 184 — en entier sont restés en blanc (1).

---

(1) Ainsi, durant plus de quatre années (du 7 décembre 1638 au mois d'avril 1643), les registres du Consulat n'ont pas même conservé les noms des consuls. C'est une nouvelle lacune qu'il faut signaler dans la série des actes manuscrits que nous publions. Nous recourons, pour la combler, à nos sources ordinaires d'information. Voici d'abord quelques passages des *Annales manuscrites* (p. 408 et suiv.) :

« Audit mois d'apvril (1638) décéda M. de Conti, intendant de la generalité de Lymoges. Celluy ci ne fist grand mal ; toutefois, les partisans ou leurs commis venoient en nombre. Il faudroit un gros volume pour escrire ce qui s'est pascé despuis, des exactions et logementz dont le pauvre peuple a souffert, enjougnantz a des cantonniers de lever grosses sommes sur les cantons, et exempter tous les officiers, jusques aux archiers ; lesquelz cantonniers, ne pouvant tout lever, estoient contraintz par rigueur a payer pour les autres. Et après ledit Conti, il en vint un plus meschant et des plus tirantz qu'on [ne] scauroit dire, nommé Guillaume Fremin (A), lequel vint, sa femme, enfans, jusques a un Jésuitte (B). Il fist des volleries,

(A) On le trouve aussi appelé *Firmin des Couronnes*. (Abrégé des Annales, p. 580)
B) Un précepteur sans doute.

Eslection (1) *de messieurs les Consulz de la presant ville, faicte par les centz preudhommes nommés a cest effect, le seisiesme jour du moys d'apvril mil six centz quarante troys, suyvant la lettre de Sa Magesté, du seiziesme janvier, mesme année :*

Monsieur de Reculet, conseiller ;
Monsieur Leonard de Douhet, sieur du Gravier, contrerolleur general des Finances ;

exactions, faussetés et autres meschancetés tant a Lymoges, villes et plat pays ou s'étendoit sa commission, si grande que tous en soufroient.

» En ce temps, le Roy imposa sur la ville, en forme de sucistances, vingt mille livres.

» En icelle année, le Roy ayant demandé par forme d'emprunt, sur Lymoges, la somme de cent trente mille livres, laquelle somme il vouloit estre taxée sur les plus riches et aizés ; et, pour en avoir diminution, furent deputtés deux consulz (A). Laquelle fust réduitte a celle de soixante mille livres. Et, au lieu de la taxer suivant les ordres que Sa Majesté desiroit, iceux consuls taxerent 150 marchants, artisans et quelques procureurs, pour fórnir chascun 400 livres, ayant lesdicts consuls deschargé tous les officiers et plus riches. Desquelz artisantz il y en eust qui ne peurent payer, ce qui donna subjet de se pourvoir au Grand-Conseil. Nonobstant, ilz passèrent outre, les contraignant par toutes rigueurs, qui donna occasion à fermer les boutiques. Cependant, ilz lèvent, par composition, de chascun 200 livres, promettant de regaller le surplus sur les autres habittans. Après plusieurs assemblées de ville et autres rendés-vous, ils se moquèrent ; enfin, au commencement d'octobre de ladite année, on contrainct lesdits 150 a payer le surplus par plusieurs rigueurs et viollances, mesme par emprisonnement d'aucuns ; et fust merveilles qu'il n'y eut quelque sédiction ; mais iceux, estants les plus faibles, n'auserent remuer : les consulz ayant tous les plus grandz et la justice en main, eux ne désirantz que cella afin d'en faire pendre quelqu'un. Mais Dieu préserve les innocentz : tellement [que], après plusieurs poursuites au Conseil du Roy, fust dit que lesditz consulz seroient tenuz à fère pied pour le remboursement d'iceux 150, et condampnés aux despans. Ce que voyant, les deputtés desditz consulz s'obligèrent vers les deputtés des 150 en leurs propres et privez noms d'ensuivre la teneur de l'arrest. Et y a encores procès pour en avoir rembourcement. On ne sauroit dire la queue de cette affaire ; car les pauvres disoient la faculté des riches publiquement, et mesmes devant l'Intendant et voire jusques au Grand-Conseil. Qui fust cause que plusieurs sommes sont estés mises sur la ville, desquelles les pauvres habitans ont tous souffert et souffrent tous les jours par vengeance, par logementz des gens de guerre, garnisons qu'on donnoit au menu peuple, estappes et autres exactions. Bref, on ne sauroit dire le mal que cela a porté à la foule du pauvre peuple ».

Plus loin, l'Annaliste ajoute qu'on ferma les boutiques à la fin de juin. Elles restèrent fermées tout le jour, et on eut de la peine à les faire rouvrir le lendemain : « On n'y réussit que par composition qui fust fausse ». — Probablement, moyennant la promesse de réduction de moitié dont il est parlé plus haut et qui fut si mal tenue.

Empruntons au *Manuscrit* de Pierre Mesnagier (f° 221) quelques lignes sur les mêmes évènements :

« En l'année 1639 est arrivé à Limoges un intendant qui avoit femme et enfants, nommé

(A) C'étaient MM. Descoustures, avocat du Roi, et Decordes, élu.

Monsieur Mre Marcial de Douhet, advocat ;
Monsieur Brugiere, juge des Combes ;
Sieur Jehan Moulinier, bourgeois ;
Sieur Yrieys Paignon, bourgeois.

J. DECORDES, *scribe de la maison de ville de Lymoges.*

(Le reste du recto et le verso de ce feuillet sont en blanc.)

Compty, que le Roi avoit envoié à Limoges pour demander vinct mille esqus, léquel lui fure delivrés, et an se mesme tant arivat Monsieur de Fremin, ausy sa famme et famille, lequel estoy un dé plus mechan intandant qui fut arrivé an septe ville de Limoges, car il ransonnat de or et argent tous lé plus grand de la ville, et apres lé marchant et artisant, léquel artisant luy fesoy lé nuies (?) mille egarades an la maison qu'il demeuroy, apartenant a Monsieur de Pinot, qui est au devan la fontene et semintierre de l'eglise de Sainct Pierre du Queyroy (A). Et demeurat an se lieu quelque troy années, et fu contrent de se retirer a Sain Junien ; car il crenoy for de estre tué dan la maisont avect sa famille par lé petict artisant, léquel lui chantoy tou lé jour dé injures. »

Ibid., p. 223 : « L'an mille six cant quarante hun, il arivat a Limoges un pertisant qui merquoy lé piesses de si blant d'une fleur de lis (B), et estant merquées d'iselle fleur de lis, elle valloy trois dousent, et pour le dousent, autrement apellé sol, estan ausy merqués, il valloy quinze denier et ne les ausoy refuser a pesne de dix livres d'amande. Ausy il arrivat an septe ville six partisant qui fure loger an la Sicté de Limoges, au logis de la Trape (C), pour establir la gabelle ; més estant decouver par un prestre de Sain Maurise apellé Matieu, et par quelque escolier, incontinant, le peuple advertict de sa, fure tous eslevés, comme hommes, fammes et anfant, de toutes par, et voullant atraper, il fure avertis, et se sauvant à grand course de cheval, et fur surprin deux de seux et se sauvant dant l'eglisse des perres de Sainct Fransoy dé Cordelier (D), léquel peuple voulloy abatre le couvant pour avoir seux qui ls estoy a refuge ; més messieurs de la justice et consul de la ville y fure pour fere retirer le peuple, seque a grand paine le firre, et la nuit fire sauver ses gabelleurs ét lé fire conduire par le senechal de Limoge de peur qu'il ne fuse esté guetés sur le chemin par lé habitant ».

Le même manuscrit signale la mort de M. de Laurière, chargé de la lieutenance du gouvernement, lequel fut tué au siège de Thionville en 1639.

Il donne ensuite des détails sur une coalition des bouchers de Limoges, qui se concertaient pour abuser du monopole dont ils jouissaient. « Messieurs les juges de la pollise fure contrain de ferre tuer dé beuf dant la maison de ville pour substanter le petit peuple » (p. 225).

Le 18 juillet 1641, le Parlement de Bordeaux rendit un arrêt par lequel il repoussait les prétentions des bayles de la corporation des serruriers de la ville de Limoges, lesquels pré-

(A) La place Saint-Pierre actuelle.
(B) On trouve encore beaucoup de piécettes portant cette marque.
(C) L'hôtellerie de la Trappe, une des plus célèbres de Limoges, était située tout auprès de Saint-Maurice.
(D) Il s'agit de l'église du plus ancien des trois établissements que l'ordre de Saint-François possédait à Limoges ; l'avenue de Fleurus passe sur son emplacement.

Eslection de Messieurs les capitaines et lieutenantz des huict cantons de la presant ville, faicte par les sieurs Consulz soubznommés a Lymoges, le vingt deuxiesme apvril mil six centz quarante troys.

Consulat :

Monsieur du Vignaud, capitaine ;
Sieur Jehan Moulinier, bourgeois, lieutenant.

tendaient que les statuts de ce métier « faits de l'authorité du Roy » s'étendaient aux serruriers de la Cité et que les ateliers de ces derniers étaient soumis à la visite des officiers du corps au même titre que ceux de leurs confrères de la ville. (Archives départementales, série C, liasse 53.)

Les potiers d'étain de la ville avaient, cinq ou six ans auparavant, élevé une semblable prétention. Ils furent amenés à y renoncer. Les syndics des tailleurs et des chapeliers éprouvèrent le même échec. Les « maîtres mouleurs, fabricants de moules de boutons » ayant été organisés en jurande en 1665, obtinrent en 1671 une sentence du siège sénéchal défendant aux quatre mouleurs de boutons qui habitaient le faubourg du Pont-Saint-Martial, non-seulement de prendre la qualité de maître, mais d'exercer le métier, et autorisant les chefs de la corporation à faire saisir leurs bois, outils et marchandises. L'évêque intervint comme seigneur du Pont-Saint-Martial, et grâce à lui, un arrêt de 1672 donna gain de cause aux quatre petits industriels. (Arch. dép. C, liasse 53 et Livre d'Hommages de l'Evêché, T. II, p. 93, 94.)

Au mois de novembre 1641 (al. 1642) un édit créa à Limoges une charge de prévôt des maréchaux de France dans la généralité, avec la survivance et les honneurs et préséances dont jouissaient les grands prévôts de Normandie et autres provinces. L'établissement de cette prévôté entraîna la création d'un certain nombre de charges : son personnel se composait d'un assesseur, un avocat, un procureur du Roi, trois greffiers, un commissaire, un contrôleur des montres, cinquante archers et trois receveurs payeurs (B. DE SAINT-AMABLE, *Histoire de Saint-Martial*, T. III p. 844).

En 1642 mourut à Paris le célèbre chanoine Jean Decordes.

La même année des pluies incessantes compromettant les récoltes, on fit plusieurs processions, parmi lesquelles une procession générale qui eut lieu le 8 juillet (al. le 6 ou le 9) et à laquelle assistèrent les consuls et les magistrats du présidial. On porta en grande pompe les châsses de saint Martial, de saint Aurélien, de saint Loup et de saint Domnolet. « On vit le mesme jour renaître un temps calme et serein ». (A. LEGROS, *Abrégé des Annales*, p. 583.)

D'autres processions furent faites à l'occasion d'une épidémie qui fit périr à Limoges plus de cinq ou six cents personnes. C'était une « fièvre ardente, pestilentielle et frénétique ». (B. DE SAINT-AMABLE, T. III, p. 845.)

En 1643 « fure a Limoges decrié lé doubles de cuivres et ne valloy que denier : grant perte pour lé artisant et mergilliers qui masoy (A) par lé eglise pour les hames trepasés ». (Mss. Mesnagier, p. 225.)

On voit, en somme, que la lacune de notre registre consulaire correspond à une période de troubles pendant laquelle la vie municipale fut sans doute à peu près suspendue. Il est probable que les consuls en charge furent cassés. La date même de l'élection des magistrats de 1643 témoigne de la perturbation causée à l'Hôtel-de-Ville par les évènements que nous venons de rappeler.

(A) Amassaient.

Magninie :

Monsieur Roulhat, advocat, capitaine ;
Sieur Joseph Renaudin, bourgeois.

Les Bancz :

Sieur Pierre Noailler, bourgeois et marchant, capitaine ;
Sieur Adrien Pabot, marchant, lieutenant.

Le Clocher :

Monsieur Demaisons, sieur de Bonne (*sic*), capitaine ;
Sieur Pierre Baignol, bourgeois, lieutenant.

Boucherie :

Monsieur Salot, sieur du Peyroux, capitaine ;
Sieur Pierre Ardent, marchant, lieutenant.

La Ferarie :

Monsieur de Douhet, sieur de la Gorsse, capitaine ;
Le sieur Barbou, m^{re} imprimeur (1).

Les Combes :

Monsieur Paignon, sieur de Puimy, capitaine ;
Le sieur Nantiac, procureur, lieutenant.

Lancecot :

Sieur Anthoine Delauze, maître du Cheval Blanc (2), capitaine ;
Le fils de Sire Janme d'Aixe, dict Pire L... (3).

J. Décordes, *scribe susdict*.

(Le verso du feuillet en blanc (4).

---

(1) Les Barbou habitaient encore en effet la maison de la rue Ferrerie qu'ils avaient achetée en 1586 de Paule Boutaud, veuve de Barthélémy Guibert, et de son fils ; mais ils y avaient successivement annexé plusieurs autres immeubles.
(2) On voit que l'auberge du Cheval-Blanc avait continué à appartenir à la famille du fameux capitaine ligueur.
(3) Illisible. — Un sieur Jacques d'Aixe, dit *Pirot*, consul pour le Vieux-Marché en 1529-30, fut assassiné sur le chemin d'Aixe à Limoges, l'année de son consulat. (*Registres consulaires*, Ier vol., p. 179.)
(4) On remarquera que, pour cette année, le nom des juges de police est omis.

Eslection de Messieurs les consulz faicte par les centz preud'hommes nommés à cest effect, le septiesme decembre mil six centz quarante troys.

Monsieur Mre Jaques Dupeyrat, conseiller du Roy et tresorier general de France ;
Monsieur Mre Jehan Demaison, conseiller du Roy au presidial et senechal de Lymoges ;
Monsieur Pierre Hardy, sieur de Puytison ;
Monsieur de Douhet, sieur de La Gorsse (*sic*) ;
Monsieur Mre Joseph Clement, greffier a l'ordinaire ;
Monsieur Mre Louis Darfeuillie, procureur.

J. DECORDES, *scribe*.

Eslection et nomination de Messieurs les juges de police, faicte par Messieurs les consulz, le unziesme jour du moys de decembre mil six centz quarante troys.

Monsieur Mre Anthoine de Malledent, conseiller au presidial et senechal ;
Monsieur Mre Marcial Martin, conseiller, sieur de Labastide ;
Mr Hardy, consul ;
Monsieur Clement, consul ;
Monsieur Certe, advocat ;
Le sieur Jehan Martin, dict Dessables, bourgeois.

DUPEYRAT, *prevost consul;* J. DECORDES, *scribe*.

Se sont les noms de Messieurs les capitaines de la presant ville et lieutenantz pour l'année prochaine mil six centz quarante quatre, nommés par Messieurs les consulz de ladicte année :

Le canton de Consulat :

Mr Jehan (1) Vidaud, sieur de Vaux, greffier en l'eslection, capitaine ;
Mr Jacques Rougier, procureur, lieutenant.

Le canton de Magninie :

Monsieur Dupré, conseiller au presidial, capitaine ;
Lieutenant, le sieur Pierre Crozeil le jeune, bourgeois.

Les Bancz :

Le sieur Baylle le jeune, bourgeois, capitaine ;
Le sieur Pierre Cybot, marchant, lieutenant.

Le Clocher :

Le sieur Verthamond, gendre de M. Delort, bourgeois, capitaine ;
Le sieur Boysse, gendre du sieur Disnematin, lieutenant.

Boucherye :

Mr Pierre Bonnin, advocat fiscal, capitaine ;
Le sieur Simon Dupin, bourgeois, lieutenant.

La Ferrarie :

Monsieur Mre Jehan De Voyon, conseiller et esleu, capitaine ;
Le sieur Claude Mousnier, dict Lombard, bourgeois, lieutenant.

---

(1) *Pierre*, biffé.

Les Combes :

Monsieur de Douhet, sieur de la Rivière, capitaine ;
Sieur Marcial Duboys, bourgeois, lieutenant.

Lancecot :

Monsieur Mre Leonard de Cordes, conseiller ;
Sieur Jehan Cybot dict Piffre, marchand boucher, lieutenant.

J. DECORDES, *scribe*.

<small>Réparation de la *quarte* étalon de la ville.</small>

Aujourd'huy, unziesme janvier mil six centz quarante quatre, a Lymoges, dans la chambre du conseil de la maison commune de ladicte ville, Messieurs les Consulz ont donné a Jean Doubert, dict le Baby, maistre menusier, presant, la quarte de cuyvre a mesurer bled et scel, merquée au tourt d'icelle de la merque du Roy et de la ville (1), ou y a escript en lettres codiques (2) : *Eysso ey la quarto a mesura blat e sau*, affin de remplir sur icelle les mesures, de laquelle il s'est chargé et promis la remettre toutefois et quantes (?), a peyne de tous despans, domaige intérêts.

Jehan DAUBERT. — J. DECORDES, *scribe*.

<small>Nomination de commissaires pour pourvoir aux besoins des pauvres.</small>

Aujourd'huy, xxiije mars mil VIe quarante quatre, a Lymoges, dans la chambre du conseil de la maison commune de lad. ville, ou estoyent assemblez Mrs les consulz d'icelle, deliberans a pourvoir a la necessité des pouvres mandians qui sont dans lad. ville, afin d'estre rendus certains des necessités qui sont dans les cantons de la presant ville, ont faict nomination des habitans

---

(1) Autrefois les mesures avaient porté la seule marque du Consulat.
(2) Pour *gothique* évidemment : le scribe a employé une forme altérée du patois.

soubsnommés pour s'en enquerir et informer, afin d'y estre pourveu :

Le canton de Consulat :

Sr Joseph Decordes ;
Gregoyre (1) Deschamps, marchant ;
Pierre Chastaignac ;
Le sieur Moulinier, gendre de Michelon.

Magninie :

Jehan Maleden, sieur de Font-Jaudrand ;
Me Leonard Papetaud, appoticaire ;
Symon Roumanet ;
Le Sr Moulinier, gendre de Bayle.

Les Bans :

Pierre Dubois, sieur de Chamboursat ;
Jean Noailher ;
Mr Jehan Alboin, chirurgien ;
François Raymond (2), du Patrimoyne (3).

Le Clocher :

Leo^d Vigenaud (4) ;
Dominique Marie (5) ;
Jehan Teyssier ;
Pierre Guybert.

Boucherie :

Jean Lafosse ;

---

(1) On avait commencé à écrire le nom de Guillaume.
(2) Ce nom est écrit postérieurement et d'une autre main que le reste de la liste.
(3) C'est-à-dire receveur des Patrimoniaux, des ressources propres de la ville.
(4) On avait d'abord écrit en tête : Pierre Cybot.
(5) Il nous paraît impossible de lire : *Mouret*. Le dernier nom de la liste primitive était celui du « sieur Ardillier », qui avec Pierre Cybot, Vigenaud et Marie, complétait le contingent du canton. Les noms de Jean Teyssier et Pierre Guybert ont été ajoutés après coup pour remplacer ceux d'Ardillier et de Cybot, biffés.

Pierre Roux ;
Jacques Vareilhe ;
Audoin Taillandier.

La Fererie :

M⁺ Boyol, advocat ;
Jehan Montoudon ;
Pierre Faulte ;
Jacques Texandier.

Les Combes :

Leonard Gergot ;
Jean Delauze ;
Mʳᵉ Geral Faure, advocat ;
Broulhaud, gendre de Guytard ;
Jean Montagut (ou Montagne), espinlier.

Lansecot (1) :

Louis Dellomeni ;
Estienne Bardinet ;
François de Marpienas ;
François Cybot, fils de feu Mathieu (?) le Tiredant (?).

(Un feuillet en blanc (2).

---

(1) On avait d'abord écrit : *Les Taules*.
(2) Les Consuls de 1544 n'ont pas laissé de compte-rendu de leur administration. Il y eut cette année-là, à cause de la guerre, beaucoup de passages de troupes. M. de Villeroy et M. d'Harcourt, qui arrivèrent le 31 mai, furent reçus avec de grands honneurs. Les habitants en armes allèrent les attendre jusqu'au Carrier. Ils avaient avec eux 8,000 cavaliers, très bien montés, et 6,000 fantassins. Au commencement de juillet, les six compagnies de M. d'Aubecourt paraissent avoir excité d'une façon toute spéciale l'attention des habitants de Limoges. Elles se composaient de 400 cavaliers, aussi bien montés que bien équipés et armés. Beaucoup d'entre eux avaient des « chapeaux de fer doublés de drat rouge, et leur aut de chauses estoy toutes » d'ecarlate rouge, et leur propouin etoy de chamois du plus for qu'il se pouvoy trouver, au- » tremant apellé bufre, avecque gallon d'or et argant par desur a trois ou quatre rant ». Le 4 juillet passèrent quatre cents Suisses, et plus tard divers autres détachements. Toutes ces troupes furent logées, non-seulement dans les faubourgs et la Cité, mais aussi dans la ville.

Eslection et nomination de Messieurs les Consulz de la presant ville de Lymoges, faicte le septiesme de decembre mil six cents quarante quatre, dans la grand salle de la maison commune de ladicte ville, par les cents preudhommes nommés a cest effect, suyvant l'ordre de Sa Magesté :

Monsieur Mre Jehan Pignet, conseiller du Roy et son President en l'eslection du Hault-Lymousin ;
Jehan de Petiot, sieur du Masbouchiet ;
Charles de Douhet, sieur de La Rivière ;
Jehan Dupré, seigneur d'Aigueparce ;
Mre Marcial Duteil, procureur au Presidial et senechal ;
Jaques Bailhot, sieur du Repayre.

J. DECORDES, *scribe de la maison de ville de Lymoges.*

MM. de Villeroy et d'Aubecourt logèrent chez le sieur Palays, juge de la Cité. Vers le 9, arrivèrent soixante « Vallons d'Espane ». Ils étaient prisonniers de guerre « nonobstan qu'il avoy » la ville libre pour se promener et travalier, ceux qui avoy de vocasion ». — Au bout de quinze jours, « lé consul fire asembler de ville pour ordonner le consel de se qu'il seroy or-» donné é fut ordonné que lé Espaniol seroy retenuz prisonier et fure anseré dan lé tour de la » ville, comme la tour des Arenes, la tour de Mon-Malier, et fure la l'espasse de deux an » antier. » (Manuscrit dit de Jean de Lavaud, plus connu sous le nom de Pierre Mesnagier, son continuateur, à la Bibliothèque de la ville de Limoges, p. 225 à 228.)

Le tonnerre tomba, le 8 juin 1644, sur le haut du clocher de Saint-Pierre, et « ne esgratiniat » que deux pierres du grand esguillon du costé des perres Jesuistes, et coupat le fil d'archal » du orloge et tumbat aux devant du grand portal ». Une mendiante, qui se trouvait sous ce portail, fut renversée et brûlée à la poitrine. (*Ibid.*, p. 228.)

Cette même année fut faite la « châsse de laiton, recouverte de fleurs de lis, de saint Annolet (Domnolet), par Raby, chaudronnier à Limoges, originaire de Saint-Léonard. » (*Ibid.*, p. 226.)

En 1644 ou 1645, les religieuses de la Visitation Sainte-Marie vinrent à Limoges et s'établirent au faubourg Montmailler, en face du couvent des Augustins (Legros, *Abrégé des Annales*, p. 585). Elles s'installèrent dans la maison du premier-président Périère. Il est dit à cette occasion qu'il y avait alors deux présidents au siège présidial de Limoges : M. de Saint-Jean était le second. (*Manuscrit* Mesnagier, p. 225.)

C'est à la même année que se rapportent la fondation de la Providence, due à la veuve du libraire Germain, Marcelle Chambon, et celle du tiers-ordre de Saint-François aux Cordeliers.

Se sont les noms de Messieurs les Capitaines pour l'année mil six centz quarante cinq, nommés le quinziesme decembre mil six centz quarante quatre :

Consulat :

Capitaine : Monsieur Vidaud, sieur du Carrier ;
Lieutenant : Sieur Marcial Deschamps.

Magnignie :

Capitaine : Sieur Leonard Roumanet, bourgeois ;
Lieutenant : Sieur Pierre Roulhat.

Les Bancz :

Capitaine : Monsieur Cavarlin (?), sieur du Vergier, tresorier general ;
Lieutenant : Monsieur Maillot, contrerolleur des Decimes.

Le Clocher :

Capitaine : Monsieur l'esleu Pinot ;
Lieutenant : Mre Marcial Bailhot, procureur ;

Boucherie :

Capitaine : Sieur Jehan Lafosse, bourgeois ;
Lieutenant : Sieur Pierre Noaillier le jeune.

La Ferarie :

Capitaine : Monsieur Pignet, sieur de Nuy (?) ;
Lieutenant : le sieur Lortcournet le jeune.

Les Combes :

Capitaine : Mr Descoustures, advocat du Roy ;
Lieutenant : M^{re}....... (1) Roche, procureur.

---

(1) Le prénom est resté en blanc.

Lansecot :

Capitaine : le sieur Marcial Navieres ;
Lieutenant : Bartholome Cybot, dict le Jalat.

J. DECORDES, *scribe*.

Noms de Messieurs les Juges de police de ladite année mil six centz quarante cinq :

Monsieur Paignon, conseiller ;
Monsieur Martin l'ainé, conseiller ;
Monsieur du Masbouchier, consul ;
Monsieur Dupré, consul ;
Sieur Simon Roumanet, bourgeois ;
Le sieur Mousneron.

J. DECORDES, *scribe*.

(Le reste du recto et le verso du feuillet en blanc.)

Aujourd'huy, neufviesme (1) jour du moys de decembre mil six centz quarante quatre, à Lymoges, avant midy, dans la chambre du Conseilh de la maison de ville, ou estoient assemblés Messieurs M^res Jehan Pignet, conseiller du Roy et president en l'Eslection du Hault Lymousin ; Jehan de Petiot, sieur du Masbouchiet ; Charles de Douhet, escuier, sieur de la Rivière ; Jehan Dupré,

<small>Les Consuls choisissent un seul avocat en titre pour la ville.</small>

---

(1) Il y avait d'abord *vingt neufviesme* : le mot *vingt* a été ensuite effacé. On a pensé sans doute que les Consuls auraient encouru le reproche de négligence, s'ils paraissaient avoir laissé aussi longtemps subsister l'état de choses que signale ce document.

seigneur d'Aygueparce; Marcial Duteil, procureur, et Jaques Baillot, sieur du Repayre, consulz de ladite ville, pour deliberer des affaires du publicq, et entre autres, pour la confirmation de leurs privileges; lesquelz, ayant voulu faire perquisition comme aussy des memoyres et instructions de ce qui s'est passé les années precedantes, ont aprins que lesdits privileges avoient esté portés a Paris, et le reste des affaires commises a diverses personnes, selon les habitudes et affection de chasque année; et encores, que les clefz du tresor ou sont les tiltres de ladite maison de ville ne leur ont esté remises, comme il est necessaire; lesquelz sieurs consuls, pour obvier a telz desordres pour l'advenir, et affin q'un seul advocat au privé conseil et d'Estat soict employé aux affaires de ladite maison de ville, auquel on se puisse confier pour s'y randre plus intelligent par la continuation de son employ à touttes sortes d'affaires qui peuvent concerner le publicq, et encores qu'on sera asseuré de treuver tous les tiltres, memoyres et instructions entre les mains dudit avocat ordinaire et seul employé pour ladicte maison de ville, ont jugé et treuvé a propos, tous d'ung commung consantement, estre tres important et necessaire de faire choix et nomination, tant pour eux que pour les autres sieurs consulz, leurs successeurs, et jusques a revocation expresse, lhors que les affaires publicq (*sic*) seront plus paisibles et a moingz de necessité, d'un advocat audict conseil privé et d'Estat, affectionné a ladicte maison de ville, qui prenne ung soing continuel de tous les affaires qui la concerneront, et ne pouvant faire choix de personne plus intelligente, cappable et affectionnée que de Me Jaques Chanudeau, advocat audict conseil, l'ont nommé, esleu et choisy pour advocat audict conseil, ores et pour l'advenir, et jusques a revocation expresse de ladicte maison de ville, et treuvé a propos de luy escripre et le prier d'accepter ladicte charge, et affin qu'il ayt moyen de s'en mieux aquicter, luy ont constitué de pantion sur les plus clairs deniers de ladicte maison commune de ladicte ville, la somme de cents cinquante livres par chascun an : le premier payement, et pour ceste année, commansant au premier juillet prochain, et audict terme concecutivement pour les années suyvantes, et ce, pour tous les soingts, peynes et vacations, et escriptures qu'il luy conviendra faire, sans en ce comprandre les fraiz extraordinaires, soict pour lever les arrestz et aultrement, dont il sera obligé mettre la main a la bource, lesquelz luy seront payés particulierement;

et sera tenu d'en bailler advis auxdicts sieurs consulz a mesme que les poursuittes s'en feront ; entandant lesdicts sieurs consuls bailler anuellement audict sieur Chanudeau, advocat, lesdictes centz cinquante livres pour la peyne seule qu'il prandra pour leurs affaires et ses escriptures, et affin que le presant acte soict mieux exequté, ont resolu et arresté qu'il sera inseré et escript au livre de ladicte maison de ville (1).

PIGNÉ, *prevost consul ;* DE PETIOT, *consul ;* DUTEIL, *consul ;* DUPRÉ, *consul ;* BAILLOT, *consul* (2) ; J. DECORDES, *scribe.*

Et advenant le septiesme jour du moys de janvier mil six centz quarante cinq, la lettre dudit sieur Chanudeau, advocat, datée du premier du courrant, a esté leue en la chambre du Conseil de ladicte maison de ville, par laquelle ledict sieur Chanudeau accepte ladicte nomination avecq honneur, et promet de s'employer avecq affection pour touttes sortes d'affaires qui la concerneroit et dont il aura cognoissance : dont avons dressé le presant acte comme dessus.

PIGNÉ, *prevost consul ;* DE PETIOT, *consul ;* DUTEIL, *consul ;* DUPRÉ, *consul ;* BAILLOT, *consul ;* J. DECORDES, *scribe.*

(Le reste du recto et le verso du feuillet, en blanc.)

(1) Voilà ce que, après plusieurs années de silence, les Consuls trouvent à enregistrer sur les livres de l'Hôtel-de-Ville : une nomination d'avocat ! Il est vrai qu'il leur importait fort à ce moment que leurs intérêts fussent bien défendus à Paris. Le dernier privilège qui leur eût été laissé, celui de posséder des francs fiefs, était battu en brèche. — Le *Manuscrit de Mesnagier* signale plusieurs passages de troupes au mois de janvier 1645, parmi lesquelles huit compagnies d'infanterie, mal armées, mal habillées et en désordre. Le 24 janvier, un vent épouvantable abattit les cheminées, « fit branler plusieurs maisons de la ville » et enleva beaucoup de toitures à la campagne. Les vieillards n'avaient pas souvenir d'une aussi violente tempête. La châsse de saint Loup, « toute d'argent fin avocat le deor, et doublée par le dedant de bois de liege » arriva de Limoges le 25 mai. Le 30 mars, les chanoines de Saint-Martial et les bailes de la grande Confrérie avaient reçu celle de saint Martial, « toute d'argant doré ». L'une et l'autre furent exécutées par « Seliere, horfeuvre, estan enfant de Limoges, més an ce tant, habitan de Paris ». On fit aussi l'armoire où est déposée la châsse, avec la grille fermée par quatre cadenas. — L'ancienne châsse de saint Loup, en cuivre émaillé, fut achetée par les Carmes Déchaussés, et plus tard fut vendue à la confrérie de Saint-Rustique, à Saint-Pierre. On avait mis en pièces celle de saint Martial, et les personnes pieuses s'en étaient disputé les fragments. La même année, fut construite la chapelle de *Notre-Dame de Sous-les-Arbres* : « l'image de la Vierge y estoy d'antiquité, au derrier d'une grille ». Le Manuscrit de Mesnagier auquel nous empruntons ces renseignements, rapporte plusieurs miracles arrivés cette année là par l'intercession de saint Martial.

(2) On remarquera que la signature de Charles de Douhet, nommé dans l'acte, manque au bas du document.

Eslection de Messieurs les Consulz, faicte par les centz preudhommes a la maniere acoustumée, dans la grand salle de la maison de ville, le septiesme jour du moys de decembre mil six cents quarante cinq :

Monsieur Mre Jehan Peyriere, premier (?) president ;
Monsieur Mre Jehan Vidaud, conseiller ;
Sieur Jehan Pinot, bourgeois ;
Sieur Pierre Crouzeil, bourgeois ;
Sieur Pierre Roux, bourgeois ;
Sieur Jehan Dupré, bourgeois.

J. DECORDES, *scribe.*

Nomination de Messieurs les Juges de police, faicte le dix neufviesme jour de decembre mil six cents quarante cinq :

Monsieur Mre Jehan de Recules, conseiller ;
Monsieur Mre Jehan Desmaisons, conseiller ;
Monsieur Vidaud, conseiller, consul ;
Sieur Pierre Roux, consul ;
Marcial Malledent, sieur de Fonjaudrant ;
Sieur Pierre Cybot, du Clocher.

Faict les jour, mois et an que dessus.

PERIERE, *prevost consul.*

Capitaines des huict cantons de la presant ville, nommés par Messieurs les Consulz, le dix neufviesme jour de decembre mil six cents quarante cinq.

Consulat :

Monsieur de la Jourdanye, capitaine ;
Lieutenant : Monsieur Michelon, filz.

Magnignie :

Capitaine : Sieur Bartholome Moulinier ;
Lieutenant : le sieur Bellemye.

Les Bancz :

Capitaine : le sieur Desmontz, fils ;
Lieutenant : le sieur Dupré.

Le Clocher :

Monsieur Baignol, advocat ;
Lieutenant : Monsieur Pinot.

Boucherie :

Capitaine : Monsieur Traversier, advocat ;
Lieutenant : le sieur Taillandier, filz.

La Ferarie :

Monsieur Biays, advocat ;
Lieutenant : le sieur Pierre Paignon.

Les Combes :

Mr Marcial Descoustures, advocat ;
Lieutenant : Hieremye (?) de la Jourdanie.

Lancecot :

Capitaine : le sieur Darnat, marchant ;
Lieutenant : Jehan Cybot, dict le Bureau.

PERIERE, *prevost consul* (1).

S'ensuivent (2) *les noms de MM. les predhommes nommés pour faire l'eslection de Messieurs les Consulz, le siziesme decembre mil six cens quarante six.*

Monsr le lieutenant criminel ;
Monsr de Compreignac ;
Monsr La Gorce ;
Monsieur de La Rivière ;
Monsr Mailhot, advocat ;
Monsr Martin, sieur de la Bastide ;
Mr Bargier, sieur du Rouveys (?) ;
Mr Alesme, advocat ;
Monsr Martin, conseiller, l'aisné ;
Mr Monneyron, sieur de Courbiat ;
Mr Benoist, sieur de Las Courrieras ;
Pierre Beaubreil, dict Peret ;
Clement, marchant ;

---

(1) En 1646, trois cents prisonniers espagnols furent envoyés à Limoges (Mesnagier, p. 235).

Le Collège royal de médecine de Limoges fut érigé par lettres-patentes du mois de novembre 1646, dues aux diligences d'un célèbre médecin du temps, Pierre Avril. (*Feuille Hebdomadaire de Limoges*, n° du 30 octobre 1776.)

Cette année fut également signalée par un procès entre l'Evêque de Limoges et l'abbesse de la Règle, au sujet de la visite de ce monastère.

(2) Cette liste est de la main d'un des Consuls. Le scribe de l'Hôtel-de-Ville y a fait diverses ratures et surcharges. On remarquera que la liste des électeurs consulaires, donnée ici après neuf années durant lesquelles elle ne figure pas à nos registres, n'est pas, comme autrefois, établie par canton.

Lamy, appothicaire (1) ;
Mre Jehan Boulhon, greffier du grand prevost ;
Navieres, le jeune ;
Léonard Delomenië ;
Leonard Beaubreil, au Banc ;
Jacques Dauvergne, sieur des Vazes ;
Sardine, au Clochier ;
Monsr Reculles, conseiller ;
Mr Desmaisons, conseiller ;
Mr Pignet, president ;
Mr Clement, greffier ;
Mr Chavagniac, gendre de M. Pignet ;
Mr Voulondat, lieutenant ;
Delomenie, procureur, a present greffier ;
Estienne Bachellier, marchant ;
Jehan Cibot, quinquallier ;
Le sieur Duteil, procureur ;
Me Travercier, advocat ;
Me Jehan Graud, procureur ;
Le sieur Garat, gendre de (2) feu Juge ;
Le sieur Faure, advocat ;
Gaudon, marchant ;
Sieur Jean Ducloupt ;
M^r (3) de la Charlhonie ;
Le sieur Nicollas Teullier ;
Reculles, gendre de Goudin ;
Monsr du Masbouchier ;
Mr Constant, s^r du Mas du Bostz ;
Mr Constant, advocat, gendre de Vigenaud ;
Le Sieur Ruaud, gendre de feu sieur Guilhaume Boyol (4) ;
Mr Martin, recepveur (5) ;

---

(1) Ce Lamy est probablement l'auteur d'un très intéressant armorial limousin, manuscrit, accompagné de quelques figures fort bien dessinées, qui porte la date de 1655, et appartient à M. Eugène Ardant, imprimeur.

(2) On a intercalé *Sieur*.

(3) *Jean*, biffé.

(4) Ce nom, de l'écriture du scribe Decordes, remplace celui de *Barthélemy Moulinier l'aisné*, biffé.

(5) Egalement de la main de Decordes. Ce nom remplace celui de Mr *Verdier, frère de* M. *l'abbé de Saint-Martial*, biffé.

Mr Mauple, greffier ;
Sieur Jehan Crouzier, marchant ;
Mr Estienne Thoumas ;
Monsr Decordes, assesseur ;
Faugieres, appotthicaire ;
Gramagnat, greffier ;
Pierre Nicollas, marchant ;
Monsr Dupin ;
Lortcournet, procureur ;
Croszier, procureur ;
Chambinaud, gendre de Desflottes ;
Simon Poncet ;
Gregoire Deschamps ;
François Busseraud ;
Sieur Jean Boyol, sr de Roux ;
Mr Leonard, advocat ;
Michel Brugiere ;
Leonard Demay ;
Mr Bailhot, procureur ;
Mr Noailher, procureur ;
Senemaud, procureur ;
Jaques Bailhot, controlleur (1) ;
Mr Maleden, esleu ;
Gayou, procureur ;
Boyer (?), praticien ;
Le sieur Jean Chappellas ;
Pierre Martin, dict le Bissouard ;
Rolland, dict Lansemant (2) ;
Nicollas Guery ;
Charles Blanchard, espicier ;
Martial Le Qart ;
Martial Mouret ;
Jacques Dumas, marchant ;
Jean Guery, marchant ;
Jacques David, juge de Bource ;

(1) Contrôleur, probablement.
(2) *Landsmann*, compatriote, « *pays* ». — Peut-être Rolland, qui paraît être le fils du fondeur de ce nom, un des principaux membres de la petite église réformée de Limoges, avait-il habité l'Allemagne avant de se fixer dans notre ville.

Jean Duprè, sʳ D'Eguesparce ;
Jean Coulomb, marchant ;
Jacques Dupré, marchant ;
Betestes, notaire ;
Labrousse, procureur ;
Sieur Jean Regnoudin, marchant ;
Monsʳ de Reniefort (?) ;
Mʳ Labische, sʳ de Rilhac ;
Monsʳ Veyrier, sʳ du Brueil ;
Pierre Roumanet, aux faulx bourgz Boucherie ;
Estienne Malavergne ;
Monsʳ Bonyn, advocat, gendre chès Salleys ;
Pierre Congniasse ;
Phelipes Michel ;
Yzac Jollivet ;
Monsʳ le juge Petiot ;
Le sieur Martin (1), devant chés Helies Rousset ;
Joseph Laurant ;
Suduyraud, gendre de Congniasse ;
Duprat, procureur.

DUPRÉ, *prevost consul ;* PINOT (?), *consul ;* J. VIDAUD, *consul ;* PIERRE CROUZEIL, *consul ;* ROUX, *consul.*

Eslection (2) *de Messieurs les Consulz, faicte par les centz preudhommes nommés pour cest effect, suyvant l'ordre de Sa Magesté, faicte le septiesme jour de decembre mil six centz quarante six :*

Monsieur Mʳᵉ Pierre de Roumanet, sieur de Sainct Priecz, conseiller du Roy, et lieutenant particulier au presidial et senechal de Lymoges ;

---

(1) *Gendre :* biffé.
(2) Ce document et les suivants ne sont pas de la main de J. Decordes.

Monsieur Mre Jehan Biays, conseiller du Roy et juge magistrat audit siege ;

Monsieur Mre Simon Descoustures, conseiller du Roy et son advocat audit siege ;

Monsieur Vidaud, sieur de Vaux ;

Sieur Joseph Martin Dessables, bourgeois ;

Sieur Pierre Cybot, aussy bourgeois, rue du Clocher.

J. DECORDES, *scribe*.

La nomination de Mrs les juges de police, faicte le diziesme decembre mil siz centz quarante siz.

Monsr Maistre Joseph Descoustures, conseiller ;
Monsr Maistre Simon Dupré, conseiller ;
Monsr Me Jean Biais, conseiller et consul ;
Monsr Martin, consul ;
Monsr Lafosse, bourgeois et marchant ;
Monsr Ardilhier, bourgeois et marchant.

DE ROMANET, *prevot consul*.

Eslection des capitaines et lieutenans, faicte le diziesme decembre mil six centz quarante six :

Consulat :

Monsr Du Vigniaud, cappitaine ;
Monsr Ducloupt filz aisné, lieutenant.

Magnine :

Monsr de Maledent, sieur de Fongoudrant, filz, cappitaine ;
Le filz de sr Jean David, bourgeois et marchant, lieutenant.

Les Bancz :

Monsr Mailhot, advocat, cappitaine ;
Sieur Pierre Benoist, marchant, gendre de Guytard, lieutenant.

Le Clocher :

Monsr de Recullet, advocat, cappitaine ;
Sieur Jean Eschaupre, marchant, lieutenant.

Boucherie :

Monsr Chaud (?), cappitaine ;
Le sieur Cibot, marchant, gendre de Desflottes, lieutenant.

La Fererie :

Mr Maledent, sieur de La Borie, cappitaine ;
Le sieur Beaubreil, des Bancz, marchant, lieutenant.

Les Combes :

Le s^r Dubrueil, filz de M. Paign. (1), conseiller, cappitaine ;
Le filz de Me Graud, advocat, lieutenant.

Lansegot :

Sieur Jean Navieres, cappitaine ;
Jean Juge, bouchier, lieutenant.

DE ROMANET, *prevot consul.*

Aujourd'hui, vingt ....

(L'acte commencé n'a pas été continué, le reste du recto du feuillet 201, le verso, et tout le feuillet 202 sont restés en blanc.)

---

(1) Paignon

— 342 —

Arrivée à Limoges de trois compagnies du régiment du comte de Melle, pour y tenir leur quartier d'hiver.

Aujourd'huy, vingt quatriesme jour du moys de decembre mil six cents quarante six, à Lymoges, dans la chambre du conseil de la maison commune de ladite ville, ou estoient assemblés Messieurs M^res Pierre de Roumanet, sieur de Sainct Priecz, conseiller du Roy et lieutenant particulier, Jehan Biays, et Simon Descoustures, conseiller et advocat du Roy, Jehan Vidaud, sieur de Vaux, greffier en l'Eslection, Joseph Martin et Pierre (?) Cybot, bourgeois, consulz et prevost d'icelle, assemblés pour deliberer des affaires du publicq, s'est presanté le sieur de Lausmonerie, commissaire du regiment du comte de Mellie, lequel, en ladite qualitté, a remonstré ausdits sieurs consulz que, par l'ordre du Roy, contenu en la lettre qu'il a en main, donnée a Paris, le vingtroyziesme novembre dernier, signée Louys, et plus bas Le Theilhiet (*sic*), il est enjoinct aux habitantz de la presant ville de recepvoir en garnison en la presant ville, pour y demeurer pendant le quartier d'hyvert, troys compaignies du regiment dudit sieur comte de Melhie, suyvant lequel ordre il a conduict en la presant ville les compaignies des sieurs de Landrecy, Davencourt et de Brugeat, lesquelz il a sommé lesditz sieurs consulz de (1) faire subsister; et a ses fins leur a exibé la lettre du Roy, portant son ordre, donnée à Paris (*sic*), le vingtroyziesme novembre dernier, signée Louys, et plus bas le Teilhiet. De quoy lesditz sieurs consulz ont faict dresser le presant acte pour y proceder, conformement aux ordres de Sa Majesté, contenus en ladite lettre. Faict les jour, moys et an que dessus.

S'ensuict coppie de ladite lettre :

De par le Roy, tres chers et bien amés, envoyons en Nostre ville de Lymoges troys compaignies du regiment de cavallerie de Nostre cher et bien amé cousin, le comte de Meillie, pour y demeurer en garnison pendant le quartier d'hyvert. Nous vous faisons ceste lettre par l'advis de la Reyne regente, nostre tres honnorée dame (2).

---

(1) On avait d'abord écrit : *de loger*, ce qui a été effacé.
(2) Les Consuls de 1647 omettent une indication que cinquante ans plus tôt ils n'eussent certes pas manqué de consigner. Demandons au manuscrit de Mesnagier de réparer cet oubli :
« En 1647, lé Consul fire acomoder la fontaine de Goulene, et y fire ferre l'image de Mon-

S'ensuyvent les noms de Messieurs les prudhommes nommés pour fayre l'élection de Messieurs les Consuls, le sixiesme decembre mil six cenz quarante sept :

Sieur Jean Coulomb, bourgeois ;
Sieur Jean Froment, marchan ;
Sieur Leonard Martin, de la Ferrerie ;
Sieur Mathurin Duprat, procureur ;
Sieur Louis Darfeulle, procureur ;
Le s^r Bertrand, marchan ;
M^r le lieutenant criminel ;
Mr Paignon, conseiller ;
Le s^r Vergnaud, chirurgien ;
Le s^r Mosneyron, s^r de Courbiac ;
Le s^r Duboys, s^r de la Jourdanie ;
Le s^r Duboys, s^r de Vert ;
Le s^r Ponroy, marchan ;
Le s^r Buxeraud ;
Le s^r Labiche, s^r de Rilhac ;
Le s^r Betestes, notaire royal ;
Le s^r Cybot, au fauxbourg Magninie ;
Le s^r Jean Texeron, marchan ;
Mr Martin, recepveur ;
Le s^r Phelip Michel ;
Le s^r Pol Chabrol ;
Le s^r Rebiere, procureur ;
Le s^r Pierre Romanet, marchan ;
Le s^r Jean Veyrier, marchan ;
Le s^r Champalimaud, marchan ;
Le s^r Jean Gregoire de Roullac, marchan ;
Le s^r Pierre Nicolas, marchan ;
Mr Faure, advocat ;
M^r le juge Petiot ;
Mr Roullac, procureur du Roy a l'ordinaire ;
Mr Lamy, s^r de Luret ;
Le s^r François Poncet ;
Le s^r Jean Navieres le jeune ;
Le s^r Anthoyne Barbou ;
Le s^r Grasmaignac, greffier ;
Le s^r Vernajoux, advocat ;
Le s^r Salet (1), sieur du Peyroux ;
Le s^r Labrousse, s^r de Teixonieras ;
Le s^r Louys Faure, marchan ;
Monsieur Martin, conseiller ;
Monsieur Desflottes, conseiller ;
Monsieur Decordes, esleu ;
Mr Decordes, recepveur des decimes ;
Le s^r François Nicot ;

---

sieur sain Marsial, qui est au desus, lequel il n'i avoy jamés esté mis augune chosse, et l'image estoy faict depuis l'année sy devant » (p. 236).

La même année, les Consuls obtinrent un arrêt relatif à leur élection, et ils appelèrent le duc de Ventadour pour le faire exécuter. Comme M_{gr} de Lafayette, évêque de Limoges, s'était employé en leur faveur, ils allèrent lui rendre visite, revêtus de leurs *marques* consulaires : ce qu'ils n'avaient jamais fait jusque-là. Leurs successeurs continuèrent la tradition de cette visite officielle, et l'usage fut conservé par les nouveaux corps municipaux établis en 1768. (*Histoire de Saint-Martial*, T. III, p. 852 ; — *Abrégé des Annales*, p. 590.)

(1) On peut lire indifféremment Salot ou ou Salet.

Le sr Leond Berger, sr du Rouveys ;
Le sr Decordes, notaire royal ;
Le sr Labiche, sr .de Civergnac ;
Le sr Gaion, procureur ;
Sr Jean Nicolas, marchan ;
Sr Jean Boullon, greffier ;
Sr Joseph Laurens ;
Sr Simon Dupin ;
Sr Jacques Rougier, procureur ;
Sr Pierre Noallier, marchan ;
Sr Chambinaud, marchan ;
Sr Simon Desflottes, marchan ;
Sr Françoys Clement ;
Le sr Benoist, sr du Clos ;
Le sr Dauvergne, sr des Vazes ;
[Sr Jean Boyol, sr de Ros] (1) ;
Mr Vidaud, conseiller ;
Le sr Jean Chenaud ;
Le sr de Douhet, sr de La Gorce ;
Le sr Lorcornet, procureur ;
Mr Devoyon, esleu ;
Le sr Londeys le jeune ;
Le sr Jean Renaudin ;
Le sr Roullac, marchan ;
Le sr Mailhot, advocat ;
Le sr Mailhot, contreroleur ;
Le sr Crouchaud, marchan ;
Le sr Papetaud, appre ;
Le sr Laroudie, marchan ;
Le sr Lamy, appre ;
Le sr Estiene Labiche, marchan ;

Le sr Tardieu, procureur ;
Le sr Françoys Guibert, orfeuvre ;
Le sr Yrieys Paignon, marchan ;
Le sr Thomas Romanet ;
Le sr de Douhet, sr de La Riviere ;
Le sr Cybot, marchan ;
Le sr Allesme, advocat ;
Le sr Marcial Sardine, de Saint-Amand ;
Le sr Bellemie, marchan ;
Le sr Labiche, adjoinct aux Enquestes ;
Le sr Pierre Nicolas ;
Le sr Jean Beaubreuil ;
Le sr Allesme ;
Le sr Charles Delestang ;
Le sr Bonin, advocat ;
Le sr Nobis ;
Le sr Lajoumard, espicier ;
Le sr Labrousse, procureur ;
Le sr Anthoine Debroa ;
Le sr Martial Navieres, marchan ;
Le sr Jean Ducloup le jeune, marchan ;
Le sr Estiene Malevergne, marchan ;
Le sr Senamaud, de Preyssat ;
Le sr Noël Laudin, marchan ;
Le sr Clement, procureur ;
Le sr Dominique Mouret, orfeuvre.

J. DECORDES, *scribe*.

---

(1) Ce nom a été biffé, mais d'une encre différente et à une date postérieure.

Eslection de Messieurs les Consuls, faicte par les cent prudhommes nommés pour cet effect a la maniere accoustumée, dans la grand salle de la mayson de ville, le septiesme jour de decembre mil six cenz quarante sept (1).

Monsieur Mre Jean Nicolas, sieur de Traslaige, conseiller du Roy, lieutenant général en la Seneschaucée de Limozin et siege présidial de Lymoges ;
Monsieur Mre Joseph Descoustures, sieur de Bort, conseiller du Roy au mesme siege ;
Monsieur Mre Pierre Delabiche, sieur de Regniefort, conseiller du Roy au mesme siege ;
Monsieur Mre Joseph de Roullac, sieur de Bachelerie, procureur du Roy en l'Election du Hault Limozin ;
Monsieur Mre Pierre Veyrier, sieur du Brueil ;
Monsieur Mre Pierre Vidaud, sieur du Geneyti, greffier criminel en la Seneschaucée de Limozin et siege présidial de Lymoges.

J. DECORDES, *scribe de la maison de ville de Lymoges.*

Nomination de Messieurs les Juges de police, faicte le unziesme decembre 1647.

Monsieur Mre Pierre Romanet, conseiller du Roy et lieutenant particulier en la Seneschaucée de Limozin et siege présidial de Lymoges ;
Monsieur Mre Jean Desflottes, conseiller du Roy au mesme siege ;

---

(1) On verra plus loin que cette élection fut attaquée, surtout, semble-t-il, à cause de la nomination au consulat de membres du présidial et d'officiers royaux.

Monsieur Mre Pierre Delabiche, conseiller du Roy au mesme siege, et consul ;

Monsieur Mre Joseph de Roullac, procureur du Roy en l'Election, et consul ;

Monsieur Dupin ;

Monsieur Benoist, sieur des Courières (1).

NICOLAS, *lieutenant general, prevost consul.*

Eslection des Cappitaines et lieutenanz, faicte le unziesme decembre 1648 (2).

Consulat :

Monsieur Vidaud, cappitaine ;
Monsieur Dauvergne (3), lieutenant ;

Magninie :

Monsieur Roullac, advocat du Roy en l'Election ;
Monsieur Rousset, marchan.

Les Bancs :

Monsieur de Compregnac ;
Monsieur Roullac, marchan.

Le Clocher :

Monsieur Verthamon, president en l'Election ;
Monsieur Peyroche, advocat ;

---

(1) La famille Benoist possédait une propriété aux Courlères dès le commencement du xve siècle.

(2) Peut-être faut-il lire ici 1647 au lieu de 1648. On va voir toutefois que les Consuls nommés le 7 décembre 1647 restèrent en fonctions jusqu'au 25 décembre 1648.

(3) On avait d'abord écrit : *Roullac.*

Boucherie :

Monsieur Chastaignac, advocat du Roy au siege presidial de Lymoges;
Monsieur Eyssenaud, marchan.

La Ferrerie :

Monsieur Desflottes, conseiller du Roy au Presidial;
Monsieur Labiche, marchan.

Les Combes :

Monsieur Favart, sieur des Moulins ;
Monsieur Nantiac, procureur.

Lanssecot :

Monsieur de Joyet, advocat;
Monsieur Daixe, dit Pire.

NICOLAS, *lieutenant general, prevost consul.*

Ladicte année 1648, et au moys de may d'icelle, les sieurs sous-nommés ont esté creés juges de Bource, en la maniere accoustumee : **Nomination des Juges de Bourse.**
Monsieur Jean Gregoire de Roullac, marchan grossier (1);
Monsieur Jean Gergot, aussi marchan grossier ;
Monsieur Cibot, marchan.

NICOLAS, *lieutenant general.*

---

(1) Marchand en gros.

Estat des affayres les plus considerables qui se sont passées pendant l'année de nostre consulat, 1648 (1).

Dévotions traditionnelles. — Envoi de délégués auprès du gouverneur et du lieutenant du Roi.

Apres avoir esté nommes en la maniere accoustumée aux dictes charges, et randu les vœux et prieres ordinaires a Dieu et a nostre glorieux apostre saint Martial (2), le jour de lad² nomination, nous resolusmes de fayre rendre par l'un de nous les tres humbles debvoirs de la ville de Lymoges à Monseigneur le Duc de Ventadour, nostre gouverneur, qui estoit pour lors en la ville de Paris, et pour cest effect, fut depputé vers Sa Grandeur le sʳ de Reniefort, nostre collegue, qui fit ledict voyage en poste.

Comme de mesmes furent envoyés les sʳˢ Descoustures et Veyrier, sʳ du Brueil, vers Monsieur de Pompadour, lieutenant pour le Roy au mesme gouvernement, pour le mesme subgect.

Troupes envoyées à Limoges en quartier d'hiver. — Convocation d'une assemblée de ville. — Mesures prises.

Au commancement de ladicte année 1648, et le 12ᵉ de janvier, le sʳ Chauvelin Beausejour, commissaire depputé par Sa Magesté pour la conduitte et police du regiment du sʳ de Palueau, nous vint donner advis qu'il avoit ordre du Roy de loger pour le quartier d'hyver quelques compagnies dudit Regiment, lequel, pour cet effect, nous mit en main la commission et lettres de Sa Magesté, à nous adressantes, portans commandement de loger lesd. gens de guerre et iceux fayre subsister pendant le quartier d'hyver.

Pour à quoy pourvoir et exequter ponctuellement les volontés du Roy, fismes une assemblée de ville, où, en presence des habitans qui si voulurent trouver, nous fismes fayre lecture haultement des ordres et lettres de ladicte Magesté, à nous portées par ledit sʳ de Beausejour, luy estant present dans ladicte assemblée ; demandasmes ensuitte les advis auxdˢ. habitans pour le logement desdictes trouppes, afin que sur iceux nous resolussions le moyen le plus commode pour satisfayre et obeir a ce que le Roy desiroit de nous.

---

(1) Du 7 décembre 1647 au 25 décembre 1648.

(2) Il y avait tout un cérémonial de tradition : les Consuls se rendaient, le jour même de l'élection, à Saint-Martial, entraient dans la basilique par la porte du clocher, recevaient chacun un cierge allumé, puis étaient introduits dans le chœur, où ils faisaient une courte prière, enfin descendaient dans la basse église, où ils vénéraient une relique du premier évêque de Limoges. Le lendemain matin, une messe spéciale était dite pour appeler sur leur consulat la bénédiction de Dieu. (L'abbé Legros, *Cérémonial de l'église royale, collégiale et séculière de Saint-Martial*, mss. du Séminaire de Limoges.)

Il fut conclud, dans ladicte assemblée, de loger lesdictes trouppes dans les maisons desdits bourgeois, sans que personne fut exempt dudict logement, sinon les officiers royaux, assés foulés d'ailleurs (1) ; lequel logement se changeroit tous les sabmedis de chaque sepmaine, pour l'entier soulagement desd⁵ habitans : ce qui fut faict.

L'incomodité que portoit (sic) les gens de guerre estoit si grande et la despence pour les fayre subsister, si excessive, que nous recherchasmes tous les moyens possibles pour liberer la ville de ce pesant fardeau, non obstant les prieres qui nous furent faictés par quelques particuliers, qui tascherent en ce temps d'exciter des troubles, tumultes et seditions dans ladite ville au subgect desdicts logemens, contre aulcuns desquels et de (sic) plus violens, nous fismes informer, et ne voulusmes poursuyvre, aymans mieux souffrir les injures en nos personnes que d'en poursuyvre la repparation qui nous estoit infailllible en justice. *Troubles à cette occasion.*

Nous ne nous rebutasmes donq point dans ces attaques, et fismes lesdicts logemens en la maniere susditte, sans exempter personne, et envoyasmes un courrier en diligence a la Cour, pour representer a leur (sic) Magestés, que le sejour plus long de ces trouppes dans la ville de Limoges l'alloit enrierement ruyner, la (2) fidelité et l'obeissance que les habitans leur avoint tousiours tres cordialemen rendu dans toutes les occasions qui s'estoint presentées et qu'il leur pleut les descharger dudit quartier d'hyver ou en tout l'an (?) d'une partie desdictes troupes. Il exposat encores que non obstant l'opposition de quelques particuliers qui s'estoient voulus ingerer de contredire et contester l'œconomie que nous avions observée à l'establissement dudict logement, mesmes faict quelques deffances aux habitans d'obeir à nos ordres (3). Nostre courrier rapporta au dela de (4) la satisfaction que nous debvions attendre et esperer de son voyage. *Démarches pour obtenir le départ des troupes.*

---

(1) Ces mots n'ont pas été mis ici sans intention. Les Consuls ont quelque honte de se trouver presque tous dans la catégorie des privilégiés. On a vu plus haut comment était composée l'administration municipale à cette époque.
(2) Il faut sous entendre ici : *leur représenter*, — sans quoi on ne comprendrait pas la phrase.
(3) La phrase n'est pas achevée.
(4) On avait d'abord écrit : *toute la satisfaction*.

— 350 —

<small>Succès de ces démarches.</small>

Car le Roy et la Reyne regente, sa mere, nous envoyarent par lui une ordonnance cassant toutes celles qu'on avoit attentatoirement rendues contre nos ordres, et confirmant entierement tous nos procedés, ordonnant qu'a l'advenir, en semblables occurances, il en seroit uzé de la sorte q'avions faict, aynsin q'appert de ladicte ordonnaace, coppie de laquelle sera ci dessoubs inserée.

Et neangmoins, ladite Magesté, uzant d'une bonté toute extraordinaire en nostre endroict, nous deschargea desdites troupes et les envoya hyverner en d'aultres lieux, a nostre grand soulagement. Ceste faveur nous fust aquise par l'entremise et soing qu'i print pour nous Monseigneur Le Tellier, secrettaire d'Estat, a la recommandation des amis q'avions pres de luy, si bien que le sejour desdictes troupes, qui debvoint demeurer jusques au moys de may ensuyvant, ne fut que de trois sepmaines, par le soing et diligence qu'i aportames (1).

<small>Passage de gens de guerre.</small>

Il y eut, ladicte année, divers passages de gens de guerre en ladicte ville, et en fort grand nombre, lesquels furent logés la plus part chés les hostelliers, pour le soulagement des bourgeois et habitans : la plus grand part desquels furent payés des estappes que Mons' de Chaulnes, intendant, nous fit donner au s' Tabouret, traittant des tailles, laissant à nos successeurs le soing de demander les estappes qui restent pour pourvoir au rembourcement de ceux qui ont souffert les logemens sans avoir esté paiés, nous ayant remis ledict payement a l'année prochaine.

<small>Les troupes de garnison sont logées dans les hôtelleries — Négligence des cantoniers chargés de lever les taxes relatives à cette dépense.</small>

Nous eusmes encores quelques compagnies du regiment de Rocherolles en garnison dans ceste ville (2). Les Commissaires duquel regiment nous porta (*sic*) les Lettres du Roy pour les recepvoir, les loger et les fayre subsister jusques à nouvel ordre. Ils arrivarent au moys de may : ce qui nous obligea à fayre assemblée de ville pour resouldre sur ledit logement et prendre les moyens les meilleurs pour le soulagement des habitans : ce qui fut faict et resolu pour la commodité et soulagement desdicts habitans, que lesdicts gens de guerre seroint logés chez les hosteliers,

---

(1) Les Consuls ne laissent pas au public le soin de faire l'éloge de leur bonne administration et de leur sollicitude pour les intérêts de la ville.

(2) On voit que l'exemption obtenue de la faveur royale n'avait pas un bien long effet.

à la charge de les rembourcer chaque sepmaine, et que pour cet effect, il seroit nommé en ladicte assemblée quatre personages de probité dans chaque canton, qui cottiseroint chaque particulier dudict canton, suyvant ses facultés, en Dieu et consciance, pour contribuer au rembourcement desdits hostelliers pour rayson des fraiz par eux faitz au logement desdits gens de guerre. Et pour cet effect, en pleine assemblée, les taux de chaque canton furent faicts suyvant le nombre des soldatz, a rayson de dix sols chacun, pour leur ustancile (1) : ce qui fut exequté en partie ; car par la negligence desdits cantoniers, ou aultrement, il reste encore a lever beaucoup de sommes imposées pour cet effect au detriment et prejudice des pauvres hosteliers, pour le rembourcement desquels lesdits cantoniers avoint promis de s'i employer avec plus de soing et de dilligence qu'ils ne firent, ce qui nous obligea de nous addresser à Monsr de Chaulnes, intendant (2), qui condampna lesdicts cantoniers, en leur nom propre et privé, de païer les sommes imposées, sauf leur recours contre ceux qu'ils avoint taxés. Laquelle ordonnance a demeuré dans l'inexecution a cause de la revocation de M^r l'intendant (3).

Au moys d'apvril de la mesme année, les PP. Capucins firent un grand effort pres de Monsr de Chaulnes, intendant, pour leur establissement (4) en la present ville, le P. Martial Dumas, relligieux de cet ordre, qui preschoit ladicte année en l'esglise de Saint-Estienne (5), ayant beaucoup prié et faict prier pour ce subgect : ce qui obligea ledit Sr de Chaulnes de nous mander et nous faire ladicte proposition, adjoustant que, si la chose reussissoit, il nous arroit grande obligation. Nous luy dismes que cet

Les Capucins demandent à fonder un couvent à Limoges. — L'assemblée de ville rejette cette demande.

---

(1) L'*ustensile* se fournissait soit en argent, soit en nature. (*Dictionnaire* de Trévoux.)

(2) Jacques de Chaulnes, seigneur de Guyerville, Espernay, Longcornes et autres lieux, est intendant de Limoges à la date du 3 mars 1648. (Arch. dép., C. 100.)

(3) Nous ne connaissons pas les circonstances dans lesquelles eut lieu cette révocation. Il est possible toutefois que cette mesure n'ait rien eu de particulier à M. de Chaulnes, et que la révocation de ses pouvoirs ait été simplement la conséquence de la déclaration royale de juillet 1648, supprimant la plupart des intendants.

(4) Les Franciscains avaient déjà trois couvents à Limoges, où ils s'étaient établis dès 1223 ; les Cordeliers occupaient l'ancien, dont la construction remontait à 1243 ; les Récollets possédaient les deux autres : celui de Sainte-Valérie, fondé en 1596, et celui de Saint-François, en 1614.

(5) M. Benoist de Compreignac avait légué 10,000 livres pour l'établissement de ce couvent, et le P. Martial de Brive, qui avait prêché cette année-là l'Avent et le Carême à Limoges, avait obtenu de l'Evêque toutes les permissions nécessaires.

— 352 —

affayre déppendoit d'une assemblée de ville et que la deliberation ne s'en pouvoit prendre que par le commun suffrage de tous les habitans : ce qu'il trouva bon. Et fut faicte assemblée pour ce subgect, laquelle fut fort nombreuse, et plus grande que si ce fut esté pour un meilleur affayre (1).

En ladicte assemblée, fut resolu que lesdicts PP. Capucins seroint priés de ne songer plus a cet establissement ; qu'il y avoit trop de relligieux mendians à Limoges pour sa grandeur, a la besace desquels les habitans avoint assez de peyne a fournir, sans y en establir de nouveaux. Est a noter que dans ladicte assemblée se trouverent deux relligieux de chaque ordre mendiant (2), pour tous lesquels un Carme mitigé (3) haranga pour excurre lesdicts Capucins de leur pretention.

Envoi à Limoges d'Espagnols faits prisonniers à Lens. — Mesures arrêtées pour leur subsistance et leur garde.

Au moys de septembre de ladicte année, le sieur Douville nous porta les ordres du Roy pour recepvoir et garder nombre de soldatz espagnols qui avoint esté faict prisoniés par Monseig^r le Prince a la bataille de Lens, desquels nous nous chargeasmes suyvant la volonté de Sa Magesté, et les logeasmes dans les tours de Monmalier et de Branlan (4) ; et suyvant les mesmes ordres du Roy, qui veulent que, pour les fayre subsister, il soit donné tous les jours, a chaque soldat, trois sols, et a chaque officier six sols, chaque lieue (?) huit sols, et que pour faire l'advance desdictes sommes, nous eussions a prendre tels habitans que nous adviserions bon estre, pour le soulagement desdits habitans, nous arrions faict assemblée de ville a laquelle l'affayre ayant esté proposée, seroit esté advisé que l'incomodité seroit trop grande de choisir quelques habitans pour les obliger a cette advance, et

---

(1) Il y a là une pointe d'ironie qu'il est intéressant de souligner.

(2) On voit par là qu'on reconnaissait aux religieux habitant dans les limites de la ville les mêmes droits qu'aux autres bourgeois, et qu'au besoin ils exerçaient ces droits. Nous ne croyons pas, néanmoins, qu'avant la période révolutionnaire aucun ecclésiastique ait été nommé membre du consulat ou du conseil de ville (sauf pendant la période où les chapitres et le clergé durent, aux termes de la législation, être représentés au sein des corps municipaux comme toutes les autres corporations) ; mais, à partir de 1789, beaucoup d'ecclésiastiques entrèrent dans la composition des corps constitués. Le chanoine de Voyon fut élu maire de la Cité ; le curé Vitrac, de Saint-Sylvestre. — Deux chanoines de la cathédrale avaient également reçu du Chapitre la mission d'assister à l'assemblée de ville dont il est parlé plus haut, et de s'opposer à la réception des Capucins. (NADAUD, *Mémoires manuscrits*, T. IV, p. 122.)

(3) Un membre du couvent des Grands-Carmes, ou Carmes des Arènes.

(4) La tour Montmailler était celle qui défendait la porte de ce nom, à l'entrée de la rue de Paris actuelle. La tour Branlant se trouvait à côté de la *Terrasse*, et occupait une partie de l'emplacement de l'hôtel du Périgord, entre la place Fitz-James et la rue Sainte-Valérie.

qu'il seroit plus expedient de nommer quatre habitans de châque canton pour quinse jours, pour esgaller sur tous les habitans dudit canton la somme qui seroit imposée sur iceluy pour la nourriture et subsistance desdits prisoniers, sur le pied de ce que le Roy ordonnoit estre païé a un châcun d'eux : ce qui fut aynsin faict et arresté. Neangmoins l'execution de ce resultat nous donna grand peyne par la negligence et mauvaise humeur desdits cantoniers, qui se sont acquittés pour la plus part bien mal de ces charges.

Et parceque le Roy nous commandoit tres expressement de fayre bonne garde desdits prisoniers, pour laquelle il nous enjoignoit de fayre entrer tous les jours en garde au devant leur prison nombre d'habitans, tout de mesme et aynsin q'on faict garde en temps de guerre, nous, conformement audit ordre, fismes publier ladite garde, et obligeasmes les habitans à châque tour et ordre de canton, d'entrer en garde : ce qu'ils firent pour quelques jours ; et ayant discontinué, Monsieur de Pompadour, s'estant porté en ville pour quelques affaires, nous luy en fismes nos plaintes, sur lesquelles il envoya querir tous les cappitaines des huit cantons de la present ville et leur commanda d'obeir ponctuelement aux ordonances qui leur avoint esté faictes de fayre ladicte garde des prisoniers en la maniere qu'elle leur avoit esté prescripte : ce qu'ilz reprindrent encore pour quelques temps ; mais, ayant tout a fait discontinué, nous fusmes contraincts, pour la seureté desdits prisoniers, de mettre dix (1) soldatz gagés, que nous establimes a leur garde, et augmentasmes la despance de chaque jour pour la nourriture desdits prisoniers, de la solde desdits soldatz gagés (2).

S'ensuit la teneur de l'ordonnance de Sa Magesté :

Le Roy.....

(Le reste de la page et le folio 208 tout entier sont restés en blanc.)

---

(1) On avait d'abord écrit : *huit*.
(2) On voit que les plaintes faites vingt ans plus tôt par Etienne Guibert, dans son *Commentaire* de la Coutume, sur la désorganisation de la milice communale, n'étaient que trop

— 354 —

Eslection de Messieurs les Consulz, faicte dans la grand salle de la maison commune de la presant ville par les centz preudhommes nommés a cest effet, en presance de Monseigneur de Ventadour, Duc et Pair de France, Gouverneur et Lieutenant-general pour Sa Magesté ez province de Lymousin, le vingt sixiesme jour du moys de decembre mil six centz quarante huict (1).

Messires (?) sieur Helyes de Jarrige, seigneur de la Maurelie, President et Tresorier general de France en la generalite de Lymoges (2) ;

Jehan de Verthamon, escuier, sieur de Ches Tandeau ;

Sieur Jehan La Fosse, bourgeois ;

Sieur Jehan David, aussy bourgeois ;

Pierre Duboys, sieur de Chamboursat ;

Sieur Pierre Sarrazin, aussy bourgeois.

J. DECORDES, *scribe*.

---

fondées.-Les Consuls restent impuissants devant la mauvaise volonté et la force d'inertie des particuliers.

Le récit des évènements qui marquèrent à Limoges l'année 1648 est loin d'être complet. On voit par ce qui suit qu'après l'élection du 7 décembre 1647, une requête fut présentée au Conseil pour obtenir l'annulation du scrutin. Sur les six magistrats élus, quatre appartenaient à divers titres au Présidial ; un autre était procureur en l'Election. Il y avait là un abus contre lequel protestèrent plusieurs citoyens. Le Conseil ne cassa pas l'élection, mais rappela, par un arrêt du 20 novembre 1648, les dispositions du règlement du mois d'août 1602, notamment celles concernant les conditions d'éligibilité ; il fut dit, de plus, que les prudhommes électeurs seraient pour une fois « choisis par une assemblée générale d'habitants, et qu'ils ne pourraient nommer aucun officier du siège Présidial, du bureau des Finances, de l'Election ni autres ». Mais cet arrêt fut, paraît-il, tenu complètement sous silence, et ne reçut aucune exécution.

En cette année, 1648, Goudin, curé de Saint-Cessatour, fit réparer et agrandir la chapelle de Saint-Aurélien, qui dépendait de sa paroisse. (*Histoire de Saint-Martial,* T. III, p. 618.)

(1) Pourquoi l'élection avait-elle été retardée de dix-neuf jours ? Le duc de Ventadour avait il voulu y assister ? Aucun document n'a pu nous renseigner à cet égard. Toutefois, l'arrêt du 20 novembre 1648 n'est peut-être pas étranger à ce retard.

(2) Cette nomination est contraire aux dispositions de l'arrêt du 20 novembre 1648 ; mais on peut constater que cet arrêt n'a pas été sans influence sur l'élection, puisqu'Elie de Jarrige est le seul officier royal qui figure parmi les Consuls élus le 26 décembre 1648.

Nomination faicte par nous, prevost et Consulz de la ville de Lymoges, des Capitaines et Lieutenantz des huict cantons qni composent ladicte ville :

Le canton de Consulat :

Capitaine : le sieur Joseph Decordes ;
Lieutenant : sieur Bernard Seduyraud.

Le canton de Magninie :

Capitaine : sieur Durand-Brugiere, juge des Combes (1) ;
Lieutenant : sieur Mathieu Roumanet.

Le canton des Bancz :

Capitaine : le sieur Mailhiot, gendre du sieur Malignault ;
Lieutenant : le sieur Barry, gendre du sieur Thomas, procureur.

Le canton du Clocher :

Capitaine : le sieur Gregoyre Chastaigniat, sieur de Narbonneyx ;
Lieutenant : le sieur Leonard Boysse.

Le canton de Boucherie :

Capitaine : sieur Pierre Roux, bourgeois ;
Lieutenant : sieur Jaques Lymousin.

Le canton de La Fererie :

Capitaine : sieur Michel Ruaud ;
Lieutenant : le sieur Imbert.

---

(1) La juridiction spéciale de l'abbaye de Saint-Martial sur le quartier des Combes s'était maintenue, alors que les Vicomtes et la Commune s'étaient peu à peu emparés des droits seigneuriaux sur tout le reste de la ville, et les avaient exercés tour à tour. Toutefois, cette juridiction ne comprenait pas la haute justice, qui avait été reconnue, au xve siècle et dans la première moitié du xvie, appartenir aux Consuls, et avait été adjugée au Vicomte par l'arrêt du Parlement de 1544.

Le canton des Combes :

Capitaine . le sieur Duboys, sieur de Courdelas ;
Lieutenant : le sieur Dauvergnie, gendre de M. Paignon.

Lancecot :

Capitaine : le sieur Delauze ;
Lieutenant : le sieur du Jalat, gendre du Bureau.

Faict le sixiesme de janvier 1649.

Aultre nomination par nous, Prevost et Consulz, faicte des Juges de police, le premier jour du moys de mars mil six centz quarante neuf :

Monsieur Mre Jaques Martin, conseiller et juge magistrat au Presidial et Senechal de Lymoges ;
Monsieur Mre Jehan de Reculetz, aussy conseiller ;
Jehan de Verthamon, escuier, sieur de Ches Tandeau, consul ;
Sieur Pierre Sarrazin, aussy bourgeois, consul ;
Sieur Simon Roumanet, bourgeois ;
Le sieur Devoyon, aussy bourgeois.

Renvoi à un autre registre pour le compte-rendu des actes des Consuls de 1649.

Ce qui s'est passé pendant l'année de nostre consulat, mil six cens quarante neuf, se pouvant voir dans le livre des comptes (1) ou les nostres sont au long inserés, en suite de ceux de Messieurs les Consuls de l'an quarante sept, et au feulliet n° xxiiij et suivans, il n'en sera fait icy d'autre mention que de la lettre qu'il pleust

---

(1) Nous avons dit ailleurs qu'il y avait deux séries distinctes de registres consulaires, celle que nous possédons, et celle des comptes-rendus, dont aucun volume n'a été conservé.

au Roy nous faire l'honneur de nous escrire, de laquelle la copie sensuit :

DE PAR LE ROY,

TRES CHERS ET BIEN AMEZ, Ayants appris de quelle sorte vous vous estes comportés, sur les instances et les pratiques que l'on a employées pour vous exciter a prendre part aux mouvemens de la ville de Bourdeaux, Nous avons bien voulu, de l'advis de la Royne regente, nostre tres honnorée dame et mere, vous tesmoigner par ceste lettre le gré que nous vous en sçavons, et vous assurer que, comme nous ne desirons rien davantage que le repos de noz subgectz, et de faire tout ce qui nous sera possible pour leur soulagement, aussy nous avons une satisfaction particulière de ce que vous avez fait pour conserver nostre ville de Lymoges dans une entière tranquilité, soubz l'obeyssance qui nous est deue, et que nous desirons particulierement de recognoistre les tesmoignages d'affection et de fidelité a nostre service que vous nous avez donnés sur ceste occurance, dans laquelle nous faisons ressentir les effects de ceste bonté paternelle pour noz peuples a nostre dite ville de Bourdeaux, par la declaration que nous avons envoyée a nostre Parlement de Bourdeaux pour appaiser lesdits mouvemens ; après quoy nous ne doubtons pas que chacun ne se remette et ne se contienne dans son debvoir ; cependant, comme nous ne croyons pas qu'il soit necessaire de vous exorter a la continuation du vostre, appres les effectz que vous nous en avez rendus, nous ne vous fairons la presente plus longue, ni plus expresse. DONNÉ a Paris, le deuxiesme jour de septembre 1649. Signé : LOUYS, et plus bas : LE TEILLIER. Et sur le reply de ladite lettre est escript : A nos tres chers et bien amez les Prevost et Cousulz de nostre ville de Limoges.

<small>Lettre du Roi, témoignant aux Consuls sa satisfaction de leur fidélité.</small>

(Le verso du folio 210 en blanc (1).)

---

(1) C'est à l'année 1649 que se rapporte le *Journal de Jean La Fosse,* que nous publions à la fin du présent volume, en appendice. Nous renvoyons le lecteur à cette pièce et aux notes qui l'accompagnent, pour toute la période comprise entre le 26 décembre 1648 et le 7 décembre 1649.

Eslection de Messieurs les Consulz, faicte par les centz preudhommes només a cest effect, faicte dans la grand salle de la Maison Commune de la presant ville de Lymoges, le septiesme jour du moys de decembre (1) *mil six cents quarante neuf :*

Marcial de Malledent, sieur de Fonjaudran ;
(2) Joseph Rougier, m^re des Courriers en la Generalité de Lymoges ;
Sieur Joseph Decordes, bourgeois ;
Mathieu de Verthamond, sieur des Monts ;
Sieur Blaize Ruaud, sieur du Chazaud ;
Sieur Pierre Benoist, bourgeois.

J. DECORDES, *scribe.*

Les sieurs Capitaines et Lieutenants des huict cantons de la presant ville, faicte (sic) *par Messieurs les Consuls de la ville, dans la chambre du conseil, le dixiesme decembre mil six cents quarante neuf :*

Du canton de Consulat :

Monsieur Mousneron, capitaine ;
Lieutenant : Monsieur Moulinier, gendre de Mr Leonard ;

Magnegnie :

Monsieur Dupré, sieur d'Aygueparce, capitaine ;
Lieutenant : le sieur Lymousin, gendre de Gory (?) Pinchaud.

---

(1) L'acte original porte *septambre ;* ce mot n'a été remplacé par *décembre* qu'à une date postérieure.
(2) Les mots *Monsieur Mre* écrits au devant de ce nom ont été effacés.

Les Bancz :

Le sieur Crozeil le jeune, capitaine ;
Le sieur Pabot, lieutenant.

Le Clocher :

L sieur Pinot, gendre de Mr Recules, conseiller, capitaine ;
Lieutenant : sieur Joseph Nantiat.

Boucherie :

Sieur Jacques Voureys, capitaine ;
Lieutenant : le sieur Tailliandier le jeune.

La Fererie :

Le sieur de Beaubrueil, bourgeois :
Le sieur Gaudon, lieutenant.

Les Combes :

Le sieur Gadault, sieur de Las Villattas, capitaine ;
Le sieur Origuet le jeune, lieutenant.

Lancecot :

Le sieur Blondeau, sieur de La Chapelle, capitaine ;
Sieur François Cybot.

J. DECORDES, *scribe* (1).

---

(1) Le *Journal* de Mesnagier (p. 250) note, entre le 12 et le 19 décembre 1649, le passage à Limoges de vingt-sept compagnies de cavalerie, cheminant à grandes journées, et dont « on ne put savoir lé dessain ».

Nomination des sieurs Juges de police, faicte par les sieurs Consuls dans la chambre du Conseil, le quinziesme jour du moys de febvrier mil six cents cinquante.

Monsieur Blondeau, conseiller du Roy et juge magistrat au Presidial et Senechal de Lymoges ;
Monsieur Paignon, aussy conseiller du Roy audit mesme siege ;
Sieur Joseph Decordes, bourgeois, consul ;
Sieur Blaize Ruaud, sieur du Chazaud, aussy consul ;
Sieur Pierre Guybert, bourgeois et marchant, gendre ches Leyssene ;
Sieur Pierre Cybot, gendre ches Poylevet, aussy bourgeois et marchant.

J. DECORDES.

(Le reste du folio 212 et tout le folio 213 en blanc.)

Eslection de Messieurs les Consulz (1) faicte par les centz preudhommes només a cest effect, le septiesme jour de decembre mil six centz cinquante :

Sieur Jehan Boyol, sieur de Rol ;
Monsieur Mre Jaques Lamy, sieur de Luret, et assesseur en la visseneschaucée (?) de Lymousin ;
Sieur Pierre Nicolas, sieur du Masgardeau ;
Sieur Joseph Constant, sieur du Mas du Bost ;

---

(1) D'après une note des *Mém. mss.* de Nadaud, T. III, p. 262, reproduite par Legros sur une feuille intercalaire de son *Abrégé des Annales*, entre les pages 594 et 595, les Consuls de 1651 ou 1652, « ayant fait trois faux roolles », furent punis. Il ne dit pas comment.

Sieur Pierre Roumanet ;
Sieur Thomas Ardellier, bourgeois.

J. Decordes, scribe.

Se sont les noms de Messieurs les Juges de police, faictz dans la maison de ville, le quinziesme decembre mil six centz cinquante :

Monsieur Desmaisons, conseillier au Presidial de Lymoges ;
Monsieur Desflottes, aussy conseillier ;
Monsieur du Mas du Bost, consul ;
Monsieur Ardellier, consul ;
Monsieur Berger ;
Sieur Adrien Pabot.

J. Decordes, scribe (1).

---

(1) Force nous est encore de demander au manuscrit de Mesnagier quelques renseignements sur les actes des Consuls de 1651 et sur les faits notables de l'année. « Lé Consul firre ferre asamblée de ville pour la reparasion de murallies ; car elles estoy for mal an ordre, que l'on ne pouvoy pouin ferre de ronde, tant autour de la ville, et que la plus par des garde fort (A) estoy tous par terre, et depuis le deor l'on pouvoit tuer le corporal qui estoy an ronde sur lé murallies ; et fu dedié de chaqun canton deux bourgois pour amaser par le canton se qu'il pouroy, et un chaqun donnoy sanct dificulté sellont sé commodictés, et que mesmes il prenoy garde aux maneuvres qui travalloy apres lé murallies.

» Le quinse may, illy avoy a Limoges quantité de soldar qui estoy retenus par le gabelleur de la ville, et comme il vire que Limoges comansare a doubler la garde, il se retirare a Bellact, et estant a Bellact, conclure de aler de deux a trois compenies ansamble et aller par lé villages, se qui fuct fect antre eux (B), et partout hou il passoy, il fesoy de grand domages ».

Les soldats ne purent toutefois réussir à établir la gabelle : ils furent appelés au camp du duc d'Epernon, et les deux « gabelleurs », qui étaient deux trésoriers de France à Limoges : Guillaume Chastagniac, sieur de La Lingaine, et La Morelle, ne leur ayant pas payé la somme convenue pour prix de leur concours, ils mirent au pillage la propriété de la Lingaine, près Panazol. Tout le grain fut porté par eux dans la Cité de Limoges où ils le donnèrent à trente deux sous le setier « tant qu'il pouvoy, sans auqune raclure (C) ».

Le 24 juillet, le régiment de La Pallue quitta Limoges pour aller à Bordeaux.
Le duc d'Onville vint en Limousin lever un régiment. Il y resta du 24 juillet au 12 août. Le

(A) Pour garde-fou.
(B) Singulière organisation et singulier système de perception de l'impôt.
(C) On sait que l'habitude est de passer sur le boisseau plein une planche ou raclette afin d'égaliser la surface.

C'est l'eslection et nomination des Capitaines et Lieutenantz de la presant ville pour l'année prochaine, mil six centz cinquante ung :

Consulat :

Monsieur De Cordes, conseiller, capitaine ;
Lieutenant : Jehan Hardy le jeune, sieur du Calhiaud.

Magnignie :

Monsieur Veyrier, sieur du Breil (*sic*), capitaine ;
Lieutenant : Monsieur Labische, audicteur de comptes.

Les Bancz :

Capitaine : sieur Jaques Roulhiat, marchant ;
Lieutenant : le sieur Brunier l'ainé.

Le Clocher :

Monsieur le Vi[ssenech]al, capitaine ;
Lieutenant : le sieur Hieremye Texendier, marchant.

Boucherie :

Le sieur Joseph Decorde, sieur de Parpayat, capitaine ;
Lieutenant : le sieur Grelet, marchant.

La Fererie :

Le sieur Lapine, esleu, capitaine ;
Lieutenant : le sieur Cybot, marchant.

13, eut lieu, « dans le creux des Arènes », la revue de ce régiment qui ne comptait pas moins de 24 compagies. Un soldat, qui avait voulu déserter, fut passé par les armes.

Vers le même temps, « fust commansée a batir la chapelle de Nostre Damme de Soux lé Arbres ».

Le 4 octobre 1650 on reçut à Limoges la nouvelle de la paix conclue entre le Roi et le Parlement de Bordeaux. Une partie des troupes royales traversa le Limousin au retour. Leur passage fut signalé par des désordres, des vols et des incendies. (Mss Mesnagier, pp. 250 à 254.)

« Le 19 mai 1650 mourut, à l'âge de quarante deux ans, l'intendant Nicolas de Corberon. » (Nadaud, *Calendrier* de 1771.)

Les Combes :

Monsieur de Regneffort, conseiller du Roy ;
Lieutenant : le sieur Croyzier, bourgeois.

Lansecot :

Le sieur Reculetz, apoticaire, capitaine ;
Lieutenant : le sieur Bartholomé du Jalat,

J. Decordes, *scribe*.

Se sont les noms de Messieurs les Juges de Bource, faicts le vingt uniesme may mil six centz cinquante ung :

Le sieur Michel Ruaud, bourgeois ;
Ce sieur Jehan Bonny, marchant ;
Le sieur Imber, marchant (1).

J. Decordes.

(Le reste du folio 215 et les folios 216 et 217 en blanc (2).

---

(1) On remarquera que cette liste comprend trois juges seulement, alors que les précédentes en ont six.
(2) Ainsi, pas une note sur l'année 1651, que signalèrent cependant plusieurs faits importants : entre autres la tenue, dans la grande salle même de l'Hôtel-de-Ville, des Etats du Haut Limousin (17 août), — les députés choisis par les trois ordres furent les mêmes qu'en 1649, — et la chute du grand dôme (A) de l'église des Augustins (15 janvier).
En 1651, le fameux P. Lejeune, de l'Oratoire, se fixa à Limoges.

(A) Ce dôme était « un grand fardeaux de pierres, for ansien ». (Mss. Mesnagier, p. 282).

Eslections de Messieurs les Consulz, faicte par les cens predommes nommés a cet effect, le septiesme decembre mil six cens cinquante ung :

Mr Maistre Jean Moreil, seigneur de Froumental, conseiller du Roy, et son president au Senechal et Presidial de Limoges ;

Mr Maistre Guilhaume Desmaison, sieur du Vigineaud (*sic*) (1), et son vif (*sic*) seneschal en la mareschausée du Hault Limousin ;

Mr Maistre Leonard Constant, advocat au siege presidial et senechal de Limoges ;

Sieur Barthelomy Moulinier, bourgois et marchand de ladicte ville ;

Sieur Pierre La Carriere, aussy bourgois et marchand de ladicte ville ;

Sieur Leonard Papetaud, aussy bourgois et marchand de la present ville.

J. Decordes, *scribe susdict* (2).

---

(1) « On pourrait lire Vignieaud, si on ne savait que les Desmaisons possédaient alors le Vigonal. » (*Nobiliaire de la Généralité de Limoges*, T. III, p. 140.)

(2) « En 1651 ou 52, des païsans, attroupés vers Las Tours, vinrent faire des ravages jusqu'aux portes de Limoges ». En 1651 également, « on rasa le four que les Huguenots avaient à la Croix Maudonnaud ». — On appelait ainsi le temple des réformés, qui avait été saccagé par les écoliers.

En 1652, eut lieu l'ostension septennale des reliques, et les chanoines Veyrier et Desmaisons furent chargés de faire une visite spéciale de celles de la Collégiale de Saint-Martial.

Joseph de Bernet, premier-président au Parlement de Bordeaux, qui, forcé par les révoltés d'abandonner son siège et bientôt après la capitale de la Guyenne, s'était retiré à Limoges, y mourut, le 18 ou 19 mai 1652. Il avait épousé en premières noces une demoiselle Benoist. Il fut enterré dans la chapelle des Benoist à Saint-Pierre. Son séjour à Limoges ne fut certainement pas étranger au projet de translation dans cette ville du Parlement de Bordeaux, projet auquel M. R. Fage a consacré un intéressant article dans le tome XXX du *Bulletin de la Société Archéologique*.

Les sieurs Capitaines et Lieutenans des huict cantons de la presant ville, faict (sic) *par Messieurs les Consulz de ladicte ville, dans la chambre du Conseil, le dixiesme decembre mil six cens cinquante un* (1).

Le Consulat :

Monsieur Malleden, sieur de la Cabane, capitaine ;
Monsieur Brunet, advocat, lieutenant.

Manigne :

Monsieur Ruaud, capitaine ;
Monsieur Labische, marchand, lieutenant.

Les Bancs :

Monsieur Labische, sieur de Rilhat, capitaine ;
Monsieur Marant, son lieutenant.

Le Clocher :

Monsieur Baigniol, sieur de Lavault Vallete, capitaine ;
Monsieur Guy, marchand, lieutenant.

Boucherie :

Monsieur La Fosse, capitaine ;
Monsieur Pouyat, lieutenant.

La Farrerie :

Monsieur Desflotes, sieur des Bordes, capitaine ;
Monsieur Musnier, marchand, lieutenant.

Les Combes :

Monsieur Martin, sieur de Labourgade, capitaine ;
Monsieur Duboys, sieur de Terrier, lieutenant.

---

(1) On avait d'abord écrit : *un,* puis *deux,* qu'on a plus tard corrigé.

Lancecot :

Monsieur Veyrier, marchand, capitaine ;
Le sieur Cibot, dict Peux, lieutenant.

J. Decordes, scribe susdict.

Nomination des sieurs Juges de police, faitz dans la maison de ville, le douziesme decembre 1651.

Monsieur Vidaud, conseiller ;
Monsieur Malledent, conseiller ;
Monsieur Berthelemy Moulinier, consul ;
Monsieur Papetaud, consul ;
Monsieur Verthamond, sieur de Ches Tandeau, bourgois ;
Monsieur Jean Cibot, marchand.

J. Decordes, scribe susdict.

Nominations des sieurs Juges de Bource faicz par Messieurs les Consuls le vingt uniesme may 1652.

Monsieur Pierre Roux, marchand ;
Monsieur Jean Michelon, marchand ;
Monsieur Congniasse l'ainé, marchand.

J. Decordes, scribe susdict.

S'ensuict la nomination de Messieurs les Juges de la Bource, faictz le.....

(Le scribe s'est arrêté là. Le reste de la page est en blanc ; le folio 220 est aussi en blanc, sauf quelques lignes biffées).

Eslection de Messieurs les Consuls, faite dans la grand salle de la maison commune, faitz et nommés par les cent predommes, faict le septiesme decembre mil six cens cinquante deux (1).

Monsieur Mre Pierre Morel, sieur des Chabanes, et son (*sic*) procureur du Roy ;
Mre Jean De Voyon, esleu en l'Eslection de Limoges ;
Sieur Françoys de Verdier, escuyer ;
Mre Simon Poylevet, advocat en la Court ;
Sieur Mathieu Labische, sieur de Rilhat ;
Sieur Mathieu Moulinier, bourgoys et marchand.

J. DECORDES, *scribe de la maison commune.*

(Le reste du recto du folio 221 et le verso sont restés en blanc).

Nommination des Capitaines et Lieutenant (sic), *faitz par les sieurs Consuls le douziesme decembre mil six cens cinquante deux :*

Consulat :

Mr Rougier, recepveur des Consignations, capitaine ;
Mr Malavergne, gendre de Ducloupt, lieutenant.

Manigne :

Sieur Jean Maleden, sieur de Fonjaudran, capitaine ;
Sr Poylevet, sieur de Bondy, lieutenant.

---

(1) Le scribe avait commencé à inscrire une seconde fois sur le registre la liste des Consuls de 1652-53. Il s'est arrêté au troisième nom.

Les Bancx :

Sr Jean Bouyols, sieur de Role, capitaine ;
Le sieur Guerin l'ainé, gendre de Chastaignac, lieutenant.

Le Clocher :

Sieur Guilhaume Verthamond, seigneur de Chasluset (1), capitaine ;
Sieur Joseph Malignaud, gendre de Mouret, lieutenant.

Boucherie :

Mre Gabriel Bounin, advocat fiscal, capitaine ;
Le sieur Marpienas, bourgois, lieutenant.

La Fererie :

Monsieur Mathieu Desmaisons, Vifsénechal, capitaine.
Le sieur Desflotes fils, marchand, lieutenant.

Les Combes :

Le sieur Londeys, recepveur, capitaine ;
Sieur Pierre Graud, fils, lieutenant.

Lancecot :

Le sieur Malleden, conseiller, capitaine ;
Le sieur   (2) Parot, marchand bouchier, lieutenant.

---

(1) La seigneurie de Châlucet était depuis quelque temps déjà dans la famille de Verthamon. Il est probable que celle-ci l'avait acquise directement de Henri IV. Jean-Baptiste Verthamon, général des Finances en Guyenne, avait eu de ce prince, après son accession au trône, une commission pour « vérifier et restaurer » le domaine de Navarre et recevoir les hommages qui lui étaient dus.

Le vicomte de Turenne fut nommé en 1653 gouverneur du Haut et Bas Limousin.

La même année, les Ursulines « ayant employé en vain toutes les voies d'amis et de puissances pour obtenir de l'eau de la ville..., jusqu'à recourir au roi Louis XIII », se décidèrent à faire faire des recherches, et conduisirent, après un an de travaux, de l'eau excellente dans leur jardin. (*Chronique des Ursulines*, citée par Legros.)

(2) Le prénom est resté en blanc.

Nominations de Messieurs les Juges de police (1) :

Mʳ Martin, sieur de La Batide ;
Monsieur de Regnefort, conseiller ;
Mʳᵉ Simon Poylevé, advocat en la Court, et consul ;
Sieur Mathieu Moulinier, consul ;
Le sieur Maleden, bourgois et esleu ;
Sieur Joseph Rougier.

J. Decordes, scribe.

Nommination des sieurs Juges et Consuls de la Bource, faicz et nommés par les sieurs Consuls :

Monsieur Guimbert, marchand ;
Monsieur Texandier l'ayné, aussy marchand ;
Monsieur Michelon, aussy marchand.

J. Decordes, scribe.

(Le reste du feuillet 223, en blanc).

Eslections de Messieurs les Consuls, faictes dans la grand salle de la maison commune de la ville de Lymoges, faicts par les cent predommes nommés pour ce effaict, suyvant l'ordre de Sa Magesté, faict audict Limoges le septiesme decembre 1653 :

Messieurs Mʳᵉˢ, etc. (*sic*)
Noble Mathieu Desmaisons, escuyer, sieur de Bonne (2) (*sic*), conseiller du Roy, et son Vifsenechal de Limousin ;

---

(1) On remarquera que ces nominations et les suivantes ne sont pas datées.
(2) De Bonnefont ?

Monsieur Mʳᵉ Pierre Blanchon, conseiller du Roy, contrerolleur general du Talhion ;

Jacques Labische, sieur de Civergnat ;

Sʳ Michel Ruaud, bourgoys et marchand de Lymoges ;

Mʳ Mʳᵉ Martial Bailot, sieur du Queyroir, et juge de la Salle Espicopalle (*sic*) (1) ;

Sieur Guilhaume Vigenaud, bourgoys et marchand de Limoges.

J. DECORDES, *scribe de la Maison commune*.

(Le reste du feuillet 224 est en blanc).

Nominations faictes par Messieurs les Consuls, des Capitaines et Lieutenantz, dans la maison commune de la ville de Limoges, le douziesme decembre 1653.

Consulat :

Monsieur Villoutreys, escuyer, sieur des Cheyroux, capitaine ;
Mʳ Guibert, lieutenant.

Manigne :

Monsieur Roumanet, sieur de La Coste, capitaine ;
Mʳ Brugiere, fils de sieur Michel Brugiere, lieutenant.

Les Bancs :

Mʳ Benoist, sieur de Blesmond, capitaine.
Mʳ Duboys, sieur de Chamboursat, lieutenant.

(1) On appelait de ce nom la juridiction spéciale de l'Evêque sur ses domestiques et les habitants du Palais épiscopal et de ses dépendances, distincte de la juridiction de la Cité, à laquelle était préposé un juge spécial.

Le Clocher :

Monsieur Baigniol, sieur de Sourie (1), capitaine ;
Mʳ Laffond, gendre du sieur Guiber, lieutenant.

Boucherie :

Monsieur Lafosse, fils l'ayné de Mʳ Lafosse, capitaine ;
Mʳ Duteil, fils l'ayne de Mʳ Duteil, procureur, lieutenant.

La Fererie :

Mʳ Roux, sieur du Masgautier, capitaine ;
Mʳ Thoumas, fils de Monsieur Thoumas, procureur, lieutenant.

Les Combes :

Mʳ Nantiat, capitaine ;
Monsieur Albiat, lieutenant.

Lancecot :

Mʳ Raby, capitaine ;
Sieur Juge, marchand bouchier, lieutenant.

J. DECORDES, *scribe de la maison de ville.*

Nomminations de Messieurs les Juges de police, faicts par les sieurs Consuls dans la chambre du Conseil, le douziesme decembre 1653.

Mʳ de Cordes, conseiller du Roy ;
Mʳ Favard, aussy conseiller du Roy ;
Monsieur Blanchon, consul ;

---

(1) Il s'agit peut-être de Sousrue.

Mr Ruaud, consul ;
Mr Certe, advocat ;
Mr Martial (1) Deschamps.

J. Decordes, *scribe de la maison commune.*

Nomminations de Messieurs les Juges et Consuls (2) de la Bource, nommés par Messieurs les Consuls :

Sieur Berthelemy Moulinier, bourgois et marchand de la presant ville, premier juge ;
Sieur Pierre Cibot, aussy marchand, gendre du sieur Troutier, segond juge ;
Le sieur Hirosme (*sic*) Texandier le jeune, gendre du sieur Boysse, troiziesme juge.

J. Decordes, *scribe.*

(Le reste du folio 226 est en blanc.)

Eslections de Messieurs les Consuls, faicts dans la grand'salle de la maison commune, par les cens predommes nommés a ce effaict le vii *decembre* 1654 *:*

Monsieur Mre François Paignon, baron de Brie, procureur du Roy ;
Monsieur Mauplot, sieur de Plenavayre ;
Monsieur Maledent, esleu ;

---

(1) On avait d'abord écrit : *Gregoire.*
(2) C'est, croyons-nous, la première fois que les registres municipaux donnent aux Juges de Commerce ce nom de Consuls, qui devait leur resfer.

Monsieur Leyssene, advocat ;
Monsieur Estienne Labiche, marchand ;
Monsieur Pierre Dupré, marchand.

J. Decordes, *scribe* (1).

(Le reste du feuillet 227, les folios 228 et 229 sont en blanc.)

Eslections de Messieurs les Consuls, faictes dans la grand salle de la maison commune, nommés par les cent predommes, faict a Lymoges le septiesme decembre 1655 :

Honorables Messieurs M{ies} :
Leonard Desflotes, sieur de Leschosier, conseiller du Roy, juge magistrat ;
Leonard de Beaubrueil, conseiller du Roy, juge prevost royal de Limoges ;
Claude Traversier, advocat en Parlement ;
Simon Dupin, conseiller du Roy et contrerolleur en l'Eslection de Limoges ;
Pierre Guibert, bourgois et marchand ;
Jean Gergot, bourgois et marchand.

J. Decordes, *scribe de la Maison de ville* (2).

---

(1) Il fut procédé cette année-là, conformément à un arrêt du Conseil d'Etat du 7 mars 1654 (Archives de l'Hôtel-de-Ville, AA, 2) à une enquête, afin de constater l'importance relative de la Ville et de la Cité. Celle-ci demandait, vu le faible chiffre de sa population et la pauvreté de ses habitants, à ce que sa part dans les tailles ne dépassât pas un trentième de l'imposition totale de la ville de Limoges.

(2) En 1656 eut lieu la première assemblée de l'association des *Dames de Charité*, créée par Marcelle Chambon, veuve Germain, fondatrice de la *Providence*.

Eslection de Messieurs les Capitaines pour la présente année 1656 :

Consulat :

Monsieur du Puysmoulinier ;
Mʳ   Rogier, procureur.

Magninie :

Monsieur Vertamond, advocat, sieur de Ches Tandeau ;
Mʳ Martin, marchand.

Les Bavcz :

Mʳ de Regnefort, conseiller ;
Mʳ Mailhot.

Le Clocher :

Mʳ Roüard, recepveur ;
Mʳ Malignaud, marchand.

Boucherie :

Mʳ Tranchant, advocat ;
Mʳ Labrousse, procureur.

La Ferrerie :

Monsieur de Chabanettes ;
Monsieur Grammagnat.

Les Combes :

Monsieur Dubrüeil ;
Monsieur Barny.

Lansecot :

Monsieur Clement ;
Monsieur Cybot fils, gendre du sieur Clement, procureur.

Nomminations des Juges de police et Capitaines, faict par Messieurs les Consuls dans la chambre du Conseil de la maison de ville, le dixiesme decembre mil six cent cinquante cinq — 1655 :

Monsieur Martin l'ayné, conseiller du Roy, juge magistrat ;
Monsieur Rougier, conseiller du Roy, juge magistrat ;
Monsieur Dupin, conseiller du Roy et contrerolleur en l'eslection, consul ;
Monsieur Gergot, bourgois et marchand, consul ;
Monsieur Desflottes, advocat en la cour ;
Monsieur Duboys jeusne, aussy advocat en la cour.

Nomination de Messieurs les Juges de Bource par Messieurs les prudommes, en presance de Messieurs Croyseil et Rouliac, Juges de ladicte Bource l'année passée, et de Messieurs Gergot, Prevost Consul, et Desflottes, sieur de Leschoyzier, conseiller du Roy, juge magistrat au siege Presidial de ladicte ville de Limoges, faicte le vingtiesme jour du mois de may mil six cents cinquante six :

Monsieur Simeon Desflottes, marchand bourgeois, premier juge ;
Mʳ Psalmet Faulte, aussy marchant bourgeois, second juge ;
Mʳ Pierre Clement, aussy marchand, troysiesme juge.

J. DECORDES, *scribe* (1).

---

(1) A cette année se rapporte une résolution importante : une assemblée de ville du 4 septembre (ou 4 novembre) 1657, décida l'établissement à Limoges d'un hôpital général. (*Abrégé des Annales*, p. 599.) Cette délibération ne fut exécutée que trois ans après. Le lecteur lira avec fruit, sur cet objet, quelques chapitres du beau livre de M. Laforest : *Limoges au* XVIIᵉ *siècle*.

Eslections de Messieurs les Consuls, faictes dans la grand salle de la maison commune par les cens predommes nommés a ce effaict, acistant Messieurs le Lieutenant general et Procureur du Roy, le septiesme decembre mil six cens cinquante six :

Monsieur   Blondeaux, Tresorier general de France (1) ;
Monsieur Guy Desflotes, sieur des Bordes, advocat en la court ;
Monsieur Joseph Baignol, sieur de Lavaud ;
Monsieur Jean d'Argenteaux (2), conseiller du Roy et contrerolleur general en la presant generalité ;
Monsieur Pierre Gadaud, sieur des Villetes ;
Monsieur Jean Croseil, sieur du Puy Reyjaud, bourgois et marchand de la presant ville (3).

J. DECORDES, *scribe.*

(Le reste du folio 232, en blanc.)

Eslections de Messieurs les Consuls, faictes dans la grand salle de la maison commune par les cens predommes nommés a ce effaict, le vij^e *decembre 1657, [et cassés par arrest du Conseil du quatriesme janvier ensuivant, dont la teneur est cy bas tout du long]* (4).

Monsieur Mre Pierre Dalesmes, chevalier (5), seigneur de Rigou-

---

(1) Natif de Solignac, d'après le mss de Pierre Mesnagier.
(2) « Genteut, du faubourg Manine, abitent de Limoges » (mss Mesnagier, p. 282).
(3) On trouvera aux notes de l'année suivante des renseignements sur les poursuites dont ces magistrats furent l'objet.
(4) Nous avons mis entre crochets les notes ajoutées après la cassation de l'élection.
(5) Il est facile de reconnaître que le mot de *chevalier* a été ajouté après coup, et qu'on a substitué celui de *seigneur* à celui de *sieur*, écrit d'abord par le scribe.

lene, conseiller du Roy et Tresorier general en la generalité de Limoges, [cassé] ;

Monsieur Mre Mathieu Rouard, conseiller du Roy, recepveur du Talion, [cassé] ;

Monsieur Mre Jean Peyroche, advocat en la court, [cassé] ;

Monsieur Nicolas Garat, sieur de La Grange (1), [cassé] ;

Monsieur Jean Bonnin, bourgois et marchand de ladite ville, [cassé] ;

Monsieur Claude Mousnier (2), bourgoys et marchand, [cassé].

J. DECORDES, *scribe* (3).

---

(1) Ne serait-ce pas de ce propriétaire que vient le nom de la Grange-Garat?

(2) « Monier, dict Lombar » (mss Mesnagier, p. 282). Il appartenait donc à la même famille que le lieutenant de la milice blessé martellement le 15 octobre 1589, en cherchant à ramener au devoir les séditieux.

(3) On voit par les arrêts suivants que la cassation de l'élection du 7 décembre 1657 fut obtenue sur la requête du Procureur du Roi, François Paignon. S'il faut en croire Mesnagier, ce magistrat aurait surtout obéi, en formant un pourvoi contre l'élection, à un sentiment de dépit et de rancune : s'étant fort remué pour faire nommer un sien parent, il se serait vu déçu dans ses espérances, et, pour se venger d'un échec éclatant, aurait attaqué la validité du scrutin lui-même. Il est permis de penser que le Procureur du Roi n'agit que d'accord avec l'Intendant, et qu'il fut, en somme, dans cette campagne contre un groupe d'officiers de Justice et de Finances, cantonnés dans l'Hôtel-de-Ville comme dans une sorte de forteresse, l'organe de l'opinion publique, émue de voir les mêmes familles et les titulaires d'un petit nombre d'offices se perpétuer dans les fonctions municipales. Quoi qu'il en soit, l'arrêt du Conseil du 4 janvier 1658, obtenu sur sa requête, constatait l'irrégularité des derniers scrutins municipaux et le désordre où étaient plongées les finances de la ville, mais on ne sévit que contre les élus du 7 décembre 1657, dont la nomination fut cassée. Les Consuls nommés le 7 décembre 1656 furent chargés de continuer provisoirement à administrer la ville jusqu'à ce qu'il eût été procédé à une nouvelle élection en présence de l'Intendant de Champigny. Les magistrats dont les pouvoirs étaient ainsi révoqués formèrent opposition ; mais un second arrêt du 20 février maintint le premier. Les nouveaux Consuls, qui étaient entrés en charge depuis trois mois, refusèrent de se soumettre à la décision du Conseil, et l'Intendant Claude Pellot — nous ne nous chargeons pas d'éclaircir la succession fort embrouillée de MM. les « Commissaires départis » en la Généralité entre les années 1656 et 1664 — dut se rendre à Limoges pour la faire exécuter. Il logea chez le Procureur du Roi, et tous deux, escortés par les archers du frère de Paignon, qui était prévôt de la maréchaussée, pénétrèrent

S'ensuivent les arrests du Conseil pour la cassation de la nomination cy dessus.

Extrait des Registres du Conseil privé du Roy :

Arrêt du Conseil, cassant l'élection du 7 décembre 1657 sur la requête du procureur du Roi, et ordonnant qu'il soit procédé à un nouveau scrutin.

Sur la requeste presentée au Roy en son conseil par François Paignon, sieur de Brie, procureur de Sa Magesté en la Seneschaussée et Visseneschaussée de Limousin, Siege Presidial, Monnaye et Maison Commune de la ville de Limoges, contenant que l'ordre antien de l'administration politique et municipalle et de la dirrection du commerce de ladicte ville, consiste en la creation

de force dans l'hôtel de ville, dont les portes furent enfoncées. Voici en quels termes Mesnagier parle de ces évènements (p. 283 à 285) :

« Notat que lé consul de l'année mille six cent sinquante sept, qui estoy le sieur Blondeau, tresorier pour le Roy, et natif de la ville de Soloniat, a presant bourgois et habitant de la ville de Limoges, et Baniol, avoquat, sieur de Lavaud, et Gadaut, sieur de La Villetas ; Genteut, du fauhour de Manine et Crousay, marchant, e Deflotes, avoquat, sieur de Las Bordas, apres avoir fect leur termes de Consul pendant l'année, suivant la coutume ansiene, fut conclut en asamblée de ville, suivant la coutume, pour conclure, de ferre et creer de nouveaux Consul, comme fu fect suivant la coutume, et fure nommés par lé Consul sy au desur et lé prudomes qui apellés furent, crés et nommés Consul pour l'année 1658 : Monsieur Aleme, reseveur, sieur de Rigoulene, Perroche, avoquat, et Bonnin, marchant; Monier, dict Lonbar, marchant; Rouart, ellus ; Londey, dit Biscarat; léquel Consul estant resut, et avoient fect et presté le serement sur et au devant l'autel de Sainct Martial, avectques leur merques et capitaines et gager avectques eux, ne pure neanmouin demeurer guerre de temt amenistrer la cherge de Consul, par se que le Procureur du Roy, qui estoit Fransoy Panion, voullut ferre mestre Consul un sient parant lequel ne fuct resut, tellement qu'il cherchat querelle contre lé Consul nouvo creés que il anpechat de eserser la cherge de Consul, et ne fure que Consul pendant trois mois; car a forse d'argent, il lé fict quiter le Consullat, et quitare le Consullat pour obeir aux aret du Parlement de Paris ; ne anmouin qu'il fire forse et (*sic*) anpechement aux vieux de rantrer danct le Consullat ; mes le proqureur du Roy fut an la maison de ville avectque Monsieur Pello, de Lion, Intandant, lequel Panion (le prócureur) avoy an sa maison, et qu'il l'avoy fect venir a ses depans pour avoir l'oneur sur lé Consul ; avec se avoy-t-il ancorre la dernierre (?) frere de Panion, proqureur du Roy, qui estoy capitaine du guet, avectque sa bande d'archiers avectque lui ; lequel intandant et Panion, proqureur du Roy, fire ronpre lé portes de la maizon de ville qui et au dessur du grant portal qui et cloué (A), et antrare par le costé danct la maison de ville, avé (?)

(A) Les vanteaux du grand portail de l'Hôtel-de-Ville étaient garnis de grosses têtes de clous. (Voir notre étude sur les *Hôtels-de-Ville de Limoges*, dans l'*Almanach Limousin de* 1882.)

annuelle de six Consulz et des Juges Consuls de la Bourse des marchants, lesquels doibvent estre prins et choisis du corps desdits marchands et bourgois, en la forme et maniere du reglement renouvellé en l'année 1602, a l'occasion de plusieurs contraventions comises auparavant, par le moyen desquelles les affaires

se fut fecte grant plainte et information contre le proqureur du Roy ; neanmouin, il persitat si for qu'il remy danct le Consullat lé Consul premier que avoy créé lé nouveau, et continuare le Consullat depuis l'année mille six cent cinquante sept, jusques à l'année mille six cent soisante, qu'il creare Consul pour l'année mille six cent soisante : fuct Monsieur du Pui-Mollinier, lieutenant criminel, et Vollondat, avoquat, Faute, avoquat, Rogier, proqureur, Molinier, marchant, Nouahlier, sieur de La Baillas. »

Mais l'affaire ne finit pas ainsi. Les Consuls de 1656-57, remis en fonctions au mois de mars 1658 par l'Intendant, furent, à peine sortis de charge, dénoncés comme coupables de concussions par quelques bourgeois, parmi lesquels figurait un des magistrats cassés en 1658, Mousnier le Lombard : une plainte fut déposée contre eux. La Cour des Aides de Clermont fut d'abord saisie du procès, qui se poursuivit ensuite devant les juridictions de Bordeaux et de Paris. Nous trouvons quelques renseignements sur cette affaire dans des fragments de chronique manuscrite cités par l'abbé Legros :

« Le 13 aoust 1660, arriva a Limoges un commissaire deputé de la Cour des Aydes de Bourdeaux pour recevoir les plaintes et dépositions de cantité d'habitans de la vile, contre les nommés Crouseil, d'Argentaux, Bagnol et Gadaud, Consuls aux années 1657, 1658 et 1659, accusés par autres habitans d'abus et malversation aux talles, concussion et peculat : procès cy devant intenté contre les susnommés à la Cour des Aydes de Clermont-Ferrant ; lesquels dits Consuls, voyant que l'affaire alloit mal pour eux, pour éluder, demandèrent règlement de juges et évocation de cause, et furent renvoiés à Bourdeaux, et, pour fatiguer davantage les demandeurs, ils firent ordonner que la Cour députeroit le susdit s^r commissaire, croiant que lesdits ne vouldroient faire sy grande despence que de le faire venir ; mais voiant qu'on avoit consigné pour cest effect 4 à 500 l., ils formèrent opposition sur des prétextes bien légers ; mais, ledit s^r commissaire estant arrivé, et ouy les plaintes de plusieurs habitans, il se retira à Bourdeaux, après avoir séjourné 7 ou 8 jours.

» Lesdits Consuls, voiant que cest affaire ne prenoit pas un bon trein pour eux, ont obtenu des inhibitions du Conseil. L'affaire aiant esté poursuivi avec chaleur, ils furent renvoiés devant la Cour des Aides de Paris longtemps après. »

Une année se passa en procédures, déclinatoires, évocations, sentences interlocutoires : Mousnier le Lombard et ses amis, loin de lâcher prise, montraient de jour en jour plus d'acharnement. Enfin la Cour des Aides de Paris, saisie de l'affaire, envoya à Limoges un commissaire, M. Le Camus, pour entendre les dépositions relatives aux « concussions, voleries et brigandages » — c'étaient les termes de la plainte — des Consuls de 1657-60. Arrivé le 9 octobre 1661, M. Le Camus commença sur le champ l'instruction du procès. Laissons la parole à notre chroniqueur anonyme :

« Après les comminations (sic) faites contre les dénommés, ils se randirent

communes de ladite ville se trouvoient dans une confusion importune et facheuse au publiq et aux particuliers, et comme lesdites contraventions auroient esté continuées despuis ledict reglement par les entreprinses d'aulcuns des officiers dudict Siege Presidial, du Bureau des Finances et de l'Eslection, lesdits bour-

prisonniers à la Conciergerie : Bagnol le premier, lequel fut ouy diverses fois dans le palais par le susdit commissaire, et conduit de la prison audit palais par des huissiers et autres gardes, accompagné de ses parens et amis, où les depposans luy furent récolés et confrontés. Les autres, s'estant randus prisonniers ensuite, pour obvier aux comminations, lesquels pour avoir retardé de quelques jours, ils furent condampnés à 800 l. ou environ, qu'il leur fallut payer; leurs tesmoings leur furent récolés et confrontés, ce qui dura jusqu'au 16ᵉ de novembre. Ledit jour, le susdit commissaire les ayant mandé et envoié quérir à la prison, eux croiant que ce n'estoit qu'à l'ordinaire, pour entendre les deppositions, ledit commissaire les mit entre les mains des archers et autres personnes, pour les conduire à Paris, le tout avec bonne escorte, c'est à savoir : Crouzeil et d'Argentaux. Quant à Bagnol et Gadaud, dit La Villatas, ils eurent le mois pour se randre prisonniers à Paris, les uns disent par le moyen de leurs amis, les autres, pour avoir veu ceste affaire prendre un mauvais train, qu'ils avoient ajy de concert avecq leurs parties. L'un et l'autre peut être.

» Le 18 dudit mois, ledit commissaire deslogeat de Limoges et s'en retornat à Paris ; et pour sa despence ou droictz de commission, il faloit, tous les samedis, que les parties des dénommés au procès luy fournissent mil livres, sans les frais de son voyage. »

Aux pages 315, 316 et 317 de son manuscrit, Pierre Mesnagier nous entretient des mêmes incidents et ajoute quelques détails nouveaux à ceux que fournit le chroniqueur :

« Nota que lé Consul de l'année mille six senct sinquante huy se voiant bien resus et avoict esté a l'eglize collegialle de Sainct Marsial preter le sermant de fidellité suivant la coutume ansiene de Limoges, et comme se voiant si mal tretés par lé Consul de l'année mille six sanct sinquante sept qui les avoy nonmés et creés, fur mal tretés comme l'on peut voir an se mesme livre..., et comme aiant pledé par toutes lé Cour et Parlemen, jusques a Paris, et mesmes fire venir un comiserre de la Cour des Aydes de Paris contre lé dix Consul qui lé avoy dechaperonés, et se conmiserre arivat allimoges lé siziesme jour d'otobre 1661, et princt pour son logis la maizont de la Poste, en la Sisté de Limoges ; et pendant le tant que Monsieur le conmisserre demeuroy an ville avetque ses jehant, il fict apeller tous les habitant qu'il avoy ransonné et for mal tretés par lé Consul touchant le talles, et se fesant, se trouvère plus de soisante plentif contre lédict Consul, et apres avoir donné leurs plaintes par devant le conmiserre, il apellat apres lé Consul et les interrogat, et apres les avoir bien interogé, il vin que le quinsiesme otobre 1661, il hut ajournement personel contre eux, et le fict for tarbouriner par tous lé canton de la ville, aux trois brief jour, a faute de se presanter, hou de se mestre an l'etat dans lé prisont, se qui ne fire sy prontement et ne se mire an estat que un seul nommé Baniol, sieur de Laval, qui demeurat hui jour sel, s'en alla alla consiergerie,

gois et marchands en auroient porté leur plaincte au Conseil, où, par arrest contradictoire du 20 novembre 1648, rendu entre eux, Mʳᵉ Jean Nicolas, Lieutenant General audict Siege Presidial et autres, Sa Magesté auroit d'abondant reglé la forme de ladicte eslection consulaire, ordonnant que, conformement audict reglement de l'année 1602, il seroit annuellement procedé a la nomination des preudhommes par les consulz qui sortiroient de charge le sixiesme decembre, lesquels seroient choisis esgallement des dix cantons de ladicte ville, bourgois et marchands d'icelle, cottisables aux

apres la huitaine fure randues an estat. Les autres Consul, comme Jeanteau, Crousay, la Villetas, apres lequel fure incontinent houis et interogé par Monsieur (A), conmiserre, lequel les escoutat tres bien pour la premierre fois danct la cour du Presidial de Limoges ; apres sella fect, il rapellat tous lé plaintif a un chaqun pour voir s'il se tiendroy toujours au mesme dįrre qu'il estoy sy devant, se que il ne delinquare jamès ; et le vincte quatre otobre, il rapelle tous lé plaintif, par devant lé dict Consul, pour ferre audision quategorique lé un par devant lé autres, léquel fure for pourtronnés par les abitant, et le dix sept novembre 1661, fure apellés deux dé Consul pour estre de rechef houis par deven le conmiserre qui lé voulloy houir danct son logis, qui estoy la Poste, logis de paie (?) et par se moien fure pris et amenés a Paris, conduis par des cavalliers apellés *Dragont,* qui levoy lor lé talles an Limosin : savoir Jeanteaux et Crousay, qui fure amesnés ; s'il n'use huzé de septe (*sic*) finesse, il ne lé hust pas amené a cause dé parant qui huse fect lever (B) pour lé auter ; et le 19 novanbre, party le commiserre pour aller a Paris pour ferre leur proses, alors qu'il serré (?) de par dellat. Sellat causat de grand depanses ; car le conmiserre estoy venut an carose de Paris. » (Pages 315 à 317.)

L'intendant Pellot se plaignit vivement de la rigueur qu'on avait apportée dans cette affaire. Il représenta au Chancelier les magistrats poursuivis comme dés gens fort honnêtes et estimables, persécutés à cause du concours qu'ils avaient donné à l'exécution de l'arrêt de 1658, et n'ayant fait autre chose que de continuer des pratiques, abusives peut-être, mais depuis longtemps passées en usage à l'Hôtel-de-Ville de Limoges. Au nom du repos de la ville et de la conciliation des esprits, il insista pour que le procès fût terminé avec plus de douceur qu'il n'avait été commencé. Il est à croire que son intervention ne fut pas inutile aux accusés.

Un extrait de la chronique dite de *Dom Col,* inséré entre les pages 602 et 603 de l'*Abrégé des Annales* de Legros, nous apprend quelle fut l'issue de ce procès : la Cour des Aides mit Baignol hors de cause ; Crouzeil et d'Argenteaux furent condamnés à des amendes envers le Roi et l'hôpital général, et aux dépens. Quant à Gadaud, qni avait jugé prudent de ne pas se présenter, les magistrats prononcèrent contre lui le bannissement. « Ce fust, ajoute le chroniqueur en manière d'épilogue, une grandissime affaire, et qui cousta grand argent à toutes les parties. »

(A) Le nom est resté en blanc..
(B) Faut-il entendre par là que les parents eussent excité une sédition pour les enlever ?

tailles, non subgects a la police ny offices de Sa Magesté, ny parens desdicts consuls jusques au troiziesme degre; lesquels preudhommes, despuis leur nomination signiffiée, ne pourroient sortir de ladicte ville que pour cause legitime, auquel cas il en seroit substitué d'autres, pour estre procedé par eux a la nomination de nouveaux consulz le lendemain, septiesme dudit mois de decembre, avant mydy, sans pouvoir nommer aulcun officier dudit siege Presidial, dudit bureau des Finances, de ladicte Eslection ni autres, sur les peynes declarées contre lesdits eslecteurs et contre lesdits officiers, acceptans; qu'il seroit dressé proces verbal de l'estat de l'hostel de ville, ponts, murs et portes d'icelle par un des Tresoriers de France, qui seroit a ce commis par ledit bureau, pour, ledit proces verbal rapporté a nostre Conseil, y estre pourveu; que les consuls des dix dernieres années rendront compte de leur gestion par devers les Consulz qui seroient esleus le septiesme decembre lors prochain, et que, pour ceste fois seulement, il seroit faict une assemblée generalle des bourgois de ladicte ville, de la quantité portée par ledit reglement, pour y estre procedé, a la pluralitté des voix, a la nomination desdits preudhommes des dix cantons, au nombre de cent, à l'effect de l'eslection des Consuls de ladite année : Sa Magesté enjoignant au Gouverneur et Lieutenant General de ladite province, de tenir la main a l'exécution dudict arrest, lequel, quoyque tres solemnel et tres juste dans sa dispozition, comme tres utile dans son executtion, mesmes au bien du service de Sa Magesté, auroit esté neantmoins tenu soubz silence, pour sans doubte avoir pretexte de continuer lesdites contraventions par ceux qui ont voulu faire leurs affaires dans le desordre de celles de ladite ville (1) : de telle sorte que, despuis ladicte année 1648, on a procedé aux eslections consulaires et contre la teneur dudit arrest et par brigues et monopoles, pour introduire les officiers dans le consulat et perpetuer icelluy dans les familles qui se sont propozées de gouverner au prejudice des autres, et les choses en sont venues a ce point qu'il n'a este randu au long compte par les Consuls sortis de charges, et qu'ilz ont laissé l'hostel de ville et les autres ouvrages publiqs dans un estat deplorable, et ladicte ville dans l'engagement de plusieurs debtes qui seroient acquitées

---

(1) Ce passage rappelle presque mot pour mot une phrase du *Commentaire* d'Etienne Guibert sur la Coutume de Limoges.

au soulagement des habitants s'il avoit esté faict un bon mesnage des deniers patrimoniaulx et sy lesdits deniers n'avoient pas esté destournés (?) et divertis au proffit de ceux qui en ont heust la disposition et le maniement. Ce que le suppliant, ne pouvant pas supporter par le moyen de sa charge, et n'estimant pas qu'il y heust de remède plus presant, contre tels desordres, que l'observation dudict arrest contradictoire, duquel ledit a heust cognoissance dans le soing qu'il a prins pour en arrester le cours, il auroit prins resolution de le faire valloir dans l'eslection des Consulz de l'année prochaine 1658, avecq autant plus de raison que la nomination, faicte au mois de may dernier, des Juges Consuls, n'avoit pas esté legitime et conforme aux reglemens, qu'elle avoit procedé par les brigues des Consulz en charge, pour y faire entrer leurs creatures, quoyque incapables de droit, et d'icelle Jean Crouzeil avoit interjecté et relevé appel au Parlement de Bourdeaux, ou, par arrest du vj du mois de juin, il avoit esté ordonné que les parties auroient audiance au premier jour sur la cassation de ladite nomination, avecq cependant deffances aux Juges Consuls esleus de s'immiscer en la fonction desdites charges, a peyne de faux (*sic*), et qu'enfin lesdits consuls en charge auroient esludé le jugement de ladite opposition pour trouver moyen de faire confirmer ladite nomination a la faveur de ses successeurs (*sic*) qu'ils pourroient se donner par les mesmes brigues et monopoles par lesquelles le Consulat se rendroit hereditaire ; sy bien que, ensuite des advis donnés audict suppliant, du retour en presse (?) du sieur Blondeau, Trezorier de France et premier Consul, pour l'eslection qui se debvoit faire le vij^e decembre dernier, de plusieurs assemblées tenues secretement pour ce subject dans la maison dudit sieur Nicolas, Lieutenant General, et des menées et caballes tenues (?) aupres de plusieurs hommes pour faire en sorte que les mesmes preudhommes dont on s'estoit servy les années precedentes dans le mesme dessein fussent continués, ledit suppliant auroit ledit jour, vij decembre dernier, fait signifier ledit arrest contradictoire dudit Conseil au Prevost Consul des lez huit heures de matin, a ce qu'il heust a tenir la main a son executtion au faict de ladicte eslection ; mais la partie de ladite eslection estant faicte entre lesdits Consuls et ledit Lieutenant General, ledit Prevost Consul, pour esluder ledit arrest, auroit differé jusques a une heure appres mydy la convoquation dudit suppliant dans l'hostel de ville, dans lequel cestant randu, il auroit trouvé ledit Lieutenant General et lesdits Consuls assemblés avecq le sieur Petiot, Juge Royal et ledit Crouzeil, Prevost Consul, auquel ledit Prevost Consul auroit faict ouverture de la proposition de ladicte eslection en autre forme et maniere que celle accoustumée portée par ledict arrest, a laquelle ledit suppliant se seroit oppozé, et ayant remonstré qu'il failloit necessairement se conformer a icelluy, ledit sieur Lieutenant General auroit rompu l'assemblée pour se retirer jusques a trois heures appres mydy audit jour; a laquelle heure ledit suppliant ayant esté d'abondant convoqué dans ledit hostel de ville, ou il se seroit rendu, il auroit trouvé assemblés environ soixante particuliers habitans, avecques (?) deux officiers et d'aultre qualitté que celle requize par ledit reglement, lesquels il auroit apprins estre la comme pretandus preudhommes a l'effect de l'eslection, et recognoissant la veritté des brigues et et monopoles pratiqués par lesdits consuls, il auroit fait sa remonstrance contre la forme de ladite eslection comme contraire audict arrest, et requis qu'il fust observé ; mais, au lieu de l'escoutter, par ledit Lieutenant General, il auroit souffert que ledit Desflottes, l'un desdits Consuls, se seroit emporté de chaleur contre ledit suppliant, uzant de paroles aigres et frauduleuzes et de menasses, et dissimulant encores, par ledit sieur Lieutenant General et par les autres officiers de justice. Ceste conduitte, comm'elle est punissable, ils auroient reffuzé audit suppliant l'acte a eux demandé de sa remonstrance et de l'importunitté dudit Desflottes et l'auroient reduit a faire d'autres remonstrances et requisitions pour l'execution dudit arrest, nonobstant lesquelles et le bruit qui se seroit ensuivy dans l'assemblée desdits pretandus preudhommes, les ungs criant qu'il failloit defferer audict arrest, et les autres passer oultre, et nonobstant aussy les protestations et appellations dudit suppliant souvent reiterées ez cas (?) de contraventions audit arrest, ledit Lieutenant General, qui ne pouvoit avoir ignoré ledit arrest comme contradictoire avecq luy, auroit dit qu'il n'estoit pas venu a temps, l'assemblée estant faicte, et ensuitte prononcé qu'il seroit procedé par lesdits pretandus preudhommes : a raison de quoy, ledit suppliant se seroit retiré pour ne point approuver une procedure sy extraordinaire, et auroit esté suivy de plus de vingt desdits preudhommes et dudit Crouzeil, Prevost Consul, qui auroit declairé vouloir obeir audit arrest, et dressé son proces verbal de ce que c'estoit (sic) passé audit fet ; et, bien que par ce moyen ladite assemblée fust imparfaicte et non suffizante pour proceder a une eslection legitime, touttes fois, ledit Lieutenant General et lesdits Consuls, proppozant (1) l'ordre et leur debvoir a leur satisfaction, auroient faict proceder a ladite eslection des personnes de Mes Jean Dalesme, Trezorier de France ; Mathieu Rouard, son beau frere, recepveur du Taillon ; Jean Peyroche, advocat, et des nommés Garrat, cy devant secretaire du sieur Lasnier, conseiller d'Estat ; Bonin et Mosnier, marchans : auxquels ledit suppliant ayant fait declarer qu'il estoit opposant de ladite eslection, il a du despuis presenté sa requeste contre icelle au s^r de Champigny, intendant de Justice, lequel, par son ordonnance du XI dudit mois de decembre, l'a renvoyé a Sa Magesté, laquelle peut voir dans le récit du fait qu'il n'y heust jamais d'eslection consulaire plus illegitime que celle la, et qu'elle est necessairement expozée a l'animadversion des mauvaises procedures, puisqu'elle est tellement contraire au reglement antien et a cest arrest contradictoire du Conseil, et ne peut passer que pour une contrevantion a iceux autant malicieuse que punissable en la conduitte de ceux qui l'ont commise, comme estant tout a faict estrange que les brigues et les monopoles prevallent sur la loy publique, que le Consulat soit hereditaire au prejudice de la liberté de l'eslection naturelle, laquelle a pour object la preferance du meritte et de la vertu pour randre l'administration municipale dans la sinceritté et la bonne foy que doibvent (sic) le bonheur de tous les habitans ; que les officiers de justice et de finances soyent nommés consuls contre l'ordre politique, suivant lequel ils doibvent demeurer dans leur employ et laisser ladite administration aux bourgois et marchants ; que ledit Lieutenant General aye heut assez de hardiesse pour contrevenir formellement audit arrest, apprez en avoir dissimulé l'observation durant dix années, pendant lesquelles il a presidé aux eslections, et que enfin il aye fait proceder de la sorte au mespris dudit arrest et des remonstrances et requisitions dudit suppliant, qui estoient esgallement justes et favorables, n'ayant point d'autre interest que celuy du service de Sa Magesté et du publiq, et le bien commun des habitants ; mais ce qui est encore plus estrange, c'est qu'au lieu desdits cent preudhommes, il n'y

(1) Le copiste a écrit *proposant*, pour *postposant*.

en heust que trente ou quarente, suspects et exclus de droit, et qu'on aye esleu pour consul ledit Garat, qui est accuzé et poursuivy criminellement, et ancores deux nommés pour juges consuls, dont la nomination est suspendue par l'appel pandant et indecis au parlement de Bourdeaux, lesquels ne peuvent jamais estre appellés au Consulat et auxdites charges de consuls en mesme temps, de sorte que, comme il est evident que ladite eslection est l'ouvrage de la faction et monopolles et brigues de ceux qui ne sont bien intentionés que pour leurs interests, aux despans du publiq, dont les suittes tiendroient ladite ville dans la mesme confusion du passé, et fermanteroient (?) l'opression qui en resulte a la pluspart desdits habitans, soubz laquelle ilz gemissent sans ozer se plaindre, retenus par les mauvais traitements dont ilz sont menassés par les uzurpateurs de l'auctorité legitime, — il est de la justice de Sa Magesté d'y pourvoir selon l'exigence du cas, et par consequent reduire les choses au terme dudit arrest contradictoire, qui ne doibt pas estre sans effect, — requeroit ledit suppliant qu'il pleut a Sa Magesté casser et annuler la pretendue eslection des Consuls de ladite ville de Limoges pour l'année prochaine 1658, dudit jour vii decembre dernier, ensemble tout ce qui s'en est ensuivy, comme nulle et illegitime, contraire au reglement de l'année 1602 et a l'arrest contradictoire dudit Conseil du 20 novembre 1648, attantatoire aux requisitions, protestations et appellations du suppliant, et, sans y avoir esgard, ordonner que les Consuls de l'année derniere continueront la fonction de leurs charges jusques a ce qu'il aye este procedé a nouvelle eslection conformement audit arrest contradictoire et sans y contrevenir dirrectement ou indirrectement, a peyne de nullité et de deux mil livres d'amande contre les contrevenants; — lequel arrest sera aussy observé regulierement en touttes les autres eslections de l'advenir, et a ceste fin leu, publié et registré au Siege Presidial et en l'Hostel de Ville, et affiché en places publiques pour estre cogneu et notoire a tous les habitans, avecq tres expresses deffances audit Nicolas, Lieutenant General, et autres officiers de ladite ville, de proceder et ordonner en autre maniere, soubz quelque pretexte que ce soit, a peyne de suspantion de leurs charges, de pareille amande et de respondre des suittes en leurs propres et privés noms; ordonner en oultre que ledit arrest sera executé au surplus de sa disposition; que, par ledit sr de Champigny, Intendant de justice en la Generalité de

Limoges, il sera fait vizite et dressé proces verbal de l'estat de l'Hostel de Ville et des ponts, murs et portes d'icelle et autres ouvrages publicqs, pour, ledit proces verbal rapporté audit Conseil, estre pourveu aux reparations necessaires aux despans de ceux qui en ont causé la ruine par leur negligence, malversation et divertissement des deniers commungs de patrimoniaux, et que les Consuls en charge des dix années anterieures audit arrest, et des années qui ont couru du despuis et jusques a present, randront compte de leur gestion, et presteront le reliqua en la maniere accoustumée : a quoy faire ils seront contraints a la diligence dudit suppliant, comme pour deniers royaux, mesmes par ex^{ies} (1), des sommes qu'ils auront manié ou deubs manier ; et pour prevenir un tel abbus a l'advenir, que les Consuls qui sortiront de charge randront ledit compte dans trois mois apres ladite charge finie pour tout delay, et qu'en cas de decouvert de leur part, leurs successeurs seront responsables de leur maniement par les mesmes voyes ; ordonner aussy que, par ledit sieur de Champigny, il sera informé, mesmes par censure ecclesiastique, des cabales, brigues et monopoles, et assemblées secrettes pratiquées au fait de ladite eslection, circonstances et despandances, mesmes des voyes de fait, violances, menaces et injures, exercées contre ledit suppliant dans les assemblées de l'Hostel de Ville, et des refus a luy faits sur l'execution de l'arrest du conseil et autres faits resultant de sa requeste et des proces verbaux, pour, l'information rapportée audit Conseil, estre procedé sur icelle ainssy qu'il appartiendrat ; et d'aultant que le greffier dudit Hostel de Ville a reffuzé audit suppliant l'expedition des procedures et ordonnances intervenues sur ce subject, mesmes desdits pretandus preudhommes, justificatives que ce sont les mesmes habitans pour favoriser le dessein des Consuls, ordonner qu'il y sera contraint par touttes voyes et par corps, nonobstant oppositions ou appellations quelconques, pour lesquelles ne sera differé (?) ; — Veu ladicte requeste, signée du suppliant et de Fournier, advocat audit Conseil ; — ledit arrest du Conseil du 20 novembre 1648 ; exploit de signiffication du vii decembre de plusieurs sommations faites a la requeste dudit suppliant, du viii dudit mois, proces verbal sur la nomination des Juges Consuls du 28 may, aussy dernier ; — deux arrests dudit Parlement de Bourdeaux des 29 dudit

---

(1) Faut-il bien ltre ici ex^{res} — extraordinaires sans doute ?

mois et 16 juin ; — requeste presentée par le suppliant au sieur de Champigny, Intendant de Justice, avecq son ordonnance de ranvoy au Conseil du xi° dudit mois, et autres procedures jointes a ladite requeste; ouy le rapport du sieur Garibal, conseiller a ce depputté,—Le Roy, en son conseil, ayant esgard a ladicte requeste, a ordonné et ordonne que ledit reglement du mois d'aoust 1602, et arrest contradictoire du Conseil du xx novembre 1648, seront executtés selon leur forme et teneur. Et, attendu la contrevantion faicte auxdicts reglement et arrest en la derniere eslection des Consuls, Sa Magesté, sans s'arrêter a ladicte eslection, qu'il a cassé et casse, a ordonné et ordonne que, par devant le sieur de Champigny, commissaire desparty en la Generalitté de Limoges, il sera incessamment procedé a une nouvelle eslection de Consuls, conformement auxdits reglement de 1602 et arrest du Conseil de 1648, et, jusques a ce, que les antiens Consuls continueront la fonction de leurs charges. Ordonne Sa Magesté que, par ledit sieur de Champigny, il sera dressé proces verbal de l'estat des murailles et des lieux publiqs de la ville de Limoges, pour, ledit proces verbal veu et rapporté, estre ordonné ce qu'il appartiendrat par raison. Fait au Conseil privé du Roy, tenu a Paris, le quatriesme jour de janvier 1658. Signé : Demons.

Louys, par la grace de Dieu, Roy de France et de Navarre, a Nostre amé et feal Conseiller en noz Conseils d'Estat et privé, le sieur de Champigny, Commissaire desparty en la Generalité de Limoges, Salut. — Nous vous mandons et ordonnons que, suivant l'arrest de Nostre Conseil, dont l'extrait est cy attaché soubs le contre seel de Nostre Chancellerie, ce jourd'huy donné, sur la requeste de François Paignon, s^r de Brie, Nostre Procureur en la Senechaussée et Vissenechaussée de Limousin, Siege Presidial, Monnaye et Maison Commune de Nostre ville de Limoges, vous ayés a proceder conformement et ainssy qu'il est porté par Notre dit arrest; de ce faire, vous donnons plein pouvoir, nonobstant oppositions ou appellations quelconques. Commandons au premier Nostre Huissier ou Sergent, sur ce requis, faire pour l'entiere executtion de Nostre dit arrest et de ceux y esnoncés, touttes sigmfflcations, assignations, commandements, deffances et autres actes et exploits requis et necessaires, sans pour ce demander autre permission ny *pareatis*. Car tel est nostre plaisir. Donné

— 389 —

a Paris le quatriesme janvier, l'an de grace 1658, et de Nostre regne le XVI°. Signé *par le Roy en son Conseil :* DEMONS, et seelle du grand seau en cire jaune et contre seellé.

Extrait des registres du Conseil d'Estat.

Sur les requestes respectivement présentées au Roy en son Conseil, l'une par Pierre Dalesme, sieur de Rigoulene, conseiller de Sa Magesté et Trezorier de France en la Generalitté de Limoges ; Mathieu Rouard, recepveur du Taillon en ladite Generalitté ; Jean Peyroche, advocat ; Nicolas Garrat, sieur de la Grange ; Jean Bonin et Claude Mousnier, bourgois et marchans, consuls de ladite ville de Limoges en la presante année ; l'autre par François Paignon, sieur de Brie, conseiller de Sa Magesté et son Procureur en la Seneschaussee et Siege Presidial de Limoges et autres Cours de ladite ville : celle desdits Consuls, contenant que le dernier septembre dernier (*sic*), jour destiné pour les nominations consulaires, le corps des antiens Consuls et preudhommes qui doibvent assister auxdites nominations consulaires ayant esté convoqué ez presance du Lieutenant General au Siege Presidial de ladite ville, Mre François Paignon, Procureur de Sa Magesté audit Siege Presidial, irrité de ce qu'il n'avoit pas reussis a faire nommer quelques siens parens et affidés, auroit formé opposition a la nomination qui se debvoit faire, declairant qu'il prenoit a partie toutte l'assemblée, et s'estant faict suivre d'un sien frere et de six ou sept autres de ses parens, seroit sorty tumultueusement de l'assemblée, proferant haultement plusieurs discours tandant a sedition ; mais ces violances faisant assez cognoistre que ce n'estoit que un pur effect de sa passion, le premier Consul n'auroit laissé de recueillir les voix en la maniere accoustumée, a la pluralitté desquelles lesdits Dalesme, Rouard, Peyroche et Mousnier auroient esté nommés par les Consuls de la presante année ; mais ledit Paignon, n'ayant peu souffrir cest evenement, auroit presenté requeste au Conseil, remplie de faits recherchés et suppozés, alleguant entre autres choses que, par le reglement faict par le Roy Hanry quatrieme, en 1602, les officiers auroient este exclus du Consulat, et que l'arrest du Conseil du 20 no-

<small>Arrêt du Conseil sur nouvelles requêtes, confirmant par provision celui du 4 janvier 1658, et ordonnant que les parties seront ouïes sur leurs dires respectifs.</small>

vembre 1648, intervenu par forclusion contre les Consuls de ladite ville, estoit contradictoire, quoyqu'ils heussent esté restitués contre icelluy par autre arrest du ix (*sic*) d'esdits mois et an, tellement que [sur] ladite requeste il auroit obtenu arrest le quatrieme janvier dernier, par lequel, entre autres choses, ladite nomination auroit esté cassée, et ordonné que par devant le s^r de Champigny, commissaire desparty en la Generalitté de Limoges, il seroit incessement procedé a nouvelle eslection de Consuls ; et d'aultant que cest arrest a esté obtenu sur faits suppozés et sur simple requeste sans ouyr ni appeller les supplians, requeroient qu'il pleust a Sa Magesté, sans s'arrester audit arrest dudit jour, quatrieme janvier dernier, en ce qui concerne ladite nomination consulaire, ordonner que les suppliants continueront l'exercice et fonction de leurs charges, avecq deffances audit Paignon et tous autres de les y troubler, a peyne de trois mil livres d'amande et de tous despans, domaiges et interests, et respondre en leur proppres et privés noms du retardement de la levée des deniers royaux ; — celle dudit Paignon, a ce que, pour les causes y contenues, et attandu que ledit arrest a este randu avecq grande cognoissance de cause, et que ledit suppliant n'a autre interest, en ladite eslection consulaire, que le service du Roy et du publiq, et qu'il n'est point capable d'autre passion que de faire son debvoir dans l'exercice de sa charge, il pleut a Sa Magesté desbouter lesdits Dalesme, Rouard, Peyroche, Garat, Bonin et Mousnier de leur dite requeste, et, sans y avoir esgard, ordonner que ledit arrest du Conseil du quatre janvier dernier sera executté selon sa forme et teneur, et eux condampner solidairement en leurs proppres et privés noms en tous ses despans, domaiges et interests ; — veu lesdites requestes, celle desdits Dalesme et consorts, *signée* GARAT, l'un desdits Consuls, et DE CROISY, advocat au Conseil ; celle dudit Paignon, signée de luy et de TOURNIER, aussy advocat audit Conseil ; — ledit arrest du Conseil dudit jour, quatriesme janvier dernier, intervenu sur la requeste dudit Paignon, par lequel auroit este ordonné que le reglement du moys d'aoust 1602, sur l'eslection des preudhommes en ladite ville de Limoges, et l'arrest du Conseil du vingt novembre 1648, randu entre les bourgois et marchants de ladite ville et le Lieutenant General du siege Presidial, aussy portant reglement pour la forme de l'eslection consulaire, seroient executtés selon leur forme et teneur, et sans s'arrester a la derniere eslection des Consuls, comme contraire auxdits reglement et arrest, ordonné que, par le sieur de

Champigny, commissaire desparty en la Generalitté de Limoges, il seroit incessamment procedé a une nouvelle eslection de Consuls, conformement auxdits reglement de 1602 et arrest de 1648, et, jusques a ce, que les antiens Consuls continueroient la fonction de leurs charges, et que, par ledit sieur de Champigny, seroit dressé proces verbal de l'estat des murailles et autres lieux publiqs de ladite ville de Limoges, pour, ledit proces verbal veu et rapporté, estre ordonné ce qu'il appartiendroit par raison ; — ledit arrest du 20 novembre 1648, randu par forclusion entre lesdits bourgeois et marchants et le Lieutenant General au Presidial, portant que, conformement a l'edit et au reglement du mois d'aoust 1602, il seroit annuellement procedé a la nomination des preudhommes par les six consuls qui sortiroient de charge, le six decembre, lesquels seroient choisis esgallement desdits cantons de la ville, bourgois et marchants, cottisables aux tailles, non subjects a la police, ny officiers de Sa Magesté, ny parens jusques au troiziesme degré des Consuls qui sortiroient de charge : lesquels preudhommes, despuis leur nomination signiffiée, ne pourroient sortir de la ville que pour cause legitime; auquel cas seroit procedé a nouvelle nomination d'un ou plusieurs bourgois de la ville, de la qualitté requize, au lieu de celui ou ceux excuzés; lesquels preudhommes procederoient a la nomination desdits six Consuls avant mydy, le sept decembre, sans pouvoir nommer ny officiers, ny du Presidial, ny du Bureau des Finances, ny de l'Eslection, ni autres, sur les peynes portées par lesdites ordonnances, tant contre lesdits preudhommes eslisants que officiers acceptants; qu'il seroit dressé proces verbal de l'estat de l'hostel de ville, ponts, murs et portes de ladite ville par un des trézoriers de France a Limoges, qui a ce effect seroit commis par le Bureau pour, ce fait et rapporté au Conseil, estre ordonné ce que de raison ; que les Consuls, depuis dix ans, rendroient compte de leur gestion par devant les Consuls qui seroient nommés le sept decembre dudit an 1648, et que, pour ceste premiere fois seulement, il seroit fait une assemblée generale des bourgois de ladite ville, de la qualitté portée par lesdits reglements et ordonnances, dans laquelle seroit procedé a une nomination de preudhommes choisis des dix cantons, a laquelle lesdits bourgois procederoient a la pluralitté des voix, separement : chascun desdits cantons nommant lesdits preudhommes; lesquels cent esleus preudhommes procederont a la nomination, des le lendemain, des six Consuls de la qualitté requize, conformement aux edits et arrest et ordonnances et reglements, avecq injonction au Gouverneur et Lieutenant de ladite province de tenir la main a l'executtion du presant arrest, et lesdits Consuls condampnés aux despans de l'instance; — acte de deliberation de la Cour de la Bource de Limoges, portant nomination des Juges Consuls du 18 may 1657; — procuration de quatre vingt marchants contre ladite nomination du lendemain xxix may; — arrest du Parlement de Bourdeaux, dudit jour, randu sur la requête du nommé Crouzeil, bourgois dudit Limoges et Prevost Consul en ladite année, portant qu'il seroit incessemment procedé a l'eslection desdits Juge et Consuls des marchants, conformement aux edit et declarations du Roy et arrests de ladite Cour, par les cinquante preudhommes nommés et appellés en la maniere accoustumée; — acte d'opposition formé par ledit Paignon a la nomination desdits Consuls, du vii decembre 1658; — sommation faicte au scribe de la maison commune de ladite ville, a la requête dudit Paignon, de luy delivrer la liste des preudhommes nommés par le sieur Crouzeil et autres nouveaux Consuls; — requête presentée par ledit Paignon au sieur de Champigny, commissaire desparty en la generalitté de Limoges, affin de luy estre pourveu (?) sur son opposition, et son ordonnance, portant que les parties se pourvoiroient au Conseil pour y proceder sur leurs demandes pour raison de la nomination des preudhommes et Consuls; — acte de l'eslection consulaire de ladite ville, faite le septiesme decembre 1603; — arrest du Conseil du 27 novembre 1648, qui auroit restitué les Consuls de ladite ville de Limoges contre l'arrest du 20 du mesme mois, en..... (1) la somme de cent livres; — signification dudit arrest avecq offre de ladite somme de cent livres, faite à Mre Nicolas de La Fosse, advocat de la partie adverse, du premier decembre ensuivant; — proces verbal du sieur Lieutenant General de Limoges sur ce qui se seroit passé en l'eslection des Consuls de l'année 1658, du vii decembre 1657; — rolles des Consuls de ladite ville de Limoges despuis l'annee 1648 jusques en 1657; — acte d'assemblée des bourgois de ladite ville de Limoges, du vingt uniesme janvier 1658, portant approbation de ladite eslection consulaire; — coppie d'une liste des bourgois qui auroient signé ladite deliberation; — requête presentée au Conseil par ledit Paignon, a ce qu'il fust ordonné que ladite deliberation du 20 jan-

---

(1) Un mot illisible.

vier dernier seroit paraphée par le rapporteur de la contestation des parties, et mise au greffe du Conseil pour estre portée entre les mains du sieur de Champigny, pour servir audit suppliant a ce que de raison, en execution de l'arrest du Conseil du quatriesme janvier aussy dernier, lequel seroit executté selon sa forme et teneur, nonobstant et sans avoir esgard a ladite deliberation; et cependant que copie collationnée de ladite deliberation fust deslivrée audit suppliant; — autres moyens dudit Paignon pour faire ordonner l'executtion dudit arrest du quatre janvier dernier; — response sommaire dudit Dalesme et autres Consuls auxdits moyens, et tout ce que par lesdites parties a este mis par devers le sieur de Lamoignon, conseiller a ce depputté; ouy son rapport, et tout consideré, — LE ROY, EN SON CONSEIL, a ordonné et ordonne que, sur lesdites requêtes, les parties seront sommairement ouyes, et joint a l'instance pandante au Conseil, au jugement de laquelle il sera incessemmenl procedé; et cependant, par maniere de provision et sans prejudice du droit des parties au principal, ordonne Sa Magesté, que les consuls qui estoient en charge l'année 1657 continueront en l'exercice et fonction de leurs charges, jusques a ce que autrement par Sadite Magesté en ayt esté ordonné. Faict au Conseil d'Estat du Roy tenu a Paris, le vingtieme jour de febvrier 1658. Signé : BOSSUET.

LOUIS, PAR LA GRACE DE DIEU, ROY DE FRANCE ET DE NAVARRE, au premier des huissiers de Notre Conseil ou autre huissier ou sergent sur ce requis : Nous te mandons et commandons que l'arrest dont l'extrait est cy attaché soubs le contre seel de Notre Chancelerie, ce jourd'hui donné en Notre Conseil d'Estat sur les requêtes a Nous presentées, l'une par Pierre Dalesme, sieur de Rigoulene, Notre conseiller et trezorier de France en la Generalitté de Limoges; Mathieu Rouard, recepveur du Taillon en la Generalitté; Jean Peyroche; Nicolas Garat, sieur de la Grange; Jean Bonin et Claude Musnier, bourgois et marchants, Consuls de ladite ville de Limoges en la presente année ; l'autre par François Paignon, sieur de Brie, Notre conseiller et procureur en la Seneschaussée et Siege Presidial de Limoges, et autres Cours de ladite ville, tu signiffies a tous qu'il appartiendrat, a ce qu'ils n'en pretandent cause d'ignorance, et fais pour l'executtion dudit arrest, a la requête dudit Paignon, tous commandements, sommations et autres actes et exploits necessaires, sans autre permission. Car tel est Notre plaisir. Donné a Paris, le vingtieme jour de febvrier, l'an de grace mil six cent cinquante huit, et de Notre regne le quinziesme. *Signé : par le Roy en son Conseil :* Bossuet, et seellé du grand seau en cire jaune et contre seellé (1).

Eslection de Messieurs les Consuls, faicte dans la grand salle de la Mayson commune, par les soixante prudhommes nommés a ce effect, le xvii septembre 1659, suivant le nouveau reglement :

M^r M^{10} Guilhaume Faute, s^r de Balezye, advocat en la Cour ;
Mr Jean Moulinier, bourgeois et marchand ;
Mr Jacques Roger (2), s^r de Moysaguet, juge [de] St-Augustin.

Eslection de M^{rs} les Consuls, faicte dans la grand salle de la Maison commune par les cent prudhommes nommés a ce effect, assistant M^{rs} les Lieutenant General et Procureur du Roy, le 7 decembre 1659 (3).

M^{ts} Mes Jacques de Douhet, seigneur du Puy Moulinier, Lieutenant criminel ;

---

(1) L'arrêt définitif qui ordonne que désormais les Consuls demeureront deux ans en fonctions et qu'ils sortiront par moitié chaque année n'a pas été inséré au registre ; nous n'en possédons pas le texte. On sait seulement qu'il porte la date du 13 août 1659.
Mesnagier dit de son côté (p. 282) : « Fuct fect grande dispute antre lé Consul de ses trois annés, 1657, 1658, 1660 ».
(2) Rogier, probablement.
(3) L'Intendant Claude Pellot, qui administrait alors les deux Généralités de Limoges et de Poitiers, et résidait ordinairement dans cette dernière ville, était à Limoges le jour de cette élection, et écrivait le lendemain au Chancelier :
« L'on a procedé hyer icy a la nomination des Consuls, *en ma presence,*

Mr Jehan de Volondac, seigneur de La Boissiere, advocat en la Cour ;

Mr Pierre Noualhier, sr des Bailles, bourgeois et marchand.

J. DECORDES, *commis* (1).

(Le reste du recto et le verso du folio 237 sont en blanc.)

---

suivant les arrests du Conseil et les reglements, et l'on a esleu pour Consuls le Lieutenant Criminel, fort habile et bien intentionné, et deux bons et riches bourgeois. Je puis dire qu'il y a bien longtemps que le consulat n'a esté si bien rempli, et un chacun en demeure d'accord. Le repos que cette ville par la doibt esperer est un effect, Monseigneur, de votre protection. » (O'REILLY : *Mémoires sur Claude Pellot*, T. I, p. 321. Publ. de la Société de l'Histoire de France.)

Les Intendants reçurent souvent la mission de présider des assemblées de ville et des élections consulaires. Dans son très intéressant mémoire sur *l'administration des Intendants*, M. d'Arbois de Jubainville (Paris, Champion, 1880, p. 194, 213) mentionne un mandement du Roi au Lieutenant général de Troyes pour aller, au lieu et place de l'Intendant, présider une assemblée de ce genre à Langres.

(1) Empruntons quelques notes sur les années 1659 et 1660 aux divers chroniqueurs du pays :

« Le cinq mai de cette année, il fut fait un autre arrêté par le corps de ville de Limoges, portant délibération d'établir dans cette ville un hôpital général pour tous les pauvres de la ville et banlieue. Le premier juillet suivant, Mr de Lafayette donna son consentement, et, les 15 et 29 du même mois, l'abbé et le Chapitre de Saint-Martial donnèrent aussi les leurs. En conséquence, l'hôpital de Saint-Gérald fut érigé en hôpital général, auquel on unit ensuite celui de Saint-Martial et tous les autres hôpitaux, maladreries, etc., qui étoient dans Limoges. On y rassembla beaucoup de pauvres et on y établit des manufactures pour occuper ceux qui étaient valides et les enfants. On forma ensuite, pour desservir cette maison de charité, une congrégation de filles, nommée *de Saint-Alexis*, ou de *la Médaille*, qui ne font que des vœux simples, auxquels elles ajoutent maintenant celui de stabilité, qui est irrévocable. Hélène Mercier, fille d'un vrai mérite, fut leur première supérieure. » (LEGROS, *Abrégé des Annales*, p. 600.)

En 1660, l'hiver fut très rude. Il gela presque continuellement de la fin de novembre à la mi-février.

Le 4 mars eut lieu, dans la salle d'audience du Présidial, la publication solennelle de la paix (paix des Pyrénées) en présence des députés de tous les corps : Trésoriers généraux, Election, Consulat, Chapitres et Couvents ; « le tout, comme cela se pratique en tels rencontres, chacun en son rang. Ce

Eslection de Messieurs les Consuls, faicte dans la grand salle de la Maison commune par les soixante prudhommes nommés a ce effect, y assistans M^{rs} les Lieutenant general et Procureur du Roy, le 7 decembre 1660.

Mr Mre Mathieu Benoist, seigneur de Blesmont, conseiller du Roy, magistrat au Siege Presidial et Senechal de Limoges ;

fut le matin, où il y avoit affluence de monde; et à l'heure de relevée, la publication se fit par la ville ».

Pour que le cortège pût plus aisément circuler, les habitants furent invités à rompre la glace devant les maisons. Le Lieutenant particulier et le Procureur du Roi, en robes rouges, les Consuls avec leurs chaperons, accompagnés des Capitaines, Lieutenants, Enseignes de tous les cantons, et de bon nombre de bourgeois, tous à cheval, en bon ordre, et précédés de trompettes, parcoururent la ville : le Capitaine de la Maison Commune lisait à tous les carrefours l'annonce, et tout le monde criait : Vive le Roi!

L'Evêque s'opposa à ce que les Consuls entrassent dans la Cité avec leurs marques consulaires. Les magistrats renoncèrent à passer outre.

Les boutiques demeurèrent fermées trois jours en signe de réjouissance. « Le dimanche 7, se fist le feu de joye au Creux des Aresnes. Le *Te Deum* fust chanté à Saint-Estienne, où assistèrent Messieurs du Présidial et Messieurs les Consuls, et les compagnies de la ville, sortant de Soubz les Arbres, en fort bel ordre et bien armés, furent passer devant Saint-Estienne où les attendoient Messieurs du Siège Présidial et Messieurs les Consuls ; puis, réentrant par la porte Manigne, sortirent à la porte des Arenes et se rendirent tous au Creux des Arrenes, jadis l'amphithéâtre, lieu fort propre pour telle cérémonie, où le feu fust mis par Messieurs les Président et Conseillers et Messieurs les Consuls. Le nombre de ceux qui estoient soubz les armes estoyent de 1,800 hommes : chascun capitaine à la teste de sa compagnie. Le colonel estoit le fils de M. Guillaume, s^r de la Grange, et major, M. de Benoist, sieur du Clos. Au retour, M. le Lieutenant Criminel fist un autre feu de joye devant sa maison, et aussi d'autres Messieurs les Consuls devant chez eux.

» Le dimanche ensuivant, 14e du mesme mois, se fist autres feux de joye, sçavoir : un en la Cité, devant l'église des religieuses de Sainte-Claire : tous les citadins estant en armes, — leur capitaine estoit le s^r Tardieu, — où le feu fust mis par le seigneur Evesque, accompagné de Messieurs les Consuls de la Cité et Naveyx, auxquels il fist prendre les marques consulaires : cérémonie quy ne s'estoit plus pratiquée. Il y eust opposition de Messieurs du Présidial; mais on ne laissast pas de passer outre, le Seigneur Evesque estant indigné de ce qu'on

Mr Blaize Ruaud, sr du Chazaud, secretaire de La Royne;
Mr Estienne Maledant, sr de Marent.

J. DECORDES, scribe commis.

(Le reste du recto et le verso du folio 238 en blanc).

---

avoit voulu publier la paix dans la Cité, ou que mesmes quelques Messieurs du Siège avoient esté la publier : ce qui avait causé assez de bruit.

» L'autre feu de joye se fist devant l'Evesché le mesme jour, où il y avoit un théatre quy représentoit..... (le reste manque).

» Le mesme jour, Mr le Procureur du Roy fist un autre feu de joye devant sa maison, en forme de théatre, sur quatre piliers, garny de feux d'artifice, où le feu fust mis par un artifice qui descendit d'en hault, où, pour honnorer ledit feu de joye, les cappitaines de la ville y assistèrent en armes, avec nombre de gens. Le sr de La Deynière, son frère, estoit cappitaine en chef de ceste cérémonie. Il y avoit, du canton des Bancs seul, de 80 à 100 hommes en armes ; — lequel feu de joye, ledit Procureur du Roy fist en émulation de celuy que ledit Seigneur Evesque fist faire en particulier devant l'Evesché.

» Le 17 mars 1660, arrivat à Limoges Monsieur le mareschal de Thurenne, fort peu accompagné. Messieurs les Consuls furent au devant jusques au delà de Couzeyx, assistés de nombre d'habitans à cheval; les aultres corps, comme Messieurs le Grand Prévost et Viceneschal, aveq leurs compaignies, plus loing; le Seigneur Evesque avec son corps, en particulier, entre l'Aurence et le bourg de Couseyx, où, estant arrivé, ils parlèrent quelque demy cart d'heure en particulier : ledit seigneur Gouverneur fust harangué par Mr Faulte, consul et advocat.

» Les compagnies de la ville furent au devant en armes, au nombre de 1,400 hommes, et furent se poster au delà de la Croix de Malecarre, au haut du tertre (?), et à la teste du chemin où l'on va audit Couseyx. Le Colonel estoit ledit sr de la Grange; chacun Capitaine à la teste de sa compagnie; le tout arrengé en deux batallons, en fort bon ordre ; où estoit major Mr Benoist, sr du Clos, assisté du sr Devergnias, capitaine au régiment d'Anville. Ledit seigneur Gouverneur voulut voir l'ordre qu'on avoit tenu, et, pour cest effet, il fist le tour des deux batallons, quy luy plurent fort, estant à pied, le chapeau en main, assisté du seigneur Evesque, de Messieurs de Sillery et de Duras fils, et de Messieurs les Consuls, où il fist deffence de ne point tirer qu'il ne se fust retiré ; ce quy fust fort bien observé ; et après on s'aquitat de son devoir, et ce fist une assez belle descharge.

» Ledit seigneur Gouverneur fist son entrée par la porte Montmallier, assez bien préparée pour ce subject, où estoient les armes de France, avec celles de la ville et de la maison de Boullon, et son portraict au dessus. Il fust receu au bruit de l'artillerie, fort copieuse.

» Monsieur le Lieutenant Criminel receust à l'entrée de ladite porte ledit

Désignation des électeurs chargés de nommer les Juges de Bourse.

Aujourd'hui, dix neufviesme du moys de may mil six cents, soixante un, dans la chambre du Conseil de la Maison de ville, ou estoient assemblés M**rs** Estienne Maledent, Prevost Consul ; Jacques de Douhet, seigneur du Puy Moulinier, conseiller du

seigneur, auquel il fist harangue, en calité de Consul ; et après fust présenté le poyle audit seigneur Gouverneur de..., qu'il ne voulust recevoir, et lequel on fist porter devant, par ......; il entrat par ladite porte Montmallier, passat devant Saint-Martial, Cruched'or, sortist par la porte Manigne dans les faulxbourgs, et de là fust loger à l'Evêché, toujours à pied et le chapeau à la main, et accompagné du S**r** Evesque et Lieutenant Criminel. Est à remarquer que ledit s**r** Lieutenant Criminel print toujours la main droite du seigneur Evesque, depuis la porte Montmalier, jusques hors la porte Manhigne.

» C'estant retiré, et les grandes portes de la Maison Episcopale fermées, le major le fist advertir que les compagnies de la ville devoient passer devant son logis : ce qu'ayant apprins, il sortit en compagnie dudit S**r** Evesque, où il se donnat la patience de voir tout deffiler ; tout alloit de 4 en 4, et en bon ordre, et fort bien armés : ce quy luy agréat fort ; et, en passant, chacun tiroit. Le lendemain, tous les corps ecclésiastiques, tant religieux qu'autres, le furent complimenter, quoy qu'il fust de la *prétendue*.

» Ledit seigneur Gouverneur séjourna jusqu'au 21**e** du mesme mois, jour des Rameaux, toujours logé à l'Evêché ; lequel jour il partit de bon matin, et en fist retorner les compagnies des sieurs Grand Prévost et Viceneschal ; et comme il partit de bon matin, il surprint les habitans : ce quy empescha qu'il ne fust pas bien convoyé. Cependant Messieurs les Consuls, avecq nombre d'habitans, le furent conduire. Il fust le mesme jour coucher à Uzerche pour s'en aller à Thoulouse voir Sa Majesté. »

Peu après les bourgeois décidèrent d'envoyer une députation pour obtenir l'abonnement de la ville, c'est-à-dire la suppression de la taille et son remplacement par une somme déterminée une fois pour toutes. On fit des collectes à cette occasion, et les Consuls désignèrent quatre personnes par canton pour recueillir de l'argent. Le Consul Faulte, avocat, avait été d'abord désigné ; mais, Louis XIV étant parti de Toulouse pour aller à Bayonne, puis retourner à Paris, on remit à plus tard cette démarche. Au retour de la frontière, où il était allé recevoir la nouvelle reine, le roi passa à Poitiers, où le Lieutenant Criminel de Douhet et Jean Moulinier, marchand, tous deux Consuls, le complimentèrent au nom de la ville de Limoges. Ils étaient accompagnés de l'avocat Descoustures et de Guillaume Labiche, négociant. De Douhet, Labiche et Descoutures partirent pour Paris à la fin de juillet pour solliciter l'abonnement. Les collectes n'avaient pas produit une somme suffisante. « Il fut fait *acte consulaire* par lequel on demeurat d'accord qu'on prendroit ce que seroit necessaire pour lesdicts fraix sur les tailles, jusques à la concurrence de 6,000 l. ». — Quelques privilégiés firent opposition ; mais, après une assemblée de ville « où haranguèrent Messieurs de Romanet, Lieutenant particulier, Du Vignaud, Advocat du Roy, et le Juge Petiot, la demande fut maintenue par un acte du 7 septembre, que signèrent un grand nombre d'habitans. »

Le 11 mai, on publia l'arrêt obtenu à la poursuite de Pierre Ardy, Trésorier

Roy eu ses conseils, Lieutenant. General Criminel en la Senechaucée et Siege Presidial de la present ville ; Jehan de Volondac, sieur de la Boyssiere, advocat en Parlement; Blaize Ruaud, s^r du Chazaud et de Laugerie, et Pierre Noailler, s^r de Las Beylas,

de France, contre le Prévôt Beaubreuil. « Jamais arrest ne fust mieux publié : les quatre gagers de la Maison de ville y assistoient, aveq cinq tambours. » Il paraît que les prétentions de Beaubreuil étaient de nature à fouler grandement les habitants de Limoges. Personne n'avait osé s'y opposer; seul, Ardy avait, au nom du Consulat, entrepris l'affaire, et était parti pour Bordeaux afin de solliciter et de presser le procès.

Le lundi, 21 juin, un peu avant quatre heures, on ressentit à Limoges les secousses d'un tremblement de terre « assez violent », mais qui ne causa aucun accident. Le temps était « serein et chaud ». Le 24, à six heures du soir, « se levat un furieux orage, meslé de tonnerre et esclairs, et tombat sy grande abondance de pluye, pendant une heure et demy, qu'on aye possible jamais veu ». Il y eut, cette année-là, grande abondance de blé et de vin ; celui-ci était excellent. « De ceste année on se servit fort peu de vin étranger. »

« En juillet, passat à Limoges l'Archevêque de Sainte Maure en la Morée, grec, accompagné de son aumosnier et de deux jeunes garçons : ledit archevesque estoit habillé en religieux de l'ordre de Saint-Basile, homme fort vénérable, âgé de plus de soixante dix ans ; il portoit une fort grande barbe, longue quasy jusques à la ceinture ; son chapeau estoit doublé de verd; on disoit qu'il avoit esté déchassé de son païs par les Turcs pour avoir favorisé l'armée chrétienne. Il dict la messe en diverses esglises à la grecque : ce qu'il faisoit fort beau voir, tant pour les cérémonies comme pour les ornements, qui ressembloient comme on peint le grand prestre de l'ancienne loy lorsqu'il ne portoit pas de mitre. Il estoit logé aux Cordeliers. On fist la queste pour luy par la ville et aux Chapitres, églises paroissiales et au Collège. »

On vit arriver à Limoges, au mois d'octobre, un commissaire du roi, M. de Cariobard ou de Carisbard, chargé de recevoir les plaintes relatives aux « exactions et concussions des traitans et autres gabeleurs et maltostiers ». Il logea à l'Evêché, reçut la visite des divers corps et partit pour Bordeaux, après avoir désigné deux élus, MM. de Voyon et De Lage, pour recevoir les plaintes dans l'étendue de l'Election.

A la fin de décembre, arriva l'Intendant Pellot, qui taxait toutes les villes des deux généralités de Limoges et de Poitiers, qu'il administrait alors, pour le don gratuit, dit *Bague de la Reine*. Limoges, y compris tous les privilégiés, fut taxée à 30,000 livres. La ville dut en payer 20,000, et la Cité 10,000. (On dit plus loin 2,000 seulement.) « Au payement de ladite somme, ledit Intendant y procédoit par toute rigueur, spécialement aux Thrésoriers, chez lesquels il envoyoit des gens de guerre qu'on nommoit *dragons*, qui estoient des fusiliers à cheval, y en aïant par toutes les viles de Limosin, et desquels il se servoit pour contraindre les refusants, et commençat par les Thrésoriers, leur faisant rompre leurs portes, et y logeant par un huissier des susdits gens de guerre, qui y demeuroient jusques à ce qu'ils heurent traité : et oultre la despence, il leur faisoit payer les fraix. Entre autres ils commencèrent par le s^r Maledent

Consuls l'année presente de ladite ville, s'est presenté Mʳ Mʳᵉ François Paignon, conseiller du Roy et son procureur en ladite Senechaussée et Maison commune, lequel a dict et remonstré auxdits sieurs Consuls, que, suyvant les antiens reglemens et usaiges (1), l'on doibt proceder demain, vingtiesme du present mois, a la nomination de cinquante prudhommes, bourgeois et marchands, pour ensuite le lendemain, vingt uniesme, s'assembler dans la grand sale de ladite Maison de ville pour l'eslection des Juges Consuls des Marchands, et a démandé qu'il soit assigné demain dans ladite chambre du Conseil, heure de rellevée, pour, par lesdits sieurs Consuls, ladite nomination estre faicte desdits cinquante prudhommes par la majeure voix.

PAIGNON, *procureur pour le Roy*.

Nous, Prevost et Consuls, avons assigné a demain, heure de rellevée, pour proceder suyvant, et conformement aux arrestz, reglemenz et autres usaiges, a la nomination de cinquante prudhommes, bourgeois et marchands.

DE MALEDENT, *prevost consul*, — DE DOUHET, *consul*, — B. RUAUD, *consul*, — P. NOALHER, *consul*.

Liste des électeurs commerçants.

Et advenant le lendemain, vingt uniesme dudit moys et an, dans la chambre du Conseil de ladite Maison de ville, ou estoient assemblés Mʳˢ Estienne de Maledent, Prevost et Consul, Blaize Ruaud, sieur du Chazaud et de Laugerie, et Pierre Noailler, sieur des Bayles, Consuls, lesquelz d'une commune voiz ont nommé les prudhommes, les noms desquels s'ensuyvent :

et Chevalle, et le sʳ Verthamond. Chez les deux derniers, ils rompirent les portes. »

Le Lieutenant Criminel, qui avait été député à Paris pour solliciter l'abonnement, et qui avait fait un assez long séjour dans la capitale, profita de la présence des dragons pour faire payer aux bourgeois le montant de leurs souscriptions pour les dépenses des députés chargés de faire des démarches pour la suppression de la taille. « Il se fit délivrer les billets par les quarteniers et les fit payer avec toute rigueur. » (Chronique dite *de Dom Col*, citée par Legros, feuille intercalaire insérée entre les pages 600 et 601 de l'*Abrégé des Annales*.)

(1) Ici quelques lettres illisibles, — peut-être *lesdits sieurs*, qui paraissent du reste avoir été biffés.

Liste de M^rs les prudhommes nommés pour l'eslection de M^rs les Juges Consuls de la Bource (1) :

Premierement :
Jehan Cybot, quinquailleur ;
Jacques Sardine ;
Jacques Martin ;
Jehan Moulinier ;
Pierre Senamaud ;
Hierome Texendier ;
Guillaume Leger ;
Pierre Beaubrueil ;
Briance ;
Jehan Gregoyre de Roulhac ;
Helies Croyzier ;
Barthelemy Moulinier ;
Guillaume Labiche ;
Mathieu Moulinier ;
De Voyon, s^r de Guillat ;
Estienne Dorat ;
Joseph Senamaud ;
Louis Testas ;
Joseph Rousset ;
Jehan Guery l'ayné ;
Jehan Maledent, espicier ;
Jehan Beaubrueil ;
Dupré, espicier ;
Delomenie ;
Froman ;
Ruaud, marchand ;
Pierre Celiere ;
Guybert ;
Vigenaud ;
Jehan Eschaupre ;
Pierre Cybot ;
Jehan Michelon ;
Nicolas Marchand (2) ;
Regnaudin ;
Jehan David l'ayné ;
Psaulmet Faulte ;
Theveny ;
Champelimaud ;
Jehan Goudin ;
Sarrazis (ou Sarrazin ?) ;
Henry La Fosse ;
Pouyat ;
Ardent ;
Grelet le jeune ;
Audoy Taillandier ;
Veyxiere ;
Coignasse l'ayné ;
Martial Maillard ;
Paul Maillard ;
Jehan Disnematin.

De Maleden, *prevost consul.* B. Ruaud, *consul.* P. Noalhier, *consul.* Paignon, *procureur pour le Roy.*

(Le verso du folio 239 est en blanc (3).)

---

(1) C'est pour la première fois que nos *Registres* donnent la liste des électeurs des Juges de Commerce. On regrette que la profession ou la nature du commerce de chacun n'ait pas été indiquée.
(2) Marchand pourrait bien n'être pas un nom propre.
(3) On remarquera qu'il n'est pas question à notre registre des poursuites in-

Eslection de Messieurs les Consuls, faicte dans la grand salle de la Mayson Commune, par les soixante prudhommes nommés a ce effect, le 7 decembre 1661, y assistans, Messieurs les Lieutenant General et Procureur du Roy :

Mrs M^{res} Jehan de Periere, seigneur de la Grave (?), conseiller du Roy en ses Conseils, son premier Presidant a Limoges ;

tentées contre les Consuls de 1657-1658, qui furent pourtant le grand évènement de cette année, et auxquelles se rapporte une lettre de l'Intendant Pellot, du 29 novembre 1661, dont nous avons donné un extrait dans l'avant-propos du présent volume.

On a vu, aux notes de 1659 et 1660, que l'Intendant Pellot était arrivé à Limoges à la fin de la seconde de ces années pour la levée de la *Bague de la Reine*. Il ne demeura pas longtemps au chef-lieu de la Généralité, et se rendit dans plusieurs villes de sa circonscription afin d'organiser la perception de ce prétendu « don gratuit ».

Les agents du fisc s'abattirent de nouveau sur tout le pays, que d'autres fléaux désolaient dans ce même temps. Le 10 janvier 1661, des inondations emportèrent presque tous les moulins établis sur la Creuse. Le pont de Vervy, près Fresselines, fut détruit. (NADAUD, *Mémoires manuscrits*, T. I, p. 49.)

Le recouvrement de la *Bague de la Reine* se fit partout avec une très grande dureté. « Il fut prins à Limoges, au commencement de l'année 1661, des marchands, des voituriers, qu'on disoit de Tulle, de Brive, qui n'avoient pas payé le don gratuit. Ainsin, personne n'avoit la liberté de négocier, et c'estoit grand misère. Et, pour le don gratuit, on enlevoit les bestiaux des météries de ceux de Limoges, et principalement dans la paroisse de Chastelat. » On faisait payer à tout le monde un octroi spécial qui n'était dû que par les Consuls. Cet octroi ne s'élevait qu'à mille ou douze cents livres. Avec les frais, le partisan chargé de sa perception l'avait fait monter à 12,000 livres. « Personne n'y metoit d'ordre ; il faisoit à la campagne ce qu'il vouloit, ayant tousjours quatre chevaux et 20 fusiliers pour faire ces voleries. »

Au mois de mars, on fit plusieurs assemblées de ville pour remédier à cet état de choses ; mais, peur ou parcimonie, il ne se trouva personne pour contribuer aux frais de l'envoi d'un député au Dorat, où était en ce moment le « partisan », et M. de Labiche, sieur de Rilhac, qu'on avait désigné pour cette mission, ne voulut s'en charger dans la crainte d'être retenu. « Chose estrange, remarque le chroniqueur, qu'une ville oppressée de la sorte fust de sy peu d'intelligence et s'aydat sy mal ! »

Pour trouver les fonds nécesaires au paiement des sommes réclamées « et pour faire des présents et autres frais pour l'abonnement » qu'on n'avait pas encore obtenu, il fut convenu que les Consuls percevraient avec toute rigueur

Monsieur Martial Dubois, sieur de Chamboursat ;
Monsieur Joseph Guerin, bourgeois et marchand.

Decordes, *scribe*.

---

l'impôt du Souquet — le douzième du vin. — On vit les magistrats municipaux, avec les quatre quarteniers désignés pour chaque canton, passer chez les hôteliers et les marchands de vin, et « prendre notte de celuy quy excédoit leur provision, affin de faire payer exactement l'impôt. » Mais les quarteniers ne se souciaient pas d'assister à ces visites.

Les Consuls avaient été obligés, pour la perception des taxes de la *Bague de la Reine,* de recourir à l'envoi de dragons chez les récalcitrants. Les gagers de la ville conduisaient les gens de guerre à la porte de ceux qui n'avaient pas payé, et, « pour la peyne que les dragons avoient prins de se présenter seulement a la porte de la maison, il leur estoit taxé deux coques (A), comme sy ils heussent exequté ». Le chroniqueur ajoute qu'il y eut de la faute des Consuls dans ces retards de paiement, et qu'ils ne s'employèrent pas avec le zèle convenable à éviter à leurs concitoyens toutes ces vexations.

« En ce temps, continue-t-il, nombre de gabeleurs à Limoges, où il faillit y avoir sédition plusieurs fois, spécialement aux Petites Maisons, où, quand ils passoient, on crioit : Prenez-le, prenez-le, ce gabeleur ! ce qu'ils ne pouvoient suporter, et les obligea d'obtenir un édit de Pelot, Intendant, lequel ils firent publier le dernier jour de may, à son de tambour, par tous les carrefours de la vile, que personne n'eult plus à user de ce mot de *Prenez-le,* sous peyne d'amende pécuniaire pour la première fois, et punition pour la deusiesme : action absurde et ridicule à un Intendant.

» Lesdits gabeleurs ayant cy devant faict insulte pour ce subject aux gens du sᵣ Lavaud, qui conduisoit un carrosse ou litière, — car on dit l'un ét l'aultre — tiré un coup de pistolet et blessé ou tué une jument, le susdit Lavaud les fust chercher, fort bien accompagné, au Logis de la Poste, pour en tirer raison ; mais ils se cachèrent, et ainsin il n'y heult pas d'autre mal. »

Le 23 juin, un tremblement de terre fut ressenti vers trois heures du matin (al. à six heures).

« Le dernier de juillet, jour de dimanche, Monsieur Henry de Brugières, Lieutenant Général, fist son entrée à Limoges, ou grand nombre d'habitans le furent recevoir, et on tient jusqu'au nombre de 3 à 400 chevaux, où divers de ses parens et amis firent des emplois de leurs amis pour luy aller devant. Les Consuls y furent aussy. Son entrée fut fort belle.

» Le 1ᵉʳ aoust, arrivèrent à Limoges Messieurs de Raguenau et du Preinut (*sic*) ou de Peinut, Conseiller en la Cour du Parlement de Bordeaux, et commissaires depputés en Limosin, pour informer des excès commis par diverses personnes : Messieurs du Parlement ayant envoyé par toutes les Sénéchaussées de leur

---

(A) Nous ne trouvons ni dans le *Dictionnaire* de Trévoux, ni dans aucun autre, d'explication satisfaisante de ce mot, qui devait avoir un sens entièrement de convention et d'un emploi fort restreint.

Messieurs les Capitaines et Lieutenants, nommés par Messieurs les Consuls, le 10 decembre 1662 (sic)(A) :

Consulat :

Mr Renaudin, fils de la demoiselle Dubreuil, capitaine;
Mr Goudin, fils de la veufve, Lieutenant.

ressort deux deputés. Dieu veuille qu'ils randent justice de tant de violences et extorsions ! »

On sait que la disgrâce de Fouquet date de cette année, et qu'il fut emprisonné le 5 septembre 1661. L'Intendant Pellot joua un rôle important dans l'affaire. Le chroniqueur anonyme rapporte que « la femme du Surintendant fust releguée à Limoges, où elle arrivat sur la fin de septembre 1661, et fust logée en la maison du s^r Procureur du Roi, » François Paignon. Il s'agit ici de la seconde femme de Fouquet, Marie-Madeleine de Castille-Villemareuil.

Cette même année, le Lieutenant Criminel, du Puy-Moulinier commença à lever « le douzième » sur les hôteliers et cabaretiers (le Souquet). Il avait, d'après Mesnagier, qui ne paraît pas l'aimer beaucoup, la réputation d'un « gran partisant et grant gabeleur, » et, à l'expiration de son consulat de deux années, on lui aurait fait rendre gorge. On le manda à Paris, mais il ne voulut jamais y aller, « creniant qu'il ne lessat la vie ».

Puy-Moulinier, pendant son consulat, vendit, s'il faut en croire Mesnagier, aux Pères Jésuites « une belle et aute, puissante tour dé muralle de la ville, que l'on appelloy ansienemant la tour du *Babouit*, — à présent, dit l'auteur du manuscrit, « apellée de la Chauferète, par se qu'elle estoy decouverte ». Cette tour, placée derrière le Collège de la Compagnie de Jésus, en face du conduit qui menait l'eau des fossés à l'étang des Tanneries, dominait les classes et gênait fort les Révérends Pères, qui voulaient l'abattre. Les Trésoriers généraux s'y opposèrent. Mais le Recteur et Puy-Moulinier représentèrent au Roi que cette tour tombait en ruines et s'écroulerait quelque jour sur le Collège, « et qu'elle seroy pour tuer plus de deux sant escoliers ». Ils obtinrent l'autorisation de passer outre à la défense du Bureau des Trésoriers, et la démolition fut commencée le 15 juillet 1661. Cette tour était « toute de gros et puissan cartier de pierre, duquel les maneuvres qui travailloy alla detruire ne pouvoy ferre grand journés; car il ne pouvoy tirer que six hou sept pierres par jour, si bien qu'elle estoy cimantée; il hetoy bien vIII maneuvres par jour alla détruire hou amener la pierre, sanct comprandre seux qui amenoy la menue pierre allopital général qui se batissoy ancorre lor. Ladicte tour estoy bien de la hauteur de sanct dix piés de auteur, san conprandre lé fondemant. Choze deplorable de voir demollir un tel edefisse, sy bien faict et surpasant toutes lé autres tours de la ville de Limoges. » (Mesnagier, p. 312 et 313.)

Un arrêt du Parlement du 26 février 1661 débouta l'abbesse de la Règle et les chanoines réguliers qui occupaient alors le prieuré de Saint-Gérald, de l'op-

(A) C'est évidemment 1661 qu'il faut lire.

Manigne :

Mr Brugieres, gendre de Mr Mousnier, capitaine ;
Mr Senamaud, beaufraire de Mr Garat, lieutenant.

position faite par eux à l'enregistrement des lettres-patentes du Roi confirmant l'établissement de l'hôpital général. Les pauvres de l'hôpital Saint-Martial furent transférés, le 14 août 1661, à Saint-Gérald. Le lundi 5 décembre, l'autorité fit saisir et conduire dans ce même établissement tous les mendiants de la ville. Ces arrestations étaient opérées par six sergents de police, vêtus d'une casaque bleue « aux armes de la ville et de Saint-Alexis », et armés de hallebardes.

François Christophe de Lévi-Ventadour, ancien gouverneur du Limousin, mourut cette même année. La survivance du gouvernement de la province, dont l'illustre maréchal de Turenne était alors titulaire, fut donnée à Frédéric-Maurice de La Tour d'Auvergne.

Le 14 septembre 1661, mourut la mère Germain, dans le couvent de la Providence, où elle avait installé cette année-là même la communauté qu'elle venait de fonder.

Vers le mois d'octobre 1661, il y eut ordre aux curés de publier « les censures ecclésiastiques contre ceux qui sçavoient les déportemens et traictés des gens d'affaires, partisans, maltostiers, gabeleurs, concussionnaires, et telle autre vermine de gens, peste du genre humain, et quy avoient mis le pauvre peuple à la besace.

» Le 20 novembre 1661, se fist à Lymoges le feu de joye pour la naissance de Monseigneur le Dauphin. L'assemblée des compagnies de la vile ce fist soubz les arbres de Saint-Martial, et de là furent prendre Mrs du Présidial et Consuls à St-Estienne, à l'issue de vespre, où fust chanté le *Te Deum*, et furent à la place des Bancs mettre le feu (sic). »

Le chroniqueur signale l'abondance prodigieuse des chenilles. « Elles couvroient les tuiles des maisons, rampoient le long des cheminées, et après tomboient dans les chambres. Cela faisoit appréhender quelque infection, mais pourtant ne tirat à aulcune consequence. »

(*Abrégé des Annales* et *Chronique de Dom Col.*)

L'année fut mauvaise. On récolta en Limousin du vin et des châtaignes, mais peu de grain, comme dans le reste de la France. La mortalité fut grande ; il y eut beaucoup de dyssenteries et de fièvres malignes dans les provinces voisines ; mais le Limousin fut épargné. La misère sévit. Les pauvres affluèrent de la Touraine, de l'Anjou et du Berry. La charité se multiplia et fit des prodiges. Quelques émeutes éclatèrent au mois de mai à l'occasion du transport des grains ; mais elles furent aisément réprimées.

Les Consuls de Limoges obtinrent cette année-là deux arrêts en confirmation du privilège des Francs-Fiefs, dont il a été souvent question dans les deux premiers volumes de nos *Registres*. Le P. Bonaventure de Saint-Amable donne le texte de ces documents, T. III, p. 868. Mais ce petit succès ne releva pas ces magistrats dans l'opinion publique, qui les accusait d'avoir pressuré le pauvre peuple et indûment perçu certaines taxes. Des poursuites furent intentées

Les Bancs :

Mr Gendraud, capitaine ;
Mr Senamaud, fils de la veufve, lieutenant.

Le Clocher :

Mr Guybert, capitaine :
Mr Nantiac, gendre de Mr Devoyon, lieutenant.

contre eux, et, en avril 1662, ils durent restituer aux hôteliers les sommes perçues par eux pour le *souquet*, « crainctè de la Chambre de Justice ». Les opposants avaient poussé l'affaire avec beaucoup d'ardeur.

« An se mesme tant fu faicte a Ille un batimant pour tenir la Mision, pour lé pretres qui voullé dirre messe, et commensarre lé jeunes prestres qui n'avoient pas ancorre hu la messe, aller audict lieu de Ille pour estudier sur lé ordres de la sente messe et fure pour septe année 1661 plus de soisante jeunes prestres an pansiont. » (Mesnagier, pages 316, 317.) On remarquera que Mesnagier confond ici le Séminaire de la Mission avec le Séminaire des Ordinands.

— Benoist de Blémont, Consul en 1660-61, est le héros d'une assez sotte histoire que raconte Mesnagier (p. 309). — Le 5 juin 1661, jour de la Pentecôte, au retour de la procession faite par le nouveau curé de Saint-Pierre, François Juge, — un des bourgeois qui accompagnaient le Saint-Sacrement, Benoist de Blémont, voulut prendre dans le chœur le siège d'un prêtre communaliste nommé Chabodie, et, comme ce dernier refusait de le lui céder, Benoist se saisit d'une des branches de chêne placées dans le chœur pour l'orner, et menaça Chabodie de l'en frapper. Aussitôt, tous les prêtres de la communauté se retirèrent, et le curé, demeuré seul, dut se contenter de dire une messe basse à l'autel de Saint-Roch. Benoist s'était installé sur le siège qu'avait laissé le prêtre, et y resta jusqu'à une heure. Excommunié par l'Evêque, l'auteur de cet esclandre se décida enfin à s'humilier. Le dimanche suivant, 12 juin, l'évêque se transporta à Saint-Pierre ; « Blemont, estant antré dans l'eglise, print le coté de l'autel de Saint-Jehant, et Monsieur l'Evesque suivi a droy du grand autel, et, estant au devant du Sainct Sacrement, a genoux, demeurat la l'espasse d'un cardeurre an prierre ; et estant levé de sa prierre, se presanta allui Benoy dy Blemont, lequel fy arangue a Monsieur de Limoges et lui demandant pardon de l'ofanse qu'il avoy commis ». Puis il offrit aussi ses excuses au curé.
« Apres se fu apellé le prestre Chabodie, qui estoy se jour lat an la mesme chierre de sy devant, et s'an allat au grand autel, hou estoy l'Evesque et curé, hoficial et Blemont, lequel Blemont salluat se prestre et l'anbrassat, et luy demandat pardont ; et fure tous an bon acort ; et Monsieur l'Evesque fist une arangue audit Benoit an se pleniant de se qu'il avoy fect un sy mechant ate, et dé lor Monsieur de Limoges salluat le Saint Sacrement et se retirat ».

Boucherie :

Mr Dugravier, capitaine ;
Mr Rousset, gendre de Mr Ardant, lieutenant.

La Ferrerie :

Mr Faure, advocat, capitaine ;
Mr Dubois, frere de l'advocat, lieutenant.

Les Combes :

Mr de Pagnac, capitaine ;
Mr Mas-la-Filhe, lieutenant.

Lancecot :

Mr Des Courieres, capitaine ;
Mr Bardinet, lieutenant.

DECORDES, *scribe* (1).

---

(1) En 1662, fut construit, derrière le chevet de la cathédrale, le bâtiment qui servait de prétoire à la juridiction épiscopale (que le peuple avait gardé l'habitude d'appeler le *Pariage,* bien que, depuis 1597, le Roi eût abandonné ses droits à l'Evêque) et de siège à l'administration municipale de la Cité.

« Anne de Lévy, archevêque de Bourges, fut Sénéchal depuis le 19 septembre 1661 jusqu'au 17 mars 1662, jour de son décès » (mss de Lépine). Ce prélat fut en réalité Gouverneur du Limousin.

Le 30 novembre 1662 arriva l'annonce de la naissance d'une fille de France et l'ordre de faire des réjouissances publiques. Un *Te Deum* fut chanté le 8 décembre suivant à Saint-Étienne, « et le 16 du mesme mois, en fust fait feu de joye à la place des Bancs » (Chronique manuscrite, dite de *Dom Col,* citée par Legros, *Abrégé des Annales,* p. 604).

« An seste presante année, fu levée la compenie dé Penitent pourpre, et commensarre a ferre la premierre prosesion le jeudy sainct de septe presante année 1662; léquel Penitent s'abillarre dant léglise de Sainct Aurelien; car l'eglize de Sainct Sesadre n'etoy pas ancorre remise an estat. »

Les réparations de Saint-Cessateur furent achevées le 15 juillet, et la messe y fut chantée pour la première fois le 29 du même mois.

Les Pénitents pourpres devaient, lorsqu'un criminel était condamné à mort, « le resevoir an la plasse du Pallés, et le conduire jusques au suplisse en pro-

Eslection de Messieurs les Consuls, faicte dans la grand salle de la Maizon commune par les soixante prudhommes nommés a ce effect, assistans Messieurs les Lieutenant General et Procureur du Roy, ce vii *decembre 1662* :

Mʳ Mʳᵉ Jehan Vidaud, seigneur du Carier, conseiller du Roy, et son lieutenant au Siege Presidial et Senechal de Limoges ;

Mʳ Mʳᵉ Jehan Peyroche, advocat ez dits sieges ;

Mʳ Jehan de Maledent, seigneur de Fonjaudran, bourgeois et marchand.

DECORDES, scribe.

Messieurs les Juges de Police, créés par Messieurs les Consuls le xx *decembre 1662* :

Mʳ Defflotes, conselhier ;
Mʳ Dubois, conselhier ;
Mʳ de Maledent, Consul ;
Mʳ de La Jourdanye ;
Mʳ Michelon, gendre de Mʳ Clement.

DECORDES, scribe.

(Le verso du folio 241 et dernier est resté en blanc.)

---

sesion, et le leser jusques allendement qu'il seron tenus à l'aler requerir an prosesion et l'anporter dans leur église de Saint Sesadre pour en ferre le servise et le anterrer comme il ont commmensé ferre par le premier qui fut condamné alla mor, qui estoy un simple home de la ville de Sainct Junien ». (Mesnagier.)

APPENDICE

APPENDICE

I

LA LIGUE A LIMOGES

Sur la première page du plus ancien des *Registres consulaires* que conserve aujourd'hui l'Hôtel-de-Ville de Limoges, on lit cette prière, tracée sans doute par la main d'un des magistrats nommés le 7 décembre 1571 :

« Faites, Seigneur, dans votre bonté, aux citoyens qu'a élus le peuple
» de Limoges pour gouverner notre république durant l'année 1571,
» finissant en 1572, la grâce de s'acquitter de leurs fonctions en toute
» équité, à l'avantage du public et à leur propre honneur » (1).

Aux heures critiques, lorsqu'un danger menaçait ou qu'ils avaient à prendre une résolution importante, nos consuls avaient coutume d'élever leur cœur à Dieu et d'implorer son conseil et son secours. Mais un appel à l'assistance d'en haut n'avait jamais été mieux justifié par la gravité des évènements et par les difficultés croissantes qu'éprouvaient les magistrats dans l'exercice de leur plus haute mission : le maintien de la paix publique. La Réforme gagnait du terrain ; aux prêches clandestins avaient succédé les assemblées officielles. Dans la ville, le nombre des calvinistes augmentait, et forts de l'appui de la reine de Navarre, vicomtesse de Limoges, ils bravaient ouvertement la population, attachée au catholicisme et dont l'ardente piété s'indignait des concessions accordées aux novateurs par les fils de Catherine de Médicis. Le public nourrissait à leur égard des sentiments de haine qui, sans parler d'actes isolés de violence, se traduisaient par des faits significatifs. Dès 1563, les Réformés s'étaient vus rayer de la *visée* ou rôle des éligibles et exclure par là des fonctions municipales (2). En 1567, une association dont le but avoué était de

---

(1) *Domine, efface bonitate tua ut qui a plebe Lemovica electi fuerint, anno 1571 finiente 1572, ad ipsam rem publicam gerendam, œque, bene ac recte eam gerere possint.*
(2) *R g. consulaires*, 2° vol. p. 281.

IV

« contrecarrer les Huguenots » (1) avait été fondée sous la direction de quelques fougueux catholiques et avait pris pour signe de ralliement une croix d'étain attachée au chapeau. L'établissement de cette société, qui prit le nom de *Confrérie de la Sainte-Croix*, contribua à entretenir les dispositions hostiles de la population à l'endroit des protestants et peut-être les actes consulaires font-ils allusion aux agissements de ses membres en déclarant qu'à Limoges, lors de la Saint-Barthélemy, « aucuns avoient préparé, entrepris et presque commencé le massacre » (2). Il fallut, pour empêcher l'exécution de ce dessein, des mesures extraordinaires, un sérieux déploiement de forces et surtout une énergique vigilance de la part des consuls. — Une phrase écrite par l'un d'entr'eux au Livre de l'Hôtel-de-de-Ville prouve toutefois combien, en dépit du zèle consciencieux avec lequel ils s'acquittaient des devoirs de leur charge, les magistrats partageaient, au fond, les sentiments de la multitude et à quel point était devenue intolérable pour tous cette vie de luttes et d'alertes continuelles : J. Pénicaud, celui des magistrats en charge cette année à qui fut confié par ses collègues le soin de faire le récit des évènements de leur Consulat, loin de témoigner son horreur pour la « saignée d'août », assure, sans périphrases, que « ung chacun en son cœur la souhetoit, pour se veoir » délivré entièrement des anciennes misères, injures et tormens des » troubles passés » (3).

Il semble qu'avec ces dispositions, la ville de Limoges dût être des premières du royaume à entrer dans la grande association de défense catholique créée par les organisateurs de la Ligue. Il n'en fut pas ainsi. Si la multitude se montra disposée à accueillir le programme d'une vaste alliance dont, il faut bien l'avouer, la faiblesse du gouvernement, la politique de bascule adoptée par Catherine de Médicis et ses enfants, les actes de violence et de pillage commis par les protestants dans plusieurs provinces, et les concessions inattendues de la *Paix de Monsieur* expliquaient et justifiaient suffisamment la création, la classe la plus éclairée de la bourgeoisie demeura en général dévouée à la cause du Roi. Si la ligue compta quelques financiers et quelques marchands parmi ses adhérents à Limoges, elle eut pour chefs, dans la province, des gentilshommes, des prélats ; or les hommes de robe et de négoce craignaient les premiers et se défiaient des gens d'église, tout en professant un invariable attachement à la religion catholique. La foule, docile, en temps ordinaire, à l'influence du clergé, se rangea, aux jours de crise, autour des chefs de la bourgeoisie, plutôt par instinct que par une adhésion raisonnée à leur manière de voir.

(1) *Annales manuscrites*, p. 330. Les indications données par l'annaliste sur le caractère et le but de cette association sont confirmées par ce passage de la Chronique du prêtre Razès: « Grand nombre d'habitans se banderent contre les Huguenotz, érigeant une confrerie nou-
» velle de Saincte Croix » (1568).
(2) *Reg. consulaires*, 2ᵉ vol., p. 390.
(3) *Reg. consulaires*, 2ᵉ vol., p. 388. La chronique du prêtre Razès, dont quelques pages ont été conservées, atteste qu'on adopta de grandes robes « pour mieux porter et cacher les armes ».

V

Bien que l'attitude des consuls eût toujours témoigné de leur fidélité au Roi, le comte de Ventadour, gouverneur de la province, insistait sans cesse auprès d'eux pour établir une garnison dans la ville (1). Les bourgeois se défiaient de Ventadour, qui avait repris quelques places aux Huguenots en Bas-Limousin, mais que ses alliances rattachaient au parti protestant, et les lettres de la reine-mère attestant le dévouement du gouverneur et la confiance qu'elle avait en lui ne suffisaient pas à éloigner de leur esprit toute appréhension. La Cour, il faut bien le croire, n'était pas aussi sûre qu'elle le déclarait des dispositions de Ventadour, puisqu'elle se décida, devant les répugnances des bourgeois et sans doute aussi d'après des renseignements précis sur l'attitude du comte, à nommer un gouverneur particulier pour la ville de Limoges (2). Louis de Pierrebuffière, baron de Chamberet, qu'on investit de cette charge, avait tout le dévouement et les talents militaires qu'exigeait un pareil emploi. Il sut conquérir la sympathie des bourgeois qui, au début, l'avaient sans doute reçu avec quelque défiance. Il n'avait du reste qu'un petit nombre de soldats, et paraît s'être comporté en collègue des consuls plutôt qu'en délégué du pouvoir royal. La ville disposait d'une assez nombreuse artillerie et de quinze cents hommes de milice communale. Ses magistrats se trouvaient en situation de se défendre eux-mêmes. Ils le déclarèrent à plusieurs reprises au gouverneur (3), lui rappelèrent que leurs franchises les exemptaient de tout logement de gens de guerre, et comme Ventadour insistait et rassemblait des troupes autour de la ville, les consuls firent fermer leurs portes et se mirent en état de défense (19, 20 et 21 octobre 1575).

Le gouverneur s'installa dans la Cité, logea des soldats dans Saint-Etienne, pilla le trésor de l'église et fit fondre les tuyaux du grand orgue pour avoir des boulets. Ses troupes occupèrent les faubourgs, y élevèrent des barricades et tendirent des draps d'un côté à l'autre de la rue pour dissimuler aux bourgeois, postés derrière leurs murailles, les préparatifs de l'attaque. Les consuls envoyèrent plusieurs d'entr'eux pour parlementer. Le gouverneur exigea que les douze magistrats de la commune se rendissent devant lui accompagnés d'un certain nombre de notables. Après en avoir délibéré, on décida qu'on lui députerait seulement les consuls Jean Colomb et Audoin (ou André) Du Boys, le juge Petiot, Aymeric Guibert, avocat du Roi au siége présidial et le greffier de l'Hôtel-de-Ville. M. de Chamberet (4) se joignit à eux. Ventadour, furieux de n'avoir pas entre les mains, comme il l'avait espéré, toute l'administration municipale, ordonna de saisir et mettre en prison les délégués, et renvoya Chamberet, après lui avoir fait jurer qu'il ne retournerait pas dans la ville; mais, comme celui-ci s'était retiré à Montmailler, les bourgeois, qui le savaient dévoué à leurs intérêts et au roi, envoyèrent une compagnie chargée de l'enlever et de le ramener de force dans leurs murs. Chamberet s'occupa

---

(1) En avril ou mai 1574 notamment. Les lettres du roi et de la reine régente des 17 juillet et 17 septembre 1574 (*Reg. consulaires*, t. II (p. 411 et 412), se réfèrent à ces premières tentatives.

(2 et 3) Bibl. nat., mss. français, 20793, fol. 289 et suiv.

(4) Le P. Bonaventure de Saint-Amable, écrit : *de Chambery*.

aussitôt, avec les magistrats, de préparer la défense. Le lendemain, 24 octobre, le trésorier général Martial Benoist, sr de Compreignac, fit, à la tête des troupes de la commune, une vigoureuse sortie. Les barricades du faubourg Manigne furent prises; les soldats, en se retirant, mirent le feu à un certain nombre de maisons. Forcés ensuite d'évacuer le faubourg Boucherie, ils le brûlèrent tout entier. Le Gouverneur perdit « six ou sept vingt » de ses hommes; les bourgeois eurent seulement deux miliciens tués; Ventadour, après avoir été obligé de se renfermer dans la Cité, se décida à partir. L'affaire n'eût pas de conséquences fâcheuses pour les consuls (1).

En vain chercha-t-on à effrayer ces magistrats de la responsabilité qu'ils assumaient en refusant de recevoir des troupes; en vain leur adressa-t-on, de divers côtés, avis d'entreprises formées pour surprendre Limoges; en vain le comte des Cars insista pour qu'ils acceptassent son secours et leur présenta son fils ainé, M. de Beaufort, « bien accompaigné d'ung bon nombre de gentilshommes, bons serviteurs du Roy, desquelz il respondroit » (2); les chefs de la bourgeoisie persistèrent dans leur résolution de pourvoir eux-mêmes à la défense de la ville. En 1577, ils organisèrent une expédition pour déloger du fort de Châlucet les protestants qui en avaient fait un lieu d'assemblées et une place de guerre. Le rôle principal, dans cette expédition, fut confié à un homme énergique et courageux, le consul Pierre de La Roche, plus connu sous le nom de « capitaine Vouzelle », qui avait déjà rempli en 1570-71 les fonctions consulaires, pris sans nul doute, en qualité de capitaine de la milice, une part active au combat du 24 octobre 1575, battu cette même année, aux Allois, les compagnies de la garnison de Saint-Léonard, et débusqué leurs fuyards

---

(1) Les *Registres consulaires* ne disent mot de ces graves évènements, fidèles en cela à leurs habitudes de prudence; mais on trouvé, en marge de la liste des Consuls de 1574-1575, cette note : « L'année que Monsieur de Vanctadour vint loger en la Cité, en la maison de Mr Jacques Bouyol, doyen de Sainct Estienne ». Quelque circonspecte et insignifiante en apparence que soit cette note, elle prouve que c'est bien au mois d'octobre 1575 et non en 1576, comme l'indiquent les *Annales*, p. 357 et ss, qu'il faut placer les évènements ci-dessus. C'est du reste en 1575 que les rapportent la grande *Histoire de saint Martial*, du P. Bonaventure de Saint-Amable et le Registre de la confrérie du Saint-Sacrement. Ajoutons qu'on ne trouve les deux noms de Du Boys et de Colomb réunis que sur la liste des consuls nommés le 7 décembre 1574 et en fonctions au mois d'octobre 1575, et que c'est manifestement à cette semaine critique que se réfère cette invocation de notre vieux livre de l'Hôtel-de-Ville, témoin et confident des heures mauvaises comme des jours de réjouissances : « Dieu aye de nous pitié par sa grande bonté, et cejourd'huy, 22e octobre 1575, nous veilhe assister et préserver du grand et sinistre malheur a nous eminent en ceste pouvre ville, dont le prions jecter l'œil dé sa misericorde sur nous, affin de nous préserver » (fol. 107). Nous donnons le récit des évènements d'après celui, sans doute un peu enjollivé, du P. Bonaventure de Saint-Amable, t. III, p. 293 et ss.

Un curieux passage du manuscrit français 20793, fol. 289 et ss., confirme, en l'éclairant singulièrement, le récit un peu obscur de nos annales : « Le roy Henry III ayant mis le » sr de Chambery pour gouverneur particulier de la ville de Limoges, pour le conserver à son » service pendant les troubles, pour ce qu'il n'étoit pas assuré du comte de Ventadour, gouverneur de la province, il (Benoist) fit une sortie, par l'ordre dudit sr de Chambery, sur » ledit comte de Ventadour qui avoit bloqué la ville pour en chasser. Chambery,... rompit » les barricades du conte, fit entrer les vivres, et donna si grande espouvante au conte, qu'il » se retira ».

(2) *Reg. consulaires*, 2e vol., p. 413 et ss.

de Sainte-Anne et de Châlus (1). Vouzelle fut vers ce temps-là investi de la charge de vice-sénéchal.

La situation était toujours pleine de périls. A Limoges, les divisions s'accentuaient. L'établissement de la Ligue avait partagé les catholiques en deux camps ennemis. Les adhérents de l'Union traitaient de *Huguenots* les citoyens restés fidèles au Roi et ceux qui appartenaient au parti modéré et à qui on avait autrefois donné le nom de *politiques*. Tous les jours, c'étaient de nouveaux sujets de crainte et de nouvelles menaces de conflit. Bien que les consuls eussent maintenu la garde permanente salariée qui avait été établie en 1571, la ville n'était pas tranquille. Les enfants eux-mêmes prenaient part aux funestes divisions des parents. L'imagination échauffée par les discours qu'ils entendaient tenir dans leurs familles, ils s'excitaient mutuellement à la haine des protestants, et poursuivaient ceux-ci dans les rues de leurs huées et de leurs injures. Ils avaient même formé, sous le nom d'*Enfants de la Motte*, une sorte d'association, un « parti », qui « se prenoit aux Huguenotz et à ceux qui avoient suivy le parti du Gouverneur » (2).

Cependant les bruits relatifs à un complot ourdi pour surprendre Limoges n'étaient pas dépourvus de fondement. On signalait des allées et venues nombreuses entre plusieurs châteaux des environs. Le manoir des Leszes en particulier, semblait devenu le quartier général des conspirateurs de la contrée. Des révélations faites par un citoyen aux consuls leur apprirent qu'une entreprise allait être tentée sur la ville. Quatre gentilshommes étrangers étaient venus se loger isolément dans les principaux faubourgs. Ils étudiaient les lieux, préparaient leur plan, organisaient leurs complices, enrôlaient de nouveaux adhérents, bref, disposaient tout en vue d'une action prochaine. Ils cherchaient surtout l'occasion d'entrer en rapports avec un consul, pour l'engager dans le complot. Le corps de ville, assemblé sur le champ, prit d'urgence ses mesures. Un de ses membres feignit de se laisser gagner et alla trouver, le dimanche 11 octobre 1579, avec deux autres bourgeois, les chefs de l'entreprise, Innocent de Prinçay, seigneur de Prinçay en Berry et Bigot, sieur du Bouchet en Poitou, à l'hôtellerie du Lion d'or, au faubourg Manigne (3). L'entrevue fut longue. Le consul signala des difficultés, fit des objections, émit des doutes et amena les deux seigneurs à lui découvrir tous les détails du complot. Leur dessein était d'occuper la porte Boucherie un matin avant le jour, grâce à la complicité du magistrat, de faire entrer dans la ville un grand nombre de gentilshommes du Berry, du Poitou et de la Basse-Marche qui se tenaient prêts et d'arquebusiers déjà rassemblés dans les environs et qui n'attendaient qu'un signal. Une fois dans Limoges, — et du Bouchet déclarait qu'il n'hésiterait pas à « ensanglanter ses bras dans le sang de ceulx qui voudroient empescher l'execution de leur entreprinse » ;

---

(1) *Annales manuscrites*, p. 358, 359.
(2) *Annales manuscrites*, p. 359.
(3) Le *Lion d'or* était à l'extrémité du faubourg actuel, au coin de la rue des Petites-Maisons.

on s'établirait fortement au sommet de la ville, dans l'église de Saint-Michel-des-Lions, dans le bâtiment du Breuil et les maisons voisines, comme dans une citadelle, et on y attendrait des secours.

Le consul qui s'était chargé d'obtenir les révélations du conspirateur et ses compagnons n'étaient pas seuls à les recueillir. Derrière la porte de la chambre où avait lieu l'entrevue, se tenait, dès le commencement de la conférence, le vice-sénéchal Vouzelle avec son greffier, lequel notait toutes les déclarations de du Bouchet et de de Prinçay. A un signal donné par l'interlocuteur des deux gentilshommes, Vouzelle et ses archers pénétrèrent dans la pièce, se saisirent de ces malheureux et les conduisirent à l'Hôtel-de-Ville où ils passèrent la nuit, séparés l'un de l'autre. Le lendemain lundi, 12 octobre, on les fit comparaître devant les magistrats du Présidial. De Prinçay, mis à la question, fit des aveux; du Bouchet n'attendit pas la torture pour donner aux juges les noms de ses complices et leur révéler toute l'ordonnance du complot. Ils furent tous les deux déclarés convaincus du crime de lèse-majesté pour avoir voulu « surprendre la ville de Limoges et la tirer hors la puissance du Roi » et condamnés à avoir la tête tranchée. La sentence fut exécutée le même jour au pilori de la place des Bancs; les têtes des conspirateurs furent placées au bout de deux lances, l'une au-dessus de la porte Boucherie, l'autre au-dessus de la porte Montmailler, et les lambeaux de leurs corps, coupés en quatre quartiers, exposés à des potences, aux principales avenues de la ville. Leur fortune fut confisquée et une somme de six mille écus, prélevée sur leurs biens, dut être employée, savoir : le tiers à « remettre les ruynes du Palays et maison du Roy » à Limoges, un autre tiers à la réparation des murailles, le troisième à la fondation d'un collége (1). Les officiers royaux députèrent aussitôt Vouzelle et un conseiller du Présidial, Michel Martin, à Paris, pour informer Henri III de ce qui venait de se passer. Pendant ce temps, les consuls faisaient travailler activement à la réparation des tours et des murailles de la ville.

Le 5 avril 1580, une lettre du Roi avertit les consuls de se tenir sur leurs gardes, car il était bruit d'assemblées de réformés dans le pays et de nouveaux complots contre la ville (2). D'autres avis dans le même sens leur étaient déjà parvenus ; ils redoublèrent de vigilance. Chaque soir un des chefs de la commune dut faire la ronde, inspecter les postes s'assurer que les capitaines avaient pris les dispositions nécessaires et qu'aucun des citoyens requis dans les cantons ne faisait défaut. A la moindre alerte, deux consuls étaient de service chaque nuit; l'un prenait la garde de la tombée du jour à minuit, l'autre de minuit jusqu'au matin. Un poste fut établi sur la place des Bancs et la surveillance des auberges et lieux publics devint plus sévère; on procéda à des visites domiciliaires pour constater si chaque citoyen avait des armes et possédait assez de blé pour pourvoir à sa subsistance et à celle de la famille pendant trois mois. Des distributions extraordinaires furent faites aux indigents; ceux

---

(1) *Reg. consulaires*, 2ᵉ vol., p. 441 à 445. — *Annales manuscrites*, p. 360.
(2) *Reg. consulaires*, 2ᵉ vol., p. 450 et 451.

d'entr'eux qui étaient valides durent travailler aux fortifications. Cependant le Roi demandait de nouveaux subsides et refusait de diminuer les charges imposées à la ville, qui, jointes à celles résultant des dépenses de sa propre garde, devenaient écrasantes.

Le maréchal de Biron, nommé gouverneur du Limousin, n'avait fait dans le pays qu'une courte apparition, et était allé prendre le commandement de l'armée chargée d'opérer en Guyenne. M. d'Hautefort fut envoyé pour commander en son absence. Sa commission est datée du 14 juin 1580. Il arriva à Brive au mois de juillet. Il était à Limoges le 5 septembre, date à laquelle les consuls lui prêtèrent un de leur plus gros canons, avec son fourgon et son attelage, plus onze cents livres de poudre et soixante boulets. D'Hautefort alla débusquer une bande de pillards établie dans le château de Saint-Vitte, puis, se dirigeant vers le Bas-Limousin, il demanda à la ville de nouvelles munitions et d'autres pièces d'artillerie. Les consuls refusèrent; mais des ordres formels de Henri III les obligèrent à céder, et ils remirent plusieurs canons, des boulets et une assez grande quantité de poudre au seigneur de la Guierche, envoyé à Limoges par le Maréchal d'Aumont, qui se rendait en Guyenne et qui devait sur son passage chasser les protestants de Saint-Germain-Beaupré, d'Eguzon, de Villeneuve et d'autres petites places d'où ils inquiétaient les cantons voisins du Berry, de la Marche et du Poitou.

Le traité de Fleix vint donner un peu de répit aux populations sans leur rendre une sécurité complète. Mais de nouvelles épreuves étaient réservées au Limousin ; des taxes furent imposées par toute la province pour le paiement de la solde des gens d'armes que le Roi était obligé d'entretenir. La peste, qui, depuis 1581, faisait de grands ravages au nord de la Loire et dans l'Est gagna la contrée, et de 1583 à 1586 y fit périr beaucoup de monde. La récolte fut mauvaise pendant plusieurs années, et en 1586 la stérilité fut presque complète. Enfin des partis de Huguenots couraient le pays : en 1585 et 1586, les religionnaires enlevèrent Chervix, Cromières Breuilhaufa. Délogés de Chervix, ils abandonnèrent les deux autres positions à l'approche des troupes; mais ils faillirent s'emparer de Saint-Germain-les-Belles et poussèrent plusieurs excursions jusqu'à peu de distance de Limoges (1); l'année d'après, ils furent sur le point de prendre Saint-Junien (2). On se crut à ce point menacé, qu'en 1587, après la bataille de Coutras, les chanoines de Saint-Etienne mirent ou du moins laissèrent mettre garnison dans la cathédrale, abandonnèrent la Cité et se réfugièrent dans la ville, où ils allèrent demander asile à la basilique de Saint-Martial. Les appréhensions auxquelles ils obéissaient n'avaient rien d'imaginaire. Les Huguenots s'étaient rapprochés, et, enhardis par les avantages obtenus par leurs troupes, ils prenaient Saint-Victurnien, Beaumont, le Muraud. L'Artige et occupaient Ambazac. En juin 1588, Châteauponsac et Royères tombaient entre les mains de petites bandes, dont le pillage n'était pas le seul objectif, n'en déplaise à nos Annales.

---

(1) *Hist. de Saint-Martial*, t. III, p. 800.
(2) Ibid., p. 800 et 801 et *Annales manuscrites*, p. 361, 362 et ss.

X

Cependant les accointances du gouverneur d'Hautefort avec les plus zélés partisans de la Ligue dans le pays inquiétaient les fidèles serviteurs du Roi. On le voyait recevoir souvent les hommes qui passaient pour les chefs de l'Union à Limoges : le trésorier général Martial Benoist, seigneur de Compreignac, parent ou allié de plusieurs magistrats du Parlement de Bordeaux, qui avait été blessé à La Roche-L'Abeille et à Rocamadour en combattant les protestants (1), et qui était le chef, à Limoges, des catholiques du parti de l'action — le gouverneur était venu loger dans sa maison en 1580 et y descendait souvent — l'élu Gaspard Benoist, frère de Martial, les deux de Douhet, dont l'un avait repris Saint-Victurnien aux Huguenots (2) et dont le château du Puy-Moulinier et la maison de la rue du Consulat servaient de rendez-vous à tous les affidés du parti ; le juge Petiot, homme d'une piété ardente, fort aimé et estimé de tous ; son frère l'avocat ; Jean Boyol, Léonard Chenaud et Jean Verdier, trésoriers généraux, les frères Decordes. Energique à l'égard des protestants, d'Hautefort se montrait plein d'indulgence pour les excès de leurs adversaires. En réalité, il appartenait tout entier au parti et n'attendait qu'une occasion pour se déclarer.

L'épouvante causée dans tous le pays par la victoire des Huguenots à Coutras n'avait pas été de longue durée. Les succès du duc de Guise vinrent bientôt calmer les appréhensions des catholiques et rendre l'espérence aux Ligueurs. La rentrée de Guise à Paris fut un triomphe, et la Journée des Barricades, 12 mai 1588, vit la Sainte-Union maîtresse de la capitale et Henri III obligé de fuir devant son sujet devenu tout puissant.

Les consuls de Limoges, toujours attachés au Roi, avaient redoublé de vigilance à l'annonce de ces évènements. Une nouvelle conspiration sur laquelle nous savons fort peu de chose, avait été découverte en 1587 et avait coûté la vie à Maurille Lascure (3), « homme de qualité et bien apparenté », dit P. Robert dans ses mémoires (4), fils d'un riche marchand de la ville, plusieurs fois consul. Ce complot avait coïncidé avec les opérations des Huguenots autour de Saint-Léonard, signalées notamment par le pillage de L'Artige. Dans le sein même du corps municipal, la Ligue entretenait des intelligences et comptait des adhérents. Au mois de juin 1588, ceux-ci projetèrent avec d'Hautefort de livrer la ville à leur parti. Mais les menées du gouverneur furent dénoncées au roi, et le 24 arriva en toute diligence à Limoges, M. de Turquant, pourvu de la commission d'intendant de justice et police pour la province. Il annonça que les pouvoirs de M. d'Hautefort avaient été révoqués, défendit aux bourgeois de lui obéir et leur fit prêter serment de fidélité à

---

(1) Bib. nat., man. français 20793, fol. 289 et ss.
(2) LEGROS, Abrégé des Annales, années 1587 et 1588.
(3) BONAVENTURE DE SAINT-AMABLE, Histoire de Saint-Martial, t. III, p. 800.
(4) Extraits des mémoires de Pierre Robert, lieutenant-général au Dorat (Arch. de la Haute-Vienne, fonds Bosvieux).

Henri III (1). Ce coup de théâtre ne découragea pas les ligueurs. Le général Benoist avisa aussitôt d'Hautefort, absent en ce moment, de ce qui se passait, et lui envoya de l'argent pour amener des soldats (2). Le gouverneur accourut et tenta de soulever les ligueurs. Il y eut un commencement d'émeute au faubourg Manigne; mais d'énergiques mesures furent prises, les consuls doublèrent la garde et fermèrent toutes les portes. Le *guichet* de la porte Boucherie seul resta ouvert sous la surveillance d'un poste (3). La municipalité avait eu, semble-t-il, un instant d'hésitation. Quelques-uns prévoyaient que Henri III, chassé de Paris, allait se jeter dans les bras du roi de Navarre. Leur catholicisme s'effrayait de cette alliance, bien que le chef de l'armée protestante fût leur vicomte. Mais la plupart, sans se laisser égarer par cette perspective, se montrèrent résolus à demeurer dans le devoir. L'un d'eux même, l'élu Beyssac, cria en plein conseil : Vive le roi de Navarre! (4). La ville fut conservée à Henri III. Ceux qui avaient été compromis dans l'échauffourée du faubourg Manigne, et que leurs intelligences connues avec d'Hautefort rendaient suspects : Martial Benoist, les de Douhet, Léonard Chenaud, Jean Boyol, Grégoire Decordes, le chanoine Verneresse, curé de Saint-Michel, furent chassés de Limoges ou prirent la fuite. Certaines mesures de précaution furent adoptées à l'égard de ceux qui demeurèrent et « fust fait roolle de quarante-huit maisons soupçonnées » (5). M. d'Hautefort se décida à quitter la province et partit pour Paris.

Il fut remplacé, dans le poste de gouverneur, par Anne de Lévis, comte de La Voulte, fils du comte devenu duc de Ventadour. Turquant partit à son tour peu de temps après : son successeur fut Méry de Vic, maître des requêtes, conseiller du Roi, qui prend à plusieurs actes le titre de « surintendant de la justice et police » du Limousin (6).

L'Evêque de Limoges, Jean de Laubespine, était mort un an auparavant et avait été remplacé par Henri de la Martonnie, d'une bonne famille du Périgord. Nous possédons le portrait de ce prélat, gravé par Gaultier en

---

(1) Les *Annales manuscrites* placent l'arrivée de Turquant au mois de juin 1587; mais plusieurs documents représentent d'Hautefort comme remplissant encore les fonctions de de gouverneur en 1588, en sorte que les faits nous paraissent devoir être reportés à l'année suivante.

(2) Archives nationales, Kk 1212. Déclaration de Pierre Albiac. Le précieux registre auquel nous empruntons ce renseignement est un recueil de pièces relatives aux évènements qui marquèrent à Limoges les journées des 15 et 16 octobre 1589; il ne contient pas moins de 998 pages in-4º et porte ce titre : *Informations et procedures faictes contre ceulx de la Ligue, de la trahison et conspiration faicte contre la ville de Limoges, pour la tirer hors l'hobeyssance de Sa Majesté, le 15 octobre 1589.* Comme nous aurons souvent, au cours de ce récit, l'occasion de citer ce document, nous le désignerons seulement désormais par la lettre K.

(3) *Annales*, p. 362, 363.

(4) K. Dép. d'Albiac. Ces faits pourraient toutefois, surtout l'incident Beyssac, se rapporter à la période comprise entre le 7 décembre 1588 et le 15 octobre 1589.

(5) *Annales*, p. 363.

(6) De Vic est à Limoges avant le 20 mai 1589. On l'y trouve encore au milieu du mois de décembre de la même année.

1611 (1). M. de la Martonnie est représenté avec la barbe en pointe, que les ecclésiastiques portaient à cette époque. Il a le front large et découvert ; la figure intelligente ; mais, à l'expression de bonhommie répandue sur ce visage se mêle une certaine dureté. La tête, dans son ensemble, est énergique et vulgaire : on la prendrait pour celle d'un soudard plutôt que pour celle d'un prélat. Esprit un peu lourd, non sans souplesse, cultivé d'ailleurs et ne manquant pas de portée, nature vigoureuse et santé robuste (2) : tel était l'homme qui allait, à partir du moins de l'assassinat de Henri III, devenir l'âme de la Ligue à Limoges et un de ses chefs les plus écoutés dans le pays.

Les évènements se pressaient. Tout le pays était sens dessus dessous. Beaucoup de gentilshommes avaient pris les armes, et la Ligue disposait d'une petite armée en Limousin. Le chef de ces troupes était le vicomte de Pompadour, qui, au lendemain de l'édit d'*Union*, très probablement, avait obtenu la charge de lieutenant du gouverneur et qui en avait profité pour organiser les forces de son parti. Il avait avec lui MM. de la Capelle Biron, de Sannat, du Maizeau, Jean et Peyrot Chapt de Rastignac, du Pouget, leur beau-frère, les capitaines Boffran et Gailhard, les Puy-Moulinier (de Douhet), les Benoist et beaucoup d'autres. Son château servait de quartier général à cette petite armée ; c'était là qu'on centralisait les nouvelles, qu'on réunissait les munitions et les armes, qu'on amenait les prisonniers (3). Le parti possédait des cadres administratifs et fiscaux, à l'organisation desquels le général Benoist paraît avoir travaillé : il fut pour sa part investi par le cardinal de Bourbon (que les Ligueurs proclamèrent roi sous le nom de Charles X), de la charge de « surintendant des finances pour la Ligue dans les généralités de Limoges et de Bordeaux » et cette commission fut plus tard renouvelée par le duc de Mayenne « lieutenant-general de l'Estat et couronne de France (4) ».

Le 15 mars 1589, les troupes de Jean de Rastignac réussirent à surprendre la ville de Saint-Yrieix et à s'en emparer. Elles s'y établirent et l'occupèrent jusqu'au 3 février 1590, époque à laquelle Rastignac consentit à l'évacuer, moyennant une somme de 4,000 livres. Ses soldats battaient le pays dans toutes les directions, courant les routes, faisant irruption dans les foires, enlevant les bestiaux et aussi les gens riches qui n'appartenaient pas à leur parti et dont ils se proposaient de tirer de bonnes rançons (5). Le 1er mai, Rastignac, Gailhard, les Puy-Moulinier, Jean Boyol, Decordes et Martial Benoist poussèrent jusqu'aux portes de Limoges. Il firent neuf prisonniers devant le couvent des Grands-Carmes, et en auraient problement emmené un plus grand nombre si une troupe

---

(1) Ce portrait est conservé dans un des précieux recueils des abbés Nadaud et Legros que possède le séminaire de Limoges : *Mémoires pour servir à l'histoire du Diocèse de Limoges*, t. II, p. 95.
(2) Il avait toutefois la vue faible. Plusieurs de ses lettres font allusion à ce détail.
(3) *Journal de P. de Jarrige*, publié par H. de Montégut. — Angoulême, 1868, p. 97, 99.
(4) Bib. nat.. ms français; 20793, f° 289.
(5) K. Dép. de Jacques Lamy, écolier, pris à la foire de Magnac-Bourg avec plusieurs bouchers et conduit à Pompadour, où il resta quatre mois « attaché » avec un autre enfant de Limoges, Isaac Boisse.

de soldats, commandés par le capitaine Raymond, ne fût sortie de la porte des Arènes et ne les eût attaqués avec vigueur. Ils se retirèrent. Dans l'escarmouche, un sergent de la ville reçut un coup de pistolet (1).

Loin d'être ébranlée par les succès des Ligueurs, la fidélité des bourgeois de Limoges au roi ne faisait que se raffermir. La « course » de Rastignac, de Benoist et de leurs compagnons n'avait peut-être été qu'un défi. Quelques indices cependant donnèrent à penser qu'un complot se tramait entr'eux et leurs amis de la ville pour surprendre celle-ci. Les consuls firent mettre en état d'arrestation un certain nombre de personnes connues pour leurs attaches ou leurs relations avec les citoyens expulsés l'année précédente. Ces prisonniers furent d'abord renfermés dans plusieurs maisons, puis on les réunit dans l'habitation des de Douhet, située au haut de la rue du Consulat, au coin de la place des Bancs (2). Quelques tentatives furent faites pour amener la réconciliation des partis; elles ne pouvaient aboutir, les craintes qu'ils s'inspiraient mutuellement étant trop fondées. De nouvelles expulsions eurent lieu. Quelques ligueurs furent retenus, entr'autres les deux élus Decordes et Gaspard Benoist ; mais ils furent peu après échangés, cela semble du moins résulter de certaines indications, avec quelques personnes de la ville prises par les ligueurs, qui s'étaient emparés de Béchadie, près de Lastours, et de là, avancés jusqu'à Naugeat, à quelques centaines de mètres de Limoges (3). Les bourgeois continuaient à tenir leurs portes bien fermées et à faire bonne garde. Pour mieux affirmer leur attachement à la cause royale, ils avaient fait solennellement « pendre en effigie le duc de Mayenne ». Il paraît même qu'on alluma « un grand feu de joye » et qu'on y jeta « un tableau auquel tous les liguez et répulsés hors la ville estoient penduz en figure » (4).

Aussi, Limoges était-il fort mal noté dans toutes les villes où tenait la Ligue, et la seule qualité de Limogeaud suffisait-elle pour être considéré comme suspect. A Paris, les Seize avaient pris certaines mesures contre les personnes qui appartenaient à des familles hostiles à l'Union. L'ancien gouverneur de la province, d'Hautefort, devenu capitaine de quartier, n'avait eu garde d'oublier ses ennemis personnels. Deux des plus fermes partisans du roi à Limoges, le lieutenant-criminel Jacques Martin et Guillaume Verthamont, trésorier-général, le second, serviteur dévoué de Henri de Navarre, avaient envoyé leurs enfants à Paris pour y faire leurs études sous la direction d'un précepteur. Le 7 avril 1589, ces enfants furent arrêtés et conduits au Louvre, où on les retint pour obtenir une rançon de leurs parents. Ceux-ci, à cette nouvelle, envoyèrent des domestiques de confiance à Paris pour réclamer leurs fils. Les pauvres gens furent fort mal reçus, et quand on sut qu'ils étaient de Limoges « dont

---

(1) *Hist. de Saint-Martial*, t. III, p. 802.
(2) *Hist. de Saint-Martial*, t. III, p. 802.
(3) *Ibid.*
(4) K. Dépositions des serviteurs de Martin et de Verthamont.

on tenoit à Paris tous les habitans non ligués pour heretieques » (1), on faillit leur faire un mauvais parti. L'un d'eux pourtant obtint de voir ses jeunes maîtres. Il les trouva « dans une basse salle, à main droicte », dans la cour basse du Louvre, « enfermez avec la clef » en compagnie de leurs petits camarades ; ils étoient tous les quatre, « malz accomodés », et avaient pour se coucher « seullement deulx chalictz avec deulx meschans mattelas dessus » : on avait refusé au précepteur l'autorisation de leur apporter des vivres. Leur geôlier déclara qu'ils ne seraient délivrés que moyennant une grosse somme et le remboursement des dépenses causées par leur détention. Le serviteur du lieutenant-criminel ayant présenté une requête au conseil de l'Union pour obtenir l'élargissement des quatre étudiants, il lui fut répondu que les parents devraient payer au préalable une rançon de quatre mille écus. Le pauvre diable quitta au plus vite Paris, que la nouvelle de la défaite des ligueurs à Senlis avait bouleversé ; mais il n'arriva pas sans encombre à Limoges ; il fut arrêté à Orléans. Cette ville était au pouvoir de la Ligue, et plusieurs des explulsés de Limoges : Chenaud, Grégoire Decordes et Boyol entr'autres, s'y trouvaient (2).

Après le retour de son domestique, le lieutenant-criminel porta plainte devant l'intendant. D'après lui, d'Hautefort n'avait fait que se conformer à des intructions reçues de ses amis de Limoges qui voulaient « reduire la ville à l'obeyssance de leur parti et la rendre rebelle contre le Roy ». Il accusait les de Douhet, Chenaud, Verdier, Joseph Du Boys, les Decordes et les Boyol d'avoir été les instigateurs de l'enlèvement de ses enfants et demandait justice (3).

Plusieurs habitants de Limoges, qui se trouvaient à Paris pour leur commerce ou leurs études, venaient de rentrer dans leurs familles, de peur d'être, eux aussi, arrêtés et gardés comme otages : Jean de La Roche, fils du vice-sénéchal, écolier ; Joseph Delauze, fils de l'hôte du *Cheval Blanc* (lequel appartenait cependant au parti de la Ligue); Jean Charles, orfèvre, Etienne Bouillon et Germain Pinot, marchands. Tous furent appelés devant l'intendant et confirmèrent le fait de l'arrestation des quatre étudiants, l'attribuant aux ordres de M. d'Hautefort. Quelques-uns ajoutèrent qu'ils avaient vu à ce moment à Paris le général Chenaud ; d'autres avaient parlé, à Orléans, à Jean Boyol, à Grégoire Decordes et au fils d'un nommé Nobis qu'ils avaient rencontrés sur la place du Martroy (4).

Martin et Verthamont firent de nouveau partir des serviteurs pour obtenir la mise en liberté de leurs enfants ; mais leurs envoyés furent, avec le messager qui les conduisait, arrêtés à Orléans et enfermés dans une tour où on les laissa vingt-quatre heures sans manger : on les menaça de les mener sur le pont et de les « gecter dans l'eau parce qu'estoyent de la ville de Lymoges ». Enfin, Grégoire Decordes qui, on l'a vu plus haut, se trouvait alors à Orléans, fit sortir le lendemain le messager de la prison

---

(1) K. Déposition du serviteur de Jacques Martin.
(2) K. Autres dépositions se rapportant à la même affaire.
(3) K. 20 mai 1589. Requête de Jacques Martin.
(4) K. Information à la suite de la requête de Martin.

et lui permit de retourner à Limoges, mais à la condition qu'il se chargerait de remettre une lettre à Gaspard Benoist et lui rapporterait la réponse. Il lui recommanda en même temps de dire à Limoges que les écoliers « n'étoient pas à M. d'Hautefort, mais à un gentilhomme de ses amis, et qu'ils ne sortiroient que si ledict Benoist, ensemble l'esleu Decordes..., alors restraincts en cette ville, subçonnez d'estre du party licgué, estoyent remis en liberté » (1).

L'information commencée sur la plainte du lieutenant-criminel, auquel s'était joint le général Verthamont, se poursuivit, et, le 29 août, le Procureur du roi requit l'arrestation de Grégoire Decordes, de Jean Boyol, de Léonard Chenaud et d'un ancien serviteur d'Hautefort, nommé Vergonsannès, dont on avait saisi une lettre compromettante ; mais aucun des prévenus n'était en ce moment à Limoges. Nous n'avons pu trouver trace de la suite de cette affaire. Toutefois les quatre étudiants paraissent avoir été peu après rendus à leurs familles.

Henri III était tombé, le 2 août, sous le couteau d'un moine fanatique ; il laissait la couronne à un prince protestant. La fidélité des royalistes fut mise à ce moment à une terrible épreuve. Malgré les étourderies du roi de Navarre, ses folles équipées et ses aventures amoureuses, on le savait attaché à sa religion ; il avait du reste été élevé par une telle mère qu'il semblait pour jamais l'homme du calvinisme. Les catholiques avaient grand'peine à voir dans le fils de Jeanne d'Albret autre chose que le chef du parti Huguenot et à ceux d'entr'eux qui ne pouvaient imaginer de moyen terme entre le rôle de tyrans et celui de martyrs, l'avènement de ce Constantin de la Réforme semblait devoir être le signal du triomphe des calvinistes et de la persécution des catholiques. En Limousin comme ailleurs, beaucoup de gens qui avaient hésité jusque-là, se déclarèrent alors ouvertement pour la Ligue. De ce nombre fut l'Evêque. Nombre de bourgeois suivirent son exemple.

Les ligueurs qui tenaient la campagne s'étaient emparés de diverses petites places dans les environs. Une surprise les avait mis en possession du château de Veyrac ; ils avaient réussi à y introduire sur une charrette, cachés dans un grand coffre, trois des leurs, qui, sortis la nuit de leur retraite, s'étaient rendus maîtres de ce manoir ; mais les paysans des environs les avaient assiégés, faits prisonniers et remis aux mains du gouverneur et des magistrats du Présidial. En vain M. de Pompadour avait-il envoyé un trompette pour les réclamer ; on les avait transférés à Limoges et enfermés sous bonne garde dans la tour des Déjets, puis dans la geôle de l'auditoire royal. Comme l'entreprise avait été organisée dans les faubourgs mêmes de la ville, les chefs du parti, craignant d'être compromis ou de voir leurs projets ultérieurs entravés par les révélations de ces individus, dont l'un était un domestique du général Benoist, firent tous leurs efforts pour les arracher aux mains des royalistes ; mais ils ne

---

(1) K. Déposition de Léonard Moury dit Chapeau blanc, messager, 4 juillet 1589.

purent y parvenir (1). Les de Douhet avait été mêlés à cette affaire. Le gouverneur et les consuls profitèrent du passage à Limoges de quelques troupes pour se saisir de leur château du Puy-Moulinier (2).

Bien qu'un assez grand nombre de ligueurs eussent déjà quitté la ville, les uns volontairement, les autres par suite de mesures d'expulsion, l'Union comptait cependant à Limoges beaucoup d'adhérents. Quelques-uns jouissaient d'une très grande influence et occupaient d'importantes fonctions ; c'étaient entr'autres Martial de Petiot, juge et consul cette année là même, le conseiller Bonnin, Aymeric Guibert, avocat du roi au présidial, Claude Rouard, greffier criminel au même siège et qui avait exercé les fonctions consulaires en 1571 et 1577. A côté d'eux il faut nommer Léonard Delauze, hôte du *Cheval Blanc* et capitaine de la milice du canton de Lansecot, et Jean Gadaud, riche marchand de la rue de Boucherie (aujourd'hui rue du Collége). Dans la maison qu'habitait le juge Petiot, rue des Arènes, auprès de la porte, se tenaient de fréquents conciliabules. Non-seulement les ligueurs de la ville, mais ceux de la Cité et des faubourgs venaient conférer avec lui. Pour les domestiques de la maison, témoins de ces allées et venues, il était évident qu'il « se brassoit quelque chose » (3).

Mais il manquait aux ligueurs de la ville un chef militaire. Delauze, le « Cheval blanc » comme on l'appelait familièrement, était grand parleur, très populaire, mais ne passait pas pour avoir les talents nécessaires à un capitaine. Gadaud et Rouard, le premier, marchand, le second, homme de loi, ne maniaient l'épée que par occasion. On ne voulait pas introduire dans Limoges un officier étranger, de peur de compromettre le succès de l'entreprise. Il fallait un enfant de la ville pour soulever la foule et se mettre à sa tête. L'évêque et Petiot jetèrent les yeux sur le vice-sénéchal. Le brave Vouzelle était fort connu et fort aimé à Limoges ; il avait donné depuis quinze ans beaucoup de preuves d'un talent militaire remarquable ; de plus, la charge dont il était investi était de nature à augmenter son autorité et son influence sur le peuple. Martial de Petiot et Claude Rouard, qui étaient ses amis, cherchaient depuis longtemps à l'amener à partager leurs vues. Vouzelle qui avait, croyons-nous, pris part à l'occupation du château du Puy-Moulinier, s'était vu charger du transfèrement, à Limoges, des prisonniers de Veyrac. Ses amis le pressèrent de favoriser l'évasion de ces pauvres gens, coupables seulement, après tout, de trop d'attachement à la religion. Le gouverneur et l'intendant étaient peu sympathiques à la population, et peut-être à Vouzelle lui-même. La foule les traitait de « Huguenots », comme tous ceux du reste qui ne partageaient pas ses passions. La Ligue, qui succomba plus tard sous une généreuse révolte du sentiment national, était réellement, il ne faut pas l'oublier, pour beaucoup de personnes de bonne foi, la vraie et indispensable sauvegarde de la religion dans le royaume, au lendemain de la mort de Henri III. Ne

---

(1) *Hist. de Saint-Martial*, t. III, p. 802 et K. Déposition de Jean Jouvenet, de Pierre Albiac et de Simon Gabaud.
(2) *Hist. de Saint-Martial*, t. III, p. 802.
(3) K. Déposition de Simon Gabaud, praticien, serviteur de Petiot.

méritaient pas à leurs yeux le nom de catholiques, les hommes qui refusaient de s'enrôler sous la bannière de la croix. Petiot et Rouard réussirent à faire accepter à Vouzelle une entrevue avec l'Evêque. Le vice-sénéchal vit M. de La Martonnie « qui lui fit plusieurs remontrances là-dessus », mais ne réussit pas complètement à le gagner.

Cependant les rapports de Vouzelle avec les partisans de la Ligue l'avaient rendu suspect. Un jour que le brave capitaine était chez Petiot, celui-ci revint à la charge, lui parla des soupçons qui pesaient sur lui, fit entrevoir au vice-sénéchal qu'il pourrait bien être banni de la ville à son tour. Bref, il le détermina à retourner auprès de l'Evêque, alors à son château d'Isle.

M. de La Martonnie répétait sans cesse depuis deux mois « qu'il falloit faire quelque chose » et pensait que le moment était venu. Il accueillit à merveille le vice-sénéchal et lui dévoila tous les préparatifs du complot. Chose singulière, le plan des conspirateurs de 1589 paraissait inspiré par celui de du Bouchet et de Prinçay. Petiot, très influent dans son quartier, devait livrer aux ligueurs la porte des Arènes, par où, en cas de réussite, on ferait entrer des troupes, et qui, en cas d'échec ou de contre-temps imprévu, permettrait de s'échapper. Rouard, qui avait son canton à sa dévotion, le soulèverait ; on s'emparerait de l'église de Saint-Michel et de ses alentours où l'on « tiendroit fort ». Pendant ce temps, Gadaud, avec ses amis du canton de Boucherie, Delauze, avec ceux de Lansecot, prendraient les armes. On abattrait les fortifications récemment élevées en vue de contenir le quartier en cas d'émeute autour de la basilique de Saint-Martial et dans les clochers mêmes. On comptait sur une quarantaine d'hommes du canton de Manigne et des Pousses et « on faisait état » tout particulièrement du zèle de Méry Testas et Jean de La Marre. Le prélat ajoutait qu'on aurait autant de gens qu'il en faudrait, avec les troupes de M. de Saint-Pardoux, de M. de Sannat et d'autres gentilshommes (1).

Il paraît aussi, mais l'Evêque ne le dit pas au vice-sénéchal, que les ligueurs avaient projeté de se saisir du Gouverneur, de le tenir prisonnier dans son logis — il habitait la maison des héritiers de Prouhet, auprès du Breuil — et de lui « tirer cent mille écus de rançon ». On aurait au besoin mis à mort sous ses yeux sept ou huit de ses gentilshommes pour le « contraindre à financer ». On devait aussi se débarrasser du lieutenant-criminel Jacques Martin, de son frère, président à la cour présidiale et de quelques autres (2). Quant à l'intendant de Vic, s'il ne s'employait à réconcilier les habitants, « plusieurs pourraient bien essayer de le tuer » (3).

Trois ou quatre conférences eurent lieu, au retour de Vouzelle, entre lui, Petiot, Rouard, Delauze et l'avocat du roi Guibert. Ces trois derniers

---

(1) K. Aveux du vice-sénéchal, avant de monter à l'échafaud, 17 octobre 1589 et déposition de Simon Gabaud, 28 octobre. Les troupes de M. de Sannat avaient été un moment soldées par les consuls pour la garde de la ville *(Hist. de Saint-Martial*, t. III, 802).
(2) K. Déposition de Simon Gabaud reproduisant une conversation du procureur Boulestin.
(3) K. Aveux du vice-sénéchal.

et Vouzelle eurent ensemble un long entretien dans une chambre particulière du *Cheval Blanc*, où ils soupèrent ensemble et arrêtèrent les préparatifs de l'entreprise. Gadaud et Petiot, qui n'avaient pu assister au conciliabule, furent avertis de se tenir prêts. Le second déclara de nouveau qu'il répondait absolument de la porte des Arènes et assura même qu'il disposait aussi du logis du Breuil. Gadaud, de son côté, se disait sûr de son canton et se faisait fort d'amener au premier signal de cent vingt à cent quarante hommes bien déterminés. Ce furent les discours de ce dernier qui contribuèrent le plus à « eslancer » les conspirateurs dans leur entreprise. De quoi s'agissait-il du reste? De rendre la tranquillité à la ville, de chasser une douzaine d'hommes et de détruire la « citadelle » de Saint-Martial (1), menaçante pour la tranquillité de la ville. M. de La Martonnie se montrait de plus en plus pressant. Il voulait absolument « qu'on fît quelque chose » et rappelait souvent à Vouzelle et à Petiot ce qui avait été convenu entr'eux. Au commencement d'octobre, un clerc de Petiot avait rencontré, dans l'église de Saint-Michel, le capitaine Rouard, et celui-ci l'avait chargé de dire à son maître que l'Evêque était fort en colère contre lui « parce qu'il n'avoit pas fait ce qu'il savoit » (2).

Le cœur manqua-t-il au vice-sénéchal à la dernière heure? ou ses fonctions le contraignirent-elles de s'éloigner momentanément de Limoges? Toujours est-il qu'il se rendit à Paignac près de Verneuil ; mais Petiot n'entendait pas que le brave capitaine lui échappât, et il envoya, à une heure de la nuit, le fils de Delauze chercher Vouzelle (3). Celui-ci revint et vit Guibert, qui paraît avoir servi d'intermédiaire entre l'Evêque et les ligueurs de la ville. L'avocat du roi insista pour que les dernières dispositions fussent réglées et qu'on fût prêt à prendre les armes au premier signal. Il fut convenu toutefois que si, avant que ce signal eût été donné, le gouverneur et les consuls voulaient expulser quelque ligueur, on profiterait de cette occasion pour soulever le peuple. On convint de nouveau du rôle de chacun : les Petiot devaient s'emparer de la porte des Arènes ; Gadaud, de la porte Boucherie et de Saint-Pierre; Rouard, de Saint-Michel. On comptait du reste sur des alliés même parmi ceux qu'on avait jusqu'alors considérés comme des ennemis. L'intendant et le gouverneur avaient froissé quelques bourgeois notables; leur présence dans la ville gênait fort l'initiative des consuls. Guibert, qui alla à Isle entre le 8 et le 14 octobre, assura que l'Evêque lui avait parlé d'une lettre à lui adressée par le président Martin, lettre pleine de protestations de services et d'amitié, engageant le prélat à rentrer au palais épiscopal, lui promettant « qu'il seroit obéi » et ajoutant « qu'il valoit mieulx qu'il commandast (l'évêque) que ung estrangier ». Toutefois l'avocat du roi n'avait pas vu la missive (4).

Du 10 au 14, le mouvement fut plusieurs fois sur le point d'éclater.

(1) K. Aveux du vice-sénéchal.
(2) K. Déposition de Gabaud.
(3) K. Aveux du vice-sénéchal.
(4) K. Aveux du vice-sénéchal.

Le 13, une réconciliation, semble-t-il, avait été tentée. Un témoignage assez précis parle des « promesses et serments » faits l'après-midi de ce jour, dans l'église de Saint-Michel, au président Martin, par Petiot, Delauze, Rouard et leurs complices (1). Peut-être le président, homme énergique et d'un caractère violent, avait-il sommé les ligueurs de se purger des soupçons qui pesaient sur eux, et ceux-ci n'avaient-ils pas hésité à déclarer solennellement que ces soupçons n'avaient rien de fondé. Quoi qu'il en soit, tout tend à prouver que les incidents de cette journée déterminèrent au contraire les conjurés à se hâter. Le soir, tout était prêt ; une dernière conférence avait eu lieu entre le vice-sénéchal, Guibert et leurs amis ; un grand nombre d'hommes armés, réunis chez Petiot, chez Delauze et chez Rouard, n'attendaient qu'un signal pour se montrer. Mais les rondes faites toute la nuit par le président Martin empêchèrent ces préparatifs d'aboutir. L'avocat Petiot, de garde à la porte des Arènes avec l'élu Beyssac, consul, songea un moment à se débarrasser de celui-ci par un coup d'épée ; mais les trois soldats qui accompagnaient Beyssac et qui n'étaient point des affidés des ligueurs, ne quittèrent point ce magistrat, et Petiot dut renoncer à son projet. L'affaire fut remise au 15 (2).

Le 15 octobre était un dimanche. Dès le matin il régna dans toute la ville une certaine agitation ; rien toutefois ne faisait prévoir les évènements qui allaient se passer. Les portes furent ouvertes à l'heure habituelle et les offices religieux eurent lieu comme à l'ordinaire. Mais plusieurs réunions furent tenues dans les maisons des chefs ligueurs ; une certaine fermentation régnait dans les quartiers de Lansecot et du Clocher ; en même temps on apprenait le retour de l'Evêque dans la Cité (3). L'intendant et les consuls (4) réunis à l'Hôtel-de-Ville, eurent vent de ce qui se préparait, et prévoyant que le premier soin de l'émeute serait de mettre en liberté les prisonniers de Veyrac, ils résolurent, sur l'avis du gouverneur, alors à Limoges, de les faire transférer des prisons du palais dans la tour des Déjets, d'où ils avaient été récemment tirés. Pour que ce transfèrement ne souffrît ni retard ni opposition, M. de Vic partit aussitôt de la maison de ville, accompagné de quatre consuls : Roland Verthamon, receveur du taillon en la généralité, Pierre Mazautin, bourgeois, Thomas-Durand-Brugière, marchand, et Etienne Pinchaud, maître de la Monnaie. Ces magistrats étaient escortés de cinq ou six des soldats « stipendiés » du Consulat (5).

---

(1) K. Déposition de Gabaud.
(2) K. Déposition de Gabaud.
(3) Il y était revenu la veille (*Annales*, p. 366).
(4) Nous n'avons pas la liste complète des consuls de cette année. Il ne nous a été possible de retrouver que les noms de huit d'entr'eux : Roland Verthamon, Thomas Brugière dit Durand, Etienne Pinchaud, N... Mazautin, N... Albiac, le lieutenant-criminel Jacques Martin, l'élu Beyssat et le juge Petiot.
(5) K. Procès-verbal des évènements du 15 octobre, dressé par l'Intendant, de retour dans son logis « vers les quatre heures du soir ».

Pour l'intelligence des évènements dont nous allons donner le récit, il est indispensable d'indiquer en quelques mots la dispositions des lieux qui en furent le théâtre.

L'église de Saint-Michel-des-Lions domine la scène ; elle est, en 1589, telle à peu près qu'on la voit aujourd'hui : lourde et sans grâce à l'extérieur, avec son haut clocher surmonté d'une flèche élancée. Autour de ce vieux sanctuaire, du côté du présidial, ses murailles nues abritent de modestes boutiques, blotties pour ainsi dire à leurs pieds. A l'angle nord-est de l'édifice, entre les places de la Préfecture et Fontaine-Saint-Michel actuelles, s'élève une petite construction octogone, la chapelle de Champsat, démolie en 1858. Joignant le flanc nord de l'église, le bâtiment où siège la cour présidiale et sénéchale, communément désigné sous le nom d'*Auditoire royal*, occupe à peu près l'assiette de l'ancien Palais de justice où trouvent maintenant un asile, avec la Bibliothèque de la ville, les Archives de la Haute-Vienne et les services annexes du Département. Au delà d'une ruelle et sur l'emplacement où se construiront plus tard l'Intendance, puis l'hôtel de la Préfecture, apparaît, au milieu des arbres, la petite résidence royale du Breuil, bien délabrée, et peut-être gardée seulement par un concierge. Du Breuil jusqu'à la rue Gaignolle, une rangée de maisons, dont la principale, celle des héritiers de Prouhet, est habitée par le comte de la Voulte, gouverneur du Limousin, borde la place, au milieu de laquelle on aperçoit une croix de pierre, rappelant le meurtre du lieutenant-général Pierre de Bermondet. La place contourne la chapelle de Champsat, et forme, derrière le chevet de l'église, une sorte de triangle, dans un coin duquel coule le ruisseau dit « le rieu Paute ». Sous le chevet, c'est le petit cimetière de la paroisse, entouré d'un mur bas. Tout autour de la place proprement dite sont disposées, sans aucun souci de l'alignement ni de la symétrie, des constructions pittoresques, dont quelques-unes s'élèvent au-dessus de porches à arcades, ouverts aux passants comme ceux d'Agen, et parmi lesquelles on remarque le vieil hôtel de la Monnaie. A côté et ayant vue obliquement sur la porte du clocher, se trouve l'habitation du greffier Claude Rouard. Le passage qui fait communiquer cette place, dite *du Petit-Cimetière*, avec le parvis du clocher, est moins étranglé que de nos jours et les façades des bâtiments les plus rapprochés de l'église dessinent une sorte de pan coupé. Parmi les maisons placées entre celle de Rouard et celles du haut de la rue du Clocher, on distingue celle l'*orologeur* Gaultier de Montagut et celle de Gaultier Bonnet. En face de ces dernières, les habitations et ouvroirs de l'apothicaire Baud, de de l'orfèvre Pierre Merlin avancent sur la place ; puis, dans l'enfoncement qui s'accuse déjà sur la gauche du clocher, on aperçoit la maison du chanoine de Saint-Aulaire et celle du chanoine Lamy, curé de Nieul : cette dernière avec son petit jardin attenant à l'église. Deux murs de trois ou quatre pieds de hauteur, partant, à droite et à gauche, des contreforts les plus voisins du clocher, avancent jusqu'aux deux tiers de la place, semblables aux deux côtés d'un triangle isocèle dont la base serait représentée par la nef de Saint-Michel, et forment au-devant de la porte méridionale une sorte d'avenue. A l'entrée de cette allée, des lions de pierre, posés sur l'extrémité des murs, semblent les gardiens du parvis sacré (1).

On finissait les vêpres à Saint-Michel et il était environ trois heures lorsqu'une rumeur se répandit aux abords de l'église. Tous les fidèles n'avaient pas encore quitté le temple. Ceux qui y étaient restés entendirent soudain du bruit derrière eux, et virent aller et venir des hommes armés. Des groupes avaient stationné à plusieurs reprises, depuis le matin, devant l'auditoire, et vers deux heures de l'après-midi, une assemblée à laquelle assistaient le juge Petiot et plusieurs autres (2) s'était tenue sur la place en plein air. Les concierges du palais s'empressèrent de fermer les cachots et les portes de l'édifice lui-même, et montèrent, pour mieux observer ce qui allait se passer, dans la chambre du Conseil, située au premier étage et dont les fenêtres ouvraient sur la place. Ils y étaient à peine qu'ils virent sortir de l'église un prêtre du nom de Gérald Fougeyrat, sans robe, vêtu d'une simple « saic », tête nue et une hallebarde à la main. Cet ecclésiastique leur cria d'ouvrir les portes de la prison, sinon qu'on allait les rompre. Aussitôt survinrent Léonard Vigier, armé et cuirassé, accompagné de plusieurs autres ligueurs également armés. Ils appelaient les prisonniers, les invitaient à briser les grilles des fenêtres et à s'échapper, frappaient la porte à grands coups de hallebardes. Enfin, le tumulte grandissant, plusieurs des assaillants grimpant le long des grilles et d'autres essayant, des voûtes de Saint-Michel, de gagner le haut du palais, les concierges s'enfuirent par la rue des Fossés, du côté de la fontaine d'Aigoulène (3).

A ce moment à peu près, l'intendant et les consuls arrivaient par la rue Ferrerie, contournaient l'église et débouchaient sur la place s'étendant au-devant du Breuil et du palais. Leur approche avait été signalée. Ils trouvèrent devant la porte de l'église les femmes des trois prisonniers et la belle-mère de Pierre Albiac, qui se mirent à crier : « Aux Huguenots ! A l'aide, à l'aide ! » et jetèrent aux magistrats des pierres qui atteignirent plusieurs d'entr'eux. De Vic chercha à calmer ces furies et les exhorta à rentrer chez elles ; mais à ce moment un des captifs, Albiac, parut à la fenêtre de la prison : « Bons catholiques, s'écriait-il, aux Huguenots ! Aux Huguenots ! Les estrangiers veullent icy commander ! » Et il excitait les femmes à redoubler leurs clameurs et à ne pas obéir à l'intendant. Celui-ci enjoignit au ligueur de se taire. « Je ne vous connais pas, lui fut-il répondu ; du reste vous faites ici la besogne des Huguenots (4). » Et la foule, qui augmentait, cria : « Mort aux Huguenots ! Tue ! Tue ! Vive la Croix ! »

Le tumulte croissait de minute en minute. Léonard Delauze accourait

---

(1) Lièves et terriers de l'abbaye de Saint-Martial et de la communauté des prêtres de Saint-Michel.
(2) K. Déposition de Gabaud.
(3) K. Dépositions de Jean de Villard, charpentier, et de Léonard Pigeaud, vigneron, 9 décembre.
(4) Procès-verbal de l'Intendant.

très animé, « comme en furie », la cuirasse au dos et une pique à la main. « Courage, Catholiques! Courage! » criait-il, et, suivi de son fils et de quelques amis, parmi lesquels se trouvait le cordonnier Jean Maubaye, un grand homme maigre, noir et barbu (1), connu pour la violence de son caractère, il marchait sur les consuls. D'un autre côté arrivait le capitaine Rouard, qui avait réuni devant sa porte un gros de ligueurs et qui appelait les passants, les invitant à se joindre à lui (2). Son gendre, Jessé Lagorce, le suivait. A la vue des deux groupes, le consul Pinchaud cria : Vive le Roi! (3) et s'avança avec ses compagnons vers les ligueurs, qui répondirent à ce cri par des vociférations : Tue! Tue le Huguenot! La foule était houleuse; les deux partis, confondus, semblaient près d'en venir aux mains. On se menaçait, on s'injuriait. Les uns criaient : « Vive la Croix! Vive la Liberté! Vive l'Union! Mort aux Huguenots! » Les autres : « Vive le Roi et Messieurs (4)! »

De nouveaux ligueurs arrivaient sans cesse. Au moment de l'alarme, vers trois heures, Martial de Petiot sortit de chez lui, en annonçant qu'il allait fermer la porte des Arènes, où il était de garde à cause de ses fonctions de consul. Une rumeur se produisit à ce moment, et comme un voisin, un affidé sans doute, trompé sur la cause du bruit, avait poussé le cri : Sauvez M. Petiot! celui-ci se jeta dans une ruelle proche de chez lui. Mais à ce moment même accouraient de toutes part des ligueurs. L'avocat Petiot était déjà devant la porte de son frère, une pertuisane à la main. D'un autre côté arriva, suivi d'une troupe d'hommes armés d'arquebuses et de piques, le prêtre Jérôme Blanchard, portant devant lui une une grande croix de bois et le vice-sénéchal Vouzelle, avec sa cuirasse et l'épée au poing, criant : Vive la Croix! et appelant les catholiques aux armes (5). Cette troupe débouchait devant l'église de Saint-Michel par la rue Pennevayre et s'emparait du clocher (6); le vice-sénéchal arrivait sur le théâtre de l'émeute au moment même où les consuls battaient en retraite.

Petiot s'achemina à son tour vers l'église, mais seulement après avoir donné à un homme qui lui était tout dévoué, Simon Gabaud, la mission de se poster avec un mousquet dans la maison Fanton, tout contre la porte des Arènes, et d'empêcher personne d'entrer dans la tour, ajoutant que si quelqu'un tentait de violer la consigne, il faudrait « tirer dessus » (7).

La situation des magistrats devenait critique. Pour éviter une collision imminente, ils avaient reculé jusqu'à la croix qui se trouvait vers le milieu de la place, presque à la hauteur de la chapelle de Champsat (8). Ils ne voyaient pas, dans la foule qui les pressait, beaucoup de gens « de

---

(1) K. Déposition de Léonard Vigenaud.
(2) K. Déposition de Jean Lemoyne, maître libraire.
(3) K. Déposition de Pierre Delabrousse, tailleur d'habits.
(4) K. Déposition de Martial Bayard, tailleur à la Monnaie, et de Guillaume Meynard, sergent royal.
(5) K. Déposition de Gabaud.
(6) K. Dépositions de Pierre Delabrousse et autres.
(7) K. Deuxième interrogatoire de Gabaud.
(8) K. Procès-verbal de l'Intendant.

bonne devotion », et ils le dirent à plusieurs citoyens qui les assistaient, en les priant d'aller en toute hâte dans les cantons pour faire assembler la milice (1). En même temps, ils ordonnaient à Rouard, à Delauze et à leurs acolytes de se rendre au lieu de réunion assignés à leurs compagnies respectives ; mais les ligueurs refusèrent d'obéir et serrèrent de plus près le petit groupe. Ils étaient excités par les cris d'un individu nommé Joufre. Celui-ci répétait que « c'était trop gouverner et qu'il fallait que les Huguenots ne commandassent plus ».

Les consuls essayèrent de lui imposer silence ; mais ils ne purent y réussir, et comme ce forcené poussait Durand-Brugière en le menaçant du pistolet qu'il tenait à la main, Brugière tira son épée et lui en donna un coup sur l'oreille, en disant qu'on saurait bien d'où venait cette émeute et qu'il fallait mener Joufre au gouverneur. Guillaume Verthamon, capitaine du canton du Consulat, venait d'arriver avec quelques-uns de ses hommes pour renforcer l'escorte des magistrats municipaux. Il se saisit du ligueur, avec l'aide de Jean Martin et du consul Pinchaud, qui était sans armes et qui tenait son chaperon rouge à la main (2) et le conduisit vers l'habitation de M. de la Voulte, dont le maître d'hôtel, assisté de sept ou huit gentilshommes et de quelques bourgeois, gardait l'entrée (3). Le gouverneur n'était pas à ce moment chez lui. Peut-être avait-il quitté la maison pour se rendre au Consulat, où il s'installa durant les troubles, au rapport des *Annales manuscrites* (4). Les consuls résolurent alors d'emmener leur prisonnier à l'Hôtel-de-ville et ils en prirent le chemin. L'avocat Petiot, Delauze et Lagorce protestèrent et tentèrent d'arracher Joufre de leurs mains. Une lutte s'engagea. Un ligueur, Jean Lobre, visa à bout portant avec son arquebuse le consul Brugière; celui-ci se jeta sur lui et arracha la mèche de l'arme (5). Un coup de pique fut porté par le fils de Delauze à un soldat de l'escorte. Les magistrats ne lâchèrent pas Joufre, mais ils reculèrent de nouveau devant la foule qui devenait de plus en plus menaçante et qu'ils essayaient en vain de rappeler au respect de leur autorité en agitant leurs chaperons, qu'ils tenaient à la main et qu'ils élevaient au-dessus de leurs têtes. Au moment où, chargés d'un côté par Rouard, de l'autre par le vice-sénéchal qui venait d'arriver en faisant le tour de l'église, ils passaient en face de la maison de Rouard, le long du mur du petit cimetière, plusieurs coups de feu partirent de ce cimetière, où s'étaient jetés vingt ou vingt-cinq ligueurs, dans le but, sans doute, de leur couper la retraite. Jessé Lagorce, le premier, déchargea son pistolet; Vouzelle, son fils et plusieurs autres leurs arquebuses (6). Les magistrats hâtèrent le pas. Quand la fumée fut dissipée, on aperçut, couché sur le sol et serrant encore son cha-

---

(1) K. Déposition de Jean Merlin, marchand.
(2) K. Requête de Péronne Hardy, veuve d'Etienne Pinchaud.
(3) K. Dépositions de Jean Boulaud et de Martial Bayard.
(4) *Annales manuscrites*, p. 336.
(5) K. Déposition de La Rivière, ancien serviteur de la maison de ville.
(6) K. Dépositions de Martial Bayard, de Grégoire Baud, de Joseph Lagorce et autres.

peron sur sa poitrine (1), le consul Pinchaud, qui avait été frappé de plusieurs balles et était mort sur le coup. Son collègue, Durand-Brugière, blessé d'un coup d'arquebuse au bras, était agenouillé auprès de lui et lui prodiguait des soins dont il reconnut bientôt l'inutilité. Se penchant alors sur Pinchaud, il le baisa au front (2), puis il se releva, et montrant sa blessure et le cadavre de son ami à la foule : « Voilà notre sang ! » s'écria-t-il (3). Les ligueurs répondirent par des cris de : « Tue le Huguenot ! » et par de nouvelles arquebusades, et Brugière, contraint de quitter la place, suivit les magistrats qui rentraient à l'Hôtel-de-Ville et au devant desquels arrivaient le consul Martin et quelques autres personnes.

Autour des consuls, plusieurs soldats avaient été blessés. L'un d'eux, Pierre Delabrousse, fut atteint d'une balle au menton et de plusieurs coups de hallebarde au côté et à la poitrine (4).

Dans toutes parts accouraient de bons citoyens, à la nouvelle répandue dans la ville « qu'on battoit Messieurs les Consuls vers Saint-Michel (5) ». Mais les ligueurs tiraient sur tous ceux qui arrivaient. Le lieutenant de la garde soldée, Joseph Mosnier, dit Lombard, se trouvait dans la rue Raffilhou avec un détachement de ses hommes, lorsqu'il apprit le meurtre de Pinchaud. Il se dirigea au pas de course vers la place Saint-Michel, suivi de sept ou huit soldats dévoués. Arrivé en face de l'église qui était entourée de ligueurs, il entra dans le cimetière où se tenaient Delauze et Rouard, et marcha droit à eux en leur disant : « Tout beau ! Messieurs, que voulez-vous faire ? » (6). Et il se mit à les exhorter à ne pas pousser plus loin leur entreprise. Il lui fut répondu par des arquebusades. Il tomba. Les séditieux se précipitèrent sur lui, le frappèrent et traînèrent son corps dans l'église. Il demeura étendu sur des dalles tumulaires et les ligueurs, en passant, lui donnaient des coups de pied. Il fut ensuite placé sur un coffre où il passa la nuit à gémir, répétant que « les ligueurs luy avoient fait un grand tort, car il venoit seulement pour leur faire poser les armes et veoir d'appaiser toutes choses » (7). Mosnier succomba à ses blessures.

Un autre bourgeois, Pierre Noalhier, sergent de la ville, ayant reçu du président Martin, son capitaine, l'ordre de se rendre devant l'auditoire, fut assailli par les ligueurs et tomba percé de plusieurs coups de hallebarde, au pied de la croix de la place de l'Auditoire. On le frappa de nouveau, renversé à terre, puis on le prit par les jambes et on le traîna « comme un chien » dans l'église, où on le jeta au pied de l'autel de Saint-

---

(1) K. Déposition de Joachim Blanchon, bourgeois et marchand.
(2) K. Déposition de Léonard Vigenaud.
(3) K. Déposition de Jean Merlin, marchand.
(4) K. Déposition de Pierre Delabrousse.
(5) K. Déposition de Martial Bayard.
(6) K. Déposition de Jean Voudrot, soldat de la ville.
(7) K. Dépositions de Léonard Vigenaud, chapelier, et de Joseph Mosnier, recueilli dans la maison de Pierre Peyrat, orfèvre.

Fiacre, puis dans la chapelle du Crucifix; il réussit le lendemain à s'évader (1).

Auprès du cadavre de Pinchaud était demeuré, malgré les arquebusades des ligueurs, le gendre de la victime, Martial Vigenaud. Le corps gisait dans la boue. Vigenaud, aidé de Jean Bayard, tailleur de la Monnaie, de l'orfèvre Dominique Mouret aîné et de quelques autres citoyens charitables, le relevèrent, le placèrent sur le « tablier » de la maison de Rouard, et mirent sur la face du pauvre magistrat son chaperon de consul (2). Un moment après ils voulurent transporter le corps de Pinchaud dans sa maison; mais le prêtre Fougeyrat, qui se tenait devant la porte de Saint-Michel, les aperçut et se mit à crier : « Tue! Tue ces Huguenots! » (3). Delauze, Maubaye, les Poylevé et plusieurs autres ligueurs se précipitèrent sur le petit groupe. Bayard, couvert de blessures, fut laissé pour mort sur la place et succomba peu de jours après; Mouret, qui était un vieillard de soixante-six ans, reçut d'un ligueur, derrière la tête, un coup de pique qui le jeta dans le ruisseau; comme il se relevait, Maubaye fondit sur lui et le frappa de sa hallebarde; un autre lui porta aussi un coup de hallebarde : il reçut enfin une balle d'arquebuse. Un soldat appelé Martial Gerbaud, qui était venu à leur secours, fut frappé par Delauze d'un coup d'épée à la tête et par ses hommes de plusieurs coups de hallebarde. Le corps de Pinchaud fut enlevé par les ligueurs et transporté dans l'église, où il resta jusqu'au lendemain (4).

Nous n'avons parlé jusqu'ici que des évènements dont les abords de l'église de Saint-Michel avaient été le théâtre. Sur d'autres points de la ville, cependant, les ligueurs venaient de prendre les armes et pouvaient se croire les maîtres.

A la première rumeur, les bouchers, qui alors comme aujourd'hui habitaient presque tous la rue Torte, et qui, pour la plupart, étaient des adhérents déterminés de la Sainte-Union, avaient, sous les ordres de l'un d'eux, François Ringaud et de Guillaume et Etienne David, établi une barricade devant la maison de ces derniers, au carrefour Lansecot. On vit des femmes, celle de David notamment, leur apporter des armes (5). Ils firent occuper les maisons voisines, celle du libraire Genesy entr'autres. Le lieutenant de la compagnie (elle avait pour capitaine Delauze), était un homme d'une cinquantaine d'années, Jacques Martin, simple marchand, mais courageux et résolu comme tous ceux de sa famille. De la place des Bancs, où il habitait, il marcha, l'épée au poing, et suivi de quelques voisins, vers les barricades, en criant : Vive le Roi! et en sommant les bouchers de lui obéir comme à leur officier régulièrement institué par le Consulat. Un des ligueurs le coucha en joue, en lui déclarant qu'ils ne

---

(1) K. Déposition de Pierre Noalhier, sergent ordinaire de la ville.
(2) K. Dépositions de Dominique Mouret, orfèvre, de Martial Gerbaud. soldat, de Martial Vigenaud et autres.
(3) K. Dépositions de Jean Bayard et autres.
(4) K. Dépositions de Jean Bayard, de D. Mouret, de M. Gerbaud et autres.
(5) K. Déposition de Gérald Mérigout, vigneron, et de Jacques Genesy ou Genety, libraire,

le reconnaissaient pas pour chef, et que, seul, le *Cheval Blanc* commandait dans le canton. Martin réitéra ses ordres en les entremêlant de remontrances sur les maux que l'entreprise des rebelles allait attirer sur la ville, et saisit au collet l'homme qui l'avait menacé. Guillaume David le lui arracha, repoussa le lieutenant et lui dit en ricanant : « Allez vous en, Jacques Martin. Il ne fait pas bon ici pour vous; car on veut tuer tous les Huguenots ». Le courageux citoyen renouvela cependant ses instances et supplia les révoltés de rentrer dans le devoir. A ce moment arriva le juge Petiot, suivi de soixante ou quatre-vingts de ses partisans. Martin s'adressa à lui et à sa suite : « Que faites-vous? leur dit-il, voulez-vous perdre la ville et ses malheureux habitants? » Et il les adjura de déposer les armes ; mais ils l'entourèrent, mirent en fuite sa petite troupe, et le frappèrent de leurs hallebardes et de leurs piques ; l'un d'eux tira même sur lui deux coups d'arquebuse, et comme Martin se retirait et se dirigeait en courant vers les étangs d'Aigoulène, on lâcha de ce côté plusieurs autres arquebusades. L'une d'elles blessa Valérie Reveilhard, veuve de Jean Dumas, charpentier (1).

A peu de distance de là, un autre poste tenait pour la Ligue. Dans la rue des Pousses, près du Jeu de Paume et à la porte même de la maison du consul Durand-Brugière, une troupe de ligueurs en armes, parmi lesquels Nicolas Guéry et son frère, prêtre communaliste de Saint-Pierre, avaient fait une barricade qui fermait à la fois la rue principale et la rue de la Petite-Pousse. Ils empêchaient de passer ceux qui n'étaient pas de leur parti. — « Vous vous faites tort, leur disaient quelques voisins : vous vous filez une corde et vous vous ferez pendre. » — « Bah! faisaient-ils, ce sont les ennemis de la Ligue qui seront pendus ». Arriva Jean Bayard, qui venait de faire porter chez lui son père, le monnayeur, atteint d'une blessure mortelle. On lui cria : « Qui va là ? » — « Vous me connaissez bien ; je suis votre voisin, Jean Bayard. » — « Vous n'êtes pas des nôtres, mort-Dieu ! Vous êtes Huguenot! Tue! Tue! » Et ils se précipitèrent sur le bourgeois, qui se sauva à toutes jambes du côté de la porte Manigne et entendit en s'enfuyant siffler à ses oreilles deux ou trois balles (2). Le fils du capitaine Raymond fut aussi arrêté par les Guéry et on tira sur lui un coup d'arquebuse au moment où il se sauvait (3). Martial Gerbaud, qui avait été blessé en aidant le gendre de Pinchaud à relever le corps du consul, et rentrait chez lui pour se faire panser, eut le malheur de passer près de la barricade ; il y reçut un coup de hallebarde, et sa femme qui accourait fut aussi maltraitée (4).

Dans le bas de la ville, au canton de Boucherie, Jean Gadaud, un des organisateurs du soulèvement, était à la tête du parti. Ce quartier passait pour un de ceux où les ligueurs comptaient le plus grand nombre d'adhé-

---

(1) K. Dépositions de Jacques Martin, de Psaumet Lagorce, de Jean de Betestes, de Claude Freyssinaud.
(2) K. Déposition de Jean Bayard.
(3). K. Déposition de Jean Raymond.
(4) K. Déposition de Martial Gerbaud et de Marsalle de Varenas, sa femme.

rents. Au moment de l'alarme, Gadaud sortit de sa maison, cuirasse au dos et hallebarde au poing ; il était à peine dans la rue que plusieurs de ses amis le rejoignirent : Jean de la May, Simon et Jean Guillot, Jean de Davalat, le procureur Guillaume Gadaud, le chanoine Barny et d'autres, tous en armes. Guillaume Gadaud avait même sa cuirasse et un casque sur la tête. A ce moment vint à passer Martial Gouvain, maître clavelier, qui de son côté avait pris les armes, mais pour courir au rendez-vous de sa compagnie. Les ligueurs l'assaillirent et il reçut sur le crâne plusieurs coups de hallebarde et de coutelas : on l'eût achevé, si le procureur du roi et d'autres citoyens ne l'avaient arraché aux mains de ces furieux. Le lieutenant du canton, Guy, recueillit le blessé dans sa maison et envoya chercher Jean Goupil, maître chirurgien, pour le panser. Celui-ci s'empressa de répondre à cet appel ; mais deux ligueurs qu'il rencontra, ayant appris qu'il allait donner ses soins à Gouvain, se saisirent de lui, jetèrent ses médicaments dans le ruisseau et le battirent. Le soir seulement il put revenir panser le pauvre homme (1).

Cependant Gadaud et les principaux ligueurs du quartier s'étaient rendus au corps de garde de la Poissonnerie, devant l'église Saint-Pierre, lieu de réunion assigné au canton de Boucherie. Ce canton avait pour capitaine un sieur Dupeyrat et pour lieutenant le commis-greffier Guy. Tous deux tenaient pour le Roi et avaient déjà réuni autour d'eux quelques citoyens sûrs. Il arrivait sans cesse au poste de nouveaux miliciens : cent quarante ou cent soixante hommes se trouvèrent assemblés là en peu de temps (2). Gadaud et de la May prirent la parole et cherchèrent à obtenir que la compagnie se prononçât pour la Ligue ; mais ils rencontrèrent une vive résistance et une bruyante discussion s'engagea entr'eux et leurs amis d'une part, et les serviteurs du Roi de l'autre (3). Finalement, les ligueurs ne purent rien obtenir. Quelques-uns, les chefs, se retirèrent ; les autres, semble-t-il, demeurèrent, intimidés par l'attitude du plus grand nombre. On établit une barricade en face de la maison de Guy pour pouvoir arrêter une attaque des rebelles, si elle se produisait, et le canton resta sous les armes devant l'église de Saint-Pierre, pendant que Gadaud et les siens se retiraient.

Restés maîtres de Saint-Michel, les ligueurs prenaient leurs dispositions pour s'y installer et se préparer à la défense. Rouard et Delauze allèrent au canton de Lansecot (4) pour y chercher des renforts et des munitions et pour poster des sentinelles afin d'empêcher que leurs communications avec la barricade du carrefour Lansecot et celle établie devant l'auberge du *Cheval Blanc* (5) ne fussent coupées par l'ennemi ; puis ils revinrent se joindre au vice-sénéchal et aux Petiot qui visitaient l'église, les bâti-

---

(1) K. Dépositions de Martial Gouvain, maître clavelier, de Jean Goupil, maître chirurgien, de Léonard de Lavault, cordonnier et d'Aymeric Guibert, clerc chez le greffier Guy.
(2) K. Déposition d'Etienne David.
(3) L. Déposition d'Etienne David.
(4) Dépositions de Guillaume Poylevé, de Jean Béchameil et autres.
(5) Cette barricade n'est signalée que par une seule déposition.

ments qui l'entouraient et plaçaient leurs hommes aux postes qu'il était important d'occuper. Au moyen d'échelles, les ligueurs avaient pénétré à couvert, en passant par les jardins et les cours, dans diverses maisons voisines. L'habitation du chanoine Jean Lamy, curé de Nieul, avait été occupée militairement. Le vice-sénéchal, Delauze et Rouard déclarèrent au propriétaire que sa maison leur était indispensable « pour y tenir fort ». Un poste y fut installé et toutes les portes demeurèrent ouvertes afin de faciliter la circulation (1). Les mêmes mesures furent prises chez le chanoine de Saint-Aulaire (2) qui appartenait du reste au parti, chez le marchand Merlin, voisin du clocher et dans plusieurs autres maisons. Le clocher de Saint-Michel reçut une garnison particulière, sous les ordres de Léonard Revelhard (3), et des vedettes y furent placées pour observer ce qui se passait dans la ville. Enfin les chefs tinrent un grand conseil dans l'habitation du curé de Nieul : avec le vice-sénéchal, Claude Rouard, Léonard Delauze, le conseiller Bonnin (4), le chanoine de Saint-Aulaire, le juge et l'avocat Petiot, y assistaient les chefs secondaires : Blaise Dumas, les deux frères Coulhaud, un des Saleys (5). Pendant ce temps, des postes, établis aux portes, et des sentinelles placées sur les toits de l'église, aux baies et aux divers étages du clocher, tiraient fréquemment des coups d'arquebuse en poussant de grands cris, afin d'empêcher les passants de traverser la place et les voisins de se mettre aux fenêtres.

Pendant que Rouard et Delauze installaient leurs postes, les ligueurs organisaient une nouvelle procession pour réchauffer le zèle des catholiques. Le prêtre Jérôme Blanchard, revêtu de son surplis et portant devant lui la croix, sortait de Saint-Michel et parcourait les rues voisines. Derrière lui marchait le juge Petiot, habillé de velours noir, avec sa cuirasse et sa hallebarde. Petiot appelait les passants et les adjurait de suivre la croix. Sa troupe criait : Vive la Croix ! Vive la Liberté ! (6). Le vice-sénéchal et les autres chefs vinrent bientôt se joindre à Petiot et prendre part à cette manifestation. Les ligueurs ne paraissent pas avoir recruté à ce moment beaucoup de nouveaux adhérents. Tous les hommes d'action du parti avaient donné dès la première heure. La nouvelle du meurtre du consul Pinchaud glaçait d'effroi la ville et les mesures prises sur le champ par le Gouverneur, l'Intendant et les magistrats municipaux assemblés à l'Hôtel-de-Ville, intimidaient les hésitants. Il y allait de la tête, et la partie semblait à beaucoup mal engagée.

Elle l'était en effet. Sur plusieurs points, des plus importants, le programme des conspirateurs n'avait pas été suivi. Nous avons dit que Petiot, en quittant sa maison, avait chargé un homme de confiance de surveiller la porte des Arènes. Simon Gabaud paraît avoir laissé non-seulement

---

(1) K. Déposition de Jean Lamy, curé de Nieul.
(2) K. Interrogatoire de Simon Gabaud.
(3) K. *Ibid.*
(4) L'information écrit : Bouny. C'est la forme patoise du nom.
(5) K. Interrogatoire de Simon Gabaud.
(6) K. Interrogatoire de La Rivière.

passer les rondes faites sur les murailles par les soldats du Consulat (1), mais occuper la tour, dont la possession était également indispensable aux ligueurs en cas de succès ou en cas de défaite : dans le premier, pour faire entrer des renforts; dans le second, pour s'échapper. De plus, certains chefs de quartier avaient été pris au dépourvu. Ainsi, quand François Duboys arriva dans Saint-Michel au moment de l'alarme, Petiot l'interpella et lui demanda où étaient les cinquante hommes qu'il avait promis d'amener. Duboys répondit « qu'il etoit surprins et que presentement il ne sauroit les assembler » (2). Nous avons vu que Gadaud avait échoué dans ses tentatives au poste de la Poissonnerie. De plus, les ligueurs qui, au moment de la retraite des consuls, avaient, sous la conduite du prêtre Gérald Fougeyrat et du pâtissier Charles dit Niot, voisin du *Cheval blanc* (3), enfoncé les portes de l'auditoire royal, ouvert les prisons et délivré les prisonniers, n'avaient pas établi de poste dans le palais de justice. Les concierges de l'édifice, en s'enfuyant, avaient rencontré, du côté des étangs de la Motte, le président Martin et M. de Montagnac, un des principaux gentilshommes du Gouverneur, suivis d'un détachement de soldats et leur avaient appris ce qui venait de se passer. Martin marcha aussitôt sur le palais, trouva les portes ouvertes et y installa un corps de garde à couvert (4) qui dut gêner singulièrement les ligueurs. A côté de l'auditoire royal était le Breuil, que le vice-sénéchal avait voulu faire occuper; mais Petiot, avec une légèreté inexplicable, s'y était opposé, affirmant que cela n'était pas nécessaire et que le Breuil était à sa dévotion; ce qu'il avait du reste déjà assuré plusieurs fois dans les conciliabules antérieurs (5). Enfin, auprès du Breuil, la maison du Gouverneur demeurait gardée par quelques gentilshommes et un certain nombre de bourgeois; on y avait porté des munitions et des vivres (6) et elle pouvait résister à une attaque jusqu'à l'arrivée de secours. On voit, par ce qui précède, que les ligueurs se trouvaient isolés par ces divers postes, par les fortifications de l'église de Saint-Martial et les troupes massées autour de la maison du Consulat, de toute la partie nord de Limoges.

Toutefois, grâce aux mesures que Rouard et Delauze avaient prises immédiatement après la retraite des consuls, aux postes établis entre Saint-Michel et le quartier des Arènes, aux barricades du Cheval Blanc et et du carrefour Lansecot, les ligueurs, sans être complètement les maîtres du quartier méridional qui formait la partie supérieure de la ville, y circulaient sans obstacle. Ils pouvaient même, par la barricade des Pousses qui tenait encore pour eux, avoir quelques communications avec le quartier Boucherie sur lequel les auteurs du complot, on le sait, avaient fondé les plus grandes espérances.

(1) K. Interrogatoire de Simon Gabaud.
(2) K. Déposition de Mathieu Alesme.
(3) K. Interrogatoire de Jean Jouvenet et d'Albiac, en la maison du Consulat, avant leur exécution.
(4) K. Dépositions de Jean de Villard et de Léonard Pigeaud.
(5) K. Aveux du vice-sénéchal.
(6) K. Déposition de Jean Boulaud.

XXX

Telle était la situation vers cinq heures de l'après-midi, au moment où la troupe guidée par le prêtre Blanchard et commandée par le vice-sénéchal, Petiot, Rouard et Delauze, sortit de Saint-Michel. Elle se composait de cent à cent-vingt hommes. Le but de cette sortie était, nous l'avons dit, de faire un nouvel et pressant appel aux armes ; il semble aussi que les chefs voulussent se rendre compte par eux-mêmes de l'état des choses, exciter le zèle et la confiance de leurs amis et, l'auteur des *Annales* l'assure, après être allé du canton de Lansecot à la barricade des Pousses par la rue Torte, pousser jusqu'au canton de Boucherie dont ils étaient étonnés de n'avoir encore reçu aucune nouvelle (1). Les ligueurs parvinrent sans encombre à la barricade du carrefour Lansecot, descendirent la rue des Bouchers et arrivèrent à la petite place du Vieux-Marché, — place du Poids-du-Roi. — Mais comme ils essayaient de gagner la grande rue des Pousses en longeant le coin de la place des Bancs, près du pilori, ils trouvèrent là, presque sur leur passage, le corps de garde qui y avait été établi quelques années plus tôt et où, depuis lors, les consuls avaient constamment entretenu un poste. « Sur ce, raconte l'Annaliste, vint le » président Martin avec environ cent hommes, à l'escarmouche, et furent » blessés le vissénéchal, De Lauze et son filz en lieu non dangereux. Ce » que voyantz, » les ligueurs « retournèrent sur leurs pas et se rendirent à » la place Saint-Michel » (2).

Il semble qu'après ce combat, la barricade de la rue des Pousses ait été prise (3), ou plutôt abandonnée. Mais le récit de l'Annaliste est inexact quand il rapporte que, dès le dimanche soir, les ligueurs n'occupaient plus que Saint-Michel et y étaient bloqués.

Les consuls, réunis à l'Hôtel-de-Ville, avec l'Intendant (4), le Gouverneur, plusieurs des gentilshommes de ce dernier et quelques magistrats du Présidial, avaient pris, dès le retour de Verthamon, Masautin, Brugière et de M. de Vic, les mesures les plus urgentes pour empêcher le mouvement de s'étendre et surtout pour repousser une attaque du dehors. Au premier cri d'alarme, toutes les portes de la ville avaient été fermées et le capitaine Raymond, commandant de la garde soldée, dans ce moment à la porte Manigne, avait lui-même pourvu à cette partie de son service, sans que les évènements qui s'accomplissaient à l'intérieur de la ville pussent l'en distraire. Dans chaque tour était déjà établi un corps de garde ; on augmenta ces postes et on y mit partout des hommes sûrs. On renforça surtout celui de la porte du Saint-Esprit. Cette porte, ou plutôt sa tour, dominait le quartier de Lansecot. C'était un poste d'une grande importance ; car il gênait fort les communications des ligueurs de Saint-Michel avec ceux de la boucherie. A plusieurs reprises, les soldats for-

---

(1) *Annales manuscrites*, p. 367.

(2) *Ibid.*, p. 367. Delauze fut blessé à la main. Déposition de Jean Le Maignon, maçon.

(3) Ce ne peut être qu'à cette barricade et à quelques autres postes secondaires que se rapportent ces mots des *Annales* : « Après avoir renversé certaines barricades, dressées en quelques endroits, etc. ».

(4) Il résulte de la déposition d'Elie Peyrat, maître orfèvre, que l'intendant De Vic n'habitait pas l'hôtel de ville comme on pourrait le croire. Peyrat dit l'avoir accompagné à son logis et être ensuite revenu au Consulat.

cèrent de se retirer, en menaçant de faire feu sur eux, ceux des rebelles qui allaient d'une position à l'autre, et le soir, quand le *Cheval Blanc* se présenta et cria à ses amis de la barricade de « tenir ce qu'ils avaient promis », il fut bien vite contraint de s'éloigner (1). Des rondes circulaient sans cesse sur les murailles. Le président Martin et M. de Montagnac parcouraient la ville avec une escorte, donnant des ordres aux officiers, observant l'attitude de chaque compagnie, encourageant les citoyens à faire leur devoir et à rester fidèles à leur roi légitime, assignant à chacun son poste, faisant désarmer ou arrêter les suspects. Nous les avons vu attaquant, sur la place des Bancs, la colonne des ligueurs et la rejetant sur Saint-Michel. Une partie des miliciens se tenaient au rendez-vous assigné à chaque compagnie. Une réserve importante était massée à Saint-Martial, considérée comme la citadelle des royalistes. Enfin, une troupe disponible, composée de la compagnie du Consulat et d'un certain nombre de soldats gagés et de citoyens de tous les quartiers se trouvait à l'Hôtel-de-Ville (2).

Les deux capitaines qui avaient pris le parti de l'émeute : Rouard et Delauze, furent déclarés déchus de leurs fonctions et remplacés. On mit à la tête de la milice du quartier de Lansecot, le lieutenant Jacques Martin, celui-là même qui avait reçu quelques légères blessures à la barricade du carrefour, en essayant de ramener les ligueurs au devoir (3).

Enfin, le Gouverneur fit occuper militairement l'église et le clocher de Saint-Pierre, peut-être à la suite d'un coup de main tenté par Gadaud et ses amis pour s'en rendre maîtres (4).

Pendant ce temps, quelques officiers et quelques hommes choisis de la milice bourgeoise s'installaient dans les maisons du haut de la rue du Clocher et dans quelques-unes de celles de la rue Pennevayre. Des postes étaient établis tout autour de l'église et les ligueurs se trouvaient serrés de près ; ils gardaient toutefois des communications libres avec le quartier Lansecot et des Arènes.

Vers huit heures du soir, un retour offensif fut tenté par les assiégés qui essayèrent, à la faveur de la nuit, d'enlever le poste de la place des Bancs. Maubaye et quelques-uns des siens se rendirent auparavant à la barricade du carrefour Lansecot, et demandèrent quelques hommes de bonne volonté pour marcher avec eux à l'ennemi ; mais les bouchers refusèrent (5) de quitter leur quartier, dans la crainte sans doute que les royalistes n'y pénétrassent s'ils dégarnissaient leur corps de garde. L'entreprise échoua et les ligueurs, poursuivis jusque sur la place Saint-Michel (6), durent se renfermer dans leur fort, qu'on serra de plus près et autour duquel les consuls placèrent partout des sentinelles.

(1) K. Dépositions de Jean Le Maignon, maçon.
(2) Ces dispositions résultent très clairement de l'ensemble des documents manuscrits et du récit des *Annales*.
(3) K. Déposition de Jacques Martin.
(4) *Annales manuscrites*, p. 367. Aucun document ne mentionne cette tentative. Il nous semble difficile toutefois que Gadaud, avec les hommes dont il disposait, n'ait pas essayé de tenir les engagements pris par lui vis-à-vis du vice-sénéchal, de Petiot et de Delauze.
(5) K. Déposition de Jacques Genesy, maître libraire.
(6) C'est sans doute à ce moment qu'eut lieu la « charge furieuse » mentionnée par les *Annales*, p. 367.

XXXII

Peut-être à ce moment la résolution des ligueurs de la barricade de Lansccot fléchissait-elle déjà; car, vers cette heure là, et probablement peu après le refus fait par les hommes qui l'occupaient de coopérer à l'attaque du poste de la place des Bancs, François Ringaud remit de lui-même le commandement de la barricade et du quartier à Pierre Saleys (1), envoyé par le vice-sénéchal et Delauze — celui probablement que nous avons vu présent au conseil tenu dans la maison Lamy.

Des événements moins sanglants, mais non moins graves, s'étaient passés pendant ce temps dans la Cité. On sait que l'Évêque était arrivé le 14 au soir. M. de la Martonnie avait eu sans doute une conférence dans la nuit ou dans la matinée avec quelques bourgeois dévoués à la Ligue. Il semble notamment qu'il ait vu l'avocat du roi Guibert, et lui ait donné, dès lors, une mission pour les gentilshommes du parti et pour les ligueurs expulsés qui attendaient dans les environs le moment de marcher sur Limoges. Il avait fait pratiquer le capitaine Avril, qui commandait la petite garnison de Saint-Etienne. Celui-ci, qui était du reste un simple marchand de la Cité, oubliant le serment qu'il avait prêté au Gouverneur, de garder fidèlement la place au Roi, la remit au prélat, accepta de lui un commandement et prit part aux arrestations et aux pillages dont furent victimes tous les gens réputés hostiles à la Sainte-Union ou fermement dévoués au roi de Navarre, tous ceux en un mot que le peuple désignait sous le nom de Huguenots.

A l'instant même où l'alarme se répandit par la Ville, le signal fut donné dans la Cité (2). Un ligueur du nom de Léonard Thévenin, parcourut le premier les rues en criant : Tue ! Tue ! et en tirant des coups d'arquebuse (3). Le tocsin sonnait à St-Etienne (4). Une grande partie des habitants de la Cité étaient du parti de la Ligue (5). Ils sortirent en armes de leurs maisons et se réunirent sur la place des Bancs Charniers (rue Haute-Cité), où se trouvaient déjà plusieurs ecclésiastiques et plusieurs serviteurs de M. de La Martonnie. L'Evêque, qui avait revêtu ses ornements pontificaux pour les cérémonies du dimanche, venait de faire armer ses domestiques et de quitter sa soutane pour revêtir un pourpoint et ceindre l'épée (6). On le vit paraître dans cet équipage devant le palais épiscopal, en compagnie des chanoines Martial Lagorce, Romanet dit Pénicailhe et de Leyssenne, armés aussi et de Pierre Sanxon, marchand du faubourg Boucheric et chef reconnu de la Ligue dans son quartier, lequel criait : « Il faut que les gens de bien se montrent et qu'on massacre tous les Huguenots! (7) » Les consuls de la Cité, Jean Avril, Condat dit le Beau, et

(1) K. Déposition de Jacques Genesy.
(2) On voit en effet le fondeur Rolland arriver devant la porte Manigne au moment même où l'alarme est donnée et où on ferme cette porte, et comme il retourne au faubourg Boucherie, il rencontre dans le faubourg une troupe de ligueurs de la Cité en armes.— « L'alarme vinst à la mesme heure » dit au reste l'auteur des *Annales*, p. 366.
(3) K. Déposition de François Rolland, fondeur.
(4) K. Déposition de Guillaume Rousseau, procureur.
(5) « Presque tous » à en croire l'Annaliste, p. 366.
(6) K. Dépositions de François Rolland, fondeur, et de Jean Baile.
(7) K. Déposition de Meichior Delavaud, bourgeois.

Antoine Meynard, qui étaient à la dévotion de M. de La Martonnie, allèrent prendre ses ordres, firent fermer les portes et des postes furent placés à toutes les églises. Pierre Avril, le chef de la garnison de Saint-Etienne, commandait dans la haute ville ; l'orfèvre Aymeric Boisse le jeune, ligueur ardent, avait été fait, ce jour-là, capitaine de la Basse-Cité. Accompagné de son fils Léonard, armé comme lui d'une arquebuse et la mèche allumée, il se rendit à la porte Panet. Les voisins l'aperçurent et l'entendirent crier : « Sus! Mort Dieu, qui a les clefs de cette porte? Il la faut fermer. L'Evesque me l'a commandé et établi capitaine de la Ligue... Sus! un chascun aux armes! Il faut aller prendre les Huguenots! ». On vit aussitôt accourir de tous côtés vers la maison de Boisse les ligueurs du quartier en armes : Le Pelaud avec une cuirasse et « l'arquebuze au col », Pierre Brigueil, Bilhabaud, Pillon et autres. Ils formèrent en quelques minutes une troupe d'une cinquantaine d'hommes (1). Boisse les mena devant la maison d'un marchand de la Basse-Cité, Jacques David, noté pour son opposition à la Ligue. Lui-même, une hache à la main, frappa à la porte en criant : « Par la mort Dieu! Où est ce Huguenot? Je luy montreray que ceulx sont traistres et ont mérité gibet, qui tiennent le party du Roy de Navarre? » La femme de David se mit à la fenêtre : « Méry Massy, — c'était le surnom de Boisse, — qu'y a-t-il? Vous qui estes nostre voisin, vous faites pis que les autres. » — « Sus! cria l'orfèvre en colère, « faites sortir vostre Huguenot de mary! Je regnie Dieu si jamais il voit couronner son Roy de Navarre. Monsieur de Limoges m'a donné tout votre bien et veut faire pendre David! » On comprend que celui-ci n'eut garde d'ouvrir. Les ligueurs rompirent les portes : le pauvre marchand se sauva sur les toits ; mais on le rejoignit et on l'amena prisonnier à l'Evêché. — « Monsieur, dit Boisse en le remettant à M. de La Martonnie, voici l'apostre des Huguenotz et l'ennemy de la Ligue » (2).

L'orfèvre alla ensuite arrêter un autre marchand du quartier, Barthélemy Thoniaud, dont Léonard Thévenin, le chanoine Lagorce « en joupe », Florant, armé d'une pertuisane dont la hampe était recouverte de velours bleu et quelques autres avaient déjà enfoncé la porte en criant : « Tue! Tue les Huguenotz (3) ».

Plusieurs autres habitants notables de la Cité eurent le même sort : entr'autres, Pierre Reculès, marchand, qui fut poursuivi et arrêté aux cris de « Tue les Huguenots! Tue le traître! Vive la Sainte Ligue ». On le dépouilla de ses armes et de sa bourse (4).

Dans la Haute-Cité, le capitaine du « fort » de Saint-Etienne, Pierre Avril faisait la même besogne que, dans les bas quartiers, son collègue Boisse ; accompagné de Jean Bucyly, maître d'hôtel de l'Evêque, de deux ou trois chanoines en armes, du notaire Maximien d'Auberoche, de Bar-

---

(1) K. Déposition de Jacques David, marchand.
(2) K. Dépositions de Jacques David et Françoise Rogier, sa femme.
(3) K. Dépositions de Barthélemy Thoniaud et de Narde Juge, sa femme.
(4) K. Dépositions de Pierre Reculès, marchand et de Jacques Vialette, muletier.

XXXIV

thélemy Guibert, vicaire de Saint-Etienne, de Pierre Brigueil, de Jean Ruaud et d'une quarantaine d'autres ligueurs, il parcourait les rues « en grande furie », criant : « Sortez! méchants Huguenots hérétiques ! » La bande s'arrêta à la porte de l'orfèvre Balthasar Bonnin et frappa l'huis à grands coups de piques et de hallebardes. Balthasar et son fils se mirent à la fenêtre, demandant ce qu'on voulait. Avril les somma de descendre et de le suivre devant l'Évêque. Ils répondirent qu'ils n'avaient commis aucun méfait et demandèrent qui avait donné l'ordre de les arrêter. — « Si vous ne descendez, cria le capitaine, on vous coupera la gorge ». Ils se rendirent et furent conduits à l'Evêché (1). Le chanoine Pierre Cibot fut également arrêté. C'était, dit l'Annaliste, un « bon théologien, sans aucune erreur ni autre reproche » (2). La troupe d'Avril n'était pas la seule qui parcourut la Haute-Cité ; une autre bande, en tête de laquelle marchait le chanoine Pabot, brandissant une hallebarde, effrayait aussi de ses vociférations les bourgeois paisibles de ce quartier (3).

Les habitants du faubourg Boucherie, presque tous dévoués à la Sainte-Union, avaient pris les armes et s'étaient réunis sur la place qui se trouvait au bas du faubourg, au-dessous des remparts de la vieille ville, aujourd'hui place de la Cité. La foule paraissait fort excitée. Pierre Sanxon, qui était le chef de la Ligue dans le quartier, engageait ses adhérents à courir sus aux protestants et aux amis du Roi de Navarre ; on criait autour de lui : « Vive l'Eglise catholique et les bons catholiques ! Mort aux Huguenots ! » On parlait de forcer la maison d'un riche bourgeois du nom de Melchior Delavaud, qui formait le coin de la place et d'y mettre le feu (4). Un ligueur de la Cité, nommé Gergout, arriva armé d'une arquebuse, disant qu'il « falloit se déclarer et qu'on alloit tuer tous les Huguenots » (5). De la vieille ville sortit peu d'instants après un groupe d'ecclésiastiques et de bourgeois tenant le même langage ; à leur tête marchaient les chanoines Verneresse et Poylevé, en armes, les vicaires Vernéjoul, Guibert et Breilhaud, Aubcroche et autres (6). Puis arrivèrent le maître d'hôtel de l'Evêque, Antoine Ménard, Joachim Florant, qui criaient : « Tue! Tue ces Huguenots, et vive la Sainte-Ligue (7) ». Par une autre porte débouchait une bande conduite par Martial Lagorce, curé de Saint-Maurice, l'épée au poing, et elle venait augmenter la confusion et le tumulte (8). Il y avait à ce moment cinq cents hommes en armes sur la place (9). Verneresse ou Bueyly donnèrent des ordres pour l'arrestation des citoyens suspects du quartier. Aussitôt toute la foule se porta vers la maison de Jean Poylevé, marchand du faubourg : « Par la Mort Dieu ! Ouvrez ! Ren-

---

(1) K. Déposition de Balthasar Bonin, orfèvre, et de son fils.
(2) *Annales manuscrites*, p. 366 et K. Déposition de Guillaume Rousseau, procureur.
(3) K. Déposition de Melchior Delavaud.
(4) K. Déposition de Martial Descordes, bourgeois.
(5) K. Déposition de Melchior Delavaud.
(6) K. Dépositions de Jean Romanet et de Melchior Delavaud.
(7) K. Déposition de Pierre Reculès, marchand.
(8) K. Déposition d'Annet Fournier, cordonnier.
(9) K. Déposition de Jean Romanet, potier d'étain.

dez-vous ou l'on vous tuera »! (1). On le prit et on l'entraîna à l'Evêché. Les ligueurs y amenèrent aussi Martial Descordes et Jean Romanet, potier d'étain, tous deux habitants du faubourg. — « Monsieur, dit le chef de la bande à l'Evêque en lui remettant Romanet, voici un Huguenot ». — « Ha, Ha! répondit le prélat, qu'il monte là haut! Il y en a bien d'autres. (2).

Quelques-uns des citoyens qu'on voulait prendre s'étaient enfuis. Plusieurs, Melchior Delavaud entr'autres, réussirent à échapper aux recherches; on arrêta à leur place des membres de leur famille. Ainsi le fils de Delavaud fut fait prisonnier et reçut une blessure (3). Le fondeur François Rolland, qui était Huguenot, s'enfuit de sa maison par les derrières, pendant que Bucyly, Florand, Vexière et autres frappaient à sa porte à grands coups de pertuisanes et de hallebardes. Il gagna le faubourg Manigne ; reconnu par une bande de ligueurs armés qui parcourait ce quartier, il fut saisi et mené chez Jean Cibot, qui paraît avoir exercé une certaine autorité dans les faubourgs. Celui-ci le fit relâcher et Rolland alla demander asile à un voisin ; mais une nouvelle bande, ayant à sa tête un boucher, Maurice Bonnet, l'y découvrit et l'arracha de son refuge. On le traîna sur la place au bas du faubourg Boucherie. Les uns criaient qu'il fallait le tuer, les autres qu'il valait mieux le conduire à l'Evêque. Ce dernier parti prévalut. Mais Rolland subit quelques mauvais traitements en chemin (4).

Des personnes ainsi arrêtées, les unes étaient renfermées dans une chambre haute de l'Evêché, où les gardaient quelques hommes sous les ordres de Bucyly, des chanoines Lagorce et Romanet; les autres demeuraient consignées au corps de garde établi à la porte du palais épiscopal (5). Ce corps de garde était le quartier général de la milice de la Cité. Le chanoine Verneresse y commandait ; mais le fougueux curé de Saint-Michel ne demeurait pas un instant en place. L'épée d'une main, le pistolet de l'autre, tantôt seul, tantôt accompagné d'un des consuls, il parcourait sans cesse les divers quartiers, inspectant les postes, posant des sentinelles, surveillant tout et ordonnant tout (6).

On annonça aux prisonniers que Henri IV était mort et qu'on allait enfin avoir « un bon roi ». On les injuriait, eux et « leur Huguenot », qu'on appelait le « Roi de ravaische! » (7). On leur dit que la ville allait être prise par les troupes qu'avait appelées M. de La Martonnie. Ils furent menacés ou même maltraités par ceux qui les gardaient. Ce jour là et le lendemain, les maisons de plusieurs furent pillées, celle notamment de David où l'on enleva du grain et du vin, qu'on transporta dans la cathédrale, pour l'approvisionnement de la garnison ; du sel, des lits, des meubles, des hardes et jusqu'à des robes de femme. On sonda les murs pour dé-

---

(1) K, Déposition de Jean Romanet et de Jean Poylevé.
(2) K. Déposition de Jean Romanet.
(3) K. Déposition de Melchior Delavaud.
(4) K. Déposition de François Rolland.
(5) K. Déposition de Martial Descordes le jeune.
(6) K. Dépositions de Jacques Fourisson, hôte, de Jean Baile, etc.
(7) K. Dépositions de François Rolland et de Martial Descordes.

couvrir les « secrets », et toutes les cachettes furent vidées (1). L'habitation de Delavaud fut dévastée et le fils de Sanxon et quelques autres mirent toute la maison de Rolland à l'envers pour trouver sa femme qu'ils voulaient tuer. Par bonheur elle avait pu s'enfuir (2). Nous ne croyons pas que les évènements de la journée du 15 octobre aient fait, dans la Cité, aucune victime. Il est parlé dans l'un des témoignages de l'information, de la mort d'Aymeric Testas, tué par le chanoine Albiac, « au devant de la maison de la Croix » (3) ; mais ce fait, sur lequel nos documents ne nous fournissent du reste aucun détail, ne pourrait se rapporter qu'à un des jours suivants, puisque le 16 seulement, Léonard Albiac, chanoine de Saint-Martial, arriva avec les Benoist et les de Douhet (4). Aymeric ou Méry Testas était du reste du parti de la Ligue (5).

La Cité ne ferma, semble-t-il, ses portes qu'à la nuit. Elle était entièrement au pouvoir de la Ligue, dont les partisans n'y avaient pas rencontré l'ombre d'une résistance. Aucune alerte ne troubla le repos de ceux qui purent s'endormir ce soir là. Un certain nombre de ligueurs de la Ville, qui avaient réussi à s'échapper, furent introduits par la Porte de l'Official (6). Deux heures avant le jour, une troupe d'une quarantaine de cavaliers parut devant la barrière qui fermait l'entrée du pont Saint-Etienne. A sa tête était le trésorier-général Benoist ; il avait avec lui son frère l'élu, les deux de Douhet du Puy-Moulinier, Jean Boyol, Grégoire et Guillaume Descordes, le chanoine Albiac, Pierre Duboys, les Hardy, les deux Sandelles et d'autres expulsés de Limoges. Trois cordeliers de Saint-Yrieix se trouvaient avec eux. Le chanoine Verneresse, prévenu de leur arrivée, accourut et ordonna au garde-porte d'ouvrir la barrière ; mais celui-ci ayant refusé de le faire sans un ordre de l'Evêque et des Consuls, les hommes de l'escorte de Verneresse se jetèrent sur lui, lui arrachèrent les clefs et ouvrirent eux-mêmes à Benoist, dont la première parole fut pour demander « si on tenoit la tour des Arènes et le fort Saint-Michel » (7).

Or, l'Evêque et les siens savaient bien que l'église Saint-Michel tenait pour la Ligue ; car on avait vu s'allumer, au haut de la tour, le signal convenu avec Petiot, Rouard et Vouzelle. Mais c'était à peu près tout ce qu'ils connaissaient du drame de la veille. Le clocher de Saint-Pierre, qui devait, en cas de réussite, s'éclairer de feux comme celui de Saint-Michel, était resté sombre. Les portes de la Ville demeuraient fermées et tout attestait que les remparts étaient aux mains du Gouverneur et des Consuls. Aucun messager n'avait pu arriver jusqu'à la Cité. Les fuyards qui réussirent à y parvenir ne purent fournir que des indications incomplètes et

---

(1) K. Dépositions de Jacques David, de Françoise Rogier, sa femme, et de Pierre Gondaud.
(2) K. Déposition de François Rolland.
(3) K. Déposition de Narde Juge, femme de Barthélemy Thoniaud.
(4) K. Déposition de Narde Juge.
(5) K. Aveux du Vice-sénéchal.
(6) K. Déposition de Melchior Delavaud.
(7) K. Dépositions de Jacques Fourisson, de Narde Juge, femme de B. Thoniaud, de Jean Bayle, de Guillaume Rousseau, de François Bonnin, etc.

mal coordonnées. Les événements de la soirée surtout restaient obscurs ; on avait entendu un assez grand nombre de coups de feu : on connaissait le combat, mais on en ignorait l'issue.

Renfermés dans l'église de Saint-Michel, les chefs ligueurs, malgré leurs efforts pour affecter la confiance, afin d'entretenir le courage et l'ardeur de leurs soldats, ne se dissimulaient pas combien la position était critique. Ils avaient beau répéter que Saint-Pierre était à eux, que Gadaud allait venir à leur secours avec cent-vingt ou cent-quarante hommes, que le Gouverneur ne bougerait pas et qu'on l'*arquebuserait* dans sa maison (1), — ils commençaient à douter du succès. Quand ils avaient fait mettre au plus haut du clocher un fanal allumé, pour prévenir M. de La Martonnie et les faubourgs que Saint-Michel était resté aux ligueurs, ils avaient vu aussitôt s'allumer la tour de Saint-Etienne; mais, on l'a déjà dit, rien n'avait brillé au clocher de Saint-Pierre (2). Ils s'en étonnaient. La nuit fut triste.... Le cadavre de Pinchaud était étendu dans un coin. Dans l'immense vaisseau de Saint-Michel, où les lanternes et les torches des ligueurs laissaient planer autour d'eux et sur leurs têtes des ombres profondes et mystérieuses, le silence régnait parfois, grave et lugubre, interrompu de temps en temps par les gémissements que la douleur arrachait au lieutenant Mosnier, ou par les arquebusades qu'échangeaient les sentinelles et les vedettes des deux partis. Quelques prisonniers, renfermés dans une chapelle, se demandaient avec angoisse quel sort leur était réservé (3).

À minuit, le Gouverneur et les Consuls ordonnèrent de renouveler toutes les sentinelles placées autour de Saint-Michel. Le président Martin, accompagné du consul Roland Verthamon et du capitaine Raymond, fit une ronde générale et inspecta les postes. On permit à une partie des miliciens de prendre quelques heures de repos. Les hommes étaient sous les armes depuis sept heures. Les sentinelles qu'on posa à minuit, ne furent remplacées que le lendemain à midi (4).

Les ligueurs mirent à profit, pour se fortifier dans leurs positions, les heures qui s'écoulèrent jusqu'au jour. On réunit de nouvelles munitions ; on alla s'approvisionner dans des maisons particulières où il existait des dépôts d'armes, chez les Saleys notamment. Il est parlé dans l'information (5) d'une « pièce à croc » que Delauze et le vice-sénéchal envoyèrent chercher dans la maison de Pierre Saleys par l'hôte de *La Couronne,* vers onze heures du matin, et qu'ils cachèrent dans un bûcher de cette auberge. Le serviteur de Petiot apporta de la maison de son maître dans l'église de Saint-Michel un baril de vin (6). Peut-être y eut-il de nouveaux

---

(1) K. Interrogatoire de Jean Jouvenet et d'Albiac.
(2) K. Aveux du Vice-sénéchal.
(3) D'après le témoignage du Vice-sénéchal, quatre prisonniers au moins dont il donne les noms, passèrent la nuit dans l'église.
(4) K. Dépositions de Lagorce et autres.
(5) K. Déposition de Simon Grenier, hôte de *La Couronne.*
(6) K. Interrogatoire de Simond Gabaud.

pourparlers entre les ligueurs de Saint-Michel et ceux de la barricade de Lansecot ; car leurs communications, gênées il est vrai par le feu des sentinelles placées dans la tour du Saint-Esprit et dans les maisons de Ferrerie donnant sur la Motte, n'étaient cependant pas coupées. Tout le quartier compris entre les murailles et les étangs d'Aigoulène — à peu près exactement celui détruit par l'incendie du 15 août 1864 — était aux mains des ligueurs. Entre quatre et cinq heures du matin, ceux-ci avaient encore des postes extérieurs sur la place du Clocher, puisque, vers cette heure, un groupe de leurs soldats, qui se tenait devant le lion de pierre placé contre la maison de Baud, tirait des coups d'arquebuse aux voisins et aux passants, en poussant le cri : Tue ! Tue le Huguenot (1) !

Vers le matin, Rouard reçut une lettre de Gadaud, engageant ses amis à tenir bon et ajoutant qu'il allait les secourir et leur conduire un renfort de cinquante hommes, s'ils en avaient besoin (2). Pierre Albiac, qui avait réussi à franchir la ligne d'investissement, entra peu après dans la sacristie où se trouvaient réunis les chefs ; il annonça que l'église Saint-Pierre et la tour de Boucherie étaient au pouvoir des ligueurs et que La Capelle Biron, Rastignac et leurs compagnons arrivaient à la tête de sept ou huit cents chevaux (3).

Bien qu'il ne leur fût plus possible d'ajouter foi à la première de ces nouvelles, les paroles d'Albiac et la lettre de Gadaud ravivèrent sans doute l'espérance au cœur des assiégés. La porte des Arènes, le 16 octobre au matin, n'était pas, semble-t-il, entièrement au pouvoir des Consuls. Peut-être leurs soldats n'en occupaient-ils que les étages supérieurs, et la circulation sur les galeries des murailles étant libre, les royalistes n'avaient-ils pas débusqué les ligueurs qui occupaient encore la partie inférieure. Peut-être aussi la tour était-elle gardée par les miliciens du Consulat ; mais les séditieux avaient-ils conservé, dans les maisons voisines, des positions qui leur eussent permis de la reprendre sans difficulté : le poste qui l'occupait n'étant pas à l'abri de la fusillade du côté de la ville. Nous sommes d'autant plus disposés à le croire que le lundi matin, vers huit heures, Petiot se trouvait au *Chapeau Rouge* (4), auberge située tout auprès de la porte des Arènes, et dont les ligueurs avaient pu faire un corps de garde. Quoiqu'il en soit, il est certain qu'un moment, les ligueurs de Saint-Michel songèrent à tenter une sortie dans la direction de la tour des Arènes, afin de l'occuper, et d'ouvrir les portes aux troupes de La Capelle Biron et de ses amis, croyant, sur le rapport d'Albiac, celles-ci déjà arrivées. Vouzelle parla même de la nécessité de préparer des mantelets pour permettre aux ligueurs de cheminer à couvert (5). L'opération fut-elle tentée ? Nous ne le croyons pas. Il est probable que le mouvement offensif des assaillants força le Vice-sénéchal de renoncer à son projet.

(1) K. Déposition du libraire Jean Lemoyne.
(2) Aveux du vice-sénéchal et interrogatoire de Simon Gabaud.
(3) K. Déposition de Mathieu Alesme.
(4) K. Interrogatoire de La Rivière.
(5) K. Déposition de Simon Gabaud.

XXXIX

Vers sept heures, après un conseil tenu à l'Hôtel-de-Ville par le Gouverneur, l'Intendant et les Consuls, M. de Montagnac paraît avoir pris la direction des opérations ; il était assisté du président Martin et des capitaines de la ville, entr'autres de Gabriel Raymond et de l'orfèvre François Romanet, chefs de la garde soldée, du conseiller Granchaud (1), de Guillaume Verthamon, de Jacques Martin, de Dupeyrat, et de Bailhot, commandants de la milice des cantons : ce dernier avait été mis à la tête de la réserve formée au Consulat et qui fournissait la plupart des sentinelles et des vedettes. Aussitôt la ligne d'investissement fut resserrée. On renforça les postes placés dans les maisons du haut de la rue du Clocher où, dès la veille, il avait été établi des corps de garde. Les fenêtres ouvrant du côté de l'église furent garnies de matelas et de ais de bois, afin de préserver les soldats des arquebusades. En même temps on fit ouvrir, à coups de hache et de pioche, des communications entre les maisons déjà occupées par les miliciens et les maisons voisines dont la façade, donnant sur l'église, se trouvait exposée au feu des ligueurs et où, par suite, il eût été dangereux de pénétrer à découvert (2).

Il est à présumer que presque à la même heure la barricade du carrefour Lansecot, laquelle tenait encore vers sept heures (3), fut attaquée, et que ses défenseurs furent obligés de l'évacuer. Les consuls firent occuper le quartier des bouchers et une partie du canton de Lansecot. Les postes des ligueurs furent rejetés dans les petites rues qui se croisaient derrière la rue des Arènes. Nous n'avons pu trouver sur ces faits aucune indication précise. A ce moment à peu près, le vice-sénéchal et les siens acquirent la certitude de l'échec complet de leurs partisans dans le canton de Boucherie.

Le découragement gagna quelques-uns des chefs. Ils commencèrent à parler de capitulation et manifestèrent le désir d'entrer en pourparlers avec les Consuls. Vers huit heures, un de ces magistrats, Roland Verthamon, eut, devant la maison de Rouard, une conférence avec le vice-sénéchal. Celui-ci, ayant trouvé peut-être trop dures les conditions qui lui étaient proposées, rompit l'entretien en déclarant à Verthamon qu'il allait charger les soldats « qui venoient par la rue du Clocher ». Le consul se retira, mais envoya un ancien serviteur de l'Hôtel-de-Ville, nommé La Rivière, dans le quartier des Arènes, à l'hôtellerie du *Chapeau Rouge*, où se trouvait alors Petiot, pour inviter ce dernier à venir s'entretenir avec lui. La Rivière, vit Petiot ; celui-ci dit qu'il ne pouvait se rendre au désir de Verthamon ; car il « se trouvoit mal » — peut-être avait-il été blessé dans une des escarmouches de la matinée ; — mais « qu'il signeroit tout ce que ledit Verthamon feroit » (4). Ce dernier courut alors au *Chapeau Rouge*, où il eut une entrevue avec Petiot ; mais il semble que leur conférence demeura aussi sans résultat.

(1) Nous lisons Granchaud. Peut-être faudrait-il lire Granchand.
(2) K. Dépositions de François Romanet, orfèvre ; de Jean Midy, marchand, et autres.
(3) K. Déposition de Jacques Martin et de Pierre de Grossereix, charpentier.
(4) K. Déposition de La Rivière.

« Environ neuf heures, raconte l'Annaliste, estants convenus à parle-
» menter, ce qui fust accordé : par quoy le Vissénéchal sort de Sainct-
» Michel (1) et vient trouver Monsieur le Gouverneur en la maison de
» ville pour cappituler, tant pour son chef que pour les autres, ses
» compagnons; mais ayant fait des demandes qui ne se pouvoient accor-
» der, luy fust commandé de se retirer » (2).

L'Annaliste prétend que Vouzelle, au lieu de retourner à Saint-Michel, se réfugia chez un ami. Divers témoignages formels démentent cette partie de son récit. Le Vice-sénéchal, du reste, n'était pas homme à abandonner ses compagnons dans le péril. Quoiqu'il en soit, à onze heures, c'est-à-dire deux heures plus tard, il était avec Delauze derrière l'église et ils forçaient ensemble, en le menaçant « de le tuer et de piller sa maison », l'hôte de *La Couronne* d'aller chez Pierre Saleys, un de leurs adhérents, et de leur rapporter des pièces à croc (3). Les destinaient-ils à la défense de leur « fort »? Voulaient-ils, en prévision de perquisitions domiciliaires, faire disparaître des objets compromettants pour un ami? Nous ne saurions le dire.

Entre midi et une heure, il y eut un échange assez vif de coups de feu. Les ligueurs postés dans la maison de Merlin, sous les ordres de Guillaume Foucaud, tiraient sans relâche (4). M. de Montagnac, qui occupait avec ses hommes l'habitation de François Descordes, au haut de la rue du Clocher (5), dirigeait les opérations. Vers deux heures, le capitaine François Romanet put, après avoir fait « percer » les pans séparatifs des bâtiments intermédiaires, passer de la maison de Guillaume Poylevé, occupée dès la veille, aux étages supérieurs de celle de Gaultier Bonnet, qui donnait en plein sur les maisons de l'autre côté de la place où les ligueurs s'étaient établis. Il s'y jeta avec quelques soldats déterminés; mais Foucaud et ses hommes ne leur laissèrent pas le temps de s'y loger et de mettre des ais aux fenêtres. Ils firent pleuvoir sur la petite troupe une grêle de balles. Romanet reçut une blessure au nez et son chapeau fut percé en deux endroits; un soldat gagé, Pierre Couilhe, dit Cent-Ecus, fut frappé auprès de lui d'une balle à la tête et tomba mort (6). Peut-être Guillaume Pouyat, qui fut aussi blessé à mort (7), le fut-il à ce moment et dans cet endroit. La position n'était pas tenable et le capitaine et ses hommes durent se retirer.

Cette escarmouche paraît toutefois avoir été le dernier engagement de de la journée. Il se peut même que les décharges du poste de la maison

---

(1) La Rivière déclare, dans son interrogatoire, avoir vu le Vice-sénéchal demandant à Meyze le moyen de passer par son canton pour aller à l'Hôtel-de-Ville; « lequel luy dist » d'attendre; mais ne revint pas ».
(2) *Annales manuscrites*, p. 367.
(3) K. Déposition de Simon Grenier.
(4) K. Déposition de Jean Midy et de Suzanne Merlin, femme d'André Guibert, orfèvre.
(5) K. Déposition de Jean Midy.
(6) K. Déposition de François Romanet, de Jean Midy, de Martial Breilh, vigneron. Plainte de Françoise Pénicaud, veuve de Pierre Couilhe.
(7) K. Déposition de Jeannette Gelhée, veuve de Guillaume Pouyat et de la mère de ce dernier : Jeanne Barret, veuve de Jacques Pouyat.

Merlin n'eussent pour but que d'appeler sur ce point l'attention des assaillants pendant la retraite ou plutôt la débandade de la garnison de Saint-Michel. Le Vice-sénéchal, Petiot, Delauze, Rouard et leurs compagnons, profitant de la connaissance qu'ils avaient des maisons voisines et aussi de l'aide de quelques personnes dévouées, se réfugièrent chez des amis. « Le restant qui estoit dans l'église sortist, au rapport de l'Annaliste, » sans recevoir aucun coupt » (1). Il y a lieu de croire toutefois qu'après l'occupation, entre trois et quatre heures de l'après midi (2), de Saint-Michel par les soldats des Consuls, les ligueurs qui n'avaient pas eu le temps de se sauver et qui s'étaient cachés dans le clocher ou sous les voûtes, furent retenus prisonniers. Il résulte, en effet, de plusieurs témoignages, qu'à neuf heures du soir, la troupe établie dans l'église sous le commandement du capitaine Granchaud et du sergent Caffignat, gardait un certain nombre de ligueurs prisonniers, entr'autres Guillaume Poylevé aîné, gendre de Fricquet, Jean Chambon, Pierre Chambon, gendre de Nicot et Martial Pénicaud. Le lendemain matin, ces malheureux furent amenés à l'Hôtel-de-Ville (3).

Le Vice-sénéchal, Delauze et Rouard paraissent avoir été découverts dans leur retraite le soir même de la prise de Saint-Michel. Petiot s'était jeté dans une maison d'une ruelle de son quartier, d'où il passa, vers deux heures après minuit, dans l'hôtellerie du *Chapeau-Rouge;* pendant la matinée du mardi, son asile fut dénoncé : on le prit et on le mena au Consulat (4) où étaient déjà ses amis et où le Présidial avait commencé une procédure sommaire contre les chefs du complot.

Ils furent condamnés à mort et exécutés ce jour-là même, 17 octobre, dans l'après midi, « en la place où le consul Pinchaud avoit esté tué ». Pas une pièce de cette première procédure ne nous a été conservée et il n'existe à notre connaissance aucun récit de l'exécution. Martial de Petiot (5), Claude Rouard (6), Léonard Delauze (7) le Vice-sénéchal paraissent avoir été exécutés ce jour là, avec quelques-uns de leurs adhérents : peut-être le conseiller Bonnin, beau-frère de Jean Boyol (8), et le gendre de Rouard, Jessé Lagorce (9). S'il faut en croire le P. Bonaventure de Saint-Amable (10), six des principaux ligueurs, seulement, auraient été pendus. Peut-être les exécutions du 17 ne dépassèrent-elles pas, en effet,

(1) *Annales manuscrites*, p. 367.
(2) K. Déposition de Léonard Caffignat, sergent, et de Martial du Masblanc, charpentier.
(3) K. Déposition de Françoise Pénicaud, veuve de Pierre Couilhe.
(4) K. Interrogatoire de Simon Gabaud.
(5) Le Vice-sénéchal, dans ses aveux, se sert des expressions : *feu* de Petiot, *feu* Rouard, ce qui prouve que ces deux là au moins furent exécutés avant lui.
(6) *Ibid*.
(7) On lit : « feu Delauze » dans un réquisitoire du procureur du roi, du 27 octobre, et dans plusieurs dépositions de la fin du même mois.
(8) Le 17, Jean Boyol pria un des prisonniers de Saint-Etienne, Jean Poylevé, d'écrire à ses amis de la ville en faveur de Bonnin. (K. Déposition de Poylevé).
(9) *Feu* Jessé Lagorce. (Déposition de Psaumet Faute, 30 octobre).
(10) *Hist. de Saint-Martial*, t. III, p. 803. L'Annaliste dit simplement : « Aucuns desquels furent exécutés », p. 367.

ce nombre; mais nous avons la preuve que d'autres complices de l'entreprise organisée par l'Evêque furent mis à mort les jours suivants, notamment le 19 (1) : Jean Lobre (2) et le boucher Ringaud (3) paraissent avoir subi le sort de leurs chefs, ainsi que plusieurs des prisonniers faits le 16 au soir, dans Saint-Michel.

Au moment de monter sur l'échafaud, Pierre Vouzelle fit appeler l'Intendant et lui révéla, sous la foi du serment, les détails du complot qui avait failli livrer la ville aux partisans de la Ligue et les noms des principaux chefs. Ces aveux furent reçus par De Vic dans la maison de Gautier de Montagut, sur la place Saint-Michel (4). Le Vice-sénéchal mourut avec courage. Il n'avait que quarante-deux ans.

Les exécutions du lendemain, 17, s'il y en eut, n'ont laissé aucune trace. Mais le jeudi 19, plusieurs ligueurs furent pendus, entr'autres deux des prisonniers délivrés le 15 par le prêtre Faugeyrat : Jean Jouvenet et Jean Albiac (5).

Petiot, Vouzelle et leurs amis furent considérés par les catholiques exaltés comme des martyrs. Un demi-siècle plus tard, Collin, dans sa *Table chronologique*, mentionne ainsi, sous la date de 1589, les événements que nous venons de rapporter : — « Grands excès et funestes vengeances » exercés sous le prétexte du service du Roi contre plusieurs catholiques » zélés qu'on fit mourir le 15 octobre. Le ciel sembla condamner ces » violences par les éclairs, tonnerres, orages et pluies extraordinaires qui » tombèrent ce jour. » On accusa surtout les Martin, qui jouissaient d'une grande influence, mais à qui leur caractère entier et hautain faisaient beaucoup d'ennemis, d'avoir impitoyablement poussé à la répression, au lieu d'employer, pour la rendre moins terrible, leur influence auprès de l'Intendant et leur action sur leurs collègues du Présidial.

Beaucoup de ligueurs compromis dans les événements des 15 et 16, étaient parvenus, malgré les visites domiciliaires, les dénonciations et la surveillance active exercée sur les maisons suspectes, à sortir de la ville, sans quoi il n'est pas permis de douter qu'il y eût eu à ce moment là un bien plus grand nombre d'exécutions.

Nous n'avons pas voulu interrompre le récit des scènes qui marquèrent dans la ville les journées des 16 et 17 octobre. Il est temps de revenir sur les faits qui se passaient au même instant dans la Cité. On a vu qu'une troupe d'expulsés y étaient entrés le 16 au matin. Toute la journée arrivèrent un à un des ligueurs de la Ville compromis dans les événements du 16. Ils gagnaient en général la Cité par le faubourg du Pont-Saint-Martial

---

(1) Interrogatoires de Pierre Albiac et de Jean Jouvenet.
(2) *Feu* Jean Lobre. (K. Déposition de Martial Patillaud, 28 octobre).
(3) « Le fils de Ringaud, boucher, qui fust dernièrement pendu. » (K. Déposition de Jacques Vialette, muletier, et de Jean de Naillas, hôte du pont Saint-Martial).
(4) K. Aveux du Vice-sénéchal : « Maistre Pierre de La Roche, vissenechal... estant prest a monter au supplice..... »
(5) Ils subirent ce jour-là, en présence de l'Intendant, dans la maison du Consulat, un dernier interrogatoire après lequel on les remit « entre les mains du prestre ».

et les oseraies qui s'étendaient entre Sainte-Félicité et la ville épiscopale (1).

Sur l'heure de vêpres, on entendit des fanfares du côté du pont Saint-Martial. C'étaient les deux cents chevaux du capitaine Boffran qui arrivaient en suivant les bords de la rivière, guidés par le chanoine Duboys, l'avocat du roi Guibert et Jean de Coubras. Jean Boyol, qui était venu au devant d'eux ou qui peut-être commandait le poste établi au pont, leur ouvrit lui-même la barrière (2). L'Evêque, avec une cuirasse, botté et un bâton blanc à la main, avait, le matin, parcouru à cheval le faubourg et assuré les habitants qu'il ne leur serait fait aucun mal (3). On s'était occupé de réparer à la hâte quelques portions des murailles de la Cité, alors en fort mauvais état. Des barricades avaient été établies dans les faubourgs, au moins dans le faubourg Boucherie, où Jean Sanxon avait dirigé leur construction (4).

Le mardi, 17, seulement, arrivèrent Pompadour, La Capelle-Biron, les Rastignac, le capitaine Gailhard, de Vaulx, du Maizeau et leurs troupes. L'Evêque alla à leur avance dans le même équipage et conduisit Pompadour à Isle (5). Les chefs furent logés à l'évêché et probablement aussi chez quelques dignitaires du chapitre. Leurs hommes furent mis les uns dans Saint-Etienne, les autres dans les maisons des royalistes de la Cité et des faubourgs (6). L'église cathédrale ressemblait à une caserne ; le pavé était couvert d'ordures (7). Les corps de garde de Saint-Etienne et de l'évêché offraient le spectacle le plus animé et le plus varié. On y voyait « le père gardien des Cordeliers, vestu d'ung pourpoinct de toille des- » couppé et des chausses de drap blanc, armé d'une arquebuze » ; un » autre Cordelier « nommé Sainct-Pol, vestu d'ung pourpoinct de taffetas » noir et la chausse de velourd », ayant « une cappe de Biard (Béarn?), » espée et dague argentées, l'arquebuze sur l'espaulle », et deux autres fils de Saint-François « arquebuziers, sans habits » (8). Plusieurs ligueurs portaient à la ceinture de « grandes patenostres noires » et étaient armés de hallebardes (9).

Plusieurs conseils furent tenus au palais épiscopal, sous la présidence de l'évêque et de Pompadour. Avec les Rastignac, La Capelle-Biron, du Maizeau, Boffran et Gailhard, y assistaient les deux de Douhet, Martial et Gaspard Benoist. Pompadour avait amené deux canons. Il attendait M. de La Chatre avec deux autres (10). L'abbesse de la Règle fut appelée par M. de La Martonnie à une de ces réunions (11). Il s'agissait sans doute

---

(1) K. Déposition de Jacques David.
(2) K. *Ibid.*
(3) K. Déposition de Jacques David.
(4) K. Déposition de Léonard Garach.
(5) K. Déposition de Melchior Delavaud.
(6) K. Déposition de Melchior Delavaud.
(7) K. Déposition de Jean Romanet.
(8) K. Déposition de Barthélemy Thonyaud.
(9) K. Déposition de Narde Juge.
(10) K. Déposition du procureur Rousseau.
(11) K. *Ibid.*

de l'évacuation du monastère, dont l'occupation était jugée nécessaire à la défense.

Les religieuses l'abandonnèrent en effet et se retirèrent dans la ville, où elles « firent leurs offices dans la chapelle de La Courtine (1). Les bâtiments de la Règle furent garnis de troupes et on mit des postes aux avenues du pont Saint-Martial (2).

Les prisonniers de l'évêché avaient été transférés le lundi, vers onze heures du matin, dans la « secreterie » de Saint-Etienne, « jouxtant les orgues », où il restèrent sous la surveillance d'un corps de garde jusqu'au vendredi, 20. Ce jour-là, on les transféra dans un cachot, sous les voûtes de la cathédrale, en leur annonçant qu'on les pendrait le lendemain. Tous les ligueurs expulsés de la ville étaient venus les voir: Jean Boyol, Joseph Duboys, le chanoine Albiac, le fils de Nobis, Jacques Romanet entr'autres. On continuait de leur raconter que la ville était « bouclée » par les ligueurs et allait tomber en leur pouvoir (3).

Nous avons dit que les maisons de plusieurs des royalistes et des Huguenots arrêtés par ordre de l'évêque avaient été mises au pillage. S'il faut en croire quelques témoins, les ligueurs expulsés de la ville furent les principaux auteurs de ces déprédations. L'un nous montre le garde de la Monnaie, Joseph Duboys, faisant, le jeudi, 19, enlever les meubles de la maison Delavaud (4); suivant un autre, les Puymoulinier avec Crouzeil, le fils de Sanxon et les Rastignac étaient allés tout mettre sens dessus dessous et tout piller chez Rolland, cherchant même sa femme pour la tuer (5). Pour couronner l'œuvre, on mit, le 20 au soir, le feu aux habitations de Melchior Delavaud, de Jean Poylevé et de Jacques de Meynard : six maisons du bas du faubourg Boucherie, les plus belles, furent dévorées par les flammes (6).

Cependant le Gouverneur et les Consuls avaient envoyé des messages au duc d'Epernon, qui se trouvait alors aux environs, à la tête de quelques forces. Le duc réunit à ses troupes celles des seigneurs de Saint-Jean et de Beaumont (7), et se dirigea aussitôt sur Limoges à marches forcées, avec cinq cents chevaux et deux mille arquebusiers. Quand son avant-garde parut sur les hauteurs qui dominent la ville, l'Evêque tenait conseil en plein air avec Pompadour et les autres chefs. Tout à coup arrivèrent bride abattue, annonçant l'approche des troupes royales, trois ligueurs envoyés en reconnaissance : Pierre de Vaulx, Paul Berger et Nobis. Tout le monde sauta en selle et s'empressa de détaler (8).

D'Epernon arriva probablement le 19. Ce jour-là un témoin vit M. de

---

(1) *Annales manuscrites*, p. 370.
(2) K. Déposition du procureur Rousseau.
(3) K. Dépositions de François Bonnin, de François Rolland et autres.
(4) K. Déposition de Léonard Garach.
(5) K. Déposition de François Rolland.
(6) K. Dépositions de Melchior Delavaud, Pierre Reculès, etc.
(7) Mémoires de Pierre Robert.
(8) K. Déposition de Jacques David.

La Martonnie traverser le pont Saint-Etienne accompagné de sept ou huit cavaliers et d'un mulet « chargé de coffres ». Jean Boyol et quelques autres ligueurs coururent après lui et le ramenèrent (1); il est certain toutefois que l'Evêque quitta la Cité avant le 22 (2) : il suivit probablement Pompadour le 20 ou le 21, quand celui-ci en sortit avec une partie de ses troupes.

D'Epernon entra à Limoges vers neuf ou dix heures du soir (3). Les soldats du Gouverneur et des Consuls avaient fait ce jour-là une sortie vigoureuse et enlevé la barricade que les ligueurs avaient élevée à l'extrémité du faubourg Manigne, auprès du couvent des Frères-Prêcheurs. Le duc, de son côté, culbuta les postes du pont Saint-Martial, et repoussa les troupes de Pompadour. Celui-ci ne se souciant pas d'être pris avec tout son monde comme dans une souricière, laissa La Capelle Biron, le capitaine Boffran et une partie de ses hommes pour défendre la vieille ville et le « fort » de Saint-Etienne (4). Pour lui, il se mit à harceler l'ennemi avec ses cavaliers et tenta d'opérer une diversion sur les derrières des troupes royales.

Le vendredi, 20, entre huit et neuf heures du soir et par une nuit des plus obscures, le capitaine Verthamon, commandant d'une des compagnies de la ville, reçut du Gouverneur l'ordre de reconnaître la portion de l'enceinte de la Cité avoisinant l'église de Saint-Maurice et l'auberge de la Trappe (dont les bâtiments appartenaient au père du capitaine), et d'essayer de s'y établir. Guillaume Verthamon, fils de Jean Verthamon, un des plus riches marchands de la ville, avait montré une rare énergie dans les événements des 15 et 16. Il accepta la mission et se glissa avec Pierre Ruaud, Martial Chabrol, de Beaunom et une poignée d'autres hommes éprouvés, le long des remparts de la ville épiscopale; ceux-ci étaient en assez mauvais état sur ce point. Verthamon ne fut pas aperçu tout d'abord et ayant trouvé un endroit accessible, il se mit en devoir d'*escaler* la muraille avec ses compagnons. Par malheur une sentinelle l'aperçut et donna l'alarme. Accueillie par les arquebusades, la petite troupe dut battre en retraite. Verthamon reçut une balle dans le côté. On l'emporta et on le déposa à l'hôtellerie de *la Rose*, dans le faubourg Manigne, où il passa la nuit. Au jour il fut transporté chez ses parents; mais dans la nuit ou le lendemain il succomba (5).

Le lendemain au point du jour, La Capelle Biron, se voyant cerné de toutes parts et serré de près par les troupes de d'Epernon, unies à celles du Gouverneur et des Consuls, entama des pourparlers ; mais ils furent bientôt rompus et l'attaque commença.

Les assaillants entrèrent sans beaucoup de difficultés, semble-t-il, dans

---

(1) K. Déposition de Jacques Faurisson, hôte du Pont-Saint-Martial.
(2) L'Evêque « se sauva voyant que l'affaire réussissoit si mal » (Mémoires de P. Robert).
(3) BONAVENTURE DE SAINT-AMABLE, *Histoire de Saint-Martial*, t. III, p. 803.
(4) *Ibid*, t. III, p. 803, et *Annales*, p. 370.
(5) K. Dépositions de Pierre Ruaud dit Petit-Pey, de Martial Chabrol et réquisitoire du Procureur du Roi.

la Cité, qui fut mollement défendue par les soldats de Boffran. Peut-être même la plupart de ces derniers se débandèrent-ils. La Capelle Biron se renferma, avec ce qui lui restait d'hommes, dans le palais épiscopal, l'église cathédrale et les maisons voisines, et il annonça l'intention d'y faire une vigoureuse défense. Mais on pointa contre ses positions plusieurs pièces d'artillerie. On roula même devant la cathédrale les gros canons de fonte de la maison de ville. A l'aspect de ces préparatifs, les soldats ligueurs refusèrent de continuer la résistance. La Capelle Biron dut capituler; il obtint des conditions honorables (1).

Les divers combats des 20 et 21 octobre avaient coûté la vie à un grand nombre de soldats; « assez de peuple » y périt « de côté et d'autre » au rapport d'un contemporain, Pierre Robert. Il faut dire qu'une foule de gens de guerre appartenant au parti des ligueurs, étaient accourus dans la Cité à la nouvelle des événements. Parmi les officiers qui furent tués, Robert mentionne « un brave capitaine natif d'Argenton, nommé Sourdault » (2).

Le maître d'hôtel de l'évêque, Bueyly, qui avait le commandement du clocher, se décida à son tour à traiter de sa remise. C'était sur le soir. Il alla trouver les prisonniers enfermés dans un cachot sous les voûtes de l'église et leur dit : « Courage, Messieurs, j'ay capitulé, pour vous la vie » est sauve et pour toute cette canaille » — parlant des soldats et de Boffran qui s'en étaient allés sans vouloir combattre.—« Vous serez bientôt libres(3) ». En effet, le lendemain matin, dimanche, 22, La Capelle Biron, sa compagnie et les ligueurs de la Cité qui se trouvaient renfermés dans la cathédrale sortirent, vie et bagues sauves. Une garnison fut mise dans Saint-Etienne et la ville épiscopale occupée militairement. L'Intendant de Vic, le président Martin et le lieutenant criminel, son frère, délivrèrent les prisonniers. Un *Te Deum* solennel fut chanté à Saint-Martial; D'Epernon, le Gouverneur et les Consuls y assistaient (4).

Le lendemain, d'Epernon livra la Cité à ses soldats, qui mirent au pillage la malheureuse ville. Toutes les habitations des personnes compromises dans les événements des jours précédents furent saccagées. Du palais épiscopal et de la maison du capitaine Avril il ne resta que des ruines (5). Une garnison fut laissée dans Saint-Etienne. Beaucoup d'habitants de la Cité et des faubourgs furent contraints de s'éloigner et « tinrent le parti de la Ligue » (6) dans les environs.

Malgré les exécutions du 17 et du 19, les dangers dont la ville était encore menacée et la crainte de nouveaux complots faisaient considérer la répression de la tentative du 15 comme insuffisante. Les ressentiments

---

(1) *Histoire de Saint-Martial,* t. III, p. 803.
(2) Extraits des Mémoires de P. Robert, aux Archives de la Haute-Vienne (fonds Bosvieux).
(3) K. Déposition de Barthélemy Thonyaud.
(4) *Histoire de Saint-Martial,* t. III, p. 803; *Annales,* p. 370; K. Déposition de François Bonnin, Barthélemy Thonyaud, etc.
(5) *Histoire de Saint-Martial,* t. III, p. 803; *Annales,* p. 370.
(6) Mémoires de P. Robert.

particuliers, du reste, n'étaient pas calmés, une partie des principaux coupables avaient échappé à la justice. L'Intendant et les magistrats du Présidial reçurent les plaintes des familles des victimes de ces tristes événements et procédèrent aussitôt à des informations. Le 27 se présenta au logis de De Vic, demandant justice du « misérable murtre et assassinat commis en la personne de son feu mari », Péronne Hardy, veuve du consul Pinchaud. Elle était accompagnée de ses huit enfants, tous mineurs et la plupart en bas-âge : elle dénonça les principaux auteurs de l'entreprise du 15 comme les assassins de son mari et somma le procureur du roi de se joindre à elle (1). Une procédure commença. Dès le 18 octobre, l'Intendant avait entendu la plainte de Jean Bayard, le tailleur de la monnaie blessé mortellement devant Saint-Michel. Les autres personnes lésées s'adressèrent à leur tour à la justice et une information fut ouverte sur chaque fait particulier (2).

Les seules pièces existant dans le recueil, très incomplet, des Archives nationales qui nous a fourni la plus grande partie de nos renseignements, attestent qu'en dehors des exécutions des 17 et 19 et des captures de la première heure, le procureur du roi ne requit pas, du 27 octobre au 9 décembre, l'arrestation de moins de cent trente personnes :

Quatre vingt-cinq à raison des événements qui s'étaient passés dans la ville : Jean Gadaud, l'avocat Petiot, le cordonnier Maubayc, Gérald Faugeyrat, prêtre de Saint-Michel; Reveilhard (?), prêtre; le chanoine Barny, Nicolas Guéry, Antoine Veyrier, Jean de La May, Guillaume Nicot, Jean et François Delauze, Jean de La Roche, fils du Vice-sénéchal; Jean et Léonard Fricquet frères, Pierre Saleys, ses deux fils Pierre et Jean, Jean Chambon gendre de Nicot; Juge, serviteur de Rouard ; Simon Gabaud, praticien, serviteur du juge Petiot; Etienne et Pierre Bardonnaud, François Descoustures, Peyteau, Bardet, Jean Boissière, procureur ; Martial Roux dit le Besson, et ses frères ; Guillaume Poylevé (3), Léonard et Jean Saleys, Jean Boissière, Pierre Charles dit Niot, le fils de Jacques du Plessis, Guillaume David, Etienne David, Jean Colomb, Jean et François Dugros, le fils aîné de Jean Gelière, Martial Garach, Pierre et François Plainemaison, Jean Bardinier, les Charchoiry (4), Mathieu Alesme, l'horloger Gautier de Montagut, Léonard Vigier, l'archer Jean de Lachenaud, Bouchardon le jeune, Barthélemy Desflottes, Joseph et Martial Descordes dits Coulhaud (5),

(1) K. Requête de Péronne Hardy.
(2) Plaintes de Jean Bayard, 18 octobre; du lieutenant Mosnier, 19 octobre; de Dominique Mouret, 20 octobre; de Péronne Hardy, veuve Pinchaud, 26 octobre; de Françoise Pénicaud, veuve Couilhe, 28 octobre; de Pierre Noalher, 28 octobre; de Jean de Verthamont, fin octobre; de Jeannette Gelhée, veuve Pouyat et de sa belle-mère, 3 novembre; de J. David (Cité), 10 novembre; de J. Martin, 13 novembre, etc.
(3) L'un d'eux prétendit qu'il avait été pris par les ligueurs et retenu dans Saint-Michel; il n'aurait pu s'échapper que le 16, à huit heures du matin et se serait empressé d'aller à l'hôtel-de-ville « faire son rapport » aux consuls. Le nom de Guillaume Poylevé ne figure pas parmi ceux des quatre prisonniers désignés par Vouzelle dans ses aveux.
(4) Charchoury ne paraît pas être le même que Pierre Charchoury dit Pouret, chirurgien.
(5) Le Vice-sénéchal déclare, dans ses aveux, que les deux Coulhaud étaient prisonniers et avaient passé la nuit du 15 au 16 dans l'église, retenus comme tels par les ligueurs.

XLVIII

Pierre Vernajoulx, Philippon Poncet, Guillaume Foucaud, « le cadet du *Chapeau Rouge* », James et Maximien (Simien) Guilhot, Martial Bonin, Guillaume Gadaud, Jean Sauvage, Pierre Noalher, Jean Davalat, Noël Gay, Fanton, Farne fils aîné, Pierre Bourdonnaud (1), Marpiénas aîné, le cordonnier Bonnebrée, le fils de « Marie de chez le Bureau », Pierre Yvert, Jacques et Martial Cibot, les deux Louis Cibot, Jean Plainemaison, François Rousseau, Guillaume Verthamon, Guillaume Poylevé, Jean Laborne, le procureur Massias ;

Quarante à quarante-cinq comme auteurs ou complices des actes d'arrestation, de pillage et d'incendie qui s'étaient produits dans la Cité et les faubourgs, et du meurtre du capitaine Verthamon : l'évêque Henri de La Martonnie, Pierre Sanxon, Pierre Avril, les deux de Douhet du Puy Moulinier, Martial et Gaspard Benoist, Jean Boyol, l'orfèvre Aymeric Boisse le jeune, dit le Maxipt, et Léonard, son fils; Jean Boisse dit de Las Daufinas, Le Besson, Du Maizeau, Joseph Du Boys, les deux Jean Hardy, Jean Sanxon, Jean Bueyly, Guillaume et Grégoire Descordes, Jean et Martial Sandelles, Léonard Thévenin, Guillaume Briance; cinq chanoines de Saint-Etienne : Pierre Verneresse, curé de Saint-Michel; Martial Lagorce, curé de Saint-Maurice, Pierre Du Boys, Martial Romanet et Martial Pabot; deux vicaires de la cathédrale : Vernéjoul et Barthélemy Guibert; deux chanoines de Saint-Martial, Léonard Albiac et Pierre Mousnier dit Cadagnac, et une dizaine d'autres (2).

Les arrêts qui se rapportent au meurtre de Guillaume Verthamon, nous ont seuls été conservées. Les prévenus avaient été assignés au 9 novembre. Ce jour-là, le Présidial tint une audience solennelle. Le comte de La Voulte, gouverneur du Limousin, présidait la Cour, assisté du lieutenant criminel et des conseillers de Joyet, de Loménie, Baignol, Garraud et Granchaud. A la barre se tenaient les deux défenseurs d'office, maîtres Desmaisons et Vincent, « avocats les plus anciens fréquentant le barreau ». La poursuite avait lieu à la requête du procureur du roi, sur la plainte de Jean Verthamon, père du capitaine. Défaut fut donné une première fois contre les prévenus, et un arrêt prescrivit qu'ils fussent ajournés à trois jours francs, à son de trompe, et leurs biens saisis et régis par des commissaires. Le 13, second arrêt par lequel la Cour, présidée cette fois par le président Martin, et statuant peut-être sur un déclinatoire d'incompétence soulevé par les avocats, déclare que la cause est de celles dont la connaissance souveraine lui appartient, donne de nouveau défaut contre les prévenus et les ajourne de rechef devant elle. Le 21 novembre, constatation définitive du défaut, de l'audition et du recollement des témoignages par le lieutenant criminel et le conseiller Garraud, et conclusions du pro-

(1) N'est pas le même que Bardonnaud nommé plus haut.
(2) Réquisitoire du 27 octobre (meurtre Bayard); du 31 octobre (meurtre Couilhe); du 4 novembre (meurtre Mouret); du 10 novembre (blessures Noalher); du même jour (arrestations et pillages dans la Cité); du 13 (meurtre Pinchaud); du 26 (meurtre Mosnier ; du 1ᵉʳ décembre (affaire Delavaud et autres arrestations, pillages et incendies dans les faubourgs); du 9 décembre (meurtre Verthamon).

cureur du roi auquel s'est joint le procureur de l'hôtel-de-ville. Ce dernier requiert la cour d'adjuger à la Commune la maison dés de Douhet du Puy-Moulinier, de déclarer cet immeuble inaliénable, de prescrire qu'il soit affermé par les Consuls et que les deniers en provenant chaque année soient employés à l'entretien des fortifications. Il demande de plus que les autres contumaces soient condamnés chacun à mille écus d'amende, et que ces sommes soient affectées aux réparations du Collége et des autres édifices publics. Le procureur du roi conclut à son tour à la condamnation à mort des accusés et il requiert que l'exécution ait lieu sur la place des Bancs. La Cour ordonne qu'ils seront ajournés une dernière fois.

Le 13 décembre 1589, date fixée pour dernier terme, le Présidial proclame les accusés « vrais contumaces », les déboute « de toutes exceptions, défenses, déclinatoires », et les déclare « atteints et convaincus du crime de lèse majesté, et autres mentionnés au procès ». En conséquence elle les condamne « a estre pendus et estranglez par l'exequteur de la haulte
» justice en la plasse publique des Bans de la present ville, en une
» potance qui pour cet effect y sera dressée, et ce en leurs personnes, si
» prins et apprehendés peulvent estre, sinon par effigie, en ung tableau
» qui sera attaché à ladicte potance ». L'arrêt les condamne de plus chacun à trois cents écus d'amende, solidairement, et dit que la moitié de cette somme sera versée à Jean de Verthamon ; un quart reviendra au Roi « pour estre employée aux réparations de l'auditoire royal », et un quart aux Consuls, pour les réparations des murailles et l'entretien du Collége. Enfin la maison des de Douhet sise « au coin de la rue de Consulat, au devant la Boucherie (1), » où ils ont fait « assemblées et monopoles », est adjugée à l'Hôtel-de-ville, dont elle demeurera le domaine inaliénable et qui en employera le revenu à l'entretien des fortifications.

Bien que M. de La Martonnie figurât au nombre des personnes dont l'arrestation avait été requise par le procureur du roi, le 1er décembre, il ne paraît pas qu'il fût atteint par cet arrêt. Celui-ci, semble-t-il, concerne seulement les deux de Douhet, les deux Benoist, Jean Boyol, Guillaume et Grégoire Descordes, Jean et Martial Sandelles, Guillaume Briance, Léonard Thévenin, les chanoines Duboys, Romanet, Pabot, Verneresse, Sandelles, Lagorce et Mousnier dit Cadagnat (2).

M. de Pompadour n'avait pas lieu d'être satisfait des résultats du complot dont il attendait depuis plusieurs mois l'explosion. Bien que les combats des 20 et 21 n'eussent pas été très acharnés, il y avait péri « beaucoup des siens et sept ou huit de ses chevaux » (3). Limoges était

---

(1) La Boucherie ou Halle à la viande était située sur la place des Bancs, du côté des rues Ferrerie et du Consulat.
(2) « A Limoges, au palais et auditoire royal de la cour criminelle et présidiale. » Signé : Martin, président, de Joyet, Deloménie, Garraud, de Granchaud ». On voit que le lieutenant criminel et le conseiller Baignol qui assistaient à l'audience du 9 novembre, n'ont pas pris part à la condamnation.
(3) K. Déposition de Jacques Lamy, écolier.

L

définitivement perdu pour la Ligue ; les dévouements qu'elle y possédait encore se trouvaient réduits à l'impuissance. L'Evêque n'osait rentrer dans la Cité. Néanmoins les ligueurs tenaient encore plusieurs places autour de Limoges ; au commencement de l'année 1590, Meillards, Masseret, Saint-Germain, Eymoutiers, Saint-Paul, Laurière, Beaupré, étaient entre leurs mains. Plusieurs de ces châteaux furent assiégés, et les Consuls de Limoges envoyèrent quatre ou cinq fois des renforts et de l'artillerie aux troupes royales. Au siége de Laurière, où les ligueurs tenaient enfermé le seigneur de Saint-Germain-Beaupré, se trouva le le capitaine Raymond avec sa compagnie de soldats gagés. Les assiégés furent contraint de mettre le feu au château et de l'évacuer (1). La couleuvrine *La Marsalle*, à laquelle les habitants de Limoges portaient un attachement presque superstitieux, contribua à la prise du château de Cros, près La Souterraine, dont du Maizeau et de La Valade s'étaient emparés (2). Les gentilshommes ligueurs, malgré ces échecs, avancèrent vers Limoges et enlevèrent le Chalard près Eymoutiers ; mais leurs succès ne furent pas de longue durée. Le président Martin, avec l'infanterie de la ville, débusqua leurs hommes de Gris et opéra du côté des Allois pour arrêter les courses des ligueurs du Chalard et d'Eymoutiers. Pendant ce temps, un détachement allait s'emparer de Saint-Paul, et mettait le bourg au pillage. Le gouverneur avait occupé un certain nombre de places dans la montagne : Vigeois, Saint-Sadroc, Masseret, Eymoutiers, Saint-Germain avaient été enlevés, Chamberet brûlé. A la même époque, Guéret était enlevé aux ligueurs par les troupes royales qui se trouvaient dans la Marche. Les miliciens de Limoges, toujours conduits par le président, attaquèrent M. de Rochefort dans le château de Meilhac : les assiégés se rendirent, ayant pris pour un formidable convoi d'artillerie un convoi de vivres et de munitions qui arrivait aux soldats de la commune (3). Martin alla ensuite avec *La Marsalle* rejoindre devant Ladignac le Gouverneur, qui, accompagné de « beaucoup de noblesse », y serrait de près un des Rastignac, M. de La Cousse (4). La Cousse se défendit avec vigueur, fit brûler un certain nombre de maisons pour empêcher les assaillants de s'y loger et repoussa plusieurs attaques. Il fallut entrer dans la place par la brèche. La garnison se réfugia dans dans l'église. Ce fut un nouveau siége à faire. Enfin les ligueurs se rendirent à discrétion ; on en pendit six ou sept, et le capitaine La Cousse, transféré à Limoges, y eut la tête tranchée (5).

Un revers des plus graves devait suivre de près tant d'avantages. Au retour même du siége de Ladignac, le Gouverneur, qui avait déjà éprouvé un léger échec à Champvert, paroisse de La Porcherie, fut attaqué près de Béchadie par Pompadour, qui battit ses troupes, les mit en fuite et prit

---

(1) Mémoires de P. Robert.
(2) *Abrégé des Annales*, p. 528.
(3) *Hist. de Saint-Martial*, t. III, p. 803, 804.
(4) Robert l'appelle « le sieur de Paradis ».
(5) *Hist. de Saint-Martial*, t. III, p. 804, et *Annales*, p. 390.

une partie au moins de leur artillerie (1). La « pièce de Limoges » (2), la fameuse *Marsalle* tomba entre ses mains.

Cet événement rendit confiance aux ligueurs, qui poussèrent quelques pointes hardies dans les environs de Limoges. Les Consuls, craignant que la ville ne fût attaquée, prescrivirent des mesures rigoureuses à l'égard des suspects : « au moindre mot couché de travers, on estoit soupçonné et chassé » (3). La compagnie gagée qui faisait le service à l'intérieur de la ville, avait été mise sous les ordres du capitaine Romanet, l'orfèvre blessé le 16 à l'attaque de Saint-Michel (4) ; elle était sans cesse sur pied. On prenait, à l'égard de tout ce qui arrivait de l'extérieur, des précautions rappelant celles qu'on était obligé d'adopter en temps d'épidémie. Comme les remparts de la Cité, en si mauvais état qu'ils fussent, pouvaient encore, à la rigueur, abriter des troupes, les magistrats municipaux firent abattre toute la partie de cette enceinte comprise entre l'église de Saint-Maurice et le portail des Vimières (5), c'est-à-dire tout le côté qui regardait la Ville. De nouvelles expulsions accompagnèrent cet acte d'autorité, contre lequel l'Evêque n'osa même pas protester.

Beaucoup de personnes connues pour leur attachement à la Ligue jugèrent prudent de s'éloigner ; un certain nombre d'habitants de la Cité, ne trouvant plus de sécurité dans une ville ouverte ou craignant de nouvelles rigueurs, abandonnèrent leurs maisons. Plusieurs se réfugièrent à Saint-Léonard (6) et, s'il faut en croire Pierre Robert, les Consuls demandèrent aux habitants de cette petite ville de leur livrer plusieurs de ces fugitifs. L'Intendant Turquant, envoyé de nouveau à Limoges, se rendit à Saint-Léonard à cette occasion et y fit opérer l'arrestation de plusieurs bourgeois (7).

A la suite de l'avantage remporté par les troupes de Pompadour, les ligueurs avaient repris l'offensive et réoccupé plusieurs villes évacuées ou rendues par eux l'année précédente. Ils s'étaient de nouveau établis fortement dans les petites places du massif montagneux qui domine tout le pays. Il fallut, en 1591, recommencer la campagne de l'année précédente. Louis de Pierrebuffière, baron de Chamberet, à la tête de quelques troupes dont le régiment de Puyraveau formait le corps principal, dirigeait les opérations du côté de Treignac. Pendant ce temps le Gouverneur attaquait Masseret, était blessé sous les murs de cette petite ville et se voyait forcé d'interrompre le siége. Les ligueurs, enhardis, venaient assiéger, dans Neuvic, le frère de Chamberet, que celui-ci délivra ; bientôt le Gouverneur reprit son commandement et s'empara de Masseret (8).

---

(1) Mémoires de P. Robert et *Hist. de Saint-Martial*, t. III, p. 804.
(2) *Journal de P. de Jarrige*, p. 99.
(3) *Hist. de Saint-Martial*, t. III, p. 804.
(4) *Annales manuscrites*, p. 370.
(5) *Annales*, p. 371 et *Hist. de Saint-Martial*, p. 804.
(6) NADAUD, *Mémoires manuscrits*, t. I, p. 28 et 48.
(7) Mémoires de Pierre Robert.
(8) *Hist. de Saint-Martial*, t. III, p. 805.

Cependant les ligueurs, qui avaient évacué, comme on l'a vu, la ville de Saint-Yrieix après l'avoir tenue près d'une année, vinrent le 12 mars 1591, à la pointe du jour, mettre le siége devant ses murs. Pompadour les commandait; il avait avec lui les Rastignac, Saint-Chamans, Montpezat et autres. M. de Chamberet se jeta dans la place avec quelques hommes et s'y défendit avec vigueur. Le Gouverneur vint à son secours avec beaucoup de gentilshommes; mais les troupes de la Ligue le repoussèrent, entre Janailhac et Saint-Yrieix, à une lieue environ en avant de cette dernière ville et lui tuèrent beaucoup de monde. Au nombre des morts se trouvèrent le comte de La Rochefoucault, M. de la Coste-Mézières, gouverneur de la Marche, ou peut-être seulement lieutenant de ce gouvernement, les s^{rs} de Lourdoueix, de Rochefort père et fils, et un capitaine de Limoges, du nom de Proges ou Progy (1). Le malheureux de La Voulte, qui avait essuyé depuis deux ans presque toutes les défaites éprouvées par son parti dans la contrée, devint cette même année, par la mort de son père, duc de Ventadour. Peu après il alla servir le Roi en Languedoc et le gouvernement du Limousin fut donné à Madame d'Angoulême, qui chargea M. de Chamberet du commandement des troupes dans la province (2).

Saint-Yrieix, après avoir vaillament résisté aux ligueurs, qui établirent plusieurs batteries dans les faubourgs, et tentèrent même une attaque de vive force, vit, le 31 mars, les troupes de Pompadour et de Rastignac s'éloigner pour aller enlever quelques petites places des environs (3).

Enhardis par leurs succès, les ligueurs tentèrent, le 1er mai, de s'emparer de Bellac à la faveur du concours d'étrangers qu'y avait attiré une procession. Leur entreprise échoua. Mais la Ligue possédait de nombreux adhérents dans cette place, et tout le faubourg, alors aussi important que la ville elle-même, leur appartenait. Des Consuls, un seul, fort jeune alors, Genebrias, tenait pour le parti du Roi. Aidé de quelques hommes de cœur, il réussit à maintenir ses concitoyens dans le devoir. Un chef ligueur du Poitou, M. de La Guierche, avec onze ou douze cents hommes et trois canons, arriva à Magnac-Laval, le 8 mai, et somma Bellac de se rendre à lui. Les royalistes, qui venaient de charger, sur l'invitation de l'intendant Turquant, M. de La Couture du commandement militaire, fermèrent leurs portes et se préparèrent à un siége qu'ils soutinrent vaillamment. Les remparts furent battus par le canon, la brèche pratiquée et l'assaut donné à plusieurs reprises. Grâce à l'énergie de Genebrias, les ligueurs furent repoussés; les bourgeois, quelques soldats de M. de La Couture et un détachement commandé par le jeune d'Abin, fils du Gouverneur de la Marche, défendirent les murailles avec une ténacité qui découragea les assaillants. Cependant on parlait de capitulation,

---

(1) Mémoires de Pierre Robert et *Journal de P. de Jarrige*, publié par M. H. de Montégut. Palma Cayet, *Chron. novennaire*, édit. Buchon, liv. 4, p. 428, signale la mort des deux premiers.

(2) Dans l'*Histoire de Saint-Martial*, il est dit que M. de Chamberet fut nommé dès cette époque lieutenant du roi au Gouvernement. Nous croyons qu'il y a erreur.

(3) *Journal de P. de Jarrige*, publié par M. H. de Montégut, p. 102 et 103.

quand Chamberet se jeta dans la place. Il ne fut plus question de
se rendre. De nouvelles attaques des ligueurs furent repoussées et le 28
mai, La Guierche, apprenant que le prince de Conti se dirigeait à marches
forcées sur Bellac, se décida à lever le siége et battit en retraite sur
Montmorillon. Il ne perdit pas moins de deux cents hommes dans cette
expédition (1).

Mais le baron de Saint-Germain-Beaupré venait d'être atteint d'une
blessure mortelle au Moûtier-d'Ahun. M. de Montcocu et M. de Villelume
sieur de Barmontet (2), son gendre, qui tenaient pour le roi à Thouron,
avaient été tués dans une embuscade au moment où ils marchaient sur
Bellac et Le Dorat, pour secourir ces deux villes. De nouveau, Limoges
était menacé. Les Rastignac, qui s'étaient emparés de Courbefy, couraient
le pays et s'avançaient jusqu'aux environs de la ville. Ils parurent même
dans les faubourgs, à Saint-Gérald et aux Carmes. Tout le monde redou-
tait une surprise. Le 30 juin, jour de la foire de Saint-Martial, les soldats
du corps de garde placé à l'entrée des routes d'Aixe et de Saint-Junien,
s'étant mis à jouer ensemble et à simuler un combat, le bruit d'une
attaque des ligueurs se répandit dans la foule. Tout le monde s'enfuit
vers la porte Montmailler, seule ouverte alors, afin de se réfugier dans
la ville. La presse fut telle que plusieurs personnes et beaucoup de bestiaux périrent étouffés (3).

Limoges était destiné à éprouver une fois encore, avant la fin de
cette année, le douloureux contrecoup des discordes civiles. Le 7 décembre 1591 (ou peut-être le 8 seulement), comme on allait procéder
selon l'usage aux élections municipales, une foule tumultueuse et menaçante s'assembla devant l'Hôtel-de-Ville, demandant qu'on nommât des
magistrats qui ne fussent « ni ligués, ni huguenots » (4). Quels faits
avaient pu motiver cette émotion, dont les instigateurs étaient le président Martin, son frère le lieutenant-criminel (5) et d'autres royalistes
éprouvés? Les Consuls de 1591 avaient-ils dévié de la ligne de conduite
que leur avaient tracée leurs prédécesseurs? Un revirement s'était-il produit
dans l'opinion? Des intrigues, ourdies par quelques familles riches et
puissantes, donnaient-elles lieu de craindre que l'élection du 7 décembre
1591 ne fût en quelque sorte une revanche des événements du mois d'octobre 1589? Nous l'ignorons absolument. La multitude, très surrexcitée,
battait les portes de la maison commune verrouillées par dedans —
d'où le nom d'*Affaire des Verrouilhats* resté à cette émeute — et
voulait les enfoncer. Les Consuls, qui s'y étaient enfermés avec l'intendant
Turquant, en sortirent par la ruelle Boutin, qui longeait le petit jardin de
l'Hôtel-de-Ville, et parurent tout d'un coup avec leurs soldats aux deux

---

(1) Lettre du Consul Genebrias à l'Intendant Turquant (*Bulletin de la Société archéologique
et historique du Limousin*, t. II, p. 242 et ss.
(2) On sait fort peu de choses sur cette affaire, qui eut pour théâtre la forêt de Rancon.
(3) *Annales manuscrites*, p. 372.
(4) *Ibid.*, p. 373.
(5) Arch. Hte-Vienne, Fonds Bosvieux : Extrait des manuscrits de Pierre Robert.

extrémités de la rue du Consulat, où se pressait la foule. Les séditieux s'enfuirent, mais non sans avoir opposé de la résistance ; plusieurs citoyens notables de la ville, deux élus entr'autres, l'ancien consul Beyssat et Mathieu Massiot, gendre du lieutenant-criminel, furent tués. Le président lui-même et son frère « se trouvèrent en grand hasard de leurs personnes »(1). Il ne paraît pas que la répression ait été aussi sanglante qu'on 1589 ; mais les chefs du mouvement furent chassés de la ville avec tous ceux qu'on soupçonna d'avoir participé au complot (2).

Les ligueurs, établis à Courbefy, laissèrent, en l'absence du sieur du Pouget, l'un des Rastignac, leur chef, le capitaine Laforest s'emparer de cette importante position, qui commandait la route de Périgueux à Limoges; Chamberet, de son côté, enleva la tour de Bar et délivra quelques prisonniers. Mais les partisans de l'Union obtinrent, dans les premiers mois de 1592, de sérieux avantages. Non-seulement La Capelle-Biron surprit à son tour Courbefy et tailla en pièces tout ce qu'il y trouva, mais il se rendit maître de Châlus, d'où il recommença ses courses : ses cavaliers parurent de nouveau sous les murs de Limoges et mirent même le feu au village de Saint-Lazare, qui est comme un faubourg de la ville (3). Ces succès et ces bravades firent sentir à tout le monde la nécessité d'en finir. Un grand nombre de gentilshommes prirent les armes ; la ville fournit un contingent d'hommes et d'artillerie, et Chamberet, assisté du seigneur de Châlus, le comte de Busset, des sieurs de La Vauguyon, d'Aubeterre, de Saint-Mathieu, de La Force et autres, marcha sur la petite place illustrée quatre siècles plus tôt par la mort du roi Richard-Cœur-de-Lion. Il demeura quinze jours sous ses murs. Un des Rastignac, qui y commandait, capitula après une vigoureuse résistance : il sortit de la place avec sa troupe, enseignes déployées, tambours battant et mèches allumées. Pour organiser cette expédition, ou peut-être pour payer le départ de l'ennemi, Chamberet donna « de 10 à 12,000 écus en gage, tant en vaisselle d'argent, chaînes, dorures, pierreries, bagues, perles, tours de lits, tapisseries » (4).

L'année suivante le capitaine Petiot, à la tête d'un détachement de milice bourgeoise, enleva par surprise le Chalard-Peyroulier, près Saint-Yrieix, aux ligueurs qui s'y étaient établis depuis longtemps (5) ; en même temps, des battues fréquentes obligèrent la garnison de Courbefy, devenue de ce côté le poste avancé de La Capelle-Biron et de Rastignac, à cesser ses incursions sur le cours de l'Aixette et celui de la Ligoure.

(1) Nous trouvons cette indication dans les manuscrits de Pierre Robert. Le récit des annalistes ne laisse même pas supposer que l'émeute ait pu coûter la vie à un citoyen. — Encore une prière qui se rapporte à quelque veille pleine d'angoisses de cette période tourmentée et que nous lisons au vieux registre du Consulat : « Domine, doce me facere voluntatem tuam, quia Deus meus es tu! — 26° décembre 1591, nocte. Guy. » Ces deux lignes sont la seule trace d'un drame qui demeurera toujours inconnu.
(2) Annales manuscrites, etc.
(3) Hist. de Saint-Martial, t. III, p. 803.
(4) Registre d'un notaire de Pierrebuffière, cité par NADAUD, Mém. mss, t. IV, p. 126.
(5) Hist. de Saint-Martial, t. III.

LV

Grâce aux « admirables prouesses » de Chamberet, — l'expression appartient à nos Consuls (1) — les bourgeois de Limoges jouissaient d'un peu plus de sécurité. Le brave soldat fut récompensé de ses services par le titre de lieutenant-général du Roi au gouvernement de la province, qui lui fut donné par lettres-patentes du 24 avril 1593 (2). La population de la ville reçut cette nouvelle avec une véritable allégresse et fit une for belle réception au nouveau lieutenant-général.

L'annonce d'un événement qui allait changer la face des affaires arriva bientôt aux habitants de Limoges. La lettre-circulaire du Roi datée de Saint-Denis, le 25 juillet 1593, et annonçant sa résolution d'embrasser la religion catholique, parvint aux Consuls le 5 août (3). Si la conversion de Henri IV, à n'en considérer que le côté purement humain, fut l'acte d'un bon politique, elle fut aussi et surtout l'acte d'un bon prince et d'un bon Français. Les cinq dernières années avaient été la période la plus critique et la plus troublée qu'eût traversée le pays depuis les temps désastreux du règne de Charles VI et des commencements de Charles VII. La mort de Henri III avait fait Henri de Navarre roi de France, mais ne lui avait donné qu'un titre et un droit. Un abîme dont nous ne savons pas aujourd'hui mesurer exactement la profondeur, séparait le prince de l'immense majorité de son peuple et de tout le passé traditionnel de la monarchie française : la différence de religion créait entre lui et le pays un obstacle perpétuel à une complète réconciliation. La tranquillité ne pouvait être rétablie et la confiance renaître que par la conversion du roi au catholicisme. Henri IV et ses amis le comprirent sans doute dès le premier jour. Il leur fallut quatre années pour se rendre. La France, pour avoir attendu longtemps cet événement, n'en accueillit la nouvelle qu'avec plus d'allégresse.

« Un tel bien estant advenu, s'écrie joyeusement le scribe du Consulat, après avoir raconté les fêtes qui célébrèrent à Limoges ce grand événement, « nous avons de quoy nous vanter d'avoir un roy le mieux accomply
» de tous les princes de la terre. — Et ne reste maintenant aucun prétexte
» aux rebelles ligueurs de luy desobeir. Toutesfois les meschantz ne man-
» quent jamais d'excuse pour couvrir leur malice » (4).

La conversion du roi donnait en effet le dernier coup à la Ligue. La trêve qui fut signée le 1er août, permit aux populations de respirer après tant de troubles et de discordes. Les Ligueurs expulsés de Limoges eurent permission de rentrer dans la Cité et les faubourgs. L'année suivante, une complète amnistie fut accordée aux Verrouillats (5). Les auteurs de ce mouvement n'avaient pas perdu leur influence, puisque le président

(1) *Reg. consulaires*, 3° vol. p, 10.
(2) *Reg. eonsulaires*, 3° vol., p. 11.
(3) Le 7 d'après les *Annales;* mais suivant un passage des *Reg. consulaires*, 3e vol., p. 19 , la trève fut connue le 5, et ces registres ne font mention de la trêve en question qu'après avoir reproduit la lettre du Roi et exprimé la joie qu'elle causa à Limoges.
(4) *Reg. consulaires*, 3e vol., p, 17.
(5) *Annales*, p. 374 et 375.

LVI

Martin fut réélu consul dès la fin de l'année 1594, et le lieutenant-criminel un an plus tard. — Quelques places tenaient encore pour la Ligue ; mais, leurs garnisons ne couraient plus la province avec la même assurance. Les Consuls conservaient toutefois leur garde soldée ; car la contrée n'était pas encore tranquille. Toute guerre prolongée laissait autrefois le pays infesté de bandes de pillards. De plus les paysans, accablés par les charges extraordinaires qui résultaient de la longue durée de la guerre civile, s'étaient soulevés en plusieurs paroisses du Limousin et des provinces voisines. Chamberet les avait écartés de Limoges, dispersés à coups de canon près de Couzeix et taillés en pièces aux Pousses, près Saint-Priest-Ligoure (1). Le dernier exploit du vaillant soldat fut la reprise de Gimel, dont le siége ne dura pas moins de quatre mois. — 23 septembre 1594 au 23 janvier 1595 — s'il faut en croire le P. Bonaventure de Saint-Amable (2). La garnison se décida enfin à capituler. Il sortit du fort trente « cuirasses » et cent « arquebusiers » (3). Peu après M. de Chamberet mourut.

Pendant que le lieutenant-général était encore devant Gimel, un détestable attentat avait failli replonger la France dans un abime de maux. On apprit à Limoges, le 31 décembre ou le 1er janvier, le crime de Jean Chatel. L'émotion causée par cette nouvelle fut profonde. Tout le monde savait, tout le monde voyait que le rétablissement complet de la paix et de la sécurité dans le royaume était attaché à la précieuse existence du Roi. Le peuple n'avait pas pensé que l'avenir plus heureux dont il envisageait enfin la perspective, pût être compromis par le poignard d'un criminel ou d'un fou. Il mesura les conséquences qu'aurait entraînées l'acte du 27 décembre 1594, si la main du criminel eût frappé plus juste : le pays comprit mieux, à dater de ce jour-là, combien sa propre tranquillité et sa prospérité future étaient indissolublement liées à la vie de Henri IV, et son amour passionné pour celui-ci s'en accrut.

Les Consuls de Limoges avaient pris sur le champ des mesures énergiques pour décourager les tentatives de désordre qui pourraient se produire à la nouvelle de l'attentat, et pour les réprimer au besoin. Les portes étaient fermées, la garde doublée. Avis avait été envoyé à toutes les villes du gouvernement de se garder de leur côté « au cas qu'il mesadvint de la personne du Roy » (4). Bien que l'Evêque se fût détaché de la Ligue après la conversion de Henri IV, et eût prêté à Bordeaux, devant le Parlement, en juillet 1594 (5), serment de fidélité à celui dont il avait été si longtemps l'adversaire, les bourgeois ne se fiaient qu'à demi

---

(1) *Annales*, p. 374 et 375. On trouve sur ce mouvement des « Croquants » des renseignements d'un assez g.and intérêt dans les Mémoires de Pierre Robert.

(2) *Hist. de Saint-Martial*, t. III, p. 805, et *Abrégé des Annales*, p. 534.

(3) *Annales*, p. 375. Il fut dépensé 25,843 livres pour fourniture et transport de vivres, armes, munitions, effets, médicaments, etc. (*Abrégé des Annales*, p. 534).

(4) *Registres consulaires*, 3e vol., p. 24.

(5) Lettre du Parlement de Bordeaux du 21 juillet 1594. (*Archives historiques de la Gironde*, t. XIV, p. 318).

au dévouement de ce néophyte. Un de leurs premiers soins, en apprenant le crime de Chatel, fut d'envoyer un capitaine et dix hommes occuper le château que le prélat possédait à Isle, localité distante de Limoges d'une lieue à peine, et ils attendirent, pour retirer cette petite garnison, d'être bien assurés que la blessure du roi n'aurait aucune suite fâcheuse (1).

Cette alerte devait être la dernière. Les chefs Ligueurs des provinces traitaient l'un après l'autre, et les pourparlers ne portaient plus que sur le prix à mettre à leur soumission. La tranquillité matérielle rétablie, il restait à travailler à la réconciliation effective des partis et ce n'était pas la tâche la plus aisée qu'eût à accomplir le Roi. Il y fut secondé par ses officiers de tout ordre et aidé du reste par le peuple, qui avait soif d'oubli et de paix. En ce qui concerne les événements particuliers à notre province, l'article 23 des conditions accordées à Mayenne à la suite du traité de Follembrai, disposait « que toutes condampnations et exequtions » de mort avenues en la ville de Limoges ez années quatre-vingtz-neuf » et dix, pour le faict des presents troubles et a l'occasion d'iceulx » seraient « non advenuz, la memoire des decedes et l'honneur de leurs » familles restably, permis de faire funerailhes, leurs testamentz et » dispositions vallidés ». Conformément à cette promesse, le roi donna à Follembrai, au mois de février 1596, des lettres d'abolition (2) supprimant tous les effets des condamnations capitales prononcées à l'occasion des événements dont on a trouvé plus haut le récit. Peu après, le baron de Salaignac, envoyé pour remplacer M. de Chamberet dans la charge de lieutenant au gouvernement de la province, — juillet 1596 et mois suivants (3) — profita de sa présence à Limoges pour travailler à la réconciliation des citoyens. Aidé par l'intendant de Bossize, il réussit à pacifier les esprits et à faire accepter à tout le monde l'idée d'une amnistie générale.

Une assemblée de ville, convoquée pour délibérer sur cet objet, décida qu'il serait permis à tous les Ligueurs, sans exception, chassés durant les les années précédentes, de rentrer à Limoges. Cette bonne nouvelle fut aussitôt donnée à tous ceux de ces derniers qui s'étaient provisoirement établis dans la Cité et les faubourgs. M. de Salaignac et M. de Bossize allèrent, avec les Consuls, revêtus de leurs chaperons, et une partie de la population, attendre les proscrits à la porte Manigne. Ils arrivèrent bientôt. On s'embrassa en pleurant de joie et en se promettant mutuellement d'oublier le passé. Tous ensemble, au milieu de l'attendrissement général, se rendirent à l'église de Saint-Martial, où un *Te Deum* solennel fut chanté ; puis chacun, dit l'historien de l'apôtre d'Aquitaine, « se retira dans ses maisons, possessions et offices comme devant (4) ». On exigea

---

(1) *Registres consulaires*, 3ᵉ vol., p. 24.
(2) Le texte de ces lettres a été reproduit dans les *Annales manuscrites*, p. 368, 369, sur une expédition délivrée à Anne Duboys, veuve de Claude Rouard. L'original se trouvait alors entre les mains de Joseph de Petiot, juge de Limoges.
(3) M. de Salaignac fit son entrée à Limoges le 9 juillet.
(4) *Hist. de Saint-Martial*, t. III, p. 809.

seulement des Ligueurs, comme on l'avait exigé des Verrouillats, le serment « de vivre desormais en l'obeyssance du Roi » — 18 juillet 1596 (1).

Les protestants du Limousin, qui paraissent avoir été fort maltraités dans les villes où les Ligueurs avaient réussi à s'établir, ne jouissaient pas même dans les places qui tenaient pour Henri IV d'une complète liberté. Cette même année 1596, au mois d'octobre, le roi étant à Rouen, où il avait convoqué une assemblée de notables, confirma les lettres d'abolition du mois de février concernant les condamnations survenues au cours des troubles de Limoges, en y ajoutant divers articles, dont un au moins en faveur de ses anciens coreligionnaires : « Tous les habitants catholiques » de la Ville, Faubourgs et Cité, en général, jureront », était-il dit dans ces nouvelles lettres, « et promettront de maintenir, confirmer et défendre » leurs concitoyens qui sont de la religion prétendue réformée, sans les » molester, ne inquiéter, ni permettre qu'il leur soit méfait ou médit en » aucune maniere » (2). A l'abri de ces injonctions tutélaires, les protestants de Limoges purent attendre l'Edit de Nantes.

Henri IV ne tint pas rigueur aux citoyens qui avaient embrassé avec le plus d'ardeur le parti de la Ligue. Les de Douhet et les Benoist reçurent en plusieurs occasions des témoignages particuliers de sa bienveillance. Le général Benoist surtout fut comblé par le Roi de marques de confiance et d'estime ; il fut pourvu de la charge de commissaire pour la vérification de la noblesse dans plusieurs généralités, et, investi des fonctions de lieutenant du grand voyer de France, il les remplit avec un zèle qui valut à son nom une véritable popularité (3). Quant à l'Evêque Henri de La Martonnie, il éprouva aussi les bonnes dispositions du souverain à son égard, et obtint en particulier, en 1597, de racheter à la Couronne moyennant une somme peu considérable — 1,200 écus — les droits que deux cent quatre-vingt-dix ans plus tôt Raynaud de La Porte avait été amené à reconnaître à Philippe IV sur la Cité. M. de La Martonnie, d'ailleurs, fit toujours montre d'un grand dévouement au Roi. Nul plus que lui ne s'indigne des mauvais

---

(1) Mémoires de Pierre Robert et *Annales manusc.* Nous devons à l'obligeance de M. A. Leroux, archiviste du département, communication de ce passage fort curieux d'une liève des rentes de Saint-Gérald (Archives hospitalières de Limoges, fonds Saint-Gérald, B 11), dans lequel un ligueur du nom de Duboys, banni avec son frère lors des événements de 1589, donne quelques détails sur cette journée : « Le 18 juillet 1596, nous sommes entrés dans
» la ville pour jouyr, suivant les édicts du Roy, de nos biens, et a nostre entrée assista Mons.
» de Salagniat, nostre Gouverneur, Mons. de Thumery (?) sieur de Boysse et Messieurs les
» Consulz avecq leurs chapperons rouges, lesquels se trouvarent dans le boulevert de la porte
» de Magninie ; et comme tous ceux qui estoient pour lors hors la ville estoient assemblés dans
» le petit cimetière de Saint-Gérald, le capitaine Raymon dit Reytoy, capitaine de la ville, les
» vint prendre avec tous ses soldats dans ledict cimetière ; et marchoit ledict capitayne devant
» eulx jusque dans ladicte porte de Magninie, où ils trouverent les susdicts sieurs qui les
» attendoient, et marchant plus oultre, tous en compaignie, allarent à Saint-Martial ou
» ilz firent chanter une grand'messe du Saint-Esprit ; et fust Mons. le prevost des Séchères
» qui dict la messe. DUBOYS. »

(2) Archives dép. de la Gironde, B 46, fol. 337. Communication de M. A. Leroux.

(3) Notes diverses de Nadaud au Séminaire, et manuscrit français n° 20793 de la Bibl. nationale déjà cité.

desseins de « ceux qui n'ont jamais respiré que troubles ». Nul ne manifeste plus de sollicitude pour la bonne administration de la province. On le voit, par exemple, insister auprès du souverain, en 1602, pour l'envoi, pendant un an ou deux, d'un intendant à Limoges, afin d'y « remettre, redresser et restablir les erreurs et defectuositez » de la justice et des autres services publics. M. de La Martonnie envoie même à Henri IV, lors de l'adoption du réglement royal confiant à cent prud'hommes le choix des consuls, « un petit mémoire » sur la forme de l'élection de ces prud'hommes (1).

Tout le règne de Henri IV, si glorieux cependant et à tant d'égards si sage, se ressentit des discordes qui avaient agité ses premières années. Plusieurs conspirations jetèrent le trouble dans les provinces. Celle du maréchal de Biron, dont deux gentilshommes Limousins, complices un instant de ses desseins, allèrent dénoncer au Roi les coupables menées (2), agita la contrée, mais il y fut promptement pourvu. Peu après, les intrigues du duc de Bouillon menacèrent de mettre le pays en feu; cinq nobles du Périgord, du Quercy et du Limousin, convaincus d'y avoir pris parti, furent condamnés à mort pour crime de lèse-majesté et décapités au pilori de Limoges (3); six autres furent exécutés en effigie. La Capelle-Biron était au nombre de ces derniers.

Les discordes civiles et les haines profondes qu'elles laissèrent après elles contribuèrent, à Limoges comme dans beaucoup d'autres villes, à la ruine des libertés municipales. Les serments qui scellèrent la réconciliation opérée au mois de juillet 1596, sous les auspices du baron de Salaignac et de l'Intendant, étaient assurément sincères; mais ils ne furent pas tenus. Le premier élan d'enthousiasme passé, les larmes d'attendrissement essuyées, les rancunes et les rivalités entre les familles se réveillèrent. Pour éviter que le consulat tombât aux mains d'une faction, les bourgeois furent amenés, cette même année 1596 — il n'est pas téméraire de supposer que le lieutenant au gouvernement et l'intendant leur suggérèrent cette idée — à prier eux-mêmes le roi de désigner pendant trois ans les magistrats de la commune. Ce laps de temps écoulé (4), on revint aux anciens usages; mais les élections furent troublées par des intrigues; les réformés réussirent même en 1600 à acheter les suffrages des électeurs pauvres. Peu après, l'émeute causée par l'impôt dit *de la Pancarte*, fournit de nouveau à l'autorité royale une occasion d'intervenir, et Henri IV édicta, au mois d'août 1602, un règlement pour l'élection consulaire dans lequel, à l'assemblée générale des citoyens, seule jusqu'ici et de temps immémorial (5) en possession du droit de choisir les chefs de la commune,

---

(1) Lettre du 11 novembre 1602, Arch. historiques de la Gironde, t. XIV, p. 375, 376.

(2) Ils s'appelaient Saint-Georges et Châlus, et n'avaient jusqu'ici jamais paru à la Cour (*Mémoires sur les troubles arrivés en France sous les règnes des rois Charles IX, Henri III, et Henri IV*, par de VILLEGOMBLAIN.

(3) LAFOREST, *Limoges au XVIIe siècle*, p. 65 et ss.

(4) Le Roi continua même à désigner les Consuls une quatrième année.

(5) Sauf quelques périodes d'interruption, au cours notamment des règnes de Louis XI et de Charles IX.

il substituait cent électeurs désignés par les magistrats sortant de charge. Ce coup porté au caractère démocratique de nos vieilles institutions municipales est en quelque sorte l'épilogue de l'histoire de la Ligue à Limoges. On peut y trouver un témoignage de la vérité de cet axiôme, malheureusement confirmé par tant de périodes de notre passé national : que les temps de troubles et de violences sont toujours funestes à la liberté.

II

JOURNAL

DU CONSUL LAFOSSE.

De tout temps, semble-t-il, à l'Hôtel-de-Ville de Limoges, il a été tenu concurremment, par les Consuls ou leur clerc, divers registres destinés à recevoir chacun des documents de nature différente. Le plus ancien de nos livres municipaux, qui offre une grande quantité d'actes et de notes dont les dates sont comprises entre le commencement du treizième siècle et la seconde moitié du quinzième, ne contient ni un compte ni un procès-verbal d'élection. Au seizième siècle, nous avons la preuve que la comptabilité et certains services avaient des archives spéciales. Au dix-septième, de plusieurs textes formels, il résulte qu'à côté du registre où sont inscrits les noms des Consuls et mentionnés les principaux événements de leur magistrature, avec le texte des délibérations importantes et des lettres, arrêts et documents pouvant être utilement consultés dans l'avenir, il existe un livre, attaché par une chaîne de fer à la table de la salle des délibérations, et où, chaque année, les officiers municipaux sortant de charge doivent coucher par écrit le compte rendu détaillé de leur administration. De ces recueils de comptes rendus, il n'a pas été conservé une seule page. Aussi considérons-nous comme doublement précieuse la pièce que nous publions aujourd'hui. Ce *journal* tenu par un des magistrats élus au mois de décembre 1648, est un memento destiné, selon toute apparence, à fournir à l'auteur et à ses collègues, les éléments du compte rendu de leur gestion. Nous avons cru utile de reproduire le texte de cette pièce dans son entier, malgré le peu d'intérêt de certains détails et la répétition fastidieuse de beaucoup de mentions sans importance. Mais une publication incomplète eût altéré la physionomie de ce journal, et il nous paraissait essentiel de la conserver intacte. Ajoutons que le document en question se rapporte à une époque d'agitation, de guerre civile, et qu'il a gardé quelques échos de la lutte engagée, à cette époque, en Guyenne, entre l'armée du Roi et les troupes du Parlement et des Princes.

Une notice biographique sur le Consul Jean Lafosse serait absolument dénuée d'intérêt. L'auteur de notre journal était un simple marchand du quartier Boucherie (rue du Collége et réseau adjacent), et appartenait à une famille bourgeoise assez modeste, mais fort estimée et dans une position de fortune aisée. Il jouissait à Limoges d'une certaine influence ; toutefois il ne paraît pas avoir été longtemps mêlé aux affaires publiques. Capitaine de la milice pour son canton en 1645, juge de police en 1646-47, Consul en 1648-49, on le retrouve capitaine de Boucherie en 1651-52 ; mais il est remplacé dans cet emploi dès le 12 décembre 1653 par son fils aîné. Nous ignorons la date de sa mort.

Il est utile de faire remarquer qu'en 1648, l'élection des consuls n'eut pas lieu, suivant l'usage, le 7 décembre : elle fut remise au 26 du même mois. Ce jour-là on y procéda en présence du duc de Ventadour, gouverneur du Limousin, et conformément aux dispositions d'un arrêt du 20 novembre précédent, rappelant le réglement de 1602. Ce réglement ordonnait que l'élection des Consuls de Limoges fût confiée à cent prud'hommes, appartenant aux dix cantons de la ville et désignés par les magistrats sortant de charge. Ces électeurs devaient être « bourgeois et » marchands, cotisables aux tailles, non sujets à la police ni offices de Sa » Majesté ni parents des Consuls jusqu'au troisième degré ». Ne pouvait être nommé aux fonctions d'administrateur de la commune « aucun officier » du Siége présidial, du Bureau des Finances, de l'Election ni autres ». Par exception, il fut dit que les notables appelés à élire les magistrats de l'année 1648-49, ne seraient pas nommés par les Consuls, mais élus dans une assemblée de ville. Le scrutin d'où sortirent le nom de Lafosse et ceux de ses collègues aurait donc offert quelque chose du caractère démocratique des anciennes élections consulaires. Mais nous ne pouvons affirmer que les choses se soient entièrement passées suivant les prescriptions de l'arrêt.

Il y a tout lieu de penser que le manuscrit original du *Journal* de Lafosse est aujourd'hui perdu. Il appartenait, avant la Révolution, à M. de Lépine, subdélégué de l'intendance à Limoges, secrétaire de la Société d'Agriculture et collectionneur émérite. Ce document attira l'attention de l'abbé Legros ; il était, au rapport du laborieux savant, écrit de la main du consul et « fort mal peint ». Legros en fit une copie que l'on trouve aux pages 621 et suivantes du tome premier de ses *Mélanges manuscrits*, conservés à la Bibliothèque du Grand Séminaire de Limoges. C'est d'après cette copie que nous donnons au public le *Journal de Lafosse*, absolument inédit et jusqu'ici, croyons-nous, tout à fait inconnu.

FRAGMENT D'UN LIVRE JOURNAL

CONTENANT

CE QUI SE PASSA DE REMARQUABLE DANS L'HOTEL-DE-VILLE DE LIMOGES

SOUS LE

CONSULAT DE MM. DE VERTHAMOND, DE LA FOSSE, ETC. (1)

Depuis le décembre 1648 jusqu'au 9 décembre 1649

Janvier 1649.

...... (2). Le 1 de l'an 1649, envoyé aux 4 habitants de chasque canton leurs commissions pour faire lesd^{es} taxes (3), et signé l'establissement de lad^e garnison ledit jour ; comme aussi la charge que nous avons pris desd^s prisonniers de guerre espagniols, qui sont 32 dans Branlan (4) et 8 dans Montmalier (5), dans l'hospital 4 (6), et dans la Citté 10.

Et ayant esté députté pour, avec M. de Verthamond, aller visiter M. de Pompadour (7) à Rochechouart, mondit s^r de Pompadour arriva ce soir

---

(1) Les registres du Consulat nous donnent les noms des six consuls élus le 26 décembre, en présence du Gouverneur. C'étaient : Elie de Jarrige, seigneur de la Maureli, président et trésorier-général de France ; Jean de Verthamon, écuyer, sieur de Chez-Tandeau ; Jean Lafossé et Jean David, bourgeois ; Pierre Duboys, sieur de Chamboursat et Pierre Sarrazin, bourgeois (2e *Reg.*, fol. 209 r°).

(2) Les pages 1 et 2 manquent, et cette pièce ne commence qu'à la troisième page (note de Legros). Nous devons regretter doublement cette lacune à cause des circonstances exceptionnelles dans lesquelles il fut procédé à l'élection. On voit toutefois que la lacune du journal ne porte que sur cinq jours.

(3) On voit par ce qui suit que ces taxes étaient destinées à subvenir aux dépenses de la garnison et des Espagnols internés à Limoges après la bataille de Lens (*Reg. cons.*, t. III, p.).

(4) La tour Branlant était à peu près sur l'emplacement de l'Hôtel des Postes et Télégraphes, derrière la place des Arbres.

(5) La tour de Montmailler, sous laquelle était pratiquée la porte du même nom, occupait à peu près à l'entrée de la rue de Paris.

(6) Probablement l'hôpital de Saint-Martial (aujourd'hui caserne des Sapeurs-Pompiers).

(7) Alors lieutenant du roi au gouvernement du Limousin.

chez Mr de Limoges (1), où nous l'alasmes veoir en corps, avec nos marques (2).

Le 2e jour, M. de Verthamont l'ala reconduire, accompaigné d'une quinzaine d'habitants, à sçavoir : du Consulat (3), Joseph Decordes, capitaine ; Suduiraud, lieutenant ; de Marigne : le juge des Combes (4), Mathieu, Romanet ; les Bancs : Malliot, controlleur, Bary, le Clocher : Chastagniat, Nargongeix, Boysseau, Bouchonie, Pierre Roux, Limosin Beau ; la Fererie : Michel Ruaud, Imbert ; les Combes : Dubois-Courdelas, Dayvergnie ; Lansscot : Delauze, Jehan Duialat. Et ce jour mesme, prismes de Mr le Receveur, Vidaud (5), 100 l. dont luy fismes promesse sur ce qu'il avoit a lever pour la nourriture et garde des Espagnols, que Mr Jehan David se chargeait de le (sic) distribuer pour nous outrepassions, et pour veoir cy-devant.

Le 3e, Mr de Verthamond et moy fumes députés pour aler veoir Mr de Pompadour à Rochechouart (6), du Consulat : 19 chascun canton, assavoir :

Et le lendemain 4e dudit, nous partismes ensemble, led. sd. de Verthamond, ayant esté incommodé par une goutte (sic) (7), dans l'Aurange, je fis seul le voiage avec un capitaine de la maison de ville (8), qui cousta en tout 13 l. dont led. sd. de Verthamond m'en avoit donné 42 et je fornys le (sic) 20 s. de plus. Dont je fus de retour le lendemain 5e dud.

Le 6e, fismes les capitaines des cantons (9), et il fut signé quelques rooles des ustancilles pour quelques cantons, desquels je ne signay que celuy des Combes

Le 7e janvier 1649, reçeu des capitoniers de Marigno, pour 11 jours commencés le 28e décembre 1648, 400 livres (10) : de ceux des Bancs : 250 l. ; de Bouchenie : 240 l. ; de la Fererie : 220 l. ; du Consulat (de Mr Duclou, 137) desd. Birchaud 500 : 187. — 1,297 l.

Duquel argent à mesme (11) en a esté payé à Mr de Hay, capitaine (12), 240 l. ; à Mr de Monerau 240 l. ; à Mr d'Adezeau, 240 l. ; à M. de Lisbourg, 240 l. ; à Mr David, pour les Espagnols et garde de Montmallier, 83 l. ; pour ceux de Branland, 11 l. ; du Fraise pour 7 journées à 15 s. s. es chevaux 5 : 5 ; plus à M. David pour faire reçeu, le 13e dud. de Lansscot : 63 l.

(1) Mgr de la Fayette, évêque de Limoges, de 1627 à 1676.
(2) On désignait ainsi les insignes consulaires et en particulier le chaperon rouge que les magistrats portaient dans les cérémonies.
(3) Consulat, Marigne, les Bancs, étc., étaient autant d'anciens quartiers ou cantons de la ville du Château.
(4) Les Combes avaient à cette époque une juridition spéciale ; elle appartenait à l'abbé de Saint-Martial et était dans la dépendance d'un dignitaire du Chapitre portant le titre de prévôt, mais ayant un juge chargé d'exercer ses droits.
(5) Receveur des tailles (note de Legros).
(6) Jean, comte de Pompadour, avait épousé Marie, vicomtesse de Rochechouart.
(7) Legros suppose qu'il s'agit d'une colique venteuse.
(8) Ce titre sonore désignait un simple huissier ou valet de l'Hôtel-de-Ville. Toutefois on a aussi donné ce nom aux capitaines de la garde soldée.
(9) Voir Reg. consulaires, en cours de publication, t. III, année 1649.
(10) On voit que le canton de Marigne était celui qui payait la taxe la plus élevée ; il était dès lors habité par de riches bourgeois, des magistrats, des drapiers.
(11) A mesure ? (n. de Legros).
(12) Ces compagnies appartenaient au régiment de Ruviny et étaient à Limoges depuis peu.

l'advance aud. s^r de Laye, de huict jours à venir, qui feront 24 l., pour lesquels il sera payé 240 l. = 1,299 l. 5 s.

Répéter de la Cité (1) 96 l., pour 16 jours commencés le 28 décembre (1648). — Lesd^s 96 l. ont été receus par Mr David.

Le 8e, receu, du Consulat, pour faire les 16 jours, 87 l., et de Boucherie, pour ledit temps, 70 l., et donné quictance auxd^s de Consulat, Manigne et Boucherie. — Ceux des Bancs n'en ayant pas pris. — R. de la Fererie et donné quictance pour 16 jours : 90 l. = 247 l.

Le 9e, nous fismes faire assemblée de ville pour faire lecture publique de l'ordonnance de Monseigneur de Ventadour (2) qu'on disoit que nous outrepassions, et pour veoir et tacher de se deffaire de cette garnison, ou trouver quelque soulagement. Il fut députté un habitant de chasque canton, assavoir, du Consulat : Joseph Decordes; de Manigne : s^r Simon Romanet; des Bancs : s^r N... Bonin; du Clocher : s^r Thomas Ardillier; de Boucherie : s^r Pierre Roux; de la Fererie : s^r Michel Ruaud; des Combes : N... Roullier, procureur; de Lanssequot, s^r Jean Veyrier.

Le 10 janvier 1649, les susdits s^{rs} deputtés, assemblés avec M^{rs} les Consuls, conférèrent avec le s^r lieutenant colonel de lad. garnison (3), pour descharger la ville d'icelle moyennant une certaine somme, de laquelle n'estantz peus demeurer d'accord, et led. s^r lieutenant-colonel ayant dit qu'il veroit incessamment pour cela Me de la Morelie, prevost (4), fut résolu de le laysser venir sans pousser l'affaire.

Le 11e dud., receu du Clocher, et donné quictance — 310 l. (de quoy Mr David doibt payer le s^r Nicod : 12 l. 10 s., et avoit pris, pour les Espagniols, comme il a dict : 144 l.). Plus receu, ledict jour, des Combes : 200 l., et de Lanssecot : 185 l.

Ledit jour, de matin, led. s^r lieutenant-colonel fit une plus grande demande, qu'on rejecta; et le soir la modifia un peu, qu'on ne voulut encore accepter.

Le 12 janvier, led. s^r David a prins, pour payer les Espagniolz de Branlant, avec les gardes, jusqu'aud. jour, iceluy compris, 20 l. 8 s. Plus receu, le 13e dud., de Lansecot : 65 l.

Le 13 janvier 1649, conté aux Espagniols et gardes pour le susdict payement de tems, pour jusque et compris le 12e janvier : 65 l. 5 s.; aux deux capitaines de la ville, pour les deux premiers mois, à raison de 13 l. 10 s., pour un chascun : 27 l.; pour le second mois à raison de 9 l. :

---

(1) Nous rappelons que la Cité avait une administration distincte de celle de la ville ou Château, et que l'Evêque en était le seigneur.

(2) Le duc de Ventadour était gouverneur du Limousin.

(3) M. de Pilloy, lieutenant-colonel, commandant les quatre compagnies de Ruvigny logées à Limoges.

(4) Il s'agit d'Elie de Jarrige, qui était seigneur de La Morélie. On donnait le titre de Prévôt-Consul au magistrat qui était de service, de permanence pour l'expédition des affaires. La prévôté durait un mois. Le nombre des Consuls ayant été longtemps de douze, chacun remplissait ainsi à son tour cette charge. Quand il n'y eut plus que six magistrats municipaux, chacun passa deux fois par la prévôté au cours de son année.

LXVI

18 l.; aux 4 gaigiers, pour le premier mois : 36 l.; pour le second mois : 24 l.; au tambour (1), pour deux mois : 4 l. = 174 l. 5 s.

Le 14 dud. mois, nous donasmes déclaration au s¹ de Beauséjour que le 12ᵉ, à six heures du soir, il nous avoit délivré une lettre et réglement du Roy, des 22 et 23ᵉ décembre (1648), portant que l'ustancille seroit forny aux cavalliers effectifs de la garnison, en espèce, ou en argent, à raison de 6 sous pour chasque ration; et leur seroit forny une demy-monтre (2) sur les tallies de l'an 1649, par les habitants de cette vile.

Sur quoy fut faicte assemblée de ville, où fut résolu que, pour l'ustancille, il seroit payé en argent, à la susde raison ; et pour le fonds de la demy montre, qu'il seroit prins un certain nombre d'habitants, pour en faire l'advance (3); et d'autres disoient de le faire advancer aux habitants sur leurs tallies.

Le 15ᵉ, faict faire la reveuë aux quatre compagnies en la place Saint-Michel, commandée par M. de Piloyé, lieutenant-colonel du régiment de Reivigny, où s'est trouvé :

En la compagnie de M. Dalezeau : capitaine, à qui il est attribué 3 l.; lieutenant, 1 l. 10 s.; cornette, 1 l.; mareschal des logis, 15 s.; 36 cavaliers à 6 s., 10 l. 16 s.; qu'est par jour, 17 l. 4 s.; et pour huict, 136 l. 8 s., qui lui ont été payez effectivement ;

Dans celle de M. de La Hay : capitaine, absant (4), 1 l. 10 s.; lieutenant, présent, 1 l. 10 s.; mareschal des logis, 15 s.; 25 cavaliers, à 6 s., 7 l. 10 s.; qu'est par jour, 11 l. 5 s.; et pour 8 jours, 90 l.; sur quoy il a eut effectivement 16 l.; et doibt revenir de la Cité, 24 l. (5);

Dans celle de M. de Morny : capitaine, absent, 1 l. 10 s.; lieutenant, présent, 1 l. 10 s.; cornette, 1 l.; mareschal des logis, 15 s.; 29 cavaliers à 6 s., 8 l. 14 s.; qu'est par jour ; 13 l. 9 s.; et pour huit jours payés effectivement, 107 l. 12 s.

Dans celle de M. de Lishourg : capitaine, présent, 3 l.; lieutenant, 1 l. 10 s.; cornette, 1 l.; 37 cavaliers, à 6 s., 11 l. 2 s.; qu'est par jour : 16 l. 12 s.; et pour huit jours payés effectivement, 132 l. 16 s.

Lesdicts payements faicts auxdᵉˢ compagnies le 16ᵉ janvier, et, faict taxe au foin, à 11 s., le quintal, l'advoine à 8 s.; le pain, alias dit d'hostel (6), le bœuf et mouton à 2 s. la l., et le vin à 2 s. la pinte, de quoy devons faire magazin pour leur en fornir.

Lesquels 8 jours finiront mercredy prochain, icelny compris, que nous conterons 20ᵉ janvier.

_____

(1) Le « tambour de ville » avait, depuis longtemps déjà, remplacé l'ancien trompette dont font mention les actes consulaires et les procès-verbaux de subhastation des xiv et xvᵉ siècles.
(2) S'agit-il d'un demi-mois ou d'un demi-trimestre ?
(3) Toujours le même procédé renouvelé du moyen âge, lorsqu'il s'agit d'une dépense extraordinaire et urgente.
(4) On remarquera que le capitaine, absent, reçoit une solde égale à celle du lieutenant.
(5) La solde de la compagnie de La Hay n'est donc payée qu'en partie.
(6) Le prix du pain d'*hôtel* manque-t-il ici, ou ce pain est-il taxé au prix de la viande de bœuf et de mouton ?

LXVII

Lesquels cavaliers furent logés hier au soir, après la revue, chez les refusantz de cantonier (sic) payer les taxes (1).

Plus, a esté payé aux Espagnolz et gardes de Branlan, pour jusques et compris dejourd'huy, sabmedy, 16e janvier, 27 l. 4 s., a ceulx de Montmallier, pour ledit temps et pour leurs gardes, 87 l. 8 s.

Le dimanche, 17 janvier, ont esté députtés et partis ledit jour, Mrs David et Dubois, pour aller veoir Mr de Ventadour, et porter la lettre du Roy et réglement cy dessus mentionez, pour ce qui est de lad. garnison, luy rendre compte de ce qu'avons faict jusqu'à présent, auxquelz srs députés avons donné lettre adressante (2) aud. seigneur, pour l'asseurer de notre fidélité et service, avons mémoires de ce que avions à lui requérir.

Mrs David et Chamboursat (3) ont pris, pour faire le voiage, 61 l. 4 s., et Mr de Verthamond et moy, de celuy de Rochechouart, pour Mr de Pompadour, 13 l. Payé à un lieutenant qu'avions faict loger chez Trignou, 4 l. 16 s. Delivré, le 18e janvier, à Mr Sarazin, pour commencer le magazin du foin, advoine, etc., 100 l. ; pour 1 rame papier et 2 mois de Florentin (4), 2 l. 10 s.

Led. jour, 18e, estant arrivé un courier de la part du Roy, portant ses ordres pour faire partir la garnison, adressant à Mr de Ventadour, avons envoyé Lafleur, gaigier, à cheval, audit seigneur, à qui a esté donné pour ce faire, 15 l.

Le 19, receu de Manigne, en deux fois, dont leur avons donné receu, 220 l. ; de Boucherie, aussi en 2 fois et donné receu, 180 l. ; de Consulat, 100 l. ; de la Fererie, 100 l. ; du Clochier, 132 l. 10 s. ; des Bancs, 207 l. ; plus 12 l. 10 s., que Mr David eult pour M. Ardillier. — Auxquels 5 de trois cantons (sic) n'a esté donné de receu.

Le 21e de janvier, receu des Bancs la somme de 16 l. faisant, avec ce que nous avions cy devant receu, la somme de 473 l. et avec 27 l. de non valeurs, 500 l. à quoy ils avoient esté taxé, desquels 473 l. leur a esté donné quictance.

Ledit jour, par receu, 10 l. ; ledit jour, de Manigne, 80 l. ; et de Boucherie, 35 l. ; le 22e, des Combes, 102 l.

Led. jour, payé aux Espagnolz et gardes de Branlant, pour sept jours finissant dimanche, 24, compris : 47 l. 12 s., et à ceulx de Montmallier, pour ledit temps, 148 l. 15 s.

Led. jour, pour 4 jours, finissant audit temps, payé au sr d'Alzeau, 68 l. 4 s. ; au sr de Morny, 53 l. 16 s. ; au sr de Lisbourg, 66 l. 8 s. ; au sr de la Hay, outre 12 l. de la Cité, payé sur ce qui luy est deubt, qu'est 45 l. : 18 l. — Pour rabattut : 25 l.

Ledit jour, receusmes 2 compagnies de cavalerie, faisant 42 chevaux,

(1) Il faut peut-être lire *refusants [d'être] cantonniers* (chargé de lever la taxe dans un canton) *et [de] payer les taxes*.
(2) Vieille forme du moyen âge qu'on trouve encore au dix-huitième siècle.
(3) Du Boys était seigneur de Chamboursat, près Couzeix.
(4) Un scribe de la Mairie, probablement, ou un employé supplémentaire pour la perception de la taxe.

LXVIII

venant de S. Léonard, qui furent logiez dans les fauxbourgs Boucherie et Manignd.

Le 23°, payé aux 2 capitaines et 4 gaigiers pour 2 assemblez et 2 visites (1), 16 livres; à un homme, pour aller porter à Bellac, des lettres de M. de Sainte-Maure (2), 1 l. 10 s. Led. jour, M. de la Maurelhe a forny aussi de Beauséjour, pour l'exécution de l'ordonnance de M. de Vantadour, 300 l.

Le 23°, receu de la Fererie et donné quictance, 74 l. (de quoy le capitaine Bary doibt pour 8 l. 15 s.); de Boucherie, et donné quictance, receu, 22 l. 10 s.

Ledict jour, receusmes deux compagnies cavalerie, venantz de S. Léonard, faisant 29 chevaux, outre 3 officiers.

Ledict jour, de Lansseçot, receu et donné quictance, 61 l.; plus d'Yvennaud, 6 l. 6 d.; de Manigne et donné quictance, 43 l. 3 s.; plus de s' Limosin, 10 l. 10 s.; du Clochier et donné quictance, 64 l. 3 s. (de quoy M. David doibt pour le s' Boysse (?), 4 l.; et M. Sarazin, pour M. de Vaubrune, 10 l.); du Consulat, led. jour, receu, 39 l. 11 s. Le 24°, receu des Combes, et donné quictance, 28 l. 5 s. fesant, avec 69 l. 15 s. de leur conte receu, ce qu'ils debvoient lever.

Le 25° janvier, arrivèrent sept compagnies de cavalerie fesant (3) qui furent logées par nous, de deux en deux cavaliers pour la plus part, chez les habitants et dans la Citté.

Le 26, arrivèrent autres deux compagnies de Chaslus et Tiviers, fesant (4) qui furent logées comme les précédentes, chez les habitants et dans la Citté.

Fesant en tout 17 compagnies de cavaliers. Et ce jour mesme vint de Rochechouant, M. de Pompadour, pour les conduire (5) et les mettre entre les mains de M. de Sainte-Maure, mareschal de camp venu de par le Roy pour ce faire; au devant duquel s' de Pompadour, M' de Verthamond, fut avec une trentaine d'habitants et alla loger à l'évesché.

Et led. M' de Pompadour estant venu, M' de la Mourelhe, M' de Verthamond et moy le fusmes veoir à l'évesché, où ayant esté mondit s' de Pompadour salué, et les officiers desd. 4 compagnies de la garnison demandants par led. s' de Sainte-Maure, l'estape du jour, de l'arrivée des 2 compagnies cy dessus, pour ce furent mandés querir par mondit s' de Pompadour, M" Dupeyrat et Guillaume, trésoriers de France et commissaires des estapes; où fut résolu qu'ils mettroient entre nos mains le montant d'icelle, à raison de 3 s. par place.

Le 27° dudit, receusmes, par l'ordre desd. s" commissaires, 2,500 livres, et outre lesquelles 2,500 l. avoit esté cy devant fait conté par lesd. s"

---

(1) Ainsi les huissiers et gagers de la ville, outre un traitement mensuel, recevaient des allocations supplémentaires.
(2) Maréchal de camp. Il est parlé de lui un peu plus bas.
(3) Une ligne et demie de points à la copie de Legros.
(4) Ibid.
(5) Une demi ligne en blanc.

commissaires à chascune desd. compagnies premières venues, 35 testons (1), et 10 de plus à celle de Piloy, lieutenant-colonel, fesant 255 testons à 19 s. 6 d. Qu'est 248 l. 12 s. 6 d., et en tout, 2,748 l. De laquelle somme a esté payé au s' de Saincte-Maure pour son estape : 300 l. au s' Breuil, garde de monseigneur le Duc, qui estoit venu icy, pour aller à Rochechouart chercher M' de Pompadour, pour faire desloger lesd. compagnies : 30 l. ; plus a esté payé au s' d'Alzeau, 4 officiers valant 15 places et 36 cavaliers faisant 51 places à 30 s. par jour, qui est, pour cinq jours, 7 l. 10 s., revenants en tout à la somme de 382 l. 10 s.

De quoy, desduisant l'ustancille de 3 jours, à 17 l. 01 s. par jour, qu'est 51 l. 3 s., prest a été conté, ou aux hostes a qui il debvoit, appelez à son de tambour, comme le suivant, quoiqu'ils fussent esté advertys, aussi à son de tambour, dès le 29° du passé, de leur rien fournir, veue l'adnonce qui leur avoit esté faicte. — Ledict jour, de Laussac, (?)

Au s' de Morny, 41 places, conté 307 l. 40 s. ; desduict l'ustancille : 40 l. 7 s. ; reste qu'il luy a esté payé : 267 l. 3 s.

Au s' de Lisbourg, conté 50 places 375 l. ; desduict l'ustencille : 49 l. 16 s. ; payé : 325 l. 4 s.

Au s' de La Hay, conté pour 84 places : 255 l. ; desduict l'ustancille : 33 l. 15 s. ; reste : 221 l. 5 s., de quoy a esté payé aux hostes : 580 l. 10 s. ; et rabatut, sur ce qui luy avoit esté advancé : 162 l. 15 s. (2)

Plus a esté payé pour l'estape des sept dernières compagnies de Ruvigny : 1,056 l. au s' Piloy, major : 420 l. ; aux 2 compagnies de la Motte Saint-Cyr : 108 l.

Et ledit jour, mond. s' de Pompadour fit desloger toutes lesdites compagnies qu'il mit entre les mains de M' de S'e Maure, pour les conduire du costé de Paris.

Le 29°, M. de Pompadour s'en retournant, je le fus recondure avec une quinzaine d'habitants ; et cependant M'' les Consuls payèrent l'estape aux habitants qui avoient logé et houry les 4 compagnies desd. cavaliers venues de S. Léonard et Esmoutie, les 22 et 28 de ce mois, de qui monta à la somme de (3) livres.

FÉVRIER

Pompadour sainc, et les officiers desd. 4 compagnies de la garnison de Le 1 de febvrier 1649, ayant faict le conte de tout ce qui avoit esté receu et despencé, il s'est trouvé entre nos mains, dont M' David, qui a esté esleu receveur, se doibt rendre conptable en argent contant, 455 l. ; il a receu d'ailleurs, du restant de l'estape 880 l. 10 s., doibt revenir du magazin, 100 l. ; et de la partie de la Cité, 96 l. somme toute : 1,481 l. 10 s. ; de quoy ayant payé au s' de Beauséjour, 800 l. ; reste qu'il luy demeure à présent : 781 l. 10 s., outre c'est outre lesquelles 2,500 l. avoit c'

Le susd. jour, 1er febvrier, M'' Clary et Maledent, thrésoriers de France,

---
(1) Ainsi les huissiers et gagers de la ville, outre un traitement mensuel, recevaient, en certaines occasions, des allocations spéciales.
(2) On lit en marge : « Nota, que pour trouver l'eustancille, conte faict, desduicts et ceux la des 2 jours restants se pourroient employer dans la mize »
(3) Le chiffre est resté en blanc.

furent en la maison de ville avec Martial Choute, m° maçon, et Anthoine Beaulmeil, m° charpentier, pour feré procès verbal de l'estat d'icelle, comme aussi des portes, ponts, tours et murs de la ville, où nous les accompagnasmes et trouvasmes le tout en fort mauvais estat et ruiné (1).

Le 2, ariverent, à 6 heures du soir, 6 compaignies de cavalerie de La Mothe Saint-Cyr, qui s'en retournoient aux lieux de leur garnison, et le endemain leur fut payé l'estape, sur le pié de 161 places à 30 s. fesant 241 l. 10 s., sur laquelle il y eut 14 l. 10 s. de proffict (2).

Le 4°, receusmes lettre de M' de Ventadour, pour feré garde nuit et jour et empecher de sortir de (sic) poudre et de plomb; ce qui fut publié le lendemain, et exécuté (3).

(1) Cette visite eut probablement lieu en vertu de l'arret du conseil du 20 novembre 1648.
(2) Ces *bons* dont il est plusieurs fois question, ne peuvent provenir que de la différence, entre le nombre de soldats porté sur les feuilles des commissaires chargés du contrôle des étapes et le nombre réel d'hommes présents lors du passage.
(3) Voilà, la première indication fournie par notre *Journal* et qui puisse se rapporter aux troubles de la Fronde. Or, à cette date du 4 février, il y avait presque un mois que la Cour avait quitté Paris et assiegeait le Parlement et les princes. La province avait donc très certainement reçu des communications et des appels de l'un et de l'autre parti. Peut-être Lafosse a-t-il jugé prudent de s'abstenir de consigner dans son memento les premières notions qu'eut le Consulat de ces faits, ne sachant au juste qu'en devait-on penser et comment allaient tourner les choses. L'opinion publique était, semble-t-il, défavorable à Mazarin, et la Limogés, la bourgeoisie aurait eu assez de disposition à embrasser la cause du Parlement.

La façon dont le *Journal* de Pierre Mesnagier, conservé à la Bibliothèque communale de Limoges, raconte les événements de la Fronde, est assez originale pour que nous reproduisions le passage :

« Le huy de fevrier de l'année 1649, il fut gran bruy en Franse, car le cardinal Mazarin, qui
» estoy Italien, lor cardinal de Franse, à l'eure de minny, il avoy amené le Roy et la Rene
» Regante sa merre hor de Paris, an hun lieu appelé Sainct Germent ... et croiant que se
» fut pour le conduire en Espane, et Monsieur le Prinse de Condé, consintan au sept arête,
» il se sesy de denier et tresor du Roy, et le avoy transporté dans les isles de Paris, pour le
» sauver et conduire an Espane; mes Dieu decouvry leur mauves desain, et le dix de fevrier,
» le Parlement de Paris, averti de septe antreprinse, anvoiare par toutes les villes de Franse,
» de prandre garde de Mazarin, et de se segir de sa personne et d'en avertir le Parlement,
» du quel fire ferre bonne garde aux Parisiens et prindrent du secours de Monsieur le Prince
» d'Albert, qui avoy a sa suite dix mille homes, acompané de Monsieur le Duct de Bofont,
» qui avoy aussy six mille hommes, et Monsieur de Longueville, qui avoy quinze mille hom-
» mes et Monsieur de Vandomme douse mille hommes. Et tous ses Messieur fesoy pour le
» Parlement de Paris, et fire dix mille cavaliers pour donner sur les troupes de monsieur le
» Prinse et du cardinal, lequel l'on tenoy qu'il traisoy le Roy; lequeles troupes du Prinse et
» du cardinal estoy tout autour de Paris, pour anpecher les vivres au Parisien; car il avoy
» bien quarante mille hommes armés et voulloy asieger Paris...... On crenioit for unne
» guerre siville hou hune Ligue. Lequel Parlement fire une sortie de quatre mille pieton, et
» sinct canct cavalier pour la premiere sortie, et fire rencontre de six canct cavaliers de
» Monsieur le Prinse, qui estoy au Bour la Reyne, et donnare de sur, et fire decherge sur
» heux, si bien qu'il an tuare troy sanct, lequel avoyt arete le beuf que le marchan ame-
» noy a Paris, et le duct de Bofont le prit et le fict amener et donduire a Paris apres la
» deffacte. Le marchant qui les avoy amenés furent paiés et satifect de Parisien. Le saise de
» fevrier, Monsieur le Prinse, averty de la perte de sé soldar... for an collere contre eux,
» incontinan sy adresser un bataillon de dix mille hommes, et les anvoiat contre le Parisien et
» marchan luy mesme a la teste de l'armée, et le Parisien fire decherge par une autre sortie qu'il
» fire, tellement qu'il en tuare an segonde foy quatre mille soldar du Prinse, et le Prinse
» blessé an un bras, et fut tué deux sanct sinquante Parisiens...... Incontinan Limoge fure
» mandés de ferre bonne essate (et exacte ?) garde, sanct eseter personne; car les conseliers,
» tresorier, bourgeois aloy tous a la garde, et chaque canton fesoy plus de deux san hommes
» bien armés. Et fire racomoder le portal de tous les faubour hou avenues », p. 230).

LXXI

Led. jour, 40, receusmes ordre dud. seigneur de fornir l'ustancille d'une compagnie et demy, desd. de la Mothe Saint-Cyr, logées à Tulle, montant 24 l. 13 s. par jour; ce qui faict, avec 30 l. pour les Espagniolz, 54 l. 13 s., dont la ville est chargée.

Le 7e dud. mois de febvrier, les quatre gaigiers nous ayant faict sçavoir et remonstré qu'ils avoient les habits tout neufs des années précédentes, nous convinsmes, au lieu de leur en faire faire suivant la coustume, de leur donner 60 l. a chascun; et partant, leur fut conté 240 l.

Led. jour, arrivèrent trois compagnies de chevaux légers du régiment de Chasteaubriant, venant d'Italie, qui séjournèrent tout le 8e et partirent le 9e pour aller à Sainct Junien : l'estape desquelz monta 200 l. que les hostes qui les avoient logés par notre ordre, ont forny.

Le 14e febvrier, furent renvoyées par nous, à quatre habitants de chasque canton, commissions pour lever, pour la nouriture et garde des prisoniers espagniolz, montant 30 l. par jour, et pour l'ustancille de la susditte compagnie et demy de Tulle, montant 24 l. 13 s. par jour, et fesant en tout 54 l. 13 s. par jour, montant pour trante jours, ensemble, 1.640 l. 5 s., par les cantoniers suivants :

L. Celière (1), Regnaudin, Tirebast, Blanchard ;
M. Moulinier, Teullier, de Broac, Celière ;
Garat, Dupré, Joseph Guery, Poylevé ;
A. Peyrat, Reculet, Chambinaud, Meusnier ;
Limosin, Cognace, P. Raby, Bachelier ;
Froment, Desflotes, Montoudon, Meusnier ;
Malafillé, Lasbelaga, Brissot, G. Blanchard ;
Veyrier, Grenier l'ayné, Narjot, Fr. de Plenameyjoux.

Consulat doibt fournir pour les Espagniols 87 l. 10 s. et 67 l. 10 s.
    pour la garnison . . . . 155 l.
Manigne,   157 l. 15 s. et 142 l. 10 s.   300 l. 5 s.
Les Bancs,   105 l.   et 75 l.   180 l.
Le Clochier,   122 l. 10 s. et 97 l. 10 s.   220 l.
Boucherie,   122 l. 10 s. et 97 l. 10 s.   220 l.
La Férerie,   122 l. 10 s. et 97 l. 10 s.   220 l.
Les Combes,   105 l.   et 85 l.   190 l.
Lanssecot,   87 l. 10 s. et 67 l. 10 s.   155 l.
                 Somme toute . . . . 1640 l. 5 s.

Mémoire de retirer le 20e de la Citté du montant dudit ustancille de lad. compagnie et demy, qui revient à 740 l. 5 s. par mois.

Le 15 febvrier, à nuict close, nous receusmes une lettre de Monseigneur le Duc, par laquelle il nous mandoit de depputer, dans un' assemblée de ville, devers le Roy et la Royne, pour renouveller à Leurs Majestés les asseurances de la fidelité de la ville ; sur quoy, nous estant assemblés et conféré (sic) le lendemain, fut résolu que Mr de La Maurelie partiroit le

(1) Les délégués sont ici mentionnés dans l'ordre traditionnel des cantons militaires : Consulat, Manigne, les Bancs, le Clocher, Boucherie, Ferrerie, les Combes, Lansecot.

jour d'après, 17... du premier jour de caresme, pour aller devers lled. Seigneur Duc, luy donner lesd⁹ asseurances de vive voix et tâcher, en ce faisant, d'esviter le voiage de la Cour, à cause du danger qu'il y avoit d'Orléans à S. Germain en Laye, où sont Leurs Majestés, et faire aud. seigneur quelques autres remonstrances touchant les portes, tours et murs de la ville, comme aussy pour les prisonniers espagniolz et garnison de Tulles, afin d'avoir quelques adoucissements en ces deux derniers chefs, et trouver quelques moyens pour acommoder un peu les autres, lequel s⁺ de La Maurelie partit led. jour et M⁺ David foruit pour ce 60 l.

Le 17⁸, l'en fésant payer la taxe pour les Espagniolz et garnison de Tulles, Terakon, procureur, sdapa… un Espagniol d'an le vient, lequel pensa tirer, de quel nous primes, et ayant prié M⁺ le Procureur du Roy d'en fere faire justice, il vint en la maison de ville avec M⁺ le Lieutenant général, qui, après en avoir informé, le firent mettre dans les prisons royales, eux l'accompagnant avec M⁺ de Venthamond, prévost, et M⁺ Sabasin, consul. De quoy nous esbripvismes à M⁺ de La Maurelie, par homme exprès, pour prier Monseigneur le Duc de faire faire justice de cela ou ceux qu'il la doibvent faire ; auquel péant (1) fut donné, que M...

Le 19, Robert, ghigier, accompagnant le cantonier du Clochier Robert le gaigier fut frapé d'un coup de passe (2) férée par la teste, par le mary de la femme de fer Pelotte, qu'on éxecuta après d'inhomanteaubet de 9 plats ; duquel excèz fut aussi faict plainte par devant ledit s⁺ Lieutenant général, qui a charge de M⁺ Le Tellier, secrétaire d'Estat, de la conservation des Espagniols.

Le 21ᵉ, receusmes un paquet du Roy, addressant à Monseigneur le Duc ; que luy envoiasmes par Le Cramat incontinant, auquel fut advancé 3 l. 19 s.

Le 24, fut faicte assemblée de ville pour une arresté que l'on escriroit au Roy et à la Royne, pour renouveller les asseurances de la fidellité et obeyssance de la ville à Leurs Majestés, suivant la semonce de Monseigueur le Duc notre gouverneur, et que la lettre et actes de l'assemblée seroit envoyé par un courrier, qui seroit despéché aux frais de cette ville et de celles de Tulle et Brive, comme M⁺ de La Maurelie avoit faict trouver bon à mond. seigneur le Duc.

Et fut aussi publié la lettre et ordonnance dudit seigneur portant que si, dans quatre jours, le Maire de Tulle ne recevoit le montant des ustencilles d'une compagnie et demy de la garnison dudit Tulle, le régiment entier viendroit icy, pour quoy esvitter, tout le lendemain fusmes par ville avec des cantoniers, pour faire payer les habitants, desquels quelque partie paya.

Il y avoit aussi autre ordonnance dud. seigneur Duc, que receusmes avec les susdites lettres, par laquelle il estoit inhibé de recevoir des gens de guerre, quoy qu'ils eussent ordre du Roy, s'ils n'avoient aussi lettres d'attache dud. seigneur Duc (3), laquelle ordonnance doibt estre publiée.

(1) Messager, piéton.
(2) Pièce, barre.
(3) Avait-on quelque raison de redouter que les Frondeurs tentassent un surprise sur Limoges ?

Et despuis le 23e receusmes lettres de Monseigneur le Duc, addressantes, d'une à Mr du Présidial, l'autre à Mr le Procureur du Roy et une autre (sic) au sr Yssepchal, avec une ordonnance pour faire faire justice exemplaire de l'excès commis par Tenaxon, desquelles lettres nous leur rendismes à mesme temps, quelques autres remonstrances touchant les portes.

Le 26e, Mr de Verthamon a esté moyen, fusmes députtés par Mrs les Consuls pour aller nommer, dans la grande salle des Jacobins, à Mr le Lieutenant général pour aller, pour le Tiers Estat, à l'assemblée des Estats généraux que le Roy convoquoit à Orléans, au 15e mars, où nous estants randus, Mr le Clergé print place sur des bancs à costé droict de Mr le Lieutenant général et ses conseillers; la Noblesse aussi sur des bancs à gauche, et led. sr de Verthamon et moy, dans deux chaires, avec un tapis de la maison de ville, vis à vis Messieurs de la Justice (1)...

Led. jour 26, ayant receu lettre du sr de La Mothe S. Cyr, avec une copie de l'ordre de Monseigneur le Duc pour faire venir quatre compagnies de cavalerie dud. sr de La Mothe en ceste ville, faillie de fournir l'ustensille d'une compagnie de deux, comme est dict cy dessus, nous envoyasmes par lettres de change, que Mr. David fournist, la somme de 200 l. aux ssrs Maire et Consuls de Tulle, sur ce qu'ils peuvent estre indubté, afin d'esvitter...

... ledud. jour, 26 febvrier, n'a de Pavot, comme il a prévosté (2). Dieu veuille... pour sa gloire... charge de Mr Le Tellier, secrétaire d'Estat, de la conser...

Mars.

...ceusmes un paquet du Roy, addressant à Monseigneur le Duc;
...par Le Cramat incontinant, auquel fut advance à L. 19...
Le 2 mars, ayant receu trois paquets du Roy pour Monseigneur le Duc, l'envoyasmes par homme exprès, et escrivismes à Monseigneur le Duc que tous les habitants de ceste ville se pouvoyent aller jetter aux pieds du Roy et de la Reyne régente, pour leur protester qu'ils veulent vivre et...
... courrier, qui seroit despesché aux fraix de ceste ville...
... et de Brive, comme Mr. de La Maurelie avoit faict trouver...

(1) Le 26, dit Mesnagier « fut crié à son de trompe le bant et affier ban de la noblesse pour trouver à Orléans, à la congrégation des Estats pour savoir comme les esta... » ... Le 26 février 1649, par ordre de la Cour, se tint l'assemblée des Trois Estats du Haut-Limosin dans la salle du Refectoire des Frères-Prêcheurs de Limoges. Après les doctes harangues de Mr [Nicolas] sr de Traslage, Lieutenant Général, y présidant par ordre du Roi, en l'absence du Sénéchal, et de Mr Pierre Moreil, Procureur du Roi, et citation des ecclésiastiques, nobles, bourgeois et consuls des villes et communautés; et s'y trouvèrent l'Evêque, le doyen de la Cathédrale, les abbés de S. Martial, S. Augustin et S. Martin, les prieurs de S. Gérald et d'Aureil, les curés, nobles, consuls de Limoges et autres bailliages de la province. Furent députés pour aller aux Estats Généraux, convoqués à Orléans : pour le Clergé, le seigneur Evêque, — M. Perière, curé de S. Pierre et chanoine de S. Martial, fils du Président, eut quelques voix; — pour la Noblesse, Mr de Meillars; pour le Tiers Etat, le susdit Mr Nicolas, sieur de Traslage ». (NADAUD, Mémoires manuscrits, t. II, p. 436, d'après un manuscrit du couvent des Frères Prêcheurs de Limoges).

(2) Ce passage joint à deux ou trois autres du journal de Lafosse nous parait prouver sans réplique que le prévôt consul était tout simplement le consul chargé plus spécialement, pour un temps déterminé, de la direction de l'administration et des détails de la police, le consul de service.

mourir à leur service, qu'ils le feroient (1), et que cependant il estoit supplié de recevoir nos protestations avec l'acte public qui en avoit esté faict en l'assemblée de ville, le 24 du passé ; et M° de La Maurelie escrivit au s' Chrestien, secrétaire dud. seigneur, que le s' D'Arche, receveur de Tulle, fourniroit pour nous 200 l. pour le voiage qu'on feroit en cour, s'il estoit de besoing.

Le 6° mars, arrivèrent quatre compagnies de cavalerie du s' de La Mothe S. Cyr, envoyées de Tulle par M° le Duc, faulte par Lymoges d'avoir forny l'ustancille (2), que nous logeasmes chez les refusants de payer et autres; et estoient composées d'un mestre de campt, 2 lieutenants, 4 cornettes, deux mareschaux des logis et 49 cavaliers ; et à ceux qui en avoient logé et avoient payé, fut promis de ayder dans leur etiquettes (3), signées de tous, reservé de M° Verthamond, malade de la goutte.

Dès le 1 du présent mois de mars 1649, fut par nous imposé sur S. Lazare, S. Gérald, les Aurances (4), Beauvaix et Courgniat, la somme de 900 l. pour la subsistance et garde des prisonniers espagnols, que M° Sarasin doibt recevoir ; desquels prisonniers, le 8° dud. mois, fut recogneu qu'il s'en estoit évadé 14, dont ayant faict perquisition, en envoyant Gouvernet et Pugy (5) et deux autres hommes par divers endroits, avec lettres addressantes aux Consuls des villes et juges des divers endroits, pour les prier d'assister nosditz envoyés et mesme d'y prendre garde après leur retour ; dont ceux de Bellac nous firent responce. N'en peusmes savoir aucune nouvelle ; parquoy la garde fut fort recommandée aux sept hommes qui les gardent, à peine de punition.

Pour excuse, qu'estant plusieurs malades, dont l'on en avoit envoyé 5 ou 6 en l'Hostel Dieu (6), on ne tenoit plus les autres tant serrés, n'ayant aussi de grand lieu pour les tenir en sureté. La garde que M° le Duc nous commanda de faire, nous obligeant à tenir les portes bien fermées, et mesme celle de Montmalier ; les gardes desd. Espagnols ne peuvent que faire garde sur le mur ; et cependant lesd. Espagnols se sont évadés par le devant de lad. tour ; par quoy cela ayant esté recogneu, fut résolut que la moitié des gardes seroient renfermés entre les portes de lad. tour.

Led. jour, 8°, nous convocasmes quatre notables habitants de chasque canton en la maison de ville, pour, en leurs presences, exposer à tous les

---

(1) Ces protestations paraissent bien vives après la raison donnée par M. de La Morelie au Gouverneur au nom des Consuls, pour se dispenser d'envoyer des députés à Saint-Germain.

(2) Ce n'est pas ainsi que l'entend Pierre Mesnagier, dont il faut citer le journal manuscrit à propos de tous les événements de l'histoire locale, durant cette période : « Le 4 mars, y lit-on, M. de Ventadour amena à Limoges la garnison de Tulle pour se ferre païer de droy qu'on li doibt à cause du gouvernement ; et ne partire pouin qu'il ne fuct satisfect de Consul » (p. 240).

(3) Ce mot s'applique évidemment aux billets de logement.

(4) On appelait les Aurances ou plutôt les Orances, la banlieue de la ville soumise à la juridiction consulaire. Beauvais et Corgnac dépendaient de St Martial ; St Lazare, de l'abbé de St Augustin.

(5) Probablement Progy ou de Proges, un des capitaines de la maison de ville.

(6) L'hôtel Dieu était dès lors installé dans les bâtiments de l'hôpital St Gérald.

grandes charges qui continuoient sur la ville, assavoir la subsistance et garde desd. Espagniols, revenant à 30 l. par jour; les ustancilles des quatre compagnies de la garnison, que ceux de lad. garnison prétendoient sur le pied de quarante, à 6 s. par ration, qu'ils demandoient leur estre advancées, comme il sembloit estre porté par l'ordre de M⁰ le Gouverneur, sauf d'en répéter grande partie sur les aydes qui contribuoient à Tulle, lorsque lad. garnison y estoit; leur demandant leur advis, pour avoir quelque adoucissement à tout cela. Sur quoy fut résolu que M⁰ David, avec le s⁰ du Mas du Bost, et Moneyron, partiroient le 11. dud. mois de mars; comme ils ont faict, pour aller devers M⁰ le Duc, afin d'obtenir quelque descharge, et mesmes luy remonstrer que, si généralement tous les habitants n'estoient compris dans la contribution, et que tousiours ceux qui en avoient esté exemptés l'estoient, qui fesoient un très grand nombre, et des principaux, ceux qui restoient succomberoient soubz le faix, et partant qu'il luy pleut les y faire tous comprandre.

Led. jour, 8°, fut donné par M⁰ Sarazin, de l'argent qu'il avoit receu pour les Espagniols et pour la garnison, le trois de febvrier, 100 l. à ceux de lad. garnison (1).

Le 9° fut pris par les gardes des susd. Espagniols, à troix heures après midy, un escolier de vingt à vingt-cinq ans, sur la muraille près de la tour de Montmallier, où est la plupart desd. Espagniols; et sur les 10 heures, ayant esté interrogé en présance du sieur de Beauséjour, commissaire à la conservation desd. Espagniols, fut trouvé n'y avoir en luy que de l'extravagance, et partant reslaché.

Le 14, lesd. s⁰ députés furent de retour, et M⁰ David apporta une ordonnance de Monseigneur le Duc, pour faire comprandre dans la contribution des ustancilles tous les habitants, à la réserve du Clergé, de la Noblesse, des s⁰ thrésoriers de France, de M⁰ le Lieutenant général et du s⁰ Procureur du Roy, — avec une autre ordonnance, pour faire fournir aux villes et lieux de Tulle, l'ustancille d'une demy compagnie; d'Esmoutiers, demy compagnie; de Sallagniac, demy compagnie, et de S. Junien, une compagnie; cellecy de Lymoges demeurant tousiours chargée d'une compagnie et demy, et du logement des quatre compagnies.

---

(1) Lafosse, s'en tenant aux faits qui ont trait à son administration et à celle de ses collègues, omet ici de noter un phénomène que n'a garde d'oublier Mesnagier : « Le 8 du même mois
« il se vict au siel une chose fort epouvantable; car a dix hures du soir, il se vict dans le
» siel deux batalion de quavalerie et autre deux d'infanterie qui estoy formés comme seux
» de la terre car l'on voioy lé hommes et chevaux bien formés et lé canon arrangé et bien
» formés comme dans l'infanterie, lé mousquet, hallebardes et piques; et l'un dé batalion
» estoy sur le village de la Burgierre, et l'autre batalion se voioy sur la maison de la Quin-
» taine, paroisse de Panasolt comme lé deux batalioni se prochoy for, l'on voioit tiner le
» cout de mosquet, comme seux de la terre, aussy bien l'on voioit, tiren le canon et sortin le
» feux de la bouche du canon en abondanse: et lé canon, an tiran leur cout, requles an
» ariere comme fon lé notre de sur la terre, et l'on voioy aussy les ansenes déprées de
» diverses coulleur. Et durat la bataille depuis dix heures jusques après minuy; que le siel
» estoy tout en flame dé feux dé dix bataillon, telleman que la tterre an se androy
» estoy toute collerée de rouge aussy bien que le siel......, plusieur paisant dé deux androy
» et surcomtvoisin fure à la pouinte du jour à la maison de ville pour en donner avis. »
(p. 240, 241).

Le 15e de soir, arriva un garde dud. seigneur, avec de lieutenant du vissénéschal de Brive et six archers, pour prandre Terasson, si faire se pouvoit, nonobstant la sentence du Présidial par laquelle il avoit esté eslargy, moyennant 30 l. qu'il debvoit aumosner ce qu'ayant esté essayé le lendemain, 16e, de grand matin, led. Terasson ayant eut advis, vuida sa maison avant l'entrée dud. garde et archers, et fut donné 18 l. aud. garde (1). . . . .

Ce jour mesmes, 16e dud., arriverent les deux compagnies restantes du régiment de La Mothe St Cyr, auxquelles nous advançasmes l'estape pour une nuict, à raison de 30 s. par place, lesd. compagnies composées d'un capitaine, 2 lieutenants, un cornette et deux mareschaux des logis avec 32 cavaliers et 4 à pié, qui furent entièrement logées dans le faulxbourg Manigne, Pont St Martial et St-Gérald.

Le 17, lesd. six compagnies de cavalerie deslogèrent d'icy et leur fut donné pour leur ustencille, despuis le 4e febvrier dernier jusqu'à présent, 17e, à raison de 24 l. 13 s. pour une compagnie et demy, outre les susd.rs 300 l. cy devant à eulx contées en deux fois, autres 300 l., et à prandre sur la Cité 49 livres pour son 20e; plus fut respondu à leurs hostes de 280 et tant de livres; desquelles 280 l. fut faict promesse à la maistresse de la Poste (2), signée de nous, de 271 l., payables à volonté. Sur l'argent, au raport de Mr David, fust gaigné de 20 à 25 l.

Le 20e, fut escrit à Monseigneur le Duc une lettre que je signay avec Mr de La Maurelie, Mr de Verthamont, etc., par laquelle, respondant à celle qu'il nous avoit escrit, et que je n'ay pas veu, lui fut promis qu'encore que l'on nous tint sans pouvoir, si ledit Terasson revenoit dans la ville, que nous le ferions prandre pour le luy conduire, comme il desiroit, le priant de nous toujours honorer de sa protection (3).

Le 22, aresté que, de la somme de 740 l. 5 s. que montoient, pour un mois de 30 jours, les ustencilles d'une compagnie et demy du régiment de La Motté St-Cire, à raison de 16 l. 9 s. par compagnie, que Mr le Duc a ordonné que la ville fourniroit comme cy devant, à commencer du 8e du présent mois (4), . . . imposeroient et leveroient dans Consulat, dans 4 jours . . . . 701 l. 5 s.

Hélie Roussel, Renaudin le jeune et Cibot dit Goudehdaud, dans Manigne . . . . 140 l. »

Gallichier, P. Crouzeix, Aymery Poylevé, dans les Bancs . . . . 80 l. »

---

(1) La foire dite des Rameaux, établie en 1631, par lettres patentes de Louis XIII, était alors une des cinq grandes foires de Limoges; celle des Innocents et de la Saint Loup avaient été créées plus tôt. On omet de dire à quel titre renseignement qu'il eût été intéressant d'avoir.

(2) Il s'agit ici, de toute évidence, de l'hôtellerie tenue par la maistresse de la poste, laquelle, en 1622 et 1650, se trouve sur le territoire de la paroisse de St-Maurice, en la Cité.

(3) Quelque grave que fût l'acte commis par Terasson, celui-cy avait été traduit devant un tribunal, régulièrement jugé et relaché après avoir été condamné à une simple amende, sous forme d'aumône. Sa remise à l'autorité militaire ou à l'autorité souveraine, représentée par le Gouverneur, était donc un acte irrégulier et arbitraire auquel on regrette de voir les Consuls s'associer. Cent ans plus tôt les magistrats municipaux n'eussent pas poussé à ce point l'oubli de la solidarité entre les membres de la commune et l'obéissance au représentant du Roi: tout au moins eussent-ils opposé quelque résistance ou fait quelques objections.

(4) Les noms des cantonniers de ce quartier sont démeurés en blanc.

Vigenaud, Pétignaud et Estiene Bardinet, dans le Clochier........ 100 l. »
Giesé, Jehan Cadagniac et Béchameil, dans Boucherie............. 100 l.
He Texandier, Mas du Bost et Goudin, dans la Fererie............ 100 l.
Alesme, advocat, Noallier, procureur, et Guytard, gendre
  d. Imbert, dans les Combes............................... 80 l.
du Maillié dit de Biznuard, La Rodie et Franç. Cibot, dit le Ban-
  chut, dans Lanssecot..................................... 70 l. »
                                                           ─────
                                                           740.10.3 s.

Le 26ᵉ mars, fut recen. par Mʳ David, de la foire du jeudy, devant les
Rameaux, remize au vendredy, pour le respect de la feste de la Vierge (1),
de 28 à 30 l. tous frais faicts.

Et icy finy, grace à Dieu, mon Prévosté.

AVRIL.

Le jour de Pasques, 4ᵉ d'avril, Mʳ de Lymoges nous fict invicter au
Te Deum qui se debvoit chanter, le mardy suivant, dans St Estienne, pour
la grace que Dieu avoit faict à la France, comme le Roy luy mandoit par
sa lettre du 9ᵉ mars, que le traicté de la paix qui avoit esté faict en octobre dernier avec l'Empereur (2), avoit été exécuté.

Et le lendemain, 5ᵉ dud., receusmes ordre de Monsʳ le Gouverneur, de
faire faire feu de joye pour ce subject, comme nous fismes le lendemain
mardy de Pasques, à l'issue dud. Te Deum; pour lequel fut payé 35 l. au
corporal; et le sʳ Malliot, controlleur des décimes, fut colonel (3), et le sʳ
Imbert, lieutenant, que firent environ 200 fusiliers.

Dès le jeudy sainct, ayant faict demander les clefs de la grille et chasse
de nostre apostre St Martial à nos devanciers, nous receusmes d'eux le
lundy suivant, de matin, les deux clefs de la chasse seulement; et pour
ce qui estoit de celles de la grille, nosd. devanciers les avoyent layssées
entre les mains du serrurier, despuis un an qu'elles avoient esté faictes, à
faulte de payer 12 l. qu'il en demandoit (4), nous les retirasmes le soir
dud. serurier, en le payant.

« Le susd. jour, 6ᵉ avril, mardy de Pasques, ayant eut advis qu'il y avoit

─────────
(1) La foire dite des *Rameaux*, établie en 1634, par lettres patentes de Louis XIII, était alors une des cinq grandes foires de Limoges; celle *des Innocents* et de la *Saint-Loup* avaient été créées par Charles IX en 1586; quant à la *Saint-Martial*, et à la *Saint-Gérald*, elles existaient dès le treizième siècle. Nous ne saurions dire à quelle époque la première fut dédoublée et donna naissance à deux foines distinctes: la *grande*, et la *petite St-Martial*.
(2) Il s'agit du traité de Westphalie.
(3) Il est très remarquable que le colonel de la milice bourgeoise ne fût jamais nommé pour une cérémonie ou un service déterminés, tandis que les capitaines et lieutenants étaient investis de leurs fonctions pour un an, et remplacés ou renouvelés à chaque changement de consulat. En temps ordinaire, les compagnies faisaient isolément leur service, sous la haute direction des consuls; et aucun officier supérieur ne les réunissait sous son commandement.
(4) Voici un singulier détail, et qui a lieu de nous étonner, malgré la stricte parcimonie de nos pères; car l'on sait jusqu'où allait leur amour et leur dévotion pour saint Martial.

LXXVIII

nombre de cavalliers à St-Laurent de Gorrey, nous y envoiasmes le capitaine de Proges, pour en savoir la vérité; lequel nous raporta qu'il n'y en avoit point trouvé; ainsi seulement qu'on disoit que l'on en vouloit lever (1), et led. de Proges ayant faict rencontre de six prisonniers de guerre Espagnols qui s'esvadoient des prisons de Clairmond, il les fit retenir à Aixe, chez Pradier, hoste à l'Aigle d'or; et le lendemain nous les envoiasmes querir et les fismes mettre dans Montmalier, avec les autres Espagnols prisonniers; Mr Sarazin ayant payé aud. prisonniers et à leur garde, leur subsistance jusqu'au jeudy d'après Pasques, 8e d'apvril, de l'argent qu'il avoit receu des cantoniers du mois de febvrier, qui debvoient lever 640 l. 5 s. et des 900 l. des Aurances; desquelles Aurances led. sr Sarazin délivra un conte de reste de 301 l. à Mr de Chamboursat, qui fut prié d'en faire la recepte, et de paier lad. subsistance auxd. Espagnols d'orès en avant.

Le 8e apvril, ordonné que, pour la subsistance et garde des Espagnols, pour un mois, de 30 jours, commencé le 30e de mars dernier, il sera levé

Dans le canton de Consulat, par les srs Jean Nahilat, Joseph Martin, Romanet, pintier, et Jean Veyrier, orphevre, la somme de 86 l.; dans Manigne, par Pierre Cibot, S. Briancé, Labiche, gendre de Brunet et Maquoy, couroyeur, 170 l.; dans les Bancs, par Jean Guéry, Jean Joussen, Valadon et le Flamand, 97 l. 10 s.; dans le Clocher, par F. Faulte, François Roussaud, Mousnier, gendre de Peyrat, et Pinot, advocat, 121 l.; dans Boucherie, par Boysse, procureur, Mr Gabaud, Mart. Maillard, et P. Martin, 121 l.; dans la Fererie, par M. Guytard, P. Dubois, Midy et Ardant l'aypé, 121 l.; dans les Combes, par David, Néahime, Fauré et Jean Reynier, Jouyen (?) 97 l. 10 s. et dans Lanssecot, par Grenier le jeusne, Senemaud dit Preyssat, M. Cibot, Jalateb..... (2) dit Pastoureau, 86 l. — 900 l.

Le 14e, ayant receu de Mr le Gouverneur advis de la Paix qu'il avoit plut au Roy donner aux Parisiens (3) et autres qui avoient pris leur party, et ordre de faire cesser la garde, incontinant le jour mesme et environ deux heures après midy, on l'allé lever, et toutes les portes demeurèrent ouvertes.

En ce temps, l'on fit couvrir la tour de Montmallier, qui cousta environ 12 l. et le pavé de lad. porte Montmallier fut refaict, qui cousta 18 l.

Plus, le planché du pont de Boucherie, et ceux des ponts de Montmallier raccommodé; ce qui cousta environ 24 l.

Plus, fut donné au prédicateur (4), le 15e avril, compris ce qu'il avoit cy devant receu, 200 l. outre une douzaine de livres de boys et autre chose, qui luy avoit esté donné; lequel prédicateur ayant envoyé une lettre

---

(1) Il n'est pas vraisemblable qu'il s'agisse ici d'enrôlements pour l'armée du Parlement de Bordeaux. D'Argenson avait été envoyé en mission pour essayer de calmer les esprits, mais la querelle entre les Bordelais et d'Epernon, leur gouverneur, était depuis longtemps entrée dans la période aiguë et avait déjà abouti à une lutte armée.
(2) Le nom est resté en blanc.
(3) Traité de Rueil, conclu entre la Cour et les négociateurs de la Fronde dès le 12 mars et enregistré par le Parlement le 1er avril.
(4) Le prédicateur de l'Avent et du Carême était chaque année désigné par les consuls. Ses honoraires figurèrent au budget municipal jusqu'à la Révolution.

LXXIX

le lendemain, à Mr David, prévost, par laquelle il tesmoignoit, avec un grueur, estre mal satisfait, j'estime pour le mieux, si Dieu nous a donné le pouvoir, d'envoyer, sur la fin de notre charge, 100 l, pliées dans sa lettre, au Prieur de son couvent.

Et, ayant receu lettre de Mr le Duc, portant ordonnance de continuer l'ustancille de la Mothe St-Cyr, montant 24 l. 13 s. 6 d. par jour ou recevoir et nourir deux compagnies de son régiment, il fut faict assemblée de ville pour délibérer sur cella; où fut arresté que l'on recevroit plus tost lesds compagnies, attendu la proximité de la campagne, un chascun présumant qu'ilz n'avoient guère plus à demeurer dans ce pays.

Le 17 avril, Mr de Verthamond fut député devers Monseigneur le Duc, pour voir d'obtenir de luy, que lesdrs deux compagnies ne vinssent pas icy, attendu la grande charge que la ville avoit porté sans discontinuation toute cette année; et fut prié le sr de Verthamond d'offrir pour ce subject tant pour lesds gentz de guerre qu'autrement, jusqu'à 40 ou 50 pistoles.

Le 18e arriva Mr de Verthamond, qui nous rapporta n'avoir peu obtenir entièrement l'exemption de lade (sic) ustancille; mais qu'on luy avoit faict cognoitre en quelque façon, sur l'offre de 40 pistoles qu'il avoit faict (1), que l'on tacheroit de destourner lesds gents de guerre : et porta une lettre dud. seigneur Duc, addressante à Mr Le Tellier, sécrétaire d'Estat, aux fins de soulager la ville, pour ce qui est des prisonniers Espagnols, auquel le sr Le Tellier fut résolu que nous escrivrions, et verions de récouvrer lesds 40 pistoles.

Led. jour M. le Conseiller Vidaud m'ayant mis entre mains un grand sceau d'argent de la maison de ville (2) pesant environ 4 marcs (3) qu'il avoit entre les siennes, je l'apportay en la maison de ville en présance de tous Mrs les Consuls, Labiche, de Sivergniat, Briance, Jean Veyrier, orphèvre, le pintier, Romanet et autres; et fut mis après entre les mains de Mr David, prévost, pour le joindre aux clefs de la chasse de St-Martial, et le donner de prévost à prévost (4).

Le 28 avril, ayant faict monter tous les prisonniers de Montmalie dans le hault de lade tour, et changé de leurs gardes, pour en avoir amené quelques uns, suivant leur volonté, dans un lieu infame, il fut achepté vingt six, qui couterent, avec les cloux, environ 10 l, outre autres 26 qu'on avoit cy devant achepté, pour les accomoder au hault de lade tour.

---

(1) La chose est délicatement indiquée; mais la phrase indique suffisamment que nos ancêtres ne craignaient pas de recourir à l'offre classique du pot de vin, quand cela pouvait être utile aux intérêts de leurs commettants.

(2) Un de ceux, très vraisemblablement, dont il est parlé au t. I des Registres consulaires en cours de publication (p. 22), et qui avaient été déposés chez Martial Audier, sa veuve les remit aux Consuls en 1508.

(3) Legros ajoute ici entre parenthèse : « Ou peut-être seulement 4 onces », ce qui paroit plus vraisemblable.

(4) Ainsi le prévost ou consul de service était dépositaire du sceau de la ville pour les affaires courantes.

LXXX

MAY.

Le 1 de may 1649, fut mis par Mr David entre les mains de Mr de Chambourssat, en notre présence, un grand cachet ou sceau, et un petit, attachez ensemble par une chaisne, le tout d'argent, aux armes de la ville (1), que le s^r Jean Pinot, bourgeois, luy avoit donné pour ce faire : lesquels cachets led. s^r de Chamboursat doit joindre, avec le précédent, aux quatre clefs de la chasse et grille de Mr S. Martial. — Mr Jean Dupré dict, en pleine assemblée de ville, que M^r le Président Perière en avoit un.

Le 3e, receusmes lettre de Mr de Pompadour, par laquelle il nous prioit de luy envoyer, à Rochechouart, 60 cavalliers, et autant ou plus de piétons, bien armés, avec de la munition de guerre; et pour ce, ayant assemblé les capitaines des cantons, ne se peut trouver d'hommes pour y aller (2); parquoy le lendemain, envoiasmes Bary porter une excuse aud. seigneur, qui luy porta, de notre particulier, une charge de plomb et de poudre, qui revint à quelques 80 l.

Le 8e may, ordonné que, pour la subsistance et garde des Espagniols, pour un mois de 30 jours, commencé le 30e avril, il sera levé :

Dans le canton de Consulat, par le s^r Faulte, advocat, Champalimaud. B. Salcix et Mouret, orphèvre : 86 l.; dans Manigne, par Antricôlès, Martin, associé avec d'Eau, Léonard Dubois et Nicolas, gendre de chez Brunier : 170 l.; dans les Bancs, par Roulhiac, gendre à Pinchaud, Teurier (3), Bunisset (4) et Lajoumard, espicier : 97 l. 10 s.; dans le Clocher, par

---

(1) Il y avait à l'hôtel de ville, de grands et de petits sceaux, comme nous l'apprend l'inventaire du trésor de 1523 (*Reg. cons.*, t. I, p. 129). Les grands sceaux étaient renfermés, au XVIe siècle, dans un coffre fermant à trois serrures, dont les clefs se trouvaient alors entre les mains de trois notables (t. I, p. 22); mais tout, à l'hôtel de ville, avait bien changé depuis cette époque. — Au dix-septième siècle, la commune avait des sceaux d'argent et des sceaux de cuivre.

(2) On voit le peu de fond que pouvait faire le Gouverneur sur les protestations de services des bourgeois. Il s'agissait vraisemblablement d'envoyer des renforts et des munitions à d'Epernon, qui, peu de jours après, faisait éprouver une sanglante défaite aux Bordelais en marche sur Libourne, dont ils prétendaient abattre les fortifications.

M. de Ventadour étant alors malade, toute la responsabilité du gouvernement retombait sur M. de Pompadour, qui se trouvait en présence d'une situation difficile, un certain nombre de gentilshommes du pays étant allés offrir leur épée au Parlement et les membres de cette cour possédant des relations très étendues dans tout le pays.

Mesnagier accuse les Consuls de s'être trop avancés vis à vis de M. de Pompadour et de lui avoir offert « de leur liberaille voullonté, sans avoir parlé au peuple ne tenut auqun » conseil de ville », cent soldats de la milice. Il raconte que « quand Monsieur de Pompa-
» dour mandat aux Consuls de lui fornir dé soldar léquel il avoy promis, il ne pure trouver
» auqun seul soldar pour y aller, nonostan que lé Consuls fesoit publier à son de tambour
» par la ville dé édis ». — Et « se faisoy tou lé jour pour le mouin douze édis », ajoute, non sans intention malicieuse le bourgeois, lequel note aussi un détail qu'a omis Lafosse « Fire
» response lé habitans que sy leur capitaine de canton il aloy, qu'il le suivroy incontinen ».
Ce trait complète la scène.

(3) Teulier ou Terier.

(4) Peut-être Brisset.

L. Guybert, Bayard, Croizier, gendre à Teulier et Brugère, gendre à Moulinier : 121 l.; dans Boucherie, par F. de Bigounie (?), Maury, Cognacc le jeune, et Cibot dit Pilat : 121 l.; dans la Fererie, par Alesme, gendre a Pagnon, Magné, L. Martin et Cibot de Neron (Nexon?) : 121 l.; dans les Combes, par Berger, Poussard, Martialot, le Balayte (?) et Segond, gendre à Mercier : 97 l. 10 s.; et dans Lanssecot, par Marpienas, L. Muret, Cibot dit Pineaud et Pierre Bardinet : 86 l. == 900 l.

Le 10 may, fut affermé au sr Guillaume Faulte les trois foires de la S. Loup, et des deux de S. Martial (1), pour la somme de 100 l. qu'il doibt payer dans huict jours.

La nuict du 12 au 13e may, s'esvada dix prisonniers de Montmallier, et led. jour, 13e, cela estant venu à notre notice, fut envoyé Progy (sic) du costé de S. Junien pour en faire la recherche, d'aultant que nous avions esté assurés qu'ilz avoient tiré de ce costé ; et, pour ce, nous escrivismes aux srs Consuls et officiers des villes de ce quartier, d'assister a ce subjet led. de Proges.

Et led. jour, 12e, Mr le Président Perière envoya par Progy, en la maison de ville, un grand sceau d'argent, aux armes de la ville, et un chaperon de Consul, qu'il avoit dès le temps qu'il estoit Consul (2).

Le 15e, Mr le Lieutenant général estant arivé de Traslaige, comme il en avoit esté prié, fut faicte assemblée générale de ville pour pourvoir à la subsistance et gardes des susdicts prisonniers ; et fut résolu en icelle que les cantoniers nommés pour le mois présent de may advanceroient la moitié de ce que le canton debvoit fornir, par tout le jour (3), et l'autre moitié, dans huict jours après, et qu'ils leveroient sur le roolle qu'ils avoient faict ; mais que, pour l'avenir, à commencer en juin, il seroit faict des roolles par Mrs les Consuls avec deux habitants de chaque canton, qui furent nommés en lad. assemblée, assavoir :

de Consulat : sr Jean Duclou et sr Jean Pinchaud
de Manigne : sr Martial Maledent, Simon Romanet, Duprat, procureur
des Bancs : Fr. Sonemaud et Fr. Raymond
du Clocher : Pierre Guybert et Jean Nicot
de Boucherie : sr Decordes de Parpaya, Voureix et Pierre Teulier
de la Fererie : sr Michel Ruaud et Thomas, procureur
des Combes : sr Martial, procureur, et Laurent Gauges
de Lanssecot : le sr Ladrat et François Bardinet.

Pour fere lesdits roolles, qui demeureroient establis et fixez tant et si longtemps qu'il plairoit au Roy de faire demeurer, icy lesd. prisonniers.

En outre, fut faict plainte de ce que le sr Pierre Dubois, illec présent, cantonier de la Fererie, n'ayant plus voulu faire l'advance qui luy avoit esté ordonnée, ny mesme vuider ses mains de l'argent qu'il avoit ou

---

(1) Il s'agit ici des droits de place et redevances diverses.
(2) C'est-à-dire depuis 1646. On voit quelle négligence les Consuls apportaient à la remise des objets appartenant à la ville et dont ils devenaient dépositaires pendant leur charge. Il n'est pas inutile de remarquer que cette restitution n'a lieu qu'à la suite du propos tenu le 1er mai par Dupré.
3) Dans la journée même.

debvoit avoir devers luy, suivant son roolle; ce qui nous ayant obligés à l'aller contraindre par exécution, il se seroit mis en debvoir de nous tirer un poids de plomb de deux à troix livres, en l'exécutant de 4 fromages, une boule de campech et un demy pain de ver de gris (1), par quoy fut résolu en lad. assemblée qu'il seroit exécutté ce soir mesme suffisamment pour ce qu'il estoit [dû] par ledit canton, attendu sa rébellion.

Et pour ce qui est de la garde, fut résolu que les habitants la feroient et que dès aujourd'huy le sr capitaine de Consulat entreroit en garde; auquel tous les prisonniers seroient consignés et nombrés, dont il se chargeroit par escrit, comme il fit le soir même, pour les remettre le lendemain entre les mains du sr capitaine de Manigne.

Ledit jour encores, 15ᵉ may, le susdit de Progès retourna de sa recerche et ramena six desdits prisonniers, que les srs Consuls de S. Junien luy aydèrent à reprendre, dont fut dressé procès verbal, comme aussi de leur esvasion.

Et le soir dud. jour, tous les Consuls, avec les capitaines et gaigiers, furent en la maison dudit Pierre Dubois, auquel fut pris, par exécution, trois bacs de cire: la première exécution n'estant pas de la valeur du tiers de ce qu'il debvoit.

Le 18ᵉ, Mr de Verthamond partit pour aller veoir Mr de Pompadour à Rochechouart, suivant ce que mondit sr de Pompadour nous avoit mandé par Mr le soubs chantre, pour recevoir ses commendementz; et le lendemain, ledit sr de Verthamond estant de retour, nous raporta que mondit sr de Pompadour ne vouloit autre chose de nous, que de luy faire tenir en diligence les paquets qui seroient rendus au bureau de la poste pour Mr de Ventadour ou pour luy, et de faire faire des prières publiques pour la santé dudit seigneur de Ventadour (2), qui n'estoit pas en estat d'agir, et partant de luy addresser le tout.

Le 21ᵉ may, ayant esté advertis du décez dudit seigneur Duc, nous escrivismes deux lettres à Mr de La Maurelie, par l'une desquelles il estoit prié, puisqu'il estoit proche du lieu où estoit décédé ledit seigneur, de rendre les debvoirs de la Maison de Ville à Madame la Duchesse, s'il l'avoit pour agréable, ou nous donner advis de ce que nous avions à faire dans cette occasion; et par l'autre, il estoit adverty du retour de Mr de Verthamon, et de ce que Mr de Pompadour desiroit de nous.

Led. jour encores, nous escrivismes à Mr Le Tellier, secrétaire d'Estat, pour nous descharger des prisoniers espagniols, ou nous soulager en

---

(1) L'indication de ces marchandises fait suffisamment connaître la nature du commerce de Dubois. — On voit à quels procédés expéditifs avait alors recours l'autorité communale pour faire exécuter les décisions des assemblées de ville et notamment pour obtenir le paiement des taxes extraordinaires. Le procédé était du reste général et les Consuls l'appliquaient à leurs administrés comme les créanciers de l'hôtel de ville l'appliquaient aux magistrats eux-mêmes. Au seizième siecle, un des commissaires députés pour suivre le procès de la commune contre le Roi de Navarre, avait, ne pouvant obtenir le remboursement de ses avances, « exécuté » les Consuls et fait saisir une pièce d'artillerie de la ville.

(2) Le duc de Ventadour, Charles de Lévi, gouverneur de la province, était alors mourant, à Brive; il expira ce jour-là même, 18 mai (LEGROS, Abrégé des Annales, p. 569).

cela de quelque façon; et fut aussi escrit une autre lettre au s^r Guy, gendre de Mr Sarrazin, pour faire tenir et avoir response de la lettre de M^r Le Tellier, qu'on luy envoyoit pour cet effect; auquel s^r Sarrazin fut verbalement promis que, si ledit s^r Guy, pour avoir response, faisoit pour une pistole ou deux de fraix, que nous l'en rembourcerions.

Ledit jour, fut faict l'eslection des juges de Bource, où fut nommé pour juge le s^r Jean Jayac, le susdit Guy pour premier Consul, et le s^r Mousnier dit Lombard, pour second Consul.

Le 22e, arriva icy pour séjourner deux nuicts et un jour et vivre par estape, la compagnie de Chevaux légers du s^r chevalier de Guytault, venant de Guyenne, pour aller joindre le régiment de M^r le duc d'Enguyen à Saint-Clou, proche Paris; lad^e compagnie composée de capitaine, lieutenant, cornette et mareschal de logis et 31 cavaliers, qui furent logés chez les habitants refusant de payer ce qu'ils avoient esté taxéz pour la subsistance des Espagniolz, et partirent le 24e dud.

Donné quictance de lad^e estape le 25e, montant 135 l. qui revindrent en descharge pour ce qui estoit deubt par les hostes qui debvoient pour les Espagniols, réserve de 20 l. 6 s. d'un costé, et quelques.... (1) d'autre, que Mr David paya.

Le 23, jour de la Pentecoste, fut envoyé le capitaine Progy à M^r de La Maurelie, pour luy randre la lettre à luy addressante, qui estoit dans le paquet du s^r Chrestien, et le prier, comme nous luy escrivismes, de rendre les debvoirs de la ville à la mémoire de Monseigneur le Duc et à Madame la Duchesse, s'il avoit pour agréable, auquel de Proges fut donné 12 l.

Le 25 arrivèrent trois compagnies de cavalerie du s^r La Motte S. Cyr, venant de St Junien, pour aller en Catalogne; pour lesquelles il y avoit estape: icelles compagnies composées, sçavoir : celle de Cheseau, du lieutenant, cornette et mareschal de logis, avec treizé cavalliers; celle de Saly, du cornette, mareschal, troix cavalliers et quatre à pied, equipage du lieutenant; celle de Bonadier, du mareschal et six cavaliers (2), — qui furent logés dans les hosteleries du fauxbourg Manigne et des Arènes, pour y demeurer deux nuicts et un jour et y vivre par estape.

Le 26e receusmes assignation au conseil, à la requête des s^{rs} consuls de l'an 1647, pour respondre au procès qu'ils avoient avec le s^r Lamy (3), lieutenant criminel en l'Eslection : à quoy il faut pourvoir au plus tost.

Led. 26e, arrivèrent les troix autres compagnies restantes dud. régiment de La Mothe, venant de Sallagniac, composées, savoir : la mestre de campt, de 26 places; Chanteclair, 23 places; Gagny, 25 places; et 12 places pour le sieur de Mets, commissaire, fesant en tout pour lesd^{res} troix dernières compagnies, 86 places à 30 s. : 129 l., et pour les troix premières, 46 places à 3 l. place : 138 l.; somme toute, que Mr David a payé : 267 l.

---

(1) Le mot est en blanc dans la copie de Legros.
(2) On voit a quel effectif se réduisaient en tenps de paix ces compagnies; la troisiène est commandée par un simple maréchal des logis et ne conpte que sept hommes.
(3) On trouvera plus loin quelques renseignements sur ce procès.

LXXXIV

Le 27º, escrit à Mʳ de Pompadour que nous luy envoïons l'ordonnance qu'il avoit donné au commandant du régiment de La Mothe pour loger à Courbefy (1) et qu'il n'y avoit pas de lettre à la poste pour luy, et que, lorsqu'il y en auroit, nous les luy envoierions en toute diligence; et donné la lettre à Progy, pour la fere tenir.

Le 29º, délivré à Mʳ David la quictance, que nous avons signé avec luy, de l'estappe des 6 compagnies de La Mothe S. Cyre, mentionnées à la fin de la page précédente (2), montant à la somme de 267 l., qu'il doibt recevoir par l'ordonnance, de Mʳˢ Dupeyrat et Guillaume. — Led. sʳ David a esté payé.

Led. jour escrict à Mʳ de la Maureilhe pour response à la sienne, que les pères Jésuittes seroient priéz de faire l'oraison funèbre de feü Monseigneur de Vantadour et que l'on attendroit sa venue, ou de ses nouvelles, pour faire faire le service, et luy a esté donné advis de l'assignasion qu'avons receue à la requeste des sʳˢ consuls de l'an 1647, pour comparoistre au Conseil et respondre au procès du sʳ Lamy (3).

JUIN.

Le 1 de juin, furent envoyées commissions pour lever dans Consulat, et advancer dès le lendemain, pour la subsistance des Espagñols d'un mois de 30 jours, commencé le 30ᵉ may, sçavoir : — aux sʳˢ Jacques Dumas, Anthoine Goudin, le Gencyty, et Vergniau, 70 l.; dans Manigne, à Noallier dict Chabrou, Guillaume Disnematin, du fauxbourg, Beaulmeil dict Pelet, et Lymosin, gendre à Pinchaud : 136 l.; dans les Bancs, à Poylevé, gendre de Mʳᵉ Jacques, Just Masleu, Fr. Pabot et Brunier, gendre à Legier : 78 l.;

---

(1) Ainsi, Courbefy était encore gite d'étape entre Limoges et Périgueux en 1659. Le fait est à noter. On sait que l'ancienne voie romaine de Bourges à Bordeaux passait par cette localité, où l'on s'accorde à reconnaitre le *Fines* de la carte de Peutinger.

(2) De l'original.

(3) Il n'est pas question au journal de Lafosse — et nous ne saurions nous en montrer surpris, étant données les habitudes de stricte prudence de nos pères, — des exploits d'un agent fiscal, « l'Intendant Foullet », dont le manuscrit de Mesnagier rapporte, vers cette époque, une expédition, avec des détails qu'il est permis de taxer de fabuleux. Ce Foullet, accompagné du grand prévôt Chastaignac et de ses archers, se rendit dans la paroisse de Voury, en Bas-Limousin. — S'agit-il de La Vaury, près Dampniac ? Nous ne connaissons aucune autre localité du Bas Limousin, dont le nom se rapproche de Voury. Y a-t-il un *lapsus* au manuscrit de Mesnagier et faut-il lire Vaulry ou St-Vaulry ? c'est ce qu'il nous est impossible de dire. — L'objet de cette expédition était de lever les tailles dans vingt-deux villages. Ayant trouvé les habitants sans argent, l'Intendant fit prendre leurs bestiaux. « Léquel Foullet, intendant, » et Chastaniat fire mestre le feut par tout le bour et lé villages, tellement qu'il fire bruller » dé hommes et dé fammes, mesmes ensainctes, aux sy de petis enfant qui estoy anséré danct » lé maison et mesmes lé fammes qu'il rencontroy an se cartier, il leur pasoy l'epeie at traver » le corpt .... Non contant ne satisfect de tel miserre, il fict ancorre cheminer lé regiment » qui appartenoy sy devant à Gasion et qui estoy conduict a presant par Monsieur le Duct de » La Pallut », (p. 246). — Nous croyons qu'il faut faire des réserves au sujet du titre d'Intendant donné par Mesnagier à ce Foullet. Les Intendants, supprimés par la déclaration royale de juillet 1648, n'avaient pas encore été rétablis à la fin de 1649.

dans le Clochier, à Perier, N. Teullier, Deschamps, imprimeur (1) et Jean Raymond, dict Famine : 96 l.; dans Boucherie, à Rolland (2), dict Lansémand, Chabodie, Aymery Meusnier et Nicolas Guery : 99 l.; dans la Fererie, à Ardant le jeusne, Labiche, Jean Goudin, Rousselle, procureur : 96 l.; dans les Combes, à Jean Gergot, Jean Guybert, Pénicaud, gendre à Gerbaud, et Pistolet : 78 l.; dans Lanssecot, à Léonard Poylevé, Léger le jeune, Samuel Cibot, et Pierre de La Barbe : 70 l. = 720 l. — Manigne n'ont imposé que 125 l. — Qu'est, *(sic)* à 30 l. par jour, que monte ladᵉ subsistance ; auxquelz susdits cantoniers furent envoyéz les roolles qui avoient esté faitz en notre présence par les députtés, en l'assemblée générallе du 15ᵉ may dernier, mentionnée en la 28ᵉ page de ces mémoires (3), desquelz roolles en fut faict deux de chasque canton, dont il en demeura un de chasque canton dans la maison de ville.

Le 8ᵉ juin, estant sur le point de faire les tallies (4), nous envoiasmes homme exprès à Clairmont-ferand, portant lettre au sʳ Vigier, procureur en la Cour des Aydes, par laquelle nous luy mandions de veoir la requeste que nous avions minuttée, avec la commission des tallies, arrest des marchands à nous signiffié et deux ordonnances des esleus, pour, sur cela, faire ordonner par ladᵉ cour, si nous devions procéder au département desdᵒˢ tallies par la diminution du 5ᵉ, comme il sembloit estre porté par ladᵉ commission, que nous fussions deschargés de ce à quoy lesdᵉˢ ordonnances et arrest nous obligeoient, ou qu'il fût dict expressément que nous le ferions en Dieu et conscience, trouvant aultrement qu'il y auroit beaucout d'injustice en diminuant le 5ᵉ seulement.

Le 11ᵉ dud., sur ce que le sʳ Guy, gendre de Mʳ Sarazin, nous escrivit de Paris, qu'à sa sollicitation, Mʳ Le Tellier avoit escrit de Compiené, par le commandement de la Reyne, à Mʳˢ d'Aligre et Theron, directeurs des Finances à Paris, de pourvoir au remboursement de l'advance de la subsistance des prisonniers espagnols, que la ville avoit faict, et que, pour obtenir l'expédition nécessaire pour cette fin, il luy faloit envoyer 40 escus (desquels j'en ay donné 8 de mes deniers particuliers, Mʳ de Verthamond autant, et Mʳ David de mesme)(5) à Mʳ Sarazin, n'y ayant plus de deniers communs ; et avec led. argent fut envoyé des coppies des pièces nécessaires pour justifier l'estat de despence que nous envoiasmes, signé de tous Mʳˢ les Consuls, montant, pour 98 jours, commenceants le 18 septembre et finissants le 25ᵉ décembre dernier, à raison de 29 l. 3 s. 6 d., tant pour la nouriture, licts et pallie ordonnés par Sa Majesté : 2,859 l. 3 s. 6 d.; plus, pour 187 jours, commencés le 26 décembre et qui finiront le dernier du courant, à la susdᵉ raison de 29 l. 3 s. 6 d. par jour : 5,455 l.

---

(1) Deschamps est probablement l'imprimeur signalé par M. Antoine Thomas dans son *Inventaire des Archives communales de Limoges.*
(2) Ce Roland appartenait à la famille de fondeurs qui s'était, au XVIᵉ siècle, établie au faubourg Boucherie.
(3) Du cahier original.
(4) La répartition entre les cantons, problablement.
(5) Voilà un aveu qui ouvre un jour bien piteux sur l'état financier de la ville.

14 s.; et pour dix hommes qui ont esté employés pendant 150 jours pour la garde desd. prisonniers, à 5 l. par jour : 750 l. = 9,064 l. 17 s. 6 d.

Le lendemain, 12°, fut faict, dans l'esglise de St Pierre, un service solemnel pour le salut de l'ame de feu Monseigneur de Ventadour, notre gouverneur, les clochettes (1) ayant passé dès le soir de devant, avec un gaiger, qui, aux carefours et lieux acoustumés, lisoit un cartel que nous luy avions donné, pour advertir tous en général de se trouver en lad^e esglise, qui fut tendue de noir, avec une bande de velous avec les armes dud. seigneur (2); où il y eut musique, chapelle ardante, et oraison funèbre, qui fut faicte par le P. Petiot, Jesuitte (3). Mgr de Lymoges se randit en lad. esglise et *Messieurs du Présidial nous vindrent prandre en la maison de ville* (4), dont nous partismes ensemble, accompaigniéz des sieurs Juges de Bource avec leurs robes et leurs toques (5), des sieurs Juges de Police, des s^{rs} capitaines et lieutenants, l'épée au costé. Et ne fut pas faict d'offrande pour esviter les différends qui en pouvoient provenir : lequel service cousta en tout la somme de ..... (6).

Led. jour, 12° de juin, arriva la compagnie de gens d'armes de Mr de Vendosme, venant du costé de Paris et allant en Catalogne, composée de 107 maistres, qui avoient de deux a trois chevaux chascun (7); laquelle compagnie fut logée par les hosteleries pour la couchée, prenant l'estape pour 124 places, à 40 s. place ; d'où ils sont partis le lendemain, jour de dimanche, 13 juin.

Le 14°, ariva une compagnie de Chevaux légers de Mr de Mercœur, venant de Touraine, composée de capitaine, lieutenant, cornette et maréchal des logis, présents, et 23 cavaliers, faisant, avec les places du commissaire, 41 places; laquelle compagnie fut logée dans les hosteleries, pour y vivre par estape; laquelle partit le lendemain, pour aller à S. Léonard (8) et de là en Catalogne.

Le 17e juin, Mrs Sarazin, de Verthamond, Chamboursat et moy avons escrict par le courier au s^r Guy de continuer la poursuite de notre sou-

---

(1) Il s'agit des sonneurs des trépassés. Plusieurs confréries de Limoges, celles de St Martial, des Trépassés et des Pauvres à vêtir, notamment, avaient des sonneurs attitrés, qui, pour annoncer la mort et les funérailles des confrères, revêtaient des robes ou manteaux portant les emblèmes ou les armoiries de l'association.

(2) Cette bande de velours rappelait la litre seigneuriale. Elle est restée en usage dans nos cérémonies funèbres.

(3) Le F. Martial Petiot, détestable écrivain du reste, et vraisemblablement médiocre orateur, a fait les oraisons funèbres de plusieurs personnages de marque et composé quelques ouvrages dont le plus connu est la *Vie* du vénérable Bardon de Brun.

(4) Ici l'original porte en note : « Faudra veoir s'il le faudra mettre de la sorte sur le livre de la Maison de Ville ». Cette note est inspirée évidemment par les vieilles querelles de préséance ; elle nous semble être une preuve de plus que le *Journal* de La Fosse était destiné à fournir aux consuls de 1649 les éléments du compte rendu de leur administration.

(5) C'est, croyons-nous, la première fois qu'il est fait mention de la présence des juges de commerce, en costume, à une cérémonie.

(6) Le chiffre est resté en blanc.

(7) Ces « maistres » gens d'armes rappelaient la *lance garnie* des compagnies de Charles VII, qui comprenait six hommes.

(8) Singulier itinéraire, en vérité, et qui ne s'explique que par le désir de ne pas surcharger de logements militaires les localités de la route principale.

logement pour la subsistance que nous fournissions toujours aux prisonniers Espagniols, et d'attandre de nos nouvelles par le prochain ordinaire; auquel nous avons envoyé toutes les copies collationnées des quictances que nous avions eut des garnisons comm'il avoit mandé qu'il fesoit besoing.

Le 23, ariva la compagnie des Chevaux légers du s^r conte de Clairmond, du régiment d'Enguyen, venant du costé de Brives et allant à St Clou, composée de capitaine, lieutenant, cornette, et maréchal, avec 10 cavaliers, fesant 25 places, qui, vivant par estape, partit le 25e dud., lendemain de S. Jean (1).

Ledit jour, je fus par etc, *(sic)*.

Le 28e juin, nous avons pris de Mr Vidaud, receveur, qu'avons promis de luy rendre, à volonté, en argent ou luy fere tenir en conte sur l'estape par le s^r Receveur général, 150 l.

JUILLET.

Le 2 juillet, nous escrivismes et donnasmes charge au s^r Tarneau, advocat au Conseil, de comparoistre pour nous aud. Conseil, en l'assignation que les s^{rs} Consuls de l'an 1647 nous avoient faict donner.

La nuit d'entre le 3 et le 4e juillet, 20 des prisoniers espagniols s'esvadèrent de la tour de Montmallier ; ce qu'estant venu à nostre cognoissance, nous fusmes prier M^{rs} le Lieutenant Général et Procureur du Roy de se porter à lad. tour, comme ils firent, où aucun du canton de Manigne, qui estoit en rang de les garder, ne se trouva.

Par quoy fut par nous protesté de tout ce que nous pouvions protester; et fut, à notre réquisitoire, ordonné par un d'abondant (2), par led. sieur

---

(1) Pierre Mesnagier note vers le milieu de l'année, le passage de M. de la Meilleraye « général de l'armée » envoyée par le Roi contre les rebelles de Bordeaux. Il arriva à Limoges avec huit compagnies de cavalerie. Les habitants, assemblés à cette occasion, « fire » plainte aux Consul de se. qu'il gardoy lé soldar trois jours an leur maison et de paier par » jour à chaqun soldar trante deux sous : se qui fuct for considéré que apres chaque cavalier » ne pouvoy avoir davantage que quatorze sol par jour, et que, houtre sellat, le cavalier » iroy ferre leur depanse par lé cabaret à leur depant, se qui fuct faict » (p. 246). La Cour avait mis à la disposition de M. de La Meilleraye quatre régiments de cavalerie : Cargresc (autrefois Tracy), Broglie, Coudray et le régiment royal, — quatre d'infanterie : La Meilleraye, Harcourt, Palluau et Cugnac (CHÉRUEL, *Hist. de France pendant la minorité de Louis XIV*, t. IV, p. 86.

« Et an se mesme tanct, ajoute Mesnagier, à Limoges commiansare à faire dé fortes bariquades » par tous les avenues de faubour, et tous lé soir, lé deux pont (A) de la rivière de Viene » estoy levés et bien gardés; car l'on crenoy for l'armée de la Milleres (de La Meilleraye) qui » arivoy ». — Ces troupes, heureusement, ne traversèrent pas le Limousin. Les Consuls n'en demeurèrent pas moins sur leurs gardes et la milice veillait « sans cesse ». La nuit, il y avait cent hommes de service sur les remparts; le jour deux cents. Les Consuls « se partagoy la » moitié du canton pour estre mieux soulagés; car ceux qui montoy un soir en gardé ne » montoy pas a la quinsene suivante » (*Ibid.*, p. 216 et 217).

(2) *D'abondant* était employé pour « en outre » dans la langue du Palais, (*Dictionnaire* de TRÉVOUX). Il s'agit ici d'une homologation du Lieutenant général rendant exécutoire l'ordonnance des consuls.

(A) Il s'agit de ponts levis en bois dont il est souvent question du XVe au XVIIe siècle et qui se trouvaient à l'entrée des deux ponts St Martial et St Etienne.

Lieutenant Général, du consentement du s^r Procureur du Roi, que commandement seroit faict à tous les capitaines et habitants, de faire la garde exactement desd. prisonniers, à peyne de desobeyssance aux ordres du Roy ; ce qui fut notifié auxdits capitaines par le scribe (1) le mesme jour, et la garde commandée journellement par le capitaine de Proges, à chasque canton en son rangt, suivant l'ordonnance que nous en avions faict. Et dès le 3e, ayant faict faire une assemblée de ville, pour chercher un moyen de faire subsister lesd^s prisonniers, fut aresté, qu'on tacheroit de retirer du s^r Receveur Vidaud ce qui avoit esté destiné pour le remboursement de l'advance faicte par les habitants de lad^e subsistance, despuis septembre jusqu'à la fin de décembre 1648, pour estre employé à la continuation de lad^e subsistance, puisque l'on estoit contrainct de la fornir ; par quoy, le 5e dud. mois de juillet, nous présentasmes requeste à M^{rs} les Thrésoriers pour ordonner aud. s^r Receveur de nous en faire le payement, veue la nécessité où l'on en estoit : à laquelle requeste fut respondut que deux desd^s s^{rs} Thrésoriers feroient une revue desd^s prisoniers ; laquelle ayant esté faicte, le Bureau ordonna qu'il nous seroit mis incontinent entre mains, par led. s^r Receveur, la somme de 1,670 l. Ce qu'ayant refusé de faire, pour n'avoir receu aucuns deniers des tailles, comm'il disoit, led. Bureau bailla une seconde ordonnance, par laquelle il fut dict que led. s^r Receveur seroit contrainct par toutes voyes, et que les controolleurs représenteroient les clefs des coffres de la recette ; par quoy, le 12e juillet, nous récusmes lad. somme, en 420 l. d'argent, et nous fut rendu les deux billets que nous avions cy devant faicts au s^r Vidaud, montants 250 l. et une quictance sur les tailles de 1,000 l. ; laquelle quictance est entre les mains de Mr de Verthamond ; et le tout revenant à lad^e somme de 1,670 l. ; dont luy fut donné quictance par Rougier, signée de M^r de La Mourellie, Verthamond, David et moy ; lesquelles susd^{es} 420 livres furent mises entre les mains de Mr de Verthamond, pour payer la subsistance desd^s prisoniers ; duquel argent fut faict présent de 52 l. 10 s. aud. s^r Vidaud.

Le 21 juillet, s'estant trouvé à dire un des prisoniers de Montmallier, nous convocasmes les capitaines, lieutenants, enseignés et sergents des cantons en la Maison de Ville où, en présence de M^r le Lieutenant Général, fut remonstrée par M^r de La Maurellie, prévost, combien il estoit important et facile de garder lesd^s prisoniers comm'il avoit esté cy devant arresté en l'assemblée générale de la ville, et protesté tant contre lesd^s capitaines, officiers que habitants, de tout ce que nous pouvions protester ; de quoy led. s^r lieutenant général nous donna acte ; et ensuitte fut arresté avec lesd^s s^{rs} capitaines, que, dès ce soir, le s^r Boysse, lieutenant du Clochier, qui estoit en rang (2), entreroit en garde, et que les déffalliants de l'esquade qu'il auroit commandé d'y aller, seroient excuttés de la somme de trois livres par les officiers de la Maison de Ville (3).

(1) Le greffier de l'Hôtel de ville.
(2) Dont c'était le tour.
(3) C'est-à-dire qu'il serait fait chez eux une saisie de mobilier de la valeur de trois livres. On voit que ce système de coercition est employé en toute occurence.

LXXXIX

Et le (1) de juillet, Mr de La Maurellie fut députté, par acte signé de nous tous, dont l'escribe a l'original, pour s'en aller en Cour, ou au lieu où Monseigneur le duc d'Anville, nostre nouveau Gouverneur sera, pour luy rendre les debvoirs de la ville et faire les submissions requises; et ce, sur ce que nous en avions peu apprendre, sans avoir eut aucun advis de la part dudit Seigneur; lequel sr de La Maurellie partit le 29e dudit mois pour ce faire; et ne luy fut point donné d'argent; partant le faudra rembourser de la despense qu'il aura faict à son retour (2).

Le 30e dud. de juillet, le roolle des tailles fut clos et arresté par nous, et mis au greffe, montant à la somme de 9,356 l. 11 s. 7 d. pour la taillie et subsistance et 233 l. 18 s. 5 d. pour le droit de cottité, revenant à 9,590 l. 10 s. en tout.

Aout.

Le 4e d'aoust, les prisonniers de Branlan, ayant receu leur payement pour quatre jours, dans la maison de ville, en s'en retournant, ils voulurent prandre un pourceau proche lade tour; et les pauvres de l'hospital (3) les voullant empescher parce qu'il appartenoit à la gardienne de l'hospital, ils en vindrent aux mains, et quelque valet (4) d'espinglier s'estant faict de la partie pour lesds pauvres, le sr juge Petiot fut appelé, qui ayant faict prandre un desds prisoniers, l'on eut beaucout de peine à remettre les autres dans lade tour, à cause de la confusion, comme l'on fit, à la réserve d'un, qui s'esvada dans cette occasion, la nuict approchant, sans que l'on en eut peut sçavoir apprès aucunes nouvelles.

Comme aussi, troix jours auparavant, de troix qu'on avoit mis à l'hospital, pour estre (5) malades, l'un d'iceux, revenant à convalessence, s'en alla, quoy qu'il eût une jambe fort grosse, sans aussi qu'on en peut sçavoir de nouvelles; ce qui nous obligea à retirer l'un des deux qui restoit, quoy qu'il ne se portât encores guères bien : et l'on y laïssa (6) seullement l'autre, pour estre devenu comme furieux, lequel il faloit lier, ne le pouvant mettre dans les tours avec les autres, de peur qu'il leur mesfict, n'y ayant pas grand espace, etc. *(sic)*.

Dès le 2e d'août, pour les troix estapes qui nous estoient deubes, nous avons receu, du sr Tabouret, un billet pour M. Vidaud, receveur, de 89 l., et pour 55 places d'une des autres, et pour 41 de l'autre, fesant ensemble 96 places, à 32 s. place, il nous a conté, dont luy avons donné quictance, 153 l. 12 s. = 242 l. 12 s. De quoy a esté donné 2 piastres pour un roolle des tailles et pour le sr Palays, 5 l. 16 s.; à M. Sarazin, qui luy estoit deubt

---

(1) La date est demeuré en blanc.
(2) Ce passage prouve bien que ce *journal* est réellement écrit au jour le jour.
(3) Sans doute ceux de l'hôpital St-Martial, écrit Legros entre parenthèse. La tour Branlant était, en effet, placée derrière l'hôpital St-Martial.
(4) Le mot valet comme celui de *serviens* au XIVe siècle, s'emploie dans le sens d'ouvrier.
(5) Vieille tournure, pour : parce qu'ils étaient malades.
(6) Il y a dans le ms. : Et l'on icy.

de lad® dernière estape : 80 l., à M. Verthamond, pour payer les Espagniols : 66 l., et le surplus, qui est dans le coffre de la Maison de Ville, qu'est 1 l. 16 s., outre ledit billet = 153 l. 12 s. Lequel billet, Mr Sarazin a devers soy, qu'il faudra retirer, ou la valleur.

Le 6e d'aout, ayant faict faire une exacte recherche du susd. prisonnier de Branlan esvadé, fut enfin trouvé et ramené dans lad. tour ; comme aussy celuy qu'on avoit mis dans les prisons royales, fut retiré et remis dans lad^e tour Branlan, avec l'autre.

Dès le 29e de juillet, signé un acte d'intervention que nous fesons, comme consuls, au procès d'entre le s^r chanoine Pabot et la dame de Guébriant (1), pour ferre joindre le procès pendant aux Requestes du Palais, ou de l'Hostel, à Paris, à celuy des censsives, pendant au Parlement ; lequel acte a esté signé de divers habitants : le s^r Procureur du Roy requerant lad^e intervention, et M. le Lieutenant général en donnant l'acte, de quoy a esté pris garde-dommaige (2) le s^r de Meillat, qui avoit vendu aud. s^r Pabot l'héritage sur lequel lad^e dame de Guébriant, demanderesse, fesoit sa demande, lequel garde-dommaige est entre les mains de Mr de Verthamond.

Comme aussi, avons faict cy devant, dans juillet, une autre intervention au procès d'entre le s^r Baud, fermier des droicts de la ville, et le s^r Pierre Dubin, marchand, dont aussi j'ay un garde-dommaige dud. Baud, pour M^{rs} les Consuls.

Le 15e d'aoust, je fus députté par M^{rs} les Consuls pour aller, comme je fis, sur le midy, à Rochechouard, avertir Mr de Pompadour de ce qu'il y avoit un conseiller du Parlement, un advocat et un bourgeois de Bordeaux à Pierrebuffière avec le s^r de Sauvebeuf (3), pour assembler des gents de

---

(1) Nous n'avons d'autres indications sur ce procès que celles données par le document que nous publions.

(2) Garant.

(3) Antoine-Charles de Ferrières, marquis de Sauvebeuf, maréchal de camp, marié en 1626 à Marguerite de Pierrebuffière, veuve du marquis de Châteauneuf. Homme de guerre distingué, Sauvebeuf avait été général des troupes du prince de Parme. Il s'était retiré depuis peu dans son château. Le conseiller Guyonnet, un des magistrats les plus distingués et les plus influents du Parlement de Bordeaux, fut envoyé en Limousin pour faire surseoir à l'arrêt du Conseil ordonnant que la maison du marquis de Chamberet, ancien commandant des troupes bordelaises, tué au combat de Libourne, serait rasée et sa postérité réputée indigne et infâme ; il était aussi chargé d'une mission confidentielle auprès du marquis de Sauvebeuf. Le Parlement n'avait plus de général à la hauteur des circonstances et avait jeté les yeux sur lui pour commander ses troupes. Sauvebeuf, sur lequel son attitude réservée vis-à-vis de d'Epernon et ses relation personnelles avec plusieurs magistrats avaient sans doute appelé l'attention des Frondeurs, accepta la proposition que Guyonnet lui fit et se mit sur-le-champ à lever des recrues. Voir Dom Devienne : *Histoire de la ville de Bordeaux*, 2e édition, t. 1, p. 332.

L'avocat dont il est question plus haut au *Journal de Lafosse* était Fonteneil, chargé par le Parlement de joindre ses instances à celle de Guyonnet. Ce dernier fut peu après envoyé à Paris, pour nouer des relations entre les Frondeurs de la capitale et ceux de Bordeaux.

Le marquis de Sauvebeuf avait d'abord résolu d'attendre M. de Pompadour dans Pierrebuffière ; il conçut ensuite le dessein de tenter une attaque contre les troupes de d'Epernon avec des troupes légères, « un camp volant ; » mais les Bordelais le pressaient de venir prendre la direction de leurs forces. Il se rendit à leurs prières et partit avec les 400 chevaux qu'il avait réussi à lever pour ainsi dire sous les yeux de Pompadour. Son entrée à Bordeaux fut triomphale. Il justifia l'enthousiaste accueil du peuple et la confiance du Parlement par son

guerre ; lesquels parloient si hault, comme on nous asseuroit, jusqu'à nous menacer de nous faire déclairer pour qui nous tenions : à quoy mondit sieur de Pompadour respondit de renvoyer le lendemain quelqu'un de nous ; d'où estant de retour, le lendemain, sur les 8 heures du matin, et ayant exposé le tout à M^{rs} les Consuls, Mr de Chambourssat fut prié d'y aller, comm'il fit, et partit sur le midy. Et le lendemain, le s^r Meusnier, Conseiller en la Cour, fut icy, et monta au Palays, où Mrs de la Justice ne s'estant pas trouvez, il prit sa scéance en la place du Présidial, et fit lire, par son cler, en la place du greffier, un arrest de la Cour de Parlement de Bordeaux, par lequel il estoit deffendu aux villes, communautés, gentilhommes, et tous autres, de donner aucun secours à Mr de Pernon *(sic)*, leur gouverneur, qu'ils disoient les avoir maltraistés et avoir mis la province en trouble ; et enjoinct aux d^{es} villes, communautés, etc., de prester main-forte à lad^e ville et Parlement de Bordeaux (2) ; ce qu'estant par nous sceu, à mesmes (3) envoiasmes en poste le capitaine Progy en

dévouement, son courage et ses talents militaires. Sauvebeuf se conduisit en héros pendant toute la première période de la Fronde. Quand celle-ci, après une accalmie de quelques semaines, reprit une nouvelle force à la suite de l'arrivée à Bordeaux de la princesse de Condé, Sauvebeuf fut écarté du commandement et envoyé en ambasade en Espagne, où il joua, assez médiocrement, un rôle qui, du reste, n'était pas digne de lui.

(2) On trouve au t. III, p. 352 et 353 des *Archives historiques de la Gironde*, une curieuse pièce qui confirme les indications de notre journal. La voici :

Note sans signature et sans adresse, relative à l'appel à la révolte adressé par le Parlement de Bordeaux au Limousin :

« Le Parlement de Bordeaux a envoyé à Lymoges un conseiller nommé Monsieur Moulinier,
» qui a monté au Palais sans que aucun de Messieurs de la Justice s'y soient voulu trouver.
» Luy seul avec son... a faict lire l'arrest du Parlement, qui porte que l'on bailleroit main-forte
» au Parlement, et de ne recevoir aulcuns gens de guerre ny permettre que l'on en leva *(sic)*
» pour M. d'Espernon, soubz peine d'estre déclarez criminels de leze majesté ; et est allé trou-
» ver Sauvebeuf à Pierre Bufière, avec l'autre conseiller qui estoit avec luy (qui s'appelle
» Guyonnet). Monsieur de Pompadour a faict grand amas de monde pour assiéger Sauvebeuf à
» Pierre Bufière.... *(passage illisible)*. Lesdits sieurs de Pompadour, Meillard, Lostange et
» autres seigneurs en grand nombre, avec deux a trois mil hommes, sont arrivez dez aujour-
» d'hui a Souloignac. Les Consuls, Lieutenant general et Grand Prevot le sont allez trouver a
» Souloignac, mais Sauvebeuf avoit fait battre le bassin *(sic)* par ses paroisses, nuict et jour,
» pour ses paisans et ceux des bourgs, et fait commandement de bailler sur ceux qui
» passeroient dans ses paroisses, et de se trouver à Pierre Bufière ; y estant et sçachant
» que Monsieur de Pompadour debvoit arriver a Souloignac dez le matin, il part avec cent
» chevaux ; c'est tout ce qu'il avoit peu amasser, et a renvoyé ses paisans et gens de pied,
» prit son chemin pour Bourdeaux. S'il l'eust attendu, on luy eust baillé une belle tastée.
» Monsieur de Pompadour a faict abattre les forteresses qui estoient en l'eglise de Charonnat, car
» Messieurs de Bourdeaux n'avoient pas porté grand argent, et Monsieur d'Espernon avoit
» enguagé toute la noblesse du Périgord, jusques au plus petit, avec lui. On dit que Monsieur
» de Pompadour mettra guarnison a Pierre Bufière et a Aigueperce, et croit on que l'on des-
» molira ces places. Il l'a couru belle : la plus part de sa cavalerie qu'il avoit l'ont quitté à
» faute d'argent et de peur qu'ils avoient. Il s'enrage et pleure de despit. Monsieur de Meil-
» lard, seul, avait amené neuf cents chevaux et sept cents (hommes) de pied. Monsieur de
» Saint-Maigrin avoit huit cents chevaux ; Monsieur de Pompadour, six cents chevaux, quasy
» tous gentilshommes et braves. L'on ne sçait ce qu'ils fairont encore. Monsieur le Grand Prévost
» a envoyé cinquante cavaliers à Monsieur de Pompadour ; ils ne sont pas de retour. » (Arch. nat^{les} K k 1218).

(4) Sur le champ.

advertir mond. sʳ de Pompadour; et cependant arriva Mʳ de Chamboursat, qui nous apporta une lettre de mond. sʳ de Pompadour, par laquelle il nous ordonnoit d'empescher qu'il ne sortist aucunes armes ny munitions de guerre, et de luy envoyer à Soloigniac une charge de poudre, plomb et mesches.

Et le 18° aoust, led. capitaine Progy fut de retour, avec le sʳ du Peuch, qui nous apporta un autre ordre pour empescher la sortie des munitions de guerre et nous advertir que mond. sʳ de Pompadour seroit icy demain, 19ᵉ dud., bien accompagnié.

Dès le soir du 18ᵉ d'aoust, fut envoié par nous, et par la conduicte de Peytarou, au sʳ Martialot, Lieutenant en la jurisdiction de Sollogniac, 100 l. de poudre, qui cousta 48 l., plus 150 bales de plomb, en 6 sacqs, qui cousta 19 l. 2 s. 6 d.; et 50 l. mesche, qui cousta 10 l. et l'emballage ou port : 2 l. 11 s. 6 d. ═ fesant 80 l. 14 s., — avec une lettre aud. sieur Martialot, de délivrer le tout à celuy qui l'iroit demander pour M. de Pompadour.

Le jeudy, 19ᵉ d'aoust, mond. sʳ de Pompadour envoia icy le sʳ de Peuch, avec une lettre de créance, pour nous faire aller à Sollogniat, où estoit mond. sʳ de Pompadour; à laquelle fin Mʳ Sarrazin fut députté, et y alla incontinent. Ensemble nous fut apporté un ordre pour assister le Grand Prévost à arrester celuy qui avoit icy publié un arrest du Parlement de Bordeaux contre Mʳ d'Epernon, si il estoit encore icy; mais en estant partit, il n'y eut rien à faire (1).

Led. jour, 19°, led. sʳ Sarrazin estant de retour de Solloignat, nous raporta que mond. sʳ de Pompadour, qui avoit auprès de luy 2 à 3,000 hommes, vouloit que l'un de nous le retournât veoir le lendemain; pour quoy faire je fus députté. Et le soir il nous envoia le sʳ de Villenet avec sa troupe, composée de 80 cavalliers, pour la loger, sans rien payer; laquelle fut logée par nous dans les fauxbourgs de Manigne et de Boucherie. Et le lendemain, 20ᵉ, je fus à Sollogniat, voir mond. sʳ de Pompadour, qui nous ordonna verballement de luy tenir prêts 400 hommes en armes, pour partir quand il nous envoyeroit ses ordres; par quoy, estant de retour, nous envoiasmes des billets à un chascun des habitants que nous estimâmes les plus propres pour ce faire, et délivrasmes les contrerolles de chasque canton à un chascun des capitaines, pour faire mettre sur pied et assembler ceux qui estoient compris en iceux.

Le 21, (2) receusmes de rechef la troupe dud. sʳ de Villenet, suivant l'ordre de mond. sʳ de Pompadour, pour la loger pour une nuit, comme

---

(1) « Tout ceci, remarque ici Legros, prouve que M. de Pompadour étoit dans le parti du duc d'Epernon. » L'annotation semble superflue.

(2) Sous la date du 21 août seulement, le manuscrit de Pierre Mesnagier mentionne la levée de troupes faite par M. de Sauvebeuf, « lequel, dit-il, trouvât à mouin de quinze jour » deux sanct cavalier et deux sanct cinquante fantasin, anfan de bonne maison et de bonne » mine. » Le marquis les conduisit, à ce que raconte Mesnagier, jusqu'à Angoulême, puis partit en avant afin de prendre les mesures nécessaires pour faciliter leur arrivée à Bordeaux, que pressait alors le duc d'Epernon.

nous fismes, sans rien payer, dans les logis autres que les premiers qui avoient logé lad. troupe.

Led. jour encore, receusmes ordre de mond. s^r de Pompadour de délivrer au s^r de Fayoles, lieutenant du s^r Grand Prévost, 50 fusiliers demain, jour de dimanche, 22e dud. mois.

Et le lendemain, après avoir faict tout ce qui fut en notre pouvoir, comme appert par l'acte sur ce faict, ne peusmes assembler led. nombre, et led. s^r Fayoles s'en retourna sur les troix heures, ne voulant plus attendre (1).

Led. jour 22e, arrivèrent 20 cavalliers de mond. s^r de Pompadour, que nous logeasmes dans la ville, sans payer.

Ayant receu advis de M^r de La Maurellie, que Monseigneur le duc d'Anville, nostre Gouverneur, debvoit arriver dans le 8e de septembre, et qu'il ne vouloit point d'entrée, pour soulager son gouvernement, fut convoqué par nous un'assemblée de ville, où ne s'estant trouvé que sept habitants, fut remise de ce jourd'huy, 26e d'août 1649 (2), au lendemain, à heure après midy : lequel jour j'entray prévost. Dieu veuille que ce soit à sa gloire !

Led. jour, nous escrivismes au s^r Vigier, Procureur en la Cour des Aydes de Clairmont-ferand, de comparoir pour nous en l'assignation que les s^{rs} Consuls de 1648 nous avoient faict donner, pour deffendre le procès que le s^r Commissaire Mallavergnie avoit intenté contre eux pour se faire desenrooller de la tallie, et pourveoir à la demande que les s^{rs} Grenier leur fesoient pour certains logemens qu'ils avoient faict chez eux de gents de guerre.

Ce soir, jour de jeudy, 26e d'aoust, la garde pour les prisoniers de guerre fut commandée par le capitaine de Proges au s^r Delauze, capitaine de Lanssecot, auquel de Proges fut par moy donné charge de continuer tous les jours.

Le 27e d'aoust, l'assemblée de ville, remise le jour d'auparavant, fut faicte à deux heures après que la messe et procession pour la préservation de la ville (3) furent achevées, où fut arresté que l'on prepareroit les choses necessaires pour l'entrée de Monseigneur le duc d'Anville (4), notre Gouverneur, sans entrer en de despénce considérable, jusqu'à l'advis certain s'il avoit pour agréable qu'on luy fist un (sic) entrée ; et qu'à ces fins, l'on escriroit à M^r de La Maurelie de nous en donner advis par un courier exprès ; et que, cependant, l'on convoqueroit les s^{rs} capitaines et lieutenants, pour faire un colonel et un sergent major dès le lendemain (5) ; qu'on

---

(1) C'est peut-être à cet épisode qu'a trait le passage du journal de Mesnagier que nous avons cité plus haut en note.

(2) Encore un passage qui prouve que ces notes ont bien été écrites jour par jour.

(3) Cette procession, qui partait alternativement de St-Pierre et de St-Michel et à laquelle assistaient, avec le clergé de ces deux paroisses, le Consulat et les ordres mendiants, avait lieu depuis l'an 1427 et était destinée à remercier Dieu de la découverte du complot ourdi contre la ville par Jean de Bretagne, sieur de Laigle, et le Consul Gautier Pradeau.

(4) C'est par erreur que Legros, dans son *Abrégé des Annales*, donne le duc d'Epernon comme successeur au duc de Ventadour dans le gouvernement du Limousin.

(5) Ce passage permet de constater une fois de plus qu'on ne créait de colonel que pour certaines cérémonies et qu'il n'existait pas de commandement supérieur permanent de la milice.

pourverroit à son logement, comm'il fut faict, chez Mr du Vignau, et que l'on feroit recherche de quelque belle estofe pour faire un poesle : et à tout ce dont on se pourroit adviser pour n'estre pas surpris.

Led. jour encores, 27ᵉ, receusmes ordre de Mr de Pompadour de ne receveoir de gents de guerre sans l'ordre du Roy et son attache ; comm'aussi des paquets ny ordres du Parlement de Bordeaux, tant qu'il demeurera interdict, et de retenir ceux qui les aporteroient.

Septembre.

Le mercredy, premier de septembre 1649, la garde des prisoniers fut commandée par le capitaine Progy au sr Ruaud, capitaine du canton de la Fererie, qui lui déclara n'y vouloir aller : de quoy led. de Proges dressa son procès verbal, que j'ay retiré.

Le jeudy, Mr de La Maurellie arriva de Paris, qui nous dict que Mr le duc d'Anville, notre Gouverneur, seroit icy bientost ; mais qu'auparavant nous en serions advertis par un courier, et que l'affaire des Espagniols retenus icy et celuy (1) des Consuls de l'an 1647 se debvoient vuider dans cette sepmaine, y ayant donné tout l'ordre qu'il avoit peu ; que led. seigneur duc l'en avoit faict venir *(sic)*.

Le vendredy, 3ᵉ septembre, arriva Mr de Pompadour, que nous fusmes veoir, et luy envoiasmes six bouteilles de vin, lequel sr de Pompadour nous donna le lendemain un ordre de faire garder dans la conciergerie, par six hommes de chaque canton, le sr de La Rivière, de Flavignat, pris portant les armes contre le service du Roy : par quoy tous les capitaines des cantons furent mandés dans sa maison ; auxquels il fit commandement de faire faire ladᵉ garde : ce qu'ils promirent, et la plupart montèrent incontinant à cheval, avec Mr de Verthamond, pour accompagner mond. sr de Pompadour, qui partit incontinant pour Rochechouart ; et sur le midy dud. jour de sabmedy, 4ᵉ de septembre, la garde fut commandée au sr Joseph Decordes, capitaine de Consulat, pour led. sr de La Rivière, qui la fict jusqu'au lendemain à midy, que le canton de Manigne le doibt *(sic)* relever ; et la garde des Espagniols fut commandée au sr Suduiraud, son lieutenant, le mesme jour, 4ᵉ septembre ; et pour l'establissement de la garde du susd. sr de La Rivière, Mr de Chamboursat et moy, accompagnés des capitaines Bary, Progy, Robert, Lafleur et Philipon, (2) fusmes dans la conciergerie, recommander audit sr Decordes, qui s'y trouva, ladᵉ garde.

Le dimanche, 5ᵉ dud., le sr Brugière, juge des Combes (3), prit la garde du

---

(1) Affaire a été autrefois du masculin : *un affaire, un négoce*, de *negotium*.

(2) Faisons remarquer de nouveau qu'il s'agit ici des « capitaines de l'Hôtel-de-Ville », huissiers et gagers, dont le chef semble être le sr Progy ou Deproges, et qui n'ont rien de commun avec les officiers de la milice.

(3) L'abbaye de St Martial avait conservé la moyenne et basse justice du quartier des Combes. Cette juridiction avait un titulaire spécial, le prévôt des Combes, et elle était exercée par un juge à la nomination de ce dignitaire.

s^r de La Rivière dès l'heure de midy, et commanda au s^r Léonard Demay celle des Espagniols, desquels, la nuit suivante, venant au 6e dud. mois, s'en esvada six de Montmailler, où estoit led. s^r Demay ; de quoy fut faict procès verbal par M^r le Lieutenant Général, présent M^r le Procureur du Roy, le 6e dud., que Descordes, scribe de la Maison de Ville, escrivit ; auquel les susd^s capitaine et corporal firent des responces, qu'ils signèrent, pour s'excuser ; mais n'y ayant eut que led. corporal toute la nuict, et un autre qui n'y demeura que jusqu'à minuict, lesd^es excuses ne sont pas valables ; car un homme ou deux ne suffisoient pas pour faire lad^e garde ; et n'y eut aucun à Branlan.

Et led. jour, lad^e garde dud. s^r de La Rivière et Espagniols fut commandée dès les sept heures de matin par de Proges aux s^rs Mallot et Bary, capitaine et lieutenant des Bancs, pour relever led. s^r Brugière à midy ; à quoy ne satisfesant, leur en fut faict sommation par Rougier, notaire royal, avec protestation de tout ce que nous debvions et pouvions protester (1).

Le 7e septembre, la garde dud. de La Rivière fut commandée comme dessus, dud. s^r de La Rivière et Espagniols, (sic) aux s^rs de Narbonneix et Boysse, capitaine et lieutenant du Clocher, et le lendemain, 8e dud., il fut tiré desd. prisons par le sieur Grand Prévost pour estre conduict en un'autre ville.

Led. jour 8e, la garde fut commandée par de Proges au s^r Roux, capitaine de Boucherie, pour les prisoniers de guerre de Montmallier et de Branlan.

Le 10e, fut envoyé au s^r Tarneau une lettre de change de 131 l. 15 s. qui fut forny sur M^r Le Goux, pour ce qui luy estoit debut pour le procès qu'il avoit soustenu pour nous contre les s^rs Consuls de l'an 1647, auquel fut dict, comm'il a mandé, que nous imposerions les intérêts des sommes adjugées au s^r Lamy, le payement du principal estant remis jusqu'à la paix généralle.

Et ce jour, vendredy, 10e septembre, la garde des prisoniers Espagnols fut commandée par de Proges, accompagné de Lafleur, au s^r d'Auvergne, lieutenant des Combes, en absence du s^r de Courdellas, capitaine ; lequel s^r d'Auvergne ne voulut recevoir les clefs, ains les jetta dans le ruisseau, comme led. de Proges a rapporté.

Dès le 7e de septembre, receusmes par un gentilhomme de Mr de Pompadour, une lettre du Roy, en datte du 2e septembre 1649, signée : Louis et plus bas Le Tellier, par laquelle Sa Majesté nous mandoit qu'elle nous sçavoit du gré et estoit bien satisfaict (sic) de notre conduicte, ayant maintenu cette ville dans son service et dans la tranquillité, n'estimant pas estre nécessaire de nous exciter à notre debvoir après en avoir receu de si bons effets (2) ; de quoy Mr de Pompadour fut remercié, par une lettre que nous luy escrivismes.

---

(1). Tous ces détails n'ont pas grand intérêt ; mais ils établissent combien les bourgeois attachaient alors peu d'importance au service de la milice.

(2). Copie de cette lettre figure au *Registre Consulaire*, l'année 1619. Elle est en effet datée de Paris, le 2 septembre 1619. M. Fage l'a publiée dans son article sur le projet de translation du Parlement de Bordeaux à Limoges. (*Bulletin de la Société archéologique et hist. du Limousin*, t. xxx, p. 5.)

Le 13e septembre, les gaiges du petit Dubois, pris cy devant par deux exécutions, faulte de payement de 35 livres pour les prisoniers, furent vandus, par le capitaine de Proges, pour la somme de 40 l., auquel fut donné 5 l. pour ses peynes. Les fromages pesant 60 l. furent vandus à 14 l., 8 l. 8 s. (1), qui furent mis entre les mains de M. Verthamond, et Mrs Verthamond, David; Dubois et Sarazin signèrent avec moy son procès-verbal de vente.

Le vendredy, 17e dud., à 10 heures du matin, Le Fraire, serviteur des prisoniers de Branlan, nous vint advertir qu'il s'estoit esvadé la nuict précédente six desd^s prisoniers; de quoy nous fismes faire procès-verbal par devant M. le Lieutenant Général, présent M. le Procureur du Roy; et s^r Pierre Roux, capitaine de Boucherie, qui estoit pour lors de garde, fut sommé par nous de nous remettre lesd. prisoniers, comme led. s^t Lieutenant Général, à notre requis, et de M^r le Procureur du Roy, ordonna; à faulte de quoy nous protestâmes contre luy de tout ce que nous pouvions protester; lequel s^r Lieutenant Général ordonna en outre que tous les capitaines et lieutenants feroient la garde desd. prisoniers exactement, à peine, en cas d'esvasion, d'en répondre en leur propre et privé nom. Laquelle ordonnance fut signifiée à tous led^s capitaines et donné copie par de Proges, les 17e et 20e dud. mois.

Et le 21e de septembre, je sortis de mon dernier prévosté (2), qui fut abrégé de cinq jours pour rendre celuy de M. Sarazin de la mesme estendue du mien et des subséquents; de quoy soit gloire et louange à Dieu. *Amen*.

Monsieur de Verthamon ne m'ayant point donné les quatre clefs de la chasse et grille de nostre patron S. Martial, et les quatre sceaux d'argent, en demeure chargé.

Octobre.

Le 16e d'octobre 1649, arriva de Bellac une recrue du régiment de Champagnie, composée de l'équipage du s^r de Bellefont, maistre de campt, allant en Cathalogne, deux capitaines, quatre lieutenants, quatre sergents et 22 soldats, qui furent logés dans le fauxbourg de Manigne.

Et ce mesme jour, fut faict assemblée générale de ville, où fut, sur notre exposition, résolu que l'on appelleroit de la taxe des despens que le s^r Lamy avoit faict faire, qui montoit plus de 6,000 l., au payement de laquelle il nous avoit faict condempner (3); et les s^{rs} Consuls subséquents des cinq années subséquentes, chascun pour un sixiesme; lesquels despans provenoient de certain emprisonement, qu'il disoit avoir souffert pour la ville, ayant esté pris comme habitant d'icelle, laquelle avoit esté

---

(1) Cela veut dire sans doute que 14 livres de fromage se vendirent 8 l. 8 s.

(2) Depuis qu'il n'y avait plus que six consuls, chacun d'eux devait être prévôt pendant deux mois; mais ces deux mois n'étaient pas consécutifs et chacun faisant le service à son tour pendant un mois, passait deux fois par la prévôté. Lafosse remplit ces fonctions du 26 février au 26 mars et du 27 août au 21 septembre.

(3) Il s'agit du procès contre les Consuls de 1617, dont il a été déjà plusieurs fois question.

condempnée à la somme de 25,000 l. pour les desdomaigements de la non jouissance du sol pour livre envers le fermier de nos imposts, qui fust apprès aboley, grâces à Dieu! Et lesquels despans n'ayant esté causés par ceux qui avoient payé, comme j'avois faict, avant led. emprisonnement prétendu, n'en debvoient estre de rien, ny lesd. despans n'estants beaucout considérables, comme l'on dict, et les fesant monter à cette grande somme pour y gaigner dessus ; l'on voulut tascher, par cet appel, à gaigner temps pour, dans une autre saison, tascher d'en esvitter le payement. Et ce soir, M. de Chamborssat commença son dernier prévosté, que Dieu veuille, par sa grâce, randre heureux !

Le lendemain, 17ᵉ, la susdᵉ recrue partit d'icy pour aller à S. Germain.

Le vendredy, 22ᵉ d'octobre, fut escrist par Mʳ de La Maurellie une lettre à Mʳ Tarneau, nostre advocat au Conseil, par laquelle nous luy donnions charge, en vertu de l'acte de l'assemblée de ville dernière, de relever l'apel de la taxe des despans prétandus par le sʳ Lamy; laquelle lettre estoit signée dud. sʳ de La Maurellie et de Mʳ de Chamborssat, lorsque je la signay ; et led. sʳ de Chamborssat prist charge de la faire signer à Mʳˢ les autres Consuls.

Le dimanche, 24ᵉ dud. mois d'octobre, nous fusmes advertis par Le Fraire, serviteur des prisoniers de Branland, que despuis que *(sic)* le sabmedy au soir, que (1).... Demay conroieur, du canton de Manigne, qui estoit en garde, avoit conté lesdˢ prisoniers, qui estoient 27 en nombre, il s'en estoit esvadé 3, n'en restant que 24. Parquoy, Mʳ le Lieutenant général estant aux champs, nous fismes faire une sommation par Rougier, notaire, au sieur Brugière, juge des Combes, et capitaine dud. canton, de nous représenter lesdˢ 3 prisoniers, et les remettre dans la tour; à faulte de quoy nous protestions contre luy de tout ce que nous pouvions protester; lequel s'estant trouvé aux champs, led. Rougier fut requis par nous de luy réitérer lesdˢ sommations et protestations à son arrivée : ce qu'il promist de faire; et despuis, nous a dict y avoir esté diverses fois sans trouver led. sʳ Brugière ; et Mʳ de Chamborssat s'est chargé de retirer lesdᵉˢ sommation et protestation.

NOVEMBRE.

Le 4ᵉ novembre 1649, nous escrivismes à M. le duc d'Anville, sur le bruit qui couroit que l'on envoioit icy des gens de guerre pour iverner, que nous le supplions de tâcher de nous en garantir.

Le 6ᵉ dud., le capitaine Bary ne rendant pas le service qu'il debvoit à la ville, fut sommé, à notre requeste, par Rougier, de le faire, parlant à son père.

Et le 9ᵉ, la même sommation fut réitérée, parlant à sa femme, qui fit responce qu'il estoit aux champs.

Le 10ᵉ, Mʳ de Chamborssat sortit de prévosté, et M. Sarazin commença le sien, — que Dieu veuille estre heureux !

(1) Un blanc.

Le 18ᵉ, demandant le droit de souchet (1) au nommé Berland, des Carmes, il nous déclaira l'avoir payé au capitaine Bary; ce qu'estant faict sans en avoir eut charge de nous, nous en prismes acte par Devergnas, notaire, où se trouva led. Berlan, qui le déclaira et soustint ainsin, en la présence dud. Bary, qui le desnioit.

La nuict d'entre le 24 et 25 novembre, le canton de Manigne debvant faire la garde pour les Espagniols, il s'en esvada dix, dont fut faict procès verbal par Mʳ le Lieutenant Général, en présence de M. le Procureur du Roy, et enjoinct au sʳ juge des Combes, capitaine de Manigne, qui debvoit veiller ceste nuict et le jour suivant, de les nous représenter; ce qui luy fust signifié par de Proges led. jour, comme le soir auparavant il en avoit esté sommé à nostre requeste par le mesme; et led. jour, 25ᵉ novembre, ayant visitté ceux de la tour Branlan, il s'y en trouva 24. Et après, dans celle de Montmallier, où il s'en trouva 29, fesant en tout 53, que nous assemblasmes tous dans ladᵉ tour Branlan, où leur fut donné troix serviteurs; et la garde commandée au sʳ Malliot, capitaine des Bans, led. jour 25ᵉ décembre *(sic)*. Il y a encore, desdˢ prisonniers (2) dans l'hospital Sainct Gérald.

Décembre (3).

Le 7ᵒ décembre, nos contes ayant ayant esté au long insérés dans le livre de la Maison de Ville qui est attaché par une chaisne à la table de la chambre du Conseil (4), par lesquels il appert que nous avons faict, de despense ordinaire, pour 734 l. 13 s. plus que la recepte ordinaire ne monte; et de l'extraordinaire (5), 310 l. 7 s. 6 d. plus que la recepte extraordinaire ne monte : ce qui faict 1,045 l. qu'il nous est deubt, — furent

---

(1) On appelait droit du souchet ou du soquet, un impôt sur la vente du vin au détail. Le refus des monnayeurs de payer le souchet, au XVIᵉ siècle, avait donné naissance à un long procès entr'eux et la ville, au cours duquel ils s'étaient trouvés exclus du rôle des éligibles aux fonctions consulaires.

(2) Le chiffre est resté en blanc.

(3) Bien qu'il ne soit plus question ici de la Fronde, il n'est pas tout à fait hors de propos d'indiquer l'état des choses en Guyenne à l'époque où finit le journal de Lafosse. Au mois de décembre 1649, la cause des Bordelais était regardée comme désespérée. — « Il y a à Paris une lettre de Chamberet dans laquelle il y a : « Nous voilà, à la fin, perdus : nos troupes se dissipent; nous » manquons de vivres et de fourrages et il n'y a plus d'argent. Je ne sais que ils pensent nos » seigneurs et nos protecteurs de là » — de Paris. — Motraye, qui vient de Guyenne et toutes les personnes qui écrivent de ce côté là, de Limousin et de Périgord, assurent qu'il n'y a pas un village qui bronche, ni un gentilhomme qui se déclare pour Bordeaux, et que les ordres de M. d'Epernon sont exécutés comme en pleine paix. » (Extrait des Carnets de Mazarin. CHÉRUEL, *Histoire de France pendant la minorité de Louis XIV*, t. III, p. 328). Mais le conseiller Guyonnet, que le Parlement avait envoyé à Paris pour nouer des relations avec les princes, se remuait beaucoup; la Cour d'autre part désirait en finir. L'intervention de Condé s'exerça en faveur des Bordelais : il obtint pour eux une paix honorable, avec une amnistie complète. Toutefois, l'arrestation des princes eut lieu peu après, et l'arrivée de la princesse de Condé à Bordeaux inaugura la troisième période de la Fronde.

(4) Il est permis de se demander si ce registre « des comptes » est le même que celui des « comptes rendus ».

(5) Ainsi, dès cette époque, les budgets ordinaire et extraordinaire sont distincts dans la comptabilité de la commune.

esleus par les cent prud'hommes, tous bourgeois et marchands, pour Consuls Messieurs Martial Maleden, s^{rs} de Fonjaudran ;..... (1) Rougier, advocat, Joseph Descordes ;..... (2) Verthamont, s^r des Monts, Blaise Ruaud et....(3) Benoist, auxquels nous avons remis 54 prisonniers, retenus dans la tour Branlan, comme appert par l'acte receu le 9° décembre, par le scribe ; et la Cité est chargée de 10.

De quoy et de tout soit gloire à Dieu! *Amen.*

Sur la fin de nostre charge, m'ayant esté mis entre mains, par Mr Pierre Ardy, thresorier de France, un livre intitulé : *Papier et répertoire des Cens, Rentes et Debvoirs deus un chascun an à M^{rs} les Consuls de Limoges* (4), je l'ay délivré, le 18° juillet 1651, a Mrs Boyol, Lamy, Nicolas, Constant, Romanet et Ardellier, consuls lad^e année 1651, assemblés dans la Maison de Ville, où ils avoient appellé deux bourgeois de chaque canton, desquels j'estois un, pour pourvoir aux logements des gents de guerre, et d'autres bourgeois y avoit : Mrs Roux, P^e Mallavergnie, Philip. Michel, Martin Dessable, Pierre Cibot, Vigenaud, Dominique Mouret, Jean Hardy et autres.

---

(1) (2) (3) Les prénoms sont restés en blanc. Le *deuxième Registre consulaire* nous permet de donner d'une façon plus complète et plus précise la liste des consuls de 1619-1650 C'étaient : Martial de Maledent, seigneur de Fontjaudran ; Joseph Rougier, « maître des Courriers » de la généralité ; Joseph Decordes, bourgeois ; Mathieu de Verthamon, seigneur des Monts ; Blaise Ruaud, seigneur du Chazaud, et Pierre Benoist, bourgeois.

(4) Il s'agit vraisemblablement d'une des nombreuses lièves des anciennes confréries de charité bue conservent encore les archives de l'Hôtel de Ville.

ERRATA

Page 6, note. *Fayono;* lisez : *Fayano.*
Page 10, ligne 2, promesses; *lisez :* prouesses.
Page 20, ligne 10, François Aliers; *lisez:* Celiere.
Page 36, ligne 17, aprinst (?), *lisez :* apparut (?)
Page 38, note 2, Philippe de Valois; *lisez :* Philippe III le Long.
Page 57. La note se rapporte, non à l'élection de 1601, mais à celle de 1600, page 43.
Page 98, ligne 28, Augutæ; *lisez :* Augustæ.
Page 99, ligne 28, Ingenibus, *lisez :* ingentibus; et *supprimez :* omnibus. L'inscription doit être ainsi restituée : Spondeo digna tuis ingentibus omnia cœptis.
Page 100, ligne 37, balonart; *lisez :* balouart.
Page 133, ligne 8, Descoutures; *lisez :* Descoustures.
Page 134, ligne 20, Descoutures; *lisez :* Descoustures.
Page 137, ligne 31, Descoutures; *lisez :* Descoustures.
Page 163, ligne 4, Ranson; *lisez :* Sanson.
Page 172, ligne 2, Mouvan; *lisez :* Mourau.
Page 173, ligne 12, Loudeys, *lisez :* Londeys.
Page 174, ligne 12, Bellavue; *lisez :* Bellamie.
Page 180, note 3, Roche-Ferrière; *lisez:* Combe-Ferrière.
Page 183, ligne 26, Martin et le Bissouard. — Il semble, en effet, qu'on lise : *et* le Bissouard ; mais c'est certainement une erreur du scribe, et il faut lire : *dit* le Bissouart.
Page 188, ligne 36, Loudeys; *lisez :* Londeys.
Page 194, dernière ligne, Crorries (?) *lisez :* Croizier.
Page 197, ligne 6, Verges; *lisez :* Verger.
Page 198, ligne 5, François Cellier; *lisez :* Celliere.
Page 200, ligne 8, Crosrieu; *lisez :* Croyzier.
— ligne 32, de la Marieu; *lisez :* de la Marion (?).
Page 204, ligne 20, Pierre Cellier; *lisez:* Celliere.
Page 212, ligne 3, Debeda; *lisez :* Debroa.
Page 220. On a omis les collecteurs du canton de la Porte : *La Porte :* Mathieu Maleden, Pierre Peconnet.

Page 221, ligne 2, Bouille; *lisez* : Bouillet.
— ligne 12, Rauchon ; *lisez* : Planchon.
Page 225, ligne 11, Jean Celier; *lisez* : Celiere.
Page 233, ligne 11, après le nom de La Coste, il y a un mot illisible, puis très distinct : *Boucherie*.
Page 233, ligne 12, Noalher; *lisez* : Noailler.
Page 288, note marginale : duc de Pompadour; *lisez* : comte de Pompadour.
Page 311, note 2, établissement du siége présidial de Guéret; *lisez* : installation.
Pages 317, note, ligne 5, il y eût; *lisez* : eut.
Page 350, ligne 6, ordonance; *lisez* : ordonnance.
Page 377, note 2, martellement; *lisez* : mortellement.
Page 383, ligne 35, des lez huit heures; *lisez* : dez les huit heures.
Page 402, note, ligne 32, nécesaire, *lisez* : nécessaire.

Bien que M. Ruben ait annoncé par une note de la page 3, qu'il rétablirait l'accent aigu final quand il aurait été omis au manuscrit, on pourra relever dans la première partie du volume beaucoup de mots qui ne le portent pas. Nous n'avons pas cru devoir faire figurer cette omission à l'errata, pour ne pas le surcharger.

TABLE DES MATIÈRES.

(Nous renvoyons à la fin du dernier volume des Registres pour la Table générale alphabétique des matières.)

Années		Pages
	Avant-propos...	1
1592	Élection des consuls...................................	1
1593	Compte rendu des événements survenus pendant l'administration des consuls de 1592-93.....................	3
—	Destruction de la forteresse de Châlucet...............	id.
—	Différend entre les médecins de la ville et accord conclu à ce sujet...	5
—	Émotion causée par l'émission de faux douzains.........	7
—	Courses des Ligueurs...................................	9
—	M. de Chamberet est nommé Lieutenant du Roi en Limousin.	id.
—	Lettres patentes du Roi à ce sujet.....................	10
—	Lettres missives de Henri IV aux consuls de Limoges, à l'occasion de cette nomination.....................	12
—	Préparatifs pour la réception de M. de Chamberet et entrée du nouveau Lieutenant du Roi. Sonnet de Jean de Beaubreuil..	13
—	Lettres du Roi annonçant sa conversion au catholicisme..	15
—	Réjouissances publiques à cette occasion (deux pièces de vers de Jean de Beaubreuil)........................	16
—	Considérations sur la conversion du Roi et annonce de la trêve..	18
—	Élection des consuls...................................	20
1594	Élection des consuls...................................	21
—	Attentat de Jean Chatel................................	23
—	Précautions prises par les consuls; occupation du château d'Isle appartenant à l'évêque.......................	24
—	Garde de cent arquebusiers aux frais de la ville........	id.
1595	Cherté des blés; affluence de pauvres à Limoges; mesures prises par les consuls.............................	id.

Années		Pages
1595	Prétentions d'un étranger pourvu de l'office de contrôleur des deniers de la ville ; rappel à cette occasion des privilèges de 1371-72.............................	26
—	Les privilèges de la ville sont vérifiés et confirmés........	27
—	Lettres-patentes de confirmation......................	28
—	Procès. — Réparations aux fontaines et aux murailles....	30
—	Élection des consuls.................................	31
1596	Liste des consuls nommés par le Roi...................	32
—	Les habitants de Limoges remettent au Roi le soin de désigner les consuls pendant trois ans................	33
1597	Passage du duc de Bouillon...........................	34
—	Réception du duc d'Epernon, gouverneur de la province.	35
—	Rachat de l'office de contrôleur des deniers communs et remboursements divers.............................	37
1598	Privilèges des monnayeurs............................	id.
1597	Liste des consuls désignés par le Roi...................	39
1598	Liste des consuls désignés par le Roi...................	40
1599	Élection des collecteurs...............................	41
1600	Liste des consuls désignés par le Roi...................	43
—	Élection des collecteurs...............................	44
—	Nomination des juges de police........................	45
—	Élection des consuls..................................	46
1601	Élection des collecteurs...............................	47
—	Naissance de Louis XIII. — Lettres du Roi. — Réjouissances. — Ordonnance consulaire à ce sujet.........	id.
1602	Nomination des juges de police........................	56
1601	Élection des consuls..................................	57
1602	Liste des consuls désignés par le Roi...................	59
—	Emeute dite de la Pancarte. — Mesures de répression. — Révocation et remplacement des consuls en charge. — Changements introduits dans le mode d'élection des consuls,..	id.
—	Lettres-patentes portant règlement à ce sujet............	62
—	Prorogation des pouvoirs des Consuls. — Lettres du Roi..	63
1603	Abolition de l'impôt du sou pour livre..................	66
—	Réparations aux murailles.............................	id.
—	Craintes de peste.....................................	67
—	Les monnayeurs sont contraints de payer leur part de la taxe pour la réparation des murs..................	id.
—	Élection des collecteurs...............................	68
—	Liste des prud'hommes chargés de l'élection des consuls.	69
—	Élection des consuls..................................	73
1604	Élection des collecteurs...............................	74
—	Liste des prud'hommes électeurs.......................	75
—	Élection des consuls..................................	79
1605	Élection des collecteurs...............................	id.
—	Liste des prud'hommes électeurs.......................	81

Années		Pages
1605	Relation de l'entrée de Henri IV, avec le discours de « l'antique fondation de la ville de Limoges », par l'avocat du Roi S. Descoustures...............................	85
—	Élection des consuls................................	113
1606	Élection des collecteurs............................	114
—	Élection des consuls................................	115
1607	Election des collecteurs............................	116
—	Élection des consuls................................	117
1608	Élection des collecteurs............................	id.
—	Procès avec le trésorier général Mauple.............	119
—	Le comte de Schomberg est nommé Lieutenant du Roi en Limousin...	id.
—	Les consuls obtiennent que les troupes du comte de Schomberg ne traverseront pas Limoges..............	120
—	Préparatifs pour recevoir le comte de Schomberg et entrée du nouveau Lieutenant du Roi......................	120
—	Naissance du duc d'Anjou. — Réjouissances...........	122
—	Arrêt du grand conseil contre le trésorier-général Mauple	id.
—	Liste des prud'hommes électeurs.....................	125
—	Élection des consuls................................	129
1609	Élection des collecteurs............................	id.
—	Liste des prud'hommes électeurs.....................	130
1610	Nomination des juges de police......................	132
1609	Election des consuls................................	133
1610	Élection des collecteurs............................	id.
—	Assassinat de Henri IV..............................	134
—	Simon Descoustures est envoyé à Paris pour présenter à Louis XIII et à la Régente l'hommage de la ville. — Détails sur sa mission...............................	137
—	Lettres du Roi et de la Reine régente aux consuls...	140
—	Lettre du duc d'Epernon aux mêmes...................	141
—	Lettre du comte de Schomberg aux mêmes..............	142
1605	Contrat passé entre les consuls de 1604 et ceux de 1605. — Dépôt entre les mains de particuliers de sommes provenant des souscriptions pour l'établissement du collége des Jésuites..	142
—	Contrat entre les consuls et le P. Christophe Balthazar, de la compagnie de Jésus, provincial d'Aquitaine, au sujet du collége...	150
1610	Liste des prud'hommes électeurs.....................	156
—	Élection des consuls................................	158
1611	Élection des collecteurs............................	id.
—	Élection des consuls................................	160
1612	Élection des collecteurs............................	id.
—	Liste des prud'hommes électeurs.....................	162
—	Élection des consuls................................	163
1613	Élection des collecteurs............................	164

XCXVI

Années		Pages
1613	Confirmation des privilèges de la ville. — Lettres patentes et arrêt de la Chambre des comptes..............	165
—	Élection des consuls...............................	168
—	Nomination des juges de police....................	169
1614	Élection des collecteurs..........................	id.
—	Liste des prud'hommes électeurs...................	171
—	Élection des consuls.............................	173
1615	Élection des collecteurs..........................	id.
—	Liste des prud'hommes électeurs...................	175
—	Arrêt du conseil privé contre Jean Martin, au sujet de l'établissement à Limoges d'une blanchisserie de toile...	177
—	Mesures prises pour l'alimentation de la fontaine des Barres	179
—	Réparation de la fontaine de la Clautre. — Concession d'eau aux Récollets.............................	180
1600	Arrêt du Parlement concernant Noël Laudin et Chambinaud, pourvus d'offices de courtiers-jurés...........	183
1615	Sentence du sénéchal de Limoges sur un procès entre les consuls d'une part et Noël Laudin et E. Faugeyrat, courtier, de l'autre..............................	184
1615	Même affaire. — Transaction entre les consuls et Laudin.	188
—	Élection des consuls.............................	190
1616	Élection des collecteurs..........................	id.
—	Liste des prud'hommes électeurs...................	192
—	Élection des consuls.............................	196
1617	Élection des collecteurs..........................	id.
—	Liste des prud'hommes électeurs...................	197
—	Élection des consuls.............................	201
1618	Élection des collecteurs..........................	id.
—	Élection des consuls.............................	203
1619	Élection des collecteurs..........................	id.
—	Liste des prud'hommes électeurs...................	204
—	Élection des consuls.............................	208
1620	Élection des collecteurs..........................	209
—	Élection des consuls.............................	210
1620 ou 21	Nomination des capitaines et lieutenants de la milice.....	211
1621	Élection des collecteurs..........................	212
—	Liste des prud'hommes électeurs...................	214
—	Élection des consuls.............................	218
1622	Élection des collecteurs..........................	id.
—	Élection des consuls.............................	220
1623	Élection des collecteurs..........................	id.
—	Liste des prud'hommes électeurs...................	222
—	Élection des consuls.............................	225
—	Entrée du comte de Schomberg....................	226
—	Nomination des officiers de la milice...............	232
1624	Liste des prud'hommes électeurs...................	233
1625	Nomination des officiers de la milice...............	237

Années		Pages
1624	Élection des consuls..	238
1625	Élection des collecteurs.......................................	239
1624	Procès relatif aux droits seigneuriaux jadis réclamés par le Roi de Navarre. — Arrêt du conseil privé maintenant les consuls dans leurs privilèges.............................	240
—	Même affaire. — Lettres d'attache et exécutoire.........	243
1625	Plaintes à propos de réclamations faites aux habitants par les commissaires chargés de rechercher l'ancien domaine du Roi de Navarre................................	id.
—	Requête au Roi et à son conseil à ce sujet.................	244
—	Envoi à Paris, pour la même affaire, du prévôt-consul...	247
—	Arrêt du conseil attribuant la connaissance de l'affaire au Parlement de Paris..	247
—	Lettre du comte de Schomberg : même affaire............	249
—	L'affaire reste sans suite..................................	id.
—	Liste des prud'hommes électeurs...........................	250
—	Élection des consuls..	254
1626	Liste des prud'hommes électeurs...........................	255
—	Élection des collecteurs......................................	258
—	Élection des consuls..	260
1627	Élection des collecteurs......................................	id.
—	Liste des prud'hommes électeurs...........................	262
—	Élection des consuls..	265
1628	Élection des consuls..	266
1629	Élection des collecteurs......................................	267
—	Élection des consuls..	268
1630	Nomination des bailes de l'hôpital Saint-Gérald..........	id.
—	Élection des consuls..	269
1631	La peste à Limoges. — Mesures diverses..................	270
—	Ordonnance du sénéchal relative à la taxe extraordinaire levée par les consuls et à la défense aux habitants d'enlever leur mobilier....................................	277
—	Établissement d'une maison de santé à la Maison-Dieu....	278
—	Élection des consuls..	279
1632	Passage de Louis XIII à Limoges...........................	id.
—	Élection des collecteurs......................................	280
1633	Élection des collecteurs......................................	282
1632	Élection des consuls..	283
—	Nomination des juges de police.............................	284
—	Mesures prises pour secourir les pauvres. — Nomination de commissaires de quartier...............................	285
—	Nomination des officiers de la milice......................	286
—	Nomination du duc de Ventadour au gouvernement du Limousin. — Mission du consul Martin.................	287
1633	Passage du duc de Ventadour................................	288
—	Envoi du consul Maledent à Paris pour saluer le duc...	id.
—	Passage du duc et de la duchesse d'Halluin...............	289

XCXVIII

Années		Pages
1633	Retour du consul Maledent	290
—	Désignation de nouveaux commissaires de quartier pour pourvoir aux besoins des pauvres	id.
—	Arrivée du Premier Président de Bordeaux	291
—	Réclamation, par les consuls de 1631, des avances faites par eux durant la peste, et nomination de commissaires pour lever la somme nécessaire au remboursement	292
—	Liste des prud'hommes électeurs	294
—	Élection des consuls	298
—	Nomination des juges de police	299
1634	Nomination des officiers de la milice	id.
—	Craintes d'épidémie; mesures prises	301
—	Nomination des bailes de l'hôpital Saint-Gérald	302
—	Élection des consuls	id.
—	Nomination des officiers de la milice	303
—	Nomination des juges de police	304
1635	Élection des consuls	306
1636	Nomination des officiers de la milice	307
—	Nomination des juges de police	308
—	Élection des consuls	309
1637	Nomination des officiers de la milice	310
—	Nomination des juges de police	311
—	Élection des juges de commerce	id.
—	Liste des prud'hommes électeurs	id.
—	Élection des consuls	315
1638	Nomination des juges de police	id.
—	Renouvellement des bailes de l'hôpital Saint-Gérald	316
1639	Élection des consuls	317
—	Nomination des officiers de la milice	id.
—	Nomination des juges de police	319
—	Élection des juges de commerce	id.
1643	Élection des consuls	320
—	Nomination des officiers de la milice	322
—	Élection des consuls	324
—	Nomination des juges de police	id.
1644	Nomination des officiers de la milice	325
—	Réparation de la quarte-étalon de la ville	326
—	Nomination de commissaires de quartier pour pourvoir aux besoins des pauvres	327
—	Élection des consuls	329
1645	Nomination des officiers de la milice	330
—	Nomination des juges de police	231
1644	Choix d'un avocat en titre pour la ville	id.
1645	Élection des consuls	334
—	Nomination des juges de police	id.
—	Nomination des officiers de la milice	335
1646	Liste des prud'hommes électeurs	336

Années		Pages
1646	Élection des consuls	339
—	Nomination des juges de police	340
—	Nomination des officiers de la milice	id.
—	Arrivée de trois compagnies de cavalerie destinées à tenir garnison à Limoges	342
1647	Liste des prud'hommes électeurs	343
—	Élection des consuls	345
—	Nomination des juges de police	id.
—	Nomination des officiers de la milice	346
1648	Élection des juges de commerce	347
—	Compte rendu de l'administration des consuls de 1647-48	348
1647	Actes de dévotion traditionnels	id.
—	Envoi de députés auprès du gouverneur et du lieutenant du roi	id.
1648	Troupes envoyées en quartiers d'hiver à Limoges	id.
—	Troubles à cette occasion	349
—	Démarches pour obtenir le départ des troupes. — Leur succès	id.
—	Passage de gens de guerre	350
—	Logement des troupes. — Négligence des commissaires de quartier	id.
—	Rejet de la demande formée par les Capucins, à l'effet de fonder un quatrième couvent de l'ordre de Saint-François à Limoges	351
—	Envoi à Limoges d'Espagnols, prisonniers de guerre. — Mesures prises pour pourvoir à leur subsistance et à leur garde	352
—	Élection des consuls	354
—	Nomination des officiers de la milice	355
1649	Nomination des juges de police	356
—	Renvoi à un autre registre pour le compte rendu de l'administration de l'année	id.
—	Lettre du Roi témoignant aux consuls sa satisfaction de leur fidélité	357
—	Élection des consuls	358
—	Nomination des officiers de la milice bourgeoise	id.
1650	Nomination des juges de police	360
—	Élection des consuls	id.
—	Nomination des juges de police	361
1651	Nomination des officiers de la milice	362
—	Élection des juges de commerce	363
—	Élection des consuls	364
—	Nomination des officiers de la milice	365
—	Nomination des juges de police	366
1652	Nomination, par les consuls, des juges de commerce	id.
—	Élection des consuls	367
—	Nomination des officiers de la milice	id.

Années		Pages
1652	Nomination des juges de police................	369
—	Nomination des juges de commerce............	id.
1653	Élection des consuls.........................	id.
—	Nomination des officiers de la milice..........	370
—	Nomination des juges de police...............	371
—	Nomination des juges de commerce............	372
1654	Élection des consuls.........................	id.
1655	Élection des consuls.........................	373
—	Nomination des officiers de la milice..........	374
—	Nomination des juges de police...............	375
1656	Élection, par les prud'hommes commerçants, des juges de commerce.............................	id.
—	Élection des consuls.........................	376
1657	Élection des consuls.........................	id.
1658	Arrêt du conseil cassant l'élection précédente et ordonnant qu'il soit procédé à un nouveau scrutin pour l'élection des magistrats municipaux.................	378
—	Nouvel arrêt rendu contradictoirement, confirmant le précédent, prescrivant son exécution par provision et ordonnant que les parties seront ouïes en leurs dires respectifs................................	389
1659	Élection des consuls.........................	394
—	Élection des consuls.........................	id.
1660	Élection des consuls.........................	396
1661	Désignation des électeurs commerçants........	398
—	Liste des électeurs commerçants..............	401
—	Élection des consuls.........................	402
—	Nomination des officiers de la milice..........	404
1662	Élection des consuls.........................	408
—	Nomination des juges de police...............	id.

APPENDICE.

La Ligue à Limoges................................	1
Journal du consul Lafosse...........................	LXI

www.ingramcontent.com/pod-product-compliance
Lightning Source LLC
Chambersburg PA
CBHW051355230426
43669CB00011B/1655